Lawrencia Bembenek
Nichts als mein Recht

Lawrencia Bembenek

NICHTS ALS MEIN RECHT

Der Mordfall Bembenek

Aus dem Englischen von Birgit Schweidler

bettendorf

Für meine Eltern, die Sonne und Mond in meinem Leben sind. Für alle meine wahren Freunde, die mich unterstützt und mir mehr als nur mit Worten geholfen haben.

© 1992 by Harper Collins Publishers Ltd, Toronto
Titel der kanadischen Originalausgabe: Woman On Trial
© 1994 für die deutschsprachige Ausgabe
by bettendorf'sche verlagsanstalt GmbH
Essen – München – Bartenstein – Venlo – Santa Fe
Alle Rechte vorbehalten
Schutzumschlag: Zero Grafik und Design GmbH, München
Umschlagabbildung und Fotos: Archiv Verfasser
Lektorat: Elisabeth Manzke
Produktion und Satz: VerlagsService Dr. Helmut Neuberger
& Karl Schaumann GmbH, Heimstetten
Gesetzt aus der 11/14 Punkt Simoncini Garamond
Druck und Binden: Spiegel, Ulm
Printed in Germany
ISBN 3-88498-081-5

Da siehst Du es, Du mußt so schnell laufen,
wie Du kannst, um am gleichen Ort zu bleiben.
Und wenn Du weiterkommen willst,
mußt Du doppelt so schnell laufen.

Lewis Carroll

DAS URTEIL

Bitte erheben Sie sich.« Die Geschworenen kamen herein. Ich saß da, beide Hände gefaltet, und biß auf meine Knöchel, während ich sie hereinkommen sah. Mein Anwalt hatte mir gesagt:»Achte auf ihre Gesichter! Wenn sie dich anschauen, bist du frei. Wenn nicht, dann bist du in Schwierigkeiten.« Es war so ruhig wie bei einer Totenwache. Ich hörte nur das scharrende Geräusch eines einzigen Schuhpaares und das dunkle, hartnäckige Brummen der Fernsehkameras im hinteren Teil des Gerichtssaales.

Die dicke Frau mit den langen, braunen Haaren sah mich nicht an. Der ältere Schwarze blickte auf seine Schuhe, als er den Geschworenenstand betrat.

»Oh nein«, hörte ich meinen Anwalt flüstern. Die anderen Geschworenen folgten. Nicht einer erwiderte meinen Blick. Ich biß meine Knöchel blutig.

»Oh Gott, nein!« sagte mein Anwalt noch einmal. Die Sprecherin der Geschworenen war klein, dunkelhaarig und streng. Während meiner Aussage hatte sie mich durch ihre Schullehrerbrille mit zusammengekniffenen Augen fixiert. Jetzt tat sie es nicht.

»Meine Damen und Herren Geschworenen«, sagte Richter Skwierawski,»sind Sie zu einem Urteilsspruch gekommen?«

»Das sind wir, Euer Ehren«, erwiderte sie mit nasaler Stimme. Der Richter öffnete den Umschlag. Sein rötliches, bärtiges Gesicht blieb unbewegt. Ruhig las er:»Wir befinden die Angeklagte Lawrencia Bembenek des Mordes für schuldig.«

7

In diesem Moment fühlte ich, wie mein Leben gleichzeitig begann und endete.

Schuldig! Heiß wie ein Blitz schnitt mir dieses Wort ins Bewußtsein; scharf wie eine Rasierklinge. In meinem Kopf hämmerte es.

Schuldig!

Plötzlich stand ich an der Bank, direkt vor Skwierawski, und mir war nicht bewußt, daß ich dorthin gegangen war.

Der Richter sagte irgend etwas. Ich sah, wie sein Mund die Worte formte, wie er sich bewegte, ich sah seine Barthaare, aber es waren nur blasse und ruhige Bewegungen, die ich wahrnahm; hören konnte ich nichts.

»Nein!« sagte ich. »Oh nein.«

Mein Puls raste. Wie konnte in meinem Herzen überhaupt noch Blut sein, wenn dieser Schmerz es so völlig ausfüllte? Tränen schossen mir in die Augen.

»Ich verurteile Sie zu lebenslanger Haft.«

Hinter mir hörte ich ein Schluchzen. Ich zwang mich dazu, mich nicht umzudrehen, sondern weiter nach vorne zu schauen. Dreh' dich nicht um und sieh sie nicht an, sonst wirst du sterben.

Mein Anwalt sagte etwas von Berufungsverfahren. Skwierawski verneinte. Im Zeitlupentempo wanderten meine Augen hinüber zu den Geschworenen. Ich hatte irgendwie erwartet, daß sie sich in kopflose Dämonen verwandelt hatten. Aber selbst jetzt sah mich keiner von ihnen an.

Für einen kurzen Moment legte mein Anwalt seinen Arm um meine Schulter, dann wurde ich weggeführt. Ich bewegte mich langsam und wußte nicht, was ich da gerade tat. Meine Tasche und mein Mantel lagen zwei Meter hinter mir, aber ich konnte sie nicht holen.

Beamte umgaben mich. Sie banden meine Hände an der Kette fest, die man mir um die Taille gelegt hatte und die ausreichte, um die ganze Welt zu fesseln.

8

Ich fühlte mich so schrecklich klein.

Dann war ich in einem Zimmer, saß auf einem Stuhl – ganz alleine – und mir kamen die Tränen.

Als kleines neunjähriges Mädchen wäre ich fast einmal ertrunken. Es passierte im Swimmingpool während eines Urlaubs, den ich mit meinen Eltern in Kanada verbrachte. Ich klammerte mich an einen aufblasbaren Schwimmreifen und trieb versehentlich auf die Seite des Pools, wo das Wasser am tiefsten war. Der Schwimmreifen rutschte weg. Plötzlich hatte ich keinen Boden mehr unter den Füßen und war unter Wasser. In meiner Panik versuchte ich, den Kopf an die Oberfläche zu bekommen, um Luft zu schnappen, aber immer wieder wurde ich nach unten gezogen. Ich begann, in mich hineinzuschreien. Da kam die Hand meiner Mutter aus dem Nichts, packte meinen Arm und zog mich aus dem Wasser – in Sicherheit. In Sicherheit.

Mama, Mama, hilf mir! Bitte hilf mir jetzt auch! Ich ertrinke wieder!

Aber meine Mutter war hinter dem Holzgeländer des Gerichtssaales, sie saß neben meinem Vater. Ihre Hände hielt sie starr, und es brach ihr das Herz.

Und dann kamen sie, und sie nahmen mich mit.

1

WER ICH WIRKLICH BIN

Ich bin die Frau, die Sie nicht kennen. Vielleicht glauben Sie, mich zu kennen, aber Sie tun es nicht wirklich. Sie kennen nur diese Gestalt aus den Medien, deren Verhaftung und Prozeß wegen Mordes an der Ex-Frau ihres Mannes 1981 so viel Wirbel und Hysterie auslöste.

Bambi, das Ex-Bunny! Die Mörderin! Die Entflohene! Ich bin keine Johanna von Orléans und auch nicht die, für die Sie mich halten. Ich war ein Mensch, der zu vielen Leuten zu sehr vertraute, der naiv war, der viele falsche Entscheidungen traf und der auf eine Weise erwachsen wurde, die man selbst seinem ärgsten Feind nicht wünscht. Aber ich bin kein schlechter Mensch und erst recht keine Mörderin.

Ich habe einige Dinge gelernt, von denen ich wünschte, sie besser nicht gelernt zu haben. Ich habe gelernt, daß die Medien sentimental und brutal sind. Ihre erhabene Rolle in unserem System halten sie durch Eigennutz aufrecht; sie sind voller Lügen und träger Ignoranz. Ich will mir keine Feinde bei der Presse schaffen. Mein Anteil an Feinden ist bereits groß genug. Aber die Presse verurteilte mich bereits vor meinem Prozeß. Sie machte mich zu einem aufgedonnerten Killer-Häschen, nur um eine Story zu haben, die ausschließlich in ihrer Vorstellung existierte.

Das bin ich nicht. Nichts davon trifft auf mich zu.

Vielleicht haben Sie gelesen, daß ich früher Polizistin war, aber wußten Sie auch von meiner künstlerischen Begabung? Sicherlich haben Sie gehört, daß ich als »Bunny« für den Playboy gearbeitet habe (als ob ein vierwöchiger Kellnerinnenjob ein ganzes Leben bestimmen kann!), aber wußten Sie auch, daß türkisblau meine Lieblingsfarbe ist und daß ich Tiere, ausländische Filme und Jazz liebe? Es gibt Presseberichte über meine Jobs, über meine Entlassungen, meine abgelehnten Berufungsverfahren, meine Bankrotterklärungen, aber in keiner Zeile steht, daß ich Bücher von Marilyn French und John Steinbeck liebe, daß ich zwölf Jahre lang Flöte gespielt habe, daß ich male, seit ich alt genug bin, alleine einen Pinsel zu halten, daß ich gerne im Garten arbeite und daß ich den Geruch von Holz und brennendem Laub liebe. Wenn ich frei wäre, würde ich mich gerne für Greenpeace engagieren. Ich bin ein Mensch, keine Schlagzeile. Ich bin eine Aktivistin für Gefängnisreformen, eine Feministin, eine Lebenslängliche. Ich bin eine Tochter, eine Freundin, eine Geliebte, eine Schwester – vielleicht so wie Ihre.

Gefängnis ist nicht so, wie Sie es sich vorstellen. Ins Gefängnis werden Frauen wegen Prostitution gesperrt, während Frauenschänder frei herumlaufen. Frauen werden wegen Kokainkonsums in einen Käfig gesteckt, während draußen drogenabhängige Polizisten herumlaufen. Hier werden Frauen wegen Betrügereien eingekerkert, während Zeugen vor Gericht Meineide leisten. Einige Frauen sind im Gefängnis, weil sie etwas gestohlen haben, aber ihnen hat man alles genommen: ihren Frieden, ihre Kinder, ihre Menschenwürde.

Niemand ist hier sicher. Weder Ihre Kinder, noch Ihre Mütter oder Schwestern.

Ich wurde einmal gefragt, was ich im Gefängnis am meisten vermisse. Weitschweifig erzählte ich von den kleinen Dingen des Lebens, die den Menschen so selbstverständlich erscheinen – sich ein paar Spiegeleier zu braten, den Kühlschrank zu plündern oder mit dem Auto zu fahren. Aber das ist es nicht. Es ist die Intimsphäre. Hier drinnen werden meine Liebesbriefe gelesen, selbst meine Gedanken scheinen genehmigt werden zu müssen; mein persönlicher Besitz und sogar mein

Körper werden für Untersuchungen verfügbar gemacht –
Gott! Gibt es eine Welt ohne Striptease-Leibesvisitationen,
ohne plärrende Walkie-talkies und ohne die Schritte der Auf-
seher? Intimsphäre, ja, Intimsphäre ist das, was ich so sehr vermisse.
Als ich frei war, wußte ich nicht einmal, daß ich sie brauchte.
Ich träume, wieder frei zu sein; es sind schmerzliche Träume.
Ich träume, daß ich an Mutters Schlafzimmerfenster stehe.
Meine Mama! Immer ruhig und so frisch wie der Regen auf
den Tigerlilien im Garten: ihre Haut ist kühl und rein. Einmal
träumte ich, daß ich sie im Park sah. Sie trug ihre ärmellose
Bluse, und der Wind bewegte sanft die Zweige des Baumes,
unter dem sie stand. Sichere Arme, in die man heimkehren
kann. Aber dann wache ich vom Lärm der plärrenden Glocke
auf und begreife, daß ich noch immer hier bin.
Seit zehn Jahren bin ich nun hier drinnen. Mein Leben geht
vorbei, mein Körper zerbricht. Ich weiß nicht, ob noch Hoffnung in mir ist. Ich versuche, mich nicht in meine Wut hin-
einzusteigern, aber die Wut hilft mir.
Weil ich nichts Unrechtes getan habe.
Ich weiß nicht, ob Sie mir das glauben können. Aber es ist die
Wahrheit.

•

Okay, reg dich ab, Bembenek!

•

Dieser Rummel, der selbst jetzt noch um den Fall gemacht
wird! Dieser Zirkus! So viele Anhänger! So viele Feinde! Als
ich auf der Flucht war – nach meinem Ausbruch aus dem Gefängnis – und in Kanada Zuflucht suchte, verteilte ein Radio-
sender in Milwaukee Tausende von Laurie-Bembenek-Mas-
ken. Man mußte nur beim Sender anrufen, um eine der Mas-
ken zu bekommen, die aus einem scheußlichen, alten Foto
von mir hergestellt waren, welches das Milwaukee Journal
während meines Prozesses gemacht hatte. Die Maske wurde

aufgeblasen, und wenn man die Augen herausstach, konnte man sie aufsetzen. Später bekam ich auch ein Exemplar davon. Ein naiver Freund fragte mich:»Aber sie müssen doch dein Einverständnis haben, um das zu machen, oder nicht?« Daß ich nicht lache! Mein Einverständnis! Jeglichen Einfluß, jegliche Macht hatte man mir doch genommen!

Man nannte mich»Bambi«. Diesen Spitznamen hatte ich auf der Polizeischule in Milwaukee bekommen. Keiner konnte Bembenek aussprechen, obwohl der Name, der einem polnischen Mädchen wie mir ganz einfach erscheint, genau so ausgesprochen wird, wie man ihn schreibt. Die meisten Rekruten auf der Polizeischule bekamen irgendeinen blöden Spitznamen. Mich nannten sie eben Bambi.

Aber das galt nur für die Polizeischule. Sonst nannte mich niemand so. Für meine Freunde hieß ich immer Laurie oder LB. Die Medien haben den Namen natürlich sofort aufgegriffen.

Nach meiner Flucht gab es T-Shirts mit dem Aufdruck»Lauf, Bambi, lauf!« Meine Freunde staunten darüber. Kathy Braun, die beste Freundin, die ich im Gefängnis hatte, wollte von mir wissen, was es mit dem Bambi-Gerede auf sich hatte. Sie hielt es für äußerst witzig.

Wenn Freunde für mich telefonieren oder jemanden bitten, etwas für mich zu schreiben oder zu erledigen, fragen sie zunächst:»Kennen Sie den Fall Laurie Bembenek?«

Oft lautet die Antwort:»Nein.« Dann fragen sie anders:»Sie wissen doch, die Frau, die Bambi genannt wird!«

»Oh, Bambi! Ja, natürlich!« Daran erinnern sich die Leute. So ist der Spitzname in gewisser Weise hilfreich. Dennoch betrachte ich ihn mit gemischten Gefühlen. Einige Leute sagen, ich solle mich nicht beschweren, weil der Name mittlerweile genauso oft mit liebevollem und freundlichem Unterton wie mit negativem Beigeschmack erwähnt wird. Wenn nur die Bedeutung nicht so trivial wäre! Ein Bambi ist ein verängstigtes, kleines Tier im Wald. Kein ausgesprochen treffender Spitzname für eine Feministin, oder? Und er ist furchtbar nahe an »Dummerchen«.

Das Medienimage, das man mir am Anfang aufdrückte, verfolgt mich noch immer. Neulich sah ein sympathischer Reporter vom Toronto Star einige meiner Bilder und fragte mich, ob ich schon lange male. Überrascht hörte er, daß ich zwei oder drei Jahre lang als Zeichnerin gearbeitet und bereits mein ganzes Leben lang gemalt hatte. Von den vier Wochen, die ich im Playboy Club gearbeitet hatte, wußte er mit Sicherheit. Aber sicher wußte er nicht, daß ich diesen Job annehmen mußte, weil ich von der Polizei in Milwaukee auf die schwarze Liste gesetzt worden war und die Arbeitslosenunterstützung zurückzahlen mußte.

Als ich nach meiner erneuten Verhaftung zum ersten Mal wieder nach Toronto kam, brachte die Sun einen Leitartikel heraus, in dem es hieß: »Sie posierte als Playmate für den Playboy. Wollen wir so eine Person hier in Kanada haben?« Die Wahrheit ist: es war nur ein Job als Kellnerin. Aber die Leute gehen davon aus, daß man dadurch automatisch zur Playmate wird. Und so bleibt der Mythos bestehen und wird zur »Tatsache«.

Anschließend kamen einige männliche Wärter in meinen Zellenblock und wollten ein Autogramm von mir.

»Warum?« hatte ich sie gefragt.

»Sie waren doch in diesem Magazin… im Playboy. Sie waren Playmate…!«

Sie glaubten mir nicht, als ich ihnen erklärte, daß ich mich niemals für diesen Zweck hatte fotografieren lassen.

Sagen Sie selbst, wenn Sie vor fünfzehn Jahren einmal auf einem Pferd gesessen haben, würde man Sie dann als Ex-Reiter bezeichnen? Sicher nicht. Aber so ein Dummerchen bleibt den Leuten ewig in Erinnerung.

•

Viele Menschen sind mir in meinem Leben begegnet. Gute und schlechte. An einige denke ich fast liebevoll zurück, an andere würde ich mich am liebsten überhaupt nicht mehr erinnern. Einige sind meine Freunde geworden; andere haben mir weh getan und mich verletzt. Sie werden sie kennenlernen. Einige werden Sie rührend finden, andere verursachen Ihnen vermutlich eine Gänsehaut.

Sie werden den Jungen kennenlernen, den ich liebte und der es nicht ertragen konnte, wie ich mich veränderte. Sie werden den Mann kennenlernen, den ich geheiratet habe... Ich glaubte, daß ich auch ihn liebte, aber ich wußte nichts von der düsteren Welt, in der er lebte. Sie werden den Privatdetektiv kennenlernen, der von meinem Fall besessen war, den Drahtzieher, der versuchte, mich zu zerstören, den Sträfling, der den Mord »gestand«, für den ich verurteilt wurde, den bewaffneten Räuber, der diesen Mord tatsächlich hätte begehen können, der sich aber Jahre später während einer Geiselnahme selbst erschoß.

Sie werden die Mitarbeiter des Polizeireviers in Milwaukee kennenlernen: einige gute Polizisten und anständige Menschen, aber weitaus mehr grobe und brutale Männer, die nur eines interessiert: Überleben und Profit. Sie werden die Freunde kennenlernen, die ich im Gefängnis traf, den Mann, der mir bei meiner Flucht half, die Frau, die mich verriet, die Anwälte, die mir halfen, die Freunde, die mich unterstützten, die Familie, die mich liebt, und die Juristen, die für mich gearbeitet haben, darunter einige, denen ich seit kurzem wirklich vertraue.

So viele Menschen! Einige durchkreuzten mein Leben und verschwanden in einer Wolke von Bosheit und Bitterkeit; andere dürfen für sich eine kleine Nische beanspruchen, wo ich meine guten Erinnerungen aufbewahre, die an meine Familie und meine Freunde.

Aber trotz allem bin ich diejenige, die im Gefängnis sitzt. Es ist mein Leben, das langsam dahinsickert und das wie kostbares Wasser in einer Wüste gleichgültiger Bürokratie aufgesaugt wird. Hierhin haben sie mich gebracht, und hier bin ich immer noch.

•

Ich glaube, ich hatte eine glückliche Kindheit, obwohl ich viel alleine war. Ich wuchs in einem Stadtteil im Süden Milwaukees mit vorwiegend polnischen und deutschen Nachbarn auf. Meine Mutter und mein Vater sind Katholiken, gute Menschen. Ich habe zwei Schwestern, Colette und Melanie, aber sie sind zehn und dreizehn Jahre älter als ich. Als Kind las ich sehr viel, weil ich so oft alleine war. Ich hatte eine beste Freundin in der Nachbarschaft. Sie hieß Lori Schultz und wohnte in unserer Straße. Lori hatte noch vier Brüder, und mit diesen Kindern tobte ich oft herum. Ich verbrachte viel Zeit mit Lesen und Malen, und meine Eltern unterstützten das.

Wie viele Erwachsene erinnere auch ich mich nur an einige wesentliche Ereignisse aus meiner frühen Kindheit.

Als ich viereinhalb Jahre alt war, hatte ich eine schwere Blinddarmentzündung, und ich erinnere mich daran, als ob es erst gestern gewesen ist, denn dies sollte meine erste, ernüchternde Lektion in Sachen Vertragsbruch werden.

An jenem Abend mußte meine Schwester Colette wieder einmal auf mich aufpassen. Sie war nicht besonders glücklich darüber. Wir saßen also zu Hause, sahen fern und – typisch Kinder – stopften Süßigkeiten, Salami und Popcorn in uns hinein.

Ich klagte über Bauchschmerzen. Meine Schwester dachte, ganz logisch, es sei vom Essen. Ich weiß noch, daß ich meine Knie umschlang und ganz fest an meinen Körper preßte, weil es so weh tat. Ich kann Schmerzen recht gut ertragen und lasse mir nicht viel anmerken. So etwas kann eine echte Last sein, denn wenn man sich nicht hysterisch aufführt, glaubt einem niemand, daß etwas nicht stimmt. Meine Schwester befahl mir, mit dem Weinen aufzuhören. Tat ich es nicht, wollte sie

Spinnen in mein Bett legen – sie war gemein! Als meine Eltern dann nach Hause kamen, wimmerte ich vor Schmerzen. »Mein Bauch, mein Bauch...« Ich hatte hohes Fieber, und sie brachten mich ins Krankenhaus, flach auf dem Rücken liegend und auf einer Bahre festgeschnallt – direkt in den Operationssaal. Ich fühlte mich so klein. Mein Vater versprach mir ein Schaukelpferd aus Holz, wenn ich tapfer sein würde. Mit einer riesigen Narbe wachte ich auf; sie sieht aus wie eine Raupe, und bis heute mag ich ihretwegen keine Bikinis tragen. Trotzdem war ich tapfer bei der ganzen Sache, sogar sehr tapfer. Aber als ich aus dem Krankenhaus entlassen wurde, entschied mein Vater ganz willkürlich, daß ich für Schaukelpferde zu alt war, und so kaufte er mir keines.

Meine Mutter aber vergaß es nicht. Viele Jahre später, als ich schon verheiratet war, schenkte sie mir zu Weihnachten ein kleines, hölzernes Schaukelpferd, das als Christbaumschmuck gedacht war. Sie sah mich an, ich erwiderte ihren Blick, und wir beide hätten fast geweint. Es war ein wundervoller Augenblick.

Später fing ich an, Flöte zu spielen. Ich begann damit in der dritten oder vierten Klasse und spielte noch, bis ich mit der Mittelschule fertig war. Jeden Tag übte ich zwei bis drei Stunden. Ich glaube, es lag am vielen Üben, daß ich überdurchschnittlich gut spielte. Mit dreizehn oder vierzehn Jahren bekam ich Unterricht bei Professor Israel Borouchoffe an der Universität; ich war die jüngste Studentin an der Universität von Wisconsin-Milwaukee. Ich glaube, ich war so etwas wie ein Wunderkind.

In ihrer Jugend hatte meine Mutter davon geträumt, Musikerin zu werden, aber damals investierten Eltern nicht in ein Mädchen, und so erhielt statt dessen ihr Bruder eine Ausbildung als Musiker. Sie wollte es nun bei mir anders machen. Es war ihr Traum, mich eines Tages bei den Milwaukee-Symphonikern spielen zu sehen.

Aber der Haken daran ist: Musik zehrt das ganze Leben auf. Man muß ihr sehr viel Zeit widmen. Vier Jahre lang spielte ich in einem Orchester und anschließend noch einmal vier Jahre in einem anderen. Meine ganze Kindheit schien nur aus Flötenunterricht, Orchesterproben, diesem oder jenem Konzertauftritt und aus Üben zu bestehen. Als Kind habe ich mir nie eine Parade ansehen können – stets lief ich mit meiner Flöte mittendrin. Ich ließ aber nicht zu, daß die Musik mich langweilte oder daß ich ihretwegen alle anderen Dinge des Lebens aus den Augen verlor.

Meine Schulzeit begann in der Grundschule St. Augustine. Danach verbrachte ich ein Jahr in St. Mary's, einer katholischen Mittelschule. Oh ja, katholische Schulen...! Jeden Morgen vor dem Unterricht mußten wir in die Kirche gehen. Damals trugen die Mädchen noch kleine Schleier. Wenn ein Mädchen ihren Schleier vergessen hatte, nahm eine der Nonnen ihr Taschentuch, und das Mädchen mußte dann mit dem Taschentuch auf dem Kopf dasitzen. Richtig demütigend war das.

Schon als Kind spürte ich, daß es bei der Institution Kirche irgendwie verdreht und falsch zuging. Alles schien sich um Geld zu drehen, und Männer spielten die Hauptrolle. Die Priester fuhren nagelneue Cadillacs. Ich war nur ein einziges Mal im Pfarrhaus, und ich glaubte, durch die Himmelstür geführt zu werden. Es war ein ehrfurchtgebietender Ort, aufwendig möbliert, mit Walnußpaneelen, dicken Teppichen und Samtvorhängen. Die Nonnen hingegen hatten ein Gelübde abgelegt, das persönlichen Besitz ausschloß. Im Vergleich zum Pfarrhaus waren ihre Unterkünfte spartanisch. Ich war nur ein Kind, aber ich wußte, daß da irgend etwas fürchterlich verdreht war. Man erlaubte uns nicht einmal, den Nonnen kleine Weihnachtsgeschenke zu machen.

Unsere Nachbarschaft... Da Katholiken keine Verhütungsmittel gestatten, waren große Familien mit dreizehn, vierzehn

Kindern ganz normal. Wenn noch ein Kind unterwegs war – nun denn, es war Gottes Wille... Im Vergleich zu einigen meiner Freunde fühlte ich mich reich. Ich war das letzte von drei Kindern, und mein Vater arbeitete in der Baubranche, die damals florierte. Uns ging es gut. Meine Freunde trugen alle gebrauchte Kleidung.

Auf der anderen Seite fühlte ich mich in großen Familien sehr wohl, weil ihr Haus so voller Leben war und voller Kinder, Gelächter und Spiele. Wegen meiner deutlich älteren Schwestern war ich das einzige Kind in unserem kleinen Haus. Dort war es immer sehr still. Meine Mutter hörte gerne klassische Musik; alles war so perfekt. Wenn ich dann zu meinen Spielgefährten hinüberging, tobten dort vierzehn Kinder herum. Ich liebte große Familien aber noch aus einem anderen Grund. Wenn man zu Hause das einzige Kind ist, ist man zwangsläufig auch das einzige Objekt aller Aufmerksamkeit. Wenn du fünf oder zehn Minuten zu spät kommst, wissen sie es, weil sie auf dich warten. Meine Eltern waren streng. Bei meiner Freundin zu Hause konnten wir eine Stunde zu spät kommen, ohne daß ihre Mutter es überhaupt bemerkte! Ihre Mutter hatte noch zehn andere Kinder, um die sie sich kümmern mußte. Man schenkte ihnen einfach nicht die Aufmerksamkeit, die mir zuteil wurde, und das hielt ich für einen echten Vorteil.

Problematisch am Katholizismus ist, daß alles als Sünde dargestellt wird. Selbst an eine Sünde zu denken ist bereits Sünde. So wächst man schuldbewußt und verschämt auf. Ich habe versucht, mich davon frei zu machen, aber mitunter holen mich diese Gefühle immer noch ein – sie sind eben tief verwurzelt.

In St. Augustine hatte ich ein schockierendes Erlebnis mit einem Priester, das mein Denken über Kirche und Religion stark geprägt hat. Dieser Priester erteilte Schülern der sechsten und siebten Klasse Katechismusunterricht. Er erzählte uns, daß unter fortschrittlichen Theologen offenbar die Theorie vertreten wurde, Maria Magdalena sei die Geliebte von Jesus gewesen. So etwas erzählt man doch nicht Kindern aus der sechsten Klasse! Damals glaubte ich fest an Gott. Jesus liebte ich von ganzem Herzen. Es war blindes Vertrauen. Die Art, wie dieser Mann über Jesus sprach, schien mir so falsch und schmutzig und schockierend, daß ich am liebsten geweint hätte.

Der Priester war auch für den Sportunterricht zuständig, der im Keller der Kirche stattfand, und dort machte er noch weitere, seltsame Bemerkungen: »Wenn ihr Mädchen diese Übung oft genug macht, werdet ihr alle wie Marilyn Monroe aussehen.« Ich dachte nach. Was wollte er damit sagen? Pubertierende Mädchen sind an sich schon sehr gehemmt. Diese Anspielungen auf unsere Körperteile! Es überlief mich eiskalt. Alles, was er tat, war, uns verlegen zu machen und uns Mädchen abzuwerten. Einige hatten schon ihre Periode, und wenn sie sich zu schlecht fühlten, um am Sportunterricht teilzunehmen, machte er sie deshalb lächerlich.

Eines Nachmittages, ich war zwölf Jahre alt, saß ich auf dem Kellerboden. Ich trug lange Hosen und hatte meine Füße über einer Bank gegen die Wand gestemmt. Er sah zu mir herüber und schrie: »Bembenek, nimm deine Füße von der Wand!«

Nun, als pfiffiges Mädchen, dem Autorität zuwider war, hob ich meine Füße von der Wand, ohne sie herunterzunehmen. Er drehte sich um, sah mich wieder an und verlor die Beherrschung. Vor allen anderen Kindern brüllte er: »Gott verfluche dich, Bembenek! Ich habe gesagt, du sollst deine verdammten Füße von der Wand nehmen, du siehst aus wie eine Nutte!« Ich starrte ihn an… ich wußte nicht einmal, was eine Nutte war! Die anderen Mädchen ließen ihre Springseile fallen und standen beim Anblick des fluchenden Priesters, der Gottes Namen so schändlich mißbrauchte, mit offenem Munde da. Mir war klar, was immer Nutte auch bedeuten mochte, es mußte etwas wirklich Schlimmes sein, und das war ich nicht. Also stand ich auf und sagte:»Ich bin keine Nutte!« Worauf er erwiderte:»Wenn du so aussiehst, dann behandle ich dich auch wie eine!« Netter Kerl.

»Geh zurück nach oben ins Klassenzimmer«, schrie er.»Geh mir aus den Augen. Du warst ungehorsam.« Ich sah ihn an und konnte in dem Moment meinen Mund nicht halten.

»Und Sie wissen, was Sie sind!« Ich wußte nicht, was ich da sagte. Ich hatte keine Ahnung, was»schwul« bedeutete oder »Kinderschänder« oder»Frauenfeind«. Ich wußte nur, daß er schlecht war. Ich mußte irgend etwas sagen, und deshalb sagte ich genau das. Dann wollte ich weggehen.

Plötzlich hörte ich die Rufe meiner Freundinnen:»Lauf weg, Laurie!« Ich drehte mich um, und dieser Kerl kam auf mich zugerannt. Zwischen Kirche und Schule gab es einen Tunnel, und ich nahm meine kleinen, dünnen Beinchen in die Hand und rannte hindurch. Der Priester war ein großer, ungelenkiger Mann, der nicht schnell laufen konte; ich hingegen war eine kleine Sprinterin. Bis heute frage ich mich, was er wohl getan hätte, wenn er mich hätte einholen können.

Ich fühlte mich elend. Zu Hause erzählte ich meiner Mutter, daß ich wieder Ärger in der Schule hatte, und erklärte ihr, was passiert war. Mutter war schockiert. Als mein Vater nach Hause kam, erzählte ich die Geschichte noch einmal. Ich will nichts gegen meine Eltern sagen, weil ich sie liebe, aber sie sind dazu erzogen worden, sich nicht aufzulehnen, die Dinge in Ruhe zu lassen, stets anständig zu sein und ein Problem nicht noch schlimmer zu machen. Wäre ich an ihrer Stelle gewesen, ich wäre prompt zum Milwaukee Journal gelaufen und zum erstbesten Anwalt und hätte diesen Kerl ganz schnell verklagt...

Meine Eltern beschlossen, den Pfarrer aufzusuchen. Nach dem Abendessen hielten wir auf dem Weg zum Flötenunterricht am Pfarrhaus, aber der Pfarrer war dermaßen betrunken, daß er nicht einmal mehr klar reden konnte. Er hatte wohl zu viel Wasser in Wein verwandelt.

Mutter und Vater beschlossen, daß ich die Schule verlassen sollte, aber ich weigerte mich, dort wegzugehen. Nein, ich wollte dort bleiben und meine Freunde nicht verlassen müssen. Wäre ich gegangen, hätte es so ausgesehen, als gäbe ich zu, etwas Falsches getan zu haben, und das hatte ich nicht. Das war meine erste hautnahe Erfahrung in puncto Unabhängigkeit.

Wie viele andere Teenager beschritt auch ich einen steinigen Weg zum Erwachsenwerden. Meine strengen Eltern waren von meinem Benehmen nicht gerade begeistert. Ich schätze, ich war ein ziemlich wildes Kind. Teilweise lag meine Rebellion an der Faszination der ausklingenden sechziger Jahre, in denen Ungehorsam Mode war. Wir wollten alle immer noch Hippies sein. Meine Schwester hatte einen Freund mit langen Haaren, und so einen wollte ich auch. Ich hielt meine Schwestern für die coolsten Mädchen auf der ganzen Welt, und ich wollte alles genauso machen wie sie. Ich wollte diese Indienhemden mit den vielen kleinen Spiegeln darauf tragen und Räucherstäbchen anzünden und Sandalen tragen und Haschisch rauchen, um wie sie zu sein. Natürlich war ich viel zu jung, um auch nur eines dieser Dinge zu tun.
Meine Mutter war in den Wechseljahren, als ich gerade pubertierte; in der Taylor Avenue gerieten die Hormone in Wallung! Die ganze Zeit fochten wir irgendwelche Kämpfe aus. Ich wollte Make-up benutzen, und sie ließ mich nicht. Ich durfte nicht einmal einen Anruf von einem Jungen bekommen, und je mehr sie mir verboten, desto stärker lehnte ich mich auf.
Sie beschlossen, daß eine Mädchenschule für mich gut wäre, wo ich ein hübsches, kariertes Röckchen tragen würde. Von

der Ausbildung her gesehen, war St. Mary's die beste Schule im Umkreis; dort las ich Keats, Shakespeare und lernte Latein. Aber das Lehrangebot war unausgewogen; es gab kein Orchester, nur eine kleine Kunstabteilung und ein sehr beschränktes Sportangebot.

Als heranwachsendes Mädchen hat man wirklich keine Chance, außerhalb der Schule mit Jungen in Kontakt zu kommen. In einer reinen Mädchenschule bist du angeschmiert. Von daher gesehen, war St. Mary's eine gute Vorbereitung auf das Gefängnis. Aber ähnlich wie eine Gefangene, die unbedingt das will, was sie nicht bekommen kann, waren wir von Jungen besessen, weil es dort keine gab. Ich glaube nicht, daß man sich in einer Mädchenschule normal entwickeln kann. Ich erinnere mich noch gut an dieses schreckliche Theater. Die Jungen wurden zu uns herübergefahren; es war so peinlich. Wir waren alle so schüchtern. Die Jungen standen an einem Ende der Turnhalle, die Mädchen am anderen, viel zu verstört, um sich miteinander zu unterhalten, weil wir nicht wußten, wie...

Schließlich überzeugte ich durch meine Widerspenstigkeit meine Eltern davon, daß sie ihr Geld verschwendeten, und so kam ich auf eine öffentliche Schule, die Bay View High. Dort langweilte ich mich; wir lasen Bücher, die ich schon vor zwei oder drei Jahren gelesen hatte. Ich verlor das Interesse am Unterricht. Aber ich machte andere Sachen. Ich trat dem Schulorchester bei und wurde Mitglied der Mädchen-Leichtathletikmannschaft. Die Tatsache, daß wir das erste nur aus Mädchen bestehende Laufteam der USA waren, verdeutlicht, wie rückständig man damals noch war.

Die Jungen mußten alle ein handwerkliches Fach lernen; die Mädchen hingegen bekamen Unterricht in Nähen und Kochen. Bis heute habe ich ein Defizit in puncto Haushalt – ich kann nicht kochen. (Zehn Jahre im Gefängnis helfen da natürlich auch nicht weiter!) Zu der Zeit war es mir verhaßt, daß man über mich bestimmte. Ich wollte mit Holz arbeiten und Werkunterricht haben. Ich liebte den Geruch von Holz und die Arbeiten, die man daraus machen konnte. Ich habe nie verstanden, warum ich so etwas nicht machen durfte... Ich konnte nicht begreifen, warum Frauen gewisse Dinge verwehrt wurden, nur weil sie Frauen waren, und warum Hausarbeit geschlechtsspezifisch sein sollte. Ich war Feministin, noch bevor ich dieses Wort zum ersten Male hörte.

Meinen ersten Job bekam ich mit sechzehn, als ich noch zur Schule ging. In meiner Abschlußklasse gab es ein Programm, das den Schülern ermöglichte zu arbeiten, wenn sie nicht völlig durch ihren Unterricht in Anspruch genommen wurden. Meine Noten waren gut genug für einen vorzeitigen Schulabschluß, aber wer will schon eine Sechzehnjährige beschäftigen? Also beschloß ich, in der letzten Klasse einen oder zwei einfache Kurse zu belegen – darunter einen Töpferkurs – und nach der Schule zu arbeiten. Zunächst war ich in einem Schmuckgeschäft tätig, dann als Kellnerin in der Stadt. Eine schöne Ausbildung! In diesem Stadtteil wimmelte es von Zuhältern und Prostituierten, von betrunkenen Seeleuten und ziemlich fertigen Typen. Später kellnerte ich in einem Laden im Südteil der Stadt und war Schuhverkäuferin in einem Kaufhaus. Heute bedaure ich, daß ich nicht studiert habe, aber damals gehörte ich wohl zu den typischen Teenagern meiner Generation.

Ich sah mir die Arbeit der Hilfspolizei an – eher ein Bürojob. Leider fiel mein Geburtstag nicht auf den passenden Stichtag, und ich verpaßte den Einstieg.

Der Sommer, in dem ich meine High School beendete, war der schönste meines Lebens. Mein achtzehnter Geburtstag rückte näher, und ich würde ganz legal Alkohol trinken dürfen. Alles schien möglich. Meine beste Freundin Joanne beschloß, nach Denver auf die Universität zu gehen, und so war es unser letzter, gemeinsamer Sommer. Als Abschlußgeschenk durfte ich zusammen mit Joanne zur Abschlußfeier nach Daytona Beach fahren. Es war meine erste Reise nach Florida.

Dort traf ich Danny, einen Jungen, der auch aus Milwaukee stammte. Vier Jahre lang gingen wir miteinander. Ich liebte ihn über alles! Es ist wirklich schade, daß wir so jung waren, als wir uns kennenlernten. Wären wir älter gewesen, hätte es mit uns funktionieren können, und alles wäre anders geworden. Aber diese Beziehung kam zu früh. Ich fühlte, daß ich mich in einem Übergangsstadium befand, von einem Lebensabschnitt zu einem anderen. Ich war noch nicht bereit. Er wollte gerne heiraten, aber zu diesem Zeitpunkt war eine Ehe das letzte, wonach mir der Sinn stand.

Eher spaßeshalber nahm ich in dem Sommer an einem Wettbewerb teil, bei dem ich ein Stipendium für eine der Handelsschulen, Bryant & Stratton, gewann. Dort machte ich eine Ausbildung im Bereich Verkaufsmanagement für Mode. Der Unterricht fand zu recht ungewöhnlichen Zeiten statt, und so konnte ich nebenbei noch drei weitere Jobs nachgehen. Abends kellnerte ich in einer Bar. An den Nachmittagen arbeitete ich als Kassiererin in einer Apotheke, und wann immer es meine Zeit zuließ, machte ich bei Carter's, einer Firma für Babybekleidung, Inventurarbeiten. Während dieser Zeit fing ich auch mit dem Model-Job an.

•

Selbst heute noch fällt es mir schwer, über diesen Lebensabschnitt zu sprechen, der nicht leicht für mich war. Es ist so viel Unsinn über mich und mein damaliges Aussehen geschrieben worden – als ob das alles wäre, worauf es ankommt. Nach meiner Festnahme waren nicht einmal Frauengruppen in der Lage, hinter diese vordergründigen Aussagen über meine Kleidung, mein Gesicht und meinen Körper zu blicken. Das passiert selbst heute noch. Ein Reporter des »Vanity Fair«, der mich dieses Jahr im Gefängnis interviewte, wollte nicht glauben, daß ich während jener Zeit unglücklich gewesen war. »*Sie waren doch eine Wucht, es lief doch alles wunderbar für Sie! Wie können Sie mir da erzählen, daß Sie unter Depressionen litten?*« *fragte er mich.*

Alles, was sie wollen, ist, mich ständig zum Thema »*Sex*« *zu befragen. Alles, was sie tun, ist, sich immer wieder an dieses eine Kalenderfoto als Pin-up-girl zu erinnern, das ich für* »*Schlitz*« *habe machen lassen (und auf dem ich vollständig bekleidet – wohlgemerkt – als Miss März 1978 abgelichtet wurde). Das hat sich in ihren Köpfen zu einer Art Symbol für meinen Lebenswandel festgesetzt. Warum versuchen sie nur, mich in meinen Körper einzusperren und in diesen grausamen, düsteren Ort, in den sie mich vor nunmehr zehn Jahren gesteckt haben?*

•

Als ich heranwuchs, sagten mir die Leute häufig: »Du bist so groß, du solltest Model werden!« Wenn man so etwas als Kind oft genug hört, wird man neugierig. Also probierte ich es aus. Über das Leben eines Models herrschen viele falsche, vorgefaßte Meinungen. Ich dachte, es müßte wirklich fantastisch sein, und bis zu einem gewissen Grad war es das auch. Aber wissen Sie was? Es ist nicht unbedingt anspruchsvoll. Ich verstand selbst nicht, warum mich dieser Job nicht glücklicher machte, den ich, wie ich glaubte, doch wollte, aber er war völlig unbefriedigend. Man behandelte mich wie eine Kleiderpuppe. Jeder ist herablassend zu dir, und die Fotografen sind Primadonnen der übelsten Sorte.

Damals war ich reichlich naiv, ein Teenager ohne klare Lebensvorstellung. Ich probierte mal dieses, mal jenes und wußte noch nicht, was ich wollte oder wer ich war. Ich lehnte es ab, Dessous vorzuführen, und machte auch nie Aktaufnahmen. Ich wußte, daß ich meinem Vater die Fotos zeigen wollte, wenn ich nach Hause kam, und zwar ohne mich dafür schämen zu müssen. Der Kalender war das Heikelste, was ich je gemacht habe. Als ich dafür posierte, war ich achtzehn Jah-

26

re alt; das Bild wurde vor nunmehr fünfzehn Jahren aufgenommen. Warum wird es immer wieder gezeigt? Etwas Vergleichbares habe ich kein zweites Mal getan!

Eine Zeitlang arbeitete ich für The Limited, ein Laden mit gehobener Konfektionsmode. Ich verkaufte Designer-Kleider, die zwischen dreihundert und vierhundert Dollar kosteten. Die Angestellten wurden von der Geschäftsleitung aufgefordert, während ihrer Arbeitszeit die Modelle des Hauses zu tragen, aber selbst bei dem Angestelltenrabatt von vierzig Prozent waren sie sehr teuer. Mein Kleiderschrank hängt wahrscheinlich immer noch voll von dem ganzen Zeug.

1978 begann ich, für die Firma Boston Store als Plakatgestalterin zu arbeiten. Das gefiel mir sehr. Den ganzen Tag lang stand ich auf Leitern, entwarf Plakate und Zubehör und half, den Überfluß unseres kapitalistischen Konsumsystems in Gang zu halten. Ich war glücklich. Der Job war kreativ, und ich stand nicht unter dem Druck, etwas verkaufen zu müssen. Ich mochte den Laden und auch die anderen Angestellten. Bis heute schreiben mir einige von ihnen. Darüber hinaus gab ich Achtklässlern Unterricht in einem Wahlfach zum Thema Gesundheit und Schönheit und jobbte nebenbei noch in Vic Tanny's Fitness-Club.

Aber ich war ungeduldig. Ich war immer ungeduldig. Ich wollte ein wenig Autorität, ein wenig Verantwortung, aber die Geschäftsleitung akzeptierte keinen Mitarbeiter unter vierundzwanzig Jahren für das Management-Programm. Damals war ich neunzehn, und vierundzwanzig schien in unerreichbarer Ferne zu liegen. Dann wurde das Geschäft verkauft. Wieder fing ich an, über die Arbeit bei der Polizei nachzudenken. Schon lange hatte ich diesen Gedanken im Hinterkopf. Mein Vater war eine Weile Polizist gewesen, bei der Militärpolizei in der Armee und später dann bei der Polizei in Milwaukee.

Niemals sagte mir mein Vater, daß ich gewisse Dinge nicht tun

27

könnte, nur weil ich eine Frau war. Nie. In der Beziehung war
er ein außergewöhnlicher Mann. Meine Mutter glaubt nicht,
daß er der progressivste Mann der Welt ist, und in gewisser
Hinsicht hat sie damit recht. Aber seine Töchter hat er immer
nur ermutigt.

Zur gleichen Zeit bröckelte meine Beziehung mit Danny. Diese Beziehung... oh ja, sie war fast schon zur Gewohnheit geworden. Wir konnten nicht ohne einander leben, aber miteinander auch nicht. Es war kompliziert. Ich wohnte bei meinen Eltern und konnte es mir gerade leisten, ein Auto zu
fahren. Damals waren die Löhne so niedrig, daß ich zwei Jobs
hatte: von acht bis fünf Uhr nachmittags im Boston Store und
anschließend von sechs bis zehn Uhr abends bei Vic Tanny.
Das war nicht ungewöhnlich; viele Leute, besonders Frauen,
nahmen mehrere Stellen an, um überleben zu können. Ich
konnte es mir einfach nicht leisten, bei meinen Eltern auszuziehen.

Offiziell lebten Danny und ich also nicht zusammen, obwohl
wir es eigentlich doch taten. Die gemeinsamen Jahre mit ihm
erscheinen mir heute als die wahrscheinlich glücklichste Zeit
meines Lebens. Wir trugen noch nicht die Verantwortung der
Erwachsenen. Für uns zählten ganz banale Dinge wie der
neueste Disco-Tanz, oder wir versuchten, uns gegenseitig darin zu übertreffen, wer beim Sonnenbaden brauner wird. Ich
wünschte, ich hätte heute solche Probleme. Mit Danny hatte
ich die ganze Zeit über Spaß. Ach, wirklich, wenn ich daran
zurückdenke...!
Nein, ich darf nicht daran denken. Nicht jetzt.
Ich wurde bald sehr unglücklich mit meinem Model-Job und
fing an, diese Arbeit zu hassen. Meine anderen Tätigkeiten
führten zu nichts. Ich wußte nicht, was ich wollte. Ich wußte
auch nicht, warum ich unglücklich war. Irgendwie war das
lächerlich. Ich mußte doch nur die Gelegenheit beim Schop-

fe packen, doch das war mir damals nicht bewußt. Ich wußte ja nicht, wie ausgesprochen miserabel es einem Menschen gehen konnte.

Ich wurde einundzwanzig und bewarb mich bei der Polizei. Wozu das führte, wissen wir ja.

Eine äußerst kluge Entscheidung, nicht wahr?

2

OFFICER BEMBENEK

Kurz vor meinem einundzwanzigsten Geburtstag entdeckte ich in der Zeitung einen Artikel, in dem stand, daß die Polizei von Milwaukee dringend um Bewerbungen bat. Zur Erfüllung der staatlichen Bestimmungen wurden besonders Frauen und Minderheiten aufgefordert, sich zu bewerben. Eifrig machte ich mich wieder auf den Weg in die Stadt.

•

Oh Gott, warum bin ich nur dorthin gegangen? Warum hielten mich die Götter der Zukunft nicht davon ab? Warum rannte ich nicht weg? Ich hätte es getan, ich hätte es einfach tun müssen, wenn ich nur gewußt hätte... Ich hörte den Geschichten meines Vaters zu, die er über die Polizei erzählte – natürlich keine von den üblen Geschichten, sondern nur die romantischen. Warum habe ich ihm nur zugehört?

Vater war nicht besonders lange Polizist. Heute sagt er, daß er den Beruf haßte, die Korruption und die seltsame Beweisführung und die Doppelzüngigkeiten. Vielleicht dachte er, daß es bei mir anders sein würde.

Eigentlich ist er von Beruf Zimmermann, und zwar ein ausgezeichneter. Er ist ein stattlicher Mann mit großen Zimmermannshänden. Manchmal habe ich ihm bei seiner Arbeit geholfen, und er sagte mir, daß auch ich das Zeug zu diesem Beruf hätte. Ich konnte gut mit Holz arbeiten. Natürlich bin ich kein Kunsttischler, aber meine Arbeiten sind auch nicht schlampig. Ich hätte Zimmermann werden sollen, nicht Polizistin. Ich hätte Zimmermann werden sollen, nicht Strafgefangene.

Aber jetzt sitze ich schon zehn Jahre hier drinnen, zehn Jahre,

in denen ich die Bäume und ihr Grün durch schmale, vergitter-
te Fenster betrachtet habe; das Grün der Bäume vor dem wei-
ten Himmel.
Den Zaghaften kann dieses »Hätte-ich-doch-nur« zur Falle
werden.

•

Man lud mich zu einem ersten Bewerbungsgespräch auf das
Polizei-Revier meines Distriktes ein. Sportlich in Jeans und T-
Shirt gekleidet, parkte ich meinen Wagen und betrat das Ge-
bäude. Viele Jahre war ich nicht mehr dort gewesen.

Ich setzte mich auf eine harte Bank und überhörte die lär-
menden Polizisten im Hintergrund, die darüber debattierten,
wer das Abendessen von der Imbißbude holen sollte. Dann
bemerkte mich einer von ihnen und lächelte.

»Sagen Sie bloß nicht, Sie warten auf ein Bewerbungsgespräch? So ein hübsches, kleines Ding wie Sie will doch nicht
etwa ein großer, böser Polizist werden?«

»Polizistin!« korrigierte ich ihn. Das war schon einmal ein
guter Start.

Ein anderer Cop spottete: »He, teil sie meiner Gruppe zu! Ich
werde ihr dann ein paar Sachen beibringen!« Schallendes
Gelächter ertönte. An solche Bemerkungen haben Frauen
sich wohl schon gewöhnt.

Zu meiner Erleichterung rief mich ein Sergeant dann in sein
kleines, stickiges Büro. Er war ein freundlicher Mann, etwa
Mitte vierzig, und die Knöpfe seines Uniformhemdes spann-
ten deutlich sichtbar über seinem Bauch. Er erklärte mir, daß
der Bewerber Angaben zu seiner Person machen müßte, die
anschließend überprüft und ausgewertet würden.

Nach einigen Monaten erhielt ich die schriftliche Mitteilung,
daß ich mich für eine schriftliche Prüfung qualifiziert hatte.
Bei diesem Test versuchte ich, jede Frage genau zu analysieren, um herauszufinden, was man von mir wissen wollte. Meine Antworten müssen akzeptabel gewesen sein, denn mehre-

31

re Monate später wurde ich benachrichtigt, daß ich die Prüfung bestanden hatte.

Als nächstes folgte ein körperlicher Eignungstest. Dabei ging es um Schnelligkeits- und Kraftübungen. Ich las mir die Liste der Übungen durch. Bis auf einen Test, bei dem man eine ein Meter achtzig hohe Mauer überwinden mußte, erschienen sie mir nicht zu schwer. Ich suchte in der ganzen Stadt nach einer solchen Mauer, an der ich üben konnte. Aber ich konnte nichts Passendes finden.

In der Nacht vor dem Eignungstest konnte ich nicht schlafen. Während ich mich hin und her wälzte, mußte ich immerzu an diese verrückte Mauer denken. Als das fahle Licht der Morgendämmerung durch mein Fenster drang, gab ich den Versuch zu schlafen auf und stieg brummig aus dem Bett.

Meine Eltern waren schon wach; ich hörte wie die Kaffeekanne im Spülstein ausgewaschen und der Toaster angestellt wurde. Schnell zog ich mich an und sprach noch ein stilles Gebet, bevor ich das Haus verließ, um zur Polizeischule zu fahren.

»Ich verspreche, von jetzt an jeden Sonntag in die Kirche zu gehen, wenn ich nur diesen Test bestehe...«

Ich lief Sprint- und Langstrecken. Ich hing mit dem Kopf nach unten, bis ich das Gefühl hatte, daß meine Augen hervorquollen. Dann mußte ich einen hundertfünfzig Pfund schweren Dummy in weniger als zehn Sekunden über eine Distanz von mehreren Metern ziehen. Mit Hilfe eines speziellen Meßinstrumentes wurde die Greifkraft meiner Hände bestimmt. Die Mauer kam zum Schluß.

Zusammen mit den anderen Bewerbern stand ich in einer Reihe. Judy, die junge Frau hinter mir, erzählte von ihren Fortschritten an diesem Tag. Sie befürchtete, nicht über die Mauer zu kommen. Auch ich gestand meine Angst vor diesem Hindernis ein. Es war erleichternd zu wissen, daß ich nicht die einzige war, die sich unsicher fühlte.

Glücklich fuhr ich nach Hause zurück. Ich hatte alle Tests bestanden, selbst über die Mauer war ich flink wie ein Eichhörnchen geklettert. Ich war sicher, daß der schwierigste Teil nun vorbei war.

Ein weiterer Monat verging. Dann erhielt ich die Aufforderung zu einer medizinischen Untersuchung. Alle weiblichen Bewerber mußten sich einer Unterleibsuntersuchung unterziehen. Bei dem Gedanken daran verzog ich das Gesicht.

Mit einem Becher Urin in der Hand und mit einem dünnen, weißen Papierhemd bekleidet, stand ich da und fühlte mich, als wäre ich soeben in die Armee eingetreten. Der untersuchende Arzt fragte mich, ob ich die Pille nähme. Was ging ihn das eigentlich an? Trotzdem antwortete ich.

Später wurde mir klar, daß sie wissen wollten, ob eine Frau sexuell aktiv war oder nicht. Für Männer gab es natürlich keine entsprechende Frage. Ich wußte, daß die Polizei in der Vergangenheit schon Beamte wegen »sexueller Kontakte außerhalb des heiligen Standes der Ehe« und auch wegen sogenannter »wilder Ehe« entlassen hatte. Praktisch waren solche Dinge im Jahre 1979 in Wisconsin illegal, obwohl natürlich nie jemand wegen außerehelichen Zusammenlebens verhaftet wurde.

Noch einmal vergingen einige Monate, bis ich zu einer mündlichen Prüfung vor dem Feuerwehr- und Polizeiausschuß bestellt wurde. Dabei wurde ich zu hypothetischen Fällen befragt, und jede meiner Antworten wurde genau notiert.

Sie fragten mich auch, warum ich Polizistin werden wollte. Ich versuchte, ehrlich zu sein. Nervös blickte ich jeden einzelnen Prüfer an, um irgendeine Reaktion zu erkennen, aber sie notierten nur still das, was ich sagte.

Zum Schluß bedankten sie sich. Später stellte sich heraus, daß ich trotz meiner Zweifel sehr gute Noten bekommen hatte. Ich war ganz aufgeregt. Jetzt war es nur noch eine Frage der Zeit, bis ich meine Zulassung für die Polizeischule erhielt.

33

Fast ein Jahr war vergangen, seit ich das Bewerbungsformular ausgefüllt hatte.

Nun mußte ich abwarten. Geduld war noch nie meine Stärke gewesen, und als die Zeit verstrich, wurde ich immer unruhiger. An meiner Arbeit im Boston Store verlor ich immer mehr das Interesse. Aber da ich noch Urlaubsanspruch hatte, kündigte ich nicht.

Danny und ich hatten Probleme. Es schien, als würde er sich von mir distanzieren. Offenbar waren wir nicht in der Lage, einen Abend ohne Streit zusammen zu verbringen. Danny zeigte sich von meinen beruflichen Plänen nicht gerade begeistert, um es einmal so auszudrücken. Wenn ich von der Polizeischule sprach, zuckte er nur mit den Schultern. War es nur noch Gewohnheit zwischen uns? Wir glaubten, verliebt zu sein. Seit vier Jahren waren wir nun zusammen. Ich liebte ihn, und ich dachte, wenn wir beide eine Weile alleine wären, könnten wir das retten, was uns so lange Zeit so viel bedeutet hatte. Wir sprachen darüber, eine oder zwei Wochen lang gemeinsam zu verreisen.

Doch dazu sollte es nicht kommen. Gerade als wir unseren Urlaub gebucht hatten, wurde mir der Einstellungstermin für die Polizeischule mitgeteilt: der 10. März 1980.

Danny und ich kamen gerade von einer Skitour zurück. Mit nassen Skiern unter dem Arm betrat ich das Haus durch die hintere Tür, wo ich meinem Vater in die Arme lief. Er hielt den Umschlag mit der Benachrichtigung in der Hand. Seine Neugier war so groß gewesen, daß er ihn bereits geöffnet hatte. Ich las den Brief und zeigte ihn Danny – lächelnd und glücklich.

»Was? Der 10. März?« rief er plötzlich. »Laurie, das ist mitten in unserem Urlaub!«

Wir diskutierten eine Weile. Ergebnislos. Als er ging, knallte er die Tür hinter sich zu.

Ich hatte so lange auf diesen Bescheid gewartet! Ich hatte hart dafür gearbeitet. Ich wollte diese Ausbildung machen. Warum konnte er das nicht verstehen? Vielleicht könnten wir noch einen Kurzurlaub vor meiner Ausbildung einlegen, dachte ich optimistisch. Meinen Job hätte ich ja früher als geplant beenden können.

Ich hatte soeben meine Skischuhe, die Brille und die Stöcke im Dielenschrank verstaut, als in der Küche das Telefon läutete. Es war Danny. Er weigerte sich, einem Kompromiß zuzustimmen. Es sei unmöglich für ihn, zu einem anderen Zeitpunkt seine Ferien in der Schule und bei seiner Teilzeitarbeit zu koordinieren. »Jetzt können uns darauf gefaßt machen, daß uns das Reisebüro die Stornokosten präsentiert«, meinte er.

Eine halbe Stunde später rief er noch einmal an, um mir mitzuteilen, daß er jemanden gefunden hätte, der an meiner Stelle mit ihm diesen für uns so besonderen Urlaub antreten würde – einen Jungen aus seiner Nachbarschaft. Das war es also. Danny hatte sich dazu entschlossen, eine Trennung herbeizuführen.

•

Mir blieben noch drei Wochen bis zum Beginn der Ausbildung, und ich hatte vom Boston Store bezahlten Urlaub bekommen. Ich wollte so gerne irgendwohin fahren. Ich wußte, daß es ein ganzes Jahr dauern würde, bis ich wieder Ferien machen konnte.

Ich war gerade bei der Polizeiverwaltung in der Stadt, um ein paar letzte Formalitäten zu erledigen, als mir Judy Zess über den Weg lief, die Frau, die bei dem Eignungstest auch so große Angst vor der Mauer gehabt hatte. Ich erzählte ihr von meinem Plan, vor Beginn der Polizeischule Urlaub zu machen.

»Ich würde auch gerne Ferien machen. Irgendwo, wo es warm ist. Immerhin steht uns harte Arbeit bevor. Hast du schon irgendwo etwas gebucht?«

»Ja, ein Hotelzimmer in Miami. Den Flug zu bekommen war da schon schwieriger.«

»Fährst du alleine?«

»Ich schätze ja.«

»Wenn noch ein Flug frei ist, könnte ich dich in Miami treffen. Wir könnten viel Spaß zusammen haben.«

»Klingt gut«, sagte ich.

Eine Woche später flog ich nach Florida. Judy schloß sich mir dort an. Das Wetter war zwar schon etwas kühl, aber trotzdem verbrachten wir eine schöne Zeit. Judys Intelligenz und ihre Direktheit beeindruckten mich. Sie sprach fließend Französisch und erzählte mir, daß sie es als Austauschschülerin in der Schweiz gelernt hatte.

Sind diese ersten Eindrücke nicht wundervoll? Zwei Jahre später sollte diese Frau vor Gericht gegen mich aussagen.

Während unseres Urlaubs gab es einen unschönen Zwischenfall, dem ich damals allerdings keine große Bedeutung beimaß. Ein Mann hatte Judy einige Male zu einem Drink eingeladen. Er erzählte mir, Judy hätte ihm gesagt, sie wäre ganz verrückt danach, mit mir zu schlafen. Ich war schockiert. Dann lachte ich darüber. Sicher hatte sie einen Scherz gemacht. Ich hielt es für so absurd, daß ich sie nicht einmal darauf ansprach.

•

Der Spaß hörte an der Türschwelle zur Polizeischule auf. Eine derartig militärische Atmosphäre hatte ich nicht erwartet. Selbst die Grundausbildung beim Marinecorps hätte einem Vergleich mit den leidvollen und strapaziösen einundzwanzig Wochen, durch die wir hindurch mußten, nicht standhalten können. Ich hatte den Eindruck, daß man es darauf anlegte, den Rekruten ihre Identität zu nehmen und alles, was zur Individualität und Persönlichkeit beitrug. Wir waren blaue Maschinen, Abziehbilder der anderen. Wir wurden auf blinden Gehorsam gedrillt, auf selbstlose Hingabe. Die Vorschriften und Bestimmungen der Polizei waren ursprünglich für Männer aufgestellt worden, da es damals noch keine weiblichen Beamte gab. Für die weiblichen Rekruten hatte die Polizeischule ungeschriebene Gesetze eingeführt, die willkürlich angewendet wurden. Erlaubt waren weder Make-up, noch Nagellack und auch keine langen Haare. Es ist schwer, jahrelange Sozialisierungsprozesse plötzlich ignorieren zu müssen, und ohne all diese Dinge fühlte ich mich zunächst fast nackt. Eine allmorgendliche Inspektion durch unseren Vorgesetzen gewährleistete unser perfektes Erscheinungsbild. Unsere schwarzen Schuhe mußten glänzen, unsere marineblauen Uniformen hatten fusselfrei und die Messinggürtelschnalle poliert zu sein.

Neben der eingehenden Prüfung unseres Äußeren wurde das Gedächtnis trainiert. Wir mußten die Tagesberichte auswendig lernen, in denen alle Verbrechen, die am vorangegangenen Tag in der Stadt bekannt geworden waren, aufgelistet wurden, alle Kapitalverbrechen, alle kleineren Delikte sowie alle als vermißt gemeldeten Personen und alle gestohlenen Autos. Wir lernten Täterbeschreibungen, die Namen von Opfern, die Zulassungsnummern von Autos. Es war anstrengend und mitunter auch ziemlich lächerlich. Es gab weder Entschuldigungen noch Ausnahmen. Die Richtlinien waren klar.

Wir unterzogen uns einem täglichen, harten Training; dazu gehörte Laufen, Gewichtheben, Gymnastik, Volleyball und Selbstverteidigung. Da mir der Sport ausgesprochen viel Spaß machte, engagierte ich mich sehr. Und ich war gut. Beim Laufen und Gewichtheben war ich ebenso gut wie einige der besten Männer in der Klasse. Man wetteiferte miteinander, es war eine Herausforderung, und einigen männlichen Rekruten machte es Spaß, sich mit mir zu messen. Unsere Klasse bestand aus fünfundfünfzig Rekruten, darunter neun Frauen. Wir lernten, wie man Unfälle aufnahm und Berichte schrieb.

Der Unterricht beinhaltete außerdem Verkehrsrecht, kriminologische Untersuchungen, rechtliche Bestimmungen bei Fahndungen und Festnahmen, defensives Fahren und einen Kurs über die abteilungsinternen Regeln. Wir schossen mit Gewehren und mit Faustfeuerwaffen. Wir wurden in Erster Hilfe und in Wiederbelebung ausgebildet. Es entwickelte sich ein Gefühl der Kameradschaftlichkeit. Spitznamen entstanden – so auch »Bambi«.

Jeden Tag sahen wir um die Mittagszeit einen Lehrfilm. Dabei wechselten die Themen täglich, die Darstellungen der Verbrechen und der Situationen variierten. Ich kämpfte mich durch einen Film über eine Notgeburt, der uns auf einer riesigen, zweieinhalb mal drei Meter großen Leinwand vorgeführt wurde. Als der Damm riß, entfuhr es einem Rekruten: »Jesus! Da paßt ja ein Lastwagen durch!« Welch subtiler, männlicher Humor!

Ich hatte den Film beinahe überstanden, der nur meine Abneigung gegen das Kinderkriegen bestärkte. Bei jeder Wehe zuckte ich zusammen. Als die Plazenta sichtbar wurde, stürzte ich aus dem Klassenzimmer. Als ich noch immer weiß im Gesicht wieder zurückkam, hänselten mich die Männer, weil ich hinausgelaufen war.

»Den besten Teil hast du verpaßt! Sie haben gezeigt, wie du deinen Schnürsenkel zum Abbinden der Nabelschnur einsetzen mußt«, informierte mich ein Rekrut und grinste dabei.

»Wie bitte?«

»Stell dir vor, eine Schwangere beschließt, an einer Straßenecke oder in einem Fahrstuhl niederzukommen, und du hast deinen Erste-Hilfe-Kasten nicht dabei!«

»Ich kann dir sagen, was ich tun würde«, versicherte ihm ein anderer. »Ich würde meinen Schnürsenkel nehmen, ihr damit die Knie zusammenbinden und sie mit Blaulicht und Sirene ins Krankenhaus fahren, wo sie hingehört!«

»Gott sei Dank sind Polizisten nicht mehr zu Krankentransporten verpflichtet«, sagte ich. Vor einigen Jahren hatte man in Milwaukee diese Regelung abgeschafft.

Einige Tage später erhielten die Frauen ihre Revanche für diesen Vortrag. Dieses Mal trug der Film den Titel Mansfield, Ohio Exposé. Schauplatz war eine öffentliche Toilette im Mansfield-Gefängnis. Sehr zum Entsetzen und zur Verlegenheit der männlichen Rekruten sahen wir Szenen von Oral- und Analverkehr zwischen den Männern, die diese Toilette aufsuchten. Unter den Inhaftierten befanden sich verheiratete Lehrer, Rechtsanwälte, Familienväter und ein bekannter Athlet. Am Ende des Films kicherten die weiblichen Rekruten vergnügt beim Anblick des Haufens verlegener, hochroter Kollegen im Raum.

Ich hatte allerdings ein anderes Problem mit dem Film, dessen Intention es war, die Mißbilligung der Polizeischule über eine aktuelle Gesetzesvorlage zum Thema Sex zwischen mündigen Erwachsenen auszudrücken. In den Gesetzbüchern gab es neben den archaischen Maßstäben für »illegales, außereheliches Zusammenleben« auch eine Regel über »Unzucht«. Mit dem Mansfield-Film wollten unsere Vorgesetzten ihre Meinung deutlich machen, daß eine Legalisierung aller Sexualpraktiken zwischen erwachsenen Menschen nur eine Ermutigung für Homosexuelle, Lesbierinnen und Kinderschänder wäre, also all derer, die sie für »unnormal« hielten.

Blackburn, ein für seine extrem lockere Ausdrucksweise bekannter Lehrer, gab uns eine Lektion in Straßenjargon. »Gehen wir einmal davon aus, daß alle hier anwesenden Officer aus guten, gottesfürchtigen Häusern kommen und daß Sie alle intelligente Leute mit guter Kinderstube sind. Wenn Sie draußen auf der Straße arbeiten, werden Sie schnell feststellen, daß es dort eine Menge ziemlich heruntergekommener Leute gibt. Sie werden sich an deren Sprache gewöhnen müssen, weil diese Leute sie benutzen, um Sie zu schockieren, um Sie dazu zu bringen, daß Sie die Nerven verlieren. Geben Sie

keinem die Genugtuung, daß Sie das auf die Palme bringt!«
Er lief im Zimmer umher. »Besonders gilt das für die Frauen
unter Ihnen! Sie werden sich damit abfinden müssen, für die
meisten Menschen ein ungewohnter Anblick zu sein. Die
Leute sind daran gewöhnt, den Polizisten von nebenan zu sehen. Frauen werden auf der Straße weit öfter belästigt.«
Ich beobachtete ihn, während er auf- und abmarschierte.
»Ich will damit nicht sagen, daß Sie alles schlucken müssen.
Wenn sich andere Leute durch beleidigendes Fluchen belästigt fühlen, können Sie den Betreffenden wegen ordnungswidrigem Verhalten festnehmen. Werden solche Kommentare aber nicht in Gegenwart anderer Leute abgegeben, haben
Sie kein Recht, diese Maßnahme zu ergreifen. Jemand kann
zu Ihnen sagen, was immer er will. Verlieren Sie die Nerven,
und es kommt zu einer Auseinandersetzung, dann haben Sie
vor Gericht nicht die leiseste Chance.«
Er baute sich vor Linda Palese auf. »Nehmen wir an, zwei
Kerle kommen während Ihres Streifendienstes auf Sie zu und
sagen: Sieh einer an! Wen haben wir denn hier? Eine Bullen-
schnalle!« Sie wurde rot, aber er machte weiter. »He, warum
schleppst du diesen Gummiknüppel mit dir herum? Kannst
du keinen Mann finden?« Sie errötete in drei Farbnuancen,
und jeder in der Klasse lachte. Dann drehte er sich um und
sah mich an. Ich hörte auf zu lachen.
»Bembenek! Geht deine Mutter immer noch auf den Strich?«
»Nur am Wochenende, Sir«, erwiderte ich und spielte sein
Spiel mit.
Natürlich war dies eine Übung in Selbstbeherrschung, die
verdeutlichen sollte, was auf der Straße passieren konnte. Ich
verstand, was er damit herüberbringen wollte. Blackburn war
ein exzellenter Ausbilder und mit zweiundzwanzig Dienstjahren ein Veteran bei der Polizei. Seine Erfahrungen waren
bemerkenswert, seine Kriegsgeschichten humorvoll und seine Absichten im Grunde gut.

Nach diesem Zwischenfall kam Palese nicht wieder. Vielleicht hatte sie erkannt, daß sie diesen Beruf nicht mochte.

Blackburn sah mir ständig über die Schulter, beobachtete argwöhnisch meine Arbeit, mein Auftreten und mein Verhalten. Ganz besonders liebte er es, mich bei irgendwelchen Verstößen gegen die Vorschriften zu erwischen, um mir dann einen unserer üblichen Disziplinarverweise zu erteilen. Das war mir gleich aufgefallen, und daher war ich ganz besonders auf der Hut, wenn ich ihn in meiner Nähe wußte.

Im April bekamen wir die Beurteilung für die ersten vier Wochen unserer Ausbildung. Von allen Sergeants und Ausbildern erhielt ich gute Noten; besonders von meinen sportlichen Leistungen beim Laufen und im Kraftraum waren sie beeindruckt. Es gab nur drei Männer, die schneller liefen als ich.

Nachdem wir unser Zwischenzeugnis erhalten hatten, war ein schwergewichtiger Mitschüler namens Duthie weg. Niemand in der Klasse wußte, ob er entlassen worden war oder ob er gekündigt hatte. Einigen von uns jagte das einen Schrecken ein.

Unterdessen erwischte Blackburn mich weiterhin bei Klimmzügen an den Türen und knallte mir Berichte auf den Tisch zurück, die ich mit blauer statt mit der vorgeschriebenen schwarzen Tinte geschrieben hatte. Selbst kleinste Fehler bemerkte er, und für jeden wurde ich hart bestraft.

Einige Wochen später, als er mich erneut wegen einiger Korrekturen in sein Büro zitierte, setzte er sich in seinen Sessel und sah mich an. Ich erwiderte seinen Blick.

»Unter uns, Bembenek, Sie wissen, daß ich Sie in gewisser Weise ganz schön geärgert habe.«

»Haben Sie das, Sir?« fragte ich unschuldig.

»Ja. Ich glaube, wir liegen auf der gleichen Wellenlänge. Ich habe versucht herauszufinden, aus welchem Holz Sie geschnitzt sind. Ich dachte, ich könnte Sie auf die Palme bringen oder dazu, daß Sie die Nerven und Ihre Selbstbeherrschung verlieren... oder Sie zum Weinen bringen. Aber Sie haben sich gut verhalten, Bembenek. Sie werden es schaffen.« Etwa eine Woche danach gab eine andere Mitschülerin auf. Sie hieß Janet Shadewald. Ich mochte sie und dachte, daß sie eine gute Polizistin sein würde. Wieder wußte niemand, was passiert war.

Eines Morgens traf ich sie auf dem Flur und sah, daß sie geweint hatte. Sie trug Zivil und war mit dem Inhalt ihres Spintes beladen. Ich fragte mich, ob man sie entlassen oder ob sie von selbst aufgegeben hatte.

Zu Hause nahm mich das Aufarbeiten des Unterrichtsstoffes und das Auswendiglernen der Regeln und Gesetze voll in Anspruch. Ich mußte meine Mutter bitten, mir beim Waschen und Bügeln meiner Uniformen zu helfen. »Was ich brauche ist eine Ehefrau!« dachte ich zynisch.

Mitten in dieser Hektik kam Danny aus den Ferien zurück. Er schien ein anderer geworden zu sein. Ich fragte ihn, ob er eine andere Frau kennengelernt hatte, aber er verneinte. Wir stritten uns ununterbrochen.

»Ich hasse diesen aufgedonnerten Haarschnitt«, meckerte er mich an. »Warum willst du so einen Macho-Job?«

»Meine Haare wachsen wieder. Aber wie kannst du behaupten, daß ich mich verändert habe? Es ist nur mein Äußeres!«

»Es ist nicht nur das«, beharrte er, »dieser Job zerstört unsere Beziehung. Erst hat er unseren Urlaub kaputtgemacht, und jetzt macht er alle unsere gemeinsamen Aktivitäten kaputt, weil du dauernd lernen mußt oder zu müde bist, um auszugehen. Und du hast dich auch verändert. Du fluchst sehr viel. Das ist nicht sehr weiblich.«

Möglich, daß ich mich verändert hatte. Ich war eben nicht mehr siebzehn. Vielleicht war ich ihm entwachsen.

»Seit wann spielt das eine Rolle? Du fluchst auch sehr viel«, sagte ich.

»Das ist etwas anderes, Laurie. Ich bin ein Mann.«

»Du machst mich wahnsinnig!« schrie ich. Toller Dialog, nicht wahr?

Wir stritten uns immer häufiger, und unsere Versuche, die Harmonie wiederherzustellen, wurden immer sinnloser. Bei jedem Streit ging es irgendwie um meinen Beruf.

So war ich gezwungen, mich zu entscheiden zwischen dem Mann in meinem Leben und einer beruflichen Karriere, die ich wollte. Was ich dabei am stärksten spürte war Wut. So lange hatte ich mich auf den Job vorbereitet und eine Reihe schwieriger Prüfungen absolviert. Aber statt stolz auf mich zu sein, war Danny voller Groll. Ich fragte mich, ob er nicht vielleicht eifersüchtig war, weil ich so gut verdiente.

Ich begann, ihn aus einer neuen Sicht zu betrachten, aber auch mit meiner älteren, feministischen Einstellung. Er schien so... überholt zu sein. Er war hoffnungslos traditionell, konventionell, mit der ganzen sexistischen Doppelmoral jener Zeit.

Er versuchte, mich davon zu überzeugen, daß eine Hochzeit in seiner Kirche, gefolgt von Ehe und Kindern, das einzig mögliche Leben für uns wäre. Ich sagte ihm, daß ich nicht heiraten und auch niemals Kinder haben wollte, und selbst wenn ich doch einmal heiraten sollte, dann müßte ich vorher einen Beruf haben. Ich fühlte mich nicht verpflichtet, in seiner Kirche vor den Altar zu treten, und auf keinen Fall beabsichtigte ich, meinen Namen zu ändern.

Liebte ich ihn? Wenn ich es tat, dann mußte es eine körperliche Liebe sein. Wir waren doch so verschieden, was Religion und Politik anging, und unsere Ziele schienen unvereinbar. Ich konnte doch nicht einfach mein ganzes Ich aufgeben. Und daher griff ich an einem ruhigen Samstag nachmittag zum Telefon, und wir trennten uns.

3

Erste Schwierigkeiten

Blackburn hatte weiterhin ein Auge auf mich. Eines Tages prüfte er unsere Beobachtungsgabe. Nachdem der reguläre Unterricht beendet war, ging er an das hintere Ende des Klassenzimmers und forderte alle auf, sitzen zu bleiben und nach vorne zu sehen.

»Nun gut, Officer!« rief er. »Sie alle haben eben einen Verdächtigen über eine Stunde lang angestarrt, nämlich mich. Officer Bembenek, beschreiben Sie diesen Verdächtigen.«

»Mist!« dachte ich. Nach vorne schauend, stand ich rasch auf und versuchte, mich daran zu erinnern, was er anhatte. Ich hatte darauf nicht besonders geachtet, aber ich besaß einen gewissen Vorteil – meine Erfahrungen aus der Modebranche. Ich wußte, daß der gute, alte Junge nur drei Anzüge besaß. Um Zeit zum Nachdenken zu gewinnen, fing ich mit der augenfälligeren, physischen Beschreibung an. »Männliche Person, weiße Hautfarbe, ein Meter fünfundachtzig groß, etwa hundertsiebzig Pfund schwer… kurzes, graues Haar, mintgrüner Polyester-Trenchcoat… weißes Hemd und Kravatte, grüne Hose, braune Schuhe. Ich würde sagen, der Verdächtige dürfte zwischen fünfundfünfzig und neunundfünfzig Jahre alt sein«, zählte ich auf.

»Für das letzte müssen Sie mit Folgen rechnen, Bembenek!« sagte er, und die Klasse lachte. Er war erst um die vierzig.

Ein anderes Mal gab es eine Übung anhand einer Filmreihe, die wir »schießen oder nicht schießen« nannten. Sie veranschaulichte, wie wenig Zeit uns im Notfall für eine Entscheidung blieb. Ein Polizist hat nur den Bruchteil einer Sekunde, um sich zu entscheiden, ob er die Waffe benutzt. Der Film stellte uns vor die Wahl: entweder schossen wir auf einen Verdächtigen oder nicht und riskierten damit unser Leben.

Ich mußte mir die Revolverattrappe nehmen und mich vor die Leinwand stellen. Der Film begann. Die erste Szene zeigte eine Einsatzgruppe, die sich gerade mit einer Beschwerde über eine Familienstreitigkeit beschäftigte. Ich »ging« in einen Hof, in dem sich viele kleine Kinder aufhielten. Es war sehr schwierig, alle Bewegungen dort zu registrieren. Plötzlich hörte ich ein lautes »Peng«. Ein fünfjähriges Kind hatte aus einer Waffe, die ich nicht gesehen hatte, auf mich geschossen. Der Film wurde wieder zurückgefahren, damit die Klasse ihn noch einmal sehen konnte.

»Nun, Bembenek – Sie sind tot!« erklärte mir Blackburn. »Meine Frage lautet jetzt: hätten Sie Ihre Waffe gezogen und auf ein fünfjähriges Kind geschossen, wenn Sie dessen Waffe rechtzeitig gesehen hätten?«

Ich war unsicher. »Hm, ja, Sir.«

»Heißt das, Sie hätten Ihren Revolver genommen und auf ein kleines Kind geschossen?«

»Ja, Sir«, antwortete ich ängstlich.

»Verdammt noch mal, das ist auch richtig, Officer! Seien Sie doch nicht so verunsichert! Mir ist es egal, ob eine Fünfundachtzigjährige eine Waffe auf Sie richtet! Sie haben keine Zeit, sie zu fragen, ob sie wirklich auf Sie schießen will oder nicht!« Er sah mich an. »Versuchen Sie es im nächsten Film noch einmal, Bembenek.«

In der folgenden Situation näherte ich mich einem Wagen, der wegen überhöhter Geschwindigkeit angehalten worden war. Es war ein Cabrio mit heruntergelassenem Dach. Hinter dem Steuer saß eine alte Frau. Als ich näher kam, drehte sie sich um, und noch bevor ich die Wagentür erreichte, machte es »peng«. Schon wieder war ich tot. Ich dachte: »Völlig unrealistische Situationen!«

»Achten Sie auf die Hände! Sie sollen auf die Hände achten!«
brüllte Blackburn. »Officer Bembenek, es sieht nicht besonders gut aus, was Sie da tun. Zweimal sind Sie heute erschossen worden! Warum geben wir Ihnen nicht noch eine Chance? Lassen Sie uns den nächsten Film abfahren und sehen,
wie Sie sich dabei anstellen.«

»Verdammt!« dachte ich ärgerlich. Die Klasse kicherte. Beim
nächsten Versuch mußte ich meine Sache wirklich gut machen!

Der dritte Film zeigte einen Streifenwagen in der Nähe einer
Bank, die soeben überfallen worden war. Mehrere Personen
beschrieben die Täterin: sie war bewaffnet und offenbar sehr
gefährlich, eine Schwarze, etwa einen Meter sechzig groß. Sie
trug eine weiße Bluse, einen gelben Rock und weiße Schuhe.
Sie war zu Fuß geflüchtet.

Im Film mußte ich mich von meiner Einsatzgruppe trennen.
Ich lief durch eine Menschenmasse über einen Platz unweit
der Bank. Eine schwarze Frau, auf die die Beschreibung paßte, kam geradewegs auf mich zugelaufen. Als sie mich sah,
griff sie in ihre Handtasche und wollte etwas herausnehmen.
Schnell zog ich meine Revolverattrappe und – klick – drückte ab. Eine Sekunde später sah man, daß sie sich ihre Nase pu-
derte. Sie hatte eine Puderdose aus ihrer Tasche gezogen. Alle lachten. Bei der Wiederholung des Films konnte die Klasse erkennen, daß die Frau eine gelbe Bluse, eine weißen Rock
und gelbe Schuhe trug – nahe dran, aber nicht richtig. Blackburn erklärte, daß die Filmfolge bewußt so ausgewählt wurde, um zu verdeutlichen, wie eine Folge bestimmter Ereignisse die Beobachtungsgabe beeinträchtigt. »Alle Rekruten, die
bislang diesen Test gemacht haben, zeigten genau die gleiche
Überreaktion«, sagte Blackburn.

Die didaktischen Methoden waren zwar effektiv, grenzten
aber an Gehirnwäsche. Es dauerte Jahre, bis ich die Gesin-
nung verstand, die sich hinter der uns eingeschärften Ideolo-

gie verbarg. Für Verbrechen gab es nur eine einzige Erklärung, und die hatten wir kritiklos hinzunehmen.

Die Polizeimeinung über Frauen war erschreckend. Ich versuchte, nicht aggressiv-feministisch zu sein, wenn wir Vergewaltigungsfälle diskutierten, aber das fiel mir sehr schwer. Für mich war Vergewaltigung noch nie ein Thema, über das man Witze macht. Mehrere Jahre lang war ich Mitglied in verschiedenen Frauenrechtsorganisationen, hatte Geld gespendet, Briefe geschrieben und war bei Demonstrationen mitmarschiert. Sogar an einer Massenveranstaltung gegen den Polizeichef Harold Breier nahm ich teil, der sich weigerte, eine Sonderkommission für Sexualdelikte einzurichten, die die hoffnungslos unsensible, von Männern dominierte Sittenpolizei ersetzen sollte. (Dies geschah natürlich, bevor ich zur Polizei ging!)

Eines Tages sprachen wir im Unterricht über ein von der Presse breitgetretenes Sexualvergehen. Der Fall betraf eine junge Frau, die mehrere Mitglieder einer stadtbekannten Motorradgang, die sich »Die Gesetzlosen« nannte, angeklagt hatte. Sie war die Freundin eines der Gangmitglieder. Eines Nachts schlief sie gerade mit ihrem Freund im Clubhaus der Gang, als die übrigen Biker dort auftauchten. Drei der »Gesetzlosen« vergewaltigten sie mehrmals brutal.

»Es ist schon eine Schande, wie unsere Gesetze funktionieren«, erklärte der Sergeant seinen Standpunkt. »Hier haben wir dieses Flittchen, eine Tänzerin in irgendeiner Bar. Sie hat schon einen miserablen Ruf, und jetzt beschwert sie sich auch noch darüber, vergewaltigt worden zu sein. Sie hat mit einem dieser Penner geschlafen, und was sagt das Gesetz dazu? Selbst wenn sie sich drei Typen genommen hätte, aber zu Nummer vier, fünf und sechs ›Nein‹ gesagt hätte, könnte sie tatsächlich Anklage erheben und sie vor Gericht bringen!«

Die meisten meiner männlichen Kollegen fanden das lustig, mich aber schockierte Sergeant Kochers Einstellung. Dazu konnte ich nicht schweigen. Ich hob meine Hand. »Sir, es gibt noch eine andere Sichtweise. Sagen wir, da wäre ein sehr reicher Mann in der Stadt. Nehmen wir an, daß dieser Mann eine Menge Bargeld mit sich herumträgt, was unklug ist, und daß er sogar dafür bekannt ist, mit seinem Geld um sich zu werfen, und es großzügig an Fremde verteilt. Hätten Sie dann das Recht, sein Geld zu stehlen? Nein! Dasselbe gilt für Sexualverbrechen. Niemand hat das Recht, sich den Körper einer Frau gewaltsam zu nehmen!« Kocher hob die Augenbrauen und wechselte das Thema. Später kam er gelegentlich auf mich zu und kommentierte die Fortschritte in bestimmten Frauenfragen. Eines Morgens betrat er lächelnd die Klasse. »Haben Sie heute schon die Zeitung gelesen, Bembenek? Wieder hat ein Staat die Ratifizierung verweigert!« Er sprach von einem Verbesserungsvorschlag zum Gesetz über die Gleichberechtigung.

»Die Gesetzgebung ist eben eine Männerdomäne!« entgegnete ich nur.

An diesem Tag verließ uns ein schwarzer Kollege. Unsere Klasse schrumpfte. Kommentare hinter vorgehaltener Hand und besorgte Blicke machten die Runde.

•

Dann wurde ich zu einer Party eingeladen. Ich fühle mich, als hätte ich die Einladung erst gestern bekommen, und am liebsten würde ich die Jahre zurückdrehen und schreien: Nein! Geh nicht hin! Dort werden nur schreckliche Dinge passieren! Doch die Zeit ist mein Feind, und ich kann es nicht hören…

•

Es war Ende April, und ein Rekrut namens Boville gab diese Party anläßlich seiner Wohnungseinweihung. Da ich schon so lange nicht mehr ausgegangen war, beschloß ich hinzugehen. Ich fragte Judy, ob sie auch kommen würde, aber sie war nicht eingeladen. Während der Pause unterhielt ich mich mit Thomas, einem schwarzen Kollegen, über eine neue Langspielplatte. Thomas fragte, ob ich sie ihm leihen würde. Ich sagte: »Ja«, und wollte wissen, ob er auch zu Bovilles Party käme. Er wollte schon, wußte aber nicht, wo Boville wohnte. Ich bot ihm an, die Platte auf dem Weg zur Party bei ihm vorbeizubringen und ihm bei der Gelegenheit Bovilles Adresse zu geben.

»Was machst du nach dem Unterricht?« fragte ich ihn. In dem Augenblick schellte es, und wir mußten ins Klassenzimmer zurückgehen. Während der Lautsprecher noch dröhnte, nannte Thomas mir seine Adresse. Ich kritzelte sie auf den Umschlag eines meiner Hefte.

Als ich nach Hause kam, klingelte das Telefon. Eine Freundin war über das Wochenende in die Stadt gekommen. »Können wir etwas zusammen unternehmen?« fragte sie mich. »Was machst du denn heute abend?«

»Ich bin zu einer Party eingeladen, bei einem Kollegen. Du kannst mitkommen, aber du kennst dort natürlich niemanden.«

»Das macht nichts. Ich würde gerne hingehen. Kannst du mich abholen?«

»Ich muß noch bei jemandem vorbeifahren und eine Platte abgeben, aber danach hole ich dich gerne ab.«

Ich zog meine Uniform aus, duschte und zog einen Jeansrock und ein gestreiftes T-Shirt an. Ich fand die Platte und beeilte mich. Die Straße, die Thomas mir genannt hatte, lag im Nordviertel der Stadt.

Ich gab Thomas die Platte und Bovilles Adresse mit einer Wegbeschreibung. White, ein anderer Rekrut aus unserer Klasse, war gerade bei Thomas. Da ich noch meine Freundin abholen wollte, hielt ich mich nur ein paar Minuten auf.

Auf der Party herrschte ein ziemliches Gedränge, es war heiß, und Musik aus den fünfziger Jahren dröhnte laut. Nicht gerade mein Geschmack, was Parties angeht. Mit einer Bierdose in der Hand stand ich im Erdgeschoß und schaute zu, wie jemand Twist tanzte. Meine Freundin sah gelangweilt aus. Einige meiner Mitschülerinnen waren auch da, aber bei der lauten Musik konnte man sich nicht unterhalten. Wir beschlossen zu gehen.

Als wir im oberen Stockwerk vor der Toilette warteten, torkelte eine Betrunkene auf mich zu und verkündete, sie sei die Frau von Tim Klug. Völlig grundlos fing sie an, mich zu beschimpfen: »Du arbeitest mit meinem Mann zusammen, stimmt's? Na ja! Kannst du nicht noch ein bißchen mehr aus deinem T-Shirt heraushängen lassen?« Sie taumelte fürchterlich.

Was sollte das bloß? »Hör mal«, sagte ich, »was für ein Problem hast du denn? Warum setzt du dich nicht irgendwohin, bevor du umfällst?«

»Ich hab' gemerkt, wie Tim dich angesehen hat, als du 'reingekommen bist!« fuhr sie fort. »Warum steckst du dir deine Dienstmarke nicht in den Hintern?«

Meine Freundin stieß mich an und flüsterte: »Komm, Laurie, laß uns einfach gehen.«

»Ich habe heute abend nicht ein verdammtes Wort mit deinem Mann gewechselt, also warum meckerst du so herum?« fauchte ich. Ich hätte ihr gerne eine 'runtergehauen, aber ich tat es nicht. Sie war die Frau eines Kollegen, und wenn ich die Nerven verloren hätte, wäre auf der Arbeit die Hölle losgewesen. Mit meiner Freundin bahnte ich mir einen Weg durch die Menge, und wir verließen das Haus durch die Hintertür. Ich brauchte dringend eine Abkühlung.

Etwa eine Woche nach der Party zitierte man mich in Sergeant Orval Zellmers Büro, Abteilung Interne Angelegenheiten. Er eröffnete mir, daß die Abteilung eine vertrauliche, interne Untersuchung gegen mich anstrebte. Ich war verwirrt. Warum?

Zwei Sergeants, Zellmer und Figer, lasen mir die Regel Nummer 29 der Polizeirichtlinien vor, in der es um das Thema Unwahrheit geht. Sie fragten, ob ich sie verstanden hatte, und befahlen mir, mit niemandem über den Inhalt dieses Gespräches zu reden.

Ich saß da, mit meiner Dienstmütze in der Hand, nervös und beunruhigt. Was ging hier vor sich? Es klang ernst. Ich konnte mir nicht einmal ansatzweise vorstellen, worum es sich handeln könnte.

Sie fragten mich, was ich in der vergangenen Woche während meiner Freizeit unternommen hatte, speziell am Freitag abend. Zunächst konnte ich mich wirklich nicht daran erinnern und mußte erst im Kalender nachsehen, um festzustellen, daß dies der Abend von Bovilles Party war. Ich wunderte mich, woher sie das Recht nahmen, mich über meine Freizeitaktivitäten zu befragen, aber sie befahlen mir, ihre Fragen zu beantworten.

Entweder fügte ich mich, oder ich würde meinen Job verlieren.

Ich erzählte ihnen von der Freundin, mit der ich zur Party gegangen war, und gab ihnen Name und Adresse. Sie wollten wissen, wer noch auf der Party war, was es zu trinken gab, ob Marihuana geraucht wurde und ob ich jemals Pot geraucht hätte.

Mitten in der Befragung fiel es mir plötzlich ein: ich hatte vergessen, ihnen zu erzählen, daß ich auf dem Weg zur Party kurz bei Thomas angehalten hatte. Aber es hätte die Sache nur noch komplizierter gemacht, wenn ich das nachträglich gesagt hätte. Außerdem erschien es mir sowieso nicht wichtig.

Einige Fragen stellten sie gleich zwei- oder dreimal, um mögliche Widersprüche zu entdecken. Danach informierten sie mich, daß mein Spint untersucht werden würde. Sie eskortierten mich zum Frauenumkleideraum und durchsuchten meine Sachen.

Als wir in das Büro des Sergeants zurückkamen, forderten sie mich auf, meine bisher gemachten Aussagen als Bericht niederzuschreiben. Mehrere Stunden waren inzwischen vergangen. Schließlich erzählte mir Zellmer von einem anonymen Hinweis. Danach sollte ich auf Bovilles Party meine Dienstmarke an meinem T-Shirt getragen und einen Joint geraucht haben. Der Anrufer behauptete, ich hätte mich damit gebrüstet, mir könne nichts passieren, weil ich schließlich Polizistin sei.

Die Beschreibung, die er von mir gegeben hatte, war richtig – ein rot-weiß gestreiftes T-Shirt und ein blauer Jeansrock. Darauf hatte Zellmer reagiert. Ich konnte es nicht fassen. Es war so lächerlich! Warum sollte jemand so etwas behaupten, und wie konnte meine Dienststelle einem anonymen Hinweis eine derartig große Bedeutung beimessen?

Ich wiederholte, was ich bereits gesagt hatte: der einzig unerfreuliche Zwischenfall während meiner kurzen Anwesenheit auf der Party war der mit Klugs Frau gewesen.

Als ich wieder in meine Klasse gehen konnte, zitierten die Sergeants noch einige andere Rekruten zu sich, wobei sie deren Namen über die Lautsprecheranlage aufriefen. Ich bedauerte, ihnen gesagt zu haben, wer alles auf dieser Party war, aber niemand hatte etwas Unrechtes getan. Ich war sicher, daß Zellmer keinerlei Widersprüche in unseren Aussagen finden würde, denn Wahrheit blieb schließlich Wahrheit. Ich bedauerte auch, mir überhaupt die Mühe gemacht zu haben, diese Party zu besuchen – diesen Ärger war sie nicht wert gewesen.

Die anderen wollten wissen, was ich die ganze Zeit in dem Büro gemacht hatte. Ich hatte den Eindruck, einige dachten, ich hätte sie verpfiffen – Gott weiß, weshalb. In der Pause kam ein Rekrut und erzählte mir, Judy hätte gesagt, ich sei nicht mehr ihre Freundin, weil man mir nicht vertrauen könne. Ich wollte sie dafür zur Rede stellen, aber wegen der mir auferlegten Schweigepflicht durfte ich ja niemandem etwas von den Vorfällen in Zellmers Büro sagen.

Es vergingen einige Wochen. Judy und ein paar ihrer Freunde hatten Karten für ein Konzert von Rufus und Chaka Khan im Milwaukee Auditorium. »Die Karte kostet nur sieben Dollar. Willst du dich uns anschließen?«

»Okay. Treffen wir uns bei dir?«

»Wir wollen vorher noch zum Mexikaner essen gehen. Ich werde mich bei meinem Freund umziehen; ich rufe dich an, bevor ich losfahre.«

Ich traf Judy und ihre Freunde Norm und Jan in einem Restaurant. Etwa nach dem dritten Glas Margarita brachen wir auf. Unsere Plätze in der Konzerthalle waren fürchterlich; wir konnten die Bühne kaum sehen. Judy und Jan zogen los, um sich nach besseren Plätzen umzusehen. Als sie zurückkamen, schlugen sie vor, in einen anderen Hallenabschnitt zu wechseln. Es war ein wildes Konzert; überall in den Gängen standen Massen von Menschen, tanzten, tranken und rauchten.

Wir waren gerade auf unseren neuen Plätzen, als ich zur Toilette mußte. Norm wollte noch etwas Bier holen, und so gingen wir zusammen. Die Drinks hatten mich ein wenig benebelt. Die Schlange vor den Toiletten war unglaublich lang. Als ich auf dem Rückweg am Bierstand vorbeikam, war Norm schon weg. Ich hoffte nur, daß ich unsere neuen Plätze wiederfand.

Angestrengt suchte ich in der Menschenmenge. Der Qualm war zum Schneiden dick, und die Musik dröhnte mit ohrenbetäubender Lautstärke. Zu meiner Überraschung sah ich einen Mann, der hinter Judy stand und ihren Kopf mit einem Arm und einer Hand festhielt. Zunächst hielt ich ihn für einen von Judys Freunden, der einen Spaß machte. Dann aber tauchte noch ein Mann auf, und sie drängten Judy und Jan von ihren Plätzen weg die Reihe hinunter. Ich bemühte mich, mir einen Weg durch die Menge zu bahnen, und mußte mich anstrengen, um in der schwach beleuchteten Halle etwas zu sehen. In der Nähe des Ausganges erkannte ich, daß einer der Männer Judys Tasche an sich riß. Er kramte etwas hervor, das wie ein kleiner Beutel aussah, und ich glaubte, ihn rufen zu hören: »Sie sind beide festgenommen!« Aber die Musik war so laut, daß ich mir nicht sicher war.

Plötzlich war ich völlig nüchtern und drehte mich zu den Sitzen um. Norm war dort. Er schien eingeschlafen zu sein. Ich kämpfte mich zu unseren Plätzen zurück und schrie außer mir: »Norm! Ein paar Kerle haben Judy und Jan mitgenommen! Ich glaube, es waren Polizisten!«

»Was meinst du…?« fragte er zögernd.

»Also, sie waren in Zivil, aber ich habe gehört, wie sie sagten, Judy und Jan wären festgenommen – glaube ich. Wir müssen sie finden und sehen, was da los ist.«

Als wir endlich in der Haupthalle ankamen, waren Jan und Judy verschwunden. Es schien zwecklos, in dieser Menschenmenge weiter zu suchen. Da wir nicht wußten, was wir sonst noch hätten tun sollen, fuhr Norm mich zu meinem Wagen zurück, der noch beim Restaurant stand, und wir fuhren nach Hause.

Ich schloß die Tür auf, stieg mühsam die Treppe hinauf und ging in mein Bett. Das Telefon klingelte. Es war Norm.

»Ich habe versucht, in der Stadt anzurufen, um herauszufinden, wo dieses dumme Ding und ihre Freundin stecken, aber ich fürchte, sie sind erwischt worden.«

»Wieso erwischt?«

»Wegen Drogenbesitz glaube ich«, erwiderte Norm. »Diese dumme Jan hatte nämlich Stoff in ihrer Tasche.«

»Oh Gott«, stöhnte ich, als ich den Hörer auflegte. Es tat mir leid, daß ich mitgegangen war. Meine Mutter hatte versucht, mir ins Gewissen zu reden. Sollte ich nicht besser noch einmal darüber nachdenken? Ich war doch jetzt Polizistin, und ich sollte vorsichtiger sein, sagte sie. Ich lachte nur und antwortete ihr, daß sie überfürsorglich sei. Was konnte bei einem Konzert denn schon passieren? Ich war ja so naiv.

Am nächsten Tag fuhr ich widerwillig zum Unterricht. Ich fühlte mich wie ein Erstkläßler auf dem Weg zum Büro des Direktors. Noch vor dem Appell wurde ich prompt in Zellmers Verhörzimmer zitiert. Es folgte dieselbe Prozedur wie beim letzten Mal – man las mir Regel 29 vor, und die Befragung begann.

Dieses Mal dauerte sie Stunden. Ich mußte über jeden einzelnen Schritt vor, während und nach dem Konzert Rechenschaft ablegen. Ich fühlte mich wie eine Kriminelle – oder noch schlimmer, als ich in diesem engen Büro hockte und meine Geschichte wieder und wieder erzählen mußte. Um die Mittagszeit brachte man mich in ein anderes Zimmer und schloß mich dort ein.

Ich mußte einen Bericht schreiben. Zellmer schnitt alle unmöglichen Themen an, so auch meine Reise mit Judy nach Florida. Danach erhielt ich erneut die Anweisung, mit niemandem über das Verhör zu sprechen.

Gegen Abend erlaubten sie mir endlich, in meine Klasse zurückzugehen. Zu meiner Überraschung wußten alle von Judys Verhaftung. Einige dienstältere Polizisten hatten an dem Tag eine Schulung in der Polizeischule, und sie hatten während der Mittagspause in Gegenwart der Rekruten ein wenig geplaudert. Ich fürchtete, daß meine Vorgesetzten mich wegen Plapperei verantwortlich machen könnten. Meine Kollegen löcherten mich mit ihren Fragen, und ich wollte dem, so gut es ging, aus dem Wege gehen.

Am selben Abend fuhr ich zum Flughafen. Ein Freund hatte mich zu seiner Hochzeit nach New York eingeladen. Im Flugzeug lehnte ich mich in meinem Sitz zurück und bestellte mir einen doppelten Scotch. Als die Maschine abhob und Milwaukee außer Sichtweite war, konnte ich nur an eines denken: daß ich diesen Job verlieren würde. Es sah wirklich schlecht für mich aus – zuerst dieser dumme, anonyme Hinweis und jetzt das!

»Mein Gott! Jeder normale Mensch muß denken, ich bin verrückt, daß ich diesen blöden Job behalten will«, dachte ich. »Ich habe kein Privatleben mehr. Sicher liegen meine Entlassungspapiere schon bereit, wenn ich zurückkomme! Und wo zum Teufel ist Judy? Immer noch im Gefängnis? Was hat sie denen bloß erzählt, daß sie mich derartig hart behandelt haben?«

Das Wochenende in New York war miserabel. Meine Freunde zeigten sich besorgt. Sie fühlten, daß ich mich verändert hatte. Sie konnten nicht verstehen, wie ein Job jemandem so viel bedeuten konnte.

Als ich am Montag zurückkam, passierte genau das, was ich befürchtet hatte. Man schickte mich in Zellmers Büro, wo das Verhör fortgesetzt wurde. Der Sergeant wollte wissen, ob ich am Wochenende mit jemandem Kontakt aufgenommen hatte – speziell mit Judy. Sie waren fast enttäuscht, als ich ihnen erklärte, daß ich das Wochenende in New York verbracht hatte. Mir wurde befohlen, einen Bericht über diese Reise zu schreiben. Ich saß da und wünschte, es wäre endlich vorbei. Dann schnitten sie noch ein merkwürdiges Thema an: Officer Thomas. Ob ich jemals mit ihm gemeinsam Pot geraucht oder mich bei ihm zu Hause aufgehalten hätte. »Nein und nochmals nein«, antwortete ich. Ich konnte nicht begreifen, was sie mir vorwarfen. Meinem gerade fertiggestellten Bericht mußte ich weitere Stellungnahmen hinzufügen, wobei sie mir ständig über die Schulter sahen, um sicherzugehen, daß ich auch alles zu ihrer Zufriedenheit aufschrieb. Die ganze Sache wurde unverhältnismäßig aufgebauscht. Sie führten sich auf wie bei einem Verhör vor dem großen Geschworenengericht.

Am nächsten Tag schickte man mich in das Büro des Captains. Dort mußte ich einen wortgetreuen mündlichen Bericht abgeben, den ein Stenograph mitschrieb. Die ganze Geschichte, immer und immer wieder... Bovilles Party... das Konzert mit Judy Zess.

Der Captain sagte, ich sollte mir darüber im klaren sein, daß Paul Will von der städtischen Sittenpolizei gerade im Büro des Bezirksstaatsanwaltes versuchte, einen Haftbefehl gegen mich zu erwirken. Weshalb nur? Ich konnte nicht sagen, ob sie blufften – denn es klang so absurd – oder ob sie tatsächlich Anklage gegen mich erheben wollten.

Ich war zu jung und unerfahren, um zu wissen, daß ich Anspruch auf einen Rechtsanwalt hatte, sobald mir ein Vergehen zur Last gelegt wird. Nach dem Gesetz hätte ich jede Aussage verweigern können. Aber wie hätte ich das wissen sollen? Diese Angelegenheit hatte mich völlig verwirrt. Anklage? Welche Anklage? Mein Job stand auf dem Spiel, und ich war eingeschüchtert, also zeigte ich mich kooperativ. Ich dachte, wenn ich das nicht täte, würde es so aussehen, als hätte ich etwas zu verbergen.

Es wurde eine arbeitsreiche Woche für Zellmer. Laufend rief man Rekruten in sein Büro, überwiegend Frauen und Schwarze. Ich fand heraus, daß Thomas in seinem Haus eine Party gegeben hatte, während ich in New York war, über die man jetzt Untersuchungen anstellte. Ich war froh, zu dem Zeitpunkt nicht in der Stadt gewesen zu sein, denn Zellmer hätte sicher versucht, mich in irgendeiner Weise auch mit dieser Sache in Verbindung zu bringen. Vorsichtshalber behielt ich den Kontrollabschnitt meines Flugtickets als Beweis für meine Reise.

Am Abend sah ich zu meiner Verwunderung Judy Zess' Bild in der Zeitung, neben einem Artikel über ihr Bestreben, ihren Marihuana-Fall erneut aufzurollen. Sie wollte ihre Aussage zurückziehen, weil man ihr einen Anwalt verweigert und sie gezwungen hätte, sich schuldig zu bekennen.

4

GEFEUERT!

Ich fuhr in die Stadt, zum Büro der Polizeigewerkschaft, in der Hoffnung, daß die Gewerkschaftsanwälte mir einige meiner Fragen beantworten konnten. Ich wußte nicht, an wen ich mich sonst wenden sollte. Sie waren nett, sagten mir jedoch, daß sie rein gar nichts unternehmen könnten, bevor meine Vorgesetzten nicht irgendwelche konkreten Schritte gegen mich einleiteten, etwa meine Entlassung oder meine Suspendierung vom Dienst. Frischgebackene Polizisten hatten eine offizielle Probezeit und ein ganzes Jahr lang kein Recht, Berufung einzulegen.

Das Timing war schlecht. Acht Jahre lang war an einem Gesetzentwurf für die Rechte der Polizisten gearbeitet worden. Der Entwurf beinhaltete das Recht einer anwaltlichen Beratung, bevor ein Verhör durch Vorgesetzte stattfand, das Recht zu schweigen, bis man mit einem Anwalt gesprochen hatte, und das Recht, noch vor Beginn eines Verhörs den Grund dafür zu erfahren, also alles Dinge, von denen ich dann hätte Gebrauch machen können. Der Gouverneur war gerade dabei, diesen Entwurf zu billigen, und anschließend mußte er noch in den Gesetzestext aufgenommen werden. In etwa einer Woche sollte er in Kraft treten. Eine Woche zu spät für mich.

Mir erschien die Gewerkschaft als eine reichlich nutzlose Einrichtung. Abteilungsklatsch interessierte sie mehr als andere Dinge. Jemand aus dem Gewerkschaftsbüro hatte ein Gerücht, das über Bovilles Party kursierte, weiterverbreitet. Natürlich war die Geschichte noch viel wilder als das ursprüngliche Gerede. Den Gewerkschaftsleuten hatte man zugetragen, daß eine Rekrutin auf dieser Party festgenommen wurde, die in ihrem Bikinihöschen herumspazierte; ihre Dienstmarke hatte sie angeblich an die Bikinihose geheftet! Die Verantwortlichen bei der Gewerkschaft baten mich, sie auf dem laufenden zu halten und die Schritte meiner Dienststelle abzuwarten. Der Präsident fügte hinzu, daß er mich sofort durch den Gewerkschaftsanwalt Ken Murray informieren würde, sobald feststand, an welchem Tag der Gesetzentwurf unterzeichnet würde. Er gab mir den Rat, mich krankschreiben zu lassen, bis das Gesetz verabschiedet war, um auf diese Weise weiteren Verhören aus dem Wege zu gehen. »Ich kann es kaum erwarten, bis der Entwurf verabschiedet ist«, erklärte mir Tom Barth, der Gewerkschaftspräsident. »Hätten Sie es je für möglich gehalten, daß Polizisten weniger Rechte als Kriminelle haben könnten? Kopf hoch – vielleicht werden Breiers Hexenjagden ja aufhören!«

Als ich nach Hause kam, rief Judy an. »Judy!« stieß ich hervor. »Seit Tagen versuche ich, dich zu erreichen! Wo zum Teufel hast du gesteckt?«

»Ich war bei Bill, bis sich der Rummel bei mir zu Hause etwas gelegt hatte. Mein Vater war vielleicht sauer!«

»Ich habe den Artikel in der Zeitung gelesen. Mein lieber Mann, die haben es mir auf der Arbeit ganz schön gegeben! Ich bin echt verrückt geworden. Was um alles in der Welt ist mit dir passiert?«

»Diese Arschlöcher haben versucht, mir eine Drogensache anzuhängen. Kannst du dir das vorstellen?«

»Das verstehe ich nicht. Du hast doch an dem Abend keinen Pot bei dir gehabt!?«

»Na ja… Jan und ich haben einen Joint geraucht, aber ich hab' die Kippe weggeworfen, und sie haben sie entdeckt. Unter meinem Sitz lag ein Becher, und den haben sie gefunden. Mit einer Kippe drin. Willst du wissen, welche lächerliche Menge sie gefunden haben?«

Ich sagte nichts.

»Null komma sechs Gramm Marihuana! Es war nur ein winziger Stummel! Mein Anwalt findet die ganze Sache einfach albern. Vor allem, weil das Zeug nicht einmal in meinem Besitz war! Sie haben nur das Recht, Leute zu belangen, die Drogen besitzen. Jan, das Dummerchen, war diejenige mit dem Dope in ihrer Tasche.«

»Warum haben die mich dann auf der Arbeit so in die Mangel genommen? Zellmer hat mich bearbeitet, als ob er mich verdächtigt, jemanden umgebracht zu haben!«

»Laurie, ich habe denen nicht einmal erzählt, daß du an dem Abend dabei gewesen bist. Jan könnte etwas gesagt haben, aber sie kennt nicht einmal deinen Nachnamen. Ich habe ihnen nur gesagt, daß Norm dabei war.«

»Dann verstehe ich nicht, warum sie mir derartig zugesetzt haben!«

»Wahrscheinlich denken sie, daß wir alle beteiligt waren. Du weißt ja, wie sie sind! Ihre Regeln sagen: Wenn du von einer Gesetzesübertretung weißt, bist du genauso schuldig, wie derjenige, der sie begangen hat.«

Sie hatte recht. Hätte ich vom Marihuana in Jans Tasche gewußt, wäre das ein ausreichender Grund für meine Entlassung gewesen.

Da ich nichts von der Gewerkschaft gehört hatte, ging ich am nächsten Tag wie gewohnt zur Arbeit. Prompt wurde ich wieder herbeizitiert. Ich fing schon an, mich daran zu gewöhnen. Dieses Mal gingen wir zum Büro des stellvertretenden Inspektors. Er hatte einen höheren Rang als der Captain. Fast erwartete ich, den Polizeichef höchstpersönlich dort anzutreffen.

Der Inspektor gab mir gleich eine Breitseite: »Officer Bembenek, ich habe mir die Berichte Ihrer Vorgesetzten über einige Zwischenfälle angesehen, und ich sage Ihnen hier und jetzt, daß ich beim Polizeichef Ihre Entlassung befürworten

60

werde. Sie zeigen weder Integrität noch moralische Verantwortung! Sie besitzen nicht einmal genügend Anstand, um zuzugeben, etwas Falsches getan zu haben! Offenbar glauben Sie, daß wir hier ein Spielchen spielen. Nun, Officer, wir spielen nicht.«

Er starrte mich an. Ich saß direkt vor ihm und durfte dazu nicht Stellung nehmen. Ich hatte das Gefühl, gerade noch fünf Zentimeter groß zu sein. Wie gerne hätte ich gesagt: »Nein! Nein! Sie irren sich!«

Er fuhr fort: »Wir wollen Ihnen die Möglichkeit geben, selbst zu kündigen. Es würde sich in Ihrem Lebenslauf weitaus besser machen, wenn Sie die Kündigung selbst einreichen, als wenn wir Sie entlassen. Also denken Sie darüber nach. Im Prinzip haben Sie keine Wahl. Sie verdienen es nicht, die ehrenhafte Dienstmarke der Polizei zu tragen. Sie sind nichts anderes als eine Lügnerin. Sie sind auf dieser Party mit einer Marihuanazigarette herumspaziert und hatten sich Ihre Dienstmarke angesteckt! Sie haben gemeinsam mit anderen Mitgliedern Ihrer Klasse Marihuana geraucht und es noch bestritten, als wir dies mit Hilfe eidesstattlicher Erklärungen beweisen konnten! Ihre Zeit bei der Polizei ist abgelaufen, Officer Bembenek. Ich schlage vor, daß Sie einfach kündigen.«

Ich starrte in sein fettes, ausdrucksloses Gesicht. Ich fühlte mich hintergangen und hilflos. Im Zimmer war es still.

»Ich bitte höflich um die Erlaubnis, etwas sagen zu dürfen, Sir«, sagte ich demütig und versuchte, ein mutiges Gesicht zu machen.

Der Inspektor nickte.

»Ich kann mir nicht vorstellen, auf welche Vorfälle Sie sich beziehen. Ich habe eine Party im Haus eines Kollegen besucht – aber Sir, Sie müssen mir glauben! Sie können jeden fragen, der dort war! Ich habe nichts dergleichen getan! Es muß ein Irr…Irrtum sein«, stotterte ich. »Ich kann Ihnen nur sagen, daß ich mein ganzes Leben lang immer nur eines werden wollte, nämlich Polizistin. Mein Vater war Polizist. Ich würde niemals etwas so Dummes tun wie das, was Sie mir vorwerfen. Sie müssen mir einfach glauben!«

Der Inspektor erwiderte nichts, zog nur seinen plumpen Körper vom Stuhl hoch und verkündete: »Entlassen.«

Ich stand auf, grüßte und verließ das Zimmer. Die Sergeants hingen wie zwei Dobermänner an meinen Fersen. Es war zwecklos.

Auf dem Weg ins Klassenzimmer nahm mich Sergeant Zellmer beiseite. Ich war genau so groß wie er. Er sah mich mißbilligend an und sagte: »Bembenek, Sie haben uns schön zum Narren gehalten. Sie sagen, Ihr Vater war Polizist? Ich schlage vor, Sie erzählen ihm, was Sie getan haben, und fragen ihn, wie man solche Dinge bei der Polizei regelt! Ich bin froh, daß die Sache in ein paar Tagen erledigt ist. Denken Sie gut darüber nach, ob Sie nicht kündigen wollen.«

Zwei Tage vergingen ohne ein weiteres Verhör, aber jedesmal, wenn eine Durchsage über den Lautsprecher kam, sprang ich auf. Andere Rekruten wurden befragt, und immer noch herrschte eine unheilvolle Stimmung. Alle waren zu eingeschüchtert, um in der gewohnten, entspannten Weise miteinander zu reden. Keiner traute dem anderen.

Ich wunderte mich, warum Boville keinerlei Ärger bekommen hatte – immerhin ging es um seine Party und um sein Haus! Aber schließlich war Boville ein Weißer und ein Mann, also genau das, was der Polizeichef für seinen Bezirk wollte.

Ich beschloß, nicht zu kündigen. Ich würde dem Druck dieser Bastarde nicht nachgeben, da ich keines dieser verdammten Dinge getan hatte. Sie würden mir meinen Job schon wegnehmen müssen.

Meine früher sehr guten Trefferquoten auf dem Schießstand fielen ins Bodenlose. Selbst meine Leistungen beim Sport drückten aus, wie deprimiert ich war.

Ich rief die Gewerkschaft an und erfuhr, daß der Gesetzentwurf über die Rechte von Polizisten in drei Tagen in Kraft treten sollte. Ich berichtete Murray von den restlichen Zwischenfällen, die sich ereignet hatten. Erneut schlug er vor, ich solle mich krankmelden, und das tat ich dann auch für die folgenden drei Tage.

Es verging einige Zeit, ohne daß die Untersuchung weiter erwähnt wurde. Optimistisch dachte ich, daß sich die Informationen, auf die sich die Vorwürfe gegen mich stützten, als Irrtum herausgestellt hatten und man mich nicht entlassen würde. Die Anspannung löste sich ein wenig, und die Rekruten wurden wieder freundlicher und gesprächiger.

Dennoch verschlechterten sich meine Noten weiter. Es ärgerte mich, denn einige entsprachen in keinster Weise meinen tatsächlichen Leistungen. Ich wußte, daß man mich schikanierte. Ich beteiligte mich mehr als je zuvor am Unterricht. Aber der Kommentar bei der Beurteilung meiner »Bereitschaft, an Klassendiskussionen teilzunehmen« lautete »schwach«.

Nach einer Weile kehrte mein Kampfgeist ansatzweise zurück. Eines Nachmittags sahen wir einen Diavortrag mit Bildern von der Polizeiverwaltung. Ich hob meine Hand. Sergeant Kocher nickte in meine Richtung.

»Officer Bembenek?«

»Sir, warum gibt es in der Verwaltung keine Frauen? Ich kann keine Frau entdecken, die einen höheren Rang als den eines Streifenpolizisten hat. Nicht einmal einen weiblichen Sergeant.«

»Kein weiblicher Polizist hat bisher ausreichend viele Dienstjahre für einen höheren Rang«, antwortete er.

Eine dürftige Antwort, dachte ich verbittert, behielt diesen Gedanken aber für mich. Ich fragte mich, warum die weiblichen Cops sich nicht organisierten, um ihre Interessen bei der Polizei zu vertreten; immerhin konnten sich schwarze Polizisten bereits auf zwei solcher Interessenvertretungen stützen.

Die Abschlußprüfung rückte näher, und wir erhielten unsere Zuweisungen für das Field Training. Dieses Außendienst-Training ermöglichte es dem Rekruten gemeinsam mit einem diensterfahrenen Officer vor der Abschlußprüfung eine Weile auf der Straße zu arbeiten. Jeder Rekrut wurde einem sogenannten Field Training Officer – einem FTO – zugeteilt, der anschließend eine Beurteilung des Rekruten abgab. Der Außendienst dauerte drei Wochen. Eine Woche arbeitete man in der Spätschicht und zwei Wochen in der Frühschicht. Es war Juli.

Mich teilte man dem fünften Distrikt zu, einer ausschließlich von Schwarzen bewohnten Gegend. Mein FTO hieß Rosario Collura, sein Partner im Streifenwagen war Michael Jourdan. Ich drückte mir selbst die Daumen, als ich mich zu meinem ersten Außendiensttag meldete. Es gab so vieles, was ich lernen konnte.

Collura forderte mich auf, den Streifenwagen zu fahren und Ausschau nach Verkehrsübertretungen zu halten. Ich war ängstlich, weil man uns auf der Polizeischule nicht beigebracht hatte, wie man das Funkgerät oder das Walkie-talkie in einem Streifenwagen bedient. Ich biß mir auf die Lippe und hoffte, daß ich alles richtig machen würde. Hinzu kam noch, daß ich mit der Gegend nicht vertraut war und ich mir in diesem Ghetto sehr verloren vorkam.

Nach etwa dreißigminütiger Fahrt durch die Gegend sollte ich wenden, und Collura erklärte mir, in welche Straßen ich zu fahren hatte. Schließlich kamen wir in eine schmale Gasse. Er drehte sich zu mir um.

»Halten Sie an. Okay, Bembenek, wie ist Ihre 10–20?«

Er fragte mich nach unserer Position im Polizei-Code. Ich wußte, wie wichtig es war, seinen Standort zu kennen; in der Schule hatten sie es immer wieder betont. Wenn man nicht wußte, wo man war, konnte man keine Hilfe herbeirufen. Aber nachdem ich kreuz und quer durch eine mir unbekannte Gegend gefahren war, konnte ich jetzt nur raten. Glücklicherweise riet ich richtig.

Ich begriff rasch, daß ich hier in einem äußerst lebhaften Distrikt arbeitete. An meinem ersten Tag wurden wir zu mehreren Schießereien, bewaffneten Überfällen und anderen schweren Delikten gerufen, die aber nicht einmal in den Nachrichten erwähnt wurden.

»Nehmen Sie das Gewehr und geben Sie mir Deckung!« wies Collura mich an, als wir vor einem Haus hielten, in dem ein bewaffneter Mann einen heftigen Streit mit seiner Frau hatte. Das Gewehr steckte in einer Reißverschlußhülle, die an der Rückseite des Vordersitzes befestigt war.

Vor dem Haus bezog ich hinter einem Baum gegenüber von Jourdan Position. Collura ging hinein und verhaftete den Mann. Es fiel kein einziger Schuß.

Wenn wir gerade nicht im Einsatz waren, hatten Collura und Jourdan ihren Spaß. Mich beauftragten sie, sämtliche Einsatzberichte zu schreiben. Die Formulare mußten in zweifacher Ausfertigung ausgefüllt werden. Wenn man also einen Fehler machte, konnte man wieder von vorne anfangen. Ich saß gerade im Büro und schrieb einen Überfallbericht, als Collura hereinschneite und sagte: »Sind Sie noch nicht fertig? Machen Sie das zu Hause weiter, wir haben wieder einen Einsatz. Gehen wir!« Ich sprang auf und hetzte hinter ihm her; das Papier segelte zu Boden.

Normalerweise kam ich erst nach Mitternacht von meiner »Frühschicht« nach Hause. Bis zwei oder drei Uhr morgens saß ich am Küchentisch, schrieb Berichte, aktualisierte die Liste der gestohlenen Autos und der täglichen Vorkommnisse, wohl wissend, daß ich am nächsten Morgen zum Gericht mußte, weil mich Collura zu jeder erdenklichen Verhandlung schickte. Auch wenn man mir eine Menge Überstunden bezahlte, Schlaf bekam ich nicht besonders viel.

Ich wußte nicht, wie lange ich das noch durchhalten würde.

Colluras Ausdrucksweise war noch übler als Blackburns. Seine vulgären verbalen Beleidigungen waren völlig unangebracht. Wir standen beim Appell, als der Sergeant uns befahl, unsere Waffen zu ziehen und sie zwecks Inspektion zu entladen. Beim anschließenden Laden brauchte ich eine Sekunde länger als die dienstälteren Kollegen. In dem kurzen stillen Moment war meine Waffe die letzte, die klickte, als ich den Zylinder in seine Position zurückschnappen ließ.

Dem Sergeant war dieses verspätete Klicken nicht entgangen. »Waren Sie das, Jourdan?« fragte er.

»Nö – das war die blöde Schnalle«, sagte Collura. Ein Kichern folgte. Angeblich schrieben die Bestimmungen vor, Kollegen respektvoll zu behandeln, besonders, wenn sie in Uniform waren. Dies galt offenbar nicht für Collura oder Jourdan. Einmal saßen Collura und ich im Streifenwagen und fuhren eine Straße hinter dem Revier entlang, als Collura neben einem Mann in Zivil anhielt.

»Hallo Rosie!« sagte der Mann; er kannte Colluras Spitznamen. »Wie ich sehe, hast du einen neuen Partner.«

»Ja«, Collura lächelte. »Erst sollte sie fahren, aber ich wollte dann doch nicht, daß der Sitz ganz naß und klebrig wird!« Sie lachten.

Ich war wütend, aber er war der Dienstältere, also hielt ich meinen Mund. Ich sagte mir, daß er mich nur provozieren wollte und daß ich nur noch eine Woche mit diesem Idioten zusammen arbeiten mußte. Sobald ich zur Spätschicht wechselte, würde man mich einem anderen FTO zuteilen.

Meine Ausdauer provozierte Collura nur noch mehr. Er konfrontierte mich mit Situationen, für die ich noch nicht ausgebildet war, nur um mich aufgrund meiner fehlenden Kenntnisse auf die Nase fallen zu sehen.

Ich verstand sehr wohl, daß das Field Training eine rigorose Ausbildung sein sollte, um die Rekruten auf das Schlimmste vorzubereiten. Diese Zeit war bewußt mühsam gestaltet.

Aber man kann von einem Anfänger eben nur bestimmte Dinge erwarten. Das Training sollte ein Teil unserer Ausbildung sein. Offensichtlich bevorzugte Collura die ganz harte Tour. Glücklicherweise wußte ich, wie man einen Reifen wechselte, denn das war Colluras nächster kleiner Trick.

Man schickte uns zu einem Familienstreit. Wir trafen auf eine Frau, die ihren Lebensgefährten aus ihrer Wohnung warf, mitsamt allen zerbrechlichen Gegenständen, die sie besaß. Die Straße war von Glasscherben übersät. Ich war froh, nicht am Steuer zu sitzen, denn als wir vor dem Haus anhielten, zerschnitt eine Glasscherbe einen der Autoreifen.

Wir beendeten die Auseinandersetzung und nahmen die Frau wegen ordnungswidrigem Verhalten fest. Nachdem der zweite Streifenwagen mit ihr davongefahren war, erhielt ich von meinem FTO die Anweisung, den Kofferraum unseres Wagens zu öffnen.

»Da liegt ein Besen drin.«

»Ein Besen?« Ich sah ihn etwas scheel an.

»Jawohl!« schnaubte Collura. »Ich kann mir vorstellen, daß Sie mit einem Besen in der Hand viel natürlicher aussehen! Und jetzt fegen Sie die Scherben zusammen.«

Die Leute, die sich vor dem Haus versammelt hatten, um den Streit zu beobachten, standen immer noch da. Ungeschickt fing ich an, das Glas in den Rinnstein zu fegen.

»Das reicht, Bembenek!« brüllte Collura zu mir herüber. »Sie wollen doch Gleichberechtigung, oder? Sie können als nächstes den Reifen wechseln!«

Zähneknirschend holte ich den Wagenheber aus dem Kofferraum. Ich fragte mich, ob Collura mit Sergeant Kocher gesprochen hatte.

»Das nenne ich kaltblütig!« sagte eine Schwarze und lachte. »Eine Frau einen Reifen wechseln zu lassen.«

»Aber, aber! Sie will einen Männerjob, dann soll sie ihn auch machen«, entgegnete er.

Später telefonierte ich mit einigen anderen Rekruten, um zu hören, ob sie vom Field Training genau so geschafft waren wie ich. Zu meinem Erstaunen waren sie es nicht. Die anderen Rekruten durften nicht einmal den Streifenwagen fahren. Ich hatte mehr Überstunden gemacht als irgend jemand sonst, den ich kannte. Einer meiner Freunde erzählte mir, daß auch sein Streifenwagen einen Platten gehabt hatte, aber sein FTO hatte einfach den Reparaturdienst angerufen. Das ließ mich fragen, was hier vor sich ging.

Gegen Ende meiner höllischen zwei Wochen nahm Collura mich beiseite.

»Bembenek, ich riskiere meinen Arsch, wenn ich Ihnen jetzt folgendes sage, aber Sie waren saugut, also bin ich Ihnen das schuldig.«

»Was?« fragte ich mißtrauisch.

»Also gut... aber behalten Sie das für sich. Ich hatte Order, es Ihnen so schwer wie möglich zu machen, und das habe ich getan. Die oben haben gehofft, daß Sie einfach aufgeben und den Job kündigen würden. Haben Sie auf der Polizeischule irgendwelchen Mist gebaut?«

»Jetzt fängt das wieder an«, stöhnte ich. »Ich dachte, das Ganze wäre vorbei.«

»Oh!« Collura sah sich nervös um. »He, Sie haben in den letzten zwei Wochen sehr viel einstecken müssen. Viel Glück, Kleine.«

Das war das letzte Mal, daß ich Collura sah. Fünf Jahre später wurde er bei einem Einsatz erschossen.

Am folgenden Tag dachte ich über Colluras Worte nach. Warum waren die Spielregeln für Frauen und Schwarze so anders als für weiße Männer? Collura und Jourdan tranken im Dienst immer Wein oder Bier zum Essen, obwohl das eindeutig gegen die Regeln verstieß. Sie übersahen eine Menge Marihuana, aber Judy wurde wegen nicht einmal einem Gramm verhaftet, das sich überdies nicht eindeutig in ihrem

Besitz befand! Sie machten im Beisein von Vorgesetzten sexistische, vulgäre Bemerkungen über mich, die völlig ungeahndet blieben.

Sergeant Eccher und Sergeant Dagenhardt (er hatte von den Kollegen des fünften Distrikts den Spitznamen Dragonerherz bekommen) gaben mir am Ende meines Trainings eine gute Beurteilung.

Nach der Abschlußprüfung nahm ich an der Feier teil, zu der auch meine Eltern kamen. Man überreichte mir ein Zertifikat der Justizbehörde und ein Abschlußzeugnis der Polizeischule von Milwaukee.

Meine feste Dienststelle wurde der zweite Distrikt im Süden der Stadt. Wenigstens war mir dieses Gebiet vertraut, und ich betrachtete mein neues Revier als eine Chance, noch einmal neu anzufangen. Aber auch hier kursierten Gerüchte, daß der Leutnant von der Spätschicht nichts mit weiblichen Kollegen anfangen konnte und nicht einmal versuchte, aus seinem Vorurteil ein Geheimnis zu machen. Man empfahl mir, ihm aus dem Weg zu gehen.

Es war August, und ich hatte das Gefühl, den ganzen Ärger endlich überstanden zu haben. Was bedeutete schon ein einzelner widerlicher Leutnant, wenn man wie ich schon weitaus Schlimmeres durchgemacht hatte! So ungefähr dachte ich damals.

Wenn der stellvertretende Inspektor wirklich der Meinung war, daß ich die »Ehre« nicht verdiente, die Dienstmarke der Polizei von Milwaukee zu tragen, dann hatte er mit Sicherheit sein Augenmerk nie auf die »feinen Herren« vom zweiten Distrikt gelenkt. Was für ein Revier! Was für eine Truppe! Viele der Polizisten dort waren brutal, faul, gleichgültig und korrupt. Dieser zweite Distrikt galt als eine ruhige Gegend mit geringerer Kriminalität, abgesehen von einem spanischen Elendsviertel, aber je weniger die Cops zu tun hatten, desto gleichgültiger wurden sie. Ich beobachtete Hunderte von

Dienstvergehen. Streifenpolizisten parkten ihre Wagen nachts nach der Sperrstunde auf dem Friedhof und schliefen drei, vier Stunden während der Spätschicht, oder sie betranken sich auf »Polizei-Feten«. Andere, die auf Streife gingen, bekamen in den Bars und Kneipen ihre Getränke umsonst. Einige verkauften Pornofilme direkt aus dem Kofferraum ihres Streifenwagens oder trafen sich während des Dienstes mit ihren Freundinnen, während ihre Frauen sie bei der Arbeit wähnten. Sie übten brutale und unnötige Gewalt an Verdächtigen aus, die bereits Handschellen trugen – in den Zellen, unter Ausschluß der Öffentlichkeit. Sie konsumierten und verkauften Drogen. Sie verlangten und erhielten kostenlose Bedienung von Prostituierten. Sie bezahlten ihre Informanten mit Drogen. Sie schickten betrunkene Fahrer vom Unfallort weg, weil sie wegen des fälligen Unfallberichts, des Alkoholtests und der Festnahme keine Überstunden machen wollten. Was ich nicht mit eigenen Augen sah, hat man mir erzählt, denn die Korruption war allgemein bekannt. Der Rang spielte dabei keine Rolle, wohl aber, und das war offensichtlich, Geschlecht und Hautfarbe.

In diesem Umfeld ist ein Anfänger in einer prekären Lage. Wurde ich Zeuge eines Dienstvergehens, dann machte ich mich genau so strafbar wie der Täter selbst, wenn ich nichts gegen ihn unternahm. Wenn ich meinen Vorgesetzten also nicht darauf hinwies, verstieß ich in den Augen der Polizei selbst gegen eine Regel. Und wenn ich es doch tat… mir gegenüber waren sie immerhin weisungsbefugt! Versuchen Sie mal, in einer lebensgefährlichen Situation um Hilfe zu rufen, und niemand kommt!

Ich wollte kein Opferlamm werden.

Auf der anderen Seite gab es auch Kameradschaftlichkeit unter den Streifenpolizisten, dieses »Wir gegen den Rest-Gefühl«. Collura war der erste, der mir sagte: »Traue keinem Streifenträger!«

»Wenn wir uns nicht um uns selbst kümmern«, hatte er gesagt, »wer sollte es dann tun?« Immerhin arbeiteten Jourdan und Collura trotz all ihrer Unzulänglichkeiten sehr hart.

Ich begann, meine Arbeit zu mögen, und genoß den Vorteil, nun meinen festen Bezirk zu haben. Am besten gefiel es mir, alleine auf Streife zu gehen, eine Aufgabe, die häufiger auf meinem Dienstplan stand. Da war ich mein eigener Herr und mußte mir keine Gedanken über die Dienstvergehen anderer machen oder mich irgendwelchen unfähigen Dienstälteren unterordnen. Ich hatte den Eindruck, daß ich mich der Polizeiarbeit sehr gut anpaßte.

Während dieser Zeit kamen die meisten meiner Freunde ebenfalls von der Polizeischule und arbeiteten wie ich in der Spätschicht. Meine anderen Freunde hatten normale Arbeitszeiten, und es wurde immer schwieriger, den Kontakt zu ihnen aufrechtzuerhalten. In meinem neuen Bekanntenkreis gab es ausschließlich Polizisten.

Eine Kollegin, die ich Suzy nennen werde und mit der ich schon zuvor einmal etwas getrunken hatte, rief mich eines Nachmittags an. Es gab viel zu erzählen, weil sie ihr Field Training im zweiten Distrikt absolviert hatte und nun im fünften arbeitete, wo mein Training stattgefunden hatte. Wir erzählten uns, wie es bei der Arbeit lief und wie schwierig es war, sich an die Spätschicht zu gewöhnen, und daß man den Kontakt zu alten Freunden verlor.

Wir verabredeten uns regelmäßig zum Mittagessen, und ab und zu besuchten wir Judy, mit der wir dann zusammen am Swimmingpool saßen und eine Flasche Wein tranken. Suzy trank immer sehr viel, so daß ich mir langsam Sorgen um sie machte. Eines Tages nahm sie mich beiseite.

»Hör mal, Laurie, es macht mir nichts aus, Judy hin und wieder zu sehen. Aber glaub' mir, Zess bedeutet Ärger, und zwar ganz gewaltigen Ärger.«

Ich fragte mich, was sie damit meinte. Jetzt arbeitete Judy als

Kellnerin. Seit dem Konzert hatte sie keine weiteren Schwierigkeiten gehabt. Hätte es Anzeichen für Probleme gegeben, wären sie mir sicher aufgefallen. Ich irrte mich.

Manchmal war Suzy gereizt; es schien, als wäre sie auf etwas sehr wütend, obwohl ich nicht sagen konnte, worauf. Als alleinerziehende Mutter hatte sie es mit ihrer Tochter schwer, die Suzy tagsüber, wenn sie sich vom Dienst ausruhen wollte, oft weckte. Sie tat mir leid.

Sie traf sich mit einem Mann, der Steve hieß, erzählte mir aber, daß sie das nur wegen seines Geldes tat. Ihre wahre Liebe gehörte einer alten Flamme namens Seymour; er lebte in Chicago. Sie erwähnte, daß sie Jahre vor ihrer unseligen Ehe mit ihm zusammengelebt hatte. Manchmal fuhr sie nach Chicago, um ihn zu sehen, aber es belastete sie.

Ungefähr zur gleichen Zeit erzählte sie mir, daß sie sich mit einem Mann traf, der bei der Kripo arbeitete, aber dann wechselte sie plötzlich das Thema, so als wäre es ein Fehler gewesen, darüber zu sprechen.

Inzwischen waren Männer praktisch aus meinem Leben verschwunden. Ich wollte meinen Job nicht noch einmal aufs Spiel setzen, und deshalb ging ich nicht mit Polizisten aus. Und andere Männer, die keine Cops waren, lernte ich aus Zeitmangel gar nicht erst kennen. Meinem Ruf bei der Polizei half dies allerdings kaum – ich bekam Wind von dem Gerücht, ich sei lesbisch. Schließlich machte ich ja Gewichtheben!

Das Gerücht keimte eines Nachts wieder auf, als mein Streifenpartner beschloß, die Schwulenkneipen der Gegend abzufahren, um die Inhaber wieder einmal zu schikanieren. Es machte ihm Vergnügen, seine Kommentare über den Wagenlautsprecher abzugeben. Auf dem Bürgersteig entdeckte er plötzlich zwei Frauen, die sich umarmten. Nur eine Umarmung, aber mein Partner mußte die Autoscheinwerfer direkt auf sie richten.

»Dafür könnte ich euch festnehmen, ihr Spinner!« bellte er.
Vom Licht geblendet und ganz verlegen, beeilten sich die
Frauen, zu ihrem eigenen Wagen zurückzugehen.
»Warum machst du das?« fragte ich ihn. »Haben wir nicht
wichtigere Arbeit zu erledigen? Die beiden tun doch niemandem etwas, aber etliche andere Leute in dieser Stadt tun
das in diesem Augenblick sehr wohl.«
»Die sind schwul«, schnaubte er, »Du bist nicht zufällig eine
Lesbe, oder?«
Der Ausdruck in seinen Augen und der Tonfall seiner Stimme ließen keinen Zweifel daran, daß ich diese Diskussions-
runde nicht gewinnen würde, also wechselte ich das Thema,
nachdem ich versichert hatte, ich sei nicht schwul, wie er es
nannte.

Der Sommer ging schnell vorbei. Meine Eltern hatten einen
japanischen Austauschschüler aufgenommen; leider war ich
nicht oft zu Hause. An meinen freien Tagen sah ich mir verschiedene Wohnungen in der Stadt an, die man mit einer späteren Kaufoption zunächst mieten konnte. An meinem Geburtstag ereignete sich nichts Besonderes. Ich war jetzt zweiundzwanzig.
Ende August rief ich mein zuständiges Büro an, um mir meinen Einsatzplan bestätigen zu lassen. Der Captain kam ans
Telefon, um mich ganz beiläufig darüber zu informieren, daß
der Polizeichef meiner Entlassung zugestimmt hatte.
Nun war die Bombe geplatzt.
Sie hatten nicht einmal den Schneid – oder die Freundlichkeit
– mir dies persönlich mitzuteilen. Sie hatten mich bestraft –
aber wofür? Dafür, daß ich eine Frau war? Dafür, daß ich meinen Mund nicht hielt und ihren sexistischen Müll nicht
schluckte? Dafür, daß ich ihnen zu viele Fragen stellte? Wie
sollte ich das wissen?
Ich wußte, daß man mich nicht entließ, weil ich gelogen oder

Dienstvorschriften verletzt hatte – für so etwas entließ man zweifellos keinen Polizisten. Ich wußte, daß man mich nicht entließ, weil ich etwas Falsches getan hatte. Ich wußte auch, daß man mich nicht entließ, weil ich keine gute Polizistin war. Ich hielt mich für einen guten Cop, oder zumindest war ich auf dem Weg dahin. Ich wäre es auch geworden, wenn man mich gelassen hätte.

Am nächsten Morgen kam ein Sergeant von der Frühschicht zu mir nach Hause, um meine Dienstmarke, meine Dienstwaffe und die übrigen Dinge, die Polizeieigentum waren, an sich zu nehmen.

Ich fummelte mit einem Schraubenzieher herum, um die Mahagonigriffe, die ich mir erst kürzlich gekauft hatte, von meiner achtunddreißiger Smith & Wesson zu entfernen.

Als mein Vater am Nachmittag von der Arbeit kam, erzählte ich ihm, was passiert war, und weinte in seinen Armen.

5

FREUNDE

Da seit der Party im April und dem Konzert im Mai so viel Zeit vergangen war, traf mich die Entlassung wie ein furchtbarer Schock. Die gegen mich erhobenen Anklagepunkte las ich auf dem Entlassungsbescheid, den man mir aushändigte. Man warf mir vor, die Unwahrheit gesagt und einen falschen, offiziellen Bericht abgegeben zu haben. Der Bescheid beinhaltete keine weiteren Details, und so konnte ich nur raten, worum es ging. Aber bei welcher Gelegenheit hatte ich gelogen? In welchem offiziellen Bericht?

Ich rief Suzy an und erzählte ihr unter Tränen von den schlechten Nachrichten. Auch sie war schockiert.

»Wo bist du?« fragte sie.

»Bei Judy. Ich konnte es zu Hause nicht mehr aushalten. Meine Eltern haben sich fürchterlich aufgeregt. Sie hatten so auf mich gezählt...«

»Bleib wo du bist. Ich komme gleich vorbei.« Eine halbe Stunde später stand sie mit einer Tüte voller Wein, Käse, Suppe und Sandwiches vor der Tür.

»Hast du schon mit der Gewerkschaft gesprochen?«

»Ich habe morgen einen Termin dort«, antwortete ich. »Wie nennt man das noch gleich? Gesuch zur Wiedereinstellung?«

Suzy nickte. »Was willst du jetzt tun, um Geld zu verdienen?«

»Das ist ein Problem – es wirft meine ganzen Pläne um. Ich hatte vor, ein Apartment zu kaufen. Das kann ich jetzt vergessen. Ich sollte nächste Woche den Kaufvertrag unterschreiben, aber damit ist es nun Essig. Ich habe meinen Pensionsfonds, und ich könnte Arbeitslosenunterstützung beantragen.«

»Sei froh, daß du noch nicht umgezogen bist. Denk nur, welche Probleme du dann hättest! Wenn du Interesse hast – ich brauche einen Babysitter für Aimee. Im Moment paßt die Frau eines Kollegen nachts auf die Kleine auf, aber es ist echt lästig für mich, weil ich Aimee jeden Tag ans andere Ende der Stadt fahren und sie auch wieder abholen muß. Es ist sehr schwer, eine Betreuung während der Spätschicht zu finden. Aimee ist vier Jahre alt. Sie macht keine großen Umstände. Zumindest müßtest du nicht zu Hause sitzen, und es würde dich finanziell eine Weile über Wasser halten.«

Ich dachte über ihren Vorschlag nach. Mit kleinen Kindern hatte ich kaum Erfahrung und brachte ihnen auch nur wenig Toleranz entgegen, aber ich fand, es war besser, als gar nichts zu tun, und so willigte ich ein.

Am nächsten Tag gaben sich die Gewerkschaftsanwälte optimistisch. Zunächst wollten sie Einsicht in meine Personalakte erwirken, um die genauen Gründe für meine Entlassung zu erfahren. Es bedurfte mehrerer Briefe ihrerseits, bis der siebzigjährige Polizeichef mir schließlich den Einblick in meine Akte gewährte.

Als ich zu meinem Termin bei der Verwaltungsstelle der Polizei erschien, war es bereits September. Dort traf ich Thomas, Bonnie Avanti und Pat Lipsey. Sie alle waren in der gleichen Woche wie ich entlassen worden, aus unterschiedlichen Gründen. Alle drei waren Schwarze.

Etwa drei Stunden lang warteten wir vor dem Büro des Polizeichefs, während die Anwälte Tom Barth und Ken Murray eine Besprechung mit Breier abhielten. Nachdem wir so lange gewartet hatten, schickte man uns wieder nach Hause. Trotz aller Bemühungen wollte Breier uns nun doch nicht gestatten, unsere Unterlagen einzusehen.

Mehrere Polizisten aus dem zweiten Distrikt riefen mich an. Sie fragten nach Einzelheiten über meine Entlassung, und einige von ihnen waren durch ein Gerücht beunruhigt worden, in dem es hieß, ich hätte Kollegen wegen diverser Dienstvergehen in die Sache hineingezogen.

»Warum sagen sie so etwas?« fragte ich einen der Anrufer.

»Och, das sagen sie über jeden, der gefeuert wird. Die sind alle paranoid, das ist alles. Sie haben Angst, daß jemand, der entlassen wird, mit ihnen abrechnen will.«

Mittlerweile hatte ich das nächtliche Babysitten für Suzy übernommen und paßte auch an den Wochenenden auf Aimee auf. Suzy war in schlechter Verfassung. Sie trank mehr als jeder andere, den ich kannte: drei bis vier Flaschen Whisky pro Woche. Auch spät am Tag trank sie noch Alkohol, zu spät, um anschließend aufzustehen und zur Arbeit zu gehen – also gönnte sie sich ein paar Reihen Kokain, um wieder einen klaren Kopf zu bekommen.

Aus eigener Erfahrung wußte ich, wie schwer es war, sich an die Spätschicht zu gewöhnen. Als ich noch arbeitete, durfte ich nach dem Mittagessen keinen Alkohol mehr trinken, wenn ich mich in der folgenden Nacht im Dienst nicht groggy und teilnahmslos fühlen wollte. Ich sah, wie schwer es für eine alleinstehende Mutter war, ihren Job zu behalten.

Suzy kaufte ihren Koks bei unterschiedlichen Leuten, das meiste jedoch von einem Kerl namens Jimmy, der eine weiße Corvette fuhr und gelegentlich eine Nacht mit Suzy verbrachte. Sie war abhängig. Trotz ihrer permanenten Jammerei über das Geld – sie war mit der Miete im Rückstand und aß von Papptellern – gab sie einen beachtlichen Betrag für Drogen aus.

Ich weiß, daß ich mich besser von Leuten wie Suzy und Judy hätte fernhalten sollen, als mir klar wurde, was für Menschen sie waren, aber es gab viele banale Gründe dafür, daß ich es nicht tat. Meine Entlassung hatte mich aus der Bahn geworfen. Ich war enttäuscht und verwirrt; das machte mich einsam und ließ mich verzweifelt an Freunden festhalten. Auch an den falschen Freunden.

Auch ich begann, zu viel zu trinken, um mein Leben noch richtig unter Kontrolle haben zu können. Ich weiß nicht, warum ich zum Alkohol griff – vielleicht, weil das von der Gesellschaft akzeptiert wurde. Alkohol war immer verfügbar, und alle anderen tranken auch – möglicherweise war das der Grund. Von meinen Eltern hatte ich es jedenfalls nicht gelernt, denn keiner von ihnen trank. Ich wußte nur, das Leben erschien nicht so brutal, wenn ich etwas getrunken hatte. Alles ließ sich besser ertragen, und ich konnte mir einbilden, daß alles in Ordnung war.

Etwa Ende September teilte man mir mit, daß Breier nun doch all denen, die entlassen worden waren, Einblick in ihre Personalakten gewährte. Ungefähr zum gleichen Zeitpunkt erhielt ich meine erste Arbeitslosenunterstützung. Außerdem bekam ich eine Vorladung als Zeugin in Judy Zess' Verfahren wegen Drogenbesitzes.
Noch einmal ging ich mit Ken Murray, meinem Gewerkschaftsanwalt, zur Polizeiverwaltung. Er schärfte mir ein, ein Notizbuch mitzunehmen und alles Wesentliche aufzuschreiben, da Breier angeordnet hatte, daß ich meine Unterlagen alleine, ohne Murrays Hilfe ansehen sollte.
So saß ich vor einem Kripobeamten, der mir meine Akte übergab, und zwar Seite für Seite. Und Seite für Seite las er sie! Ich hatte Wochen gebraucht, um mit Hilfe der Gewerkschaft den Polizeichef davon zu überzeugen, mir meine eigene Akte ansehen zu dürfen, und nun hatte dieser neugierige Mensch die Stirn, in meiner Gegenwart die ganze Akte einfach so zu lesen.
Ich bedauerte, daß es Murray nicht erlaubt war, mir zu helfen, denn ein Großteil des Berichts erschien mir bedeutungslos und verwirrend – bis ich die schockierende Entdeckung machte, daß es da eine von Judy Zess unterschriebene Aussage gegen mich gab! Darin hatte sie mich ausdrücklich als Be-

teiligte an ihrer Marihuana-Affäre bei dem Konzert angegeben, obwohl sie wußte, daß das nicht stimmte. Ich fühlte mich, als bohrte man mir ein Messer in den Rücken. Warum hatte sie so etwas getan? War sie in jener Nacht wütend und zog mich deshalb mit in die Sache hinein? War es so einfach? Ich war schockiert und außer mir vor Zorn.

Auf dem Rückweg hielt ich bei ihrem Apartment, um sie zur Rede zu stellen. Wie üblich war sie guter Dinge, bot mir Platz an und erzählte mir von den Fortschritten ihres Berufungsverfahrens.

»Judy«, unterbrach ich sie, »ich konnte heute meine Personalakte lesen. Ich war in der Stadt.«

»Ach ja?«

»Wie konntest du so eine Aussage gegen mich machen? Du hast mir doch erzählt, daß du nicht einmal meinen Namen erwähnt hast! Wie konntest du mir das antun?«

Judy war nie um einen Antwort verlegen.

»Laurie, das verstehst du nicht. Ich war betrunken. Sie haben mir gedroht, den Polizeichef zu wecken und mich ihm vorzuführen, wenn ich diese Dinge nicht aufschreiben und unterschreiben würde! Jan hat deinen Namen erwähnt, und ich war dann ziemlich durcheinander. Sie haben mich die ganze Nacht dortbehalten. Ich wollte nur nach Hause gehen.«

»Ach, Scheiße!« sagte ich wütend. »Du erzählst denen, daß ich mit euch beiden Arschlöchern Joints geraucht habe, wo ich nicht einmal dabei war!«

»Du mußt mir glauben!« protestierte sie. »Warum denkst du, daß ich Berufung eingelegt habe? Die haben mich praktisch weichgekocht! Ich wußte nicht, was ich tat! Sie haben mich in dieses Zimmer geschubst, ich bin hingefallen und habe mir die Strümpfe zerrissen. Dann standen sie direkt hinter mir und diktierten, was ich schreiben soll. Meine Rechte existierten gar nicht mehr! Ich wollte einen Anwalt sprechen, aber sie ließen mich nicht. Dies wäre eine interne Angelegenheit!«

Judy flehte mich an: »Du mußt mir glauben!«

Ich wußte nicht, was ich davon halten sollte.

»Judy, was zum Teufel soll ich bei meiner Berufung machen, wenn sie deinen Bericht an die Kommission weiterleiten? Was soll ich denen sagen?«

»Ich werde mit dir zusammen dorthin gehen. Wenn du meine Aussage brauchst, werde ich ihnen einfach sagen, wie es wirklich war. Die haben mich die ganze Nacht lang verhört! Ich durfte erst morgens um sechs Uhr nach Hause gehen! Und ich habe viertausend Dollar für meinen Anwalt bezahlt, um diese Sache vor Gericht zu bringen, weil es nicht fair war! Es war nicht richtig!«

»Ich habe die Vorladung bekommen«, sagte ich. »Und jetzt soll ich für dich aussagen? Wie bin ich eigentlich in die Sache hineingeraten? Ich habe doch überhaupt nichts gesehen!«

»Hör mal, ich gebe dir eine eidesstattliche Erklärung, wenn du willst«, versprach Judy. »Du mußt mir glauben.«

Ich seufzte.

»Was stand denn noch in deiner Akte?« fragte sie.

»Ach, ziemlich viel Mist! Aus der Luft gegriffenes Gerede. Nichts Konkretes. White hat noch eine Aussage über den Abend gemacht, als ich Thomas die Schallplatte vorbeibrachte. White sagt, er glaube, daß Thomas und ich eine Affäre hatten und daß ich deshalb bei Thomas war! Wie konnte er das nur behaupten? Warum hat er das getan? Und wie konnte man das in der Abteilung ernst nehmen? Seit wann ist es ein Verbrechen, das Haus eines Schwarzen zu betreten?«

»Was hat White denn damit zu tun? Warum macht er Zellmer gegenüber eine Aussage?« fragte Judy.

»Vielleicht drohte auch White die Entlassung, und er dachte, eine Aussage könnte ihm helfen. Es hieß immer, er sei Thomas' Freund.«

»Was hat die Gewerkschaft dazu gesagt?«

»Ich bin dabei, einen Antrag auf Wiedereinstellung zu machen, ich weiß aber nicht, wofür das gut sein soll. Immerhin war ich noch in der Probezeit, als sie mich entlassen haben.« Ich zuckte mit den Achseln. »Für mich sieht es so aus, als ob einzig und allein Frauen und Schwarze von solchen internen Angelegenheiten betroffen sind. Sieh dir doch an, wie viele bis jetzt allein aus unserer Klasse gegangen sind. Und das Jahr ist noch nicht zu Ende. Ich wette, daß noch mehr Leute gehen werden.«

»Warum wurde Pat Lipsey eigentlich gefeuert?« fragte Judy. »Genaues weiß sie auch nicht. In ihrer Akte hieß es, die Entlassung würde zum Wohl der Abteilung vorgenommen. Das muß man sich mal vorstellen! Ich habe sie heute in der Stadt getroffen. Thomas war auch dort.«

»Ich habe eine tolle Idee«, unterbrach mich Judy in ihrer üblichen, exzentrischen Art. »Warum fahren wir nicht in den Playboy Club nach Lake Geneva 'raus und bewerben uns dort um einen Job? Eine Freundin von mir kennt einen der Manager.«

»Nee.«

»Warum denn nicht?« beharrte Judy.

»Was gefällt dir denn nicht an deiner Arbeit bei Sally?«

»Sie werden mir meine Stunden kürzen. Ich soll eine andere Arbeit bekommen. Bald werde ich meine Miete nicht mehr bezahlen können. Hey, warum ziehst du nicht zu mir? Ich würde wirklich gerne mit dir zusammen wohnen!«

»Das kann ich nicht. So wie die Dinge stehen, bin ich froh, daß ich bei meinen Eltern wohnen kann. Erst gestern habe ich einen Bescheid wegen der Arbeitslosenunterstützung bekommen. Die Schweine legen jetzt Berufung gegen meinen Entschädigungsanspruch ein. Die Anhörung findet nächsten Monat statt. Wenn ich keine Unterstützung bekomme, werde ich mir weder ein Auto noch sonst etwas leisten können.«

»Ich dachte, jeder, der gefeuert wird, hat Anspruch darauf«, sagte Judy.

»Nein, erst muß ermittelt werden, ob der Betreffende die Entlassung nicht absichtlich provoziert hat, um das Geld zu kassieren.«

»Das ist doch verrückt!«

»Ich weiß. Ich glaube, die Stadt prüft solche Sachen immer.«

An dem Abend saßen Judy und ich bei Suzy, zusammen mit einigen ihrer Freunde. Da ich mich beim Kartenspielen langweilte, rief ich einen meiner Freunde von der Polizei an und fragte ihn, ob er nicht auch vorbeikommen wollte. Er war einverstanden, sagte aber gleich, daß er nicht lange bleiben könnte, da er noch Dienst hatte. Noch bevor er wieder ging, war ich auf Suzys Sofa beim Fernsehen eingeschlafen.

Tags darauf rief er mich an. Er klang so anders als sonst.

»Stimmt irgend etwas nicht?« fragte ich ihn.

»Ja, also… eine Sache gefällt mir nicht.«

»Schieß los.«

»Laurie, ich will mich wirklich nicht einmischen. Du weißt schon, die Sache mit dir und Suzy.«

»Wieso? Was ist mit Suzy?« drängte ich ihn.

»Du scheinst zu glauben, daß sie deine Freundin ist, aber an deiner Stelle wäre ich vorsichtig. Gestern abend, als du auf der Couch eingeschlafen bist, blieb ich noch auf ein paar Runden Kartenspielen. Suzy und Judy haben viel gelacht und sich total vollaufen lassen. Und als Suzy mich dann zu meinem Wagen brachte, hat sie ein paar wirklich miese Dinge über dich erzählt.«

»Zum Beispiel?«

»Sie fragte mich, ob ich dich gern habe. Ich erzählte ihr, daß wir bloß gute Freunde sind, und dann hörte ich mir ihr ziemlich verdorbenes Geschwätz über dich an, den wahren Grund, warum du entlassen worden bist. Blödes Sex-Getratsche.«

Ich war entsetzt.

»Ich weiß, sie war wirklich total betrunken, aber das ist keine

Entschuldigung. Sie erzählte mir, daß sie es von einem Typ gehört hätte, der bei der Kripo in der Stadt arbeitet.«

»Warum hat sie diesen Mist nur wiederholt? Wenn sie wüßte, was die anderen alles über sie erzählen!«

»Ich weiß. Na ja, ich wollte es dir erst nicht sagen, aber dann dachte ich, daß du es wissen solltest. Ich werde wohl nicht mehr zu ihr gehen.«

»Ja, natürlich«, sagte ich und legte den Hörer auf.

Gleich danach wählte ich Suzys Nummer, aber es ging niemand ans Telefon. Dann fiel mir ein, daß sie am Wochenende nach Chicago fahren wollte, um Seymour zu treffen. Sie hatte wesentlich mehr Überstunden als die anderen aus meiner Klasse angesammelt, da sie schon vor dem Polizeidienst auf der städtischen Lohnliste stand.

Es vergingen einige Wochen, bis ich sie wieder sah, und so ergab sich keine passende Gelegenheit, mich mit ihr über das Gerede zu unterhalten. Ich beschloß, daß es sinnlos war, mit ihr über eine Sache zu reden, die sie im Vollrausch von sich gegeben hatte.

Eines Abends spielte ich in einer Kneipe Billard und rief bei ihr an, um vorzuschlagen, daß sie mich dort teffen sollte. Ich war nicht sicher, ob sie an diesem Abend Dienst hatte, und ließ das Telefon länger läuten. Ich war im Begriff, wieder aufzulegen, als Suzy sich meldete; sie klang betrunken und aufgeregt. Ich bemühte mich, trotz des Lärms, der in der Kneipe herrschte, zu verstehen, was sie sagte.

»Hallo? Suzy? Hier ist Laurie. Hörst du mich?«

Sie weinte hysterisch.

»Was ist passiert? Ist mit dir alles in Ordnung?«

»Scheiße!« schrie sie ins Telefon. »Scheißkerle! Die sind doch alle gleich! Arschlöcher!«

»Suzy – jetzt beruhige dich! Was ist passiert?«

»Nein, nein! Ich wollte Fritz heute abend treffen, aber ich hab zu viel getrunken und dabei die Zeit vergessen und peng!

83

Der Arsch ist gegangen! Er hat nicht mal auf mich gewartet. Und jetzt hat er einfach aufgelegt!«

Dann hörte ich, wie das Telefon durch das Zimmer geworfen wurde.

Ich hatte keine Ahnung, wovon Suzy geredet hatte. Einen Fritz hatte sie nie erwähnt. Da ich nicht wußte, was sie als nächstes anstellen würde, rannte ich aus der Kneipe, sprang in meinen Camaro und raste ans andere Ende der Stadt. Während der Fahrt mußte ich immer wieder an den Tag denken, als Suzy mit Suppe und Käse und Wein zu mir gekommen war, nachdem ich ihr erzählt hatte, daß ich entlassen worden war. Jetzt brauchte sie mich.

Ich hoffte, sie würde keine Dummheiten machen. Einmal hatte sie mir anvertraut, daß sie vor Jahren nach einem heftigen Streit mit Seymour eine Überdosis Schlaftabletten genommen hatte und man ihr den Magen auspumpen mußte.

Als ich vor ihrer Wohnung hielt, stand die Eingangstür offen. Suzy lag auf dem Bett, eine leere Flasche Jack Daniels neben ihr auf dem Boden. Ihre Atmung war regelmäßig und der Puls normal.

Ich suchte im Zimmer nach möglichen Tablettenschachteln, fand aber keine. Ich sah auf ihrem Wandkalender nach, ob sie an dem Abend zum Dienst mußte, und stellte fest, daß sie »Überstunden abfeiern« hineingekritzelt hatte.

Ich hob die Überreste des Telefons auf, löschte die Lichter und deckte Suzy mit einer Wolldecke zu. Anschließend sah ich noch nach Aimee, schloß die Haustür und ging. Am nächsten Tag konnte Suzy sich an gar nichts mehr erinnern. Sie wunderte sich darüber, was mit dem Telefon passiert war. Ich erzählte ihr von unserem Gespräch, aber sie lachte mich einfach aus.

»Mein Gott! Manchmal werde ich ganz schön verrückt, wenn ich besoffen bin«, war alles, was sie dazu zu sagen hatte.

In diesem Monat bat mich Judy noch einmal, zu ihr zu ziehen, aber wieder sagte ich ihr, daß das nicht möglich war. Sie wiederholte auch ihren Vorschlag, sich für einen Job im Playboy Club zu bewerben.

Ich war nicht sonderlich versessen darauf, allerdings befand ich mich in einer prekären finanziellen Lage, besonders jetzt, wo meine Arbeitslosenunterstützung in Frage gestellt war. Mein Leben war eine Katastrophe. Es war nicht immer angenehm, für Suzy Babysitter spielen zu müssen, und ich wußte nicht, wie lange ich das noch durchhalten würde. Suzys exzessives Trinken, ihre Launen und ihre Wutanfälle störten mich zunehmend. Mittlerweile erwartete sie von mir, daß ich kurzfristig einsprang, wenn sie mit einem Mann für ein paar Tage verreisen wollte. Sie verbrachte Wochenenden in La Crosse in Wisconsin zusammen mit einem Kerl, weigerte sich aber, mir zu sagen, mit wem. Sie beschwerte sich darüber, wie chaotisch ihre Wohnung aussah, gerade so, als wäre ich auch noch ihre Putzfrau. Ihre Gereiztheit wurde mir langsam zuviel.

Ich fühlte mich nicht mehr so wie früher. Ich war planlos. Ich trank zu viel und bewarb mich in der ganzen Stadt vergeblich um Jobs. Wenn ich den Arbeitslosengeldprozeß verlor, müßte ich mehr als zweitausend Dollar an die Stadt zurückzahlen. Ich hatte keine Krankenversicherung, und ich mußte die Kosten für mein Auto aufbringen. Ich wußte nicht mehr, was ich tun sollte.

Ich wußte nicht einmal mehr, wie ich aussah. Meine Haare waren wieder gewachsen, aber die Fingernägel trug ich nach wie vor kurz und unlackiert. Make-up benutzte ich fast nie, und üblicherweise trug ich Jeans und Hemden. Ganz unbewußt hatte ich mich in eine androgyne Gestalt verwandelt, die sich kraß von meiner gestylten, weiblichen Erscheinung aus vergangenen Model-Tagen unterschied. Mich irritierte die Geschlechts- und Identitätsfrage. Nichts schien mehr zu funktionieren.

Dann beschloß ich, mehr oder weniger aus einer Laune heraus, wieder einer geregelten Arbeit nachzugehen, und nahm für einen Monat einen Kellnerinnenjob im Playboy Club in Lake Geneva an.

•

Ein riesengroßer Fehler!
Ich bediente an den Tischen und lernte den Bunny-Knicks. Dieses blöde Kostüm trug ich nur vier Wochen lang, und ich sparte mir das Geld zusammen, um zurückzahlen zu können, was man von mir verlangte. Und offenbar wurde aus Lawrencia Bembenek dadurch für immer das ehemalige Playboy-Häschen Bembenek. Es war ein Kellnerinnenjob. Damit ist das Thema für mich beendet!

•

Mitte Oktober traf mich ein weiterer Schlag. Die Gewerkschaft schickte mir einen Brief, in dem stand, daß man meinen Fall niederlegen wollte. Obwohl ich meine Beiträge bezahlt hatte, war es der Gewerkschaft zu kostspielig, meine Wiederaufnahme in den Dienst weiter zu verfolgen. Ich hatte meine Probezeit ja nicht beendet. Zu schade, daß all die Verhöre stattgefunden hatten, bevor der Gesetzentwurf über die Rechte der Polizisten verabschiedet wurde. Sehr unglücklich. Zu teuer. Zu schade.
Ich hatte das Gefühl, daß mich alle aufgegeben hatten.
Dann folgte meine Anhörung wegen des Arbeitslosengeldes. Ken Murray erklärte sich bereit, mich dabei zu vertreten, auch wenn die Gewerkschaft meine Weiterbeschäftigungsklage fallengelassen hatte.
Als ich im Rathaus ankam, hatten sich dort bereits etwa fünfundzwanzig Polizisten eingefunden, vier Sergeants, einige Vertreter der Sittenpolizei, Stenographen und noch andere Leute. Ich fühlte mich winzig klein und verlassen. Endlich kamen Judy und mein Anwalt.
Die Anhörung dauerte vier lange Stunden. Alle möglichen

Leute sagten aus – selbst der Stenograph, der damals meine Aussage wortwörtlich mitgeschrieben hatte – egal, ob ihre Aussagen relevant waren oder nicht. Officer Paul Will wurde vereidigt. Er behauptete, ich wäre an dem Abend des Konzertes zusammen mit den anderen festgenommen, aber dann wieder freigelassen worden, nachdem man festgestellt hatte, daß ich nicht im Besitz von Marihuana war.

»Es muß doch einen Weg geben, um zu beweisen, daß ich nicht verhaftet wurde!« flüsterte ich Murray zu. »Kann Judy nicht aussagen? Die haben mich damals nicht einmal wahrgenommen! Müßte es nicht einen Entlassungs- oder einen Festnahmebericht geben, wenn ich verhaftet worden wäre?!«

»Beruhigen Sie sich, Lawrencia«, sagte Murray. »Lassen Sie mich das machen.«

Der Beschluß, ob mir eine Arbeitslosenunterstützung zustand oder nicht, sollte mir zu einem späteren Zeitpunkt schriftlich mitgeteilt werden.

Dann folgte Judys Verfahren vor dem Schwurgericht. Es dauerte drei Tage, und immer wieder wurde meine Aussage verschoben. Die Zeugen mußten bis zu ihrer Aussage außerhalb des Gerichtssaales warten. Schließlich rief man mich auf, und ich betrat den Saal. Es amüsierte mich, als ich in dem jungen Gerichtsreporter den Kumpel meines Ex-Freundes wiedererkannte, der an meiner Stelle mit Danny in den Urlaub gefahren war.

Ich beantwortete die Fragen von Judys Anwalt, wurde in ein kurzes Kreuzverhör genommen und gebeten, mich wieder hinzusetzen. Als ich mir die Aussagen der Polizisten von der Sitte anhörte, stellte ich fest, daß ihre Darstellungen ziemlich stark von den Berichten abwichen, die sie geschrieben hatten, und noch stärker von den Aussagen, die sie bei meiner Arbeitslosenanhörung zu Protokoll gegeben hatten. Das überraschte mich nicht. Ich wußte, daß man Polizisten dazu auffordert, das auszusagen, was hinsichtlich ihres Verhaltens korrekt gewesen wäre, und nicht das, was tatsächlich passiert war. Dies war eine der Techniken, die man uns auf der Polizeischule nachdrücklich und sehr subtil eingeschärft hatte; natürlich brachte man Polizisten nicht bei, explizit zu lügen, aber man schlug ihnen sehr wohl vor zu sagen, was sie hätten tun müssen, wenn sie sich an einen Sachverhalt nicht mehr genau erinnern konnten.

Jetzt wurde mir diese Technik immer wieder vorgeführt. Judys Verfahren endete damit, daß die Geschworenen keine Einigung erzielen konnten.

6

FRED SCHULTZ

Die Monate vergingen wie in einem Nebel. Ich fühlte mich, als säße ich in einer Flasche und würde hinaussehen: meine Finger preßten sich gegen die Glaswand, ich war ausgeschlossen und eingeschlossen und rang nach Luft. Mein Versagen bedrückte mich. Ich klebte förmlich an den wenigen Beziehungen, die ich hatte, denn sie waren alles, was ich besaß. Damals wußte ich, was ich von Suzy und Judy halten mußte. Sicher, sie waren unmoralisch, sie betranken sich sinnlos, versuchten, sich aus allem herauszuwinden, und nahmen Drogen. Heute ist es leicht, zu sagen, ich hätte vor ihnen die Flucht ergreifen sollen. Damals war ich so unsicher. Und alleine. Ich war aufgewühlt, konfus und fühlte mich bei allem, was ich tat, erbärmlich.

Mein Leben schien zu zerbröckeln. Ich versuchte, die Teile wieder aufzuheben, Stabilität hineinzubringen, aber ich schaffte es nicht. Jedesmal, wenn ich etwas anfing, machte ich einen Schritt vorwärts und drei Schritte zurück. Ich versuchte, Arbeit zu finden, einen anderen Job eben, irgendeinen Job. Es war wirklich demoralisierend. Überall bewarb ich mich. Keiner wollte mich einstellen.

Manchmal frage ich mich, wie anders mein Leben wohl verlaufen wäre, wenn ich eine richtige Arbeit gefunden und neue Freunde kennengelernt hätte, wenn ich mich darauf hätte konzentrieren können.

Ich fand heraus, daß die Polizei meinen Namen auf die schwarze Liste gesetzt hatte. Fast hätte ich einen Job beim

Werkschutz einer Fabrik bekommen. Der Mann war beeindruckt von meiner Tätigkeit bei der Polizei und stellte mich ein. Aber an meinem ersten Arbeitstag existierte die Stelle plötzlich nicht mehr... die Position war auf mysteriöse Weise besetzt worden. Das passierte mir häufig. Es gibt freie Stellen, aber auf einmal sind sie verschwunden. Kein Mensch erzählt dir, warum. Man wird ein Niemand. Es war so frustrierend.

Auch die Polizeigewerkschaft ließ mich im Stich. Die Entscheidung über meinen Unterstützungsanspruch fiel gegen mich aus, nachdem die Polizei vor dem zuständigen Richter ihre Stellungnahme abgegeben hatte. Die bereits ausgezahlte Summe mußte ich zurückzahlen. Alles, was ich anfaßte, scheiterte. Die Luft wurde dünn, und ich geriet in Panik...

Also dachte ich mir, okay, das war's. Ich gebe es auf, es hier in Milwaukee zu versuchen. Ich meldete mich zur Air Force. Aber auch dieser Versuch schlug fehl...

Zu der Zeit arbeitete Judy gerade als Verkäuferin in einem Geschäft für Wasserbetten in der Stadt. Durch ihr Gerichtsverfahren häuften sich ihre unbezahlten Rechnungen, und so erzählte sie mir von einem raffinierten Plan, den sie sich ausgedacht hatte.

»Ich habe alle Jungs angerufen, mit denen ich in letzter Zeit geschlafen habe«, sagte sie. »Ich erzählte allen, ich sei schwanger und müßte abtreiben lassen! Bei zweihundert Dollar pro Nase habe ich rund achthundert Dollar zusammengebracht!«

»Das ist aber link!« erwiderte ich.

»Ach, was soll's. Von irgend etwas muß ich schließlich leben. Davon abgesehen, ist einer der Jungs der Sohn von Detective Huey. Er macht eine Kellnerausbildung bei Sally. Er hatte Angst, sein Daddy könnte es erfahren.«

»Und was gibt es sonst noch Neues?« wollte ich wissen, um das Thema zu wechseln.

»Oh, jetzt weiß ich wieder, was ich dir erzählen wollte. Der Bezirksstaatsanwalt hat beschlossen, die Anklage gegen mich fallenzulassen. Da die Geschworenen keine Einigung erzielen konnten, müßten sie andernfalls den Fall noch einmal neu verhandeln. Das sind doch gute Neuigkeiten, oder nicht? Jetzt ist es so, als hätte man dich wegen eines nicht existenten Vergehens entlassen!«

»Stimmt.«

»Also, was wirst du jetzt unternehmen? Siehst du dich nach einem anderen Job um? Oder willst du versuchen, zur Polizei zurückzugehen? Du müßtest dich erneut bewerben, alle Aufnahmeprüfungen wiederholen und auch die Schule noch einmal machen.«

»Nein. Das kann ich nicht. Ich gebe stundenweise Gymnastikkurse. Ich möchte zur Air Force gehen.«

»Zur Air Force? Du bist verrückt!« lachte Judy. »Was ist los mit dir? Hast du einen Uniform-Fetisch?«

In dieser Situation lernte ich Elfred Schultz, genannt Fred – Suzys »Fritz« – kennen. Eines Abends traf ich ihn bei Suzy. Es war einer dieser zahllosen Abende, an denen wir zu viel tranken, und so übernachtete ich in ihrem Gästezimmer. Meine Sachen hatte ich einfach anbehalten.

Am nächsten Morgen stand ich auf und ging in die Küche. Fred saß am Küchentisch. Ich starb fast vor Durst und suchte im Kühlschrank nach etwas Trinkbarem. Mein Kopf tat weh. Suzy schlief noch.

»Oh Gott«, stöhnte ich, »ich frage mich, wie viele Gehirnzellen ich letzte Nacht vernichtet habe.«

»Vermutlich alle beide!« sagte Fred und lachte dabei dröhnend. Ein scheußliches Lachen. Ich konnte ihn spontan nicht leiden.

»Du solltest dieses Lachen gegen ein kleineres Modell eintauschen«, empfahl ich ihm. »Das reicht ja, um Tote aufzuwecken.« Jedes Wort war anstrengend. Ich beschloß, mich von diesem Kerl zu trennen und nach Hause zu fahren.

Er saß immer noch am Küchentisch.«Willst du mit mir ausgehen?« fragte er.

»Spar dir deinen Atem, Schultz. Du wirst ihn für deine Verabredung heute abend brauchen.« »Sieh mal«, fuhr er hartnäckig fort, während er mir nach draußen zu meinem Wagen folgte, »wir haben sogar schon etwas gemeinsam! Ich mag Rodney Dangerfield auch!«

Irritiert fuhr ich nach Hause.

Weitere Wochen vergingen ohne die Aussicht auf einen neuen Job. Ich besuchte Parties. Ich trank zu viel. Ich versuchte, mich zu amüsieren, aber ich fühlte mich elend. Ich hätte wieder zur Schule gehen sollen, aber dafür fehlte mir das Geld.

Die Air Force schien mir mehr und mehr die Lösung meiner Probleme zu sein. Ich wurde für ein verspätetes Aufnahmeverfahren berücksichtigt.

In der Stadt traf ich eines Abends zufällig einen Kollegen aus der Polizeischule. Er hatte von meiner Entlassung gehört und sprach mir sein Bedauern darüber aus. »Mann, wir dachten, du würdest es schaffen. Wir haben dir alle die Daumen gedrückt. Und nach der Abschlußprüfung dachten wir, du hättest es geschafft. Es ist eine Schande. Du warst gut.«

»Danke«, seufzte ich.

»Was machst du jetzt?«

»Ich habe mich zur Air Force gemeldet. Im Februar soll ich anfangen. Die Ausbildung ist in Texas, und dann werde ich in Chanute in Illinois stationiert sein. Es hört sich ganz gut an. Man wird für einen Beruf ausgebildet, den man später auch als Zivilist ausüben kann.«

»Du bist verrückt! Wozu machst du das? Du könntest so viele andere Sachen tun.«

»Was zum Beispiel? Wo immer ich mich bewerbe, finden sie heraus, daß ich entlassen wurde.«

92

»Ich kann kaum glauben, daß so viele Leute entlassen worden sind.« Er schüttelte den Kopf.

Das Gespräch mit ihm tat mir gut. Er schien auf meiner Seite zu sein.

»Ich kann mich noch erinnern, wie du damals wegen diesem Mist auf Bovilles Party verhört worden bist«, sagte er. »Ich habe gehört, daß eine Büroangestellte von der Polizei auf der Party Pot geraucht hat, draußen vor dem Haus. Sie war auch blond. Damit hat wohl alles angefangen.«

Nach so langer Zeit erfuhr ich es nun also!

»Wie bitte? Warum ist nicht einer hingegangen, um das auszusagen? Ich bin für etwas verantwortlich gemacht worden, was ich nicht getan habe, und ihr Fatzkes habt seelenruhig zugeschaut, obwohl ihr wußtet, was passiert war?«

»Wir hatten Angst, etwas zu sagen! Außerdem wußten wir nicht, daß man dich dafür bestrafen würde. Wovon reden wir hier eigentlich? Von Gerüchten! Es waren doch alles Gerüchte! Niemand konnte etwas sagen!«

Nach dieser Unterhaltung lief ich wütend weg und ging zu einem Club im Ostteil der Stadt. Suzys Freunde Russ und Jim hockten an einem Ende der Theke und sahen sich mit einem weiteren Typ namens Eddy ein paar Fotos an. Es waren Schnappschüsse von nackten Frauen, die auf Gartentischen standen. Am Hintergrund erkannte man, daß die Aufnahmen in einem öffentlichen Park gemacht worden waren, mit einer großen Menschenmenge, in der sich auch Kinder befanden.

»Wo war das?« fragte ich, während ich über Jims Schulter guckte.

»Im Lake Park.«

»Hier? In Milwaukee?« fragte ich.

»Ja! Noch nie vom Tracks Picknick gehört?«

»Nein.«

»Sie veranstalten es jedes Jahr«, erklärte Eddy. »Eine Menge Polizisten waren auch da.«

»Willst du damit andeuten, daß sich all diese Leute in einem öffentlichen Park ausgezogen haben und daß niemand dafür verhaftet wurde?« Ich konnte es nicht fassen.

»Wieso verhaftet?« fragte Russ.

»Wieso? Wegen Exhibitionismus! Ordnungswidrigem Verhalten! Das ist doch obszön! Es verstößt gegen das Gesetz!« Es war nicht schwer, sich die möglichen Anklagepunkte vor Augen zu führen, immerhin waren wir in Milwaukee.

»Nun ja, die meisten Cops waren nicht im Dienst.« Jim zuckte mit den Achseln. »Davon abgesehen, haben sich alle prächtig amüsiert! Vielleicht hat man sie dafür entlohnt. Wer weiß das schon? Sie wären dumm gewesen, etwas dagegen zu unternehmen. Dazu waren zu viele betrunkene Idioten dort.«

Russ nickte. »Sieh mal, sie fangen schon richtig wild an, mit einem Zelt, wo es Freibier gibt, dann folgt so etwas wie ein Kuchenwettessen, und anschließend findet der Wettbewerb mit den nassen T-Shirts statt. Jedesmal ruft die Menge den Mädchen zu, daß sie sich ausziehen sollen.«

»Unglaublich!« sagte ich, »An einem öffentlichen Ort, wo jeder es sehen kann? Im Freien? Und keiner wurde verhaftet?«

»Wenn du denkst, daß diese Bilder hier scharf sind, solltest du dir mal die vom letzten Jahr ansehen«, sagte Eddy zu Jim.

»Dieses Tracks…«, begann ich.

»Das ist eine Kneipe in Locust. Viele Jungs von der Kripo verkehren dort«, meinte Eddy. »Sie haben auch einen Wettbewerb mit nassen Unterhosen gemacht. Sieh dir mal die verrückten Typen an, die sich ausgezogen haben.«

Er zeigte mir Fotos einer Reihe nackter Männer, die auf einem Tisch standen.

»Na ja, wenn du einen gesehen hast, hast du sie alle gesehen«, kommentierte ich sie zynisch. »Jemand könnte auf die Idee kommen, sie mit diesen Fotos zu erpressen. Wie konnten sie so etwas tun?«

»Sicher kennst du einige von denen. Hier, schau mal.«

94

Meine Tests für die Aufnahme in die Air Force fielen gut aus. Ich informierte mich über ein Programm, das Kadetten zu Feuerwehrleuten an Flughäfen ausbildete. Man erklärte mir, daß städtische Flughäfen nur Leute einstellten, die von der Air Force ausgebildet waren. Alle meine Freunde hielten es für verrückt, daß ich mich zu den Streitkräften gemeldet hatte.

»Was willst du sein?« fragte mich einer von ihnen. »Noch ein Hanswurst? Manchmal glaube ich, daß du eine Schraube locker hast. Es wird dir dort miserabel gehen.«

Vielleicht hatte ich wirklich eine Schraube locker. Aber meine Entlassung aus dem Polizeidienst schmerzte mich noch immer, und im Dezember beschloß ich, mit einem Vertreter der Kommission für berufliche Chancengleichheit, die als EEOC bekannt war, zu sprechen. Vielleicht konnte sie etwas unternehmen. Ich wußte, daß ich nicht die einzige Betroffene war. Zu viele Dinge liefen bei der Polizei falsch, zu viele gute Leute wurden mit fadenscheinigen Argumenten entlassen.

Nachdem der Vertreter sich meine Entlassungbegründung angesehen hatte, sagte er, daß in meinem Fall viele Fakten für eine sexuelle Diskriminierung sprachen. Er erklärte, ich müßte glaubhaft machen, daß männliche Polizisten anders bestraft würden als weibliche. Ich berichtete ihm von allen Dienstvergehen, die ich erlebt hatte. Das Wesentlichste, so sagte er, war nun zu beweisen, daß die vorgesetzte Dienststelle von diesen Vergehen wußte. Ich erzählte ihm von den Fotos des Tracks-Picknicks, und seine Augen leuchteten. Er verwies mich an einen stellvertretenden Staatsanwalt.

Dieser arbeitete an einer Dokumentation über die Behandlung von Minderheiten und Frauen bei der Polizei. Dabei zeichnete sich eine klare Tendenz ab. Staatliche Richtlinien machten die Einstellung von Minderheiten obligatorisch, und diese Einstellungsquoten mußten von der Polizei auch nachgewiesen werden. Dabei ging es nicht zuletzt um staatliche Zuschüsse. Die Anzahl derer, die entlassen oder gezwungen wurden zu kündigen, wurde allerdings verschwiegen und blieb unbeachtet. Er war zu der Überzeugung gelangt, daß es eine beachtliche Anzahl von Betroffenen gab.

Es war mir unbegreiflich, wie die Polizei behaupten konnte, nicht zu wissen, was vor sich ging. Für den Fall, daß sie es weiterhin tat, wollte ich dafür sorgen, daß sie es erfuhr; ich wollte ihre Nase direkt hineinstoßen. Als erstes lieh ich mir die Fotos vom Tracks-Picknick und nahm sie mit in die Abteilung für interne Angelegenheiten. Einige der abgebildeten Leute trugen T-Shirts mit dem Aufdruck »Das Tracks-Picknick 1980«. Das war deutlich genug. Als Zellmer die Bilder sah, fielen ihm fast die Augen aus dem Kopf.

»Warum sind Sie hier?« fragte er mich.

»Weil ich für wenig mehr als ein Gerücht entlassen wurde«, sagte ich mutig, »und weil es da draußen Polizisten gibt, die bei zehnmal schlimmeren Vergehen ungeschoren davonkommen. Ich finde das nicht fair. Erklären Sie mir bitte, wie dieses Picknick so ausarten konnte, noch dazu vor aller Augen in einem öffentlichen Park. Wo war die Polizei?«

Suzy rief mich an und erzählte mir, daß sie mit Aimee in Kalifornien Urlaub machen wollte.

»Ich wünsche dir viel Spaß«, sagte ich. »Wie war Thanksgiving?«

»Och, ganz nett. Ich habe mit Fred bei seinen Eltern gefeiert. Aber es wird schwierig mit ihm. Ich möchte jetzt nur mal wegfahren und eine Weile alleine sein.«

»Warum denn? Ich dachte, ihr beide versteht euch soweit ganz gut.«

»Ich habe von gewissen Leuten eine Menge über ihn gehört, und das gefällt mir nicht«, erwiderte Suzy. »Unter anderem

Oben:
1961 als Dreijährige in der
Taylor Avenue, Milwaukee.
Meine Schwester Colette
machte dieses Bild.

Rechts:
Meine Erstkommunion 1966.
Ich war acht Jahre alt und
ging in die zweite Klasse.
Dieses Bild machte meine
Mutter.

Oben:
Das bin ich, mit zwölf
oder dreizehn Jahren.
Meine Mutter hatte mir
die Sachen genäht; sie
nähte viele meiner Kleider
selbst.

Links und rechte Seite:
Hier bin ich siebzehn
Jahre alt. Die Aufnahmen
gehörten zu meiner
Bewerbungsmappe für
einen Model-Job. Damals
wollte mich der Fotograf
unbedingt in eleganten
Kleidern fotografieren.

Oben:
Vor dem Haus meiner Eltern in
meiner Milwaukee-Polizeiuniform

Links:
Fred Schultz beim skandalösen
Tracks-Picknick. Ich wünschte, ich
hätte diese Fotos nie gesehen.

soll er mit fast allen Frauen seiner Abteilung geschlafen haben. Und mir singt er die »Du-bist-die-einzige-die ich-liebe-Arie« vor.«

»Mit wem denn alles?« fragte ich.

»Mit Pam und Lori als erstes. Dann sind da noch einige Krankenschwestern, eine Cheerleaderin, eine Karen, eine Elaine...«, sagte sie angewidert. »Ich weiß überhaupt nicht, wann der Typ mal schläft.«

»Wer hat dir das erzählt?« fragte ich.

»Du erinnerst dich an den Jungen mit der dunklen, rauhen Stimme, mit dem ich öfter telefoniert habe? Versprich mir, daß du es nicht weitersagst, aber es ist Freds Mitbewohner Stu. Er ist auch Polizist. Seit seiner Scheidung lebt Fred in Stus Haus, und ich kann dir sagen, unser Herr Knackarsch ist ein ausgesprochen eifriger, kleiner Junge. Am liebsten würde ich ihm sagen, er soll bleiben, wo der Pfeffer wächst.«

»Wo liegt denn da der Unterschied, Suzy? Du bist doch auch nicht besser. Du gehst auch mit anderen Männern aus.«

»Oh ja, ich weiß. Aber rate mal, was Stu noch gesagt hat? Er sagte, es war ein großer Fehler von Fred, sich scheiden zu lassen. Fred machte mit einem Mädchen namens Karen herum, als er noch verheiratet war. Stu sagte, Freds Ex-Frau ist wirklich sehr nett!«

Nach Suzys Darstellung wurde es dann ziemlich kompliziert. Nachdem Fred und seine Frau Chris sich getrennt hatten, fing Stu an, sich mit ihr zu treffen. Stu gab Chris Karens Namen, ihr Geburtsdatum und ihre Adresse und gab Chris den Rat, sie sollte ihrem Mann drohen, seine Vorgesetzten über sein Verhältnis zu informieren, wenn sie ihre finanziellen Forderungen gegen ihn durchsetzen wollte.

•

Heute weiß ich, daß die ganze Sache scheußlich war und ich mich besser davon fern gehalten hätte. Es war ja nicht so, daß man mich nicht vor Fred gewarnt hatte. Aber seine überwälti-

gende Persönlichkeit zog mich an wie ein Magnet. Zwar mani-
pulierte er sehr geschickt und war anstrengend, aber er war
auch so witzig, lachte viel und stand auf jeder Party im Mittel-
punkt. In meiner depressiven Stimmung erschien er mir frisch
und lebendig und neu, wie ein Ausweg aus meiner Situation.
Mittlerweile habe ich sehr intensiv darüber nachgedacht! Ich
habe gelesen, was die Leute über mich erzählen, nämlich daß
ich dieses schnelle, oberflächliche Leben lebte, daß ich mich wie
eine Nutte kleidete (schon wieder dieses Wort!), daß meine
Naivitätsbeteuerungen nichts anderes als fauler Zauber und ein
Vorwand sind. Sie alle spinnen dieses Netz aus Worten zusam-
men, aber wenn ich hineinschaue, kann ich mich dort nicht er-
kennen. Ich sehe nur eine Gestalt, die andere erfunden haben.
Fred war ein weiterer meiner Fehlschläge. Nur wußte ich das
damals noch nicht. Durch ihn vergaß ich meine Niedergeschla-
genheit – für eine Weile.
Ich war so einsam!

•

Eines Abends saß ich noch nach Mitternacht mit einem
Freund bei meinem Lieblings-Mexikaner. Die Tür ging auf,
und ein kühler Luftzug streifte uns. Ich schaute mich um und
sah zwei Kripobeamte hereinkommen.
»Cops!« sagte ich zu meinem Freund.
»Woran erkennst du das?«
»An ihren weißen Socken!«
Das Lokal war schummrig beleuchtet, aber ich erkannte Fred
gleich an seinem unverschämten Lachen. Er sah mich und
ging an die Bar.
»Ist es nicht gegen die Vorschriften, daß ihr beide im Dienst
hier seid?« fragte ich mit einem Grinsen.
»Sch…!«
»Man sagt, die Crème von Milwaukee verkehrt hier«, fuhr ich
fort. Wir machten die üblichen Scherze.
»Ich würde wirklich gerne mal etwas mit dir unternehmen«,

sagte er. »Ich habe gehört, daß du sportlich bist. Ich suche einen Jogging Partner. Vielleicht hast du Lust, mit mir joggen zu gehen? Dabei können wir uns unterhalten. Bitte. Ich möchte mit dir über Suzy reden.«

»Kann ich mir denken. Gib mir deine Telefonnummer. Ich rufe dich an«, sagte ich.

Die Mühe mußte ich mir nicht machen. Fred rief mich an, und wir gingen joggen. Es war bitterkalt, als wir durch den Ufersand am zugefrorenen Lake Michigan rannten. Während wir liefen, unterhielten wir uns, hauptsächlich über Suzy. Ich hörte ihm aber nicht besonders aufmerksam zu.

»Wie weit sind wir gelaufen?« stieß ich zwischen zwei tiefen Atemzügen hervor.

»Wieso? Willst du aufhören?«

»Nein.« Die Kälte schnitt mir ins Gesicht, so eisig war es, aber ich wollte nicht eher aufhören als er. Rennen war das einzige, was ich noch für mich tat.

Sein gutes Benehmen machte Fred so überzeugend. Ich begann zu glauben, daß mein erster Eindruck von ihm falsch gewesen war. Er war gar nicht so übel, und was Suzy anging, hatte er völlig recht. Alles, was Stu ihr über Fred erzählt hatte, war zweifellos aus Eifersucht gesagt worden. Immerhin traf sich Stu mit Freds Ex-Frau. Wir gaben das Rennen auf und kletterten wieder in seinen Combi.

»Wohin jetzt?« fragte er.

»Ich würde gerne duschen. Wir können zu meinen Eltern fahren und einen Kaffee trinken. Du kannst dort warten, bis ich mich umgezogen habe.«

Später gingen wir in ein kleines Lokal, das einem seiner Freunde gehörte. Ich fühlte mich großartig nach dem anregenden Lauf. Fred war ebenso überzeugend wie charmant. Ich war fasziniert.

»Hättest du Lust, morgen abend mit mir auf eine Party zu gehen?« fragte er mich auf dem Nachhauseweg. »Ich würde mich geehrt fühlen, wenn du mich begleitest.«

»Wessen Party ist es?«

»Die jährliche Weihnachtsfeier im Amtsgericht«, erklärte mir Fred. »Ich bin mit niemandem verabredet und würde mich wirklich über deine Begleitung freuen.«

»Ich komme gerne mit«, sagte ich.

Am nächsten Abend stand Fred mit einem Arm voller roter Rosen vor der Tür.

»Vielen Dank – sie sind wunderschön. Hast du heute die Schlagzeile in der Zeitung gelesen? Hier. Sieh mal.« Ich zeigte ihm den Zeitungsartikel über meine Diskriminierungsklage gegen die Polizei. »Das ist ein scheußliches Bild.«

»Nein, es ist toll!« sagte Fred. »Ich hoffe nur, du weißt, wogegen du da anrennst.«

Ich lächelte nur. Ich glaubte, es genau zu wissen.

Nach der Weihnachtsfeier gingen wir noch zum Tanzen in einen Club. Fred vermittelte mir das Gefühl, daß wir beide uns sehr ähnlich waren, so kompatibel, daß ich dachte, ihn schon mein ganzes Leben lang zu kennen. Wir mochten dieselben Dinge. Nie war er anderer Meinung als ich.

Ich fing an, ihn zu mögen. Aber ich würde schon bald fortgehen, um bei der Air Force zu arbeiten, und ich sollte die Kronzeugin in einem Diskriminierungsprozeß sein. Also schenkte ich diesen Gefühlen keine allzu große Aufmerksamkeit. Ich genoß einfach diese schöne Abwechslung.

7

DIE ROSAROTE BRILLE

Wie schön ist es doch zwischen zwei Menschen, wenn alles noch neu ist! Das Bedürfnis, akzeptiert zu werden, bringt zärtliche Rücksicht, Umsicht und liebevolle Worte mit sich. Kein Mißtrauen, keine Vorwürfe, keine bösen Bemerkungen. Fred machte mir Komplimente, war mit dem, was ich tat, einverstanden und zeigte sich an allem interessiert. Es sah so aus, als wünschte er sich die gleichen Dinge im Leben wie ich. Er wollte keine weiteren Kinder mehr. Er wollte einen unabhängigen Partner, eine Karrierefrau. Und darüber hinaus war er Polizist. Obwohl er zehn Jahre älter war als ich, fühlte ich, daß ich in ihm die perfekte Partie gefunden hatte. Rosaroter hätte meine Brille nicht sein können.

Nach wie vor war ich davon überzeugt, bald zur Air Force zu gehen, so daß ich versuchte, mein Herz zu verschließen – es war eben mein Schicksal, gerade in dem Moment einen wundervollen Mann kennenzulernen, in dem ich mich vier Jahre lang an eine andere Verpflichtung gebunden hatte.

An einem kalten Winternachmittag saßen wir im Haus seiner Eltern am Kamin, tranken Wein und unterhielten uns.

»Ich glaube, du liebst mich ebensosehr wie ich dich«, sagte er unvermittelt.

Ich dachte auch, daß ich ihn liebte, aber es war das erste Mal, daß er darüber sprach, und es überraschte mich.

Ich schlug die Augen nieder.

»Ja, das tue ich. Aber ich werde weggehen, für vier Jahre...«

»Du wirst nirgendwohin gehen«, sagte er sanft.

»Doch, das werde ich«, antwortete ich.

»Aber das kannst du nicht!« protestierte er. »Wir verstehen uns so gut, wir mögen die gleichen Dinge, wir fühlen dasselbe! Der letzte Monat ist so schön gewesen, seit wir zusammen sind. Laurie, ich fühle mich wie – »

»Vielleicht gehen wir besser«, unterbrach ich ihn. Ich fühlte mich schon schlecht genug.

Wir gingen nach draußen, und während er die Haustür abschloß, kletterte ich in seinen Combi. Am liebsten hätte ich geweint. Wie traurig, dachte ich, daß ich gerade dann weggehen mußte, wo ich endlich den Mann meiner Träume gefunden hatte.

•

Viele Jahre später weinte ich, weil ich mir wünschte, daß es damals so zu Ende gegangen wäre. Ich weiß nicht mehr, wer mir einmal sagte: »Sei vorsichtig mit dem, was du dir für dein Leben wünschst – es könnte in Erfüllung gehen!«

•

Weihnachten wurde sehr schön. Es war das Jahr, in dem meine Mutter mir das kleine Schaukelpferd schenkte; ein niedliches Ding aus Holz, mit leuchtend roter und weißer Farbe bemalt und einer Mähne und einem Schwanz aus feinem Garn. Fred und ich trafen uns häufig. Wir gingen zusammen zur Mitternachtsmesse, und einmal begleitete er mich zu einem Abendessen einer Frauenrechtsgruppe. Eines Abends lud er mich zum Essen in Stus Haus ein; er kochte hervorragend und gerne. Als wir beim Essen saßen, beschwerte sich Fred bitter über Stu, der an dem Abend nicht zu Hause war. Fred regte sich über Stus Verhältnis mit Chris, seiner Ex-Frau, auf.

»Ist er immer noch mit ihr befreundet?« fragte ich.

»Machst du Witze? Er schläft mit ihr! Ich sehe doch seinen Wagen die ganze Nacht vor dem Haus stehen. Der Bastard geht dort sogar ans Telefon. In meinem Haus! Es liegt übrigens um die Ecke!«

»Du hättest Christine wohl einen besseren Geschmack zugetraut?« kommentierte ich seinen Ärger. »Aber mal ehrlich, Fred, was stört dich daran?«

»Chris hält ihn sich vermutlich nur warm, damit er ihr die ganze schwere Arbeit am Haus abnimmt«, sagte Fred wütend. »Ich hasse es, daß meine Kinder die ganze Zeit mit dem Kerl zusammen sind!«

Im Januar rief mich spätabends einer meiner Polizisten-Freunde an, um mich zu warnen.

»Laurie, hol' deinen Wagen nachts von der Straße.«

»Warum? Wovon redest du?« fragte ich befremdet.

Ich setzte mich im Bett auf und rieb mir verschlafen die Augen.

»Wegen der Jungs. Oh Mann, die sind vielleicht sauer! Letzte Nacht beim Appell erklärte uns einer der Officer, daß wir nun deinetwegen künftig immer Meldung machen müßten.«

Von Polizisten auf Streife, ob zu Fuß oder im Streifenwagen, verlangte man, daß sie während des Dienstes stündlich Meldung machten. Tat einer das nicht, durfte man davon ausgehen, daß er verletzt war oder daran gehindert wurde, und dann stellte das Revier Nachforschungen an. Im zweiten Distrikt hatte allerdings keiner der Cops von der Spätschicht jemals Meldung gemacht.

»Außerdem riet er uns, supervorsichtig zu sein, wegen dieser Diskriminierungsgeschichte, die du angezettelt hast. Die Jungs werden verhört.«

»Du weißt, wie unfair es ist!« sagte ich. »Ich mußte beweisen, daß weiße, männliche Polizisten sich Dinge herausnehmen dürfen, für die weibliche Cops bestraft werden!«

»Laurie, ich will nicht wissen, was du denen gesagt hast. Du bist meine Freundin, okay? Ich will dir nur sagen, daß du vorsichtig sein sollst. Die anderen haben herumgenörgelt und gesagt, sie wollten dich erschießen oder dein Auto in die Luft jagen und ähnlichen Mist. Dummes Bullengeschwätz eben!«

»Ich kann nichts dafür, daß diese Arschlöcher Korruption zur Tagesordnung erhoben haben!«

»Erzähl bloß keinem, daß ich dich angerufen habe. Die sehen mich sowieso schon schief an, weil wir befreundet waren, aber ich habe bestritten, dich in letzter Zeit gesehen zu haben. Ich weiß nicht, was du das tust, Laurie...«

»So, so, die Jungs müssen jetzt Meldung machen! Wie auf jedem anderen Revier auch. Na und?«

»Hast du denn nicht verstanden? Du kannst doch nicht Meldung machen, wenn du gerade schläfst oder dich in einer Bar betrinkst.«

Ich legte auf und rief Fred an, aber er war noch nicht zu Hause. Ein paar Minuten später klingelte mein Telefon.

»Hallo?« Ich dachte es wäre Fred.

»Bembenek, deine Mutter ist tot«, knurrte eine männliche Stimme. Dann hörte ich ein Klicken, gefolgt vom Freizeichen. Ich stand auf und zog mich an. Als ich aus dem Fenster sah, konnte ich trotz Dunkelheit und Schnee erkennen, daß an meinem Wagen etwas nicht stimmte. Irgend etwas lag auf der Scheibe. Ich warf mir eine Jacke über und rannte heraus. Auf der Windschutzscheibe lag eine tote, fette, schwarze Ratte; sie klemmte wie ein Strafzettel unter dem Scheibenwischer. Ich überwand meinen Ekel, beförderte sie mit einem Stock von der Scheibe und stieß sie in einen Gully.

»Was ist los?« fragte meine Mutter, als ich ins Haus zurückkam. Noch bevor ich ihr antworten konnte, klingelte wieder das Telefon. Mein Herz klopfte, als ich nach oben lief, um abzuheben. Es war Fred.

»Von wo rufst du an?«

»Ich bin gerade nach Hause gekommen. Stu hat mir eine Nachricht hinterlassen, daß du dich gemeldet hast.«

»Fred, ich habe Ärger.« Ich erzählte ihm von dem Anruf.

»Stell' deinen Wagen nachts in die Garage, bis wir das geklärt haben. Die Sache wird bestimmt von allein aufhören. Die

Burschen sind nur ein Haufen Windhosen. Ich habe übrigens noch mehr schlechte Nachrichten. Gestern abend, als Stu von der Arbeit nach Hause kam, hatten wir eine Auseinandersetzung.«

»Bist du in Ordnung?«

»Ich habe ihn in den Hintern getreten! Dieser Armleuchter! Das Dumme ist nur, daß ich Ende des Monats aus der Wohnung ausziehen muß. Ich weiß nicht, wo ich wohnen soll.«

»Ich helfe dir beim Umzug, wenn du eine Wohnung hast.« Ich machte eine Pause. »Warte mal. Judy hat mich monatelang genervt, daß ich zu ihr ziehen soll. Sie kann sich die große Wohnung allein nicht leisten. Du könntest doch bei ihr einziehen.«

»Ich glaube nicht, daß ich das tun werde.«

»Na ja, wenn du meinst. Ich wollte dich nur auf diese Möglichkeit hinweisen.«

»Lassen wir das Thema«, sagte Fred, und seine Stimme klang fröhlicher. »Hast du Lust, mit den Kindern und mir nachher ins Kino zu gehen?«

»Ja, warum nicht!« sagte ich, fühlte mich bei dem Gedanken an die tote Ratte aber immer noch unwohl.

»Prima! Wir gehen etwas essen und anschließend in die Nachmittagsvorstellung.«

Fred holte mich ab, und wir hielten in der Einfahrt des großen Hauses, das er vor einigen Jahren gebaut hatte. Seine beiden Jungen stürzten auf den Wagen zu, und eine riesige dänische Dogge folgte ihnen. Die Kinder ließen sich hinten im Combi auf den Fensterplätzen nieder. Sean war elf Jahre alt, hatte sehr dunkle Haare und braune Augen. Selbst mitten im Winter war seine Haut leicht gebräunt. Sein siebenjähriger Bruder Shannon sah genau so aus wie Fred mit seinem hellen Teint, den blauen Augen und blonden Haaren.

Wenige Augenblicke später sah ich Freds Ex-Frau Christine an der Tür stehen, als er das Haus verließ. Sie lächelte und winkte mir zu. Überrascht, daß sie so freundlich war, winkte ich zurück.

Die Kinder beeindruckten mich durch ihre tadellosen Manieren und ihr freundliches Wesen. Ich hatte sie unterschätzt. Bei Taco Bell aßen wir zu Mittag und sahen uns anschließend eine moderne Version von Flash Gordon an. In dem Kino wimmelte es von lebhaften und kreischenden Kindern. Es war äußerst anstrengend.

Der Telefonterror ging weiter.

Einige Wochen darauf rief mich mein Werbeoffizier von der Air Force an. Er klang ungehalten. »Sie haben uns nicht gesagt, daß Sie ein schwebendes Verfahren haben.«

»Eigentlich ist es noch gar kein Verfahren. Ich habe eine Klage bei der Kommission für berufliche Chancengleichheit eingereicht«, erklärte ich. »Warum fragen Sie danach?«

»Weil die Air Force niemanden akzeptieren kann, der in einen schwebenden Rechtsstreit verwickelt ist. Sie dürfen weder in einen strafrechtlichen noch in einen zivilen Prozeß involviert sein und auch nicht in ein Scheidungsverfahren oder eine Verwaltungsklage. Nicht einmal in einen Streit mit einer Behörde, wenn dies eine Verhandlung nach sich zieht.«

»Und was bedeutet das in meinem Fall?« fragte ich. »Heißt das, ich kann nächsten Monat nicht mit der Grundausbildung beginnen?«

»Nicht, wenn Ihre Klage bis dahin nicht abgewiesen oder entschieden ist.«

Zum Mittagessen traf ich Fred in der Stadt und erzählte ihm die Neuigkeit.

»Das ist toll!« rief er freudig aus. Als er dann aber meinen finsteren Blick bemerkte, fügte er hinzu: »Ich meine, es tut mir leid, wenn du enttäuscht bist, aber das bedeutet doch, daß du nicht fortgehen wirst! Und das allein zählt für mich!«

Ich wußte nicht, was ich tun sollte. Ich konnte die Klage nicht fallenlassen – das war einfach unmöglich. Es hing zu viel für mich davon ab. Außerdem hatte ich Zeit, Geld, Gefühle und Energie in den Fall investiert.

Sicher tat ich es auch, weil ich Vergeltung wollte; ich wollte es ihnen heimzahlen. In der Zwischenzeit hatte ich weitere Drohungen erhalten. Meine Autoreifen waren zerstochen worden, und nach einer Reihe von Anrufen war ich gezwungen, meine Telefonnummer ändern zu lassen. Aber darum ging es nicht allein. Wenn ich die Klage fallenließ, würde niemand den Ball auffangen, den ich ins Rollen gebracht hatte, so viel war mir klar. Sie hatten alle Angst.

Darüber hinaus gab es noch andere Gründe. Ich war dabei, eine Interessengemeinschaft ehemaliger Rekruten zu gründen, um eine Gruppenklage gegen die Polizeibehörde einzuleiten. Mittlerweile bereitete ich mich mit James Morrison, einem Bezirksstaatsanwalt, darauf vor, als Zeugin gegen den Polizeichef auszusagen. All dies beschäftigte mich. Wie konnte ich alles hinwerfen und fortgehen? Noch dazu für vier Jahre zur Air Force?

Ich faßte einen Entschluß.

Fred erzählte ich es bei einem ausgedehnten Mittagessen. »Ich schätze, ich werde nächsten Monat nicht gehen. Ich muß die Sache mit meinem Job erst wieder in die Reihe bringen. Ich brauche eine Richtung, und dafür muß ich etwas tun. Ich wäre sehr unglücklich, wenn ich es nicht täte.« Mittlerweile war es schon nach drei Uhr nachmittags. Vom Wein war mir ganz warm geworden.

»Weißt du, Laurie«, sagte Fred sanft, »wir haben ja so vieles gemeinsam. Wann wirst du mich endlich bitten, dich zu heiraten?«

Ich lachte nur. Ich war verblüfft.

»Dann werde ich dich fragen. Willst du mich heiraten?«

Die Stimmung dieses Augenblicks nahm mich gefangen, und mein Herz strömte über.

»Und ob ich das will«, antwortete ich schließlich.

Also machten wir uns am nächsten Tag – einem sonnigen 31. Januar – heimlich auf und ließen uns in Waukegan, Illinois, von einem Friedensrichter trauen. Auf dem Heimweg hielten wir noch kurz an einem Park, um ein paar Fotos zu machen.

Den Rest des Tages verbrachten wir sehr unromantisch damit, Freds Habseligkeiten in Judys Wohnung zu bringen. Meine Sachen wollten wir im Anschluß an unsere Flitterwochen holen. Ich fühlte mich kein bißchen anders als sonst; überhaupt nicht »verheiratet«. Ich war ein wenig enttäuscht, daß ich gar keine Aufregung spürte. Fred und ich trugen jeder einen goldenen Ehering.

•

So ist es also. Ich hatte eine Liebesbeziehung mit dem Mann, den ich wirklich liebte, für einen Job bei der Polizei aufgegeben. Und dann, ein Jahr später, hatte ich weder Mann noch Job. Ich bewarb mich bei der Air Force, aber sie wollten mich nicht nehmen, weil ich in ein schwebendes Verfahren verwickelt war. Ich gab die Air Force auf. Wieder ging alles schief. Auf lange Sicht verlor ich alles. Welch eine Serie verheerender Entscheidungen!

Mehrmals im Leben gelangte ich an eine Gabelung, und jedesmal wählte ich den falschen Weg.

Ich hatte das Gefühl, daß es nicht mehr schlimmer werden konnte. Aber was wußte ich schon? Es kann immer noch schlimmer kommen.

An meiner Pinnwand im Gefängnis hing ein Cartoon von Garfield, der Katze. Die erste Abbildung zeigte Garfield auf einem Baum. Sein Kommentar lautete: »Jetzt sitze ich hier auf einem Baum fest, schlimmer kann es nicht kommen.« Auf dem nächsten Bild beginnt es zu regnen und Garfield sagt: »Jetzt regnet es also. Schlimmer kann es nicht werden.« Dann, auf dem letzten Bild, macht es PENG. Garfield wird vom Blitz getroffen. Da

*haben wir es. Sehr treffend ausgedrückt. Genau so verlief mein
Leben. Wenn ich alle Zeit zurückdrehen könnte, würde ich es
sicher anders machen, aber ich wüßte dann immer noch nicht,
was genau ich tun sollte.*

•

Als ich meinen Eltern erzählte, daß wir gerade geheiratet hatten, waren sie ein wenig verstimmt, weil wir sie nicht in unsere Pläne eingeweiht hatten, aber schließlich beruhigten sie
sich wieder.
»Ich hoffe, du hast darauf bestanden, deinen Namen zu behalten«, flüsterte meine Mutter. »Wo du das doch jahrelang
gepredigt hast.«
»Du weißt genau, daß du darüber nicht mit mir streiten mußt.
Ja, ich habe meinen Namen behalten. Aus feministischen
Gründen.«
»Ich hoffe, Fred, du bist dir darüber im klaren, daß du dir
hier ein kleines, unabhängiges Exemplar von Mädchen eingehandelt hast«, sagte meine Mutter. Als ich angesichts ihrer
Wortwahl stöhnte, fügte sie hinzu: »Ich verstehe es nicht.
Laurie hat immer behauptet, daß sie Haushaltspflichten nicht
mag!«
»Fred ist ein begeisterter Koch, und er kann sogar nähen. Er
hat mir gerade einen neuen Reißverschluß in meine Jeans
genäht! Es ist ein angenehmer Rollentausch.«
Bevor wir in unsere Flitterwochen aufbrachen, rief Fred noch
schnell bei Christine an, um ihr die Neuigkeit mitzuteilen.
Völlig überraschend, drückte er mir den Telefonhörer in die
Hand.
»Ich habe gehört, daß du Schmetterlinge sammelst«, sagte
ich, weil ich nicht wußte, was ich sonst sagen sollte.
»Ja, ich stecke sie auf Samt und mache Wandbilder daraus«,
erwiderte sie.
»Vielleicht finde ich ein paar tropische Exemplare, die ich dir
mitbringen kann.« Es war peinlich.

»Das wäre nett«, entgegnete Chris. »Könnte ich Fred noch mal sprechen?«
Er beendete das Gespräch und legte dann auf.
»Ich glaube, Chris war es etwas unangenehm, sich mit dir zu unterhalten.«
»Warum hast du mir auch den Hörer einfach in die Hand gedrückt? Ich wußte auch nicht, was ich ihr sagen sollte!«
»Ihr werdet künftig viel miteinander zu tun haben. Wegen der Kinder.«
»Ich habe leider keine Erfahrungen mit solchen Situationen. Gib mir Zeit.«
Unsere Flitterwochen verbrachten wir in Jamaica. Als wir zurückkamen, holte Judy uns vom Flughafen ab. Sie erzählte uns, daß wir uns auf eine Enttäuschung gefaßt machen sollten. Sie war aus ihrer Wohnung herausgeklagt worden und wir mit ihr.

Eines Abends, während Fred schlief, stattete mir Sergeant Zellmer einen Besuch ab. Ein weiterer Polizist begleitete ihn. Beide waren in Zivil. Sie wollten wissen, ob ich bereit wäre, gegen die Polizisten auszusagen, die unter dem Verdacht standen, gegen die Dienstvorschriften verstoßen zu haben. Ich erklärte ihnen, daß ich Drohungen erhalten hatte und nicht beabsichtigte, gegen irgend jemanden auszusagen. Außerdem brauchte man mich für die weiteren Untersuchungen nicht mehr. Ich hatte nur Anhaltspunkte gegeben, um auf diverse Vorgänge aufmerksam zu machen. Und genau an der Stelle endete mein Beitrag zu diesem Schlamassel. Sie hatten die Fotos von mir bekommen. Was wollten sie noch? Die beiden gingen wieder.

Während wir noch in Judys Apartment wohnten, hatte ich mit ihr eine unschöne Unterhaltung.
»Rate mal, wer immer noch hinter mir her ist?« fragte sie

mich. »Dieser Riesenkerl aus dem dreizehnten Stock. Ich weiß nicht mehr, wie er heißt. Tom, glaube ich. Na ja, jedenfalls ist der Typ ein Klotz.«

»Will er mit dir ausgehen?«

»Ich glaube ja. Ich möchte aber nicht mit ihm gesehen werden!«

»Macht er Bodybuilding?« fragte ich. Ich hatte ihn gelegentlich im Haus gesehen, meistens im Fahrstuhl.

»Ja. Er erzählte mir, daß er vor ein paar Jahren Mr. Wisconsin war.«

»Ach wirklich? Habe ich dir schon erzählt, daß ich Fred zu unserer Hochzeit eine Mitgliedschaft in meinem Club geschenkt habe? Wir werden jetzt zusammen dort trainieren.«

»Was macht ihr eigentlich nicht zusammen?« fragte Judy mit einem eigenartigen Unterton. »Ich kann immer noch nicht glauben, daß ihr einfach losgegangen seid und geheiratet habt.«

»Warum nicht?«

»Ich weiß nicht, ob mir dieses Arrangement gefällt. Als ich dich bat, zu mir zu ziehen, da meinte ich nur dich und nicht dich und einen Kerl.«

»Ist ja gut. Aber warum versuchen wir es nicht so lange, bis wir hier ausziehen müssen? Wenn es dir dann wirklich nicht gefällt, nehmen wir uns eine eigene Wohnung. Magst du Fred nicht?«

»Doch, er ist in Ordnung«, antwortete sie. »Es ist bloß diese Art, wie er dir laufend Blumen mitbringt und die ganze Zeit kocht.«

Als sie fortfuhr, hatte ich fast den Eindruck, daß sie verärgert oder auch eifersüchtig war. Ich begriff nicht, warum. Sie hatte keinen Grund dazu.

Ende Februar kam Fred eines Abends wütend nach Hause.

»Heute wurden die Eigentumsrechte geklärt«, sagte er, »und

111

der Gipfel ist, daß Chris meinen Hund verkauft hat, ohne mir ein Wort davon zu sagen!«

»Nun mal der Reihe nach. Wovon redest du eigentlich?«

»Ach, kümmere dich nicht darum. Ich habe keine Lust, darüber zu sprechen«, knurrte Fred. Er lief hin und her, knallte die Türen der Küchenschränke wie ein kleines Kind zu und maulte halblaut vor sich hin: »Dreihundert Dollar habe ich für diesen Hund bezahlt! Meine dänische Dogge! Von wegen, das Tier macht zu viel Arbeit! Sie ist nur zu faul!«

Meine Schwiegereltern wurden mein nächstes großes Problem. Die Familie nahm mich nicht – wie ich erwartet hatte – mit offenen Armen auf. Ich wußte nämlich nicht, daß Freds Scheidung zu einer massiven Familienfehde geführt hatte, und durch meine Heirat mit ihm hatte ich automatisch den Rang eines Feindes erworben. Da Fred mir dies gegenüber nicht einmal angedeutet hatte, schockierte mich natürlich die erste Welle der Ablehnung.

Kathy war die Frau seines Bruders John. Sie wohnten gegenüber von Freds Eltern. Sobald wir bei ihnen vorbeikamen, pflegte Kathy sich mit einem kurzen Blick auf mich zu entschuldigen und den Raum zu verlassen. Kathy verachtete Fred abgrundtief und beschloß, mich in ihren Haß gegen ihn miteinzubeziehen. Mir war das erst aufgefallen, als Fred hörte, daß Kathy und John Freds Mutter gegenüber ihr Mißfallen geäußert hatten.

»Warum lehnt Kathy mich ab?« fragte ich Fred.

»Nun ja, vielleicht liegt es auch daran, daß sie mit Chris ganz dick befreundet ist.«

»Ja und? Chris hat doch auch nichts gegen mich, und ich habe Kathy nichts getan! Ich wollte nur freundlich zu ihr sein!«

Im Gegensatz dazu mochten meine Eltern Fred von Anfang an. Sie schenkten uns viele Sachen, die wir brauchten, und luden uns oft zu sich ein.

Ich arbeitete mehr im Fitness-Club und bewarb mich bei der

Feuerwehr. Aber schon wenige Wochen später erhielt ich die Absage. Bei der Feuerwehr gab es eine Bestimmung, die festlegte, daß sich weder Ex-Mitarbeiter der Polizei noch des Sheriffs, die entlassen worden waren, bewerben durften. Interessenten mußten nach ihrer Entlassung mindestens ein Jahr mit einer Bewerbung warten.

Etwa zur gleichen Zeit erfuhr ich zu meinem Erstaunen, daß eine Freundin – eine Schwarze – den Polizeidienst quittiert hatte. Sie war auf der Polizeischule in meiner Klasse, eine aufgeweckte, clevere Frau. Sie erzählte mir, daß sie die Belästigungen, denen sie durch ihre Vorgesetzten ausgesetzt war, nicht mehr länger ertragen konnte. Ich fragte mich, wie viele schwarze oder weibliche Polizisten von unserer Klasse noch übrig waren.

Im März erhielten wir die definitive Aufforderung, unsere Wohnung zu räumen, und so begaben wir uns erneut auf die Suche nach einer Bleibe. Die meisten Wohnungen, die wir uns ansahen, waren aber entweder zu groß, zu teuer, zu klein, oder sie lagen außerhalb der Stadt. (Polizisten müssen in Milwaukee wohnen.)

Judy wollte auch weiterhin mit uns zusammen wohnen, da sie sich alleine kein Apartment leisten konnte.

Sie traf sich jetzt regelmäßig mit Tom Gaertner. Er kam ab und zu bei uns vorbei; immer spätabends, wenn Fred schon zur Arbeit gegangen war. Ich fand ihn arrogant. Er war ein überheblicher Flegel, sehr aggressiv und taktlos.

Er haßte alle Polizisten. Seiner Meinung nach waren sie der letzte Dreck. Ich diskutierte mit ihm. »Ich weiß, daß es einige Schwachköpfe in Uniform gibt. Mich haben sie bei der Polizei fertiggemacht. Aber du kannst das nicht verallgemeinern. Also: mein Dad war Bulle, ich war Bulle, und ich bin sogar mit einem verheiratet. Du kannst nicht sagen, daß sie alle mies sind. Das ist genauso falsch wie die Behauptung, alle Gewichtheber seien tote Hosen oder Hohlköpfe.«

Eines Tages sprach Fred beim Abendessen zum ersten Mal ausführlich mit mir über seine erste Ehe. Er behauptete, daß er Chris am College in La Crosse »nur so gekannt« hatte und daß sie ihm nach einem One-night-stand, bei dem eine Menge Alkohol im Spiel gewesen war, eröffnete, sie sei schwanger. »Ich habe nie richtig geglaubt, daß ich es war. Wir haben nur diese eine Nacht zusammen verbracht! Aber nein! Sie muß es gleich ihren Eltern erzählen, und die liefen zu meinen Eltern, und so wurden wir eilig in eine Kirche nach Appleton geschickt! Hochzeit in Weiß mit allem Drum und Dran! Wegen des Babys war das Geld knapp, und wegen des Babys behauptete Chris auch, sie könne nicht arbeiten gehen!«
Er wollte kein zweites Kind, aber zwei Jahre später überraschte sie ihn mit einer erneuten Schwangerschaft.
»Warum hast du nicht die Verhütung übernommen?«
»Das habe ich getan! Leider zu spät! Ich ließ mich sterilisieren, weil ich ihren mütterlichen Instinkten nicht trauen konnte. Dann weigerte sie sich, wieder zu arbeiten – wegen der Kinder.«
»Warum hast du das Haus gebaut?« Ich meinte das dreigeschossige Haus, in dem Chris noch wohnte.
»Mich trennten gerade noch sieben Punkte von meinem Abschluß, als ich die Schule unterbrach, um das Haus zu bauen. Ich hatte von einer Versicherung wegen eines Autounfalls ein wenig Geld bekommen. Zusammen mit einer Erbschaft reichte es, mit dem Bauen anzufangen. Den Weihnachtsabend in dem Jahr habe ich damit zugebracht, die letzten Dachziegel auf das Haus zu nageln. Eines Tages eröffnete Chris mir dann, daß sie mich nicht mehr liebte! Sie sagte, sie hätte mich nie geliebt, und sie wollte auch nie wieder mit mir schlafen! Dafür sollte ich mir woanders jemanden suchen! Das kümmerte sie überhaupt nicht. Ich habe sie nie geschlagen, ich habe nie gespielt oder getrunken oder sie betrogen. Immer habe ich nur gearbeitet! Und dann sagt sie, ich sei nie

zu Hause gewesen! Ich war noch nicht ganz mit dem Einbau der Dachfenster fertig, als sie mich hinausgeworfen hat. Ich hatte ihr neues Schlafzimmer bar bezahlt, und es war noch nicht einmal geliefert worden. Ich habe nie in diesem verdammten Bett geschlafen!«

»Fred, du sagst, daß Chris die Kinder jetzt als Vorwand für ihre finanzielle Abhängigkeit benutzt. Hat sie eigentlich nicht bedacht, welche Auswirkung die Scheidung auf die Kinder haben könnte?«

»Du machst wohl Witze! Das interessiert sie überhaupt nicht, und sie sagt, daß das erste Kind sowieso nicht von mir war! Sieh dir Sean doch an – er ähnelt Shannon nicht im geringsten!«

•

Freds Sichtweise der Welt. Natürlich waren das alles Lügen, die er sich zurechtgelegt hatte. Sich selbst sah er schuldlos, wie er es auch Jahre später bei uns tun sollte. Bezeichnenderweise vergaß er, bei seiner Geschichte zu erwähnen, daß er Christine auf üble Weise verletzt hatte, sowohl physisch als auch mit Worten, und daß er zahlreiche Affären mit anderen Frauen hatte. Es war unglaublich, daß Chris ihn zehn Jahre lang erdulden konnte. Und dennoch: hätte mir damals jemand gesagt, wie Fred wirklich war, ich hätte es nicht geglaubt. Wenn es stimmt, daß Liebe blind macht, hätte ich einen Blindenhund gebraucht.

•

Während der nächsten Monate war Fred so anstrengend und so besitzergreifend, daß er mich mit diesem Verhalten fast erdrückte. Er wollte unbedingt sicher sein, genug Zeit mit mir zu verbringen, und das Ergebnis war, daß er mir nicht genügend Freiraum ließ. Er fraß mich fast auf. Ich wünschte, ein wenig mehr Zeit für mich zu haben. Ich wunderte mich, daß Fred keine eigenen Freunde hatte. Andere Männer, die ich kannte, brauchten ihren »Abend in der Männerrunde«. Fred nicht. Meine Freunde wurden auch seine. Später stellte sich heraus, daß meine Annahme nicht ganz richtig war. Fred hatte durchaus seine »Männerrunde«, allerdings während der Arbeitszeit. Es schien, als würde er bestimmte Dinge in seinem Leben vor mir geheimhalten, ja, regelrecht verbergen. Über diesen Teil seines Lebens sprach er nie mit mir.

Bei unserer endlosen Suche nach einer neuen Wohnung hatten wir schließlich Glück. Sie war nicht so komfortabel wie die, aus der wir ausziehen mußten, dafür aber billiger und größer, mit zwei Bädern, einem großen Wohnzimmer, einem Dachboden und drei Schlafzimmern. Besonders gut gefielen mir die geräumigen Einbauschränke und das Gästezimmer. Judy, die in ziemlich großen, finanziellen Schwierigkeiten gesteckt hatte, schien diese überwunden zu haben. Mit ihrem Verkäuferinnenjob lief es gut. Sie versprach, im April mit uns einen Mietvertrag für ein Jahr zu machen und ihren Anteil der Kosten regelmäßig zu bezahlen.

Ich tapezierte gerade unser Badezimmer, als Fred eines Nachmittags niedergeschlagen nach Hause kam. Die Unterhaltszahlungen für Chris waren festgesetzt worden. Fred begann zu jammern. Wir waren alleine in der Wohnung; Zess war ausgegangen.

»Wie kann ein Mensch einen anderen legal nur derart ausrauben?« beschwerte er sich weinend. »Was ich mit meinen eigenen Händen gebaut habe und was ich bezahlt habe, gehört mir jetzt nicht einmal mehr! Es gehört alles ihr! Sie benutzt die Kinder! Sie benutzt sie doch nur!«

»Beruhige dich«, sagte ich, »Worum geht es denn?«

»Der Richter sagte, ich muß die Hypothek für das verfluchte Haus weiterzahlen – 383 Dollar im Monat! Und sie darf darin wohnen – mietfrei! Und dann haben sie mich auch noch zu Unterhaltszahlungen für die Kinder verdonnert. 365 Dollar im Monat! Das sind fast 800 Dollar monatlich! Aus meiner Tasche!«

Er weinte immer noch.

Sein Jahreseinkommen als Detective betrug etwa 32.000 Dollar; also rund 2.600 Dollar im Monat. Rechnete man meinen Lohn und das Geld dazu, das Fred und ich nebenbei durch Schreinerarbeiten verdienten, war die Summe, die er zahlen mußte, zwar immer noch erheblich, aber wiederum auch nicht so dramatisch.

»Ich muß sogar ihre Rechtsanwaltskosten übernehmen!« klagte Fred. »Außerdem hat sie Anspruch auf einen Teil meiner Pension, wenn ich bei der Polizei aufhöre, gleichgültig, ob sie wieder heiratet oder nicht!«

Ich wußte nicht, was ich sagen sollte. Die ganze Angelegenheit war mir so fremd. Also ließ ich ihn einfach weiterreden.

»Das Schlimmste an der Sache ist, daß Chris vor Gericht falsche Angaben über ihre Einkünfte gemacht hat. Sie ist einfach aufgestanden und hat erklärt, daß sie wegen der Kinder keine Vollzeittätigkeit annehmen kann! Schon wieder wegen der Kinder! Dabei weiß ich genau, daß sie während der letzten neun Monate vierzig Stunden pro Woche für fast sechs Dollar die Stunde gearbeitet hat!«

»Woher weißt du das?« fragte ich.

»Ich habe ihren Lohnzettel gesehen! Als ich Sean das letzte Mal abholte, habe ich in der Küche auf ihn gewartet...«

»Und da hast du dann herumgeschnüffelt?«

»Nein! Ich habe nicht herumgeschnüffelt! Der Zettel lag zusammen mit einem Haufen anderer Papiere einfach offen auf dem Tisch. Sie ist eben eine Schlampe.«

»Kannst du das nicht beweisen? Es muß doch einen gerichtlichen Weg geben, um von ihr eine Einkommenserklärung zu fordern.«

Fred schüttelte den Kopf. Eine Träne kullerte über seine Wangen und fiel auf den Boden.

»Ich glaube schon, daß ich das könnte. Aber es würde bedeuten, daß ich in die Berufung gehen müßte, und dann würden die Anwaltskosten noch höher. Außerdem dauert es ziemlich lange. In der Zwischenzeit hat mich die Hexe dann ausgeraubt!«

Er beruhigte sich ein wenig. »Sie benutzt die Kinder nur, Laurie. Vor zwei Wochen versuchte sie, mir Schuldgefühle einzureden, als sie mich um mehr Geld bat. Sie sagte, die Kinder hätten nicht genug zu essen! Kannst du dir das vorstellen? Dann habe ich herausgefunden, daß sie mit dem Geld ihre Hausbar für eine Party aufgefüllt hat! Immer muß ich auf sie 'reinfallen!« Wieder fing er an zu weinen.

Ich war befremdet. Wie konnte man einen Menschen finanziell so ausschlachten? Es schien mir unmöglich. Ich fühlte, daß er übertrieb. Oder täuschte mich meine Unerfahrenheit? Meine beiden Schwestern waren auch geschieden, und ihnen war nichts geblieben. Ich dachte an Suzy und den Unterhalt von fünfundachtzig Dollar, den sie monatlich für ihr Kind erhielt. Ich konnte nicht glauben, daß es keinen triftigen Grund für diese Entscheidung gab, zumal ich bereits wußte, daß Fred dazu tendierte, die Tatsachen zu verdrehen.

Innerlich war ich über Freds Gejammer verärgert. Wenn er wirklich so am Hungertuch nagte, warum hatte er dann so rasch auf eine erneute Heirat gedrängt? Manchmal ergab das, was er tat, keinen Sinn.

Einige Wochen darauf traf ich einen weiteren Vertreter der Kommission für berufliche Chancengleichheit, der meine Klage noch optimistischer beurteilte als sein Kollege. Ich reichte eine Reihe von Stellungnahmen ein, die ich gesammelt hatte, um meiner Klage Nachdruck zu verleihen. Die wichtigste Aussage hatte Judy Zess abgegeben. Darin schilderte sie den Druck, dem sie ausgesetzt war, als man sie aufforderte, ihren Bericht über die Vorfälle bei dem Konzert zu schreiben.

»Die Berichte vom 2. Mai 1980, die ich im Zusammenhang mit den Vorfällen vom 1. Mai 1980 abgab, entstanden nach stundenlangen Verhören unter Druck und mentaler Nötigung. Zu dem Zeitpunkt war ich in einem Rauschzustand und verwirrt. Die schriftlichen Berichte vom 3. Mai 1980, die Lawrencia Bembenek im Zusammenhang mit eben diesem Vorfall vom 1. Mai 1980 verfaßte, beruhen auf Tatsachen und entsprechen der Wahrheit. Am 15. Dezember wurde die Anklage wegen Drogenbesitzes, die gegen mich erhoben worden war, nach einem Geschworenenprozeß im Oktober 1980 unter Vorsitz der Richterin Patricia Curley fallengelassen. Ich wurde bei dem Prozeß von Herrn Rechtsanwalt Jack Gimbel vertreten.

Ich denke, daß sowohl Lawrencia Bembenek als auch ich diskriminiert wurden, da man uns beide aufgrund falscher Anklagen und fälschlicher Beschuldigungen entlassen hat, die jemand aufgestellt hatte und die durch nichts weiter als durch Gerüchte begründet waren. Harold Breier und seine Behörde opponieren gegen Frauen und Minderheiten im Polizeiberuf. Weißen, männlichen Polizisten wird eine bevorzugte Behandlung hinsichtlich disziplinarischer Maßnahmen zuteil.

Judy L. Zess«

Der Kommissionsvertreter bat mich um eine Liste mit den Namen der Polizisten meiner Klasse, die entweder selbst gekündigt hatten oder die entlassen worden waren.

In der Zwischenzeit hatte das Milwaukee Journal eine Analyse städtischer Daten veröffentlicht, die noch trüber aussahen. Sie stützte sich auf Recherchen vom 31. März 1980. Weibliche Polizisten sowie Angehörige einer Minderheit überlebten einfach nicht in Polizeichef Breiers Behörde.

Allein schon die Liste meiner Polizeischulklasse zeichnete ein düsteres Bild. Innerhalb eines einzigen Jahres seit Ende der Bewerbungsformalitäten waren fünf schwarze Männer, vier weiße Frauen, drei schwarze Frauen und ein weißer Mann gegangen. Letzterer litt unter beträchtlichem Übergewicht und hatte selbst gekündigt, da er den physischen Anforderungen der Polizeiausbildung nicht gewachsen war. Von elf weiblichen Rekruten, die zeitgleich mit mir begonnen hatten, waren acht bereits arbeitslos. Weitere würden folgen.

8

SASSON

Wir lebten immer noch aus Kisten, und ich beschloß, endlich damit anzufangen, unsere Kartons auszupacken und diejenigen, die wir im Moment nicht benötigten, mit einer Inhaltsangabe zu beschriften. Judy kam herein.
»Meine Güte! Sind wir nicht gut organisiert?« sagte sie.
»Sieh dir dieses Chaos an! Fred hatte versprochen, die Sachen auszupacken, ist aber bisher noch nicht dazugekommen, und das ganze Zeug steht hier einfach herum. Du mußt Fred unbedingt einen Schlüssel zum Abstellraum geben, damit wir einige der Kartons unterstellen können.«
»Wenn er nach Hause kommt, nehme ich von meinem Kram auch einiges mit nach unten«, sagte Judy. »Ich habe noch Christbaumschmuck und einen künstlichen Weihnachtsbaum, und die Sachen nehmen zu viel Platz in meinem Schrank in Anspruch.«
»Ich hätte es trotzdem gerne, wenn du sobald wie möglich einen Nachschlüssel für uns machen läßt. Das hast du ja schon mehrmals versprochen.«
»Beruhige dich. Ich werde dieses Wochenende zu Sears gehen und das erledigen. Hör mal, Tom benimmt sich neuerdings so komisch. Ich glaube, er ist in mich verliebt.«
In dem Moment kam Fred zur Tür herein, außer sich vor Wut. Er hatte sich darüber aufgeregt, daß Stu Honeck an seinem ehemaligen Haus einige alberne Reparaturen durchgeführt hatte. Warum konnte er die beiden nicht in Frieden lassen? Er schien von Christine und diesem elenden Haus förmlich besessen zu sein. Ich schob ihn aus dem Zimmer.

An ihrem sechsunddreißigsten Hochzeitstag kamen meine Eltern zum Abendessen zu uns. Sie hatten die Wohnung zwar schon einige Male gesehen, als sie uns einige Sachen vorbeibrachten, waren aber nie lange geblieben. Ich wollte den Abend besonders schön gestalten und hatte zu diesem Zweck hohe blaue Kerzen gekauft. Ich faltete Stoffservietten zusammen, wie ich es früher einmal gelernt hatte, und stellte noch einen Strauß frischer Blumen auf den Tisch.

Fred bereitete Salat, Suppe, Fleisch, frisches Gemüse und Brötchen vor. Zum Dessert kaufte ich eine hochkalorische deutsche Schichttorte. Judy verzog sich und ging mit Tom aus.

Der Abend verlief in angenehmer und entspannter Atmosphäre. Das einzig Unschöne war die Toilette in Judys Badezimmer. Sie war verstopft und lief über, wenn man die Spülung betätigte. Ich hielt meine Mutter gerade noch rechtzeitig auf, als sie sie benutzen wollte, und lotste sie in das andere Badezimmer. »Das ist ein Problem im ganzen Gebäudekomplex«, erklärte ich ihr. »Seit wir hier eingezogen sind, haben wir Schwierigkeiten mit den Wasserleitungen. Und es dauert offenbar eine Ewigkeit, bis sie behoben werden.«

»Eine Schande«, sagte meine Mutter. »Besonders bei der hohen Miete, die ihr hier zahlen müßt.«

Meine Eltern gingen erst sehr spät nach Hause; zum Abschied umarmten wir uns herzlich. Den Kuchen nahmen sie mit.

Endlich kam der Tag meiner Anhörung vor der Kommission für berufliche Chancengleichheit. Ritter, der städtische Prozeßbevollmächtigte, war zusammen mit Leutnant Tromp und dem Leitenden Officer des zweiten Distrikts, Captain Pape, erschienen. Nacheinander wurden meine Klage und die anderen Anklagepunkte vorgetragen. Ritter erhielt die Möglichkeit zur Gegendarstellung.

Ich blieb bei meiner Aussage, daß ich aufgrund eindeutiger

sexueller Diskriminierung entlassen worden war. Ich erklärte, daß der Bericht, den ich im vergangenen Mai über den Vorfall bei dem Konzert verfaßt hatte, der Wahrheit entsprach und legte die schriftliche Stellungnahme von Judy Zess vor. Ich betonte, daß die gegen sie erhobene Anklage fallengelassen worden war. Ich wies darauf hin, daß die Berichte der Officer, die die Festnahme vorgenommen hatten, zahlreiche Widersprüche beinhalteten; es gab unterschiedliche Darstellungen und einige offensichtlich falsche Behauptungen. Eine, an die ich mich erinnerte, stand in einem Protokoll, in dem es hieß: »...durch die Festnahme von Lawrencia Bembenek geklärt.« Dabei war ich bei diesem Konzert weder von den Beamten wahrgenommen noch verhaftet worden.

Ritter bestritt dies. Er sagte, er hätte Zeugen, die meine Festnahme bestätigen könnten.

Zeugen! Natürlich! Aber diese Aussage von mir konnte ich tatsächlich beweisen. Ich bat ihn, sich eine Kopie meiner eidesstattlichen Erklärung anzusehen, die ich vor Captain Beste von der Polizeischule abgegeben hatte. Darin würde er den Satz finden: »Haben Sie Kenntnis davon, daß Paul Will von der städtischen Sittenpolizei gerade im Begriff ist, einen Haftbefehl gegen Sie zu erwirken?« Diese Frage hatte ich mit »Nein« beantwortet.

Ritter entschuldigte sich. Dann änderte er seine Strategie. Er sagte, es sei richtig, daß ich nicht verhaftet worden war. Dennoch wäre mein Vorwurf, ich sei sexistischen Belästigungen ausgesetzt gewesen, nicht »konkret« genug.

Wie konkret mußte ich noch werden? Was war mit den Schimpfworten, mit denen ich bedacht worden war?

»Das Wort ‘Schnalle’ bezieht sich doch ausschließlich auf Frauen, oder?« fragte ich. »Eine unangemessene und provokative Bemerkung, die man absichtlich machte.«

»Vorsätzliches Handeln können Sie nicht beweisen«, entgegnete Ritter.

»Ich weiß, daß sie mich absichtlich so nannten, da mich mein Field Training Officer später darüber informierte, daß er es mir auf Geheiß seines Vorgesetzten so schwer wie möglich gemacht hatte.«

»Dann bitte ich Sie, die Namen Ihrer beiden FTO's bekanntzugeben«, sagte Mr. Bronson von der Kommission. Ich nannte sie. Ritter hatte einen Einwand.

»Dürfte ich der Kommission erklären, daß dieses Training als rigorose Ausbildungszeit anzusehen ist, die der Rekrut vor seiner Abschlußprüfung zu absolvieren hat? Es ist doch nur natürlich, daß ein FTO es seinen Rekruten schwer macht. Daran läßt sich nichts Sexistisches finden. Das Training dient dem Rekruten als Vorbereitung. Straßenjargon und Kraftausdrücke bringt dieser Job eben mit sich. Männliche Rekruten nennt man vielleicht 'Arschloch'. Abgesehen davon, hätte Miss Bembenek ihre Vorgesetzten darauf aufmerksam machen müssen, wenn sie sich so betroffen fühlte.«

»Das habe ich«, entgegnete ich. »Ich habe es zwei Sergeants erzählt, aber sie sind darüber hinweggegangen, als wäre es völlig bedeutungslos.«

»Haben Sie einen Bericht darüber geschrieben?«

»Nein. Aber es gab Anlässe, bei denen die Beschimpfungen im Beisein eines Sergeants stattfanden! Einmal passierte es während eines Appells. Mir geht es darum, daß die Beschimpfung eines Kollegen einen Verstoß gegen die Vorschriften darstellt.«

»Kennen Sie andere Frauen, die während der Ausbildungszeit ähnlich behandelt wurden?« fragte Bronson mich.

»Ja.«

»Sie müssen die Namen bei dieser Anhörung nicht nennen, aber wären Sie bereit, dies zu einem späteren Zeitpunkt zu tun?«

»Ja.«

Die Anhörung dauerte mehrere Stunden. Man kam zu dem

Ergebnis, daß meine Beweise für eine Diskriminierungsklage unzureichend waren. Sie sagten, ich hätte für meine Behauptung, daß männliche Polizisten nicht für Verstöße gegen die Vorschriften bestraft wurden, weibliche Polizisten hingegen wegen eben dieser Verstöße entlassen wurden, nicht einen einzigen Vorfall glaubhaft darlegen können, in dem es um einen Mann ging und der sich mit meinem Fall vergleichen ließ.

»Wollen Sie damit sagen, ich muß Ihnen einen Fall präsentieren, der identisch mit meinem ist, der aber einen männlichen Polizisten betrifft?« fragte ich Bronson nach der Anhörung.

»Daß ein Mann einen falschen Bericht geschrieben hat, aber dafür nicht gefeuert wurde? Das kann doch hier gar nicht zur Debatte stehen – mein Bericht war nicht unwahr!«

»Aber das würde eine Diskriminierung beweisen.«

»Das ist lächerlich!« sagte ich. »Ich habe keinen Zugang zu den Personalakten!«

»Deshalb ist der städtische Anwalt auch im Vorteil. Ich weiß genau, welches Spiel die spielen. Obwohl ich ein unparteiischer Faktensucher bin, ist es eindeutig. Ritter könnte mit fünfzig Fällen kommen, in denen gegen männliche Polizisten Disziplinarverfahren eingeleitet wurden.«

»Und was ist mit den ganzen Verstößen meiner Herren Kollegen, die ich an die Abteilung Interne Angelegenheiten weitergeleitet habe? Gegen diese Männer wurde rein gar nichts unternommen.«

»Laurie, auch in diesen Fällen würde die Gegenseite argumentieren, daß sie bedeutungslos sind, weil es sich hier um keinen relevanten Vergleich handelt.«

»Allein schon aus Gründen der Fairness ist es relevant! Was wäre, wenn ich von mehreren Fällen wüßte, in denen Männer unwahre Berichte geschrieben haben?« fragte ich. »Zum Beispiel, was das Schlafen im Dienst angeht. Ich weiß, daß sie im Dienst geschlafen haben. Die Berichte, die sie abgegeben haben, müssen also falsch sein!«

»Man könnte auf Ihre Behauptung immer noch kontern, daß die zuständigen Vorgesetzten nicht wußten, wessen Berichte falsch waren.«

»Das ist unglaublich! Da wird einfach so bestimmt, ob ein Bericht unwahr ist oder nicht, selbst wenn er der Wahrheit entspricht. Das ist so unfair! Gegen diese Puertoricanerin aus dem zweiten Distrikt ist man vorgegangen, weil sie im Dienst eingeschlafen ist! Die schlafen doch alle!« Ich seufzte. »Also, es reicht nicht aus zu beweisen, daß ein Mann einen falschen Bericht geschrieben hat. Ich muß darüber hinaus noch beweisen, daß die Vorgesetzten dies wußten und nichts unternommen haben. Das ist unmöglich.«

»Ich kann mir gut vorstellen, wie frustriert Sie sein müssen.«

»Und was nun?« fragte ich lustlos.

»Sie werden bald von uns hören. Man wird entscheiden, ob es zu einer Klage kommt oder nicht. Sollte sie berechtigt sein, wird die Kommission die Sache durch das Justizministerium weiterverfolgen. Sollte sie als unbegründet abgewiesen werden, haben Sie die Möglichkeit, auf eigene Kosten in die Berufung zu gehen. Es ist also noch lange nicht vorbei.«

In der darauffolgenden Woche wurde es wärmer. Fred schlug vor zu grillen. Er wollte zu Christine fahren, um einen Grill zu holen. Wir fuhren zur Ramsey Street hinüber. Ich blieb im Wagen sitzen, während Fred den Weg zum Haus hinauflief. Stus Auto parkte in der Auffahrt. Sean und Shannon rannten auf mich zu, um »Hallo« zu sagen. Sie erzählten aufgeregt von einem Spiel, mit dem sie gerade beschäftigt waren. Nach ein paar Minuten kam Fred ohne Grill zurück.

Beim Wegfahren sah ich ihn an. Ich hatte Angst, ihn zu fragen, was dieses Mal passiert war.

»Sie hat drei verfluchte Grills und will mir nicht einen einzigen geben! Und dabei habe ich die Dinger gekauft!« beschwerte er sich.

»Hast du ihr gesagt – »

»Ich konnte ihr nichts sagen! Stu stand nebenan und mußte seinen Senf dazugeben. Ich wollte keinen Streit mit der Pfeife anfangen.«

»Oh.«

»Und sie besaß die Frechheit, mich um Geld für ihre dämliche Stromrechnung zu bitten, bloß weil ich in der Garage mal eine meiner Kreissägen benutzt habe, als ich das letzte Mal da war.«

Er quälte den Wagen um eine Kurve. »Sie läßt alle Stromrechnungen immer noch auf meinen Namen laufen, und wenn sie sie nicht bezahlt, geht meine Kreditwürdigkeit zum Teufel. Ich sag' dir was: Sean hat mir erzählt, daß sie in letzter Zeit immer öfter nicht zur Arbeit geht. Immer dann, wenn Stu am Abend vorher bei ihr war. Ich glaube, sie ist dann morgens zu verkatert, um arbeiten zu gehen. Darum will sie auch mehr Geld. Ich werde jedenfalls ihre Parties mit Stu nicht finanzieren. Soll sie doch zur Hölle fahren!«

»Und was ist mit dem Grill?« fragte ich.

»Ich warte, bis sie aus dem Haus ist, dann werde ich vorbeifahren und einen holen«, schnaubte Fred.

So viel zu den Bemerkungen des ruhigen, lustigen Mannes, den ich glaubte, geheiratet zu haben. Ständig beschwerte er sich über Christine, obwohl er sie kaum erwähnt hatte, bevor wir verheiratet waren.

Judy hielt sich nicht mehr häufig in unserer Wohnung auf. Die meiste Zeit verbrachte sie mit Tom, und einmal sprach sie beiläufig darüber, daß Tom sie gebeten hatte, zu ihm zu ziehen. Ich erinnerte sie an unseren Mietvertrag.

Ein paar Tage später, nachdem ich unsere Wäsche bei meiner Mutter gewaschen hatte, fand sie etwas in der Waschmaschinentrommel. Es war Freds Ehering aus erster Ehe; denn er trug die Gravur »von Chris für Fred«.

Ich ging zur Wohnung zurück. Fred und Judy aßen gerade zu Abend, als ich hereinkam.

»Ich habe da etwas, das dir gehört«, sagte ich mürrisch und kramte den Ring aus meiner Tasche.

»Wo hast du den denn gefunden?«

»Meine Mutter hat ihn gefunden. In ihrer Waschmaschine. Warum hast du ihn mit dir herumgetragen?«

»Das siehst du falsch«, erwiderte Fred. »Ich weiß nicht, wie er dahingekommen ist.«

»Sei ehrlich«, knurrte ich.

»Ich weiß es nicht! Glaubst du mir nicht? Deine Mutter muß dich damit ganz schön geärgert haben.«

»Sie war wütend, als sie ihn fand. Und denk dir, ich bin es auch. Wärst du es nicht an meiner Stelle?«

»Wen interessiert schon, was deine Mutter denkt? Du bist jetzt mit mir verheiratet!«

»Bin ich das?« fragte ich. »Es sieht aber gar nicht danach aus! Immer heißt es nur Christine hin, Christine her. Sie hat mehr Einfluß auf dich, als du zugeben willst!«

»Blödsinn!« schnauzte Fred.

»Ist doch wahr! Ständig sagst du, du wirst dies oder das tun, aber nie kommt etwas dabei heraus.«

»Du verstehst das nicht!« behauptete Fred.

»Alles, was ich verstehe, ist, daß sie dir noch wichtig ist, denn wann immer sie mit ihrem hübschen, kleinen Fuß aufstampft, springt Fred sofort! Du konntest nicht einmal einen Grill von ihr bekommen.«

»Was soll ich denn tun?« warf Fred ein. »Alles mögliche habe ich getan. So sind eben die Scheidungsgesetze in unserem Staat!«

»Ich habe mich mit einigen deiner Freunde unterhalten und von ihnen erfahren, daß du ihr alles einfach überlassen hast. Kampflos. Du hast einfach kapituliert! Ja, warum denn, verdammt noch mal? Was bedeutet dir diese Frau denn noch?«

Fred setzte sich auf einen Stuhl; sein Blick war müde und niedergeschlagen.

»Laurie, du hast ja keine Ahnung. Sie hatte mich total in der Hand. Es hätte mich meinen Job kosten können.« Mehr wollte er darüber nicht sagen. Langsam sah er zu mir auf.

»Weißt du, was ich mit diesem Ding hier machen werde?« fragte er mich und hielt seinen alten Ehering hoch. »Ich werde jetzt sofort dafür sorgen, daß ich ihn los bin.« Er warf den Ring in eine Abfalltüte.

»Es tut mir leid.« sagte ich.

»Mir tut es auch leid.«

Um mich zu beschwichtigen, schlug Fred vor, seine Freunde Dennis und Karen in Florida zu besuchen.

»Wann willst du fahren?«

»Wie schnell kannst du packen?« fragte Fred grinsend.

Auf dem Weg nach Florida erfuhr ich etwas Seltsames. Irgendwie kam ich auf Tom, Judys mysteriösen Freund, zu sprechen.

»Weißt du«, sagte ich, »er behauptet, daß er alle Bullen abgrundtief haßt. Und dabei hat Judy uns doch neulich erzählt, daß sein bester Freund ein Officer aus Glendale war.«

»Ach wirklich? Wie hieß er denn?«

»Sein Name klang wie diese Designer-Jeans – Sassoon, Sasone?«

»Nicht Sasson!« rief Fred aus.

»Ich glaube schon. Warum?«

»Ich habe 1975 einen Cop aus Glendale namens Robert G. Sasson erschossen«, antwortete Fred. »Erinnerst du dich nicht an die Schlagzeilen in der Zeitung?«

»Nein, ich ging damals noch zur Schule.«

»Es stellte sich heraus, daß er ein mieser Polizist war, der mit Drogen dealte. Ich fuhr gerade in der Gegend Streife, als über Funk ein Notruf kam: Officer braucht Hilfe, 10–17. Die Ortsangabe war ungenau. Es hieß, irgendwo auf der Silver Spring Road. Wir blieben dran. Dann bestätigte der Einsatzleiter den Ort, eine Kneipe. Wir kommen also dort an. Eine Frau auf dem Parkplatz winkt uns heran. Sie sagt, wir sollen durch die Hintertür hineingehen, weil der Haupteingang geschlossen ist. Es war Sassons Frau Camille.«

»Wer hat den Haupteingang zugeschlossen?«

»Moment, laß mich weitererzählen. Diese Frau ist ziemlich betrunken. Ich habe einen Anfänger im Schlepptau, und der folgt mir natürlich durch den Hintereingang. An der Tür gibt es eine Trennwand aus Milchglas. Alles, was ich durch diese Scheibe erkennen kann, ist ein Kerl in einer gelben Baseball-Kluft, der über einem Schwarzen am Boden kniet. Keine zwei Meter von mir entfernt. Als wir auf ihn zukommen, steht er plötzlich auf und setzt meinem Partner seine Waffe auf die Brust!«

»Oh Scheiße!«

»Das habe ich auch gesagt! Ich ziehe meine Knarre und feuere vier Schüsse in die Baseball-Kluft. Alles geht so wahnsinnig schnell. Dann schreit die Alte: ›Das ist mein Mann! Er ist ein Cop!‹«

»Wie bitte...?«

»Später stellte sich heraus, daß er zugekifft war. Es war nicht das erste Mal, daß ihm so etwas passierte. Er trank zu viel und bekam dann öfter Schwierigkeiten wegen seiner Waffe.«

»Wow!«

»Er hatte Verbindungen zur Nachtclubszene. All das wurde bei den Untersuchungen, die man nach seinem Tod anstellte, aufgedeckt.«

»Warum bist du zu dem Einsatz gefahren? Es war doch außerhalb von Milwaukee!«

»Oh, diese Kneipe liegt zwar in Glendale, aber der Typ, der die Polizei rief, war aus der Stadt, also rief er wohl versehentlich auf dem Revier in Milwaukee an statt in Glendale.«

»Und was geschah bei der Untersuchung?«

»Ich wurde zum Bezirksstaatsanwalt gerufen, der den Prozeß führte und den Fall als Notwehr beurteilte.«

»Und wie ging es aus?«

»Camille Sasson klagte gegen den Verwaltungsbezirk und erhielt siebzehntausend Dollar.«

»Sasson ist Toms Freund?«

»Möglich«, sagte Fred. »Es wäre schon ein extrem dummer Zufall, wenn es nicht ein und derselbe Typ ist. Sicher ist es nicht ungefährlich, mit Judy zusammen zu wohnen, solange Tom in der Nähe ist. Sag' bitte niemandem etwas von der Sache.«

•

Eine schöne Bescherung! Über Sassons Tod machten viele Gerüchte die Runde. Warum rief man die Cops aus Milwaukee? Warum redete man von Vertuschung? Warum hat man die Geschichten über Sassons schlechte Angewohnheiten verbreitet? Was war mit den Zeugen, die behaupteten, Sasson hätte niemanden mit einer Waffe bedroht? Mußte Fred nicht wissen, daß er ein Cop war? Daß er ihm etwas zu sagen versuchte? Was wußte Chris von der Sache? Hielt sie irgendwelche geheimen Informationen über Fred zurück?

Niemand kannte die wahren Antworten auf diese Fragen. Man konnte auch nicht erkennen, was die Polizei von Milwaukee (oder einige ihrer Beamten) bei der Sache im Schilde führten. Jedenfalls war etwas faul an der Angelegenheit. Aber das wußte ich damals noch nicht.

•

Natürlich gelang es Fred, unseren Kurzurlaub zu verderben. Er bestand darauf, Dennis und Karen zu überraschen, anstatt sie vorher anzurufen. Als wir dort eintrafen, hatten die beiden gerade Besuch von Karens Eltern, so daß für uns kein Platz mehr in der Wohnung war. Jeden Tag ging Fred mit Dennis weg und ließ mich mit desr Mutter alleine zurück.

Wir mußten uns auf dem Rückweg nach Wisconsin sehr beeilen, damit Fred pünktlich zur Arbeit kam. Als wir völlig erschöpft von der langen Fahrt zu Hause ankamen, stellten wir fest, daß einige von Judys Sachen aus der Küche fehlten. Auf meine Frage hin erklärte sie, daß sie Tom einige Dinge geliehen hätte, die er brauchte, weil er seine Freundin, mit der er zusammengelebt hatte, nun verlassen hätte.

In der folgenden Woche waren Fred und ich von Christine zu Shannons Kommunion eingeladen. Fred weigerte sich, an der Feier teilzunehmen. Er sagte, daß Christines Eltern, Alice und Earl Pennings, sicherlich auch dort sein würden und daß es wegen der Scheidung noch zu viele unliebsame Gefühle gäbe. Andererseits bestand Fred darauf, daß wir wegen der Kinder beide bei Christine erscheinen sollten.
Ich schlug vor, Fred solle alleine hingehen.
Aber er rief Christine an, um ihr mitzuteilen, daß er nicht kommen würde, und er machte mich dafür verantwortlich. Er erzählte ihr, ich hätte ihm gesagt, daß ich mich in ihrer Nähe »zu unwohl« fühle. Das machte mich wütend.
»Was soll das, Fred? Warum hast du mir wieder die Schuld zugeschoben? Ich war sicher nicht versessen darauf, dahin zu gehen, aber das ist noch lange kein Grund zu behaupten, daß wir die Einladung nur meinetwegen ablehnen! Das ist einfach nicht wahr!«
»Und was hätte ich sagen sollen?«
»Warum mußt du mich immer als Vorwand benutzen? Warum bist du nicht einfach ehrlich?«
»Rede nicht mit mir, als wäre ich ein Kind!« unterbrach er mich.
»Aber Shannon ist dein Kind! Warum gehst du nicht hin?«
Fred schwieg sich aus.
Dann dämmerte es mir. Natürlich! Stu würde ja dort sein!
»Du bist eifersüchtig! Warum kümmert dich das so sehr?«

Wie ich vermutete, rief Fred nicht mehr bei Christine an, um die Angelegenheit zu klären.

Eines Morgens sah ich auf meinem Weg aus der Wohnung noch kurz in den Briefkasten. Zu meiner freudigen Überraschung war meine Einkommenssteuerrückerstattung angekommen. Fröhlich steckte ich den Umschlag in meine Handtasche. Ich wußte schon, wofür ich das Geld ausgeben würde.
Vom Fitness-Club aus rief ich Judy an, um sie nach einem Juwelier zu fragen, den sie kannte.
»Kannst du dort noch immer einen guten Preis für einen Diamantring bekommen?«
Sie bejahte und schlug vor, daß ich sie bei Tom treffen sollte.
Ich rief Fred an und sagte, daß ich heute später nach Hause kommen würde.
»Ich will mit Judy am See joggen gehen.«
»Prima!« meinte Fred. »Ich komme mit!«
Um die geplante Überraschung nicht zu verderben, mußte ich ihn von der Idee abbringen.
»Sieh mal, Freddy, du erinnerst dich doch an unser Gespräch, oder? Du kannst nicht vierundzwanzig Stunden am Tag mit mir zusammen sein. Du engst mich ein. Ich brauche ein bißchen Zeit für mich. Okay?«
»Na ja...«
»Ich sehe dich dann später«, sagte ich entschlossen.
»Ruf' mich bitte an, wenn ihr mit dem Joggen fertig seid.«
»Ist gut«, versprach ich.
»Wie lange wirst du weg sein?« Fred ließ nicht locker.
»Du klingst wie meine Mutter! Nun reg' dich ab!«
»Tut mir leid«, murmelte er.
Judy und ich blieben länger als erwartet, denn als ich zu ihr kam, um sie in Toms Wohnung abzuholen, war sie noch nicht fertig. Sie war allein und bat mich, so lange in Toms Küche zu

warten, bis sie sich umgezogen hatte. Judy hatte bereits einige Jeans und T-Shirts in der Wohnung deponiert.

Die Küche sah genau so aus wie die in unserer alten Wohnung. Ich war durstig und suchte nach etwas Trinkbarem. Ich öffnete den Kühlschrank und schlug die Tür sofort wieder zu. Entweder war er randvoll mit großen Tüten voller Marihuana, oder Tom lagerte dort den Jahresbedarf an Oregano für die U.S. Armee.

Damit verdiente er also seinen Lebensunterhalt.

Judy sagte ich nichts, und wir machten uns auf den Weg zum Juweliergeschäft am anderen Ende der Stadt. Ich kaufte Fred einen Solitärring, für den ich weniger als die Hälfte des ausgezeichneten Preises bezahlte. Ich bedankte mich bei Judy dafür, daß sie mir dieses Schnäppchen ermöglicht hatte. Freds Geburtstag war im Juni, und ich wollte ihn mit dem Ring überraschen. Bisher hatte ich ihm nur den Ehering geschenkt. Finanziell ging es uns jetzt etwas besser. Ich arbeitete doppelt so viel wie vorher im Fitness-Club, und Fred hatte eine Gehaltserhöhung bekommen, so daß ich nicht das Gefühl hatte, einen zu extravaganten Kauf gemacht zu haben.

Auf der Rückfahrt fing Judy an, über Tom zu reden.

»Ich glaube wirklich nicht, daß ich zu ihm ziehen sollte. Er ist doch so viel älter als ich. Ich würde im nächsten Sommer lieber nach Kalifornien gehen. Außerdem sind Toms Vermieter nicht besonders glücklich darüber.

»Was willst du denn damit sagen? Du hast einen Jahresvertrag mit uns unterschrieben. Übrigens wird die Miete in ein paar Tagen fällig.«

»Oh. Ich werde meinen Teil wohl erst ein, zwei Tage später bezahlen können«, sagte Judy locker. »Mein Gehalt kommt erst nach dem Wochenende.«

»Dann überweisen wir unseren Anteil eben mit dem Vermerk, daß sich deine Zahlung verspäten wird.«

Als ich Judy beim Apartmenthaus absetzte, ging ich noch mit

in die Wohnung hinauf, um Fred anzurufen. Ich fühlte mich wie eine dumme Siebzehnjährige.

»Hoffentlich schimpft er nicht, weil ich zu spät nach Hause komme«, dachte ich mit Unbehagen.

»Wo bist du?« Fred war wütend.

»Auf dem Nachhauseweg!« erklärte ich. Etwas mehr als zwei Stunden war ich weg gewesen. Er besaß die Frechheit, den Hörer einfach aufzulegen. Ich fuhr heim und dachte, daß es ein Fehler gewesen war, ihm den Ring zu kaufen.

Als ich unsere Wohnung betrat, bombardierte Fred mich mit Vorwürfen. Während meiner Abwesenheit hatte er aus lauter Wut ein paar Sachen durch die Wohnung geschmissen. Mitten in diesem Durcheinander holte ich ganz ruhig die kleine Schachtel mit dem Ring aus meiner Tasche und warf sie auf den Tisch vor ihm. Sofort unterbrach er sein Theater. Seine Wut wich einem gequälten Gesichtsausdruck.

»Jetzt bin ich aber ganz klein«, flüsterte er.

Seine Augen leuchteten, als er das kleine Päckchen öffnete. Er wurde rot, als er den Ring vor seinen Ehering über den Finger streifte.

Ein paar Tage später rief Judy mich während der Arbeit an. Sie war außer sich.

»Laurie! Tom hat es herausgefunden!«

»Was?«

»Hat Freddy 1975 einen Cop aus Glendale erschossen?«

»Ja.«

»Das war Toms bester Freund! Wir waren neulich abends auf einer Party. Die Witwe von diesem Typ war auch da. Wie hieß er noch gleich?«

»Sasson.«

»Genau! Camille fing irgendwie von der Geschichte an, und dann erwähnte sie noch, daß der Cop, der ihren Mann erschossen hat, befördert worden ist, und sie nannte Freds Na-

135

men! Ich hätte mir fast in die Hose gemacht! Warum hast du mir das nie erzählt?«

»Judy, ich habe es selbst erst vor kurzem erfahren. Wie hat Tom reagiert?«

»Erst hat er mich nur angesehen. Dann fragte er mich nach Freds vollem Namen. Er wußte es sowieso. Er ist stinkwütend!«

»Ich weiß nicht, was ich machen soll! Das ist alles weit vor meiner Zeit passiert!«

»Ich weiß auch nicht, was ich jetzt tun soll«, entgegnete Judy. »Du weißt ja, wie sehr Tom die Bullen haßt.«

Als Konsequenz leitete Judy ihren Auszug aus unserer gemeinsamen Wohnung ein, vermutlich auf Toms Wunsch hin. Allerdings tat sie es auf eine seltsame Weise; immer wenn weder Fred noch ich zu Hause waren, nutzte sie die Gelegenheit, um einige ihrer Sachen abzuholen. Sie wußte, wann wir arbeiteten. Sie wußte auch, daß ich samstags nie zu Hause war. Ich wußte, daß sie uns mied. Jedesmal, wenn wir heimkamen, fehlten weitere Sachen. Wir hatten keine Möglichkeit, sie zu erreichen, da sie Toms Telefonnummer geheimhielt, und wenn wir sie im Geschäft anriefen, bekamen wir sie nie ans Telefon. Nach wie vor schuldete sie uns ihren Teil der Miete für den Mai, und langsam machten wir uns darüber Gedanken, wie wir einen anderen Untermieter finden sollten. Drei Schlafzimmer benötigten wir beide nicht. Ich war besorgt. Auch wegen Tom machte ich mir Gedanken.

»Dieser Kerl flößt mir Angst ein«, sagte ich zu Fred. »Er ist so riesig! Er sieht aus, als könnte er einen Kopf wie eine Melone zerquetschen.«

Fred stimmt mir zu. »Judy muß selbst entscheiden, ob sie sich mit so einem Fiesling einläßt. Du hättest mir übrigens gar nicht erzählen müssen, daß er ein Dealer ist. Ich hatte bei ihm gleich so ein seltsames Gefühl. Ich glaube, ich werde dich abends öfter anrufen, wenn ich aus dem Haus bin, damit ich weiß, daß mit dir alles in Ordnung ist. Vergiß bitte nie, die Tür abzuschließen.«

»Judy hat immer noch einen Schlüssel«, räumte ich ein. »Können wir nicht das Schloß austauschen oder so?«

»Ihre blöden Möbel stehen doch noch in der Wohnung, und sie würde sich bestimmt bei der Vermieterin beschweren. Ich denke nicht, daß wir das Schloß austauschen sollten. Was können wir sonst noch tun? Judy hat auch noch den Schlüssel zu unserem Abstellraum im Keller. Sie sollte uns Ersatzschlüssel davon anfertigen lassen, aber das hat sie nie getan. Wenn wir hier mal ausziehen, müssen wir irgendwie unsere Kisten aus dem Keller herausholen.«

Wir hörten eine Zeitlang gar nichts von Judy, bis sie eines Abends, nachdem Fred das Haus bereits verlassen hatte, mit Tom in die Wohnung kam. Es war schon nach elf Uhr, als ich hörte, wie die Tür aufgeschlossen wurde. Um sie hereinzulassen, mußte ich die Kette von innen herausnehmen. Ich war höflich, weil ich dachte, daß es keinen Sinn hatte, einen Streit mit ihnen anzufangen. Allerdings fing Judy gleich an, mit mir zu diskutieren, was schließlich zu einem Streit über die Miete führte.

Ich folgte ihr zur Tür. Tom stellte sich zwischen uns. Mitten im Satz hörte ich auf zu sprechen.

»Hör zu«, erklärte er, »eure Finanzen kümmern uns einen Dreck. Tatsache ist, daß dein Mann nichts anderes ist als eine feige Drecksau, die meinen besten Freund erschossen hat! Den zugekifften Scheißbullen!«

Ich kniff die Augen zusammen. Tom war einen Meter siebenundachtzig groß und etwa hundertfünfundzwanzig Kilo schwer, aber ich starrte ihn einfach ohne Angst an.

»Das alles ist schon lange her«, sagte ich. »Es passierte, bevor ich Fred kennenlernte, bevor ich dich traf und bevor du Judy kennengelernt hast. Ich werde jetzt nicht mit dir über Sasson diskutieren. Dafür gibt es keinen Grund. Ich war nicht dabei, als es passierte, und du auch nicht. Wie willst du also beurteilen, was geschehen ist?«

Ich drehte mich zu Judy um. »Nimm deinen restlichen Mist und verschwinde.«

Als Fred am nächsten Morgen vom Dienst nach Hause kam, erzählte ich ihm, was passiert war. Nun waren wir wieder auf der Suche nach einer neuen Wohnung. Glücklicherweise machte uns unsere Vermieterin keine Schwierigkeiten; sie kannte drei junge Leute, die gerade ein Apartment suchten. Ich fand es ein wenig schade, daß keiner meiner Freunde diese Wohnung gesehen hatte – irgendwie hatten sie scheinbar nie die Gelegenheit gefunden, uns zu besuchen. Jahre später erfuhr ich, daß sie sich geweigert hatten, uns zu besuchen, weil sie Fred nicht ausstehen konnten.

Wir fanden ein kleines Apartment gegenüber von einem Park, unweit vom Haus meiner Eltern. Es hatte genau die richtige Größe für uns zwei.

Ungefähr eine Woche nach Judys Auszug las ich in der Zeitung von Toms Verhaftung; er wurde des Drogenbesitzes und des Handels mit Kokain beschuldigt. Ich weckte Fred.

»Ich hoffe, Tom glaubt nicht, daß du oder ich ihn haben hochgehen lassen. Wir haben uns ja nicht gerade in Freundschaft getrennt.«

»Wie hätten wir das tun sollen?« meinte Fred. »Wir vermuteten doch allenfalls, womit er sich beschäftigte. Das geschieht Judy recht. Es wundert mich, daß sie nicht bei ihm war, als er verhaftet wurde!«

Einige Tage darauf kam Judy vorbei. Sie weinte. Sie war gekommen, um ihr Wasserbett zu leeren und den Rest ihrer Habseligkeiten abzuholen. Während ich ihr half, einen Gartenschlauch am Bett anzuschließen, ging Fred zum Telefonieren in unser Schlafzimmer. Er wollte Chris anrufen. Er war verstört, weil er erfahren hatte, daß Chris mit den Kindern die Stadt verlassen hatte, ohne ihn darüber zu informieren. Damit verstieß sie gegen die Sorgerechtsbestimmungen. Ich hörte, wie er sie anschrie.

»Es kotzt mich an! Ich habe dich jetzt dreimal gebeten, mir Bescheid zu sagen, wenn du die Kinder mit zu deinen Eltern nimmst. Wenn einem der Jungen etwas passiert, muß das Krankenhaus meine Einwilligung für eine Operation haben. Stell' dir vor, ihr habt einen Unfall! Und noch etwas! Meine Familie will Laurie nicht akzeptieren, nur weil ich ein zweites Mal geheiratet habe, aber diesen miesen Bastard, an den du dich gehängt hast, akzeptieren sie sehr wohl.« Fred machte eine Pause. »Ja, ich meine Honeck. Begreifst du nicht, daß er dich nur ins Unglück stürzt? Dieser üble Kerl wird meinen Kindern zugemutet! Und du kommst angekrochen und willst mehr Geld von mir! Hör zu, ich weiß genau, wie oft du nicht zur Arbeit gehst, weil du die Nacht vorher durchgezecht hast!«

Einen Moment war es still, dann hörte ich Fred ärgerlich lachen.

»Ja, ich weiß, wie oft du dich krankmeldest. Woher ich das weiß, dürfte wohl meine Angelegenheit sein. Wir haben die Sache mit meinem Besuchsrecht noch nicht geklärt.« Erneut folgte eine Pause.

»Zehn lausige Jahre, und dafür ziehst du mich bis aufs Hemd aus! Laß diesen Blödsinn, Chris. Ich weiß, wieviel du verdienst. Und ich werde dein Einkommen vor Gericht nachweisen, sobald ich die Gelegenheit dazu habe. Ich sehe dich dann dort!«

Ich schloß die Schlafzimmertür und sah Judy zu, wie sie das Wasser aus ihrem Bett ließ. Ich wollte wissen, ob sie den Teppich ruinierte. Außerdem interessierte es mich, was mit Tom passiert war und ob sie in seiner Wohnung bleiben wollte. Sie sah immer noch verstört aus.

»Oh Mann, Fred ist aber ganz schön wütend. Christine?«

»Ja. Die Sache langweilt mich langsam zu Tode«, entgegnete

ich. »Ich bin heilfroh, daß es wenigstens nicht mein Problem ist.«

»Wie ist sie denn so?«

»Ich habe sie nur ein paarmal kurz getroffen. Sie scheint in Ordnung zu sein.« Ich wechselte das Thema. »Gehst du zu deinen Eltern zurück?«

»Nein, ich bleibe in Toms Wohnung.«

Ich ging hinaus und setzte mich auf die Veranda. Nach einer Weile kam Fred lächelnd zu mir hinaus.

»Rate mal, was passiert ist!« forderte er mich auf.

»Ich hasse es zu fragen.« Ich blinzelte in die Sonne. Auf dem Parkplatz blitzte der Chrom der Autos.

»Chris ist total sauer, weil jemand Honeck beschuldigt hat, mit ihr zu schlafen.«

»Wirklich?«

»Ja! Und weißt du, was noch lustiger ist?«

Ich wartete seine Antwort ab.

»Die beiden sind davon überzeugt, daß du es warst!«

»Ich?« Ich schnappte nach Luft.

»Haha! Ist das nicht witzig?« Mit einem Grinsen auf dem Gesicht setzte er sich. »Ich bin sicher, du warst es nicht.«

»Wie meinst du das?«

»Weil ich es war!« sagte er und fing an zu lachen.

Mir fiel absolut nichts ein, was ich darauf hätte erwidern können. Es war wie bei der Geschichte, als Fred Chris erzählte, er würde meinetwegen nicht zu Shannons Kommunionfeier kommen. Ich weigerte mich, für den Rest des Tages mit ihm zu sprechen.

9

MORD

Am folgenden Tag ging ich zu mehreren Bewerbungsge-
sprächen. Als ich wieder nach Hause kam, hörte ich den
Anrufbeantworter ab. Eine eigenartige Stimme brummte et-
was, nachdem ich den Start-Knopf gedrückt hatte.
»Leck mich am Arsch, du alte Drecksau!« sagte die Stimme.
Ich hielt das Band an und spulte es zurück, damit Fred es sich
anhören konnte. Er kam zum Telefon und verzog angewidert
das Gesicht.
»Wer ist das?« fragte ich.
»Das weißt du nicht? Es ist Honeck.«
»Wie ist er an unsere Nummer gekommen? Was geht hier ei-
gentlich vor?«
»Das Arschloch ist vermutlich besoffen. Ich bin sicher, Chris
hat sich wegen unseres kleinen Streits bei ihm ausgeweint«.
»Wie hat er unsere neue Telefonnummer herausgefunden?«
fragte ich ärgerlich. »Sie ist nagelneu, steht in keinem Tele-
fonbuch und ist nicht registriert!«
»Keine Ahnung.« Fred zuckte mit den Achseln.
»Du hast Chris die Nummer gegeben, stimmt's? Und Stu hat
sie von ihr!«
»Ja und?«
»Ja und? Du hattest versprochen, ihr die Nummer nicht zu
geben! Hatten wir in der alten Wohnung nicht genug Idioten,
die uns angerufen und bedroht haben? Verdammt noch mal!
Honeck hat jetzt unsere Telefonnummer!«
»Hör auf, Laurie. Ich weigere mich, darüber zu streiten. Das
Thema haben wir doch ausgiebig besprochen. Als ich die

Kinder das letzte Mal sah, mußte ich ihnen doch meine Telefonnummer geben. Schließlich sind es meine Kinder! Sie müssen doch wissen, wie sie mich erreichen können!«

»Du hast mir gesagt, daß sie dich morgens im Büro anrufen können, und jetzt hast du ihnen die Nummer gegeben!«

»Ich mußte sie Chris geben, und jetzt Schluß damit!«

»Erst sagst du, du hast sie den Jungen gegeben. Jetzt heißt es, du hast sie Chris gegeben! Ich mag es nicht, wenn du mich anlügst! Das Telefon läuft auf meinen Namen, und ich zahle die Rechnungen. Du kannst dir wohl denken, daß ich das Recht habe, zu erfahren, wer zum Teufel meine Nummer kriegt!«

»Meine Güte, wir hatten einen seltsamen Anruf! Honeck wird nichts weiter tun. Warum hast du dich nicht gestern so aufgeregt, als deine sogenannte Freundin Judy bei uns vorbeikam? Wie kannst du überhaupt noch ein Wort mit ihr sprechen nach allem, was sie uns angetan hat!«

»Das ist unwichtig. Aber wenn du es genau wissen willst: Ich wollte Informationen über Toms Verhaftung. Ich war neugierig.«

Den nächsten Tag verbrachte ich mit weiteren erfolglosen Bewerbungsgesprächen. Bei dem ersten, das bei einer Wach- und Schließgesellschaft stattfand, sagte mir der Mann aus der Personalabteilung, daß ich auf ihn einen unenthusiastischen und desinteressierten Eindruck mache. Ich schätze, ich war langsam desillusioniert; ich erwartete gar nicht mehr wirklich, daß mich jemand einstellte. Anschließend ging ich noch zu einer anderen Firma, wo ich sinnlose zweieinhalb Stunden lang in einem Raum saß und psychologische Fragen auf einem Computer-Ausdruck beantwortete.

Gegen fünf Uhr war ich wieder zu Hause. Nach dem Abendessen kamen meine Eltern wie geplant mit einigen leeren Kartons vorbei, und meine Mutter blieb bei mir, um mir beim Packen zu helfen. Fred saß eine Weile herum und sah zu, wie wir Sachen in Zeitungspapier wickelten. Er wurde müde und entschuldigte sich, weil er sich vor Dienstbeginn noch ein wenig hinlegen wollte.

Halbherzig packte ich weiter. Meine Mutter, die wie immer ein gutes Gespür für meine Stimmungen bewies, versuchte, mich aufzuheitern.

»Das werden wir heute abend alles noch schaffen. Na, ist das nicht eine Riesenaufgabe? Aber es wird viel, viel besser werden ohne Judy. Ich bin ganz sicher, mein Schatz.«

»Oh ja, das denke ich auch. Das Dumme ist, daß wir doch eben erst alles ausgepackt haben, und jetzt müssen wir schon wieder einpacken! Ich fühle mich wie ein Steppenläufer.«

»Wie sieht denn eure neue Wohnung aus?«

»Sie ist klein und liegt gegenüber von einem Park in einem netten Wohngebiet.«

Wir packten eine Weile, und im Zimmer wurde es warm und staubig. Ich öffnete eine Dose Bier. Meine Mutter sah sich in der Wohnung um. »Was gibt es noch einzupacken?« fragte sie.

»Im Gästezimmer sind noch Sachen. Das meiste Zeug gehört Fred, ungefähr vierhundert Socken, achtundneunzig T-Shirts und ähnliches. Es ist einfach unglaublich, wie man so viel Zeug anhäufen kann! Ich würde dir die ehrenvolle Aufgabe übertragen, dort zu packen, während ich hier weitermache, einverstanden?«

»Natürlich.«

»Gott sei Dank habe ich meine Trainingsbank und meine ganzen Gewichte nicht hierher gebracht. Ich wollte sie nämlich schon im Gästezimmer aufstellen, um wieder regelmäßig zu trainieren. Da hätten wir jetzt beim Umzug viel zu schleppen.«

»Du kannst sie doch in unserem Keller aufbauen. Wir haben genug Platz dafür. Und wenn du trainieren möchtest, kommst du einfach bei uns vorbei«, schlug meine Mutter vor.

Als wir mit dem Packen fertig waren, weckte ich Fred, damit er pünktlich zum Dienst kam. Mein Vater holte meine Mutter ab. Ich umarmte meine Eltern und bedankte mich für ihre Hilfe.

Halb angezogen und noch etwas verschlafen, kam Fred aus dem Schlafzimmer.

»Es wundert mich, daß ihr das alles an einem Abend geschafft habt!« sagte er.

»Immerhin hast du vier Stunden geschlafen«, meinte ich.

Er sah auf seine Uhr. »Willst du heute abend noch mit Marylisa ausgehen?«

»Nein, ich glaube nicht. Ich bin zu müde und schmutzig vom Packen. Außerdem muß ich morgen früh arbeiten.«

»Hast du Marylisa angerufen?« wollte Fred wissen.

»Ja. Ich habe es schon bei ihr zu Hause probiert, aber ihre Mitbewohnerin sagte mir, sie wollte nach der Arbeit gleich zu Jeff gehen, und seine Nummer kenne ich nicht. Sie muß unsere Verabredung vergessen haben. Aber das macht nichts.«

Fred zog sich weiter an, band seine Krawatte um, und ich begleitete ihn zur Tür. »Bist du heute im südlichen Bezirk auf Streife?«

»Wahrscheinlich«, antwortete er. »Wir kommen später noch auf einen Kaffee vorbei, wenn nicht zuviel los ist. Andernfalls rufe ich dich an. Ich befürchte immer noch, daß Judy und Tom dir einen Besuch abstatten, wenn ich aus dem Haus gegangen bin.«

Manchmal fuhr Fred nachts an unserer Wohnung vorbei, wenn er in der Gegend war, um nachzusehen, ob noch Licht brannte. Bis ich schlafen ging, hielt ich immer eine Kanne Kaffee warm.

Ich legte eine Jazzplatte auf und machte mich für eine Dusche fertig. Ich war ein wenig enttäuscht, weil ich Marylisa nicht erreichen konnte, denn wir hatten geplant, uns eine besondere Show im Tropicana Club anzusehen.

Oh Marylisa, warum hast du mich nicht angerufen? In dieser
Nacht, gerade in dieser Nacht, hätte ich ausgehen müssen. Ich
hätte auf eine Party gehen sollen, um das leichte Leben zu ge-
nießen, und lange mit Freunden zusammen feiern sollen. Man
hätte mich in einer Bar sehen sollen, in vielen Bars, wie ich dort
ausgelassen lachte, tanzte oder sonst etwas tat. Aber wie hätte
ich wissen können, daß ich ein Alibi brauchen würde? Statt des-
sen hörte ich mir in Ruhe ein wenig Jazzmusik an und ging ins
Bett.
In dieser Nacht dachte irgend jemand irgendwo an Mord.

•

Ich war gerade aus der Dusche gestiegen und dabei, mir die
Zähne zu putzen, als das Telefon klingelte. Es war Fred.
Während ich die Musik abstellte, bat ich ihn, mich später
noch einmal anzurufen, weil ich mich nach dem Duschen
noch nicht abgetrocknet hatte und mein Mund außerdem
voller Zahnpasta war.
Er rief mich nach dem Appell wieder an. Wir unterhielten uns
ein paar Minuten, aber dann kam sein Leutnant, und er mußte das Gespräch abrupt beenden.
Im schummrigen Licht unserer kleinen Nachttischlampe las
ich noch einige Seiten in einem Roman. Meine Augen wurden
schwer. Wieder klingelte das Telefon, und wieder war es Fred.
Ein Gedanke schoß mir durch den Kopf: rief er so oft an, weil
er um mich besorgt war oder weil er mich kontrollieren wollte? Ich knipste das Licht aus und schlief ein.
Sehr viel später hörte ich das Telefon erneut läuten. Ich hatte
keine Ahnung, wie spät es war. Vom Bett aus griff ich schlaf-
trunken nach dem Hörer.
»Hallo?« Ich hatte meine Stimme noch nicht ganz unter Kontrolle. Die Stimme am anderen Ende der Leitung erschien mir
wie im Traum. Ich hielt den Hörer fester und kam langsam zu
mir.
»Laurie! Bist du wach?« Ich erkannte Fred. Ich nickte und

vergaß dabei, daß er mich ja nicht sehen konnte. Er klang so ungewohnt, daß es mich ein wenig beunruhigte.

»Bist du wach? Wach auf!«

»Was ist denn los?« murmelte ich und setzte mich im Bett auf.

»Laurie, Chris ist erschossen worden. Sie ist tot. Ich werde jetzt zum Haus fahren und nachsehen, ob die Kinder in Ordnung sind. Bist du okay?«

»Natürlich.« Aber ich hatte nicht begriffen, was ich da gehört hatte. Ich legte auf, drehte mich um und schlief wieder ein. Ich verstand nicht, was da gerade geschehen war, und dachte, ich hätte es geträumt. Abermals weckte mich das Klingeln des Telefons. Plötzlich erinnerte ich mich an den vorangegangenen Anruf und sprang aus dem Bett.

»Laurie?«

»Ich bin jetzt wach, Freddy, habe ich geträumt, oder ...?«

»Nein. Chris ist tot. Jemand ist in das Haus eingestiegen, zwei Kerle, aber wir sind nicht ganz sicher. Möglicherweise Einbruch. Da war ein Kerl – Sean hat einen Typen gesehen.«

»Mein Gott.«

»Den Kindern geht es gut. Sie sind hier nebenan bei den Nachbarn. Billy holt sie ab, wenn die Polizei sich mit ihnen unterhalten hat.«

»Gott, ich – ich weiß nicht, was ich sagen soll.«

»Die Stereoanlage und die Geldkassette standen nicht an ihrem Platz. Wir glauben, daß die Kerle dabei waren, die Sachen zu stehlen. Wir wissen es aber nicht genau. Vielleicht versuchte Chris, sich zu wehren.« Fred redete schnell, aber emotionslos. »Kommst du nach Hause? Was kann ich tun? Soll ich deine Eltern anrufen?«

»Steh einfach auf und koch etwas Kaffee. Ich komme mit meinem Kollegen vorbei.«

»In Ordnung.« Ich legte auf und warf mir eilig meinen Bademantel über. Eine Sekunde lang spielte ich mit dem Gedanken, das Ganze könnte ein Scherz gewesen sein, aber ich verwarf ihn sofort wieder. Über so etwas würde Fred keine Witze machen. Nur, es war schwer, die Geschichte zu glauben...

Ich stolperte die Treppe zur unteren Etage der Wohnung hinunter und kniff die Augen zusammen, als ich unten das Licht anknipste. Ich griff nach der Kaffeekanne, doch plötzlich fiel mir ein, daß ja schon alles in Umzugskisten verpackt war. Ich hatte keine Ahnung, in welchem Karton sich die Kanne befand.

Ich ließ mich auf eine Kiste neben dem Tisch fallen und versuchte, einen klaren Gedanken zu fassen. Alles schien so unwirklich. Es machte keinen Sinn. Was sollte ich am Morgen tun? Mich auf der Arbeit krankmelden? Wie sollte ich Kaffee kochen, wenn schon alles eingepackt war? Ich wünschte, Fred wäre nach Hause gekommen und hätte mir gesagt, daß er sich geirrt hatte, daß Chris wohl verletzt, aber nicht tot war. Nicht tot.

Nicht... ermordet.

Was sollte ich jetzt mit den beiden Kindern anfangen? Was war mit unserem Umzug? In meinem Kopf drehte sich alles. Es war so kompliziert. Ich wollte weinen. Was für ein Alptraum! Aus einer offenen Kiste, die neben dem Tisch stand, holte ich eine Flasche Brandy heraus, nahm einen Schluck und verzog das Gesicht.

Ich starrte aus dem Fenster – eine Ewigkeit wie mir schien – und sprang bei jedem Scheinwerferlicht auf, das sich dem Haus näherte, weil ich dachte, es wären Fred und sein Kollege. Ich rief meine Eltern an. Ich hoffte, daß Fred sie bereits benachrichtigt hatte und daß sie wüßten, wann er nach Hause kommen würde. Fred hatte zwar schon mit ihnen gesprochen, aber nicht erwähnt, woher er anrief. Mein Vater fragte, ob ich nicht bei ihm und Mutter auf Fred warten wollte, aber ich beschloß, besser in der Wohnung zu bleiben.

Langsam ging die Sonne auf. Es war etwa vier Uhr morgens, als es unten an der Tür läutete. Ich lief auf den Balkon in der zweiten Etage und hoffte, Fred zu sehen, aber beim Hinuntersehen erkannte ich zwei Polizisten.

»Können wir hereinkommen? Wir haben ein paar Fragen an Sie.«

Ich lief die Treppe zum Haupteingang hinunter, um die Tür zu öffnen. Sie folgten mir nach oben und stellten sich als Detective Abram und Detective Templin vor.

Wir setzten uns an den Küchentisch in der unteren Etage. Sie erklärten mir, daß sie mich ungern störten und daß es reine Routine sei. Einer zündete sich eine Zigarre an.

»Ich helfe Ihnen gerne, wenn ich kann«, sagte ich.

Sie fragten mich nach Stu Honeck und ob Fred auf die Beziehung zwischen ihm und Chris eifersüchtig war. Ich erzählte ihnen von dem seltsamen Anruf und erklärte, daß es nach Stus Stimme geklungen hatte. Das Telefon unterbrach uns einige Male, und ich mußte die Küche verlassen, um an den Apparat zu gehen. Meine Mutter rief mich zurück, und Freds Mutter rief an, um zu fragen, ob ihr Sohn zu Hause sei.

Schließlich fragte ich die Detectives, ob sie wußten, wodurch Fred aufgehalten wurde. »Er hat mich vor einiger Zeit angerufen und gesagt, er käme gleich nach Hause. Das ist über eine Stunde her, glaube ich.«

»Vermutlich unterhält er sich noch mit den Beamten am Tatort.« Über Funk erhielten sie eine Nachricht.

»Negativ«, antwortete der eine Detective. »Wir sind auf 10–6, immer noch bei 10–20.« Das bedeutete, daß sie nach wie vor in meiner Wohnung beschäftigt waren. Ich bekam das Gefühl, daß die beiden mir auswichen, und fragte mich, ob Fred vielleicht in Schwierigkeiten steckte.

Dann klingelte das Telefon. Es war Freddy. »Irgend etwas ist hier sonderbar«, sagte er. »Die versuchen, mich am Tatort aufzuhalten. Ist jemand bei dir?«

»Ja.«

»Stellen sie Fragen über mich?«

»Ja.«

»Mach' dir keine Sorgen, ich bin bald zu Hause.«

Ich ging nach unten in die Küche zurück. Durch die Fenster schien ein verschwommenes, graues Licht. Die beiden Polizisten standen auf.

»Eine Frage noch. Haben Sie während Ihres Polizeidienstes neben Ihrer Dienstwaffe noch eine andere erworben?«

»Nein, ich besaß lediglich meine Dienstwaffe.«

»Haben Sie nach Ihrer Tätigkeit bei der Polizei eine Waffe gekauft?«

Ich schüttelte den Kopf, nein.

Warum fragten sie mich nach Waffen?

»Also gut«, sagte einer der beiden, »das wäre vorläufig alles.« Dann setzte er ein süßliches Lächeln auf und stellte mir eine noch seltsamere Frage. »Da fällt mir noch etwas ein: Sie besitzen nicht zufällig einen grünen Jogginganzug?«

»Ich habe einen Trainingsanzug. Ich arbeite in einem Fitness-Club«, antwortete ich irritiert. »Genauer gesagt zwei Trainingsanzüge. Einen grauen und einen roten.«

»Würden Sie sie uns zeigen?«

»Sicher, es könnte aber sein, daß sie schon verpackt sind. Lassen Sie mich eben im Flurschrank nachsehen«, sagte ich, als ich sie nach oben führte. »Ich sollte eigentlich heute arbeiten. Einer müßte also hier sein. Da ist er!« Ich hielt den roten Anzug hoch, damit sie ihn sehen konnten.

»Schön. Wir sollten Sie danach fragen; Routine – Sie kennen das ja. Vielen Dank nochmal.«

Sie sollten mich nach Jogginganzügen fragen? Warum? Nachdem ich sie hinausbegleitet hatte, ging ich in die Küche zurück, um auf Fred zu warten. Eine weitere halbe Stunde verging. Ich war unruhig und auch ein wenig verärgert. Ich mußte dringend mit jemandem reden, also rief ich ein paar Leute an, damit die Zeit schneller verging. Ich erzählte meiner Freundin Joanne, was geschehen war. Da es ein Ferngespräch war und ich die Leitung nicht allzu lange blockieren wollte, beendete ich das Telefonat ziemlich rasch.

Als ich ein Geräusch hörte, lief ich schnell zum Fenster. Ich konnte niemanden sehen. Ich setzte mich wieder hin. Es war schrecklich. Wenn jemand bei Christine einbrechen und sie töten konnte, könnte ebenso leicht jemand in unsere Wohnung eindringen. Unerklärliche Angst überkam mich. Ich dachte an all die Drohanrufe, die ich erhalten hatte.

Wo war Fred?

Ich ging zum Telefon. Wen könnte ich sonst noch anrufen? Judy. Sie war es gewohnt, zu jeder beliebigen Tages- und Nachtzeit zu telefonieren. Von Judys Mutter hatte ich Toms Telefonnummer erfahren. Judy war alleine in der Wohnung.

»Erst fliegt Tom auf, und jetzt das! Was passiert da mit uns?« fragte sie. »Jetzt hast du zwei Kinder, um die du dich kümmern mußt.«

Endlich hörte ich ein Auto, und wenig später klingelte es unten an der Tür. Ich lief die Treppe hinunter, um zu öffnen.

»Laurie, das ist mein Kollege Durfee«, sagte Fred lächelnd. Er schien überhaupt nicht aufgeregt zu sein. Es wirkte eher so, als betrachtete er den Mord an seiner Ex-Frau wie jeden anderen Mordfall.

Fast stolperte ich über den Saum meines Bademantels, als ich die beiden Treppenabsätze zu unserer Wohnung voranlief. In der Annahme, die beiden würden mir folgen, ging ich in die Küche. Als ich mich aber umdrehte, sah ich, daß sie durch die Diele direkt zu den Schlafzimmern gegangen waren. Ich dachte, Fred würde Durfee das Badezimmer zeigen, aber sie standen in der Tür zu unserem Schlafzimmer. Beide kehrten mir den Rücken zu.

Durfee hielt Freds privaten Revolver in der Hand, dessen Trommel geöffnet war; er untersuchte die Patronen und ließ sie in seine Hand gleiten. Dann roch er an der Waffe. »Nee«, meinte er, »aus diesem Revolver wurde nicht geschossen.

Fred, warum machst du das Ding nicht ab und zu mal sauber?«

»Ja, ja«, sagte Fred. Er drehte sich zu mir um.

»Ich wollte nur eben den Revolver überprüfen, damit wir es in unserem Bericht erwähnen können. So vermeiden wir weitere Fragen. Zieh dich bitte an, wir müssen in die Stadt fahren, um die Leiche zu identifizieren.«

»Jetzt gleich?« fragte ich.

»Ja.«

»Außerdem, Fritz«, sagte Durfee zu Fred, »gehen wir davon aus, daß der Kerl ein fünfundvierziger Kaliber benutzt hat.«

Ich suchte mir ein paar Kleidungsstücke zusammen und ging ins Badezimmer, um mich umzuziehen. Noch immer verblüffte mich Freds Gelassenheit. Es war ziemlich dumm von ihm, Durfee einfach seinen Revolver untersuchen zu lassen. Oder etwa nicht?

Wir stiegen in den Streifenwagen und fuhren stadteinwärts, da Freds Auto noch am Verwaltungsgebäude der Polizei stand. Draußen war es kühl, und ich fror in meinem leichten Baumwollhemd. Durfee plauderte mit mir über die Abteilung; er schien ein netter Kerl zu sein.

Als wir im Leichenschauhaus ankamen, ließ man uns mit der Leiche allein. Fred ging auf den blanken Tisch aus rostfreiem Stahl zu. Es war furchtbar. Christine trug einen Slip und ein T-Shirt mit einem Adidas-Logo. Ihre leblosen Hände mußten zusammengebunden worden sein, aber jemand hatte sie wieder losgebunden, und jetzt hingen noch lange Schnüre locker um ihre Handgelenke. Um den Hals war ein blauer Schal geschlungen; ein Gag, wie Fred erklärte. Sie war etwa einen Meter siebzig groß und vielleicht hundertfünfundvierzig Pfund schwer.

Fred drehte ihren Körper auf die Seite, um sich die Schußwunde in ihrem Rücken anzusehen. Sie war riesig. Ich fragte mich, ob sie sexuell mißbraucht worden war, weil man ihre Beine nicht zusammengebunden hatte, sagte jedoch nichts.

Fred winkte mich näher heran.

»Sieh dir das an, diese strahlenförmige Ausdehnung. Kannst du den Mündungsabdruck auf ihrer Haut erkennen? Die Waffe wurde ihr direkt auf den Körper gehalten.«

Ich lehnte mich über die Leiche, um zu sehen, was Fred meinte. Einige Dinge, die ich auf der Polizeischule gelernt hatte, fielen mir wieder ein. Ich erinnerte mich, daß sich die gesamte Körperflüssigkeit nach dem Tod in den unteren Körperpartien ansammelte, so daß die Haut dort aussah, als hätte sie Quetschungen.

Ich war wie betäubt. Und ich war erschöpft. Das hier war Christine! Das war sie gewesen!

Wir gingen die Treppe hoch. Während Fred sich mit dem Leichenbeschauer unterhielt, wartete ich mit Durfee in einem kleinen Büro. Durfee schrieb etwas auf einen Block. Ich blätterte in einer Zeitung, die auf dem Tisch lag, und hörte zu, wie Fred Fragen über Christine beantwortete.

»Wie würden Sie ihre physische Verfassung beschreiben?«

»Sehr athletisch!« antwortete Fred spontan. »Oh ja, sehr athletisch. Im College war sie in der Schwimm-Mannschaft. Sehr sportlich.«

Wie ein Echo hallten seine Worte in meinem Kopf, denn sie widersprachen genau dem, was er mir oft erzählt hatte. Sehr athletisch? Einmal sagte er, daß er sie nicht einmal zum gemeinsamen Joggen überreden konnte. Er sagte, Chris wäre faul, fett und unmotiviert. Jetzt erzählte er dem Leichenbeschauer das Gegenteil. Gleich darauf hörte ich ihn sagen: »In Haus und Garten lief sie oft nur in Slip und T-Shirt herum.«

Wir gingen in die Cafeteria. Fred bat mich, dort auf ihn zu warten, bis er seine Karte durch die Stechuhr gezogen und seinem Chef kurz Bericht erstattet hatte. Durfee ließ ihn wissen, daß einer der Inspektoren ihn sehen wollte. Bevor er mit

Durfee wegging, öffnete Fred seinen Aktenkoffer, um sein Notizbuch hineinzulegen. Ich sah, daß sein Revolver darin lag, obwohl er nach wie vor auch seine Dienstwaffe trug.

Ich saß an einem Tisch und schaute aus dem Fenster, während ich an meinem dünnen Kaffee aus einem der Automaten nippte. Ich wußte, daß das Büro des Polizeichefs auf der gleichen Etage lag, in die Fred nun gebeten worden war, und erinnerte mich daran, daß ich dort mit meinem Gewerkschaftsanwalt gewartet hatte.

Um im Fitness-Club anzurufen, war es noch zu früh, und so blätterte ich in einer Zeitschrift, die ich mir aus einem der Ständer neben der Kasse geholt hatte. Ich entdeckte mein Horoskop: »Der Juni wird für Löwen ein großartiger Monat! Eine Neuigkeit erwartet Sie; die Finanzen stehen gut.«

•

Eine Neuigkeit also! Sollte es diese gewesen sein? Der Juni 1981 war der Beginn von etwas Neuem, nun gut. Der Beginn einer Serie von Ereignissen, die meine bisherigen Probleme wie Balsam für die Seele erscheinen ließen. Der Anfang vom Ende – für mich.

So etwa dachte ich viele Jahre lang darüber.

10

DAS HAUS IN DER RAMSEY STREET

Nachdem wir einen Tag mit Freds Eltern verbracht hatten, nahmen wir Sean und Shannon mit in unsere Wohnung, in der nach wie vor sämtliche Kisten herumstanden. Es überraschte mich, daß es den Jungen offenbar sehr gut ging. Von dem Mord redeten sie, als wäre er nichts weiter als ein Räuber- und Gendarmspiel im Fernsehen.

In den Abendnachrichten wurde eine Beschreibung des von der Polizei gesuchten Verdächtigen gesendet. Kanal 4 berichtete, daß Sean seinen Angreifer der Polizei als einen Mann mit weißer Hautfarbe und einem fünfzehn bis zwanzig Zentimeter langen Pferdeschwanz beschrieben hatte. Der Mann war etwa einen Meter siebenundsiebzig bis einen Meter zweiundachtzig groß und trug einen grünen Jogginganzug.

»Aber es war kein grüner Jogginganzug«, protestierte Sean. »Es war eine grüne Armeejacke ohne Tarnflecken.«

»Manchmal werden Dinge in den Nachrichten etwas verdreht«, erklärte Fred seinem Sohn.

Bei den Polizeidienststellen in der Stadt gingen zahlreiche Hinweise ein. Einige Leute behaupteten, in der Gegend häufig einen Jogger gesehen zu haben. Andere riefen an und sagten, daß in der Nachbarschaft ein Aushilfspostbote arbeitete, auf den diese Beschreibung zutraf.

»Dad?« fing Sean zögernd an. »Wir haben alle dagestanden, als es passiert war – die Polizisten und Stu... na ja, Stu hat gesagt: ›Ich wette, Freddy hat's getan!‹ Aber ich weiß, daß du es nicht getan hast, Daddy!« Sean brach in Tränen aus.

Ich sah Fred an, der Sean jetzt in seinen Armen hielt, und er

erwiderte meinen wütenden Blick. »Das war nicht richtig«, flüsterte ich, »so etwas zu sagen, in Gegenwart eines Kindes.«
Später an diesem Tag wühlte Fred wie wild in den Kisten herum, die im Gästezimmer standen. Es ärgerte mich, daß er das Zimmer in ein Chaos verwandelte, und deshalb fragte ich ihn: »Was tust du da?«
»Ich suche mein ledernes Schmuckkästchen. Wo ist es?«
»Keine Ahnung«, antwortete ich. »Meine Mutter hat in diesem Zimmer alle deine Sachen gepackt. Warum suchst du es? Du machst nur Unordnung.«
»Es muß hier sein.« Fred ließ nicht locker.
»Warum brauchst du dein Schmuckkästchen denn so dringend?«
»Es liegt ein Schlüsselbund darin, und einer der Schlüssel gehört zum Haus in der Ramsey Street. Eigentlich sollte ich überhaupt keinen Schlüssel für das Haus haben – Christine wollte das nicht. Aber einmal, als ich Sean abholte, habe ich mir von seinem Schlüssel einen Nachschlüssel machen lassen. Einer davon ist in dem Schmuckkasten versteckt.«
»Einer?«
»Ja. Ein anderer hing am Schlüsselbund mit den Autoschlüsseln, aber den mußte ich der Polizei überlassen, damit sie noch einmal ins Haus gehen konnten, um nach Fingerabdrücken zu suchen.«
Freds lockere Erklärung, wie hinterhältig er gegen Christines Wunsch an die Hausschlüssel gekommen war, irritierte mich. Er riß eine weitere Kiste auf. »Da ist es ja! Jetzt müssen wir noch ein paar Sachen für die Kinder holen. Schlafanzüge und Zahnbürsten. Komm, wir gehen.«
Während Fred und ich zum Haus hinübergingen, aßen die Kinder bei meinen Eltern zu Abend. Ich hielt es nicht für sinnvoll, die Kinder dorthin mitzunehmen, weil es ihnen schaden könnte. Als wir die Tür öffneten, erschlug mich fast der penetrante Gestank von Hundepisse.

155

»Meine Güte!« rief Fred aus. »Das stinkt vielleicht! Dabei ist der Hund schon seit fast vier Monaten weg. Sie hätte mal Teppichreiniger benutzen sollen. Ich habe mich so geschämt, als die Polizei hier war. Ein nagelneues Haus und schon ein regelrechter Schweinestall!«

Ich starrte Fred an, überrascht von seiner Feindseligkeit und schockiert darüber, daß er nicht toleranter war, besonders jetzt, wo Chris nicht mehr da war, um sich oder das Haus zu verteidigen. Wir gingen die Treppe hinauf.

Beim Anblick des Kinderzimmers fing Fred wieder an. »In diesem Zimmer herrscht so ein Chaos, daß die Beamten den Verdacht äußerten, hier hätte ein Kampf stattgefunden. Aber Sean sagte ihnen, daß es hier immer so aussieht!«

Wir stiegen über Berge von Spielzeug und Puzzle-Teilchen, über Pinsel, schmutzige Unterwäsche und Spielzeugautos. Ich packte einige Kleidungsstücke in eine Papiertüte. Fred wanderte wie ein kranker Tiger auf und ab, und ich nahm an, daß er entweder irgendwelchen Erinnerungen nachhing oder immer noch über den Zustand des Hauses verärgert war.

»Als ich noch hier wohnte, durften die Jungen nicht wie die Schweine hausen! Kinder brauchen Disziplin!« Fred ging aus dem Zimmer wie ein wütender Vermieter, ließ die Hand über die Tür gleiten und suchte nach möglichen Schäden an Wänden und Möbeln.

Ich folgte ihm in ein anderes Zimmer.

»Aus irgendeinem Grund steht die Geldkassette mitten im Raum«, kommentierte er. »Aber es sind nur Papiere und Dokumente drin. Die Stereoanlage stand auch nicht an ihrem Platz, aber ich weiß wirklich nicht, ob das etwas zu bedeuten hat.«

»Einbrecher?«

»Es war nichts aufgebrochen. Eine Möglichkeit wäre die Verandatür, aber wer weiß das schon? Ein Kripobeamter hat die hintere Tür mit einem Messer geöffnet, um zu prüfen, ob das möglich war. Wie ich Chris kenne, hat sie wahrscheinlich die verdammte Tür nicht mal abgeschlossen. Das zählte zu ihren schlechten Angewohnheiten.« Fred seufzte.

»Honeck sagt, als sie ihn nach Hause fuhr und er sie fragte, ob sie die Hintertür abgeschlossen hätte, hat sie dies mit der Begründung verneint, sie käme ja gleich zurück. Also war sie vielleicht lange genug offen, so daß jemand ins Haus gehen konnte.«

»Aber um wieviel Uhr war denn das?« fragte ich.

»Er behauptet gegen halb zehn abends.«

»Dann ergibt es keinen Sinn, weil sie erst viel später erschossen wurde.«

»Ja, das stimmt. Um zwei Uhr morgens. Es sei denn, Honeck hat bei der Uhrzeit, zu der Chris ihn weggebracht hat, nicht die Wahrheit gesagt.«

»Warum sollte er lügen?« fragte ich, als ich Freds Besorgnis über Honeck spürte.

»Nun ja«, meinte Fred, »könnte sein, daß sie an dem Abend etwas miteinander hatten. Nehmen wir an, sie sind in Honecks Wohnung gegangen, nachdem Chris ihn dorthin gefahren hat. Vielleicht war es ja später, so gegen Mitternacht? Sie bleibt eine Stunde oder so bei ihm, kommt nach Hause, und da ist dann bereits jemand im Haus.«

»Aber du hast mir erzählt, daß Stu die vorangegangene Nacht bei Chris verbracht hatte, also warum sollten sich die beiden die Mühe machen, sich in Stus Wohnung zu verkriechen?«

»Das war, bevor ich Stu angeschwärzt habe«, erklärte Fred. »Wenn die von der Abteilung Chris' Haus beobachteten, dann werden Stu und Chris es vorgezogen haben wegzugehen.«

»Ich dachte, Stu müßte abends arbeiten«, warf ich ein und dachte an die zweite Schicht.

»Stimmt, aber in der Nacht hatte er frei, oder sein Dienst hatte sich verschoben.« Fred ging ins Badezimmer, um die Zahnbürsten der Kinder zu holen. Bedächtig folgte ich ihm; ich mochte das Gefühl nicht, in den Schubladen und Schränken fremder Leute zu stöbern.

»Warum sollte Stu die Unwahrheit über die Zeit sagen, als Chris ihn nach Hause brachte?« fragte ich erneut.

»Um in der Abteilung besser dazustehen; sonst bekäme er vielleicht Ärger wegen seines Verhältnisses mit Chris. Wenn um halb zehn Zapfenstreich gewesen wäre, könnte Honeck doch wohl nicht unschuldiger sein, oder? Es sei denn, er hatte keine Ahnung, wie spät es wirklich war an dem Abend. Aber am meisten regt es mich auf, daß sie meine Kinder alleine im Haus gelassen hat. Auch wenn es noch früh am Abend war.«

»Warum hat Chris ihn überhaupt nach Hause gefahren? Er wohnt doch gerade um die Ecke. Ist es nicht viel umständlicher, den Wagen aus der Einfahrt zu holen und dann wieder einzuparken – ich würde jedenfalls zu Fuß gehen, und du?«

»Wer weiß.«

Ich starrte auf ein Päckchen mit aufgetrennter, in Falten herabfallender Gaze in einem geöffneten Schränkchen. Dies waren die Überreste von Seans Versuch, Erste Hilfe zu leisten, als seine Mutter blutend auf ihrem Bett lag. Er hatte versucht, Gaze auf die Wunde zu pressen, bevor er Hilfe rief. Aber Chris war so schnell gestorben, daß seine Bemühungen aussichtslos waren. Warum hatte die Polizei das nicht weggenommen?

Fred schob den Duschvorhang zurück und sah ungläubig auf die Badewanne.

»Siehst du jetzt, warum ich mit dieser Frau nicht zusammenleben konnte? Ich habe hier eine perfekte Wäscherutsche in den Schrank eingebaut, die direkt nach unten zum Waschraum führt. Aber nein! Sie hatte diese ekelhafte Angewohnheit, die Badewanne mit schmutziger Wäsche vollzustopfen! Um das zu kaschieren, zog sie einfach den Vorhang zu.«

Er brach ab und faßte die Sachen in der Wanne an.

»Was ist denn?«

»Sie sind nicht naß.«

»Ja und?«

»Ja und – das ergibt keinen Sinn. Kannst du dich daran erinnern, was Stu und Chris tagsüber gemacht haben?«

»Nein.«

»Sie haben im Garten gearbeitet.« Fred zeigte aus dem Fenster. »Siehst du das? Stu hat extra seine Gartenmaschine mitgebracht, um den Boden aufzulockern, und sie haben Eisenbahnschwellen als Verandastufen eingesetzt.«

»Und was bedeutet das?« fragte ich, weil ich Freds Rätsel überdrüssig war.

»Du warst doch mit mir im Leichenschauhaus. Chris war völlig sauber. Ihr Haar war frisch gewaschen. Sie sah nicht danach aus, als ob sie den ganzen Nachmittag im Garten gearbeitet hätte. Als ich Stu traf, war auch er topfrisch. Irgendwo haben die beiden geduscht, aber hier sicher nicht. Verstehst du nicht?! Hätte Chris hier geduscht, würden die Sachen nicht in der Badewanne, sondern auf dem Boden liegen. Sie hätte sie nicht in die nasse Badewanne zurückgelegt. Ich wette, sie hat sich eine ganze Weile in Honecks Haus aufgehalten, um zu duschen – und für eine Runde im Heu, und er verschweigt das.«

»Was ist, wenn sie bei der Autopsie keine Samenspuren finden?« fragte ich. »Ich glaube nicht, daß du daraus bestimmte Schlüsse ziehen kannst. Es mag einige Schwachstellen an Honecks Geschichte geben, aber das schreit noch nicht gleich nach Mord. Außerdem wohnt Orval Zellmer direkt gegenüber von Honeck. Und der ist der King der Abteilung Interne Angelegenheiten. Wenn Honeck unter dem Verdacht stand, ein Verhältnis mit Chris zu haben, dann bezweifle ich, daß sie sein Haus betrat.«

»Als ich noch bei Stu wohnte, bist du ja einige Male dort gewesen. Zellmer kann nicht sagen, wer kommt oder geht. Es wohnen zu viele Leute dort. Aber ich schwör' dir, die Internen hatten einen Wagen für Chris' Haus abgestellt. Ich weiß bloß nicht, zu welcher Zeit.« Fred blieb bei seiner Theorie.

»Sie müssen geschlafen haben, wenn sie in der Nacht niemanden in das Haus gehen sahen!«

Ich begleitete ihn in die Küche hinunter. Er öffnete einen Schrank, dessen Türen laut quietschten.

»Jetzt weiß ich, wo das ganze Geld geblieben ist«, fauchte er und setzte seinen makabren Nachruf fort. »Das mußt du dir mal vorstellen! Das Luder erzählt mir, nicht genug zu essen für die Kinder zu haben. Und hier steht mehr Schnaps als in der Kneipe um die Ecke. Verdammt noch mal!« Er knallte die Tür zu. Ungläubig verfolgte ich, wie er herumwirbelte, um den Kühlschrank zu öffnen. »Nicht genug zu essen!« wiederholte er mit hochrotem Gesicht.

Chris' kleine Velourlederhandtasche lag offen auf der Arbeitsfläche. Fred hob sie hoch und stellte fest, daß ihr Konto einen Betrag von dreitausend Dollar aufwies. In einem braunen Umschlag befanden sich außerdem einige noch nicht eingelöste Schecks. In ihrer Lederbörse waren sechzig Dollar.

»Kannst du dir vorstellen, daß sie in dieser Tasche mehr Geld hat als ich auf der Bank?« fragte Fred. Er wühlte weiter in der Tasche herum und zog eine Packung Anti-Babypillen heraus. »Sieh dir das an!« brüllte er, während er damit hin und her wedelte.

»Hör auf herumzuschnüffeln!« sagte ich schließlich. »Und laß uns jetzt gehen. Du regst dich hier nur künstlich auf. Wenn ich es nicht besser wüßte, würde ich sagen, daß du regelrecht eifersüchtig bist. Mein Gott, Fred, sie ist tot!«

Er ignorierte mich und studierte Christines Küchenkalender. Ich stand auf und ging aus dem Haus. Fred holte mich ein; er zeigte mir ein paar Drähte, die parallel zum Dach verliefen. »Das war einmal eine hervorragende Alarmanlage. Aber kurz nachdem Chris mich vor die Tür gesetzt hat, wurde eines der Schaltsysteme durch das elektrische Garagentor gestört, und die ganze Anlage brach zusammen. Warum hat sie sie nicht reparieren lassen? Es hätte ihr das Leben retten können. Warum? Warum? Warum hat sie bloß die Dogge verkauft? Auch der Hund hätte sie retten können! Alles wegen ein paar lumpiger Scheine. Ich denke, ich gebe der Polizei die Tasche. Vielleicht können durch ihr Notizbuch noch Zeugen gefunden werden.«

An den folgenden Tagen sprachen wir mit unseren alten Vermietern. Das neue Apartment gegenüber vom Park war jetzt, wo wir zwei Kinder hatten, zu klein für uns. Sie gewährten uns eine zweiwöchige Verlängerungsfrist für die Wohnung; wenigstens eine kleine Hilfe, denn dort bleiben konnten wir auf Dauer auch nicht, weil Kinder in dem Haus unerwünscht waren.

Christines Eltern, Alice und Earl Pennings, bestanden darauf, daß die Beerdigung in Appleton stattfinden sollte, wo Christine aufgewachsen war.

Bei der Beerdigung fühlte ich mich miserabel und völlig fehl am Platze. Fred ignorierte mich; er stellte mich auch niemandem der Trauergäste vor. Er stand ständig von seinem Klappstuhl auf, der neben meinem stand, schüttelte Verwandten die Hand, wobei er sich vor mir aufbaute und mich seinen verlängerten Rücken betrachten ließ. Als einzige trug ich Schwarz. Ich fragte mich, ob man diese Tradition nicht mehr pflegte. Kathy kam mit John in einem orangefarbenen, ärmellosen Kleid und einem weißen Mantel. Während sie sich an ihren Mann lehnte, weinte sie unaufhörlich. Christines Mutter Alice bemühte sich freundlich, Kathy zu trösten und sagte: »Ist schon gut. Wir müssen jetzt stark sein.«

In der Haupthalle der Kapelle lag ein riesiger Strauß pinkfarbener Rosen, so groß wie ein Busch. Alle anderen Kondolenzsträuße verblaßten dagegen, und wir fragten uns, von wem er wohl käme. Als wir nahe genug herangingen, um die Karte lesen zu können, staunten wir. »Für meine Chris, in Liebe – Stu.«

»Das müssen mehr als zweihundert Rosen sein!« bemerkte ich. »Und es hat bestimmt ein Vermögen gekostet.«

»Honeck treibt sein Spielchen wirklich bis zum Äußersten«, flüsterte Fred mir zu. »Für meine Chris! Schluck. Mir scheint, er trauert etwas zu viel!«

»Du auch, Fred«, dachte ich.

Das Sargfutter hatte dieselbe Farbe wie die Rosen, was ich besonders ergreifend fand. Fred und ich knieten nieder und schwiegen respektvoll. Beide bemerkten wir gleichzeitig einen Ehering, der an Chris' Finger funkelte. Als wir zu unseren Plätzen zurückgegangen waren, beugte sich Fred zu mir herüber. »Du hast ihn auch gesehen, ja? Diesen Ring trug sie nicht, als wir im Leichenschauhaus waren. Da hatte sie nur einen kleinen Ring mit pinkfarbenen Steinchen um. Und dieser hier lag auch nicht in ihrem Schmuckkasten; da habe ich nämlich nachgesehen, um festzustellen, ob etwas daraus gestohlen worden ist. Ich weiß nicht, wie der Ring an ihren Finger gelangt ist, aber ich wette, es ist heute passiert. Chris hat mir nie erzählt, daß sie wieder geheiratet hat! Das wäre nämlich das erste gewesen, was sie mir an den Kopf geworfen hätte. Schon allein deshalb, weil ich wieder verheiratet bin!«

Fred machte eine Pause und sah sich in der schwach beleuchteten Halle um. »Komm, wir suchen Stu und hören, was er dazu zu sagen hat.«

Als wir Honeck fanden, erzählte er uns gleich von zwei Detectives, die ihn zu Hause besucht hatten. Man hatte ihm gesagt, daß sich die Polizei dafür interessierte, ob er sexuelle Kontakte zu Chris unterhielt. Ich hatte genug gehört und ging nach draußen.

Nachdem die Kinder auf dem Rücksitz eingeschlafen waren, erklärte mir Fred auf der Rückfahrt von Appleton, daß er Rechtsanwalt Kershek mit der Erledigung der notwendigen Formalitäten beauftragt hatte.

»Ist das nicht... war das nicht Christines Scheidungsanwalt?«

»Ja, aber heute habe ich mich mit ihm unterhalten. Er ist große Klasse.«

»Große Klasse?« dachte ich. Freds Launenhaftigkeit befremdete mich. Er hatte sich doch darüber beschwert, daß Kershek, der mit Christine verwandt war, ihre Interessen bei der Scheidung sehr viel nachdrücklicher als jeder andere Anwalt vertreten hatte. Und nun sagte Fred, der Mann wäre große Klasse.

Fred schlug vor, in das Haus in der Ramsey Street zu ziehen. Mir gefiel diese Idee nicht. Es war nicht nur der Ort, an dem ein Mord stattgefunden hatte, auch Freds ganze Erinnerungen an seine erste Ehe, inklusive der Hochzeitsgeschenke, der Babyfotos und an die ganze Arbeit, die er während der Tage, Monate und Jahre ihres Zusammenseins investiert hatte, hingen an diesem Haus. Selbst als ich versuchte, ihm meinen Standpunkt zu erklären, hörte Fred nicht auf, darüber zu reden. Schließlich schlug er vor, die Sache zu verschieben, bis wir uns geeinigt hätten. Eine Woche blieb uns noch in unserer alten Wohnung. Anschließend konnten wir zu meinen Eltern ziehen, solange sie sich an der Westküste aufhielten.

In der folgenden Woche kamen zwei Detectives in den Fitness-Club. Sie versuchten jeden, den sie mit dem Mordfall in Verbindung bringen konnten, zu einem Test mit einem Lügendetektor zu überreden – Fred, Judy Zess, Stu Honeck und mich. Zu unserer Entlastung, wie sie sagten.

Ein erster, spontaner Impuls hätte mich dem fast zustimmen lassen, da ich nichts zu verbergen hatte. Dann aber ließ mich irgend etwas auf ihren lächelnden Gesichtern noch einmal nachdenken. Ich wollte ihnen nicht die Möglichkeit geben, bei dem Anlaß Informationen zu bekommen, die sie bei meiner Diskriminierungsklage gegen mich verwenden konnten.

Ich sprach mit den Beamten über den Test und über meine jüngste Erfahrung mit einem ähnlichen Verfahren, dem ich mich im Rahmen einer Bewerbung für einen Sicherheitsjob unterziehen mußte. Die Ergebnisse waren verwirrend und unschlüssig gewesen, und das ließ mich zögern, einem weiteren Test mit weitaus ernsterem Hintergrund zuzustimmen. Schließlich sagte ich ihnen, daß ich sie nach Rücksprache mit einem Anwalt anrufen würde.

Ich rief Reilly an, Freds Anwalt. »Nein, absolut nicht! Ich würde abraten. Die Polizei kann die Ergebnisse falsch auslegen«, lautete sein Rat. »Sie sollten denen nicht vertrauen. Man kann Sie auch nicht zu einem Polygraph-Test zwingen.«

Fred war anderer Meinung. »Ich werde diesen blöden Test machen.«

»Das ist Unsinn«, entgegnete ich. »Reilly hat gesagt...«

»Ich muß ihn machen«, unterbrach er mich, »schon wegen der Kinder. Die Polizei hat versprochen, daß jeder, der dem Polygraph-Test zustimmt und ihn besteht, damit entlastet ist. Dann werden sie mich in Ruhe lassen.«

»Judy wird auch keinen machen«, sagte ich. »Wer weiß, was sie dir für Fragen stellen, wenn sie dich erst einmal auf diesem Stuhl sitzen haben! Du könntest deinen Job verlieren.«

Fred ließ sich nicht beirren. An dem Abend kam er erschöpft, entnervt und sehr blaß nach Hause. Der Test war mit einer Videokamera überwacht worden. Die Fragen, die er zu beantworten hatte, reichten teilweise bis in sein Teenageralter zurück. Er erzählte mir, daß er zugegeben hatte, im College in La Crosse Pot geraucht zu haben, und daß er bei einem Unfallbericht einmal gelogen hatte, als er behauptete, angeschnallt gewesen zu sein. Man hatte ihn detailliert über seine Charaktereigenschaften befragt – ob er Christine jemals körperlich mißhandelt und ob er im Dienst jemals exzessive Gewalt angewendet hatte.

»Ich habe zugegeben, daß ich Christine geschlagen habe – einmal«.

Am nächsten Tag setzte ich Sean und Shannon auf dem Weg zur Arbeit bei meiner Mutter ab. Am Nachmittag holte ich die Jungen dort wieder ab und war froh, meine Mutter in so guter Stimmung anzutreffen. Sie liebte Kinder sehr.

»Wie haben sich die Jungs benommen?«

»Gut! Sie sind gerade auf dem Spielplatz.«

Wir unterhielten uns über unsere Wohnung. »Den Mietvertrag für das kleine Apartment haben wir rückgängig gemacht, aus verständlichen Gründen. Zu viert könnten wir dort nicht wohnen. Aber ich will nicht in die Ramsey Street ziehen. Nur, Fred kann das nicht begreifen.«

»Ich weiß, wie du dich fühlen mußt. Meine Güte, dort hat er schließlich mit seiner ersten Frau gelebt!«

»Vielleicht können nur wir Frauen so fühlen«, sagte ich.

»Wie war es auf der Beerdigung? Ich mußte das ganze Wochenende an dich denken.«

Ich zuckte die Achseln. »Freds Mutter kam zu mir, umarmte mich und sagte weinend: ›Du bist jetzt alles, was er hat.‹«

»Jetzt?« Meine Mutter stutzte. »Wie kann man so etwas Dummes sagen? Das klingt gerade so, als hätte Fred Christine noch gehabt, als sie noch lebte.«

»So hörte es sich für mich auch an.«

»Komm, denk' nicht länger darüber nach. Wahrscheinlich hat sie es in ihrem Kummer so dahergesagt.«

Ich brütete eine Weile vor mich hin. Da gab es eine Sache, über die ich nur schwer reden konnte, selbst mit meiner Mutter.

»Diese Situation«, sagte ich schließlich, »plötzlich sind zwei Kinder in mein Leben getreten.«

»Ja und?«

»Ich wollte nie Kinder haben.«

»Das weiß ich... aber es sind zwei kleine Jungen, die Schreckliches durchgemacht haben! Sie brauchen ein Zuhause bei ihrem Vater.«

»Aber...«

»Laurie, sei nicht so egoistisch.«

»Aber ich habe Fred geheiratet! Nicht seine Kinder!« protestierte ich. »Ich mag Sean und Shannon, sie sind reizend. Aber ich weiß, was es heißt, Kinder zu haben, nämlich Babysitter und Geld für die Schule, und man muß sie überall hinkutschieren und hat ihre Schokoladenfinger auf allen Sachen!«

»Du hast nur Angst. Gib dem Ganzen doch eine Chance. Du weißt doch gar nicht, ob es wirklich so schlimm wird!«

»Es sind nicht meine Kinder! Ich versuche nach wie vor, mich daran zu gewöhnen, daß ich verheiratet bin – und plötzlich bin ich Mutter! Sean ist nur zehn Jahre jünger als ich.«

»Mit den Kindern helfe ich dir, so gut ich kann. Sie können bei mir bleiben, während du arbeitest.« Ich sah, wie Sean und Shannon das weiße Gartentor am Zaun öffneten.

»Danke.« sagte ich.

Offen gesagt, war ich wütend auf die Kinder. Zwei Jungen an meinem Rockzipfel hatten zur Folge, daß ich mich plötzlich älter fühlte – zu alt. Ich war dazu noch nicht bereit. Langsam wurde es albern. Ich starrte in den Spiegel und erwartete, Falten um die Augen herum zu entdecken.

Eines Morgens spielte Fred Baseball im Park. Ich machte den Kindern Frühstück, zog sie an und setzte sie in meinen Wagen, um zum Park zu fahren, wo wir uns das Spiel ansehen wollten. Im Park gingen wir an einigen Männern der anderen Mannschaft vorbei. Ich trug ein buntkariertes T-Shirt und Baumwollshorts. Prompt bekam ich ein paar kränkende und blöde Kommentare von ihnen zu hören.

»Mami, Mami!« äffte einer der Männer, die anderen pfiffen. Ich biß mir auf die Lippe und ging weiter. Ich zwang mich, die Typen zu ignorieren, konnte es aber nicht.

Gleichzeitig verspürte ich Schuldgefühle, und ich beschloß, mehr denn je zu versuchen, meine Bedürfnisse zurückzustellen. Die Jungen sagten nachdrücklich, daß sie mich liebten, und dies kam so vorbehaltlos und so unschuldig, daß es mich tief bewegte.

Ich war streng mit ihnen; ich achtete darauf, daß ich sie ausgewogen ernährte und daß sie ihre Spielsachen aufräumten. Meine Versuche, diszipliniert mit ihnen umzugehen, deuteten sie als Zeichen dafür, daß ich mich sehr um sie bemühte, genau wie Ken Ploch, der Kinderpsychologe, den die beiden konsultierten.

Beide Jungen hatten unter immer wiederkehrenden Alpträumen gelitten, und meine erste, instinktive Reaktion war, sie zu wecken. Ploch war damit nicht einverstanden. Er meinte, sie sollten ungestört weiterträumen; sie könnten das Angestaute nur dann verarbeiten, wenn sie träumen durften. Wenn Fred nachts arbeitete, kamen die Jungen oft zu mir ins Bett gekrochen, weil sie Angst hatten. Ich wachte dann morgens auf und fand Sean und Shannon neben mir unter der Decke. Als Kind hatte ich das auch getan, und ich war gerührt.

Zu meiner Bestürzung empfahl uns Ploch allerdings, in das Haus in der Ramsey Street zu ziehen, und tat damit genau das Gegenteil dessen, was ich erwartet und erhofft hatte. Er begründete seine Empfehlung damit, daß die Kinder dann wieder in ihre gewohnte Umgebung und zu dem gewohnten Tagesablauf mit ihren Spielkameraden zurückkehren könnten. Gleichzeitig würde es ihnen die Umstellung auf eine neue Mutterfigur erleichtern. Das war ein Vorschlag, den ich nicht hatte hören wollen, denn noch immer wollte ich nicht in dem Haus leben.

Unterdessen gingen die permanenten Debatten mit Fred und

die anhaltenden Streitereien weiter. Es sah so aus, als ob er nicht von diesem Haus – oder von Christine – lassen konnte. Eines Samstags mußte Fred zum Haus fahren. Christines Mutter Alice hatte ihn angerufen und gefragt, ob sie in die Stadt kommen könnte, um ein paar von Chris' persönlichen Sachen abzuholen. Fred wollte sie um zehn Uhr vor dem Haus treffen.

Als er dort ankam, sah er bereits etliche Leute in der Einfahrt herumlaufen. Alice und Earl Pennings waren dort mit Rechtsanwalt Kershek, Christines Bruder Michael, Christines Schwester Barb und deren Mann Bruce Christ sowie Stu Honeck. Fred behauptete, Stu hätte von seinem Schlüssel Gebrauch gemacht und alle ins Haus gelassen. Die Familie belud schnell ihre Autos. Stu baute gerade die Fernsehanlage und die Antenne ab. Außerdem luden sie Christines Wagen auf, den sie auch noch mitnehmen wollten.

Fred ließ den Zwischenfall eher nach schwerem Raub klingen als nach Abholen persönlicher Gegenstände. Er erfuhr von Kershek, daß Alice vor Gericht einen Antrag stellen wollte, um als Nebenklägerin des Staates auftreten zu können. Fred erklärte, daß er Christines Wagen verkaufen wollte, um eine finanzielle Basis für die Collegeausbildung der Kinder zu haben, aber jemand fuhr mit dem Wagen weg.

Am nächsten Tag kündigte Fred an, daß er noch einmal zum Haus fahren würde, um die Küchengeräte zu säubern und auszuschalten.

»Wahrscheinlich ist schon die Hälfte der Vorräte im Kühlschrank verdorben. Wir müssen an diesem Wochenende umziehen, vergiß das nicht.«

»Warum?«

»Das haben wir doch alles schon besprochen.«

»Warum können wir nicht so lange eine Wohnung mieten, bis du das Haus verkauft hast?«

»Mieten? Schon wieder mieten? Wie viele Kautionen haben

wir bisher schon verloren? Abgesehen davon, zahlen wir eine Hypothek für ein Haus ab, in dem wir nicht leben! Wir müssen an meine Söhne denken. Momentan geht es uns finanziell schlechter als je zuvor. Und das Haus liegt ganz in der Nähe ihrer Schule.«

»Wäre eine öffentliche Schule nicht billiger? Weißt du eigentlich, was eine Privatschule kostet?«

»Darüber können wir uns ein anderes Mal unterhalten. Wir haben jedenfalls keine andere Wahl, als dort einzuziehen«, sagte Fred.

Ich war beunruhigt. Fred schien hoffnungslos von diesem Haus besessen zu sein. Ob das jemals aufhörte?

Trotz allem freute ich mich noch immer, diese unglückselige Wohnung zu verlassen. Wie oft hatten wir versucht, die Vermieterin wegen Schäden in der Wohnung zu erreichen, aber der Häuserkomplex war so riesig, daß wir einfach vergessen wurden. Immer war gerade ein Handwerker »unterwegs«, allerdings bekamen wir dieses Phantom nie zu Gesicht. Die Klimaanlage blies heiße Luft in ein ohnehin schon warmes Wohnzimmer; also schalteten wir die Anlage ganz aus. Die Schranktür im Flur hatte sich aus den Angeln gelöst, und die Toilette in Judys früherem Badezimmer war unbenutzbar seit dem Abend, als meine Eltern ihren Hochzeitstag bei uns feierten. Im Spülkasten lief ständig das Wasser. Ich klebte ein kleines Schild an die Tür, damit die Kinder nicht vergaßen, die kaputte Toilette zu meiden.

Während dieser Zeit ereignete sich endlich auch etwas Positives. Bei meiner Bewerbung als Campusaufsicht an der Marquette Universität mußte ich einen körperlichen Eignungstest machen und erfuhr ein paar Tage später, daß ich den Job bekommen hatte. Die Marquette Universität wollte mich tatsächlich einstellen! Ich sollte in der zweiten Schicht anfangen und konnte deshalb meinen Job im Fitness-Club behalten.

Die Bezahlung entsprach in etwa dem, was ich bei der Polizei verdient hatte.

Gleich als Fred nach Hause kam, erzählte ich ihm die Neuigkeit. Kurz darauf verschwand er mit seinem Wagen. Ich dachte mir nichts dabei; vielleicht mußte er nur einen anderen Parkplatz suchen. Aber als er zurückkam, präsentierte er mir stolz ein glänzendes, nagelneues Fahrrad.

»Lila!« sagte er. »Deine Lieblingsfarbe!«

»Wie bitte?«

»Es ist für dich – um deinen neuen Job zu feiern!«

Fred ging immer los und kaufte spontan irgendwelche Dinge. Das tat zwar unserem Budget nicht besonders gut, aber ich konnte mich kaum darüber beschweren.

Als Fred in der folgenden Woche zum Haus hinüberfuhr, um einige Sachen zu holen, mußte er feststellen, daß Christines Mutter sämtliche Schlösser hatte austauschen lassen.

»Das ist Beschädigung fremden Eigentums! Widerrechtlicher Zugang! Einbruch!« tobte er in seinem Polizeijargon. »Alice will wohl nicht, daß wir dort wohnen! Zum Teufel mit ihr. Ich werde doch noch wissen, wie ich in mein eigenes Haus komme. Immerhin bin ich Schreiner!«

Er fuhr zurück, brach die Tür auf und tauschte das Schloß an der Hintertür aus. Honeck sah das und erzählte es den Pennings, die sich mit dem Anwalt in Verbindung setzten. Kershek rief Freds Vorgesetzten an, um zu erreichen, daß gegen Fred wegen Einbruchs etwas unternommen werden mußte. Das sei eine zivile Angelegenheit, hatte der Leutnant geantwortet.

Warum reagierten die Pennings so heftig auf Fred? Was hatten sie gegen ihn? Was wußten sie von ihm, das ich nicht wußte?

Dann bestand Alice darauf, daß Fred ein Angebot zum Kauf der nun zum Nachlaß gehörenden Hälfte des Hauses unterbreiten sollte. »Mit anderen Worten«, klagte Fred, »sie erwarten, daß ich die Hälfte meines eigenen Hauses von meinen Kindern kaufe!«

Auch jetzt konnte er dieses Haus nicht in Ruhe lassen. Eines Tages baute er das Bett in Christines Schlafzimmer ab, ein massives, aus Walnußholz gearbeitetes Bett. Als er die Matratzen vom Bettkasten wuchtete, fiel ein Vibrator zu Boden. »Unglaublich, daß die Polizei das Ding nicht entdeckt hat!« staunte er. »Aber andererseits ist es kein Wunder. In der Mordnacht war hier ein Riesenzirkus, und alle Streifen, die im Süden Einsatz hatten, sind sich im Haus gegenseitig fast auf die Füße getreten.«

Auf Freds Wunsch kamen zwei Detectives, um einen Bericht über den Vibrator zu schreiben, aber sie beschlagnahmten ihn nicht.

Sean beklagte sich darüber, daß ein Umschlag mit fast hundert Dollar aus seinem Zimmer verschwunden war. Das Geld war ein Teil einer Spendenaktion für Baseballuniformen seiner Schule. Auch das erzählte Fred der Polizei.

Obwohl nichts darüber in den Zeitungen stand, wußte Fred, daß die Polizei einen Mann in der Mangel hatte, der als Mordverdächtiger in Frage zu kommen schien. Er wohnte gegenüber von Chris.

»Es sieht ziemlich verdächtig aus. Ich habe erfahren, daß der Kerl gleich nach dem Mord eine Anzeige machte, weil sein Revolver, ein achtunddreißiger Kaliber, aus der Garage gestohlen worden war.«

»Aber Chris wurde doch mit einem fünfundvierziger Kaliber getötet oder nicht?« fragte ich.

»Nein, die ballistische Untersuchung ergab, daß es Kaliber achtunddreißig war.«

»Und warum war der Einschuß dann so groß?«

»Sie sagen, weil die Waffe aus unmittelbarer Nähe abgefeuert wurde. Das Ding muß ihre Haut berührt haben.«

171

»Und dieser Kerl meldete eine Waffe vom gleichen Kaiber als gestohlen, noch bevor die Polizei wußte, daß es eine achtunddreißiger war?«

»Ja, und zu einem Nachbarn hat er gesagt, daß er seinen grünen Jogginganzug vermisse.«

»Der muß verrückt sein.«

Fred stimmte mir zu. »Er arbeitet in der Spätschicht in einer Fabrik und hat langes, braunes Haar. Hobbymäßig lackiert er Autos, also muß er auch eine Malermaske besitzen.«

»Hat der Mörder eine Maske getragen?« wollte ich wissen.

»Shannon meint ja. Aber er sagt auch, daß er einen silbernen Trommelrevolver mit Perlmuttgriffen gesehen hat.«

Ich schüttelte den Kopf. »Er hat ja auch den grünen Jogginganzug gesehen. Ich denke, Seans Aussage ist glaubhafter. Er ist älter, und er ist ein kluger Junge. Sean sagte, daß er eine Armeejacke erkannt hat. Das klingt einleuchtender.«

Fred nickte. »Der Kerl war mit einem Polygraph-Test einverstanden. Bei den ersten beiden Versuchen waren die Ergebnisse unklar, aber beim dritten Anlauf war alles in Ordnung. Er behauptet, ein Alibi zu haben.« Fred wurde still und schien niedergeschlagen zu sein.

»Woran denkst du?«

»An Honeck. Das Ganze ist so verdammt blöd. Diese Überraschungsverlobung! Ich habe Seans Aussage noch einmal im Büro gelesen. Er hat der Polizei erzählt, daß Chris an jenem Abend über etwas verärgert zu sein schien, als sie ihn ins Bett brachte. Vielleicht hat Stu Chris an diesem Abend gefragt, ob sie ihn heiraten wolle, und sie hat abgelehnt. Vielleicht war sie deshalb ärgerlich. Weißt du, Stu ist sich so sicher, daß Chris keine anderen Männer traf. Er hat sogar der Polizei erzählt, daß Chris keine anderen Verabredungen hatte. Aber das stimmt nicht! Sean hat gesagt, daß sie oft Männerbesuch hatte. Und ich habe einige Karten und Briefe gefunden, die sie in ihrem Nähkästchen versteckt hielt – Briefe und Karten von

172

verschiedenen Typen, von einem Bob, einem Frank, einem George... und eine Muttertagskarte von Stu. Eine ganz kitschige.

Weißt du, was ich glaube? Es würde mich nicht wundern, wenn Stu sich an dem Abend verletzt fühlte, nach Hause ging, eine seiner Waffen holte und sich mit seinem Schlüssel wieder in Christines Haus begab. Wer weiß? Er wohnt doch gerade um die Ecke.«

»Du vergißt Stus Behauptung, Chris habe ihn nach Hause gefahren«, sagte ich.

»Aber Sean sagt, Stu sei allein nach Hause gegangen! Er weiß genau, wie laut der Wagen seiner Mutter war, weil der Auspuff kaputt war. Er erzählte mir, daß Stu und Chris das Haus früher verlassen hatten, um die Gartenmaschine zurückzubringen, aber da war es gerade mal Zeit fürs Abendessen. Draußen war es noch hell. Sean ist sicher, daß Stu später allein weggegangen ist.«

Ich konnte nur ahnen, was Fred damit andeuten wollte.

»Ich verstehe das alles nicht«, sagte ich verwirrt.

»Es gibt da zu viele Ungereimtheiten. Honeck behauptet, er habe mit Chris während des Abendessens nur ein Glas Wodka getrunken. Aber in der Küche stand eine leere Flasche Wein auf dem Tisch. Mit zwei leeren Gläsern daneben.«

»Hat man Fingerabdrücke von den Gläsern genommen? Vielleicht hat Chris den Wein mit jemand anderem getrunken, nachdem Stu gegangen war.«

Fred schnaubte verächtlich. »Die Arschlöcher haben die Gläser erst untersucht, nachdem ich sie darum bat – an dem Tag, als sie wegen des Vibrators vorbeikamen. Was ist das eigentlich für eine Polizeiarbeit?«

»Die Weinflasche könnte schon länger dort gestanden haben«, überlegte ich laut. »Was ist, wenn es eine alte Flasche war?«

»In einer Tüte, die auf dem Boden lag, fand ich einen Kas-

173

senbon vom Spirituosengeschäft. Er trug das Datum vom 27. Mai, und der Preis stimmte mit dem auf der Flasche überein.«

»Wurde bei der Autopsie Alkohol im Blut gefunden?« fragte ich.

»Das weiß ich noch nicht. Davon mal abgesehen, behauptet Stu in seinem Protokoll, daß Chris ihn unmittelbar, nachdem er zu Hause war, noch einmal angerufen und etwa eine Stunde lang mit ihm telefoniert hat. Würdest du jemanden anrufen, wenn ihr fast den ganzen Tag zusammen verbracht habt?«

»Nur, wenn es einen Streit gegeben hätte.«

»Und noch etwas – die Polizei hat den Zeitpunkt des Todes nie genau bestimmen können. Sie hätten am Tatort rektal die Temperatur messen müssen. Jeder geht davon aus, daß Chris' Tod unmittelbar zu der Zeit eingetreten sein muß, als Honeck den Krankenwagen rief. Es könnte aber auch früher gewesen sein.«

Wenigstens lief beruflich alles gut. Ich mochte meine Arbeit sehr. Unsere Uniform bestand aus einem weißen Hemd und blauen Hosen mit Abzeichen des öffentlichen Sicherheitsdienstes und Dienstmarken. Da das Universitätsgelände sehr weitläufig war, standen dem Sicherheitsdienst einige Streifenwagen zur Verfügung, und wir arbeiteten in Anlehnung an die üblichen Polizeimethoden, mit denen ich bestens vertraut war.

Alle meine Kollegen waren diensterfahrene Männer. Ich war die einzige Frau in meiner Schicht. Mein Vorgesetzter hatte früher als berittener Polizist gearbeitet, und ich traf dort auch Ex-Polizisten aus anderen Städten. Am meisten mochte ich die Direktorin der Sicherheitsabteilung, die Frau, die mich eingestellt hatte. Ihr Name war Carol Kurdziel. Sie vertrat feministische Ansichten und nahm kein Blatt vor den Mund.

174

Für meine Entlassung aus dem Polizeidienst zeigte sie Verständnis, da sie die Methoden des Polizeichefs kannte.

Ich arbeitete mich schnell ein und war froh, endlich wieder eine richtige Beschäftigung zu haben. Kurdziel zeigte mir das Ergebnis meines psychologischen Eignungstests, den ich bei der Bewerbung gemacht hatte. Darin wurde ich als vertrauenswürdig, positiv und unabhängig beschrieben; es hieß in der Beurteilung allerdings auch, daß ich leicht verletzbar sei. Nachdem ich die Resultate gesehen hatte, erzählte ich Kurdziel von meiner Situation mit den zwei Kindern. Sie bedauerte mich und bat mich, sie jederzeit anzurufen, wenn ich jemanden zum Reden brauchte. Auf der Visitenkarte, die sie mir gab, stand auch ihre private Telefonnummer.

Nur außerhalb des Jobs – da war Fred. Eines Tages kam er zermürbt von der Arbeit zu meinen Eltern, wo wir jetzt wohnten.

»Im Büro stellen sie mir Fragen«, platzte er heraus.

»Worüber denn?«

»Sie wollten wissen, ob ich für das Haus in der Ramsey Street einen Schlüssel besitze. Ich sagte, ich hätte ihn in der Mordnacht einem der Polizisten gegeben. Dann wollten sie wissen, wie viele Schlüssel ich hatte. Ich sagte: ›Zwei. Einen an meinem Schlüsselbund und den anderen zu Hause.‹«

»Sie müssen wissen, daß Honeck ebenfalls einen Schlüssel besaß, nicht wahr?«

»Keine Ahnung. Es sah so aus, als wollten sie herausfinden, ob du oder ich Zugang zum Hause hatten, weil es keine Spuren gewaltsamen Eindringens gab.« Fred sah besorgt aus.

»Du oder ich?« wiederholte ich ungläubig. »Warum ich? Ich wußte nicht einmal, daß du einen Schlüssel hattest. Erst an dem Tag, als du alle Kisten in der Wohnung danach abgesucht hast, habe ich davon erfahren.«

»Ich weiß. Ich habe es für mich behalten, weil ich eigentlich keinen Schlüssel für das Haus besitzen durfte.«

»Hast du ihnen das erzählt?« fragte ich.

»Nein, das würde ein schlechtes Licht auf mich werfen.«

»Auf dich? Mein Gott! Und was ist mit mir? Du stellst es so dar, als hätte ich einen Schlüssel vom Haus! Wieso hast du eigentlich zugegeben, daß du noch einen Schlüssel besitzt?«

»Ich konnte nicht lügen«, erwiderte Fred unschuldig. »Hätte die Polizei uns später im Haus gesehen, hätte ich ohnehin erklären müssen, wie wir hineingekommen sind.«

Ich wollte ihm glauben, aber er gewöhnte es sich an, freimütig Informationen weiterzugeben und dabei mir die Schuld in die Schuhe zu schieben, und das machte mich wütend.

»Kein Wunder, daß sie versuchen, mich zu dem Polygraph-Test zu überreden!« sagte ich. »Das ist alles deine Schuld. Erst erzählst du Chris, wir würden meinetwegen nicht zu Shannons Kommunionfeier kommen, dann verpfeifst du Honeck, weil er mit Chris schläft, und läßt die beiden in dem Glauben, ich sei es gewesen! Du warst doch nur zu feige, etwas zuzugeben!«

»Blödsinn!« schrie Fred mich an.

»Von wegen Blödsinn! Seit wir verheiratet sind, hat es doch nur Ärger gegeben!« Der Streß der letzten Monate kam in mir hoch, und ich fing an zu weinen. »Meine Mutter hat mich immer gewarnt, daß geschiedene Männer nur Schwierigkeiten bedeuten! Ich dachte, du wärst anders!«

»Was willst du damit sagen?« schnaubte Fred.

»Ich will damit sagen, daß ich genug davon habe, dein Sündenbock zu sein, und daß mir diese ganze blöde Situation nicht paßt. Ich werde nicht in dieses Haus einziehen! Ich werde nicht das Heimchen am Herd für Kinder spielen, die nicht meine eigenen sind! Ich bin es leid, von deiner Familie wie ein Stück Dreck behandelt zu werden, und ich bin überhaupt das Ganze leid!«

»Entweder ziehst du mit mir in die Ramsey Street, oder ich werde dich verlassen«, drohte Fred.

»Prima!« antwortete ich. »Ich bleibe hier bei meinen Eltern. Zieh doch in dein verdammtes Haus.«

Fred stand auf, stumm wie ein Fisch. Ich saß im Garten, und als ich ihn ins Haus zurückgehen sah, bedauerte ich meine Worte.

Fred kam mit Shannon nach draußen. Er kannte meine Schwäche für das Kind, das mit seinen großen blauen Augen und seinen zerzausten blonden Haaren genau wie sein Vater aussah.

»Gib Laurie einen Kuß und sag' auf Wiedersehen«, forderte Fred seinen Sohn auf. »Wir müssen gehen.«

Shannon blickte mich verunsichert an; er sah, daß mein Gesicht vom Weinen ganz rot war. Dann aber lächelte er und beugte sich zu mir herüber, um mich zu umarmen, was mich natürlich rührte – genau wie Fred es beabsichtigt hatte.

»Du enttäuschst mich wirklich, Laurie«, flüsterte Fred, nahm seinen Sohn an die Hand und ging.

•

Ich erinnere mich, daß ich ins Haus lief und meinen Zeichenblock hervorholte. Einige Stunden lang beschäftigte ich mich damit, meine Eltern zu malen. Als ich ihre vertrauten Gesichter zeichnete, erinnerte ich mich daran, wie oft ich mir gewünscht hatte, das älteste Kind zu sein und nicht das jüngste. Ich strichelte feine Linien um ihre Augen, doch damit sahen sie müde aus, und ich radierte sie gleich wieder aus, um sie anschließend doch wieder zu zeichnen. Diese Linien waren die Wirklichkeit. Die Sorge war Wirklichkeit und das Alter auch. Könnte ich doch die Sorgen so einfach von ihnen nehmen, wie ich die Striche ausradierte!

•

Ich hörte Schritte auf der Treppe. Meine Mutter betrat das Zimmer; sie hielt eine Tasse in der Hand. Sie hatte im Keller Dillgemüse eingekocht. Ein Trockentuch hing über ihrer Schulter, und sie trug eine frische Baumwollschürze.

»Ich habe euren Streit mitangehört, Laurie«, sagte sie. Sie roch nach Dill und Salzwasser – angenehme Gerüche. »Kann ich irgend etwas für dich tun?«

Wir unterhielten uns eine Weile bis es dunkel wurde. Dann gingen wir in die Küche und setzten uns an den Tisch. Etwas später kam Fred mit den Kindern nach Hause.

Meine Eltern gingen mit Sean und Shannon Eis essen, damit Fred und ich ungestört sein konnten. Er bat mich inständig, meine Meinung zum Thema Ramsey Street zu ändern.

Er versprach mir, daß wir regelmäßig einen Babysitter und eine Putzfrau haben würden und außerdem einen Wachhund und eine Alarmanlage. Er platzte förmlich vor Optimismus – es war so typisch für ihn. Meine Entscheidung geriet schnell ins Wanken, und nach einer weiteren halben Stunde entschuldigte ich mich sogar bei ihm.

Ich willigte ein, vorübergehend in seinem Haus zu wohnen. Wir wollten aber erst einziehen, wenn es gereinigt und renoviert worden war, und während wir dort lebten, sollte es zum Verkauf angeboten werden. Es war ein letzter Versuch und alles, womit ich mich einverstanden erklärte.

11

DIE BOMBE PLATZT

Mit meinem Vorgesetzten Thomas Conway befand ich mich gerade auf dem Universitätsgelände, als ich über Funk die Nachricht erhielt, ich solle mich wegen eines Anrufes im Büro melden. Es war Freds Anwalt Reilly, und er klang beunruhigt.

»Hallo, Laurie«, begann er, »Fred bat mich, Sie anzurufen. Er ist im Polizeilabor. Ich soll Ihnen ausrichten, daß man Blutspuren an seiner Dienstwaffe gefunden hat.«

»Danke.« sagte ich langsam und legte den Hörer auf.

Wie konnte das passiert sein? Fred besaß mindestens zwei Waffen. Seine außerdienstliche war eine kleine Smith & Wesson Kaliber achtunddreißig mit einem fünf Zentimeter langen Lauf – eine sehr verbreitete Waffe. Sein Dienstrevolver, ebenfalls vom Kaliber achtunddreißig, hatte einen doppelt so langen Lauf und große, schwarze Hartgummigriffe. Nun hatte das Labor Blut an der Dienstwaffe entdeckt. Warum? Warum hatten sie sie überhaupt untersucht? Die ganze Zeit während meiner Schicht dachte ich darüber nach. Es mußte eine logische Erklärung dafür geben.

Fred stand schon an der Tür, als ich nach Hause kam. Er war außer sich.

»Was soll das alles?« fragte ich ihn.

»Es war Blutgruppe A. Ich habe A. Chris aber auch. Der einzige Unterschied ist: Ich habe A negativ, und Chris hatte A positiv.« »Welche...«

»So genau können sie das im Labor bei getrocknetem Blut nicht bestimmen.«

»Fred, das... das muß eine Falle sein.« Ich wußte nicht, was ich sonst hätte sagen sollen.

»Vielleicht ist es ja mein Blut. Es könnte von einer Auseinandersetzung sein, die ich im Dienst hatte. Wir wurden zu einer Schlägerei ins Montreal geschickt...«

»Du hast mir gar nicht erzählt, daß du verletzt worden bist.«

»Es war nicht so schlimm. Ich hab' einen Kratzer am Arm abbekommen. Das muß es gewesen sein. Seit wir im Labor waren, hat die Polizei mich nicht mehr in Ruhe gelassen. Genausogut hätten sie mich gleich beschuldigen können, aber in der Mordnacht hatte ich Dienst! Und dann haben sie ganz dumm gefragt, ob du an dem Abend nicht die Gelegenheit gehabt haben könntest, meine Waffen auszutauschen. Ist das nicht blöde?«

»Ich? Wovon redest du?« Die Unterhaltung wurde allmählich absurd.

»Du hattest kein Alibi für den Abend...«

»Bist du verrückt? Wir reden hier von Mord! Ein Alibi?«

»Ich weiß ja, aber... so wie sie mich gefragt haben.«

»Es ist deine Waffe. Sie haben Blut auf dem Revolver gefunden, den du an dem Abend getragen hast. Warum sollten sie da Fragen über mich stellen?«

»Ich habe den Polygraph-Test gemacht. Du hast dich geweigert.«

»Aber – »

»Vielleicht war es eine Überreaktion von mir, Laurie. Reilly hat mir gesagt, ich soll nicht mehr mit denen zusammenarbeiten. Sie werden feststellen, daß es mein Blut auf der Waffe ist.«

Ich sah ihn an und versuchte, den Sinn seiner Worte zu begreifen. Für mich hieß die einzig logische Erklärung, daß es tatsächlich sein Blut war. Die Tatsache, daß man mich verdächtigte, gefiel mir ganz und gar nicht. Der Verdacht mußte aufgekommen sein, weil Fred in der Mordnacht Dienst hatte, und als sie das Blut entdeckten, mußten sie routinemäßig nachfragen, wo ich gewesen bin. Die Kripo hatte ja mit mir in der Nacht gesprochen. Sie würden feststellen, daß es Freds Blut war. Sie mußten es feststellen!

Am Wochenende mußten wir das Haus in der Ramsey Street putzen, bevor wir dort einzogen. Einige unserer Freunde kamen vorbei, um uns zu helfen, und natürlich auch meine Eltern. Selbst die Kinder halfen nach Kräften. Mit sechs Erwachsenen brauchten wir über zehn Stunden.

Beim Putzen der Küchenschränke fand ich eine Kaffeedose, in der sich eine Handvoll von Freds alter Munition befand. Er wußte nicht einmal, daß sie dort lag.

Wir packten Christines persönliche Gegenstände weg. Darunter waren auch über ein Dutzend Makramé-Wandbehänge, Bilder, Lampenschirme und Pflanzenhalter. Die Handarbeit mußte Chris Stunden gekostet haben. Fred wunderte sich, daß Alice und Earl diese Sachen nicht abholten.

Nur ein paar Tage später, gerade nach Freds Geburtstag – ich erinnere mich noch, daß die Kinder und ich ihm einen Hamster geschenkt haben, platzte die nächste Bombe. Sie hatte eine verheerende Wirkung. Ich war gerade einige Stunden im Dienst, als ich bemerkte, daß ich mein mobiles Funkgerät im Büro vergessen hatte. Die Tür zum Zimmer des Sergeants war geschlossen; das war ungewöhnlich. Ich starrte auf die Buchstaben an der Tür – »Abteilung für öffentliche Sicherheit« – und klopfte. Als Conway öffnete, sah er mich merkwürdig an. »Was ist los?« fragte ich. »Ich bin nur gekommen, um mein Funkgerät zu holen.«

Hinter Conway standen Freds Leutnant und ein weiterer großer Mann. Sie zerrten mich in das Zimmer und ließen ihre Dienstmarken aufblitzen.

»Leutnant Ruscitti kennen Sie ja. Ich bin Detective Frank Cole. Sie sind festgenommen wegen Mordes.«

Wie? Ich konnte nicht glauben, daß er das gesagt hatte. Was war hier los? Schockiert stand ich da, stumm ließ ich zu, daß sie mir Handschellen anlegten und mir Dienstmarke, Hut und den Marquette-Schlüsselbund wegnahmen. Ich trug Handschellen! Es war absolut unwirklich. Ich konnte nicht einmal reagieren. Mord! Ich?

»Hat sie sonst noch etwas, das Sie brauchen?« fragte Cole Conway. Conway sah aus, als ob er weinen wollte. Er zitterte. Ich stand noch unter Schock. »Nur – nur ihre Uniformen«, stotterte er. Er sah mich an, als wollte er sterben.

»Sie sind in meinem Spint«, sagte ich. »Wollen Sie die Zahlenkombination aufschreiben?«

Als ich ihm die Nummern nannte, schrieb er sie falsch auf, und ich mußte sie wiederholen.

»Es tut mir leid, Laurie«, sagte er.

Als Kind gelang es mir immer, ruhig und gelassen zu wirken, selbst wenn ich innerlich ganz aufgewühlt war. Eine Art Schutzmechanismus, nehme ich an. Meine Gefühle waren so leicht zu verletzen! Ich schätze, das ist mir in Fleisch und Blut übergegangen.

Auf die beiden Detectives muß ich einen unnatürlich gelassenen Eindruck gemacht haben. Ganz offensichtlich brachte meine Ruhe sie aus der Fassung, denn Ruscitti sagte: »Sie sind nicht einmal überrascht, stimmt's?«

»Ich bin sogar schockiert!« antwortete ich. Ich wußte, sie würden versuchen, mich zu provozieren, und ich hatte genügend Erfahrungen gesammelt, um jetzt keinerlei Aussagen zu machen.

»Nun, Sie wußten, daß das passieren würde, nicht wahr?« Ruscitti nickte, und seine Stimme hatte den ermutigenden Tonfall eines Priesters.

»Ich weiß nicht, wovon Sie reden«, sagte ich.

»Tun Sie, was Sie wollen. Gehen wir.« Sie brachten mich in einen Streifenwagen. Cole mußte mindestens einen Meter

dreiundneunzig groß sein und an die dreihundert Pfund wie-
gen. Nie zuvor hatte ich jemanden gesehen, der so riesig war.
Ich verstand nicht, warum das alles geschah, aber ich war sicher, daß es ein Mißverständnis sein mußte. Als wir bei der
Polizeiverwaltung ankamen, führten sie mich statt ins Verhörzimmer in das Büro des stellvertretenden Inspektors und
nahmen mir die Handschellen ab. Sie verhielten sich ungewöhnlich freundlich.

»Es ist uns wirklich unangenehm«, erklärte Cole, »aber das
ist eben unser Job. Sie sind so eine hübsche, junge Frau. Wir
werden den Polizeifotografen gleich kommen lassen, damit er
einige Aufnahmen machen kann. Dann haben wir einen Beweis dafür, daß wir Sie nicht geschlagen haben. Sind Sie damit einverstanden?«

Ich nickte und hatte Knoten im Bauch.

»Möchten Sie eine Zigarette?«

»Ich rauche nicht.«

»Na gut. Also, Lawrencia, wir glauben, daß Ihr Mann Sie dazu angestiftet hat. Sie wissen, daß er es getan hat. Wir können
Ihnen die Sache erleichtern. Wir wissen, daß Sie beide daran
beteiligt waren.«

»Ich verstehe nicht, was Sie meinen«, erwiderte ich und dachte an Fred. Er würde das nicht tun. Er hatte so etwas nicht getan. Die mußten verrückt geworden sein!

»Wenn Sie nicht reden wollen, dann werden wir Ihnen jetzt
etwas sagen«, meinte Cole nüchtern. »Wir haben Beweise,
Lawrencia.«

Ich sagte nichts.

»Genügend Beweise, um Sie für den Rest Ihres Lebens einzusperren.«

Ich konnte nicht glauben, was ich da hörte.

»Zunächst wissen wir, wieviel Unterhalt Ihr Mann Elfred jeden Monat an Christine zahlen mußte. Wir wissen, wieviel er
verdient – schließlich arbeitet er für uns. Da blieb nicht mehr

183

viel zum Leben übrig, oder? Wir machen Ihnen deshalb keinen Vorwurf.«

»Wir wissen auch, daß Sie Christine bedroht haben«, ergänzte Ruscitti.

»Ich habe in meinem ganzen Leben noch nie jemanden bedroht«, dachte ich.

»Außerdem haben wir die Ergebnisse der ballistischen Untersuchung von Freddys Waffe. Alles deutet auf Sie hin«, fügte Cole hinzu.

»Dieses Blut am Revolver?« dachte ich.

»Nach unserer Theorie habt ihr beide einen Plan ausgeheckt, um Chris einzuschüchtern, aber ihr habt euch dermaßen die Birne zugeknallt, daß ihr sie statt dessen umgebracht habt.«

»Das ist doch lächerlich!« stieß ich hervor.

»Sie wollten Chris aus dem Haus ekeln, damit Sie und Elfred dort wohnen können.«

Ich starrte sie an. Wie konnte man eine erwachsene Frau aus ihrem eigenen Haus hinausekeln? Wenn die nur wüßten, welche Streitereien Fred und ich wegen dieses verdammten Hauses hatten.

»Wir kennen die Ergebnisse Ihrer Schießübungen aus der Polizeischule«, sagte Cole. »Sie sind ein hervorragender Schütze. Warum geben Sie es nicht einfach zu?«

»Glauben Sie uns etwa nicht, daß wir es beweisen können?« fragte Ruscitti. »He, Sie sollten jetzt besser anfangen, mit uns zu reden; wir sind nämlich die einzigen Freunde, die Sie noch haben! Wenn Sie uns sagen, was passiert ist, können wir mit McCann sprechen und empfehlen, daß die Anklage in Totschlag umgewandelt wird.« Sie schlugen ihre Notizbücher auf, bereit zu schreiben.

»Es ist mein Recht zu schweigen, bis ich mit einem Anwalt gesprochen habe«, sagte ich.

Daß ich zu ihren Fragen schwieg, machte sie wütend. Cole schmiß seinen Kugelschreiber auf den Tisch.

»Okay, Bembenek. Schluß mit den Spielchen. Sie wollen es nicht anders. Ich sag' Ihnen etwas: da Sie sich weigern, mit uns zu reden, werde ich alles daransetzen, Sie auch für das, was Sie dem kleinen Jungen angetan haben, des versuchten Mordes anzuklagen.«

Das war ein Schlag ins Gesicht. Der Mörder hatte Sean in der besagten Nacht angegriffen und versucht, den Jungen in seinem Bett zu ersticken. Für welche Art von Monster hielten die mich eigentlich?

Sie verließen den Raum, als eine Wärterin hereinkam, um mich zu durchsuchen. Anschließend machte ein Fotograf Aufnahmen von mir. Ich wollte gerade meine Haare losbinden, als Cole mit einem Lineal auf mich zukam: »Einen Moment bitte.« Meine blonden Haare hatte ich zu einem etwa fünf Zentimeter langen Pferdeschwanz gebunden, weil mein Dienst an der Marquette Universität ein gepflegtes Erscheinungsbild verlangte.

Cole veranstaltete einen Riesenzirkus, als er meinen Pferdeschwanz maß, obwohl der des Verdächtigen fünfzehn Zentimeter länger gewesen sein soll.

Ein Spanier betrat das Zimmer. »Ich bin ein Freund von Elfred«, sagte er lächelnd zu mir. »Ich bin gekommen, um Ihnen einen Rat zu geben. Mr. Cole und Mr. Ruscitti machen keinen Scherz, wenn sie Ihnen sagen, daß sie die Anklage in Totschlag umwandeln können. Der Bezirksstaatsanwalt hört auf uns. Alles, was wir von Ihnen erwarten, ist ein bißchen Zusammenarbeit.«

Ich sah ihn nur an.

»Sie sind erst zweiundzwanzig Jahre alt«, meinte er. »Wollen Sie den Rest Ihres Lebens mit all den Verrückten im Gefängnis verbringen?«

Ich erwiderte nichts.

»Wir haben mit Ihrer Mutter gesprochen. Sie ist sehr nett.«

Meine Mutter hatte mir erzählt, daß vor etwa einem Monat

zwei Detectives vor ihrer Tür standen, um sie zu befragen. Sie hatte aber keine Zeit für ein Gespräch.

»Was wird sie sagen, wenn sie die Schlagzeilen über Sie liest?«

»Meine Eltern sind im Urlaub«, antwortete ich. »Kann ich einen Anwalt anrufen?«

Er runzelte die Stirn. »Nun, Sie sind eine harte Nuß, wie?«

»Nein.«

»Warum erzählen Sie uns nicht einfach, was passiert ist? Sie haben nicht das Geld, um sich einen guten Anwalt leisten zu können. Man wird Ihnen irgendeinen lausigen Pflichtverteidiger zuweisen, und Sie werden für die nächsten Jahrzehnte im Knast landen.«

»Ich weiß, daß ich ein Telefongespräch führen darf. Kann ich jetzt telefonieren?«

Cole kam ins Zimmer zurück, und der Spanier drehte sich zu ihm um und schüttelte den Kopf.

»Wir haben einen Streifenwagen zu Ihrem Haus in der Taylor Avenue geschickt, um Ihren Mann über Ihre Festnahme zu informieren.«

Am zweiten oder dritten Tag führten sie mich in ein Besuchszimmer, und plötzlich hörte ich, wie jemand meinen Namen rief.

»Laurie!« Ich schaute mich um, konnte aber nichts erkennen, weil man mir meine Brille abgenommen hatte. Dann sah ich eine große Gestalt. Es war Richard Reilly, Freds Scheidungsanwalt. Offenbar hatte Fred ihn in seiner Panik angerufen, nachdem ich verhaftet worden war.

»Hallo! Ich bin Richard Reilly. Fred beauftragte mich, Sie zu vertreten...« Reilly nahm mich beiseite. »Haben Sie hier irgendwelche Aussagen gemacht?«

»Nein. Das muß alles ein Irrtum sein, oder? Sie werden mich jetzt nach Hause gehen lassen, nicht wahr?« flehte ich ihn an. Ich konnte nicht mehr vernünftig denken.

186

»Es gab keinen Haftbefehl gegen Sie. Es sieht in der Tat nach einem Irrtum aus, aber die tun hier nur ihre Pflicht. Sie müssen jetzt noch etwas durchhalten, aber machen Sie keinerlei Aussagen. Haben Sie mich verstanden? Keine! Ich komme wieder, sobald ich kann.«

Als nächstes erinnere ich mich daran, daß ich mich in einer kleinen, schwachbeleuchteten Zelle im städtischen Gefängnis des ersten Distrikts wiederfand, die als Arrestzelle für vierundzwanzig Stunden diente. Die Wärterinnen hatten meine Brille behalten, und ich hatte auch keine Kontaktlinsen dabei, so daß ich alles ziemlich verschwommen wahrnahm. Als Polizistin war ich viele Male im Gefängnis gewesen, aber nie so wie jetzt. Ich hoffte, daß mir dort keine Kollegen von der Polizeischule begegneten.

Ich lag auf der Metallpritsche; immer noch trug ich meine Marquette-Uniform. Die Zelle hatte keine Gitter, nur eine schwere Eisentür mit einer winzigen Öffnung. Ich bekam Platzangst. Ich starrte auf vier Betonwände, eine Stahltoilette und ein schmales Oberlicht, dessen Glas in einen Gitterkäfig eingelassen war.

Es blieb mir nichts anderes übrig, als nachzudenken, zu schlafen und aus der Türöffnung zu gucken, indem ich eine Gesichtshälfte gegen die Tür preßte. Alles, was ich erkennen konnte, war die Wand gegenüber meiner Zelle.

Ich wußte, daß etwas nicht in Ordnung war, und machte mir Sorgen, weil Reilly sich nicht wie besprochen wieder meldete. Ich war ganz steif und müde. Um gelenkig zu bleiben, versuchte ich einige Gymnastikübungen, aber dafür war in der Zelle nur wenig Platz.

Da ich schon die ganze Zeit dieselben Sachen trug, ohne zu duschen, fühlte ich mich schmutzig und verschwitzt. Ich hörte permanentes Weinen und Schreien von anderen inhaftierten Frauen und fragte mich, welchen Tag wir hatten. Da hörte ich die Schritte der Aufseherin.

»Welchen Tag haben wir heute, bitte?«
»Freitag!« Seit Mittwoch war ich hier.

•

Man hatte mich ohne Haftbefehl festgenommen. Drei Tage lang saß ich in meiner Uniform im Untersuchungsgefängnis, bevor eine Klage gegen mich erhoben wurde. Ich saß da und dachte, nein, das ist verrückt, sie werden erkennen, daß das nicht richtig ist. Drei lange Tage saß ich in panischer Angst da und wußte nicht, was ich tun sollte. Sie hatten mir meine Brille weggenommen; ich konnte kaum etwas sehen. Die ganze Zeit dachte ich, es ist falsch, sie werden gleich kommen und mich gehen lassen, und sie werden mir sagen, wissen Sie, wir haben da einen großen Fehler gemacht – Sie verstehen, wie ich das meine? Ich wußte nicht einmal, welcher Tag war oder ob es Tag oder Nacht war. Es war furchtbar. Ich wußte nur, daß wieder ein Tag vergangen war, wenn morgens um fünf die Aufseherin mit einer Tasse Kaffee und einem Sandwich an meine Zellentür kam. Ich wußte nicht, was ich tun sollte. Ich wußte, daß ich ein Telefongespräch führen durfte, aber wen sollte ich anrufen? Nicht einen Gedanken hatte ich früher daran verschwendet, daß ich einmal im Gefängnis sitzen würde! Ich wollte diesen Anruf nicht vergeuden. Ich war durcheinander und dachte daran, James Shellow, einen prominenten Anwalt, anzurufen, der die Verurteilung eines Mannes abgeschmettert hatte, dem man zweifachen Polizistenmord vorwarf. Der Fall hatte großes Aufsehen erregt, und im Anschluß daran hatte die Polizei die Bestimmungen über das Führen von Waffen geändert. Shellow bekam seinen Mandanten frei... sollte ich ihn anrufen? Oder Fred? Ich wußte nicht einmal, ob Fred überhaupt benachrichtigt worden war. Sollte ich also ihn oder Shellow anrufen? Ich hatte keine Ahnung, was ich tun sollte.

•

Endlich öffnete sich meine Zellentür. Die Aufseherin sagte mir, daß mein Anwalt im Besuchszimmer wartete.

»Kann ich jetzt nach Hause gehen?« fragte ich Reilly, als ich hinter der transparenten Trennwand ängstlich Platz nahm.

»Sie wurden des Mordes angeklagt«, sagte er mit monotoner Stimme. »Als nächstes werden wir vor den Richter treten, der Ihre Kaution auf zehntausend Dollar festlegen wird. Das ist geschenkt. Die Kaution in den meisten Mordfällen beträgt um die hunderttausend Dollar. Oder mehr.«

»Warum ist meine so niedrig?«

»Nun ja, dies hier ist ein extrem umständlicher Fall. Möglicherweise hat der Richter das berücksichtigt. Außerdem habe ich vorgeschlagen, daß Sie während Ihrer Entlassung auf Kaution mit Elfred oder Ihren Eltern zu Hause wohnen können und daß die beiden Kinder bei ihren Großeltern außerhalb der Stadt bleiben. Im Moment ist Fred bei einer Bank. Ich soll Ihnen ausrichten, daß er Sie liebt. Er versucht, Sie hier zu besuchen. Er sagt, er steht hundertprozentig hinter Ihnen. Sind Ihre Eltern im Urlaub?«

»Ja.«

»Dann lesen sie wenigstens nicht die Zeitungen. In den letzten Tagen stand Ihr Name auf sämtlichen Titelseiten.«

»Oh nein.«

•

Der Medienrummel hatte bereits begonnen. Das blonde Killer-Häschen, diese Metapher, diese Person, die ich nicht war, tauchte zum erstenmal auf. Ich saß da und war schockiert und wartete nur darauf, daß sie ihren furchtbaren Fehler zugeben würden, während auf der Straße Zeitungen verkauft wurden, die mich förmlich zerrissen.

•

»Also, wie ich schon sagte, habe ich für Sie mit dem Richter gesprochen. Allerdings werden wir noch einen weiteren Termin mit ihm haben. Sie werden Mut brauchen, um vor die Kameras zu treten. Der Richter wird Sie fragen, ob Sie auf eine Vorverhandlung innerhalb der nächsten zehn Tage verzichten wollen. Mein Rat wäre, von diesem Verzicht Gebrauch zu machen, damit wir mehr Zeit gewinnen, um uns vorzubereiten.«

In meinem Kopf schwirrten juristische Fachausdrücke herum, die mir damals noch nicht vertraut waren.

»Übrigens hat man Fred für einige Tage vom Dienst beurlaubt. Er ist zur Marquette Universität gefahren, um Ihren Wagen abzuholen. Ach ja, Carol Kurdziel rief mich an. Sie wurden bei laufendem Gehalt vom Dienst suspendiert.«

»Oh.« Ich registrierte nur die Hälfte dessen, was er sagte.

»Und jetzt möchte ich Ihnen einige Fragen stellen. Geht es Ihnen auch gut?«

Ich nickte.

»Fein. Besitzen Sie zum jetzigen Zeitpunkt eine Perücke, oder haben Sie jemals eine besessen?«

»Ja. Ich hatte zwei blonde Kurzhaarperücken, die ich während meiner Arbeit im zweiten Distrikt getragen habe, statt mir die Haare abschneiden zu lassen. Eine habe ich meiner Freundin Suzy verkauft.«

»Wo befindet sich die andere?«

»Sie muß irgendwo sein. Entweder im Haus in der Ramsey Street oder im Haus meiner Mutter – ich weiß es nicht genau. Wir sind so oft umgezogen.«

»Haben Sie im Zusammenhang mit Freds Kindern je die Bemerkung ›Ich hasse diese verdammten Gören‹ geäußert?«

»Natürlich nicht!«

»Wie ist Ihr Verhältnis zu Sean und Shannon?«

»Zunächst war ich von der ganzen Situation nicht gerade begeistert. Aber es hat sich ganz gut entwickelt. Ich mag die beiden Kinder. Warum fragen Sie mich danach?«

»Darüber reden wir später noch ausführlich. Haben Sie jemals anderen Leuten gegenüber erwähnt, daß Sie einen Killer auf Christine ansetzen wollten?«

»Nein!«

»Okay. Das reicht im Moment. Ich komme wieder, um Sie zu

der Verhandlung zu begleiten. Jetzt setzen Sie sich am besten hin und sehen fern. Versuchen Sie, sich nicht zu viele Gedanken zu machen. Sie sehen ziemlich durcheinander aus. Ich sehe Sie dann später.«

Als ich den Besuchsraum verließ, mußte ich an seinen letzten Ratschlag denken: »Setzen Sie sich hin und sehen Sie fern!« Wo sollte ich denn fernsehen? Natürlich war ich durcheinander!

Bevor ich vor den Richter trat, brachte man mich in eine Zelle außerhalb des Gerichtssaales. Alle paar Sekunden öffnete jemand das Guckloch in der Zellentür, um neugierig einen Blick auf mich zu werfen. Ich wollte nicht hochsehen und fühlte mich wie ein zur Schau gestelltes, eingesperrtes Tier. Angestrengt horchte ich auf das immer wiederkehrende Geräusch des Gucklochöffners in der Tür. Nach wie vor trug ich meine Marquette-Uniform.

Genau wie Reilly es vorausgesagt hatte, waren viele Kameras im Gerichtssaal. Nach drei Tagen ohne Dusche und ohne Kamm fühlte ich mich einfach furchtbar. Meine Haare hingen strähnig herunter, und meine Wimperntusche war verschmiert. Die Anwesenden in dem Raum nahm ich wie verschwommene Schatten wahr; meine Brille hatte man mir immer noch nicht zurückgegeben.

Meine Vorverhandlung sollte in den nächsten Wochen stattfinden. Am nächsten Tag brachte man mich vom städtischen Gefängnis in das Kreisgefängnis. Ein Gefühl der Ohnmacht überkam mich, als man mich aufforderte, die Gefängniskleidung, ein leichtes Baumwollkleid, anzuziehen. Ich sehnte mich nach meinem Zuhause.

Ich hatte mich gefragt, ob das Kreisgefängnis wohl mit einem Zuchthaus zu vergleichen wäre, aber es war noch viel schlimmer. Der Zellenblock war widerlich; in den Ecken lagen alle möglichen Abfälle herum – Zigarettenkippen, schimmelige Brotkrusten, bis hin zu eingetrocknetem Erbrochenen. Eine offenbar verwirrte Frau hockte in einer Ecke und sang ununterbrochen vor sich hin.

An einer Mauer war ein kleines Fernsehgerät angebracht. Ich sah mir die Sechs-Uhr-Nachrichten an. Bilder von mir huschten über den Bildschirm. Alles, was ich verstand, war »Ex-Playboy Bunny«. Nervös knackte ich mit meinen Fingern und fragte mich ängstlich, ob meine Eltern schon wieder zu Hause waren. Ich fühlte mich, als müsse ich ersticken.

Einer der Gerichtsbevollmächtigten kam in meine Zelle und fragte, ob ich in der Lage wäre, die Kaution zu hinterlegen. Ich fragte, ob ich meinen Mann anrufen könnte, da ich bisher keine Erlaubnis für das mir zustehende Telefongespräch erhalten hatte. Als ich Fred dann endlich erreichte, weinte ich. Keine Bank wollte ihm eine größere Summe geben, obwohl er Nebenbürgschaften beibringen konnte. Er erzählte mir auch, daß meine Eltern noch nicht wieder zu Hause waren. Ich wurde aufgefordert, das Gespräch zu beenden.

Ich hockte mich auf den Boden und versuchte, mich mit der Tatsache abzufinden, daß ich nirgendwohin gehen würde. Immer noch glaubte ich, alles wäre ein böser Traum.

Plötzlich winkte mir ein weiblicher Sheriff zu, und ich ging noch einmal zur Tür. »Sind Sie damit einverstanden, daß Ihre Verwandten die Kaution hinterlegen?« fragte sie.

»Ja, natürlich!« antwortete ich unter Tränen und überlegte angestrengt, wer gekommen war, um mich zu retten. Hastig zog ich wieder meine Marquette-Uniform an; mein Gesicht war ganz naß vom Weinen.

Meine Tante Mary und meine Cousine Julie warteten auf mich. Eilig verließen wir das Gebäude über eine Nebentreppe. Nie zuvor in meinem Leben war ich über den Anblick anderer Menschen so glücklich gewesen. Diese Hilfe werde ich niemals vergessen.

Endlich zu Hause! Fred fing an zu schluchzen, als er mich hereinkommen sah. Wir standen mitten in der Küche und

nmittelbar nach meiner Verhaftung; ich trug meine Marquette-Uniform (Photo: Milwaukee ournal).

Links:
Der kleine Sean Schultz weint im Zeugenstand bei meiner Vorver-handlung. Er ließ keinen Zweifel daran, daß nicht ich die Person war, die er in der Mordnacht ge-sehen hatte. Seine Stärke und sein Tapferkeit berührten mich sehr (Photo: Milwaukee Sentinel).

Unten:
Judy Zess, die Kronzeugin, die ihre Aussage später widerrief und behauptete, zu einer Falschaussage gedrängt worden zu sein (Photo: Milwaukee Journal).

er sehen Sie mich mit meinem Verteidiger Don Eisenberg bei Gericht, nach Abschluß der
rverhandlung. Kurz darauf ordnete der Richter ein Geschworenenverfahren an (Photo: Mil-
aukee Sentinel).

Links:
Mit Fred bei meiner Vorverhandlung, bevor ihm der Staatsanwalt Immunität gewährte und Fred gegen mich aussagte (Photo: Milwaukee Sentinel).

Unten:
Fred Schultz im Zeugenstand bei meinem Prozeß. In der Hand hält er die angebliche Tatwaffe (Photo: Milwaukee Sentinel).

umarmten uns lange. Ich hatte Angst, ihn loszulassen. Dann wollte ich duschen – ausgiebig und heiß.

Fred erzählte mir, daß er am Abend meiner Verhaftung wie üblich zur Arbeit gegangen sei. Man hatte aber bereits einen anderen an seiner Stelle für den Dienst eingeteilt, da er momentan viel zu erregbar sei, um arbeiten zu können. Er wurde aus gesundheitlichen Gründen ohne Bezahlung beurlaubt. Fred wußte nicht, wann er wieder arbeiten durfte.

An dem Abend blieben wir lange auf, um uns auf verschiedenen Kanälen die Spätnachrichten anzusehen. Keinem der Sender war bekannt, daß ich auf Kaution freigelassen worden war. Ungläubig verfolgte ich auf Kanal 6 einen Bericht über mein Leben, in dem mein Jahrbuchfoto von der High School und einige andere Bilder aus meiner Modelzeit gezeigt wurden. Es war so wirklichkeitsfremd. Aber das war erst der Anfang.

»Wenn du glaubst, daß dich das Fernsehen schlechtgemacht hat, solltest du erst mal die Zeitungen lesen, Laurie. Bist du in der Verfassung, sie dir anzusehen? Ich habe alle aufgehoben.« Beim Anblick der riesigen Titelbilder und Überschriften zuckte ich zusammen. Ich warf die Zeitungen in die Ecke.

»Mein Gott! Hast du das gelesen? Die Presse macht mir einen richtigen Prozeß! Wie können die das nur tun?«

Fred gab mir einen Drink. »Die Hälfte davon ist glatt gelogen. Sie behaupten, die Polizei hätte eine rote Perücke in einem Abfluß unserer letzten Wohnung gefunden. Das stimmt nicht. Sie stammt aus einer anderen Wohnung, die gegenüber vom Eingang liegt. Und sie sagen, daß wir in mein Haus in die Ramsey Street gezogen sind – dabei leben wir dort noch gar nicht! Außerdem behaupten sie, daß man dich noch wegen versuchten Mordes angeklagt hat, was auch nicht wahr ist!«

»Immer wieder zitieren sie einen Informanten, verschweigen aber, wer er ist. ›Ein Informant behauptet, sie besaß einen grünen Jogginganzug!‹ Ein Informant sagt dies und jenes«,

sagte ich. »Wer ist denn dieser Informant? Ich finde das so ungerecht! Die Leute lesen das und glauben es auch noch!«
»Wir können nichts dagegen tun. Reilly will nicht, daß du den Zeitungen auch nur ein Wort erzählst.«
»Warum denn nicht?« Ich war empört. »Warum soll ich denen die Geschichte nicht aus meiner Sicht erzählen?«
Einem weiteren Bericht entnahm ich, daß die Polizei ihre ganze Beweisführung auf die ballistische Untersuchung stützte. Danach war Freds außerdienstlicher Revolver die Mordwaffe. Das war einfach unmöglich! Fred und Durfee hatten diese Waffe doch noch in der Mordnacht untersucht! Was war mit dem Blut auf Freds Dienstrevolver? Hatte man die Waffen vielleicht vertauscht?
»In der Zeitung steht sogar, daß du dich geweigert hast, einen Lügendetektor-Test zu machen«, sagte Fred. »Judy hat sich auch geweigert und Stu ebenfalls.«
»Hier steht noch, daß man bei der Leiche eine Perücke gefunden hat«, ergänzte ich.
»Am Tatort hielten sich mindestens zwei Polizistinnen auf«, erklärte Fred. »Wahrscheinlich haben sie Perücken getragen.«
»Ich kann mir das alles nicht länger ansehen«, sagte ich. »Ich gehe ins Bett. Das ist doch alles nicht wahr.«
»Die Polizei hatte so viele andere Verdächtige«, meinte Fred. »Lauter Männer! Und dann verhaften sie dich aus heiterem Himmel, als würden sie Scheuklappen tragen. Sie haben ihre Untersuchungen immer mehr eingeschränkt. Sie wollten nicht einmal wissen, was ich ihnen zu sagen hatte. Ich habe es förmlich kommen sehen, aber ich dachte, daß ich mich vielleicht täusche.«
Er kam zu mir herüber und hielt meine Hand fest in seiner.
»Du mußt mir etwas versprechen.«
»Was?«
»Ich habe dich noch nie so aufgewühlt gesehen. Du mußt mir

versprechen, daß du nichts Dummes tust, egal, wie sehr dich das Ganze auch deprimiert, und daß du dir niemals etwas antun wirst.«

Ich nickte.

»Wir werden das schon schaffen«, sagte Fred. »Aber wir müssen zusammenhalten. Deine Eltern kommen übrigens morgen zurück.«

»Oh Gott! Freddy! Lieber würde ich sterben, als ihnen das alles zu erzählen!«

»Wir müssen es aber. Willst du, daß ich mit ihnen rede?«

Hilflos wie ich war, nickte ich erneut.

Meine Eltern verkrafteten die Neuigkeiten schlecht. Ich nahm kaum wahr, was um mich herum passierte, und lief herum wie ein Zombie. Ich war nur noch in der Lage zu schlafen. Selbst kleine Aufgaben erschienen mir wie unüberwindbare Hindernisse. Es war ein Alptraum.

Alle möglichen Leute schickten mir Briefe. Alte Bekannte, Klassenkameraden, Nachbarn und einige meiner Ex-Freunde schrieben, um mich moralisch zu unterstützen und mir mitzuteilen, daß sie für mich beteten. Einige schickten sogar Geld. Eine Freundin aus Madison ließ mich wissen, daß sie versuchte, bei einigen Frauenrechtsgruppen Hilfe für mich zu bekommen.

Die einseitig gefärbten Artikel in den Zeitungen erschienen weiterhin, und in meiner Wut gab ich einer Reporterin des Milwaukee Journal ein Interview. Bei ihrem Bericht über meine Diskriminierungsklage im vergangenen Dezember hatte sie mich fair behandelt, und daher glaubte ich, daß ich ihr vertrauen könnte. Der Artikel stellte mich als Feministin dar. Ich erwog die Möglichkeit, daß mich jemand verleumdet hatte, und beschrieb detailliert die Belästigungen, denen ich im Anschluß an meinen Diskriminierungsvorwurf ausgesetzt war.

Reilly war zwar wütend über den Artikel, mußte aber zugeben, daß er gelungen war. Ich erklärte ihm, daß ich es nicht mehr ausgehalten hatte, einfach nur dazusitzen und mir all die Lügen anzusehen, die die Presse über mich verbreitete. Er schimpfte mit mir wie mit einem Kind und nahm mir das Versprechen ab, daß ich künftig mit keinem Reporter mehr reden würde.

Bald darauf stellten wir fest, daß die Polizei meinen Spint in der Marquette Universität durchsucht und den gesamten Inhalt beschlagnahmt hatte. Alle Gegenstände waren als Beweismittel deklariert worden, auch meine Handtasche. Ich brauchte sie dringend, denn darin befanden sich mein ganzes Geld, meine Kreditkarten, Sparbücher und Ausweispapiere. Die Polizei verweigerte die Herausgabe.

Reilly machte mich nervös. Er hatte etwas an sich, das mich beunruhigte. Meine Vorverhandlung würde bald stattfinden, und er redete davon, auf sie zu verzichten. Als wir uns endlich zu einem Gespräch trafen, bestand Fred darauf, bei diesem Termin anwesend zu sein. Schließlich war er ja auch Freds Anwalt.

Zu Reilly hatte ich keine gute Beziehung. Vielleicht lag es an ihm, vielleicht sogar an mir selbst. Aber sein Partner in der Kanzlei war Mitglied der Polizeikommission, und das gab mir ein ungutes Gefühl. Außerdem äußerten meine Eltern die Vermutung, Reilly könnte in einen Interessenkonflikt geraten, wenn er meinen Fall übernahm, nachdem er Fred bereits bei dessen Scheidung vertreten hatte – schließlich betrachtete die Polizei auch Fred als Verdächtigen. Nach wie vor litt ich als Folge meiner Festnahme an einem Schock, dem eine tiefe Depression folgte. Ich war unfähig, nach meinen eigenen Gefühlen zu handeln. Ich wußte zwar, daß ich mich bei Reilly nicht gut aufgehoben fühlte, aber es gelang mir nicht, etwas dagegen zu unternehmen.

Nachdem meine Eltern dann mit ihm gesprochen hatten, waren auch sie beunruhigt. Ihrer Meinung nach hatte er mich bereits verurteilt. Ich kann nicht sagen, ob er mich für schuldig hielt oder nicht. Ein Gespräch mit ihm war sehr schwierig.

Schließlich ließ Reilly mich wissen, daß meine Vorverhandlung verschoben worden war – auf Wunsch des Bezirksstaatsanwaltes McCann, der Urlaub in Florida machen wollte. Der Fall wurde an seinen Stellvertreter Kraemer übergeben. Natürlich berichteten die Zeitungen prompt, daß ich den Aufschub beantragt hatte.

Jetzt beschloß ich, mich nicht weiter von Reilly vertreten zu lassen, und sah mich nach einem neuen Anwalt um. Meine Eltern und auch Fred halfen mir dabei. Sie entschieden, daß es besser sei, jemanden zu engagieren, der nicht aus der Stadt stammte und somit auch in keinen Interessenkonflikt geraten konnte. Sie gingen zu Don Eisenberg nach Madison. Anfangs war ich von seiner Persönlichkeit und seinem Stil sehr beeindruckt. Er gab sich vertrauenerweckend, freundlich und mitteilsam – das genaue Gegenteil von Reilly. Allerdings wurde meine Begeisterung etwas geschmälert, als ich erfuhr, daß sich Reillys Gebühren nur auf einen Bruchteil dessen beliefen, was Eisenbergs Mandat mich kosten würde. Er forderte einen Honorarvorschuß in Höhe von fünfundzwanzigtausend Dollar.

Ich sagte meiner Familie, daß das nicht in Frage käme, aber sie bestanden darauf, das Geld für mich aufzutreiben, auch wenn meine Eltern ihr Haus dafür mit einer Hypothek belasten mußten. Fred stimmte zu. Ich rief Reilly an, um ihm mitzuteilen, daß ich einen anderen Anwalt beauftragt hatte. Er klang irritiert und beendete unser Gespräch mit einem Anflug von Bitterkeit: »Viel Glück. Sie werden es brauchen.«

Reilly schickte meine Akten an Eisenbergs Büro: alle waren fein säuberlich beschriftet und alphabetisch geordnet, und alle waren leer.

Eisenberg war über McCanns Terminverschiebung mehr als erfreut, da ihm so mehr Zeit für seine Vorbereitung blieb. Ich erzählte ihm von Reillys Vorhaben, gänzlich auf eine Vorverhandlung zu verzichten, und er sagte, dies sei das Absurdeste, was er je gehört hätte.

»Wir werden die Klage bei der Vorverhandlung abweisen«, erklärte er mir. »Sie werden vom Gericht nicht einmal zu einer Bewährungsfrist verurteilt.«

Sean und Shannon waren bei Freds Eltern untergebracht und genossen es, da ihre Cousins gleich um die Ecke wohnten. Fred sagte, die Jungen klagten darüber, wie sehr sie mich vermißten. Sie versuchten, mich anzurufen, und schickten mir Postkarten.

Freds Vater war sehr verständnisvoll. Er kam bei meinen Eltern vorbei, um mich zu sehen, umarmte mich und versicherte mir, daß er mich unterstützen würde und daß er an mich glaubte. Mir bedeutete diese Geste sehr viel, und ich dankte ihm aufrichtig dafür. Ich fragte mich, was Freds Mutter wohl fühlte.

Dann rief Carol Kurdziel an. Sie hatte sich schon einige Male vorher bei mir gemeldet, mehr oder weniger als Freundin, wie ich dachte, und um sich zu erkundigen, ob ich jemanden zum Reden bräuchte. Dieses Mal rief sie an, um mich wissen zu lassen, daß sie Budgetprobleme hatte. Mein Gehalt wurde fest angelegt, da ich bei laufender Bezahlung vom Dienst suspendiert worden war. Carol Kurdziel wollte es nun für eine Kraft verwenden, die auch tatsächlich arbeitete. Ich konnte mich entscheiden: entweder kündigte ich, oder ich ließ mich unbezahlt weiterhin beurlauben. Dann könnte ich in den Dienst zurückkehren, sobald es mir möglich war. Schließlich entschied ich mich für den unbezahlten Urlaub, schrieb eine kurze Mitteilung an die Universität und warf das Schreiben schnell in den Briefkasten, bevor ich meine Meinung wieder änderte.

Mit meinem neuen Anwalt nahm ich einen Termin bei Gericht wahr, um mit dem Richter ein neues Datum für die Vorverhandlung zu vereinbaren. Es war nur wenig Publikum anwesend, und zu meiner Überraschung verweigerte der Richter den Fernsehteams den Zugang zum Gerichtssaal. Die Vorverhandlung wurde für September anberaumt.

Sean und Shannon waren unglücklich, daß sie nicht bei uns wohnen durften, aber da die Kautionsbedingungen es so festlegten, wagten wir nicht, um eine Änderung zu bitten. Sean erinnerte sich daran, daß ich im August Geburtstag hatte, und fragte Fred, ob er und sein Bruder nicht etwas für mich kaufen könnten. Die Kinder entschieden sich für eine blaurot gemusterte Bluse und einen Stoffhund. Ich war gerührt, aber gleichzeitig auch frustriert, weil ich den Jungen nicht persönlich für ihr Geschenk danken konnte. Statt dessen schrieb ich ein paar Zeilen auf eine Danksagungskarte, der ich ein Foto von mir beilegte, auf dem ich die neue Bluse trug und den kleinen Hund im Arm hielt. Ich adressierte den Umschlag an Sean und Shannon und schickte ihn an die Anschrift von John Schultz in Pewaukee.

Kathy und John übergaben den Brief dem Bezirksstaatsanwalt. Sean schickte mir daraufhin eine Karte mit den Worten: »Laurie, wir lieben dich, egal, was passiert.«

Schließlich gelang es Eisenberg, beim Bezirksstaatsanwalt die Freigabe meiner Handtasche zu erwirken. Als ich sie zurückbekam, waren alle Gegenstände in kleinen Plastikbeuteln verpackt.

Da wir jetzt genügend Zeit hatten, überlegten Fred und ich, ob wir nicht gemeinsam mit Wally und Donna, alten Bekannten aus meiner Zeit im Boston Store, zum Zelten fahren sollten.

Kurz bevor wir abfuhren, kam Donna mit der Tageszeitung vorbei und zeigte mir einen Artikel auf der Titelseite. Ein vertrautes Gesicht blickte mich an – es war Judy Zess. Ich las die Zeilen unter der Überschrift. Sie war auf dem Parkplatz des

Hochhauses, in dem wir zusammen gewohnt hatten, von zwei bewaffneten Männern überfallen und beraubt worden. In dem Artikel wurde vermutet, daß die Männer es nach Gaertners Verhaftung auf Geld und Drogen in seinem Apartment abgesehen hatten. Ich wußte nicht, daß sie immer noch in Toms Wohnung lebte. Ich fragte mich, wie sie sich das leisten konnte.

Judys Beschreibung von einem der beiden Angreifer fiel mir gleich auf, da sie verblüffende Ähnlichkeit mit der Täterbeschreibung aufwies, die Sean und Shannon abgegeben hatten. Dieser Mann hatte eine Perücke getragen, einen Revolver vom Kaliber achtunddreißig benutzt und Judy an den Händen gefesselt. Sein Name war Fred Horenberger. Das ganze Wochenende dachte ich darüber nach, ob diese beiden Männer auch in den Mordfall verwickelt sein könnten. Fred unterstellte, Judy hätte das Ganze nur vorgetäuscht. Ich wußte nicht, was ich davon halten sollte.

Das Wochenende wurde eine Katastrophe. Es war extrem heiß und feucht, die Wälder voller Moskitos und Stechmücken, und Fred schnauzte mich mehrmals aus nichtigen Anlässen an. Während der Rückfahrt schwieg sich Fred aus, und Donna flüsterte mir zu: »Wir haben dieses Wochenende für dich geplant, Laurie, weil wir dachten, es würde dir guttun. Aber dieser Kerl!« Sie deutete mit dem Daumen auf Fred. »Wo um alles in der Welt hast du nur diesen Blödmann aufgegabelt?«

Nach dem Campingausflug räumten wir unsere Sachen aus dem Haus in der Ramsey Street und brachten sie im Keller bei meinen Eltern unter. Oben richteten Fred und ich uns einigermaßen akzeptabel ein. Ich hatte das Gefühl, daß alles unordentlich und konfus war, weil sich die Hälfte unserer Sachen in Kisten befand, aber ich war froh, endlich alles unter einem Dach zu haben.

Freds Freunde Dennis und Karen riefen uns aus Florida an.

Die Polizei hatte sich bei ihnen erkundigt, ob Fred mit ihnen über einen Plan gesprochen hatte, den er schmiedete. Sie waren entsetzt. Dann rief Joanne, meine beste Freundin, an. Zwei Detectives waren über vierhundert Meilen weit bis nach Stevens Point in Wisconsin gefahren, um sie zu befragen. Man hatte ihr dieselben Fragen wie Dennis und Karen gestellt.

»Ich war so sauer!« sagte sie mir. »Sie haben sich benommen, als ob ich lüge! Ich habe ihnen erzählt, daß ich dich nie in einem grünen Jogginganzug gesehen habe – ich glaube nicht, daß du irgend etwas Grünes besitzt. Sie wußten, daß wir in der High School zusammen in der Leichtathletikmannschaft waren.«

Ein Verwandter von Fred meldete sich bei uns und berichtete, daß die Polizei ihn gefragt hatte, ob ich in letzter Zeit mit dem Kauf einer neuen Waffe geprahlt hatte. Das verblüffte mich. Warum forschte die Polizei nach einer weiteren Waffe, wenn in ihren Berichten Freds außerdienstlicher Revolver eindeutig als die Mordwaffe angegeben war? Sollte das Ergebnis der ballistischen Untersuchung etwa falsch sein?

Auf mein Drängen hin stellte Fred einen Antrag auf Arbeitslosenunterstützung. Es sah ganz danach aus, als dauerte es, bis er seinen Dienst wieder aufnehmen durfte. Natürlich lehnte die Stadt Freds Antrag sofort ab, und Fred beantragte eine Anhörung, um Berufung dagegen einzulegen. Ich sagte ihm, daß er sich deshalb keine Sorgen machen sollte.

»Ich habe dasselbe durchgemacht. Du mußt schriftlich Einspruch einlegen und darin die Gründe für die Ablehnung widerlegen.«

Das Zusammenleben mit meinen Eltern gestaltete sich sehr schwierig. Sie gingen abends früh zu Bett und standen morgens entsprechend früh auf, weil mein Vater zur Arbeit gehen mußte. Fred und ich hingegen waren daran gewöhnt, lange aufzubleiben und auch morgens länger zu schlafen. Alle waren wir frustriert und gestreßt. Und niemand verhielt sich normal.

•

Normal? Wie sollte auch etwas normal sein? Ich sollte für den Mord an der Ex-Frau meines Mannes vor Gericht gestellt werden. Ich begann, meinen Entschluß, diesen Mann je geheiratet zu haben, bitter zu bereuen, wohl wegen dieses Hauses, in dem ich absolut nicht leben wollte, und wegen der Kinder, die ich nie haben wollte. Meine Freundschaften wurden durch die häßlichen Fragen der Polizei vergiftet. Den Kontakt zu den Kindern hatte man mir verboten – zwar waren es nicht meine Kinder, aber trotzdem Kinder, um die ich mir Sorgen machte. Perücken, Jogginganzüge und Revolver... das alles war so verrückt, so unbegreiflich, weil ich diese furchtbare Tat nicht begangen hatte!

Und außerdem war ich wütend. Die Leute erzählten Lügen über mich. Woher nahmen sie das Recht dazu?

Ich beobachtete, wie Fred vor dem Fernseher einschlief. Draußen schlug der Wind die Zweige gegen das Fenster, und gedankenverloren tastete ich nach meinem Ehering.

Der Alptraum kann nicht ewig dauern, sagte ich mir selbst. Er kann es nicht, er kann es einfach nicht.

12

DIE VORVERHANDLUNG

Am Abend vor Freds Anhörung wegen der Arbeitslosen-unterstützung rief Darryl Laatsch, Freds Steuerberater, an. Er hatte soeben eine Mitteilung erhalten, daß am nächsten Tag eine Anhörung wegen des Sorgerechts für die Kinder stattfinden sollte.

»Alice Pennings hat beim Gericht das Sorgerecht für Sean und Shannon beantragt. Allerdings schreibt das Gesetz für einen solchen Antrag eine Frist von mindestens fünf Tagen vor. Man kann uns damit nicht einfach am Vorabend der Anhörung überfallen. Sie müssen vorher darüber in Kenntnis gesetzt werden, und das wurden Sie nicht, oder?«

»Davon hatte ich nicht die leiseste Ahnung«, antwortete Fred.

»Soviel ich weiß, versucht Alice bei Gericht, eine Erweiterung des Scheidungsurteils zu erwirken, welches Chris das Sorgerecht zusprach. Aber Alice war ja im Scheidungsverfahren keine beteiligte Partei, so daß ich nicht verstehe, was sie jetzt damit bezweckt«, sagte Laatsch. »Ich würde mir an ihrer Stelle darüber keine Sorgen machen. Es ist nahezu unmöglich, Kinder einem leiblichen Elternteil wegzunehmen. So etwas passiert nicht über Nacht.«

Wir holten noch weitere juristische Meinungen und Ratschläge ein. Alle Anwälte sagten uns, daß so etwas nicht geschehen konnte, und wir waren erleichtert bis Fred seine Söhne bei John und Kathy anrief.

Ich hörte am Nebenapparat mit, als Fred sich mit Sean unterhielt. Der Junge erzählte, daß ein fremder Mann vor einigen Tagen in John Schultz' Haus gewesen war, um mit ihm und Shannon zu sprechen. Er wußte nicht, wie dieser Mann hieß oder woher er kam. »Reporter.« dachte Fred sofort.

»Ich habe dir doch gesagt, daß du mit niemandem ohne meine Erlaubnis sprechen darfst, Junge! War der Mann von einer Zeitung?«

»Ich weiß nicht, Dad«, kam Seans tränenerfüllte Antwort. »Ich meine, nein.«

»Hat dir der Mann gesagt, wie er heißt?«

»Nein, aber Onkel John hat mir gesagt, ich soll mit ihm reden«, weinte Sean.

»Beruhige dich, Sean. Es tut mir leid, daß ich dich angeschrien habe. Ich bin dir nicht böse. Ich bin nur wütend auf Onkel John, weil er mir nichts davon erzählt hat. Ich will nicht, daß irgendwelche Reporter dich oder Shannon ausfragen.«

»Okay.«

»Was wollte er wissen?«

»Er fragte nach der Nacht, als Mami erschossen wurde, und er wollte wissen, ob du oder Laurie uns jemals den Hintern versohlt oder uns geschlagen habt.«

»Wo ist Onkel John?« fragte Fred mit zunehmender Besorgnis.

»Bei Opa. Ach ja, der Mann hat Tante Kathy eine kleine Karte gegeben, und ich glaube, sie hat sie auf den Kühlschrank gelegt. Soll ich sie holen?«

»Ja.« sagte Fred. »Das ist eine gute Idee, Sean. Nun hör mir gut zu – es ist wichtig. Leg' den Hörer jetzt auf, hol' die Karte und ruf' mich dann sofort zurück. Lauf nicht weg, um zu spielen, und vergiß nicht, deinen Daddy anzurufen.«

Etwa zwanzig Minuten vergingen. Fred lief in der Küche auf und ab und wartete ungeduldig darauf, daß das Telefon klingelte. Ich saß am Küchentisch und schlug schließlich vor, daß er noch einmal dort anrufen sollte. Sean kam an den Apparat.

»Warum hast du Daddy nicht zurückgerufen?« fragte Fred.

»Weil Tante Kathy mich nicht gelassen hat«, jammerte das Kind.

»Ist sie jetzt da? Laß mich mit ihr sprechen.«

Es folgte eine lange Pause. Kathy kam nicht ans Telefon. Fred sah mich an, und ich hatte ein mulmiges Gefühl. Irgend etwas stimmte da nicht.

»Leg' auf, Fred«, flüsterte ich ihm zu. »Fahr' hin! Am Telefon wirst du das niemals klären können. Geh' schon!«

Fred rannte aus dem Haus und sprang in sein Auto. Ich wünschte, ich hätte ihn begleiten können.

Etwa drei Stunden später kam er zurück. Er ließ sich auf einen Stuhl fallen und erzählte, was vorgefallen war.

»Ich glaube, John hatte einen Nervenzusammenbruch!« sagte er. »Als ich in Pewaukee bei meinen Eltern ankam, stellte ich meinen Wagen in ihre Hauseinfahrt, weil Sean mir gesagt hatte, John wäre gegenüber. Da die Fahrräder der Jungen im Garten standen, nahm ich an, sie wären alle beim Abendessen. Und da saßen wir dann auch alle – »

»Wer?« fragte ich.

»Mein Vater, meine Mutter, ich und die Kinder. Jedenfalls stürzte John plötzlich in Begleitung der Polizei in Vaters Haus! Er führte sich auf wie ein Irrer!«

»Wie bitte?«

»Ja, ich mache keine Scherze! Du erinnerst dich doch, daß Kathy nicht ans Telefon kam? Sie ist zu John gelaufen und hat ihm erzählt, daß ich ihr gedroht hätte, sie und ihre ganze Familie umzubringen! Sie sagte ihm, ich wäre bereits unterwegs!«

»Das hast du nicht gesagt! Ich stand doch direkt neben dir!«

»Als die Polizei eintraf, konnte sie sich davon überzeugen, daß alles in Ordnung war. John benahm sich hysterisch. Er schrie, ich wäre nicht mehr sein Bruder, und er wollte meine Kinder nie wieder in seinem Haus sehen – du hättest ihn erleben sollen!«

»Mein Gott.«

»Weißt du, was sie getan haben? John und Kathy haben zusammen mit Alice einen Plan ausgeheckt, um mir Sean und Shannon wegzunehmen. Die ganze Zeit haben sie gemeinsam an dieser Sorgerechtsaktion gearbeitet. Kathy geriet in Panik, als ihr klarwurde, daß sie auffliegen würde.«

»Aber doch nicht dein eigener Bruder!« Ich konnte es nicht fassen.

»Oh doch! Vater war stinkwütend! Er forderte die Polizisten auf, sein Haus zu verlassen, weil sie kein Recht hätten, ohne eine Vollmacht einfach so hereinzustürmen. Aber John hatte sie ja hereingelassen! Vater hat ihm gesagt, daß er ihn aus seinem Testament streichen wird!«

Mit offenem Mund starrte ich Fred an. Was für ein Melodrama! »Hast du herausgefunden, wer der Mann war, der mit den Kindern gesprochen hat?«

Fred nickte. »Lee Calvey.«

»Calvey? Er sollte doch als unparteiischer Vormund fungieren...«

Ich ging ins Wohnzimmer. Mein Vater reinigte einige Stücke aus seiner Münzsammlung. Er sah auf und legte seine Lupe hin.

»Was ist mit Fred los?«

»Frag' mich besser nicht«, sagte ich matt und hockte mich im Schneidersitz auf den Boden. Wie sollte ich erklären, was vor sich ging, wo ich es kaum selbst verstand? Da war ein Anwalt für den Staat, ein Anwalt für die Kinder, einer für mich, einer für Fred – und noch vor ein paar Jahren wußte ich nicht einmal, wie so ein Anwalt überhaupt aussah! Es schien, als hätte sich unser Leben in einen einzigen, großen Gerichtssaal verwandelt.

Am nächsten Tag regnete es wie beim Jüngsten Gericht. Den ganzen Morgen war es naß und dunkel. Nachdem Fred wegen der Sorgerechtsanhörung zum Gericht gefahren war, ging ich in den Hobbyraum im Keller, wo ich den Rest des Tages mit Malen und Radiohören verbrachte. Draußen blitzte und donnerte es.

Ich stand gerade in der Küche, um mir eine Tasse Kaffee zu kochen, als Fred triefnaß hereinkam. Er weinte.

»Sie haben mir meine Kinder weggenommen. Ich muß sie um drei Uhr wegbringen.«

So viel zu Anwälten und ihren Meinungen.

»Ich kann nicht bleiben. Ich muß einige ihrer Sachen packen und nach Pewaukee fahren.«

Als er wieder zurückkam, erklärte er mir, was passiert war. Als Fred den Gerichtssaal betrat, waren Alice und Earl Pennings mit Barb und Bruce, John und Kathy sowie Stu Honeck bereits dort. Im Saal traf Fred auch Darryl Laatsch. Die beiden waren auf dem Weg zum Zeugenstand, als sich die Pennings und Stu Honecks Vater plötzlich in Richter Curleys Büro zurückzogen. Fred und Laatsch durften ihnen nicht folgen. Als sie wieder aus dem Büro kamen, verkündete der Richter seine Entscheidung. Laatschs Einwände wurden zurückgewiesen, sein Abweisungsantrag abgelehnt.

Der Zeitungsartikel über diese Anhörung zitierte Laatsch später mit den Worten: »Es war äußerst gesetzwidrig.«

»Sie sagten, sie würden die Kinder mit in den Norden nehmen, zu ihrer Sicherheit«, eklärte Fred. »Sie dachten, du würdest versuchen, die Jungen zu beeinflussen.«

»Seit meiner Festnahme habe ich Sean und Shannon nicht mehr gesehen. So steht es in meinen Kautionsbedingungen!« entgegnete ich aufgebracht. »Wie konnte das passieren? War dein Bruder dort?«

Fred rümpfte die Nase. »Oh ja! Nun, wenigstens glaubt meine Mutter mir jetzt! Die ganze Zeit war sie so damit beschäftigt, Kathy zu bemuttern, daß sie mir einfach nicht glauben wollte, daß hinter meinem Rücken etwas vor sich ging. Jetzt, wo die Kinder weg sind, ist sie unsanft auf dem Boden der Tatsachen gelandet. Ich hatte mich etwas verspätet, weil ich Sean und Shannon noch Armbänder mit ihren Namen kaufen wollte, bevor ich die beiden wegbrachte. Stu hat deshalb tatsächlich die Polizei gerufen, ihr erklärt, daß er ein Kollege aus Milwaukee sei und daß da offenbar eine Geiselnahme stattfände! Die Polizei in Pewaukee schickte einen Streifenwagen.«

»Wie haben die Kinder darauf reagiert?« fragte ich .

»Sie weinten und sagten, sie wollten weglaufen.«

»Was wirst du jetzt tun?«

»Ich habe bereits mit Eisenberg telefoniert. Er verwies mich an Joe Balistreri. Ich kenne Joey; er ist ein guter Anwalt. Darryl hat genug mit der anderen Sache zu tun. Das Ganze ist eine befristete Entscheidung. Die endgültige Pflegschaftsanhörung wird im Februar stattfinden.«

●

Am Tag darauf hatte ich Geburtstag. Ich wurde dreiundzwanzig. Im reifen Alter von dreiundzwanzig Jahren hatte ich das Gefühl, daß es besser wäre, jetzt mit dem Feiern von Geburtstagen aufzuhören.

Zum Feiern gab es keinen triftigen Grund. Die Zeit lief weiter; nur die Freude hatte aufgehört.

●

Wenige Tage später sah ich unsere Post durch und stellte fest, daß vom Amt für Arbeitslosenunterstützung ein Ablehnungsbescheid für Fred gekommen war. Er hatte vergessen, zur Anhörung zu erscheinen.

Ärgerlich schüttelte ich den Kopf und machte mich an die notwendige Schreibarbeit, um Einspruch gegen den abschlägigen Bescheid einzulegen. Später schimpfte ich mit Fred, weil er den Termin verpaßt hatte.

»Und damit nicht genug! Ich habe alle deine Antragskarten für die Arbeitslosenunterstützung auf deinem Schreibtisch gefunden! Du mußtest lediglich diese Karten rechtzeitig ausfüllen und jede Woche eine abschicken, damit die Anträge bearbeitet werden können! Diese Sache kannst du nicht einfach aufschieben! Du mußt dich an die Termine halten!«

»Hör auf, mich deswegen anzumeckern!« schnauzte Fred.

»Wie du willst!« antwortete ich bissig und ging aus dem Zimmer.

Fred kam nach oben und schmiß seinen Schlüsselbund auf die Frisierkommode.

»Wenn ich nach Hause komme, möchte ich mich entspannen. Ich will nicht, daß du angelaufen kommst und mich wegen dieses ganzen Blödsinns anmeckerst.«

»Und wann bitte möchtest du über gewisse Dinge informiert werden?« fragte ich. Sein Vorwurf hatte mich getroffen.

»Überall rennst du herum, aus Tagen werden Wochen, Termine kommen und gehen – alles wird einfach vergessen. Ich habe den ganzen Schreibkram für dich erledigt, weil du nicht einmal in der Lage bist, pünktlich eine Karte abzuschicken, und dann vergißt du einfach die Anhörung! Diese Anhörung war das Ergebnis meiner ganzen Bemühungen!«

»Wie sollte ich mich bei dem ganzen Mist, der hier passiert, denn auch noch daran erinnern?«

»Dann mußt du dir eben einen verdammten Kalender zulegen!«

Schließlich durfte Fred wieder arbeiten; man wies ihm einen Schreibtischjob in der Verwaltung zu. Jeden Sonntag zwischen zwölf und sechs Uhr konnte er die Kinder sehen. Barb mußte Sean und Shannon dann nach Pewaukee bringen und sie bei Freds Eltern lassen. Der Pflegschaftsbeschluß sah es so vor. Ich bemühte mich, an diesen Wochenenden meine Zeit, so gut es ging, auszufüllen, da ich Fred auf seinen Besuchen nicht begleiten durfte. Mit der Zeit war ich zu meinem eigenen Entsetzen von ihm abhängig geworden.

Der Tag meiner Vorverhandlung war gekommen. Sie dauerte zwei ganze Tage. Das Gerichtsgebäude war voller Menschen. Eine meiner beiden Schwestern kam in Begleitung ihres Freundes, und sie setzten sich zu meinen Eltern und Freds Vater. Seine Mutter war nicht erschienen.

Ich saß mit Eisenberg an einem kleinen Tisch; ich trug einen grauen Hosenanzug aus Gabardine. Im Gerichtssaal war es warm, und nervös fingerte ich an einer Haarsträhne herum, die wegen der hohen Luftfeuchtigkeit nicht mehr lockig war, sondern nur noch glatt herunterhing. Der vorsitzende Richter war Ralph Adam Fine, ein junger Mann mit dunklen Haaren. Die als Zeugen geladenen Polizisten betraten zuerst den Zeugenstand und sagten über die verfahrensrechtlichen Aspekte des Falles aus.

Dann wurde Freds Streifenwagenpartner aus der Mordnacht aufgerufen. Durfees Aussage war extrem vage und neutral. Leise flüsterte Eisenberg mir seine Bemerkungen über Durfees offenbare Nervosität zu. Sein ursprünglicher Bericht über die Vorfälle in der Mordnacht war unverständlicherweise zwei Wochen später neu geschrieben worden; dies widersprach den Dienstvorschriften. Berichte mußten stets am Tag des Geschehens angefertigt werden.

Durfee vergaß bei seiner Aussage zu erklären, warum sein Bericht dieses spätere Datum trug. Er stimmte auch nicht mit seinem ersten Bericht überein und widersprach Freds Protokoll. Durfee stotterte und stammelte. Er gab eine groteske Vorstellung ab. Ich bedauerte, daß keine Geschworenen anwesend waren, die das sehen konnten.

Er bestritt, jemals Freds außerdienstliche Waffe beurteilt zu haben. Er bestritt weiterhin, je behauptet zu haben, daß mit dieser Waffe nicht geschossen worden war, ein eindeutiger Widerspruch zu seinem ersten, schriftlichen Bericht. Vielmehr sei es ihm unmöglich gewesen, ein Urteil über diese Waffe abzugeben, da er kein Ballistikexperte sei.

210

Er gab zu, daß er es versäumt hatte, die Seriennummer des Revolvers, den er sich in der besagten Nacht angesehen hatte, zu notieren.

Als Eisenberg ihn aufforderte, ihm sein Fahrtenbuch mit den Einträgen aus der Mordnacht vorzulegen, erklärte Durfee dem Gericht, daß er es entweder verloren oder weggeworfen haben mußte. Wieder eine Verletzung der Dienstvorschriften.

Als die Verhandlung für einige Minuten unterbrochen wurde, verließ ich den Gerichtssaal, um zur Toilette zu gehen. Auf einer Bank im Flur saß Judy mit ihrer Mutter; als ich an ihnen vorbeiging, sagte Judy: »Hallo«.

»Oh, hallo«, sagte ich und blieb vor ihnen stehen. »Fast hätte ich dich mit deinem neuen Haarschnitt nicht wiedererkannt. Hübsch.«

»Danke!« Judy lächelte. »Hast du eine Ahnung, wie lange das hier heute dauern wird?«

»Nein, das kann ich dir nicht sagen.«

»Sieh mal!« Judy streckte mir ihre linke Hand entgegen, um mir einen antiken Ring zu zeigen. »Tom und ich haben geheiratet.«

»Wirklich?« Ich zog die Stirn kraus, weil Tom im Gefängnis saß. »Wo wohnst du jetzt? Der Absender auf deinem Brief war ein Postfach.«

Mit der Antwort schien Judy Schwierigkeiten zu haben. Bevor sie noch etwas sagen konnte, trat Eisenberg aus dem Gerichtssaal heraus und kam auf mich zu.

Fred nahm im Zeugenstand Platz und beantragte für seine Aussage die Anwendung des fünften Zusatzgesetzes. Ich drehte mich um und sah, wie Joe Balistreri, Freds Anwalt, auf die Zeugenbank zusteuerte. Nachdem Fred vom Gericht hinsichtlich aller Fragen im Zusammenhang mit dem Mord Immunität gewährt worden war, begann er mit seiner Aussage. Er erklärte, daß an dem fraglichen Abend meine Mutter zu uns in die Wohnung gekommen war, um mir beim Packen zu helfen, daß er sich ins Bett gelegt hatte und daß wir mit dem Packen fertig waren, als er wieder aufstand.

Fred sagte aus, daß ich an dem Abend später noch mit einer Freundin hatte ausgehen wollen, sie aber nicht erreichen konnte.

Er sagte weiterhin, daß er mich vom Büro aus mehrere Male angerufen hatte und daß ich ihm gesagt hatte, ich wollte schlafengehen, weil ich müde war. Dann bezeugte er, er hätte eine Nachricht bekommen mit der Bitte, sich bei seinem Captain zu melden, der ihm von dem Mord berichtete. Unmittelbar danach hätte er mich angerufen und mich geweckt, um mir die Nachricht zu überbringen.

Dann kam Fred auf die Untersuchung des Revolvers zu sprechen, die er mit Durfee gemacht hatte, und ich war von seiner Aussage über die ballistischen Details tief beeindruckt; seine ausführliche Erklärung über die gänzlich mit Staub bedeckte Waffe hörte sich ganz wie die eines Experten an. Er betonte, daß sich auf dem Revolver keinerlei Blutspuren und auch keine Spuren von Patronen oder Kohlenstoff befanden.

Als Fred berichtete, wie er am Tatort eintraf, hörte er plötzlich auf zu sprechen. Seine Gefühle übermannten ihn, und er konnte nicht weiterreden. Das Gericht mußte eine Pause machen, damit er sich wieder fassen konnte.

Ich sah Eisenberg an. »Er kann nicht über ihren Tod sprechen, aber mir gegenüber tut er nichts anderes, als Chris zu kritisieren – selbst jetzt noch! Ich verstehe das nicht!« Ich fragte mich ernsthaft, ob das alles nur Schauspielerei war.

Eisenberg legte seine Hand auf meine Schulter. »Verdammt noch mal! Hätte ich gewußt, daß Fred das tun würde, hätte ich ihn nicht als Zeugen aufgerufen!«

Verletzt und verwirrt, lief ich aus dem Gerichtssaal. Fred hatte soeben vor der ganzen Welt erklärt, daß er Christine immer noch liebte, und mir hatte er stets das Gegenteil erzählt.

Als ich alleine im Waschraum stand, lehnte ich mich gegen das Waschbecken; in meinem Kopf drehte sich alles. Während ich mir kaltes Wasser ins Gesicht spritzte, kniff ich die Augen zusammen. Ich konnte nicht begreifen, was Fred da tat.

Meine Mutter betrat den Waschraum und stellte sich neben mich.

»Was sollte das da eben?« fragte sie. »Was ist mit Fred los? Liebt er sie immer noch? Jedenfalls sah es für alle im Gerichtssaal so aus!«

Sie hatte recht. Meine Mutter hatte immer recht.

»Bitte!« stieß ich hervor. »Laß mich bitte für ein paar Minuten allein!«

Sie drehte sich um und ging; ihre Absätze klapperten auf dem gekachelten Boden.

Einige Minuten später lief ich den Flur in Richtung Gerichtssaal zurück. Stu Honeck stand mit Alice Pennings in der Halle. Wie gerne hätte ich ihr etwas gesagt, wie gerne wäre ich auf sie zugegangen, um ihr zu versichern, daß ich es nicht war, die ihrer Tochter das angetan hatte. Ich wußte, ich würde nicht den Mut haben, auch nur ein einziges Wort an sie zu richten. So starrte ich sie im Vorbeigehen nur wie betäubt an und schwieg.

»Sie sieht aus, als wäre sie betrunken«, sagte Stu gerade laut genug, damit ich es hören konnte.

»Du mußt es ja wissen«, dachte ich bitter. Wie rasch sie sich doch die Rolle des Richters zu eigen gemacht hatten! Ganz eindeutig hatten sie ihr Urteil über mich bereits gefällt und mich für schuldig befunden.

Honeck betrat den Zeugenstand. Er ließ sich in den Stuhl fallen und kaute auf seinem Kaugummi herum. Er konnte sich im einzelnen nicht daran erinnern, was er in der fraglichen Nacht getan hatte und wann genau er sich wo aufgehalten hatte. Seine Aussage wich von dem ab, was Sean uns erzählt hat-

213

te. Honeck erklärte, daß Christine ihn an dem Abend nach Hause gefahren hatte. Er bestritt, jemals ein Alkoholproblem gehabt zu haben, aber er gab immerhin zu, einen Schlüssel zu ihrem Haus zu besitzen.

Dann bot Stu eine dramatische Vorstellung, als er beschrieb, wie Chris ihm erzählt hatte, daß ich sie haßte. Er sagte, Chris hätte ihm berichtet, daß ich sie eines Abends einfach auf dem Flur hätte stehenlassen und daß ich mich geweigert hätte, sie hereinzulassen, als sie vorbeikam, um mir einen Malpinsel zu schenken.

»Das stimmt überhaupt nicht!« flüsterte ich.

Eisenberg machte pst! und schob mir einen gelben Notizblock zu, auf den ich meinen Kommentar schreiben sollte.

»STIMMT NICHT!« schrieb ich in großen Buchstaben.

Aber nichts war für mich und meine Freunde schockierender als der Judaskuß von Judy Zess. Ich saß da und konnte nur ungläubig staunen, als sie im Zeugenstand aussagte, ich hätte gegen Christine zahlreiche verbale Drohungen ausgesprochen. Außerdem behauptete sie, daß sie in der Wohnung, die wir teilten, einen grünen Jogginganzug gesehen hätte.

»Sagten Sie nicht, daß Sie die Gelegenheit hatten, mit der Angeklagten heute außerhalb des Gerichtssaales zu sprechen?« wollte der stellvertretende Bezirksstaatsanwalt Kraemer von Zess wissen.

»Ja«, antwortete sie.

»Was sagte die Angeklagte zu Ihnen, sofern sie etwas gesagt hat?«

»Sie erklärte mir, daß mich ihr Anwalt vermutlich nicht zu einer Aussage auffordern würde und daß sie nicht verstehen könnte, woher die Polizei diesen Unsinn mit dem grünen Jogginganzug hätte.«

»Das habe ich nie gesagt!« schrieb ich auf den Block. Dann waren wir mit unserem Kreuzverhör an der Reihe. Eisenberg griff Judys Aussage gnadenlos an.

214

»Nun gut, Miss Zess«, begann er, »kommen wir zurück zu dieser Party, auf der die Angeklagte angeblich Drohungen gegen Christine ausgesprochen hat. In welchem Monat fand die Party statt?«

»Im Februar.«

»Haben Laurie und Fred am letzten Januartag geheiratet?«

»Ja.«

»Dann wurde diese Party aus einem erfreulichen Anlaß gegeben? Eine Feier?« Eisenberg lief auf und ab.

»Ich weiß nicht«, kam Judys Antwort.

»Nun, Miss Zess, war diese Party ein vergnügliches Fest oder eine Beerdigung? Fred und Laurie waren gerade aus ihren Flitterwochen zurück. Sie haben sie am O'Hare Flughafen abgeholt. Stimmt das nicht?«

»Doch.«

»Und Sie nahmen an dieser Dinner-Party teil, haben gelacht und sich amüsiert?«

»Ja.«

»Und was genau hat Laurie angeblich gesagt?«

»Wir unterhielten uns über die Lebenshaltungskosten, und sie sagte, es würde sich rentieren, Chris aus dem Weg zu räumen.«

»Was haben Sie darauf entgegnet?«

»Daran kann ich mich nicht erinnern.«

»Haben Sie die Polizei gerufen? Haben Sie darüber gelacht? Was taten Sie?«

»Ich... wir... die Unterhaltung wurde abgebrochen.«

»Glauben Sie, daß sie einen Scherz gemacht hat?«

»Nein.«

»Würde es Ihr Gedächtnis auffrischen, wenn Sie den Bericht läsen, den Sie im letzten Juni bei der Polizei abgaben und in dem Sie sagten: ›Es war im Spaß gesagt worden.‹?«

Eisenberg ging auf Zess zu und gab ihr eine Kopie des Berichtes.

»Ja.«

»Sie dachten, Laurie würde einen Scherz machen?«

»Ja.«

»Aber anläßlich dieser Anhörung haben Sie beschlossen auszusagen, daß Sie dachten, Laurie würde nicht scherzen?«
fragte er.

»Einspruch!« rief der Kläger. »Die Zeugin hat diese Frage bereits beantwortet.«

»Stattgegeben«, sagte Richter Fine ruhig.

»Ich ziehe die letzte Frage zurück, Euer Ehren«, sagte Eisenberg. Dann bat er Zess, ihre Beschreibung des grünen Jogginganzuges zu wiederholen.

»Bei welcher Gelegenheit ist Ihnen dieser grüne Jogginganzug zum erstenmal in der Wohnung der Schultz' aufgefallen?«

»Als Fred und ich einige Kartons in einen Abstellraum in den
Keller brachten. Ich half ihm dabei und sah die Hose in einer
der Kisten.«

»Welche Farbe hatte diese Hose?«

»Grün.«

»War sie natogrün? Tannengrün? Hellgrün?«

»Sie war dunkelgrün.«

»War es ein Baseballanzug?«

»Nein.«

»Wie konnten Sie so sicher sein?« Eisenberg machte weiter
Druck. »Sie haben gerade ausgesagt, daß Sie nur eine zusam-
mengefaltete Hose in einem Karton gesehen haben. Wie
konnten Sie wissen, was es war?«

»Es war ein Jogginganzug«, beharrte Zess.

»Haben Sie Laurie je darin joggen sehen?«

»Nein.«

»Haben Sie Fred je darin joggen sehen?«

»Nein.«

Eisenberg versuchte, den Grund für Judys vernichtende und

konstruierte Aussage aufzudecken, wurde jedoch durch die ständigen Einwände der Anklage daran gehindert. Mit ihrer Aussage hatte sie uns alle völlig überrascht. Ich begriff nicht, warum sie mir derartig in den Rücken fiel. Sie hatte mir doch einen netten Brief geschrieben, und sie hatte wenige Minuten vor ihrer Vereidigung noch mit mir in der Halle geplaudert.

»Die Zeugin kann wegtreten.«

Von meinem Platz aus starrte ich Judy an, aber sie erwiderte meinen Blick nicht. Sie bewegte sich gemächlich durch den Saal und vermied jeden Blickkontakt mit mir, indem sie auf den Boden sah.

Eisenberg beugte sich zu mir herüber, um mir zuzuflüstern: »Was zum Teufel ist in Zess gefahren? Ich dachte, Sie beide seien Freundinnen! Sie ist im Begriff, Ihr Grab zu schaufeln.«

»Bei allem, was mir heilig ist, ich kann es nicht verstehen. Sicher hatten wir in der Vergangenheit unsere kleinen Auseinandersetzungen – ich habe Ihnen darüber ja berichtet, aber sie waren nicht so schlimm, daß sie diese Lügen rechtfertigen würden. Warum tut sie mir das nur an?«

»Ich möchte eine Kopie ihres letzten Briefes an Sie haben.«

»Draußen in der Halle spricht sie mit mir, und dann erzählt sie dem Staatsanwalt, daß ich eine Bemerkung über den grünen Jogginganzug gemacht hätte? Was – ?«

»Sie hätten überhaupt nicht mit ihr reden sollen. Das nächste Mal bitte keine Unterhaltungen mehr auf dem Flur oder in der Halle dieses Gerichts.«

»Don, ich habe nur gesagt, daß ihr Haarschnitt hübsch sei, und dann zeigte sie mir ihren Ring und erzählte mir, daß sie und Tom geheiratet hätten.«

»Geheiratet? Sie hat doch eben ausgesagt, Tom wäre ihr Verlobter! Was ist er denn nun?«

»Wer kommt als nächstes?« fragte ich und meinte die Zeugenliste.

»Freds ältester Sohn.«

Sean beantwortete die Fragen direkt und wirkte dabei sehr erwachsen. Er lächelte mir zu und setzte sich aufrecht hin; er bemühte sich nach Kräften, den großen Stuhl auf dem Zeugenstand auszufüllen. Einmal fing er zu weinen an, und er tat mir sehr leid. Ich war tief berührt und hätte ihn gerne getröstet, aber ich mußte auf meinem Platz sitzen bleiben. Eisenberg bot ihm ein Glas Wasser an.

Mehrere Male betonte Sean, daß ich nicht die Person gewesen sein konnte, die er gesehen hatte, weil der Eindringling so groß war, er hatte die Statur eines kräftigen Mannes, sagte er. »Laurie kann es nicht gewesen sein«, wiederholte Sean. »Selbst wenn sie Schulterpolster getragen hätte, so wie ein Footballspieler, kann sie es immer noch nicht gewesen sein, weil ihr Körper dann eine V-Form gehabt hätte. Aber der Körper war von oben an sehr mächtig.« Sean nahm seine Hände zur Hilfe, um zu erklären, was er meinte. »Außerdem kenne ich Laurie. Laurie riecht immer so gut, weil sie Parfüm mag, und ich habe überhaupt kein Parfüm gerochen.«

Die Befragung ging weiter, als Sean sich an die schrecklichen Ereignisse jener Nacht erinnerte. »Er trug eine khakigrüne Armeejacke«, sagte er bestimmt. »Es war kein grüner Jogginganzug. Ich weiß das, weil ich sehen konnte, wie die Seiten der Jacke nach außen schlugen, als er oder sie die Treppe hinunterlief. Sie wissen schon – eine Armeejacke ohne Tarnflecken drauf.«

Natürlich hatte Kraemer nicht überhört, daß Sean den Ausdruck ›er oder sie‹ gebrauchte, und nutzte gleich die Gelegenheit, um das Kind zu verwirren. Glücklicherweise war Sean intelligent genug, um sich nicht verunsichern zu lassen. »Sag' mal, Sean«, fragte Kraemer mit einem kleinen Lächeln, »warum hast du gerade gesagt ›er oder sie‹? Hast du es gesagt, weil du nicht wirklich sicher bist, ob es ein Mann oder eine Frau war?«

Sean sah nachdenklich aus. »Nun, ich sagte ›er oder sie‹, weil

218

das die beiden einzigen Geschlechter sind, die es gibt.« Ein leises Lachen ging durch den Gerichtssaal.

»Sean«, fragte Kraemer, »du weißt, daß dein Daddy Laurie sehr liebt, nicht wahr?«

»Ja.«

»Ist es nicht vielmehr so, daß dein Daddy dir gesagt hat, daß Laurie es nicht getan hat?«

»Nein«, antwortete Sean.

»Hat dein Daddy überhaupt mit dir über diese Sache geredet?«

»Ja.«

»Was hat er dir gesagt?« fuhr Kraemer fort.

»Er sagte mir, daß ich nur die Wahrheit sagen sollte«, sagte Sean bestimmt.

Frustriert wendete sich Kraemer vom Zeugenstand ab. »Keine weiteren Fragen, Euer Ehren.«

Jetzt ging Eisenberg auf das Kind zu, um ihm einige weitere Fragen zu stellen.

»Ich weiß, daß dies hier sehr schwer für dich ist. Ich möchte nur einige Dinge klären, okay Sean? Es scheint darum zu gehen, ob dir jemand gesagt hat, was du heute hier sagen sollst oder nicht. Hat dir irgend jemand gesagt, was du sagen sollst?«

»Nein.«

»Habe ich dir jemals gesagt, was du sagen sollst, Sean?«

»Nein.«

»Hat Laurie dir jemals gesagt, was du sagen sollst?«

»Nein.«

»Was du der Polizei gesagt hast, nachdem es passiert war, ist das die Wahrheit?«

»Ja.«

»Du kennst den Unterschied zwischen der Wahrheit und einer Lüge?«

»Ja.«

»Jetzt gerade, sagst du da die Wahrheit?«

»Ja«, entgegnete Sean. »Da war nur eine Sache, die ich vergessen habe, der Polizei in der Nacht zu erzählen, und dann habe ich mich daran erinnert und es meinem Vater einige Tage später erzählt.«

»Was war das?« fragte Eisenberg. Ich fragte mich, was Sean als nächstes sagen würde. Ich wußte nicht, daß da noch etwas gewesen war.

»Ich erinnerte mich daran, daß der Mann in der Nacht gebrummt hat. Er hat mich angebrummt. Das ist das einzige, was ich vergessen habe, der Polizei zu sagen.«

»Gut. Habe ich recht, wenn ich sage, daß du in jener Nacht vernünftig genug warst zu versuchen, deiner Mami Erste Hilfe zu leisten, damit sie nicht verblutet?«

»Ja, das habe ich getan.«

»Sean, hat Laurie deine Mami umgebracht?«

»Nein.«

»Hast du Laurie lieb?«

»Ja.«

Nach Sean wurde meine Mutter in den Zeugenstand gerufen. In der für sie ungewohnten Atmosphäre eines Gerichtssaales wirkte sie zerbrechlich und nervös, als sie den Zeugenstand betrat. Eine Welle des Mitleids und der Liebe überkam mich, als sie aussagte. Sie beschrieb, was an dem besagten Abend geschehen war, und erklärte, daß sie sich zusammen mit mir in der Wohnung aufgehalten hatte.

»Wie viele Stunden haben Sie an dem Abend bei Ihrer Tochter verbracht?« fragte Eisenberg meine Mutter.

»Ich würde sagen, etwa vier Stunden, weil mein Mann mich gleich nach dem Abendessen bei ihr abgesetzt hat und ich bis gegen zehn Uhr bei ihr geblieben bin.«

»Was haben Sie getan, während Sie dort waren?«

»Ich half Laurie beim Packen, weil sie und Fred am folgenden Wochenende umziehen wollten. Ich erinnere mich, daß

220

ich Laurie fragte, ob ich im Gästezimmer anfangen sollte. Eigentlich war es kein richtiges Schlafzimmer. Es war mehr ein Abstellraum für Freds Bücher, Kleidungsstücke und Sportsachen.«

»Haben Sie das alles in Kisten verpackt?«

»Ja, nachdem ich vorher alles in Zeitungspapier eingewickelt hatte.«

»Einspruch«, unterbrach ihn Kraemer. »Das ist irrelevant.«

»Euer Ehren, ich glaube, daß Sie in einer Sekunde sehen werden, daß es relevant ist.«

»Einspruch abgelehnt. Fahren Sie fort.«

»Mrs. Bembenek«, sagte Eisenberg zu meiner Mutter, »erinnern Sie sich daran, Freds Schmuckkasten an dem Abend eingepackt zu haben?«

»Ja.«

»Im Beisein Ihrer Tochter?«

»Nein, sie war in einem anderen Zimmer.«

»Einspruch! Ich kann den Zweck dieser Frage nicht erkennen, Euer Ehren«, unterbrach Kraemer erneut.

»Der Zweck«, so erklärte Eisenberg, »ergibt sich daraus, daß der Staat aufgrund einiger weniger Indizien die Theorie vertritt, daß die Angeklagte Zugang zu dem Haus in der Ramsey Street hatte, weil sie einen Schlüssel benutzte, einen Schlüssel, den ihr Mann in seinem Schmuckkasten aufbewahrte und von dem die Angeklagte, wie sie sagt, keinerlei Kenntnis hatte. Mrs. Bembenek hat soeben ausgesagt, daß sie an dem Abend sämtliche Sachen von Fred Schultz eingepackt hat, so auch den Schmuckkasten, der den Hausschlüssel enthielt. Wenn der Schlüssel also vor dem Mord von Mrs. Bembenek in eine Kiste gepackt worden war und wenn der Platz, an dem er dann lag, der Angeklagten nicht bekannt war und wenn, wie Fred Schultz bestätigte, eben dieser Schlüssel immer noch irgendwo verpackt war, als er nach dem Mord einen Anlaß hatte, danach zu suchen, dann wird das Gericht die fragwürdige Argumentation erkennen, die hier benutzt wurde, um die Theorie zu konstruieren. Die Bedeutung der Frage lautet also: kein Zugang.«

»Fahren Sie fort«, sagte Richter Fine.

Eisenberg setzte seine Befragung fort.

»Waren Sie vor dieser Nacht schon einmal in der Wohnung Ihrer Tochter Laurie?«

»Ja.«

»Wann war das?«

»Am 14. April.«

»Aus welchem Grund waren Sie dort?«

»Laurie und Fred hatten meinen Mann und mich zum Abendessen eingeladen.«

»Haben Sie zu dem Zeitpunkt irgend etwas Ungewöhnliches an den Wasserleitungen festgestellt?«

»Ja. Ich fragte Laurie, ob ich das Badezimmer benutzen könnte, und sie bat mich, nicht in Judys Badezimmer zu gehen, weil die Toilette dort verstopft war und überlief.«

»Habe ich also recht, wenn ich sage, daß in dieser Wohnung die Wasserleitungen schon am 14. April defekt waren?«

»Ja.«

»Okay. Reden wir über Ihre Tochter. Sie kennen sie so gut, wie jede Mutter ihre Tochter kennt, ist das richtig?«

»Ja.«

»An dem Abend des 27. Mai, als Sie vier Stunden mit Laurie verbrachten... Streichen Sie das. Wußten Sie übrigens, wohin Fred und Laurie ziehen wollten?«

»Ja. Sie wollten in die Nähe unseres Haus ziehen, in eine Wohnung gegenüber von einem Park.«

»Wußten Sie, warum sie umziehen wollten?«

»Weil Judy Zess den Mietvertrag nicht eingehalten hat.«

»Gut, Mrs. Bembenek. Kommen wir zu diesem Abend zurück. Hat Laurie sich seltsam verhalten?«

»Nein.«

»War sie nervös?«

»Nein.«

»Benahm sie sich wie ein Mädchen, das plante, an diesem Abend einen Mord zu begehen?«

»Einspruch! Mutmaßungen!« rief Kraemer.

»Abgelehnt. Sie dürfen die Frage beantworten.« Der Richter sah mich an, als wollte er meine Reaktion aufmerksam analysieren.

»Würden Sie Ihre Frage bitte wiederholen?« bat meine Mutter.

»Sicher. So gut wie Sie Ihre Tochter kennen, würden Sie sagen, daß sie Ihnen an dem Abend wie ein Mädchen erschien, das plante, einen Mord zu begehen?«

»Natürlich nicht.«

»War sie betrunken?«

Nein.«

»Hatte sie irgendwelche Drogen genommen, von denen Sie wissen?«

»Nein.«

»Wußten Sie, ob sie an dem Abend irgend etwas vorhatte?«

»Sie sagte – »

»Einspruch! Das ist Hörensagen!« rief Kraemer.

»Abgelehnt. Hörsensagen vom Angeklagten ist zulässig.«

Meine Mutter sah den Richter fragend an.

»Sie können die Frage beantworten.«

»Laurie erwähnte, daß sie vorhatte, mit einer befreundeten Arbeitskollegin auszugehen. Sie wartete darauf, daß das Mädchen sie anrief, sagte aber, daß sie vielleicht nicht ausgehen werde, weil sie müde wurde.«

Im Kreuzverhör versuchte Kraemer, meine Mutter aufgrund ihrer bisherigen Aussagen in die Enge zu treiben. Er stemmte seinen massigen Körper aus dem Stuhl und bewegte sich in seinen Hush Puppies schwerfällig auf den Zeugenstand zu.

»Mrs. Bembenek, würden Sie für Ihre Tochter lügen?«

»Nein.«

»Haben Sie Ihre Aussage vorher einstudiert?«

»Nein.«

»Mrs. Bembenek, ich finde es ziemlich erstaunlich, daß Sie sich an das exakte Datum des Abendessens in der Bembenek-Schultz Wohnung erinnern. Wie kommen Sie darauf, daß es der 14. April war, als sie dort zum Abendessen waren?«

»Weil das mein Hochzeitstag ist.«

»Keine weiteren Fragen, Euer Ehren.«

Endlich war die Anhörung vorbei. Aber statt zu entscheiden, ob der Fall vor einem Geschworenengericht weiterverhandelt werden sollte oder nicht, forderte der Richter beide Anwälte auf, dem Gericht eine Zusammenfassung ihrer Stellungnahme einzureichen.

Zusammen mit meinen Eltern und Eisenberg verließ ich das Gericht, um in einem Lokal noch etwas zu trinken. Fred mußte irgendwo einen wichtigen Termin wahrnehmen und sagte mir, daß wir uns dann später zu Hause sehen würden. Sein emotionaler Ausbruch während seiner Aussage ließ mich immer noch angestrengt nachdenken.

»Ich glaube, es ist wichtig, daß Sie am Abend des Verbrechens zumindest planten, noch auszugehen«, sagte Eisenberg. »Ich meine, es macht doch keinen Sinn. Wer würde schon sagen: ›Ich kann nicht ausgehen, also was soll's – dann gehe ich eben los und bringe statt dessen jemanden um.‹?«

Wir bestellten unsere Getränke.

»Sie sollten auf Fred wegen seines emotionalen Ausbruchs nicht zu wütend sein«, sagte Eisenberg. »Ex-Frauen haben eine einzigartige Art, bei Männern enorme Schuldgefühle hervorzurufen. Ich muß es wissen – immerhin habe ich zwei davon!«

»Wie schnell werden wir nun über das Ergebnis informiert werden?« fragte mein Vater.

»Im Oktober«, antwortete Eisenberg. »Ich bin optimistisch.

Irgendwie ist es für einen Richter ungewöhnlich, um Aufschub zu bitten, damit er über ein Geschworenenverfahren entscheiden kann. Er könnte die Klage abweisen.«

»Was wird Ihrer Meinung nach passieren?« fragte ich, während ich an meinem Scotch nippte.

»Das einzige, was der Staat bei dieser Anhörung beweisen mußte, waren hinreichende Verdachtsmomente für eine Verhaftung. Es ist eine Frage der Wahrscheinlichkeit. Nirgendwo ist es so schwer, etwas zu beweisen, wie bei einem Geschworenenverfahren, in dem der Staat die Schuld über berechtigte Zweifel hinaus zu beweisen hat. Bei einer Vorverhandlung ist die Beweislast anders. Hier muß nur nachgewiesen werden, daß es möglich wäre, daß der Angeklagte es ›wahrscheinlich‹ getan hat – Sie wissen, was hinreichende Verdachtsgründe sind?«

Ich nickte.

»Ich denke, wir haben wirklich gute Arbeit geleistet!« sagte Eisenberg zufrieden. »Wir haben eine Reihe von Verdächtigen aufgedeckt. Die Kinder haben darauf bestanden, daß Sie es nicht gewesen sind.«

»Honeck bestritt, daß er Alkoholprobleme hatte.«

»Kein Problem«, sagte Eisenberg. »Wir fordern ganz einfach unter Strafandrohung seine Personalakte von der Polizei an.«

»Dieser Verdächtige, der gegenüber von Chris' Haus wohnt – was ist eigentlich aus ihm geworden?« wollte meine Mutter wissen.

»Er weigerte sich, als Zeuge auszusagen. Ich meine, daß er einen Dachschaden hat«, sagte Eisenberg.

»Ich kann immer noch nicht glauben, was Judy da getan hat«, sagte ich traurig.

»Und ich frage mich, was sie dazu treibt«, entgegnete Eisenberg. »Jemand muß da ein Spielchen spielen. Das wichtigste Beweisstück des Staates ist das Ergebnis der ballistischen Untersuchung der außerdienstlichen Waffe. Ich habe Einspruch dagegen erhoben, daß dieser Bericht dem Gericht vorgelegt wird, weil ich keine Gelegenheit hatte, den Techniker aus dem kriminaltechnischen Labor ins Kreuzverhör zu nehmen, aber Fine hat ihn dennoch zugelassen.«

»Glauben Sie, daß die Klage abgewiesen wird?« fragte ich noch einmal, wobei ich eine letzte Hoffnung hegte.

»Sie sollten nicht zu niedergeschlagen sein, wenn sie nicht abgewiesen wird. Natürlich hoffe ich, daß sie es wird. Sie muß abgewiesen werden! Aber viele Richter lassen sich durch die Politik in ihren Entscheidungen beeinflussen. Sie machen sich Sorgen um ihre Wiederwahl. Sie hatten mit Ihrem Fall schon eine Menge Publicity. Fine könnte möglicherweise beschließen, eine Geschworenenjury entscheiden zu lassen.«

Der Scotch hatte mich etwas entspannt. Ich streifte meine engen, grauen Pumps von den Füßen und ließ einen unter der Glastischplatte an meinen Zehen baumeln.

»Ich mußte gerade an etwas denken«, sagte ich zu Eisenberg. »Judy behauptet, daß sie einen grünen Jogginganzug in einer der Kisten sah, als sie und Fred die Kartons in den Abstellraum brachten, nicht wahr? Sie ist die einzige, die einen Schlüssel zu diesem Abstellraum besaß! Sie hatte versprochen, Nachschlüssel für uns machen zu lassen, aber damit war es nicht so eilig, weil sich in den Kartons nur Wintersachen befanden. Sie hat uns nie einen Nachschlüssel gegeben. Ich erinnere mich daran, daß Fred gesagt hat, er müsse das Schloß an der Tür aufbrechen, als wir umziehen wollten.«

»Glauben Sie, daß Fred eine grüne Baseball- oder Footballkombination besitzt?«

»Nein, soviel ich weiß, nicht. Die Hosen seiner Teamanzüge sind alle weiß. Ich denke immer, daß es Quatsch ist, weiß zu tragen, weil es so schmutzig wird. Noch Tage nach einem Spiel muß ich die Hosen in Seifenlauge einweichen. Seine Trikots sind kastanienbraun, und ich glaube, er hat auch ein gelbes mit schwarzen Buchstaben, aber kein grünes.«

Ich machte eine Pause, dann sprach ich weiter. »Das ist es ja, Don! Ich besitze überhaupt nichts Grünes. Nicht ein grünes Teil! Ich mag diese Farbe einfach nicht. Meine Sachen sind entweder purpurrot oder lila oder fuchsienfarben. Daneben habe ich einige Jeans und ein paar dreiteilige Anzüge in braun und blau. Das ist so unwirklich!«

»Ich weiß.« Eisenberg nickte. »Wir haben das alles ja schon besprochen. Es würde für einen Mörder keinen Sinn machen, etwas so Einzigartiges zu tragen. Ich meine, der Kerl hätte genau so gut einen kanariengelben Anzug tragen können! Die Armeejacke klingt schon realistischer.

Also gut, lassen Sie uns aufbrechen. Sie haben ein paar harte Tage hinter sich.«

•

Wie wahr, dachte ich. Aber es sollte noch schlimmer kommen – viel schlimmer.

13

DER WINTER NAHT

Wieder zu Hause, überkamen mich ernsthafte Zweifel an Fred, Zweifel darüber, was ich ihm wirklich bedeutete. Zwischen dem, was er an einem Tag sagte, und dem, was er am anderen Tag tat, lagen Welten. Sein Verhalten verursachte eine hoffnungslose Verwirrung in mir, und ich wünschte mir so sehr eine Bestätigung von ihm.
Was sollte ich tun? Wie sollte ich damit umgehen? Damals wollte es mir einfach nicht in den Kopf gehen, daß Fred verschlagen genug war, um seine Frau in einem Mordfall zu verleumden. Wie hätte ich das glauben können? Ich wollte Bestätigung, nicht noch mehr Angst. Es fällt mir schwer, mich daran zu erinnern, wie verwirrt ich war – jetzt ist die Verwirrung der Wut gewichen, jetzt, wo ich weiß, wo gelogen wurde und wer die Lügner sind; jetzt, wo mein Leben nur ein Ziel hat, eine Fahrt hinaus ins Freie.
Aber in diesen schlechten Tagen war ich jung und verwirrt und wußte nicht, wohin ich mich wenden sollte.

•

Ich griff nach dem Stapel Briefe, der abgeschickt werden mußte, und sagte Fred, daß ich zum Drugstore hinübergehen wollte. Ich verließ das Haus in einer karierten Bluse und Baumwollshorts. Seit dem Nachmittag war die Temperatur um einige Grade gesunken, aber ich achtete nicht auf das Wetter. Meine depressive Stimmung ließ die Kälte nur natürlich erscheinen.
In Freds Welt und in meiner Welt gab es zu viele Leute, denen es gefiel zu lügen, andere zu verleumden und zu verlet-

zen. Das war mehr, als ich ertragen konnte. Ich hatte kein behütetes Leben genossen, ich hielt mich für erfahren, aber nichts hatte mich auf so etwas vorbereitet. Ich wollte eine Telefonseelsorge für Frauen anrufen, aber als ich im Drugstore ankam, war der Münzfernsprecher gerade besetzt. Ich sah die Straße entlang und entdeckte eine Kneipe, die geöffnet war. Seit ich das Haus verlassen hatte, mochte etwa eine halbe Stunde vergangen sein. Draußen wurde es dunkel.

Außer mir stand nur noch ein anderer Gast an der Theke. Der Wirt war ein korpulenter Mann mit dicken Brillengläsern und langen Koteletten. Ich bat ihn um Kleingeld, legte eine Ein-Dollar-Note auf die Theke und bestellte ein Bier.

Das Telefon befand sich in einer dunklen Ecke der Kneipe. Während ich die Nummer der Telefonseelsorge wählte, wurde mir bewußt, daß ich mir nicht einmal darüber im klaren war, was ich sagen wollte oder warum ich überhaupt anrief. Ich wußte nur, daß ich jemanden zum Reden brauchte. Eine Frau antwortete und erklärte mir, daß alle Leitungen im Moment besetzt wären. Man würde mich in zehn Minuten zurückrufen. Ich ging zu meinem Barhocker zurück und nippte an meinem Bier. Ich wollte weglaufen.

Aber wohin?

Die Straßenlichter gingen an und aus, sie glänzten grünlichgelb gegen die düstere Färbung des Himmels. An der Wand über der Bar dröhnten die Neuigkeiten über meine Anhörung aus einem Fernseher.

»He!« rief der Wirt und kam auf mich zu. »Ich wußte doch, daß ich Sie schon mal gesehen habe! Das sind Sie im Fernsehen – stimmt's?«

Ich zuckte zusammen und nickte still. Mein Gesichtsausdruck veranlaßte ihn, sich zu entschuldigen.

»Mein Gott, tut mir leid. Ich hab' noch nie so einen Scheißfall erlebt. Die müssen Sie freilassen. Ich kann das nicht verstehen! Erst werden die Leute von den Cops aufgefordert mitzuhelfen, den Mörder zu finden, und zwar einen Mann! Dann verhaften sie Sie? Das macht keinen Sinn.«

Ich versuchte ein schwaches Lächeln und zuckte mit den Achseln. Ich konnte mich der Situation nicht entziehen.

»Sie sehen nicht wie ein Kerl aus«, fuhr er fort. »Außerdem, der kleine Junge, der gesehen hat, wer es war, hat gesagt, daß Sie es nicht waren.«

Die Tür ging auf und Fred kam herein.

»Ich werde wie ein Kind beaufsichtigt!« dachte ich wütend.

Fred setzte sich neben mich; in dem Moment läutete das Münztelefon. Niemand nahm ab. Ich kämpfte gegen ein Würgegefühl an.

»Laurie – dein Vater machte sich deinetwegen Sorgen, als du über eine halbe Stunde weg warst. Du bist nur in Shorts weggegangen, und es ist draußen kalt geworden. Es wurde auch langsam dunkel.« »Ich wollte nur eine Weile alleine sein! Ich wollte mal fünfundvierzig Minuten für mich haben! Du verdirbst mir alles! Folge ich dir etwa?«

»Was wolltest du denn tun? Die ganze Nacht lang in dieser Spelunke hocken?«

»Nein!« Ich zischte nur noch.

»Paß auf. Dein Vater wollte schon seinen Mantel anziehen und dich suchen.«

Später fand ich heraus, daß mein Vater damit überhaupt nichts zu tun hatte.

»Wie konntest du wissen, daß ich hier bin? Ich bin nur hierher gekommen, um zu telefonieren.«

»Ich bin am Drugstore vorbeigefahren und sah deine blonden Haare. Sieh mal, ich wußte, daß du sauer sein würdest, aber ich konnte doch deinen Vater nicht losgehen lassen, um dich zu suchen«, sagte Fred.

Ich spülte den Rest meines Bieres herunter und hielt das leere Glas fest.

»Außerdem – was war denn das für ein Telefonat, das du von

zu Hause aus nicht führen konntest?« fragte Fred mißtrauisch.

»Das ist meine Angelegenheit«, erwiderte ich, während ich
auf den Ausgang zulief.

»Ich weiß, warum du sauer bist«, meinte Fred schließlich, als
wir an meinem Wagen ankamen. »Ich habe dein Gesicht gesehen, nachdem ich meine Aussage über Chris gemacht habe.
Es war ein sehr emotionaler Moment für mich!«

»Wie seltsam! Noch dazu nach einer so emotionslosen Ehe,
wenn man deinen Ausführungen glauben darf!«

Ich blitzte ihn ärgerlich an. »Wo waren deine Emotionen in
der Nacht, als es passierte? Im Leichenschauhaus hast du
nicht geweint. Bei der Beerdigung hast du auch nicht geweint.
Mußtest du damit unbedingt wie auf Kommando im Gerichtssaal anfangen, wo dir die ganze Welt zusieht? Immer
wieder behauptest du, daß du Chris nie geliebt hast. Du sagst
etwas und tust dann etwas völlig anderes.«

»Ich werde jetzt nicht versuchen, dir das zu erklären«, sagte
Fred.

»Weil du es dir nicht einmal selbst erklären kannst«, dachte
ich.

Während der folgenden Wochen klammerte ich mich an die
Hoffnung, daß der Richter die Klage wegen mangelnder Verdachtsmomente fallenlassen würde. Eisenberg hatte mir wiederholt gesagt, daß die Klage nicht besonders stichhaltig war.
Es gab ja nicht einmal einen Haftbefehl für meine Festnahme.
Meine Mutter beschloß, eine Weile an die Westküste zu gehen. Nach zahlreichen Diskussionen und ständigen Streitereien über Bagatellen hatte die Spannung in meinem Eltern-
haus selbst auf die sicherste Beziehung, die ich besaß, über-
gegriffen. Als ich sie gehen sah, fühlte ich eine Mischung aus
Schuld und Erleichterung. Ich machte ihr keinen Vorwurf,
daß sie sich der Spannung entziehen mußte – ich wünschte,
ich hätte auch für eine Weile fortgehen können. Ich wußte,

daß es unsinnig war, ihr das Weggehen zu verübeln, schließlich war ich ja diejenige, die sie praktisch aus ihrem eigenen Haus getrieben hatte, aber gleichzeitig vermißte ich sie und fühlte mich verlassen. Ich benahm mich wie ein emotionaler Krüppel und heuchelte Gleichgültigkeit.

Die Langeweile fraß mich fast auf. Außer Hausarbeit gab es nichts, womit ich mich beschäftigen konnte, und je weniger ich tat, desto weniger Lust hatte ich, überhaupt noch etwas zu tun. Ich nahm rapide ab, litt unter Schlafstörungen und hörte mit dem Training im Fitness-Club auf.

Fred und ich hatten inzwischen aufgehört, über meinen Fall zu reden. Von der Arbeit kam er angespannt und gereizt nach Hause. Er behauptete, seine Vorgesetzten würden ihn schikanieren; seinen Kollegen hatte man nahegelegt, sich nicht mit ihm zu unterhalten, und ständig wurde er gerügt, oder man spionierte ihm nach.

Eines Abends saß er am Küchentisch; seine Krawatte hatte er gelockert, und seine Weste war nicht zugeknöpft. Er schlang ein Sandwich mit kaltem Braten herunter. Ich hatte meine Beine auf einen anderen Stuhl gelegt und stocherte lustlos in dem Sandwich auf meinem Teller herum. Am Essen hatte ich das Interesse verloren. Ich fragte ihn etwas, aber er antwortete mir nicht.

Ich dachte, er hätte wieder eine seiner Launen. Beinahe hatte ich schon Angst, mit ihm zu sprechen. Ich spürte Wut in mir. Plötzlich hörte ich ein Geräusch auf dem Flur. Ich sah auf. Ein kleiner struppiger, niedlicher Hund schob sich vorsichtig um die Ecke des Küchenschrankes. Ängstlich machte er halt, als er mich sah.

»Freddy!« kreischte ich, sprang vom Stuhl herunter und krabbelte dem kleinen Racker auf Händen und Knien entgegen. Es war ein deutscher Hirtenhund, gerade sechs Wochen alt. Vorsichtig nahm ich ihn auf den Arm und hielt ihn umschlungen.

»Magst du ihn?« Fred lächelte. »Ich habe ihn für dich gekauft.«
Als der Kleine beim Klang unserer Stimmen mit treuem Blick
den Kopf hob, mußte ich weinen. Seine kleine rosafarbene
Zunge leckte meinen nackten Arm.
»Er ist so niedlich! Sieh dir seine großen Pfoten an! Woher
hast du ihn?«
»Von einem Züchter aus Nord-Milwaukee.«
Wieder hatte Fred Geld ausgegeben, das wir eigentlich nicht
besaßen, und wieder hatte er es für mich getan. Ich konnte
nicht böse sein. Ich brauchte doch so dringend jemanden, der
mich liebte!
Ich nannte den Hund »Sergeant«.

In den kommenden Wochen war Sergeant mein ein und alles.
Nach jahrelangen Diskussionen mit meiner Mutter über meine Angewohnheit, morgens lange zu schlafen, begann ich
jetzt, früh aufzustehen. Jeden Morgen bei Sonnenaufgang
wälzte ich mich unruhig im Bett und war schon um halb sechs
auf den Beinen.
Ich kochte mir eine Tasse Kaffee, ließ Sergeant in den Garten
hinaus und las die Zeitung, bis Fred und mein Vater aufstan-
den. Ich studierte die Stellenangebote und bemühte mich, irgendwo eine Anstellung zu finden, aber es war sinnlos. Ich
glaubte allmählich, daß mich in der ganzen Stadt niemand
mehr einstellen wollte. Meine Zeit verbrachte ich damit, mich
um den Hund zu kümmern und einige kleinere Arbeiten am
Haus zu erledigen, aber mein Leben war so eingeengt und unbedeutend geworden. An manchen Tagen ging es mir so
schlecht, daß ich kaum die Kraft fand, mich morgens nach
dem Aufstehen anzuziehen. Wenn Fred mich dann fragte,
warum ich nicht endlich Nachthemd und Morgenmantel aus-
zog, fragte ich nur: »Warum sollte ich?« und ich meinte es
auch so.

Meine Malerei lag unberührt in der Ecke. Das Buch, in das ich immer meine Gedichte geschrieben hatte, schlummerte vergessen irgendwo in meinem Schrank. Mit Joggen und Gewichtheben hatte ich aufgehört. Meine Depressionen wurden schlimmer, und ich litt unter starken Angstattacken.

Ich war dreiundzwanzig. Ich brauchte dringend Hilfe.

Ich wandte mich an eine psychiatrische Klinik in der Hoffnung, dort einen Freund zu finden.

Ich erinnere mich an einen Spatz, der am Himmel flog, als ich durch umherliegende Blätter in einer Straße am Ostende der Stadt lief. Ich erinnere mich an das Geräusch meiner Absätze auf dem Pflaster. Ich erinnere mich an die massive Eingangstür. Ich erinnere mich, wie ich beim Öffnen der Tür meinen Mantel eng um mich schlug, so daß man sein zerrissenes Innenfutter nicht sehen konnte. Ich erinnere mich an eine kurze Begegnung mit dem Pförtner und an ein paar bunte Stühle und an eine Handvoll anderer Leute, normaler Leute, die still dasaßen und warteten. Ich weiß nicht mehr, was ich dem Pförtner erzählt habe, aber ich weiß noch, daß ich in ein Beratungszimmer geführt wurde.

Ich hatte erwartet, dort einen bärtigen Freudianer anzutreffen. Aber ich traf Joan.

Das Licht in ihrem Büro war gedämpft, die Atmosphäre gemütlich und warm. Üppige Pflanzen standen in den Zimmerecken.

Sie selbst war eine kleine Frau mit einem freundlichen Gesicht hinter großen Brillengläsern. Ich fühlte mich in ihrer Nähe wohl.

»Zunächst einmal«, sagte sie, »möchte ich Sie wissen lassen, daß wir hier jeden mit dem Vornamen ansprechen und daß der Inhalt der Gespräche streng vertraulich behandelt wird.«

»In Ordnung«, sagte ich. »Vielen Dank. Es freut mich, Sie kennenzulernen.«

Nachdem ich einige allgemeine Fragen beantwortet hatte, sagte Joan, ich sollte mich entspannen und versuchen, meine Hände zu entkrampfen. Ich glaube, daß man mir meine Nervosität deutlich ansah.

»Ich möchte Sie zunächst fragen, warum Sie heute hierher gekommen sind«, forschte sie vorsichtig.

»Nun, ich denke, weil ich nicht irgendwo in einer Gummizelle landen möchte«, antwortete ich gekünstelt. Wie üblich benutzte ich meinen Humor als eine Art Puffer, einen Schutzmechanismus. »Nein, im Ernst«, fügte ich hinzu, »ich kämpfe mit Depressionen.«

»Wissen Sie warum?«

»Wie meinen Sie das?«

»Sind Sie schon lange deprimiert, oder hat ein tragisches Ereignis in der letzten Zeit dazu geführt?« fragte Joan vorsichtig.

Zunächst hatte ich Probleme, darauf zu antworten. »Ein kürzliches, tragisches Ereignis? Nein. Eigentlich nicht, ich meine, in gewisser Weise...«

»Okay. Kommen wir noch einmal auf meine eigentliche Frage zurück. Warum sind Sie heute hierher gekommen?«

»Weil ich Angst habe... «, sagte ich plötzlich und biß mir auf die Unterlippe. Tränen schossen mir in die Augen, ich senkte den Kopf und sah auf meinen Schoß hinunter. Weinen war mir schon immer peinlich gewesen.

Sie rückte ihren Stuhl ein wenig näher an meinen heran und lehnte sich zu mir herüber. »Wovor haben Sie Angst, Laurie?«

Ich fing zu reden an, aber ich konnte nicht weitersprechen, weil sich meine Kehle wie ein Schraubstock zuschnürte. Ich versuchte es noch einmal. »Ich habe Angst davor, daß ich sehr bald anfangen werde zu schreien und nie wieder damit aufhöre.«

»Ihre Gefühle überwältigen Sie?«

Ich nickte.

»Wie ist es dazu gekommen?«

»Die letzten Jahre... mein Leben...« Wieder versagte meine Stimme.

»Fangen Sie einfach irgendwo an, wo Sie möchten«, sagte Joan.

Einen Moment lang dachte ich nach. Anfangen? Wo? Bei meinen Erfahrungen als Polizistin? Bei meiner problematischen Ehe? Bei der Verhaftung?

»Ich glaube, ich weiß, wer Sie sind«, sagte Joan. »Und glauben Sie mir, alles, was Sie mir erzählen, wird diesen Raum nicht verlassen. Sie können sich entspannen und anfangen, wenn Sie dazu bereit sind. In Ordnung? Holen Sie tief Luft.«

Ich fing mit dem Jahr 1976 an, jenem glücklichen Sommer, als ich die High School beendete. Und dann hörte ich einfach nicht mehr auf zu reden.

Mit der Zeit halfen mir die Gespräche. Ich lernte zu akzeptieren, daß ich emotionale Hilfe annehmen mußte, statt meinen ganzen Schmerz zu verstecken.

Joan war eine warmherzige, einfühlsame Frau mittleren Alters, die meinen Problemen zuhörte und mir beibrachte, nach Antworten auf schwierige Fragen zu suchen. In mir hatte sich eine große Angst angestaut, die Konsequenz der Ungerechtigkeiten, gegen die ich mich nicht wehren konnte – die negative Publicity und das Bedauern, in diese Ehe hineingeschlittert zu sein, trugen dazu in großem Maße bei. Joan machte mir klar, daß die Depression, unter der ich litt, eine verzögerte Reaktion auf die traumatischen Erfahrungen bei meiner Festnahme war. All dies wurde durch eine schleichende Angst vor dem andauernden Verfahren noch verstärkt. Ich fühlte mich schuldig wegen meiner Haßgefühle, nachdem meine Mutter weggefahren war. Es war verrückt. Ich hatte kein Recht, mich verlassen zu fühlen. Ich wußte, daß diese Gefühle ungerechtfertigt waren, aber ich konnte nichts daran ändern.

»Ihr größtes Problem«, sagte mir Joan, »ist, daß Sie darauf bestehen, unabhängig zu sein und diese Last alleine zu tragen. Sie sprechen nie mit Fred über Ihre Gefühle. Sie lassen Ihren Vater nie wissen, was Sie bedrückt. Sie versuchen immer, den Schein zu wahren, den Kopf hochzuhalten. Ihre Last ist zu schwer. Sie müssen lernen, sich auf jemanden zu stützen. Mein Gott – schauen Sie doch nur, was in weniger als einem Jahr in Ihrem Leben alles passiert ist! Sie sind in eine Romanze hineingeschlittert, weil zu dem Zeitpunkt alles andere in Ihrem Leben eine Katastrophe war. Ihre Heirat wird von Freds Familie nicht akzeptiert, Sie mußten von Wohnung zu Wohnung ziehen, und jetzt sind Sie gezwungen, wieder im Haus Ihrer Eltern zu leben. Dann fielen Ihnen zwei kleine Kinder in den Schoß, und jeder erwartet von Ihnen, daß Sie sie mit offenen Armen aufnehmen. Da sind die Probleme mit dem Staat, die Sorgerechtsprobleme, und dann werden Sie wegen eines Mordes verhaftet, den Sie nicht begangen haben. Ihre besten Freunde haben Sie verraten, Lügen über Sie verbreitet und sind Ihnen in den Rücken gefallen. Und da wundern Sie sich, daß Sie deprimiert sind? Laurie! Gönnen Sie sich selbst eine Pause!

Sie mußten mitansehen, wie ganz Milwaukee die mieseste Publicity, die ich je kennengelernt habe, im Fernsehen, im Rundfunk und in den Zeitungen verfolgt. Sie haben zwei Jobs verloren, die Ihnen viel bedeutet haben, und jetzt sitzen Sie zu Hause und müssen auf die Entscheidung eines Richters warten. Es ist so, als sähen Sie Ihre Zukunft an einem seidenen Faden baumeln. Es gibt eine Grenze dafür, was ein Mensch ertragen kann. Können Sie nicht zulassen, daß Fred Ihnen ein wenig von dieser Last abnimmt?«

»Er hat selbst genug Probleme. Ich bin diejenige, die immer alles tun muß, sonst würde nämlich gar nichts getan!«

»Es könnte Sie überraschen, wenn Sie herausfinden, daß er sicherlich einiges tun kann, wenn er muß. Wenn Sie ihm aber alles abnehmen, warum soll er es dann überhaupt versuchen?«

Ich erzählte ihr von den Karten für Freds Arbeitslosenunterstützung, die ich stapelweise auf seinem Schreibtisch gefunden hatte.

»Ich könnte schwören, daß sich Fred absichtlich weigert, viele Sachen zu tun, an die ich ihn erinnere, als ob er mich damit ärgern wollte, und ich fange dann an zu nörgeln. Das Problem ist, wie finde ich die goldene Mitte?«

»Durch Kommunikation«, antwortete Joan. »Bevor Sie heute gehen, werde ich Ihnen einige Tips für effektiveres Kommunizieren geben.«

Ich blickte nach unten und knibbelte nervös den Nagellack von meinem Daumennagel.

»Als Sie Fred das erste Mal sahen, haben Sie ihn bewundert, und jetzt, wo diese Illusion sich abgenutzt hat, sind Sie ziemlich enttäuscht, stimmt's? Lieben Sie ihn noch?«

»Ich glaube schon. Aber ich mag ihn nicht sehr«, sagte ich.

»Das ist vermutlich das Beste, was Sie heute zugegeben haben.«

Als ich vom Zentrum aus zu meinem Wagen lief, der am Ende der Straße parkte, blies der Wind so kalt, daß ich meine Jacke eng um mich schlang. Die kahlen, dünnen Äste hoben sich silhouettenartig vom düster grauen Himmel ab. Mir graute vor dem nahenden Winter, denn der Herbst war für mich schon der traurige Vorbote der kalten Zeit.

Meine Mutter schrieb mir einige Postkarten, auf denen sie kurz erklärte, daß sie zu verzweifelt war, um lange Brief zu schreiben. Mein Vater vermißte sie sehr, und er wartete auf seine bevorstehende Pensionierung, um ihr an die Westküste folgen zu können.

Auch bei meinen Freunden hagelte es Probleme. Mein ehemaliger Arbeitgeber im Fitness-Club erzählte uns, daß sich sein Vater wegen eines Herzleidens in einem kritischen Zustand befand. Der Ex-Mann meiner Freundin Ginger hielt sich einen Revolver in den Mund und beging wegen finanzieller Schwierigkeiten und einiger Fehlspekulationen Selbstmord. Ein anderer Freund von uns, der im Vietnamkrieg gekämpft hatte, ließ sich in eine psychiatrische Klinik einweisen. Er bat Fred, einen Koffer mit seiner Waffensammlung aufzubewahren.

In der Nacht, als Chris getötet wurde, hatte ich eigentlich geplant, mit Marylisa auszugehen. Sie hatte sich in der Zwischenzeit öfter mit Billy, einem von Freds Brüdern getroffen, nachdem ich sie miteinander bekanntgemacht hatte. Marylisa erzählte mir, daß ihr Vater wegen Veruntreuung von Geldern verurteilt worden war und in einer staatlichen Strafanstalt einsaß. Ihr Ex-Freund Jeff hatte nach einer Weinprobe in Lake Geneva im betrunkenen Zustand einen Unfall verursacht. Jeff lag im Koma. Eine Freundin, die ihn auf der Fahrt begleitet hatte, war bei dem Unfall gestorben. Fast hätte Marylisa Jeffs Einladung zu der Weinprobe angenommen. Jeff erhielt eine Bewährungsstrafe von fünf Jahren wegen fahrlässiger Tötung und Alkohol am Steuer.

Fred ging zu seiner Anhörung wegen der Arbeitslosenunterstützung, nachdem man ihm einen Ersatztermin zugebilligt hatte. Er gewann, wurde wieder eingestellt und erhielt die Zahlungen. Kleine Siege wie dieser waren uns sehr willkommen in einer Zeit, in der praktisch alles andere schiefging.

In jeder anderen Hinsicht standen wir nicht gerade auf der Sonnenseite des Lebens, und das Haus in der Ramsey Street blieb leer. Fred beschloß, es zu vermieten.

Es ist sinnlos, mich an all die Streitereien mit Fred zu erinnern, an all die Unstimmigkeiten und an all die Gelegenheiten, wo ich ihn nicht verstehen konnte. Im Haus meiner Eltern wurde Fred zweimal so brutal, daß ich die Polizei rief, aber sie konnten ihn nicht zwingen, das Haus zu verlassen, und das wußte ich auch. So war das Gesetz. Einmal allerdings hatten wir eine derart heftige Auseinandersetzung, daß die Zeitungen darüber berichteten.

Es hatte alles mit einem Footballspiel angefangen. Schon im ersten Spiel der Saison hatte sich Fred einen Rippenbruch eingehandelt, und ich schlug vor, daß er für ein paar Spiele aussetzen sollte, zumal ihm bei der Arbeit keine bezahlten Krankentage mehr zustanden. Er hatte so hart gekämpft, um seine Wiedereinstellung durchzusetzen, daß es schwachsinnig gewesen wäre, seinen Job nun wegen eines dummen Footballspiels zu riskieren.

Aber obwohl er so schwer verletzt war und jedesmal jammerte, wenn ich ihn umarmte oder seine Rippen berührte, bestand er darauf weiterzuspielen.

»Mach' dir deswegen keine Sorgen«, sagte Fred.

Das nächste Spiel wurde eine naßkalte Schlammschlacht. Nach dem Spiel rannte Fred durch den Gewitterregen zum Wagen zurück, von dem aus ich das Spiel verfolgt hatte. Er zog seine durchnäßte Hose aus und streifte sich trockene Jeans über. Durch die Feuchtigkeit im Combi waren die Scheiben ganz beschlagen.

»Billy und Marylisa wollen noch Poolbillard spielen. Hast du Lust? Sollen wir ein paar Bier trinken?«

»Okay. Sergeant kann solange auf seiner Decke im Wagen schlafen.«

In der Kneipe fanden wir einen leeren Tisch und tranken gerade unser erstes Bier, als der Rest der Mannschaft hereinkam, naß und schlammig. Als ein Billardtisch frei wurde, machten wir ein Spiel. Ich gewann zweimal nacheinander. Fred wurde sauer.

Aus Spaß stieß er mein Queue an, als ich gerade stoßen wollte. Beim erstenmal tolerierte ich seinen Unfug. Beim zweitenmal fand ich es nicht mehr so witzig, und als sich beim drittenmal einige Bälle auf dem Tisch bewegten, bevor ich zum Zuge kam, wurde ich wütend.

»Du weißt nicht, wann du aufhören mußt«, sagte ich und stellte mein Queue auf den Ständer zurück. »Betrüger.«

»Ja und?« lachte Fred. »Laß uns doch einfach weiterspielen.«

»Nein. Außerdem ist es fast Mitternacht. Laß uns gehen.«

Wir verließen die Kneipe und liefen zu unserem Wagen. Wir waren ziemlich angeheitert und alberten herum. Wir schubsten uns gegenseitig vor und zurück, so wie wir es öfter im Scherz taten. Es war nur Spaß, und wir spürten deutlich den Alkohol.

»Betrüger! Betrüger!« neckte ich ihn und boxte leicht gegen Freds Schulter.

»Feigling!« sang er zurück.

Doch plötzlich wurde aus dem Spiel Ernst, als Fred mir einen seitlichen Tritt verpaßte, der mich zu Boden gehen ließ. Ich stürzte in eine regengefüllte Straßenrinne und landete auf meinem Steißbein. Noch bevor mir richtig klarwurde, was passiert war, saß ich im Wasser, und ein stechender Schmerz bohrte sich in meine Wirbelsäule.

Fred griff nach meiner Hand und versuchte, mich hochzuziehen. Ich wollte einen Moment sitzen bleiben, bis der Schmerz vorüberging. Als Fred dann an meinem Arm zog, fing ich an zu weinen.

»Nun komm! Steh' auf, bevor dich hier jemand so sieht!« sagte er.

»Warte!« heulte ich. »Bist du verrückt?«

»Der Bürgersteig ist naß. Du mußt ausgerutscht sein.«

»Laß mich in Ruhe! Du hast mich viel zu fest getreten!«

Während wir uns stritten, zog Fred mich unsanft hoch, und es kam zu einigen Handgreiflichkeiten. Er versuchte, mich in den Wagen zu schieben.

»Jetzt laß den Quatsch und steig in den verdammten Wagen! Du weckst noch die ganze Straße auf.«

Ich war wütend, und mein Rücken tat mir weh. »Ich werde nicht in den Wagen steigen!« schrie ich, schockiert darüber, daß Fred sich plötzlich wie ein Fremder benahm. »Ich werde nicht mit dir nach Hause fahren!« Ich trat ihn in die Leiste.

Ein älterer Mann, der an uns vorbeikam, versuchte, unseren Streit zu schlichten, aber Fred sagte ihm, daß es ihn nichts anging. »Ich werde die Polizei rufen«, sagte der Mann und lief weiter.

Wenige Minuten später hielt ein Streifenwagen neben uns. Da wir uns außerhalb der Stadtgrenzen aufhielten, war es keine Streife aus Milwaukee, sondern eine aus den Außenbezirken. Ich wartete auf dem Rücksitz des Streifenwagens, während sich die Polizisten eine Weile mit Fred unterhielten. Ich konnte nicht hören, was sie sagten, aber ihre erste Frage, als sie wieder in den Streifenwagen einstiegen, lautete: »Sind Sie momentan in psychiatrischer Behandlung?«

»Nein«, log ich weinend. Ich fühlte mich ganz und gar verraten. Wie konnte Freddy ihnen das nur erzählen? Er versuchte, aus dieser Sache herauszukommen, indem er ihnen sagte, ich wäre verrückt oder etwas ähnliches!

»Nun atmen Sie tief durch und hören Sie auf zu weinen«, sagte einer der Cops. »Wollen Sie eine Anzeige wegen Körperverletzung machen?«

»Nein. Aber ich möchte in ein Frauenhaus gebracht werden.«

Am nächsten Morgen dachte ich über den Vorfall nach, und ich war mir nicht sicher, ob ich nach Hause gehen sollte oder nicht. Im hellen Tageslicht erschien mir das Ganze schließlich als eine Balgerei, die außer Kontrolle geraten war. Ich fragte mich aber, ob es mehr gewesen war. Lange vorher hatte ich mir geschworen, keine Gewalt oder körperliche Dominanz von einem Partner zu dulden. Aber wenn wir uns jetzt trennten, würden die Zeitungen darüber berichten, und das hätte

sicherlich einen negativen Einfluß auf meinen Fall. Ich wußte nicht, was ich darüber denken sollte.

Ich betrat die Telefonkabine auf dem Flur des Frauenhauses,
um ein Ferngespräch mit meiner Mutter zu führen.

•

*Meine Mama. Immer so ruhig und so frisch wie die taubedeck-
ten Pfingstrosen in unserem Garten; ihre Haut – so kühl und
klar. Sie würde mir sagen, was ich tun soll, und dann wäre wieder alles in Ordnung. Ich konnte mir vorstellen, wie sie durch
den Park spazierte in ihrer ärmellosen Bluse aus den fünfziger
Jahren und wie der Wind die Zweige in den Bäumen über ihr
sanft bewegte. Sichere Arme, in die man zurückkehren konnte.
Wie sehr ich sie doch vermißte!*

•

Als sie ans Telefon kam, übermannten mich meine Gefühle,
und wieder kam ich mir vor wie ein Kind. Meine Kehle war
wie zugeschnürt, als meine Hand den Hörer festhielt. Es war
schwer, auch nur zwei Wörter herauszubringen.

»Wo bist du, meine Kleine?« fragte meine Mutter; ihre Stimme tat so gut wie eine Umarmung.

Einige Stunden später holte mein Vater mich etwa zwei
Blocks vom Frauenhaus entfernt ab. Ich setzte mich nach vorne auf den Beifahrersitz und vergaß den Schmerz in meinem
Rücken, bis ich aufstöhnte und mein Gewicht verlagern mußte. Mein Vater war wütend, als er die Geschichte nun von mir
hörte, da Fred ihm bereits seine Version erzählt hatte, die
natürlich völlig von meiner abwich. Fred hatte behauptet, ich
sei derartig betrunken gewesen, daß ich ausgerutscht und
hingefallen sei. Es enttäuschte mich, daß er meinen Vater an-
gelogen hatte.

Als ich ins Haus kam, bat Fred mich unter Tränen um Ver-
zeihung.

Mein Vater stand neben uns. »Ich bin zwar schon einund-
sechzig, aber wenn du das noch einmal tun solltest, werde ich

für den Ausgleichstreffer sorgen«, sagte mein Vater. »Ich habe noch zwei Töchter, die gewalttätige Ehemänner hatten, und ein drittes Mal mache ich das nicht mit.«

Fred nickte demütig und stumm.

Später rief Don Eisenberg mich an.

»Wie geht es Ihnen?«

»Ganz gut«, entgegnete ich und versuchte, fröhlich zu klingen. »Bis auf die Tatsache, daß ich das Gefühl habe, daß man mich zu sechs Monaten Fernsehen verurteilt hat. Was gibt es Neues?«

»Sie hatten einen Streit mit Fred. Gibt es da etwas, das ich wissen sollte?«

»Meine Güte, Ihnen entgeht aber auch rein gar nichts in Madison. Nein, wir haben das mittlerweile geklärt.«

»Okay. Sonst noch etwas?«

»Nein, wieso?«

»Nun, Richter Fine will Kraemer und mich wegen irgendeiner Angelegenheit sehen, und ich dachte, Sie wüßten vielleicht, worum es sich handeln könnte.«

»Nein.«

»Gut. Sobald ich etwas Neues erfahren habe, rufe ich Sie an«, versprach Eisenberg.

Ich legte auf und beobachtete, wie sich die gelbe Telefonschnur automatisch in ihre gewohnte Unordnung aufwickelte. Was geschah nun? Würde mich der Richter gehen lassen? Meine Annahme hätte nicht weiter von der Realität entfernt sein können. Es waren keine guten Nachrichten, die Richter Fine bekanntgeben wollte.

Freds Bruder John hatte dem Richter geschrieben, der dazu verpflichtet war, sowohl die Verteidigung als auch die Anklage über den Brief zu informieren. Wie üblich, rief auch diese Aktion die Zeitungen auf den Plan, und erneut erschien eine dieser krankhaften Schlagzeilen über mich.

In dem Brief hatte John seine Überzeugung geäußert, daß er

»wüßte«, ich sei schuldig. Beweise konnte er natürlich nicht anbieten. Irgendwie erwähnte er in seinem Schreiben, daß Fred »gezwungen« wurde, Chris wegen der ungewollten Schwangerschaft zu heiraten; allerdings unterließ er es zu erklären, inwieweit das für meinen Fall relevant war oder inwieweit dies mit mir zu tun hatte.

Der Brief hob hervor, daß Sean und Shannon nicht, wie sie der Polizei berichteten, den Eindringling gesehen hatten, sondern daß Sean vielmehr durch Fred und mich eine Art »Gehirnwäsche« erhalten hatte. Es hieß weiter, Sean hätte John erzählt, daß er den Mörder nicht sehen konnte, weil er wegrannte, um sich zu verstecken, und weil er zu erschrocken war, um irgend etwas zu erkennen.

Auch der Zwischenfall im Ramsey Haus, als die Pennings kamen, um Christines persönliche Sachen abzuholen, wurde nicht ausgelassen. Fred hätte eingegriffen und sie alle wie »Grabplünderer« behandelt, sagte John. Dabei war er gar nicht dort gewesen!

Später an diesem Tag entschuldigten sich die drei anderen Brüder für Johns Verhalten und boten uns ihre Unterstützung an.

Bevor es zu einer Entscheidung aus meiner Vorverhandlung kam, bat Eisenberg mich in sein Büro nach Madison; es gab etwas, das er mit mir besprechen wollte. Dort angekommen, erfuhr ich, daß der Bezirksstaatsanwalt geneigt war, einen Handel einzugehen. Kraemer wollte den Fall nicht verhandeln. Er schien entweder zu glauben, daß Fred einen Killer angeheuert hatte oder daß Fred und ich irgendwie einen gemeinsamen Plan für die Tat ausgeheckt hatten. Die Staatsanwaltschaft war willens, die Klage gegen mich fallenzulassen unter der Voraussetzung, daß ich eine Aussage über »das, was ich wußte« machte.

Ich war zutiefst gekränkt. »Sind die wahnsinnig? Warum sollte ich eine lächerliche Geschichte erfinden? Warum sollte ich etwas zugeben, das ich nicht getan habe? Glauben die wirklich, ich würde Fred zuliebe etwas verschweigen?«

»Offenbar kommt Kraemer mit dem Fall nicht zurecht, und er wäre erfreut, wenn er von Ihnen eine Erklärung bekäme.«

»Don«, protestierte ich, »ich würde doch im Leben nicht so dumm sein und bei einem Mord mitmachen. Wenn Fred jemanden dafür angeheuert hat, denken Sie nicht auch, daß er den Mörder eine andere Waffe hätte benutzen lassen? Glauben Sie nicht, daß Fred versucht hätte, die Waffe loszuwerden? Er hatte über zwei Wochen Zeit, um sie zu verlieren oder sie als gestohlen zu melden oder sonstwas zu tun!«

»Ich diskutiere gerade mit meinem eigenen Ballistikexperten über die ganze Sache. Die Schußwunde, an der Christine starb, legt den Schluß nahe, daß der Lauf der Waffe den Stoff ihrer Kleidung durchdrungen haben muß. Wenn ich meinem Experten glauben darf, wurden sowohl Blut als auch Faserteile mit Sicherheit in den Lauf der Waffe zurückgeschleudert. Sie hätten den Revolver also gründlich reinigen müssen, bevor Durfee und Fred ihn sich ansahen. Und außerdem, wenn Sie ihn gereinigt hätten...«

»Hätte man keinen Staub mehr darauf gefunden«, beendete ich seinen Satz.

Eisenberg nickte. »Besonders, weil die Waffe in einem Halfter steckte, das dazu noch in einer geschlossenen Tasche lag. Es macht keinen Sinn. Nun... vielleicht sind wir auch zu voreilig. Soll ich Kraemer in der Zwischenzeit mitteilen, daß wir keinen Handel mit einem Geständnis machen?«

»Keinen Handel mit einem Geständnis«, antwortete ich fest entschlossen. »Ich werde mich nicht für etwas schuldig bekennen, das ich nicht getan habe.«

•

Aber dann wäre ich jetzt frei, nicht wahr? So läuft das mit dem Justizsystem.

Kämpfe für dein Recht und verliere. Leg ein Geständnis ab und gewinne. Hätte ich gelogen und gesagt, daß ich es getan hatte, wäre ich heute ein freier Mensch.

Ich würde jetzt in meinem eigenen Bett schlafen.

Ich könnte die Tür von innen schließen und alles draußen lassen.

Hätte ich damals gewußt, was ich heute weiß – was hätte ich getan?

Was hätte ich tun sollen?

Was hätten Sie an meiner Stelle getan?

Ich bin jetzt dreiunddreißig Jahre alt und habe ein Drittel meines Lebens an einem Ort verbracht, wo Aufseher mich jederzeit zu einer Striptease-Leibesvisitation auffordern können, wann immer sie es wollen. Was hätten Sie an meiner Stelle getan?

•

Der Tag, an dem ich vor Richter Fine in den Gerichtssaal treten mußte, um seine Entscheidung entgegenzunehmen, war gekommen. Ich trug einen braunen Hosenanzug und Lederpumps.

Als ich aus dem Aufzug stieg, traf ich einen Bekannten.

»Hallo! Meine Güte – dressed to kill. Hoppla, das war wohl eine falsche Wortwahl.«

»Sarkasmus läßt sich schlecht in Anführungszeichen setzen«, bemerkte ich.

Richter Fine begann mit dem Verlesen einer vorbereiteten Erklärung; im Gerichtssaal war es still. Er erklärte, daß die Beweise, die ihm vorlagen, in seinen Augen sowohl »fragwürdig« als auch »widersprüchlich« waren und daß dies der komplizierteste Fall sei, den er jemals bearbeitet hatte. Ich hielt den Atem an.

»Trotzdem...«, er machte eine Pause, und mein Herz hörte einen Moment auf zu schlagen, »erachte ich es für notwendig, die Angeklagte vor ein Geschworenengericht zu bringen, denn ich habe hinreichende Verdachtsmomente dafür, daß

247

die Angeklagte die einzige Person war, die in der Nacht des Mordes Zugang zu der Tatwaffe hatte.«

Als wir den Gerichtssaal verließen, zog ich an Eisenbergs Ärmel.

»Das ist nicht wahr!« flüsterte ich heiser. »Ich bin nicht die einzige, die Zugang zu dieser Waffe hatte! Woher sollen wir eigentlich wissen, ob die Waffe, die jetzt als Beweisstück vorliegt, mit der identisch ist, die sich in der Mordnacht in unserer Wohnung befand?«

»Nehmen Sie es gelassen«, tröstete mich Eisenberg. »Lassen Sie uns irgendwohin gehen, wo wir uns ungestört unterhalten können.«

Richter Fine stellte mich vor ein Geschworenengericht, weil er beschlossen hatte, daß ich die einzige Person war, die Zugang zu der Tatwaffe hatte. Erstaunlicherweise würde der stellvertretende Bezirksstaatsanwalt Kraemer viele Monate später bei meinem Verfahren an einer Tafel stehen und schreiben:

»ZUGANG ZUR MORDWAFFE?

1. Bembenek
2. Schultz
3. Zess
4. Gaertner

14

EIN LÜGENNETZ

Anfang November stand mir ein Termin bei einem neuen Richter, Michael Skwierawski, bevor. Da es nur eine kurze Begegnung war, wollte ich alleine hingehen, aber mein Vater bestand darauf, mich zu begleiten.

In einem schlichten Kleid mit Taillengürtel stand ich vor der Richterbank. Der Richter war ein junger, nicht sehr kräftiger Mann mit karottenrotem Haar und einem ernsten Gesicht hinter einer metallgerahmten Brille. Er legte das Verfahrensdatum auf Ende Februar fest und ließ drei Wochen in seinem Prozeßkalender frei.

Im hinteren Teil des Gerichtssaales hatten Reporter und Kameraleute Platz genommen. Sie schienen beinahe enttäuscht zu sein, weil die ganze Angelegenheit nur wenige Minuten gedauert hatte.

»Viel Lärm um nichts«, flüsterte Eisenberg mir zu, als wir eilig an der Presse vorbeiliefen. Ich nickte.

Am Tag darauf erhielt ich einen behördlichen Bescheid wegen meiner Diskriminierungsklage. Darin informierte man mich, daß man keinen Grund für eine Klage gefunden hatte und daß diese Behörde meinen Fall nicht weiter verfolgen würde. Es hieß weiter, daß es mir frei stand, einen Prozeß zu führen, allerdings mit meinem eigenen Anwalt und auf eigene Kosten. Herzlichen Dank auch.

Ich hatte andere Dinge im Kopf, so daß ich das Schreiben lediglich an einen von Eisenbergs Partnern weiterleitete.

Nachdem Eisenberg den Brief erhalten hatte, rief er mich wegen einer anderen Sache an.

»Wo haben Sie Fred geheiratet?« fragte er mich, als wir uns in seinem Büro gegenübersaßen.

»Vor einem Friedensrichter«, antwortete ich.

»In welchem Ort?«

»Ich glaube, es war in Waukegan. Auf jeden Fall war es in Illinois. Warum wollen Sie das wissen?«

»An welchem Tag war das?« fragte Eisenberg weiter.

»Am 31. Januar 1981.«

»Ich fürchte, wir haben da ein Problem. Warum haben Sie dort geheiratet?«

»Weil Fred die Idee dazu hatte – ich weiß nicht genau. Wir haben heimlich geheiratet. Es schien so romantisch. Wozu all diese Fragen?«

»Ich muß mich noch eingehender informieren, aber ich glaube nicht, daß Sie beide rechtmäßig miteinander verheiratet sind«, erklärte mir Eisenberg.

»Das verstehe ich nicht. Das kann nicht sein. Wir haben eine Heiratsurkunde. Wir haben Bluttests machen lassen und alles!«

»Sicher. Und möglicherweise wird Ihre Heirat auch vom Staat Illinois anerkannt, nur in Wisconsin ist sie ungültig. In diesem Staat ist es untersagt, innerhalb der ersten sechs Monate nach einer endgültig vollzogenen Scheidung erneut zu heiraten. Wann wurde Fred geschieden?«

»Ich hatte immer den Eindruck, daß das 1979 gewesen sein muß. Ich bin aber nicht ganz sicher, weil Fred irgend etwas von einem speziellen Scheidungsverfahren geredet hat – was immer das auch sein mag. Ab wann rechnen Sie denn diese Sechsmonatsfrist?«

»Er kann sich durchaus 1979 von Christine getrennt haben, aber möglicherweise wurde er erst sehr viel später rechtskräftig geschieden. So etwas dauert sehr lange. Da müssen die Vermögensverhältnisse geklärt werden, und es gibt zahlreiche Gerichtstermine. Bitten Sie Fred, mich anzurufen, damit ich mir die Informationen direkt von ihm holen kann. Sollte Ihre Heirat nicht rechtskräftig sein, wird sich der Bezirksstaatsanwalt auf diese Tatsache stürzen und Sie wegen außerehelichen Zusammenlebens anklagen. Ich möchte nicht, daß Ihre Glaubwürdigkeit angegriffen wird.«

»Was um Himmels willen sollen wir tun, wenn unsere Ehe nicht legal ist?« fragte ich.

»Heiraten Sie noch einmal in Wisconsin.«

Als ich mit Fred über die Möglichkeit sprach, daß unsere Heirat ungültig sein könnte, bekam ich eine seiner typischen, absurden Erklärungen. Er behauptete, daß er eigens Reilly telefonisch um Rat wegen einer erneuten Heirat gefragt hatte und daß dieser ihm versichert hatte, eine solche Heirat sei legal. Laut Fred hatte Reilly ihn darauf hingewiesen, daß die Heirat vielleicht in Wisconsin nicht anerkannt würde, daß sie aber dennoch rechtskräftig sei. Ich starrte Fred ungläubig an, während er mir diese Geschichte erzählte.

Wir planten, Ende des Monats in Madison noch einmal zu heiraten.

Ich tat mein Bestes, um mich zusammenzureißen. Ich glaubte, einen dieser Ratgeber aus der Reihe »So wird's gemacht...« gebrauchen zu können, einen mit dem Titel »So kämpfen Sie gegen Depressionen, während Sie darauf warten, wegen Mordes vor Gericht gestellt zu werden«! Eine Fee oder rubinrote Pantöffelchen, die mich retteten, gab es sicher nicht.

Vielleicht sollte ich wieder zur Schule gehen. Mutig plante ich, mich für das Sommersemester an der Universität von Wisconsin-Milwaukee für den Studiengang Kunst einzuschreiben. Ich hatte bereits jeden einzelnen Schrank im Haus aufgeräumt und auch den Dachboden und den Keller in Ordnung gebracht und brauchte nun eine Beschäftigung, die mich geistig forderte.

Mittlerweile hatte ich das Interesse am Sex verloren, was die

Situation auch nicht besser machte. Ich glaube, es lag an meiner mangelnden Lebensfreude im Allgemeinen. Ich versuchte, es als eine Laune zu verdrängen, aber Fred war nicht besonders geduldig. Eines Abends, als wir in unserem Bett lagen und uns die Wiederholung einer Serie im Fernsehen ansahen, fielen mir fast die Augen zu. Ich legte mich auf die Seite und drehte Fred dabei den Rücken zu.

»Willst du jetzt schlafen?« fragte er mich irritiert. »Das ist die dritte Nacht nacheinander!«

»Ja und?« kam meine müde Antwort. »Ich schlafe wirklich gleich ein.«

»Du liebst mich nicht mehr«, folgerte Fred.

»Sei doch nicht albern. Mir ist heute nicht danach, mit dir zu schlafen. Das bedeutet doch nicht, daß ich dich nicht mehr liebe. Versuch doch, auch zu schlafen.«

»Nein, verdammt noch mal! Schon in meiner ersten Ehe ist zuerst der Sex in die Brüche gegangen, und ich werde das kein zweites Mal zulassen!«

»Warum mußt du mich andauernd mit Chris vergleichen? Du bildest dir da etwas ein.«

»Nein, tu ich nicht!« Fred wurde lauter. »Während der letzten Monate bist du so gefühllos gewesen, daß ich denke, du liebst mich nicht mehr! Und jetzt dies!«

»Würdest du bitte leiser sein?« bat ich Fred. »Mein Vater schläft schon eine Weile, und zwar genau unter uns. Du wirst ihn aufwecken, wenn du nicht leiser sprichst, und er muß doch morgen arbeiten.«

Mein Zorn wuchs, und ich zischte ihn barsch an, während ich mich im Bett wieder aufsetzte. Vaters rhythmisches Schnarchen hatte aufgehört.

»Nein! Nein! Ich werde nicht leiser sein!« schrie Fred. »Es ist doch immer dasselbe in diesem Haus! ›Sei still, oder du weckst meinen Dad auf! Tu dies nicht und tu das nicht!‹«

Wütend äffte er mich nach. »Weißt du was, ich hab' genug da-

von! Immer gehört alles dir. Es ist dein Haus, dein Schlafzimmer – «

»Es ist das Haus meiner Eltern. Sie sind so nett, uns hier wohnen zu lassen. Wirst du jetzt deinen Mund halten?«

»Ich werde meinen Mund nicht halten! Das Leben in diesem
Haus ist wie das im Gefängnis!« schnaubte Fred.

Ich warf meine Decke zurück und kletterte aus dem Bett; ich
wirbelte herum und sah Fred im Licht des kleinen Fernsehers
an.

»Wie kannst du nur so etwas Schreckliches sagen! Wie un-
dankbar bist du eigentlich? Wenn du wirklich glaubst, das
Leben hier ist wie im Gefängnis, dann verschwinde.«

»Na fein!« brüllte Fred und lief geräuschvoll zum Schrank
hinüber, um das Licht anzuknipsen. Ärgerlich sah ich ihm dabei zu, wie er sich eine Jeans und seine dicken Stiefel anzog
und damit über den gebohnerten Holzfußboden trampelte.

»Wirst du wohl mit dem Krach aufhören?« Fred ignorierte
mich und suchte weiter seine Sachen zusammen. Ich ging ins
Bett zurück und zog mir die Decke über den Kopf. Ich konnte hören, wie er durch das Zimmer und die Treppe hinunterlief.

Zu meinem Ärger hörte ich auch, wie mein Vater aufstand
und seine Schlafzimmertür öffnete. Das hatte Fred bezweckt.
Er wollte, daß mein Vater ihn bat zu bleiben.

»Freddy? Was ist denn hier los?« hörte ich Vater sagen.

»Nein, tu das nicht. Rede doch über die Sache.« Plötzlich rief
Vater von unten nach mir. »Laurie?«

Ich sprang aus dem Bett und lehnte mich im Flur über das
Treppengeländer. »Laß ihn gehen! Mit dem Mann kann man
nicht reden. Er ist verrückt!«

•

*Und so ging es weiter. Die ganze Zeit gab es Streit, Streit wegen
Kleinigkeiten und Nichtigkeiten. Fred ging weg und kam
zurück und ging erneut. Dann kam er wieder zurück, hin und*

*her – aber wer konnte schon sagen, ob er jemals wirklich
zurückkam?*

•

Eines Morgens, als Sergeant sich gerade mit seinem Futter-
napf beschäftigte, lief ich zur Tür, um nachzusehen, ob Post
von meiner Mutter gekommen war. Statt dessen lag ein Brief
meines Anwalts da, dem die Stellungnahme eines Zeugen beigefügt war, der bereit war auszusagen, daß Judy Zess einen
Meineid begangen hatte.

Im Haus war es ganz still; von draußen hörte man nur den
Wind in den Baumkronen. Mit dem Brief in der Hand setzte
ich mich hin und starrte mit offenem Mund auf die Worte, die
da standen:

»Im Laufe der letzten zwei Juniwochen lernte ich Judy Zess
kennen. Ein gemeinsamer Bekannter ihres Freundes und mir
hatte mich mit ihr bekanntgemacht. Eines Abends im Juni (im
Moment kann ich mich an das genaue Datum nicht erinnern)
rief ich Miss Zess an, um sie zu fragen, ob ich wegen des Wagens vorbeikommen könnte, den sie für ihren Freund verkaufen wollte. Miss Zess bat mich, gegen acht Uhr zu kommen. Ich war wenige Tage zuvor schon einmal bei ihr gewesen, um mir den Wagen anzusehen. An diesem Abend traf ich
zwischen acht Uhr dreißig und neun Uhr dort ein.

Miss Zess bat mich auch dieses Mal in die Wohnung. Sie führte mich in das Eßzimmer und bot mir etwas zu trinken an. Wir
unterhielten uns lange über Tom Gaertner. Ich erzählte von
mir, und sie wußte, daß ich ein Freund von Tom war. An einem Punkt der Unterhaltung ließ sie mich wissen, daß Tom
G. sie gegen viertel vor zehn anrufen würde, weil er das jeden
Tag tat. Etwa um viertel vor zehn kam ein R-Gespräch von
Tom aus dem staatlichen Gefängnis in Chicago. Miss Zess
und ich gingen in das Schlafzimmer – ihr und Toms Schlafzimmer. Sie bat mich, still zu sein, während sie mit ihm telefonierte. Im ersten Teil ihres Gespräches redeten sie darüber,

254

was Zess an dem Tag getan hatte. Zess berichtete, daß sie die Dinge, die er ihr aufgetragen hatte, erledigt und sich bei der Kriminalpolizei verschiedene Beweisstücke im Zusammenhang mit dem Mordfall Schultz angesehen hatte.

Natürlich interessierte mich das sehr. Judy antwortete mehrmals: ›Ja, das habe ich getan, ja, das habe ich getan.‹ Ein paar Minuten später bat Zess mich, das Gespräch über den Lautsprecher mitzuhören. Zess fragte Tom nach dem Wagen, den sie verkaufen wollten, und einige andere Sachen, bei denen es um Schmuck und etwas Dope ging. Tom redete vom Wagen. Der Rest des Gespräches drehte sich um sein Eigentum und um ihre Beziehung. Nachdem Zess aufgelegt hatte, gingen wir in das Eßzimmer zurück und unterhielten uns weiter. Natürlich fragte ich sie, inwieweit sie in den Mordfall Schultz verwickelt sei. Darauf entgegnete Zess: ›Ich denke, du bist ein enger Freund von Joey und Tom, also werde ich dir wohl vertrauen können.‹ Sie erzählte mir, daß sie in dem Prozeß als Zeugin auftreten werde. Sie sagte, die Polizei hätte ihr ein Aufzeichnungsgerät gegeben, für den Fall, daß sie Drohanrufe erhielt. Sie zeigte mir das Gerät. Einige Male, als das Telefon klingelte, schloß sie ein Kabel an den Apparat an, bevor sie den Hörer abnahm, und erklärte mir später, daß sie aufzeichnete, was ihr Gesprächspartner sagte. Ganz beiläufig demonstrierte sie es, als Tom sie anrief.

Sie erzählte weiter, daß sie und Tom eine Art Abkommen mit den örtlichen und staatlichen Behörden getroffen hatten, bei dem es um einen Informationsaustausch über Elfred Schultz' derzeitige Ehefrau Lawrencia Bembenek ging. Zu dem Zeitpunkt drehten sich die Untersuchungen offensichtlich um Bembenek. Ich fragte Zess, was sie der Polizei sagen könnte, um Tom damit zu helfen. Sie sagte, sie sei am Nachmittag bei der Polizei gewesen, um einige Dinge zu identifizieren, die laut Polizeiangaben mit dem Mord in Zusammenhang standen. Zess erzählte mir, daß man ihr eine Perücke und ein

Stück Schnur gezeigt hatte, die sie identifizieren sollte. Weiter sagte sie, die Polizei hätte ihr erklärt, daß diese Gegenstände am Tatort benutzt und auch dort gefunden worden waren. Zess wiederholte, daß ihr die Polizei einen günstigen Verlauf für Toms Fall in Aussicht gestellt hatte, wenn sie sich kooperativ zeigte.

Sie fing an, mich anzulächeln, und stand vom Sofa auf, um uns ein Glas Wein zu holen. Als sie zurückkam, redete sie weiter über den Fall Schultz. Ich fragte sie nach der Identifizierung. Ich wollte wissen, ob sie die Dinge wiedererkannt hatte. Sie antwortete scherzhaft, daß ihrer Ansicht nach die Perücke ihrer Mutter gehört haben könnte. Worauf es ankam, war ihre Aussage, daß sie die Perücke in der gemeinsamen Wohnung vor ihrem Auszug dort gesehen hatte. Sie sagte, daß sie sich wirklich nicht an diese Perücke erinnern könne, sondern daß sie vielmehr eine blonde und auch andere Perücken aus der gemeinsamen Wohnung kenne. Ich sagte: ›Mit anderen Worten bist du dir bei der Perücke nicht sicher?‹ Ihre Antwort lautete: ›Was glaubst du denn, Herzchen? Es war doch wesentlich hilfreicher für mich zu sagen, daß die Perücke in der Wohnung war, als zu sagen, ich hätte sie nie zuvor gesehen. Ich hab' ihnen natürlich gesagt, daß ich das Ding wiedererkenne.‹ Jetzt sagte ich: ›Findest du es nicht ein bißchen gewagt, die Sachen zu identifizieren? Immerhin könnten sich durch die Lügen erhebliche Probleme ergeben?‹ Sie sagte: ›Schätzchen, im Lügen bin ich gut und in anderen Sachen auch.‹ Später gingen wir ins Schlafzimmer, und als wir im Bett lagen, erhielt sie noch einen weiteren Anruf. Sie stöpselte das Gerät ein, das Frank Cole ihr gegeben hatte, und ging ans Telefon. Ich weiß nicht mehr, wer sie anrief, und das Gespräch war nicht so interessant, daß ich es mir merken wollte. Zess erzählte mir, daß sie mit Frank Cole geschlafen hatte, weil Tom ihr sagte, sie solle alles tun, um ihre Kooperationsbereitschaft mit der Polizei zu zeigen.

Am nächsten Morgen gingen wir zusammen unter die Dusche. Wieder rief Tom G. an. Soweit ich mich erinnere, ging es wieder um Toms Situation und auch darum, wie Zess ihm zu dem Handel mit den Behörden verhelfen könnte. Nachdem das Gespräch beendet war, fragte ich Judy, was los sei. Sie erzählte mir, daß Tom sich eine neue Geschichte ausgedacht hatte, die der Polizei im Fall Schultz möglicherweise willkommen sein könnte. Judy sagte mir, sie könnte der Polizei vielleicht erzählen, daß Bembenek sie gebeten hatte, Tom zu fragen, ob er nicht Schultz' Frau aus dem Weg schaffen könnte, also ob er sie nicht umbringen könnte. Sie sagte, daß sie beide (also sie und Tom) bis zu Toms Verfahren oder bis zu seinem Drogenprozeß nichts Konkretes unternehmen würden. Sie sagte: ›Wenn er freigesprochen und nicht für schuldig befunden wird, dann brauchen wir die Drecksarbeit für die Polizei nicht zu machen.‹

Sie sagte, sie wollten zumindest eine Geschichte in der Hand haben für den Fall, daß sie sie bräuchten. Ich sagte noch einmal: ›Denkst du nicht, daß das ein wenig riskant ist?‹ Sie antwortete: ›Ich tu' es für Tom! Würdest du das nicht auch an meiner Stelle tun?‹ Ich sagte: ›Ich schätze ja.‹ Ich fragte Judy noch einmal, ob sie davon überzeugt sei, daß dies Toms Kopf retten würde. Sie sagte ja. Ich räumte ein: ›Was ist, wenn die Staatsanwaltschaft eher einen verurteilten Dealer strafrechtlich verfolgen will als einen Polizisten?‹ Sie sagte, das Miststück hätte es vermutlich sowieso getan. Tom hätte nie jemanden umgebracht, und sie würde ihn lieben. Sie sagte: ›Glaub' nicht, daß ich Tom nicht liebe, nur weil ich mit dir geschlafen habe.‹ Ich antwortete: ›Ich habe dich nie um deine Liebe gebeten.‹ Wir lächelten beide und gingen ins Bett zurück. Als wir uns anzogen, redeten wir weiter. Wir sprachen über verschiedene Dinge, aber die größte Bedeutung hatte eindeutig das Thema Tom G. und wie sie um seine Freilassung pokern konnten.

Ich sagte ihr mehrere Male, daß dieser Mordfall meiner Meinung nach mehr Gewicht und Bedeutung hätte als die Drogensache und daß ich nicht glaubte, daß die Behörden Tom aufgrund der Geschichte, die sie und Tom da zusammenbastelten, gehen lassen würden. Dieses Mal schien sie darüber wütend zu werden und sagte ärgerlich: ›Paß auf. Das Miststück ist vermutlich schuldig, und was mich anbelangt, so halte ich sie für mies. Wenn ich mir etwas anderes ausdenken muß, dann werde ich auch das tun. Ich will, daß sie ihren Arsch an die Wand nageln.‹ Dann sagte sie noch: ›Koste es, was es wolle, Freddy, koste es, was es wolle. Tom hat noch keinen Menschen umgebracht.‹ Ich fragte: ›Woher weißt du, daß sie es getan hat?‹ Sie antwortete: ›Ich muß es gar nicht wissen. Mir muß nur etwas einfallen, damit man es ihr nachweisen kann.‹ Ich sagte: ›Verdammt noch mal, was ist, wenn sie es wirklich nicht getan hat?‹ Sie antwortete: ›Wen kümmert das?‹ Ich sagte: ›Vielleicht kümmert es Elfred Schultz.‹
Sie meinte, daß Elfred genauso schuldig wäre wie sie oder seine Frau. Dann fragte sie: ›Auf welcher Seite bist du eigentlich?‹ Ich sagte, daß es etwas anderes sei, für einen Mord in den Knast zu gehen als für eine Drogensache. Ich blieb über Nacht bei Judy. Als wir im Bett lagen, redeten wir ausführlicher über Judys Beziehung zu Bembenek. Bevor wir uns über Bembenek unterhielten, sprachen wir über sexuelle Fantasien. Ich hatte Judy anvertraut, daß ich nichts dabei finde, wenn zwei Frauen es miteinander machen, und daß es mir Spaß machen würde, einmal mit zwei solchen Frauen ins Bett zu gehen. Dann erzählte mir Judy, daß sie eines Nachts mit Bembenek im gleichen Bett geschlafen habe, allerdings wirklich nur geschlafen. Judy gab zu, daß sie sich sexuell schon immer sehr stark zu anderen Frauen hingezogen fühlte. Sie sagte, Bembenek sei eine sehr schöne Frau. Judy erzählte weiter, daß sie versucht habe, sich Bembenek zu nähern, als sie schlief, doch als Bembenek davon wach wurde, sei sie darü-

ber sehr schockiert gewesen. Judy sagte mir, daß ihre Freundschaft nach dieser Nacht nicht mehr dieselbe gewesen sei, und schon bald nach diesem Zwischenfall hätten Elfred und Bembenek sie aufgefordert, aus der Wohnung auszuziehen. Wir unterhielten uns noch über andere Dinge, aber ich glaube, diese Dinge beziehen sich mehr auf den Anlaß dieser Aussage.

Unterzeichnet von Frederick Horenberger am 27. Oktober 1981. Sechs Seiten. Beglaubigt am 27.10.1981 durch den Notar Brian H. Blacker, Wisconsin.«

Nun wurde mir einiges klar. Dinge, die ich vorher nicht verstanden hatte, leuchteten mir jetzt ein. Zess' plötzlicher Sinneswandel im Zeugenstand, ihre Lügen – all das hatte sie zusammen mit der Polizei schon lange vorher geplant. Sie hatte darauf gewartet, daß ich sie anrief, damit sie unser Gespräch aufzeichnen konnte, weil sie hoffte, ich würde etwas Belastendes sagen.

Die Wirkung von Horenbergers Erklärung war enorm.

Selbst der Brief, den ich nach meiner Festnahme von Zess bekommen hatte und in dem sie mir viel Glück wünschte, war ein Teil ihres Spiels. Sie wartete auf meinen nächsten Zug. Hätte ich geantwortet, wäre sie mit der Karte zu Frank Cole gelaufen, dem Polizisten, der mich verhaftet hatte. Bei dem Gedanken daran, daß sie mit Cole geschlafen hatte, wurde mir übel. Es war verachtenswert – Sex als simple Sozialleistung. Horenberger hatte seiner eidesstattlichen Erklärung noch einen Brief beigefügt, in dem er beschrieb, wie er Cole in die Arme gelaufen war, als er gerade Judys Apartment verließ. Cole war alleine gewesen; er war im Dienst und fuhr ein Zivilfahrzeug. Horenberger sagte, Cole sei nicht gerade begeistert gewesen, ihn dort zu teffen und drohte ihm, damit Horenberger seine Erklärung widerrufen sollte.

Mich erfüllte eine große Trauer. Einige Passagen der Erklärung hallten wie ein Echo in meinem Kopf. Was hatte ich

Judy nur getan? Hatte sie eine lesbische Beziehung mit mir gewollt? Wenn ja, dann hatte ich davon nichts gewußt. Sie belog Horenberger, als sie ihm sagte, daß sie einen Annäherungsversuch bei mir gemacht hatte. Sie hat nie etwas Derartiges versucht und nie etwas Außergewöhnliches getan.

•

Natürlich könnte ich sagen, sie hätte es versucht, und könnte damit die Kronzeugin der Anklage in Mißkredit bringen. Ich könnte Horenbergers Aussage bestätigen... daß ich im Bett wach wurde, weil sie sich an mich preßte. Aber das wäre eine Lüge. Ich wollte nicht jetzt mit dem Lügen anfangen.

•

Je mehr ich darüber nachdachte, desto mehr erhielten unerklärliche Vorfälle eine Bedeutung und ergaben endlich einen Sinn. Einige Erlebnisse liefen wie Filmszenen in meinem Kopf ab, bruchstückhaft und aus dem Zusammenhang gerissen: Judys unerklärlicher Ärger, als sie herausfand, daß ich Fred geheiratet hatte; ihr allzu demonstratives körperliches Gehabe; die Art, wie sie Bilder von mir sammelte; die Art, wie sie darauf bestand, laufend meine Kleider zu tragen, bis sie so viel zunahm, daß sie nicht mehr in meine Sachen hineinpaßte.

Und da war auch noch dieser Zwischenfall während unserer ersten gemeinsamen Ferien, als dieser Mann, diese Urlaubsbekanntschaft von Judy, mir erzählte, Judy hätte ihm ihre lesbischen Wünsche anvertraut. Damals dachte ich, er würde scherzen. Sicher, eine Menge Cops, die ich kannte, nannten sie eine »Lesbe«, aber so nannten sie fast alle Frauen, besonders diejenigen, die nicht mit ihnen schlafen wollten.

Der Gedanke, daß jemand Freundschaft heuchelte, um Beweise gegen den anderen zu sammeln, machte mich krank. Es war so link, und ich begann sogar zu vermuten, daß die Polizei von ihrem Plan wußte. Ich wünschte, Fred würde schnell nach Hause kommen, damit ich ihm alles erzählen konnte.

Nach dem Abendessen zeigte ich ihm Horenbergers Brief.
»Du warst Honeck gegenüber doch so mißtrauisch, nicht wahr? Sieh dir das mal an.«
Still las er die Erklärung, und von Zeit zu Zeit hob sich eine Augenbraue. Als er fertig war, sagte ich: »Es existiert noch eine ausführlichere Abschrift dieser Stellungnahme. Darin steht, daß Horenberger versucht hat, seine Informationen verschiedenen Anwälten zuzuleiten, aber keiner dieser Anwälte wollte mit der Sache etwas zu tun haben! Einer erklärte Horenberger: ›In den Fall will ich mich nicht einmischen!‹ Es macht mich so wütend, daß sie davon wußten und nichts unternehmen wollten!«
»Das liegt daran, daß es ein wichtiger Fall ist, immerhin sind die Behörden involviert. Damit will niemand etwas zu tun haben. Wie ist Don eigentlich an die Unterlagen gekommen?« fragte Fred. »Ich schätze, Horenberger hat ihn irgendwie ausfindig gemacht. Don sagte, er wolle versuchen, Horenberger bei dem Verfahren vorzuladen, um Zess' Meineid zu beweisen. Allerdings befürchtet Don, daß Horenbergers eidesstattliche Aussage auf Hörensagen basiert und daher vor Gericht unzulässig sein könnte. Dieser Brief erklärt alles, Freddy! Monatelang kam mir die Geschichte wie ein Puzzle vor, das nicht zusammenpaßte. Ich begriff einfach nicht, warum Judy diese Dinge gesagt hat! Immer wieder habe ich mir den Kopf darüber zerbrochen und versucht, mich daran zu erinnern, ob ich die Dinge nicht doch gesagt hatte, wie sie behauptete. Verstehst du, was ich meine? Ich dachte schon, ich wäre vielleicht betrunken gewesen und könnte mich deshalb nicht daran erinnern. Ich dachte schon, ich würde den Verstand verlieren!«
Fred nickte. »Ich weiß. Wenn Leute immer wieder behaupten, du hättest etwas getan, das du nicht getan hast, bleibt irgendwo ein leiser Zweifel in dir, daß du es vielleicht nur vergessen hast, daß du unrecht hast oder daß alles ein Mißver-

ständnis ist. Aber hier geht es um ganz entscheidende Dinge. Da steckt eine Absicht, ein Motiv dahinter. Und dann dein Gemütszustand! Jetzt siehst du, daß du nicht verrückt warst. Es war ein abgekartetes Spiel. Eine Zeugin für die Polizei gegen einen Handel, an dem Gaertner interessiert ist. Ich wußte, daß Zess ein schlechter Mensch ist.«

Ein paar Tage später fuhren Fred und ich in meinem Wagen nach Madison, um in Eisenbergs Büro noch einmal zu heiraten. Wir hatten beim Amtsgericht in Milwaukee eine neue Heiratserlaubnis beantragt. Beide gingen wir eher unenthusiastisch zu dieser zweiten Zeremonie. Für mich war unsere erste Heirat die wirkliche Heirat, und dieses zweite Ereignis war in meinen Augen nur eine gesetzliche Notwendigkeit, die uns das System aufzwang. Ich hatte mir für diesen Anlaß weder einen Strauß Blumen noch ein neues Kleid besorgt; ich trug das gleiche wie beim Thanksgivingfest. Es gab nur eine kleine Feier, aber das reichte schon aus, um die Aufmerksamkeit der Zeitungen zu wecken. Dann waren wir auch schon wieder draußen. Fred schlug vor, zum Essen nach Lake Geneva zu fahren, weil es eine schöne Spazierfahrt dorthin war.

»Du hast mir doch einmal erzählt, daß es im Playboy Club ein tolles Fischgericht gibt«, meinte Fred.

»Ja, eine Quiche mit Meeresfrüchten«, antwortete ich. »Zehn Zentimeter hoch, mit Jakobsmuscheln, Shrimps, Krabbenfleisch und dünnen Pilzscheiben. Schmeckt unwahrscheinlich gut!«

Als wir im Club ankamen, mußten wir feststellen, daß das Restaurant wegen einer größeren Veranstaltung besetzt war. Also warteten wir an der Bar, bis zwei Plätze für uns frei wurden. Ich hatte einen Scotch bestellt und Fred einen Whisky, den er für meine Begriffe etwas zu schnell austrank. Während ich mich umsah, fühlte ich ein leichtes Unbehagen, weil ich daran denken mußte, daß die Polizei hier gewesen war und meine früheren Kollegen befragt hatte. Ich wußte, daß ich im Club für eine Menge Gesprächsstoff gesorgt hatte, wie anderswo auch.

Zum Glück erkannte mich niemand vom Personal. Die Fluktuation im Club war sehr hoch. Außerdem war seitdem ein Jahr vergangen, und ich hatte mich verändert. Beim Essen erzählte Fred der Kellnerin, daß ich auch einmal hier gearbeitet hatte.

»Wissen Sie, wir unterhielten uns gerade über Lauries Zeit hier im Club!« sagte Fred, als die Kellnerin mit unserer Rechnung zurückkam. Sie schien nicht viel mit seinem Kommentar anfangen zu können, und ich wechselte rasch das Thema. Sie ging wieder weg.

»Ich wünschte, du hättest nicht erwähnt, daß ich hier gearbeitet habe«, sagte ich.

»Dann hättest du mir das vorher sagen sollen!«

»Ich dachte, du hättest mehr gesunden Menschenverstand.«

»Gibt es etwas, wofür du dich schämen mußt?« fragte Fred.

»Nein! Ich schäme mich nicht dafür, hier gearbeitet zu haben, auch wenn ich das nicht unbedingt in meinem Lebenslauf erwähnen würde. Es war eine Sache, die ich für ein paar Wochen gemacht habe. Ich schäme mich nur, weil die Polizei hier gewesen ist und jeden über mich ausgefragt hat!« Die Hälfte meiner Quiche lag noch auf meinem Teller. Sie war kalt geworden.

Unsere Diskussion ging weiter, immer im Kreis, sinnlos, enttäuschend. Irgendwann schaltete ich ab.

Wir hatten den Eindruck, daß rein gar nichts funktionieren wollte. Fred hatte immer noch seinen Schreibtischjob und fühlte sich nach wie vor schikaniert. Daher bewarb er sich bei einem Vorstadtrevier, das mehrere Stellenvakanzen hatte. Am nächsten Tag erschien in der Zeitung ein Artikel, der über seine Bewerbung berichtete. Deshalb bekam er den Job nicht.

»Verdammt noch mal!« Fluchend schmiß Fred die Zeitung auf den Boden. »Wir können rein gar nichts tun, ohne daß es gleich in der Zeitung steht! Müssen die über alles schreiben, was ich tue?«

Ich stimmte ihm zu. »Was macht uns eigentlich so wichtig und interessant? Seit Monaten kleben sie nun schon an unseren Fersen.«

Als ich am Tag darauf gerade mit der Wäsche fertig war und Sergeant zu essen gegeben hatte, kam Fred zurück. Er war früh dran und eindeutig sauer.

»Setz dich hin. Wir müssen uns unterhalten.«

Ich rückte mir einen der Holzstühle am Tisch zurecht. Fred machte sich nicht die Mühe, seinen Mantel auszuziehen.

»Wenn ich heute abend nicht kündige, Laurie, dann werden sie mich feuern. Ich wußte, daß das kommen würde. Ich wußte nur nicht, wann.« Nervös zog er seine Handschuhe an. »Ich wollte es aber erst mit dir besprechen. Was denkst du darüber?«

»Was wirft man dir vor?«

»Außereheliches Zusammenleben«, behauptete er. Ich glaubte ihm.

»Das muß ein schlechter Scherz sein.«

»Dank der Zeitungsartikel ist es kein Geheimnis, daß wir noch einmal geheiratet haben. Ich kann Tischlerarbeiten übernehmen, bis ich einen anderen Job gefunden habe. Außerdem machen sie mir die Hölle heiß wegen deines Verfahrens...«

»Nach all deinen Dienstjahren schmeißen sie dich einfach raus, als ob du ein Anfänger wärst.«

»Aber wenn sie mich rausschmeißen, müssen sie mir Arbeitslosenunterstützung zahlen«, sagte Fred.

»Keinesfalls. Denk doch nur an die Mühe, die du hattest, von ihnen für ein paar Wochen die Unterstützung zu bekommen! Du hattest mehr Unkosten, als die ganze Sache wert war.«

Fred würde kündigen. Er sagte, er hätte das Gefühl, als sei eine große Last von seinen Schultern genommen.

Ungefähr zur gleichen Zeit trat mein Vater seinen wohlverdienten Ruhestand an. In einem Lokal in unserer Nähe organisierte ich eine kleine, nicht sehr teure Feier für ihn. Seine Freunde, Kollegen und seine Brüder kamen. Es gab ein Buffet mit belegten Broten und eine Torte in Form eines Hammers.

Am nächsten Morgen, als ich noch meinen Kater vom Vorabend pflegte, klingelte das Telefon. Es war ein Freund von mir – mit interessanten Neuigkeiten.

»Diese Zess geht jetzt mit Stu Honeck aus. Ich habe sie gestern abend in einem Restaurant gesehen.«

»Waren die beiden alleine?« fragte ich.

»Nein, zu viert, mit noch einem Paar.«

»Ich werde das meinem Anwalt mitteilen«, sagte ich. Ich legte auf, zog mir die Decke über den Kopf und schloß die Augen.

Der Tag kam, an dem mein Vater meiner Mutter an die Westküste nachreiste. Fred und ich fuhren ihn zum Flughafen. Er hatte einen großen Koffer gepackt und trug seine bequeme karierte Jacke. Wir stellten den Wagen auf einem der Parkplätze ab und begleiteten Vater in die Abflughalle. Krampfhaft hielt ich meine Tränen zurück – ich wollte keine Szene bei seiner Abreise machen.

Er umarmte mich, nahm seinen Koffer in die Hand und verschwand durch den Gang, der zum Flugzeug führte. Als wir wieder gingen, sah ich Fred von der Seite an. Tränen liefen auch ihm über die Wangen. Es überraschte mich, daß er genauso bewegt war wie ich.

»Sind Flughäfen nicht schreckliche Orte?« fragte er.

Mein Kinn zuckte; ich war nicht fähig zu antworten. Eine unerklärliche Angst überkam mich, daß Vater wegging und nie wiederkommen würde. Ich wußte, daß das Unsinn war und versuchte, meine Angst zu ignorieren. Ich wußte, daß meine Eltern zu meiner Verhandlung wieder zurück sein würden.

In dieser Zeit litt ich unter beunruhigenden, immer wiederkehrenden Träumen. In einem dieser Träume war ich in Florida, wo ich mit einigen Freunden Kisten und Möbel in ein Haus am Strand trug. Im Traum war ich wütend darüber, daß einige meiner Stühle kaputt und abgenutzt waren. Ich schloß mich ein paar Leuten am Strand an, die ein Picknick machten, als die Flut plötzlich mit großer Geschwindigkeit und beängstigender Stärke herankam. Die Leute liefen den Berg hinauf, vom Wasser weg, und ich rannte ängstlich hinter ihnen her, weil ich nicht schwimmen kann. Oben auf dem Berg war ein Drahtzaun, und ich konnte nicht weiter. Ich wollte mich gerade darüber schwingen, aber er stand unter Strom, und ich riß meine Hände zurück. In panischer Angst, von der Flut abgeschnitten zu werden, sah ich über meine Schulter. Die Wellen kamen näher, schneller und immer schneller. Plötzlich wurde ich wach. Ich war schweißgebadet und rang nach Luft. Fred lag neben mir und schlief seelenruhig.

In einem anderen Traum war ich in einer fremden Stadt, wo ich mich um fremde Jobs bewarb und schmutzige Treppen hinaufstieg, die in kleine, alte Büros führten. Nach einer kurzen Weile war ich verwirrt und hatte mich verlaufen. Ich lief die Straße hinunter, um ein Telefon zu suchen, als ich hinter mir ein häßliches, mechanisch klingendes Geräusch hörte. Es war ein schreckliches, knirschendes, rhythmisches Klicken. Als ich mich umdrehte, sah ich, daß mir eine roboterähnliche Kreatur folgte. Sie hatte einen Totenkopf mit einem Uncle Sam Hut darauf. Ihre Kieferknochen bewegten sich ruckartig. Ich rannte weg. In einer Halle fand ich ein Telefon, aber noch bevor ich telefonieren konnte, banden mich fremde Leute auf einer Liege fest und gaben mir eine Spritze in den Arm. Ich wehrte mich nach Kräften und flehte sie an, mich mit meinem Mann telefonieren zu lassen.

Dann wurde ich wach. Krampfhaft hielt ich meine Bettdecke fest. Ich hatte solche Angst, daß ich mich keinen Millimeter rühren konnte. Ich traute mich nicht einmal, die Augen zu öffnen.

Das Leben ging weiter. Die Tage verstrichen. Fred schlug vor, wir sollten nach Las Vegas fahren, was wir dann auch taten. Wir besuchten auch Freunde in Florida. Aber nichts von all dem bedeutete mir wirklich etwas.

·

Ich erinnere mich an eine Frau, die ich in Vegas traf und die mich wiedererkannte. »Ich bin so froh, daß der Fall abgeschlossen ist«, sagte sie. »Ich war von Anfang an der Meinung, daß es Quatsch war.«

»Aber er ist noch nicht abgeschlossen«, sagte ich.

»Oh«, meinte sie, »aber ich dachte, der kleine Junge, dieser Augenzeuge, sagte, Sie wären es nicht gewesen?«

»Das hat er auch«, entgegnete ich, »aber das scheint keinen zu interessieren.«

»Es tut mir so leid für Sie«, sagte die Frau. »Ich bewundere Sie wirklich.«

Ich wußte nicht, was ich darauf sagen sollte. Ich weiß nie, wie ich mit solchen Komplimenten umgehen soll.

Und natürlich war die Sache noch nicht vorbei, noch lange nicht.

·

Nachdem wir wieder aus Florida zurückgekehrt waren, blätterte ich die Sonntagszeitung durch und entdeckte darin einen Artikel über Fred Horenberger. Er und zwei weitere Männer, Danny Gilbert und Mark Eckert, waren überführt worden, den bewaffneten Überfall auf Judy Zess begangen zu haben. Ich war bestürzt. Horenberger hatte auf nicht schuldig plädiert, wurde jedoch aufgrund von Zess' Aussage für schuldig befunden, die behauptete, er hätte zahlreiche Gelegenheiten gehabt, den Überfall zu arrangieren, da er sich mehrfach in Gaertners Appartment aufgehalten hatte. Ich griff nach einer Schere und schnitt den Artikel aus.

»Überführt?« sagte ich. »In diesen Überfall verwickelt und überführt! Mein Gott – da geht er hin, mein Zeuge! Er wußte zu viel. Darum mußte er aus dem Wege geschafft werden. Er hat Frank Cole bei Judy gesehen. Sie hat ihm von dem Handel erzählt, den sie und Tom mit den Cops planten. Sie hat ihm von ihrer Affaire mit Cole erzählt. Jetzt ist Horenberger weg!«

Ich zeigte Fred den Artikel. »Jetzt sitzt er im Gefängnis und kann nicht für mich aussagen, oder?«

»Natürlich kann er das. Aber seine Glaubwürdigkeit ist hinüber. Jetzt würde es so aussehen, als ob er nur gegen Zess aussagt, um sich zu rächen.«

»Aber Horenberger hat uns seine Informationen doch gegeben, bevor das hier passierte!« gab ich zu bedenken. »Ich muß gleich morgen früh bei Don anrufen.«

Mein Vertrauen schrumpfte. Erst erlitt Joans Mann einen Herzanfall, und sie mußte das Beratungszentrum verlassen und unsere wöchentlichen Sitzungen steichen. Ich habe Joan nie wiedergesehen. Dann rief meine Mutter an, um mir die Hiobsbotschaft zu überbringen, daß sie wegen einer Notoperation an der Gebärmutter ins Krankenhaus gehen mußte. Der Arzt hatte ihr gesagt, daß sie nach der Operation mindestens acht Wochen lang nicht reisen durfte. Das bedeutete, daß sie am Tag meines Verfahrens nicht zu Hause sein würde. Der Traum mit der steigenden Flut kam jetzt immer öfter. Ich hatte Angst einzuschlafen, weil ich wußte, daß ich wieder Alpträume haben würde. Ich litt unter fürchterlichen Angstzuständen.

Eines Morgens saß ich im Zeichenunterricht in der Universität und vollendete gerade eine Arbeit. Als ich damit fertig war, durfte ich eine Pause machen. Ich verließ den Klassenraum, um mir einen Kaffee zu holen. Da überkam mich plötzlich ein schreckliches Gefühl. Ich hatte Angst, aber ich wußte nicht, warum. Ich wollte nicht da sein, wo ich gerade war, aber ich hatte keine Ahnung, wohin ich sonst hätte gehen wollen.

Ich mußte mit jemandem sprechen. Ich rannte den Gang entlang, vorbei an den Reihen mit den grünen Schränken. Endlich erreichte ich die Telefonkabine im ersten Stock. Ich wählte unsere Nummer und betete, daß Fred ans Telefon gehen würde.

Er war zu Hause! Gott sei Dank!

»Fred?« Vor lauter Tränen konnte ich kaum sprechen.

»Was ist passiert?«

»Ich weiß nicht.« Ich versuchte, ihm zu schildern, was ich durchgemacht hatte, und bemühte mich, nicht wie jemand zu klingen, der den Verstand verloren hatte. Ich verstand mich selbst nicht.

»Willst du, daß ich dich abhole?«

»Ja... nein! Ich muß unbedingt versuchen, meinen Unterricht zu Ende zu machen, sonst werde ich nie mehr in der Lage sein weiterzumachen. Laß es mich versuchen.«

Ich rettete mich über den Tag.

Tagelang fühlte ich mich wie ein Kind, das Angst vor dem Alleinesein hat. Ich blieb die ganze Nacht wach. Schlafen konnte ich nicht. Schließlich ließ ich mir ein Antidepressivum verschreiben.

Ich ließ einen Universitätskurs nach dem anderen fallen. Meine Tage erschienen mir endlos und farblos.

Eines Abends war ich so betrunken, daß ich drei meiner Gedichtbände im Kamin verbrannte. Meine Tränen zischten kurz im Feuer. Ich versuchte, auch den Schmerz zu verbrennen, aber er wollte einfach nicht weggehen.

Die Kette der schlechten Nachrichten riß nicht ab. Eines Morgens fiel mein Blick auf eine Schlagzeile der Titelseite unserer Zeitung. Beim ersten Überfliegen erschien sie mir bedeutungslos. Ich las sie ein zweites Mal: »Richter verurteilt Schulz zur Zahlung von 6.600 Dollar an Söhne«.

Als ich den Artikel las, fuhr ich zusammen. Unter dem Vorsitz von Richter Curley hatte eine Anhörung stattgefunden, und der Richter hatte Fred dazu verurteilt, die Hälfte seiner Pensionsansprüche an die Kinder zu zahlen.

Nach der ursprünglichen Unterhaltsregelung hatte Christine Anspruch auf die Hälfte seiner Pensionszahlungen erhalten, wenn Fred aus dem Polizeidienst ausschied, unabhängig davon, ob Christine erneut geheiratet hätte oder nicht. Durch ihren Tod hatten nun die Kinder dieses Geld geerbt. Die Pennings klagten das Geld gerichtlich ein, und sie erhielten es.

Kershek informierte das Gericht außerdem, daß Fred mit seinen Unterhaltszahlungen für die Kinder im Rückstand war. Kindesunterhalt? Niemand hatte Fred dazu aufgefordert, Unterhalt an die Pennings oder an Barb und Bruce Christ zu zahlen. Oder etwa doch?

Im Artikel stand, daß Fred sich davor drückte, seine Kinder zu sehen. Die Betreuer hatten, so hieß es, die Kinder pflichtbewußt zum vereinbarten Treffpunkt gebracht, damit sie ihren Vater sehen konnten, aber dort wurde ihnen mitgeteilt, daß Fred Urlaub in Florida machte. Ich war den Tränen nahe.

Urlaub in Florida? Sie waren es, die Sean und Shannon drei oder vier Wochen nacheinander nicht zu ihrem Vater brachten – auch als Fred und ich in Florida waren! Diese Lügen machten mich krank. Ich rief nach Fred.

»Sieh dir das an! Sieh dir an, wie sie es darstellen!«

Er schmiß den Artikel auf den Boden.

»Wie können die nur so etwas drucken, ohne sich zu vergewissern, ob es stimmt?«

»Dagegen können wir nichts unternehmen«, sagte Fred ruhig.

»Aber das müssen wir!« weinte ich.

»Nein.«

Ein paar Tage später verlor ich meinen Ehering im Fitness-Club. Ich hatte Fred geholfen, der dort eine Sauna einbaute. Als ich den Verlust bemerkte, waren wir schon wieder zu Hause. Trotz aller Bemühungen, den Ring wiederzufinden, blieb er verschwunden. Schließlich dachte ich, daß er beim Händewaschen in den Abfluß gefallen sein mußte.

Unser Hochzeitstag stand kurz bevor. Fred und ich waren erst ein Jahr verheiratet. Für Ende Januar war es draußen einigermaßen warm; der Himmel war bewölkt. Wir fuhren zum Shopping in den Ostteil der Stadt und beendeten den Nachmittag mit einem Galeriebesuch. Mir war nicht besonders nach Feiern zumute.

Der Prozeßtermin rückte näher. Ein Brief meiner Mutter kam an. Ihr Arzt zeigte sich von ihrer Genesung beeindruckt und war bereit, sie die Reise antreten zu lassen. Bei diesen guten Neuigkeiten lächelte ich, weil ich wußte, daß sie und Vater rechtzeitig zu meinem Prozeß nach Hause kommen würden. Durch den Schnee fuhr ich zum Flughafen, um die beiden abzuholen. Aufgrund der schlechten Wetterverhältnisse hatte sich ihr Flug verspätet. Fred wartete draußen im Wagen, während ich durch die Glastüren des Terminals schlenderte. Als ich meine Eltern dann endlich entdeckte, rannte ich weinend auf sie zu und umarmte sie.

»Nicht weinen. Wir sind ja jetzt zu Hause«, sagte meine Mutter sanft.

Kurz darauf rief mich Eisenberg an. Er hatte einen Antrag auf Beweismitteldarlegung gestellt und Kopien aller Polizeiberichte erhalten. Dies ermöglichte es ihm endlich, in all das Einsicht zu nehmen, was die Anklage gegen mich verwenden wollte. Bis zum Prozeßtermin waren es noch vier Wochen.

271

Von der Polizei hatte Eisenberg vier große Kartons voller Berichte erhalten. Die Berichte reichten von höchst irrelevantem Zeug bis hin zu Aussagen potentieller Zeugen.

In den Akten befand sich auch ein Bericht von Boville, meinem Mitschüler aus der Polizeischule, der behauptete, ich hätte ihm gegenüber einmal geäußert, daß ich all das tun könnte, was ein Mann tun kann. Ein anderer Bericht bestätigte lediglich, daß Fred und ich im Mai nach Florida gereist waren. Es gab diverse Befragungen und Verhöre von etwa zwanzig verschiedenen Verdächtigen, inklusive des Verrückten – und alle waren Männer.

Zahlreiche Berichte stammten von besorgten Bürgern, die der Polizei berichtet hatten, daß sie in der Nachbarschaft der Ramsey Street einen männlichen Jogger gesehen hatten. Ein anderer Stapel Berichte bestand aus Aussagen von Judy Zess. Einige kamen vom kriminaltechnischen Institut. Der Papierberg war gewaltig.

Eisenberg fischte einen Vorgang heraus, mit dem eine Frau namens Kathryn Morgan zu tun hatte. »Wo war Ihre Mutter am 18. Juni?« fragte Eisenberg.

Eilig griff ich nach meinem Taschenkalender und suchte die Seite mit dem Monat Juni.

»Das war ein Donnerstag... waren meine Eltern in der Woche nicht im Urlaub?«

»Das hoffe ich sehr. Der Staat hat eine Zeugin namens Morgan, die behauptet, Ihre Mutter dabei beobachtet zu haben, wie sie die Mülltonnen vor Ihrer ehemaligen Wohnung durchsuchte. Sie sagt, Ihre Mutter hätte etwas aus einer Tonne herausgeholt und es in einem Müllbeutel weggetragen.«

»Wie bitte?«

»Morgan sagt, daß sie am 18. Juni draußen vor ihrem Appartment saß, als eine Frau in einem Wagen vor dem Haus hielt. Sie sagt, die Frau wäre etwa einen Meter neunundsechzig groß, fünfundvierzig Jahre alt und circa 130 Pfund schwer gewesen, hätte braunes Haar gehabt und Shorts und ein Top getragen. Morgan behauptet, die Frau wäre aus dem Wagen gestiegen und auf sie zugekommen, um sie zu fragen, ob die grünen Tonnen die Müllcontainer für die Appartments seien. Weiter behauptet sie, die Frau wäre dann zu der Mülltonne gegangen, hätte eine Tüte herausgezogen, diese in ihren Wagen gelegt und sei weggefahren.«

Eisenberg sah auf. »Wie groß ist Ihre Mutter?«

»Don – das ist unmöglich. Sie ist einen Meter neunundsechzig groß, aber sie ist achtundfünfzig Jahre alt! Unmöglich. Entweder ist Morgan verrückt, oder sie lügt. Wenn meine Eltern zu der Zeit nicht im Urlaub waren, dann hat meine Mutter auf Sean und Shannon aufgepaßt, weil ich jeden Donnerstag bis drei Uhr nachmittags arbeiten mußte.«

»Fährt Virginia Auto?« fragte Eisenberg; er benutzte Mutters Vornamen.

»Nicht mehr...«

»Welche Farbe hat das Auto Ihres Vaters?«

»Goldmetallic oder bronze.«

»Ist es neu?«

»Ja.«

»Viertürig?«

»Zweitürig. Don, bitte! Mein Vater nimmt den Wagen immer mit zur Arbeit. Meine Mutter könnte an einem Wochentag gar nicht um halb drei über den Wagen verfügen. Hat Morgan die Zulassungsnummer genannt?«

Eisenberg zeigte mir den Bericht.

»Na also! Die Nummer ist falsch! Mein Gott! Ich kann es einfach nicht glauben! Wissen Sie überhaupt, wie riesig diese Müllcontainer sind? Ich bin ziemlich groß, aber selbst ich könnte nicht in die Tonne im Hof hineingreifen. Die Öffnung war so hoch, daß ich es gerade schaffte, den Deckel wegzuschieben, um die Müllbeutel hineinzuwerfen. Meine Mutter ist nicht groß genug, um hineinfassen zu können.«

»Offenbar versucht die Anklage zu beweisen, daß Sie Beweisstücke aus dem Wege schaffen wollten und daß ihre Mutter sie für Sie zurückholen sollte«, grübelte Eisenberg. »Gibt es eine Möglichkeit zu beweisen, daß Ihr Vater das Auto an dem Tag bei sich hatte?«

»Ich werde das klären. Vielleicht kann sein Chef sich daran erinnern. Es ist alles so...« Plötzlich kam mir ein Gedanke, und ich machte eine Pause. »Erinnern Sie sich, wie meine Mutter bei meiner Vorverhandlung aussagte? Da war etwas, das mir seltsam vorkam. Kurz bevor Kraemer sein Kreuzverhör beendet hatte, bat er meine Mutter, ihre Brille abzunehmen. Natürlich ist sie seiner Bitte nachgekommen, und dann forderte er sie auf, die Brille wieder aufzusetzen. Lassen Sie mich den Bericht noch einmal sehen.«

Ich suchte in dem getippten Text nach einer bestimmten Stelle.

»Hier ist es! Hier steht, daß Mrs. Morgan Virginia Bembenek am 2. September 1981 als die Frau wiedererkannte, die sie am 18. Juni 1981 gesehen hatte. Morgan hat meine Mutter identifiziert, nachdem sie ihre Brille abgenommen hatte! In Morgans Beschreibung, die sie der Polizei gegeben hat, ist nicht die Rede von einer Brille. Meine Mutter kann ohne ihre Brille überhaupt kein Auto fahren. Sie kann ohne sie kaum etwas sehen. Ihre Augen sind so schlecht, daß sie es sich nicht mehr zutraut, nachts oder auf der Landstraße zu fahren.«

»Das ist gut«, stimmte Eigenberg zu. »Wir werden das alles bei Ihrem Prozeß vorbringen müssen. Sollten Ihre Eltern in der Woche tatsächlich im Urlaub gewesen sein, dann ist dieser Punkt geklärt.«

»Ich finde es so unglaublich, daß all diese verrückten Leute mit diesem ganzen Blödsinn daherkommen!«

»Ich weiß.« Eisenberg nickte zustimmend. »Das passiert meistens bei einem Fall, der so viele Schlagzeilen gemacht hat wie Ihrer. Die Leute sind sensationshungrig. Sie wollen an dem

Schauspiel teilhaben. Gelangweilte Hausfrauen spielen plötzlich Detektiv. Und wer weiß? Vielleicht trieb sich an dem Tag wirklich irgendeine Verrückte bei den Müllcontainern herum. Die Stadt ist voller Landstreicherinnen.«

»Aber nicht voller Landstreicherinnen, die nagelneue Autos fahren, Don! Es ist eine absurde Lüge, da bin ich sicher! Würde jemand, der vorhat, Beweismittel zu vernichten, am hellichten Tag auf einen Hausbewohner zugehen und sich mit ihm unterhalten, während sein Wagen gleich nebenan steht?« Es widerte mich an.

»Mrs. Morgan ist sicherlich keine Hilfe für uns. Unwesentliche Beweise sind an sich nicht schlimm, aber dadurch werden uns Steine in den Weg gelegt. Diese Zeugin existiert und ihre Aussage ebenfalls, und dies und jenes kommt hinzu, mit dem Ergebnis, daß daraus schnell ein eigenständiger Fall werden kann.«

»Aber nichts davon entspricht der Wahrheit!« protestierte ich.

»In den Unterlagen befinden sich zahlreiche Berichte über Fred. Viele Freunde von Christine sagten aus, daß Fred sie mißhandelt hat. Ein Bericht stammt von Jo Anne Delikat.«

»Das ist Dennis' Ex-Frau. Dennis lebt jetzt in Florida.«

»Und einer von einer Frau namens Polka sowie ein Bericht von Rechtsanwalt Kershek, der sagt, Fred hätte Chris während ihrer letzten Unterhaltung bedroht. Er behauptet, Fred hätte die Unterhaltszahlungen eingestellt.«

»Das stimmt nicht. Kershek vertritt die Pennings.«

Ich überflog einen weiteren Stapel der Akten. »Die meisten Aussagen sind im Juli nach meiner Verhaftung gemacht worden.«

»Wann haben Sie Christines Babysitter zum letzten Mal gesehen?« fragte Eisenberg.

»Bei der Beerdigung. Sie ist vierzehn oder fünfzehn Jahre alt.«

»Sie behauptet, Sie und Fred wären irgendwann im Mai in das Ramsey Haus gekommen, um Sean zu einem Spiel abzuholen, und Fred hätte Sie durch das Haus geführt. Sie sagt, Sie hätten sich in ihrem Beisein mit den Kindern unterhalten – wie ist noch ihr Name? Tammy. Tammy sagt, sie hörte, wie Sie sich danach erkundigten, wo der Hund war.«

»Unmöglich. Fred hat mich nie durch das Haus geführt. Außerdem wußte ich, daß der Hund seit Februar nicht mehr da war. Warum sollte ich im Mai nach ihm fragen?«

»Das scheint ganz offensichtlich der Monat zu sein, der von Interesse ist. Waren Sie jemals vor dem Mord in dem Haus?« wollte er wissen.

»Ja, aber ich bin dort nie herumgelaufen. Einmal habe ich in Freds Wagen gewartet, und ein anderes Mal wartete ich im Eingang an der Haustür.«

Den Rest der Unterlagen schleppte ich mit nach Hause. Eisenberg bat mich, alle Berichte sorgfältig zu lesen – eine mühsame Arbeit.

Als ich meiner Mutter von Mrs. Morgans Behauptungen berichtete, reagierte sie mit Entsetzen. Der Urlaub meiner Eltern hatte leider zum unpassenden Zeitpunkt stattgefunden – in der Woche nach dem 18. Juni.

Ich setzte mich auf einen Stuhl und las die restlichen Berichte durch. Schließlich kam ich zu Freds Aussage über die Vorfälle in der besagten Nacht. Darin schrieb Fred, daß er nach dem Mord zusammen mit Durfee zu unserer Wohnung fuhr. Dort angekommen, hatte er in der Garage die Motorhaube meines Wagens angefaßt, um festzustellen, ob der Wagen kurz zuvor gefahren worden war, aber die Haube war kalt. Ich fand das ausgesprochen sonderbar.

Ein weiterer Bericht stammte von Freds Vorgesetztem, Leutnant Ruscitti, der berichtete, daß Fred zu ihm kam, um ihm mitzuteilen, er hätte einen Teil seiner Munition verstreut vorgefunden – wieder im Mai, wie passend!

Im Bericht hieß es, Fred behauptete, mich nach den Kugeln gefragt zu haben, allerdings hätte ich abgestritten, davon irgend etwas zu wissen. Der Stil des Berichts erweckte den Eindruck, daß ich mich zweifellos an Freds Munition zu schaffen gemacht hatte. Ich sprang vom Stuhl auf und lief aufgeregt in die Küche, wo Fred über einem Sandwich am Tisch saß. Ich legte ihm die aufgeschlagene Seite direkt unter die Nase und wartete mit verschränkten Armen auf seine Reaktion.

Er las den Bericht und sah mich dann mit ausdruckslosem Gesicht an. Ich starrte stumm zurück.

»Ja und?« meinte er.

»Was um Himmels Willen hast du deinem Chef erzählt?«

»Ich habe Ruscitti gar nichts erzählt! Ich meine, was ich ihm gesagt habe, steht hier nicht. Man hat es falsch wiedergegeben.«

»Warum hast du ihm das erzählt? Es stimmt doch gar nicht! Ich fühle mich so hintergangen! Was willst du mir damit antun?«

»Laurie, ich habe ihm davon erzählt, daß ich einmal eine Kugel auf dem Boden neben meinem Kleiderständer gefunden habe.«

»Neben deinem Kleiderständer, in deiner Ecke vom Schlafzimmer, wo du immer deinen Patronengürtel und die Waffe und alles mögliche hinhängst! Ich erinnere mich noch gut daran! Die Jungen wohnten da schon bei uns, Fred! Sean und Shannon waren bereits bei uns. Und du hast ihnen vorgeworfen, daß sie mit deiner Munition gespielt haben, wobei die verdammte Kugel vermutlich nur aus der Tasche gefallen ist. Das war im Juni! Nach Christines Tod!«

»Ja und?«

»Im Bericht steht, es war im Mai. Und da steht, du hättest behauptet, mich nach der Kugel gefragt zu haben. Dieser Bericht würde gar nicht existieren, wenn du nicht gleich zu Ruscitti gerannt wärst! Eine Kugel fällt aus einem Munitionsgürtel heraus, mitten zwischen deinen ganzen Mist in der Zimmerecke, und dann muß ich erfahren, daß mein Mann deswegen zu seinem Chef gelaufen ist!«

»Ich habe Ruscitti nur gesagt, daß Judy Zess möglicherweise Gelegenheit hatte, sich meine Munition anzusehen. Genau das habe ich ihm gesagt. Ich weiß nicht, warum er den anderen Blödsinn geschrieben hat.«

»Du hast einen bedeutungslosen Zwischenfall in eine verwerfliche Tat verwandelt!« sagte ich. Du am allerehesten solltest wissen, wie man Berichte bei der Polizei fehlinterpretiert. Und du hast in der Nacht nachgesehen, ob die Motorhaube meines Wagens heiß war? Ja warum denn, um Himmels Willen?«

»Das habe ich im Beisein von Durfee absichtlich gemacht! Um ihm zu zeigen, daß sie kalt war! Damit sie nicht hinterher ankommen und...«

»Aber Fred! Warum hast du das gemacht? Warum hast du so etwas gemacht, wenn du nicht verdächtig warst? Wie konntest du das tun?«

Anschließend erzählte ich ihm von den Berichten, aus denen hervorging, daß er Christine mißhandelt hatte.

»Diese Leute sind genau so glaubwürdig wie Mrs. Morgan!« argumentierte Fred. »Das sind Lügen! Genau wie der Bericht über deine Mutter eine Lüge ist. Genau wie die Berichte über dich gelogen sind. Habe ich dir auch nur jemals eine Sekunde mißtraut? Ich glaube keine einzige dieser Lügen über dich – warum solltest du also glauben, was in den Berichten über mich steht?«

Da mochte etwas dran sein.

•

Etwas, aber nicht alles. So viele kleine Lügen, so viele »unbeabsichtigte Fehler«, Mißverständnisse und falsche Schlüsse. War ich paranoid, wenn ich mich fragte, warum die Leute nicht einmal etwas zu meinen Gunsten mißverstehen konnten?

Ich fühlte förmlich, wie sich das Lügennetz über mir zusammenzog.

15

DER PROZESS

Die ersten Prozeßtage verliefen ereignislos, ja geradezu langweilig. Es wurde viel Hokuspokus um technische Fragen gemacht. Die meiste Zeit verging damit, die Geschworenenjury zusammenzustellen, ein kompliziertes Verfahren, in dem es immer wieder zu Ablehnungen einzelner Geschworener kam, zu Gegenablehnungen und zu Streichungen. Schließlich wurde eine Jury gewählt. Außerdem wurden zwei Stellvertreter für den Fall benannt, daß ein Jurymitglied wegen Krankheit ausfiel. Nun lag mein Schicksal in den Händen von sieben Frauen und fünf Männern.

Nur einige wenige der künftigen Juroren machten sich die Mühe, mich mehr als nur flüchtig anzusehen, während wir uns in einem kleinen Zimmer aufhielten, das an das Büro des Richters grenzte. Ich sah mir alle sehr genau an. Ein älterer Schwarzer, ein Rentner, mit extrem großer Unterlippe, der sich in eine graue Wolljacke hineingezwängt hatte, saß neben einer großen, ernst aussehenden Frau mit einem Doppelkinn. Sie sagte, sie sei Hauswirtschaftsleiterin, saß sehr gerade auf ihrem Stuhl und hatte die Hände in ihrem Schoß gefaltet. Eine andere Frau sah mit ihren dicken Brillengläsern und ihrem Augenzwinkern aus wie eine Lehrerin. Dann war da noch eine junge Frau, die Jeans trug und eine schlichte Frisur hatte. Die männlichen Geschworenen waren alle älter.

Während die Jury noch ausgewählt wurde, flüsterte Eisenberg mir einige Informationen zu: »Übrigens, ich habe öfter versucht, über Calvey die Pennings und die Christs zu erreichen. Ich wollte Sean Schultz noch einmal sprechen, bevor er hier wieder aussagen muß, aber ich fürchte, daß das ein Problem sein wird. Ich spüre da einigen Widerstand.«

Bevor die Jury in den Gerichtssaal geschickt wurde, befaßte sich das Gericht noch mit einigen Anträgen, die Eisenberg gestellt hatte, und es fand eine Aufhebungsanhörung statt.

Darin ging es um die Rechtmäßigkeit der Durchsuchung meines Spints in der Marquette Universität. Lange nach meiner Festnahme hatten zwei Detectives meine Handtasche aus diesem Schrank beschlagnahmt und behaupteten später, daß die Haare aus meiner Haarbürste identisch seien mit einem Haar, das man im Leichenschauhaus auf dem Körper der Toten gefunden hatte.

»Dieser Beweis wurde nach einer illegalen Durchsuchung vorgelegt und sollte daher als unzulässig abgelehnt werden«, erklärte mir Eisenberg.

Er begann, die großen Aktenberge vor sich auf dem Tisch durchzublättern. Alle Polizeiberichte waren alphabetisch geordnet.

Er zog eine Seite heraus, auf der die Ergebnisse des kriminaltechnischen Labors zusammengefaßt waren, und unterstrich einen Absatz, der von den Haar- und Faseranalysen handelte. Man hatte einige blonde Haare gefunden, die »vermutlich« mit dem Haar von Shannon Schultz übereinstimmten, jedoch war nie eine Haarprobe von Shannon genommen und untersucht worden, um diese Annahme zu beweisen. Weitere Haare, die man auf Christines Bett fand, wurden nicht untersucht, sondern einfach ignoriert. Eisenberg unterstrich die Stelle, an der stand, daß »ein mit Farbe behandeltes Haar«, das man gefunden hatte, »übereinstimmende Merkmale« mit den Haaren aus meiner Bürste aufwies und daß es »aus der gleichen Quelle stammen könnte«.

»Das ist die nachlässigste Polizeiarbeit, die ich je gesehen habe!« raunte Eisenberg mir zu. »Könnte sein! Könnte sein? Womöglich werden Sie aufgrund solcher ›Könnte sein, könnte aber auch nicht sein‹ noch verurteilt! Mein Gott! Und die Krönung ist, daß es sich um eine rechtswidrige Untersuchung handelte!«

Thomas Conway, mein ehemaliger Vorgesetzter an der Marquette Universität, betrat den Zeugenstand. Er war jetzt arbeitslos. Er sagte aus, daß ich ihm nach meiner Festnahme die Zahlenkombination für meinen Spint genannt hatte, damit er meine Ersatzuniformen aus dem Schrank holen konnte. Dann hatte mich die Polizei weggeführt.

Nachdem er den Spint geöffnet hatte, seien zwei Detectives auf ihn zugekommen und hätten ihn gebeten, zusehen zu dürfen. Conway hatte viele Dinge im Schrank gefunden – persönliche Gegenstände und Marquette-Eigentum. Als er sie alle nebeneinander auf eine Bank legte, schnappte sich die Polizei meine Tasche und teilte ihm mit: »Das hier werden wir brauchen.«

Zu meiner Überraschung bat mich Eisenberg um eine kurze Aussage im Zusammenhang mit den Vorfällen in Conways Büro. Nervös und unsicher ging ich zum Zeugenstand. Mir war mehr als warm in meinem Kleid, und mein Slip klebte förmlich an den Seidenstrümpfen.

Wenige Minuten später hatte ich es hinter mich gebracht. Ich erklärte, daß ich Conway gestattet hatte, die Uniformen aus dem Schrank zu nehmen, nicht jedoch mein persönliches Eigentum. Ich hatte den Eindruck, daß ich es ganz gut gemacht hatte. Ich war froh über die Gelegenheit, eine kurze Aussage machen zu können, denn das war eine gute Übung für die umfangreiche Aussage, die mir am Ende des Prozesses bevorstand.

Das Gericht zog sich zur Beratung zurück, und ich ging in die Halle hinaus. Als ich den Gerichtssaal wieder betrat, entschied Richter Michael Skwierawski über einige von Eisenberg gestellte Anträge.

»Der Antrag, den Fall aufgrund unzureichender Verdachtsmomente abzuweisen, wird abgelehnt. Die Frage hinreichender Verdachtsmomente wurde anläßlich der Vorverhandlung unter Vorsitz von Richter Ralph Adam Fine geklärt, und ich werde nicht in die Entscheidung eines anderen Richters eingreifen«, begann Skwierawski.

»Warum überhaupt einen Antrag stellen, wenn man weiß, daß er sowieso abgelehnt wird?« fragte ich Eisenberg leise. Es erschien mir unsinnig.

»Für das Protokoll«, flüsterte er zurück.

»Ebenso«, fuhr der Richter fort, »wird der Antrag, den Fall wegen Unzulänglichkeiten der Klage abzuweisen, abgelehnt. Auch der Antrag, die Haaranalyse von der Beweisführung auszunehmen, wird abgelehnt. Auch wenn sich die Polizei mit keinem ordnungsgemäßen Durchsuchungsbefehl abgesichert hat, erachte ich einen solchen in diesem Fall auch nicht für notwendig, da die Polizei dabei nicht als Staatsorgan aufgetreten ist.«

Die Polizei war also nicht als Staatsorgan aufgetreten? Als was denn dann? Als Gesangverein?

Skwierawski leierte die gerichtlichen Beschlüsse in einem auserlesenen Juristenjargon herunter und zitierte diverse Statuten. Ich fragte mich, warum Richter und Anwälte es nicht fertigbrachten, normal zu sprechen. Eisenberg nannte seine Einwände. Ich hörte aufmerksam zu, bis ich hinten im Gerichtssaal ein Geräusch wahrnahm. Ich drehte mich verstohlen zur Seite und erkannte den Bezirksstaatsanwalt E. Michael McCann neben Harold Breier, dem Polizeichef.

Eisenberg hatte den Polizeichef vorladen lassen und gleichzeitig die zwangsweise Aufdeckung der Personalakten von Stu Honeck und Judy Zess beantragt.

Sogleich legte Kraemer Einspruch ein. »Euer Ehren! Ich muß dagegen Einspruch erheben, daß die Verteidigung Einsicht in diese Unterlagen fordert! Darüber hinaus erhebe ich gegen

Mr. Eisenbergs Strategie Einspruch. Er zielt ganz offensichtlich darauf ab, mit dem Finger auf andere Verdächtige zu zeigen, und das ist nicht seine Aufgabe! Seine Aufgabe besteht darin, Miss Bembenek zu verteidigen!«

»Euer Ehren«, protestierte Eisenberg, »ich möchte das Gericht darauf hinweisen, daß die Verteidigung nur deshalb Personalakteneinsicht beantragt hat, um zu beweisen, daß die vorangegangenen Aussagen dieser Zeugen Meineide waren. Bei der Vorverhandlung hat Mr. Honeck bestritten, je ein Alkoholproblem gehabt zu haben, und ich glaube, daß seine Personalakte beweisen wird, daß er in der Tat ein Problem mit Alkohol hat. Dieser Umstand kann relevant sein, was sein Erinnerungsvermögen an die Geschehnisse in der Mordnacht betrifft. Wenn er in der besagten Nacht eine ausreichende Menge Alkohol zu sich genommen hatte...« »Euer Ehren!« unterbrach Kraemer ihn. »Ob Mr. Honeck Alkoholiker ist oder nicht, hat doch für diesen Fall keinerlei Bedeutung, und ich sehe keinen Grund, warum Akteneinsicht gewährt werden sollte!«

»Meine Herren!« mischte sich der Richter nun ein. »Wenn Sie jetzt bitte aufhören, kann ich Ihnen sagen, daß ich sowohl die Personalunterlagen von Miss Zess als auch von Mr. Honeck in meinem Büro einsehen und anschließend entscheiden werde, ob sie für diesen Fall von Bedeutung sind oder nicht. Ich werde dann bekanntgeben, ob ich sie für zulässig erachte oder nicht. Das Gericht vertagt sich für circa dreißig Minuten.«

Während wir warteten, fragte Eisenberg: »Hat Fred am letzten Sonntag Sean und Shannon gesehen?«

»Nein. Es gab einen Streit. Fred versuchte, die Jungen nach ihrem Termin beim Kinderpsychologen zu sehen, aber er bekam Ärger mit Barb. Er rief einen Polizisten, dem er eine Kopie seiner Besuchsrechtsvereinbarungen zeigte, aber das half auch nichts. Fred sagt, die Pennings haben Angst, daß er sie zu Ihnen bringen könnte, damit Sie mit ihnen sprechen können.«

»Wovor um alles in der Welt haben die solche Angst?« fragte Eisenberg mürrisch. »Ich habe mich vorher ja auch mit den Kindern unterhalten, und da hatten sie keine Einwände. Ich habe das Recht, Zeugen vor ihrer Aussage zu sprechen. Sie sind dann meistens im Gericht weniger nervös, weil sie auf die Art von Fragen vorbereitet sind, die ihnen gestellt werden.«

»Bitte erheben Sie sich«, forderte der Gerichtsdiener die Anwesenden auf, als der Richter wieder eintrat.

Skwierawski blieb seiner konsequenten Linie treu, mit der er alle unsere Anträge abgelehnt hatte, und verkündete, daß er die Berichte über Zess und Honeck nicht zuließ.

Eine halbe Woche war bereits verstrichen. Für seine Eröffnungsrede, in der er den Rahmen der staatlichen Anklage absteckte, hätte man Kraemer durchaus einen Emmy verleihen können. Eindringlich bat er die Jury, ihn als Christine Schultz' Anwalt zu betrachten. Seine geheuchelte Pietät war erschreckend. Die Jury hörte aufmerksam zu, als Kraemer seine bizarre Theorie vortrug. Offensichtlich war Geld das Motiv gewesen. Wir hatten nicht wirklich vorgehabt, Christine zu töten. Wir wollten sie nur aus dem Haus vertreiben, »damit die Angeklagte und ihr Mann Fred selbst dort einziehen konnten.«

Ich saß neben Eisenberg an einem Holztisch hinter den Anklagevertretern. Ich verschränkte meine Beine und rutschte auf meinem Stuhl unruhig hin und her. Schließlich zog ich die Kappe von einem Filzschreiber ab und fing an, auf ein großes, gelbes Blatt zu schreiben, das Eisenberg mir wieder für meine Kommentare bereitgelegt hatte.

»Wenn Kraemer sagt, daß keine Absicht bestand, Christine zu töten, warum wurde ich dann wegen Mordes angeklagt?«

Zum Schluß machte ich mir nicht einmal mehr die Mühe, einen Kommentar abzugeben. Wie idiotisch es war anzunehmen, daß man eine erwachsene Frau aus ihrem eigenen Haus hinausekeln konnte! Und wie weit hergeholt! Warum hatte sie dann nicht ganz einfach die Schlösser ausgetauscht oder sich einen Wachhund zugelegt oder jemanden gebeten, bei ihr zu wohnen? Warum hätte sie einfach ausziehen sollen? Christines Freund war schließlich Polizist! Davon abgesehen, hatten Fred und ich uns ziemlich darüber gestritten, ob wir in dieses Haus ziehen sollten oder nicht. Kraemers Theorie kam mir vor wie eine Patchworkarbeit, die man notdürftig zusammengestückelt hatte, weil man nichts Glaubhaftes in den Händen hielt.

Kraemers kleines Drama ging weiter. »Meine Damen und Herren Geschworenen, ich glaube, das Beweismaterial wird zeigen, daß in dem Moment, als Christine Schultz die Schreie ihrer Kinder hörte, ihr mütterlicher Instinkt ihr sagte, daß sie für diese Kinder kämpfen mußte, selbst wenn sie ihr eigenes Leben riskierte, was sie auch tat. Der Angeklagten wurde klar, daß sie Christine würde niederschießen müssen, wenn sie aufwachte und erkannte, daß es Lawrencia Bembenek war, die sich in jener Nacht in ihrem Haus aufhielt...«

Angeblich war ich doch mit einer Perücke und allem möglichen verkleidet gewesen. Wie hätte Chris mich da erkennen können? Sie stand auf und drehte sich herum – und dennoch war ihr in den Rücken geschossen worden? Wie konnte Kraemer alle diese Dinge nur behaupten, ohne dabei rot zu werden?

»Sie sehen«, fuhr er fort, »Miss Bembenek liebt das Leben im Jet Set-Stil. Sie trägt Designer-Kleider, mag aufwendige Ferienreisen und hat sogar behauptet, Fred nur aufgrund der Tatsache geheiratet zu haben, weil er sich hatte sterilisieren lassen, da Kinder nicht in ihr extravagantes Leben passen würden.

Eine weitere Last war der Betrag, den ihr Mann an seine Ex-Frau zahlen mußte: immerhin siebenhundert Dollar pro Monat! Und er mußte es Christine Schultz gestatten, in dem luxuriösen dreistöckigen Haus in der Ramsey Street zu wohnen, und zwar mietfrei. Ein Haus, in dem Miss Bembenek nur zu gerne selbst gelebt hätte. Ein Haus, das Elfred Schultz mit seinen eigenen Händen gebaut hatte und das er dann aufgeben mußte – für eine Frau, die er nicht mehr liebte.«

Mein Anwalt erhob mehrmals Einspruch gegen die Art und Weise, in der Kraemer argumentierte. Skwierawski war scheinbar bereits so von Eisenbergs Einwänden irritiert, daß er sie als unzulässig ablehnte. Allerdings wies er die Geschworenen darauf hin, daß die Aussagen des Staatsanwaltes nicht als »Beweise«, sondern lediglich als Theorie anzusehen seien, die Kraemer versuchen würde zu beweisen.

Kraemer fuhr fort: »Wenn sich Christine Schultz in der Nacht wie ein braves Mädchen verhalten und sich in keiner Weise gewehrt hätte, dann, so glaube ich, hätte Miss Bembenek sich den Schmuckkasten geschnappt und wäre geflohen. Aber das tat Christine nicht. Sie tat es nicht, weil sie die Schreie aus dem Kinderzimmer hörte, das sich ihre beiden Jungen teilten. Sean und Shannon werden von der Angeklagten angegriffen, und Shannon tritt nach der Person, die sich über seinen Bruder gebeugt hat. Meine Damen und Herren, sicherlich können Sie sich vorstellen, was in Christine vorging, als sie die Hilfeschreie ihrer Kinder hörte. Sie können sich vorstellen, welche gräßlichen Geräusche da aus dem Kinderzimmer drangen...«

»Wirklich, Euer Ehren! Dagegen erhebe ich Einspruch. Das gehört nicht zu einer Prozeßeröffnung!« rief Eisenberg dazwischen.

»Stattgegeben«, sagte der Richter trocken.

»Würde das Gericht bitte die Jury auffordern, die letzten zwei oder drei Sätze von Mr. Kraemer zu ignorieren? Mr. Kraemer kann nicht wissen, ob die Kinder geschrien haben oder ob Christine Schreie gehört hat. Dafür gibt es keinerlei

Beweise. Es gibt keinen Beweis dafür, was Christine Schultz in der Nacht gedacht hat!«

»Fahren Sie bitte fort, Mr. Kraemer«, ordnete der Richter an. »Setzen Sie sich, Mr. Eisenberg.«

Er seufzte und ging kopfschüttelnd zu seinem Platz zurück.

»Aus dem Kinderzimmer drangen Schreie«, sagte Kraemer. »Schreie, die Christine Schultz, die Mutter dieser beiden Kinder, durch die Halle hindurch hörte.«

»Einspruch!« rief Eisenberg abermals. »Das Gericht möge bitte zur Kenntnis nehmen, daß es diesem Mann absolut unmöglich ist zu beweisen, daß Christine Schultz irgend etwas gehört hat!«

»Abgelehnt.«

Eisenberg weigerte sich, ruhig zu sein. »Außerdem, Euer Ehren, glaube ich, daß dies die Jury voreingenommen macht, und ich bitte darum, an die Richterbank vortreten zu dürfen.«

»Ihre Bitte wird abgelehnt«, entgegnete Skwierawski.

Was ging hier eigentlich vor? Ich hatte den Eindruck, daß Skwierawski sich eher wie ein Staatsanwalt als wie ein Richter benahm! Wenn das so weiterging, würde es für die Geschworenen unmöglich sein, sich nicht beeinflussen zu lassen. Ich warf Eisenberg einen verzweifelten Blick zu.

Nach dem Eröffnungsplädoyer meines Anwalts wollte der Staat Sean Schultz als ersten Zeugen aufrufen – offenbar, um seine Aussage herabzusetzen. Eisenberg erklärte mir, daß sich Kraemer sicherlich daran erinnerte, wie stark Sean bei der Vorverhandlung gewesen war, und nun wollte er Seans Eindruck auf die Jury abschwächen. Die Geschworenen würden eindeutig weniger von Seans Aussage beeindruckt sein, wenn sie sie zu Beginn des Prozesses hörten, weil noch mehrere Wochen lang andere Zeugenaussagen folgen würden. Es liegt eben in der Natur des Menschen, daß er sich besser an Dinge erinnert, die er erst kürzlich gehört hat.

Zum ersten Male wurde mir bewußt, daß sich ein Prozeß

durchaus mit einem Pokerspiel vergleichen läßt. Vielleicht hatten wir die Anklage schon zu tief in unsere Karten blicken lassen, als Eisenberg darauf bestand, gewisse Zeugen bereits bei der Vorverhandlung aussagen zu lassen.

Eisenberg informierte das Gericht, daß es ihm untersagt worden war, Sean seit dem vergangenen August noch einmal zu sprechen.

»Euer Ehren, es ist jetzt fünf Monate her, daß das Kind zum letzten Male aussagen mußte. Aufgrund seines Alters kann es Dinge nicht so lange wie ein Erwachsener im Gedächtnis speichern. Ich habe den derzeitigen Vormund mehrfach um ein Gespräch mit Sean gebeten, aber sie haben sich konsequent gesträubt und es mir verwehrt.«

Schnell stand Kraemer auf. »Euer Ehren! Seans Großeltern berichteten mir, daß Mr. Eisenberg die Aussage des Kindes beeinflußt hat und daß das Kind nach dem letzten Gespräch mit Mr. Eisenberg äußerst aufgeregt war und während der ganzen Rückfahrt geweint hat.«

»Euer Ehren!« Eisenbergs Stimme schallte deutlich ärgerlich durch den Gerichtssaal. »Verzeihen Sie meine Wortwahl, aber diese Großeltern sind Lügner! Ich würde zu keinem Zeitpunkt den verwerflichen und unethischen Versuch unternehmen, die Aussage eines Kindes zu beeinflussen! Darauf wette ich meine Berufsehre! Ich habe im letzten August mit Sean in meinem Büro gesprochen, und zwar in Anwesenheit des staatlichen Vormundes! Wo ist Lee Calvey?« Eisenberg drehte sich um, um festzustellen, ob Calvey noch im Gerichtssaal war. »Er kann das bezeugen. Befragen Sie ihn, wenn Sie wollen. Ich erhebe Einspruch dagegen, daß Mr. Kraemer solche verleumderischen Anschuldigungen vor dem Gericht wiederholt, und ich bestehe darauf, daß ich das Recht habe, mit Sean Schultz zu sprechen, bevor er aussagt! Die Kinder haben darum gebeten, mit mir zu reden. Sie wollen mit mir reden. Ich habe versucht, mich mit Barb Christ zu verständigen, aber sie hat unsere Unterhaltung beendet, indem sie den Hörer auflegte!«

Kraemer sagte darauf nichts mehr. Vielleicht hatte er erkannt, daß die Pennings den Bogen überspannt hatten. Vielleicht begegneten sie uns allen in ihrer Trauer mit sehr viel Mißtrauen und Haß, was ich verstehen könnte.

Richter Skwierawski machte eine Pause und kniff die Augen halb zu. »Ich möchte beide Parteien darauf hinweisen, daß es weder ein Recht noch eine Rechtsverletzung ist, einen Zeugen vor seiner Aussage zu befragen. Sollte das Kind tatsächlich den Wunsch geäußert haben, mit Mr. Eisenberg zu sprechen, davon aber abgehalten worden sein, dann denke ich, ist es die Pflicht des Gerichts, hier zu intervenieren. Ich werde das Gespräch also gestatten. Trotzdem glaube ich, daß es erforderlich sein wird, die Kinder noch einmal zu fragen, bevor in dieser Angelegenheit eine Entscheidung getroffen wird. Das Gericht zieht sich zurück. Mr. Kraemer und Mr. Eisenberg bitte ich in zwanzig Minuten zu mir in mein Büro, wenn wir alle Beteiligten erreicht haben.«

In der anschließenden Pause ging ich zur Toilette. Meine Schwägerin Chris, Bobs Frau, begleitete mich. Als wir die Tür öffneten, kam uns Judy Zess entgegen. Obwohl ich sie ansah, erwiderte sie meinen Blick nicht und lief stumm an mir vorbei.

»Vermutlich rennt sie jetzt zu Kraemer und sagt ihm, daß ich sie im Waschraum bedroht habe«, sagte ich zu Chris. »Du bist meine Zeugin, daß hier kein Wort gesprochen wurde.«

Freds Brüder, sein Vater und sein Onkel warteten auf dem Flur und unterhielten sich mit meinen Eltern. Alle Zeugen mußten aufgrund der Ausschlußregelung außerhalb des Gerichtssaales warten. Schon jetzt war meine Mutter erschöpft.

»Man wird dich heute nicht mehr in den Zeugenstand rufen, Mama. Warum gehst du nicht nach Hause und legst dich hin?«

Sie hatte sich von der Operation immer noch nicht ganz erholt, und ihre Stimme klang erregt.

»Ich verstehe nicht, warum wir nicht in den Gerichtssaal dürfen«, sagte sie. »Es macht mich wahnsinnig, hier draußen zu sitzen und mich zu fragen, was da drinnen vor sich geht!«

»Ich weiß.« Ich nickte und fühlte mich hilflos. »Wirst du nach Hause fahren?«

»Nein«, sagte sie, »wir lassen dich nicht alleine.«

Ich ging in den Gerichtssaal zurück und folgte meinem Anwalt in das richterliche Büro. Fred und ich nahmen auf einem Sofa Platz, das an der Wand stand. Der Flur, der zum Nebengebäude und zu den Büros der Gerichtsreporter führte, füllte sich mit Journalisten. Auf der Fensterbank stand eine verwahrloste Pflanze; ihre vertrockneten Zweige hingen traurig herunter. Kraemer und Eisenberg unterhielten sich in einer anderen Zimmerecke. Skwierawski lehnte sich in seinem Stuhl zurück und wartete. An der holzvertäfelten Wand hinter ihm hingen einige Bilder, die mit Buntstiften offenbar von Kindern gemalt worden waren.

Barb Christ kam mit Sean und Shannon in das Büro. Ihr Mann Bruce folgte ihr. Als ich sie ansah, erkannte ich die Ähnlichkeit zwischen ihr und ihrer Schwester Christine, aber sie vermied es, mich anzusehen. Ihr blondiertes Haar hing dünn und glatt herunter. Ihre Arme hatte sie schützend über die Schultern der Kinder gelegt.

»Hallo Sean, hallo Shannon«, sagte Skwierawski und versuchte, ihnen die Nervosität zu nehmen. »Ich möchte euch heute einige Fragen stellen. Die erste Frage lautet, ob ihr heute, bevor ihr aussagen werdet, mit Mr. Eisenberg sprechen möchtet oder nicht. Ihr könnt mit ihm sprechen, wenn ihr wollt. Aber ihr braucht nicht mit ihm zu reden, wenn ihr nicht wollt. Die zweite Frage lautet, ob ihr mit Mr. Eisenberg alleine sprechen möchtet oder ob jemand dabei sein soll. Versteht ihr die Fragen?«

Beide Jungen nickten. Shannon sah zu seinem Vater herüber. »Okay.« Der Richter nickte zurück. »Wollt ihr mit Mr. Eisenberg sprechen? Ihr müßt es nicht.«

»Ja«, antwortete Sean. »Ich möchte mit Mr. Eisenberg sprechen.«

»Möchtest du im Beisein deiner Tante und deines Onkels mit ihm reden?«

»Das wird nicht nötig sein«, entgegnete Sean.

Da mischte Barb sich ein. »Habe ich hierbei gar nichts zu sagen? Ich bin der Vormund, und ich denke, wenn Mr. Eisenberg die Kinder etwas fragen will, dann kann er das auch im Beisein meines Anwalts und mir tun.«

Nach diesem Einwand entschied der Richter: »Unter Berücksichtigung der Tatsache, daß diese Jungen noch Kinder sind, habe ich beschlossen, daß der Verteidiger die Kinder in Gegenwart von Mr. Kraemer und dem Vormund befragen soll.«

Fred und ich verließen das Zimmer. »Ausgerechnet Barb muß von Beeinflussung der Kinder reden!« sagte Fred hitzig. »Sean hat mir erzählt, daß sie ihn jedesmal, wenn er von dem Mörder als ›er‹ spricht, korrigiert, indem sie sagt: ›Du meinst sie.‹ Was soll dieser Blödsinn?«

Eisenberg kam aus dem Büro des Richters, und ich ging zurück zum Tisch der Verteidigung. »Dieses Kind ist toll!« sagte er. »Ich habe Sean vor diesen Arschlöchern gefragt, ob ich ihm jemals gesagt hätte, was er auszusagen habe, oder ob ich ihn jemals zum Weinen gebracht hätte, und er antwortete: ›Nein.‹ Dann sagte ich: ›Habe ich Dich beim letzten Mal in der gleichen Weise befragt, wie ich es jetzt tue?‹ und Sean antwortete: ›Ja‹. Ich kann diese Pennings einfach nicht verstehen!«

»Ich habe Ihnen ja gesagt, daß sie schwierig sind.«

Als Skwierawski den Gerichtssaal wieder betrat, verkündete er, daß die Verhandlung auf den nächsten Morgen vertagt würde.

Nach dem Abendessen mit Eisenberg und seiner Frau Sandy fuhr ich nach Hause.

Die Tage meines Prozesses plätscherten dahin wie Wellen am Strand. Die ganze Sache hatte einen seltsamen Beigeschmack. Ich fühlte mich irgendwie losgelöst, so als ob ich nur auf einer Bühne stand und ein Schauspiel verfolgte, in dem ich mich selbst spielen sah. Ich war unfähig, mich zu bewegen, zu schreien oder zu weinen, um mich gegen die zu wehren, die mich absichtlich verletzten und aus mir unbekannten Gründen schamlos logen.

Abends spielte ich mit meinen Eltern meistens eine Runde Karten oder Scrabble, blätterte in alten Fotoalben oder sah fern. Sergeant lag immer mitten im Zimmer auf dem Boden und bettelte um unser aller Aufmerksamkeit, indem er wild mit dem Schwanz wedelte. Üblicherweise las Fred an diesen Abenden in einem anderen Zimmer oder erledigte Schreibkram.

Jeden Morgen wachte ich lange vor dem Klingeln des Weckers auf. Seine rote Digitalanzeige leuchtete im grauen Morgenlicht. Dennoch mußte ich mich immer beeilen, um mich anzuziehen und fertig zu werden. Verschlafen stand ich vor meinem Schrank und versuchte, ein paar saubere Sachen zu finden, die ich anziehen konnte, und dann, kurz bevor ich das Haus verließ, entdeckte ich doch noch eine Laufmasche in meinen Seidenstrümpfen.

•

Nichts und niemand hatte mich auf die Art und Weise der Berichterstattung über den Prozeß vorbereitet. Wenn ich nicht weinend zusammenbrach, sagten sie, ich sei ein eiskaltes Mädchen, völlig emotionslos, eine harte und oberflächliche Frau. Weinte und schluchzte ich, dann warf man mir Effekthascherei vor. Antwortete ich einsilbig, was oft aus reiner Furcht und Nervosität aber auch aus Unwissenheit geschah, dann sag-

ten sie, ich sei nicht hilfsbereit und nicht kommunikativ. Wenn ich unzusammenhängend redete, hieß es, ich würde versuchen, das Gericht zu verunsichern. Die Presse schrieb über meinen »Stil«, über meine Frisur, mein Aussehen, meine Kleidung... oh, und wie sie über meine Kleidung schrieben! Sie berichteten über den Prozeß wie über eine Pariser Modenschau. Was ich auch anzog, stets wurde ich dafür verurteilt. Einmal trug ich eine Bluse mit Rüschen, und die Presse verspottete sie als meinen »Landhaus-Look« und schrieb, ich sei wie für einen Freispruch angezogen. Trug ich etwas weniger Konservatives, beschuldigten sie mich der sexuellen Manipulation und klebten mir wieder das »Playboy Bunny« Etikett auf. An einem der endlosen Prozeßtage kam ich in einem dreiteiligen Anzug ins Gericht, und ein Reporter der Chicago Tribune, der sauer war, weil meine Eltern ein Interview mit ihm abgelehnt hatten, schrieb, ich hätte »durchsichtige Kleider ohne Unterwäsche« getragen. Seinen Schund betitelte er mit »Die Schöne oder das Biest?« Hatten meine Kleider Stil, hieß es stets, ich sei von der Mode besessen.

Keiner fragte mich, warum ich das trug, was ich trug. (Ich hatte einfach keine Zeit, um meine Sachen zu waschen oder zu bügeln, und deshalb nahm ich mir morgens immer das erstbeste aus dem Schrank, bis er leer war – aber das war eine viel zu einfache Wahrheit für sie.) Das einzige, worüber sie nicht schrieben, waren die schlichten Tatsachen. Sie berichteten nicht über die Gedankensprünge und die logische Akrobatik, zu der die Jury vom Staat aufgefordert wurde. Sie versuchten nicht einmal, über die eigentlichen Geschehnisse im Gerichtssaal zu berichten.

Immer war ich die Hexe, kalt und gefühllos. Wie sollten sie auch meinen Schmerz sehen?

•

Im Gerichtsgebäude sah ich, wie sich Scharen neugieriger Zuschauer ihren Weg bahnten, andere stießen und schoben, nur um einen Platz zu ergattern. Sobald die Türen des Gerichts-saales geöffnet wurden, versammelten sie sich dort wie die Aasgeier. Stets war der Zuschauerteil des Gerichtssaales bis auf den letzten Stuhl gefüllt.

Ich betrachtete sie ungläubig. Einmal träumte ich halb be-nommen, ich könnte sie alle verschwinden lassen – ich schlug meine Absätze dreimal zusammen, und sie waren weg. Ich war nervös und ich schwitzte, als ich Tag für Tag zahllose Aus-sagen, Einsprüche, Anträge und Pausen über mich ergehen lassen mußte. Die Geschworenen beachteten mich kaum, vielmehr fixierten sie entweder den Richter oder die Zeugen. Der ältere schwarze Juror nickte ab und zu ein.

Die Gerichtsdiener waren ziemlich beschäftigt mit einer gei-stig verwirrten Frau namens Mrs. Bursar, die permanent die Verhandlung unterbrach. Sie spazierte von der Straße direkt in den Gerichtssaal, rief während der Zeugenaussagen laut dazwischen und verlangte, zum Richter vortreten zu dürfen, um ihre Anträge zu stellen. Ich fragte mich, ob sie vielleicht als Studentin an der juristischen Fakultät ihren Knacks be-kommen hatte, was mich nicht überrascht hätte. Mehr als ein-mal mußten die Gerichtsdiener sie festhalten und aus dem Saal entfernen. Als sie einmal von der Richterbank weg eskor-tiert wurde, schnappte sie sich meine Handtasche vom Tisch der Verteidigung, und der ganze Inhalt flog auf den Boden. Der Richter steckte sie ins Gefängnis.

Ich wünschte mir, wir hätten Seans erste Aussage bei meiner Vorverhandlung mit einer Videokamera aufgezeichnet, denn die Kinder erinnerten sich nun weitaus undeutlicher an die Geschehnisse als damals. Sean war zwar immer noch sehr si-cher, allerdings war seine Aussage nicht mehr so detailliert wie im letzten September. Kraemer übte nicht besonders viel Druck auf Sean aus, aber er erwähnte die Tatsache, daß mei-ne Eltern den Jungen zu seinem Geburtstag in den Great America Park eingeladen hatten. Kraemer unterstellte ihnen,

Sean bestechen zu wollen. Die Jungen verneinten dies. Es folgte eine Befragung im selben Stil, Fred und mich betreffend. Kraemer fragte Sean, ob wir seine Aussage beeinflußt hatten, was Sean zurückwies. Wie gerne hätte ich ihm gesagt, daß ich ihn liebte, wie gerne hätte ich ihn in die Arme genommen, weil er so tapfer war, aber ich mußte sitzen bleiben, nur drei Meter von ihm entfernt.

Dann betrat Judy Zess den Zeugenstand; sie gab sich merkwürdig bescheiden. Ihre aggressive Haltung aus der Vorverhandlung war verschwunden. Auch jetzt wich ihre Aussage nicht nur von den Polizeiberichten ab, sondern auch von der Geschichte, die sie dem Gericht im September erzählt hatte. Verglich man ihre Aussagen, dann hätte sie den Vermietern den Wohnungsschlüssel an drei unterschiedlichen Daten zurückgegeben. Als Eisenberg sie darauf aufmerksam machte, wurde sie sehr unsicher und konnte sich plötzlich nicht einmal mehr an den korrekten Monat der Schlüsselübergabe erinnern, wenn sie den Schlüssel überhaupt je wirklich zurückgegeben hatte.

Sie behauptete, sie könnte Freds Revolver aufgrund einiger Furchen oder Kratzer am Griff wiedererkennen. Ich hatte die Waffe häufiger gesehen als sie, aber ich wußte beim besten Willen nicht, was sie damit meinte.

Christines Babysitter Tammy war im Zusammenhang mit meiner angeblichen Frage nach dem Hund im Mai unsicher. Sie war ein scheuer Teenager. Ganz offensichtlich hatte der Polizeibericht ihre Geschichte entstellt.

Kershek sagte aus, daß Christine sich vor dem Mord bei ihm beschwert hatte, daß Fred die Unterhaltszahlungen eingestellt hatte – auch das war im Mai passiert. Eisenberg erhob Einspruch, weil Kersheks Aussage auf Hörensagen basierte. Sie könnte nicht nachgewiesen werden, weil Christine tot war. Der Einspruch wurde abgelehnt.

»Euer Ehren«, fing Eisenberg an, »ich würde gerne etwas

klären. Da ich einige Ihrer Entscheidungen absolut nicht nachvollziehen kann, bitte ich Sie um eine Klärung oder zumindest... also, ich meine keine weitere Erörterung, aber wenigstens...«

»Nun, offenbar meinen Sie doch eine weitere Erörterung, Mr. Eisenberg«, sagte Skwierawski. »Sie haben die Angewohnheit, Einwände zu erheben, nachdem ich Entscheidungen bereits getroffen habe. Ich möchte Sie jetzt auf das für dieses Gericht geltende Prozedere aufmerksam machen, und ich erwarte, daß sich die Anwälte dementsprechend verhalten.«

Dann trug Eisenberg vor, daß nach dem Mord zwei Schecks in Christines Handtasche gefunden wurden, die sie noch nicht eingelöst hatte.

Kershek fuhr mit seiner Aussage fort, Christine hätte sich bei ihm beschwert, weil Fred sie im Mai bedroht hätte, indem er sagte, »er würde ihr ihren dämlichen Kopf wegblasen«, wenn sie weiterhin mit ihm herumstritt. Auch dieser Punkt konnte kaum bewiesen werden, da Kershek es damals nicht an die Polizei weitergeleitet hatte.

Milwaukees Chefpathologin und amtliche Leichenbeschauerin wurde in den Zeugenstand gerufen und bestätigte, daß sie die Autopsie der Leiche vorgenommen hatte. Dr. Elaine Samuels war eine sehr korrekte, intelligente Frau, und sie erklärte, daß die Kugel, die sie als »das Geschoß« bezeichnete, an der rechten Schulter von hinten in den Körper eingedrungen war und einen direkten, diagonalen Weg bis zum Herzen zurückgelegt hatte.

Eisenberg fragte sie nach ihrer Meinung über Faser- und Blutspuren, die möglicherweise in die Waffe zurückgeschleudert worden waren. Kraemer erhob Einspruch.

»Dieser sogenannte Blow-back-Effekt ist ein Thema für Ballistikexperten. Ich glaube nicht, daß Frau Dr. Samuels qualifiziert genug ist, um dazu aussagen zu können.«

»Euer Ehren! Würde das Gericht bitte Frau Dr. Samuels fragen, ob sie sich selbst für qualifiziert genug hält?« schlug Eisenberg vor.

»Dr. Samuels?« fragte der Richter.

»Ich denke, daß dies direkt im Bereich der gerichtsmedizinischen Pathologie liegt«, erklärte Elaine Samuels, wobei sie jedes einzelne Wort sehr klar betonte.

Der Eindruck, Elaine Samuels sei »sonderbar«, überwog und irritierte mich; es lag weniger daran, daß sie im Leichenschauhaus arbeitete, als vielmehr an ihrem Äußeren. Sie entsprach in keinster Weise den landläufigen Vorstellungen eines Arztes. Zum einen wegen ihres Geschlechts und zum anderen, weil sie kurze Haare hatte und keinerlei Make-up trug. Sie war eine sehr korpulente Frau und trug eine Brille mit schwarzem Gestell, die ihr eine maskuline Note verlieh. Aufgrund solcher Oberflächlichkeiten wurde ihre Glaubwürdigkeit hier anscheinend angezweifelt. Aber sie war offensichtlich kompetent genug, um Chefpathologin zu sein!

»Dann bitte ich, mit meiner Befragung fortfahren zu dürfen, Euer Ehren«, sagte Eisenberg und warf mir einen Blick zu. »Frau Dr. Samuels, würden Sie bitte den Begriff ›Blow back‹ erklären? Für die Geschworenen.«

»Ein ›Blow back‹ tritt dann ein, wenn aus einer Waffe aus unmittelbarer Nähe auf einen Körper geschossen wird. Blut und Fasern explodieren beim Eintritt des Geschosses in den Körper und werden in den Lauf der Waffe zurückgeschleudert.« Sehr konzentriert zog sie die Stirn in Falten.

»Üblicherweise«, so erklärte sie, »werden mikroskopisch kleine Spuren von Blut oder Fasern gefunden, selbst wenn keine sichtbaren Spuren entdeckt werden können. Im Lauf einer Waffe befindet sich eine feine Furchenbildung, die auf den Geschossen ebensolche feinen Furchen hinterlassen, und darin bilden sich Rückstände von Blut.«

»Haben Sie die Schußwunde an der Leiche von Christine Schultz untersucht?«

»Das habe ich.«

»Würden Sie die Schußwunde beschreiben?«

»Die Wunde selbst war sehr groß. Auf der Haut um die Wunde herum war der Mündungseindruck der Waffe durch ein sichtbares, rundes Muster zu erkennen.«

»Würden Sie sagen, die Waffe wurde aus unmittelbarer Nähe abgefeuert?«

»Ja. Sie muß die Haut sogar berührt haben.«

»Frau Dr. Samuels, könnten Sie mit gewisser medizinisch wissenschaftlichen Sicherheit sagen, daß hier ein Blow back eingetreten ist?«

»Ja.«

Umständlich wiederholte Eisenberg das Gesagte für die Geschworenen, da die Waffe, die vom kriminaltechnischen Institut als die Mordwaffe identifiziert worden war, keine Spuren von Blut oder Fasern in Mündung oder Lauf enthielt und auch keine Spuren von Reinigungsmitteln. Nur Spuren von Staub.

Die Anklage rief Freds Bruder John in den Zeugenstand. Unter Kraemers Befragung blieb John dabei, daß Sean den Eindringling überhaupt nicht gesehen hatte. John sagte, Sean hätte ihm erzählt, daß er bei dem Vorfall in jener Nacht so große Angst hatte, daß er wegrannte und sich versteckte. John sagte, Sean hätte nur deshalb behauptet, jemanden gesehen zu haben, weil Fred und ich den Jungen beeinflußt hätten. Schließlich hätte ich den Kindern ja mehrere Fotos geschickt. Beim Kreuzverhör wurde er sehr emotional.

Eisenberg fragte: »Entspricht es den Tatsachen, daß Sie aus eigener Initiative einen Brief an den Richter geschrieben haben, der bei der Vorverhandlung den Vorsitz führte, in der Hoffnung, Richter Ralph Adam Fine dahingehend zu beeinflussen, daß er die Angeklagte vor ein Geschworenengericht bringen wird?«

»Ja.«

»Und entspricht es den Tatsachen, daß Sie in diesem Brief behaupten, Sie wüßten, daß Lawrencia Bembenek den Mord an Christine Schultz begangen hat, obwohl Sie in Wahrheit absolut keinen Beweis für diese Behauptung besitzen?«

»Ich...«

»Haben Sie einen Beweis dafür?«

»Nein.«

»Sie vermuten es nur?«

»Ja«, antwortete John schüchtern.

»Und dennoch haben Sie es auf sich genommen, einen vernichtenden und anklagenden Brief zu verfassen, der eine bemerkenswerte Publicity erzielte und auf der Titelseite des Milwaukee Journal erschien?«

»Ja.«

»John Schultz, ist Ihnen bewußt, daß Ihre gesamte Familie heute zur Unterstützung der Angeklagten hier erschienen ist?«

»Ja.«

»Unter fünf Brüdern sind Sie der einzige, der eine abweichende Meinung von der Angeklagten hat?«

»Ja.« John wurde blaß, und nervös knetete er seine Hände.

»Sagen Sie mir bitte«, fuhr Eisenberg fort, »entspricht es den Tatsachen, daß Ihre Frau Kathy und die Verstorbene wie Schwestern zueinander standen?«

»Ja.«

»Und entspricht es den Tatsachen, daß Ihre Frau Laurie haßte, weil Fred Laurie geheiratet hat?«

»Nun... wir haben versucht, das zu tolerieren.«

»Aber letztendlich hat Ihre Frau Laurie nicht toleriert?«

»Das stimmt«, murmelte John.

»Es tut mir leid, ich habe Sie nicht verstanden.«

»Ich sagte, das stimmt«, wiederholte John.

»Wenn das Gericht es mir gestattet, würde ich der Jury gerne die Fotos zeigen, die die Anklage in die Beweismittelaufnahme eingebracht hat und mit denen sie versucht anzudeuten, daß die Angeklagte die Kinder beeinflussen wollte«, bat Eisenberg. Er griff nach einem kleinen Packen Fotos. Darunter war eines von Fred, einige von den Jungen in unserer Wohnung und eines von uns Vieren, das beim Brady Straßenfest aufgenommen worden war. Außerdem war noch das Bild von mir dabei, auf dem ich die Bluse trug, die Sean und Shannon mir zu meinem Geburtstag geschenkt hatten.

»Nun, ich nehme an, daß entweder Sie oder Ihre Frau Kathy diese Fotos an den Bezirksstaatsanwalt weitergeleitet haben?«

»Ja.«

»Es gibt eine Karte, der diese Schnappschüsse beigefügt waren, mit ein paar Worten von der Angeklagten. Würden Sie bitte der Jury laut vorlesen, was da steht?«

Als John die Karte aufschlug, füllten sich seine Augen mit Tränen. Mit leiser Stimme begann er, sie vorzulesen.

»Hier steht: ›Lieber Sean, lieber Shannon, ich füge hier ein paar Bilder von Euch, Eurem Daddy und mir bei. Verliert sie bitte nicht. Da ist ein Bild von Shannon, auf dem eine Nudel an seinem Kinn hängt, und eines von Eurem dummen Daddy, der sich Popcorn in die Nase gesteckt hatte. Erinnert Ihr Euch? Bei dem Bild von mir seht Ihr, daß ich die Bluse trage, die Ihr mir zum Geburtstag geschenkt habt. Vielen Dank dafür! Ich finde sie sehr schön. Und den Hund auch! Ich wünschte, ich könnte Euch persönlich dafür danken. Erinnert Ihr Euch an Stan und Suzy vom Fitness-Club? Sie sind nach Kalifornien gefahren, um dort Ferien zu machen. Sie haben eine Menge toller Fotos gemacht. Ich liebe Euch, Laurie.‹«

»Nun«, sagte Eisenberg und hielt seine Hände hinter dem Rücken verschränkt, »gibt es in diesem Brief irgend etwas, das Sie als übertrieben beeinflussend erachten?«

»Nein.«

301

»Sagte Laurie darin: ›Bitte, lügt für mich.‹?«

»Nein.«

»Sagte Laurie darin: ›Sagt, daß ich es nicht gewesen bin?‹«

»Nein.«

»Klingt dieser Brief, als käme er von einer Frau, die Kinder haßt?« rief Eisenberg.

»Einspruch!« unterbrach ihn Kraemer.

»Stattgegeben.«

»Ich ziehe die Frage zurück, Euer Ehren. Nur noch einige Fragen, Mr. Schultz. Sie haben mit Sean eine Weile zusammen gelebt, ist das richtig?«

»Ja.«

»Haben Sie ihn als besonders intelligenten Jungen kennengelernt?«

»Ich verstehe nicht genau, was Sie meinen.«

»Sie haben doch auch einen Sohn in Seans Alter, nicht wahr?«

»Ja. Marshall.«

»Würden Sie sagen, daß beide Kinder gleichermaßen intelligent sind, oder ist Sean etwas weiter entwickelt als Marshall?«

»Ich würde sagen, Sean ist weiter entwickelt.«

»Sind Sie sich darüber im klaren, daß Sean unter den gegebenen Umständen klug genug war, um zu versuchen, seiner sterbenden Mutter Erste Hilfe zu leisten?«

»Ja.«

»Wollen Sie also diesem Gericht erzählen, daß dieses Kind, das nach der Tat in der Lage war, Erste Hilfe zu leisten, dasselbe Kind ist, das Ihnen angeblich sagte, es sei ›so ängstlich gewesen, daß es wegrannte und sich versteckte und den Eindringling nicht gesehen hätte‹?«

»Einspruch!«

»Euer Ehren«, bat Eisenberg, »ich möchte, daß der Zeuge diese Frage beantwortet.«

»Einspruch stattgegeben«, erwiderte der Richter.

»Dann beantworten Sie mir bitte folgende Frage, John

Schultz«, konterte Eisenberg. »Wie erklären Sie sich die ursprünglichen Berichte, die Sean der Polizei unmittelbar nach den Geschehnissen jener Nacht gegeben hat, wenn Sean, wie er Ihnen anvertraute, überhaupt nichts gesehen hat?«

»Einspruch!« Kraemer mischte sich erneut ein. »Euer Ehren, Mr. Eisenberg stellt dieselbe Frage nur in einer anderen Form. Außerdem ist es reine Spekulation! Und er quält den Zeugen.«

»Ich habe keine weiteren Fragen«, warf Eisenberg rasch ein.

»Einspruch stattgegeben! Die Fragen sind unzulässig«, insistierte der Richter. »Die Jury wird aufgefordert, die...«

»Keine weiteren Fragen, Euer Ehren«, wiederholte Eisenberg.

»...die Bemerkungen von Mr. Eisenberg erneut unberücksichtigt zu lassen!«

Eisenberg bebte vor Zorn. »Wenn es das Gericht gestattet, würde ich gerne eine Bemerkung für das Protokoll machen. Ich erhebe Einspruch gegen das Gericht. Ich habe kein Problem damit, wenn das Gericht die Jury auffordert, eine meiner Bemerkungen unberücksichtigt zu lassen, aber ich protestiere dagegen, daß das Gericht das Wort ›erneut‹ hinzufügt. Wenn ich einen Fehler mache, dann habe ich Anspruch darauf, daß er von der Jury berücksichtigt wird, ohne daß das Gericht impliziert, daß ich wiederholt Fehler mache. Meines Erachtens ist das Wort ›erneut‹ absolut unzulässig, und dagegen erhebe ich Einspruch.«

Skwierawski seufzte. »Sie können dagegen Einspruch einlegen. Ihr Einspruch wird abgelehnt. Wenn ein Anwalt bei der Befragung von Zeugen ständig an die Grenzen des Zulässigen stößt und damit durch unzulässiges Verhalten vor der Jury auffällt, dann werde ich jeden notwendigen Schritt unternehmen, um dies zu beenden, und ich werde es den ganzen Prozeß hindurch stoppen, gleichgültig, wie oft es passiert. Und wenn es wieder und wieder passiert, werden Sie wieder und wieder von mir gebremst. Ich werde dieses Thema nicht weiter diskutieren! Das Thema ist damit beendet!« Der Richter wandte sich dem Bezirksstaatsanwalt zu. »Wünschen Sie, den Zeugen nochmals zu befragen?«

»Nein, Euer Ehren.«

»Der Zeuge kann wegtreten.«

Es war Freitag abend. Eisenberg hatte mich um ein Treffen gebeten – eines der wenigen »Anwalt-Mandanten-Privilege«, das ohne Fred stattfand.

»Ich habe Ihnen etwas sehr Wichtiges zu zeigen«, sagte er. Wir trafen uns in einem Restaurant in Milwaukee und setzten uns an einen Tisch in einer Nische. Unsere Besprechungen fanden fast ausschließlich in Restaurants oder Bars statt. Sein Büro lag ja in Madison, und er wollte zu den Gesprächen nicht zu mir nach Hause kommen. Möglicherweise hielt er das für unangebracht.

»Was gibt es?«

Er bestellte die Getränke und wartete, bis die Kellnerin weggegangen war. Die großen Diamanten auf seinen Manschettenknöpfen, seinen Ringen und seiner Krawattennadel funkelten im Kerzenlicht.

»Die Sache ist ernst.« Eisenberg machte ein entsprechendes Gesicht. »Seit nunmehr neun Monaten ermittele ich in diesem Fall. Am Anfang habe ich Ihnen klargemacht, wie wichtig es für Sie ist, absolut ehrlich zu mir zu sein, weil ich Sie verteidigen muß. Ich weiß, daß Sie immer aufrichtig waren. Wie ich Ihnen schon früher gesagt habe – es interessiert mich nicht, was Sie getan haben. Es würde mir nichts ausmachen, wenn Sie den Mord begangen hätten, weil es nicht meine Aufgabe ist, Sie moralisch zu beurteilen. Ich verteidige Menschen für alle nur erdenklichen Verbrechen. Wir haben das ja bereits einige Male besprochen, und Sie haben mir gesagt, daß Sie es nicht getan haben, und ich glaube Ihnen.«

304

»Und was wollten Sie mir nun zeigen?« fragte ich unruhig.

»Zunächst möchte ich Sie etwas fragen. Es ist wirklich sehr wichtig. Gibt es irgend etwas, das Sie mir verschweigen?«

»Nein! Was meinen Sie?«

»Über Fred. Verschweigen Sie seinetwegen etwas?«

»Nein!«

»Haben Sie Angst vor Fred?«

»Nein!«

»Sie haben mir wirklich alles erzählt?«

»Ja! Warum?«

»Ich habe einige Informationen bekommen. Der Informant ist möglicherweise ein Lügner, aber das glaube ich eigentlich nicht. Ich darf einfach nichts unversucht lassen. Ich habe hier die Kopie seiner Aussage. Während Sie sie durchlesen, werde ich kurz zusammenfassen. Darin steht, daß Fred einen Killer aus Chicago angeheuert hat, der Christine umbringen sollte. Vieles von dem, was der Mann sagt, stimmt mit dem Fall überein, aber andererseits hätte er sich das auch aus den Zeitungen zusammensuchen können.

Er sagt aber eine Sache, die wirklich einen Sinn ergibt, nämlich, daß in der Mordnacht tatsächlich zwei Männer im Haus waren. Ich habe mich immer gefragt, wie ein Mann alleine in der Lage war, Christine zu fesseln und sie gleichzeitig mit einer Waffe zu bedrohen, und warum sie sich in keinster Weise gegen einen einzigen Mann gewehrt hat. Es gab keine Spuren eines Kampfes. Sie war eine stattliche Frau, kein zartes Persönchen. Außerdem steht hier, daß einer der Männer die Kinder absichtlich weckte, damit Sean sehen konnte, daß es nicht sein Vater war.«

Ich las die Aussage, so schnell ich konnte. »Der Mann, der uns diese Information gegeben hat, ist ein Häftling, nicht wahr?« fragte ich mit einem Blick auf den Absender.

»Ja.«

»Aber ich dachte immer, daß ein Strafgefangener als Zeuge

vor Gericht wenig oder gar keine Glaubwürdigkeit mehr besitzt...«

»Haben Sie eine Idee, was das Ganze bedeuten könnte?« unterbrach mich Eisenberg. »Wenn ja, dann sagen Sie es mir bitte jetzt. Immerhin sprechen wir hier von einer lebenslänglichen Haftstrafe und nicht von ein paar Monaten Gefängnis.«

»Ich habe nicht die leiseste Ahnung. Ich weiß nicht, was das zu bedeuten hat. Ich schwöre bei Gott! Ich würde nie einen Mord decken...«

»Sind Sie ganz sicher? Wenn die Aussage stimmt, dann benutzt Fred Sie.«

»Ich weiß nicht, was ich davon halten soll«, sagte ich. »Ich finde, es ist schwer zu glauben, daß ein Mann, der im Gefängnis sitzt, Sie aus heiterem Himmel anruft...«

»Alles, was ich sage, ist...«

»Alles, was Sie sagen, ist, daß ich entweder Fred opfere, um meinen eigenen Kopf zu retten, oder daß ich die Dinge so belasse, wie sie sind, und es darauf ankommen lasse.«

Ich sah ihn an. »Entweder Fred oder ich? Dieser Beweis ist zu wackelig, um das zu riskieren! Was passiert, wenn ich Ihnen sage, daß dieser Typ vor Gericht aussagen soll, und ich dann die Jury gegen mich habe? Was passiert, wenn die Geschworenen denken ›Meine Güte, jetzt versucht sie sogar, es ihrem eigenen Mann anzuhängen!‹?«

Ich hörte auf zu reden, weil die Bedienung unser Besteck brachte. Fred? Sollte das möglich sein? Ich erinnerte mich an seine Behauptung, ich besäße einen Schlüssel zum Ramsey Haus, obwohl ich nicht einmal wußte, daß er einen besaß. Wie war das Blut auf seine Dienstwaffe gelangt? Warum war er bei der Vorverhandlung in Tränen ausgebrochen? Warum hatte er in seinem verdammten Bericht nicht erwähnt, wie oft und wann er mich in der fraglichen Nacht angerufen hatte? Warum vor allem hatte er unbedingt in dieses Haus ziehen wollen?

Ich bestellte mir nur eine Vorspeise, weil ich nicht besonders hungrig war, und bat um einen zweiten Drink.

»Ich weiß nicht, was ich tun soll«, sagte ich schließlich. »Ich muß erst darüber nachdenken. Wenn wir nur einen eindeutigeren Beweis dafür hätten, daß Fred jemanden angeheuert hat... aber es ist ein so großes Risiko, wenn man bedenkt, wie schwach dieser Beweis ist. Können wir das nicht irgendwie nachprüfen?«

»Wenn wir von schwachen Beweisen reden, dann kann ich nicht glauben, daß wir den Fall verlieren«, versicherte mir Eisenberg. »Es handelt sich hier um eine Menge widersprüchlicher Fakten und spekulativer Theorien!«

Unmittelbar nach dem Essen stieg Eisenberg in seinen Jaguar. Auch ich fuhr nach Hause. Ich wollte einfach nicht glauben, daß Fred jemanden engagiert hatte, um Christine töten zu lassen, und es dann so aussehen lassen wollte, als sei ich es gewesen. Wie konnte ich auch so etwas glauben? Er war schließlich der Mann, den ich mir als Ehemann ausgesucht hatte!

Was sollte ich nun tun? Es war Freitag abend, und Fred sollte am Montag morgen im Prozeß aussagen!

Freds Alibi war perfekt. In der Mordnacht hatte er Dienst gehabt. Vielleicht, so dachte ich, hatte er gehofft, ich würde meine Verabredung mit Marylisa doch noch einhalten? Dann hätte auch ich ein Alibi gehabt... Aber mir blieb keine Zeit mehr! Nicht einmal genug Zeit, um zu versuchen, diese Behauptung zu überprüfen – die Behauptung eines Häftlings. Mehr war es nicht. Ich wollte nicht weiter darüber nachdenken. Immer noch glaubte ich Fred. Bei der ganzen Sache hatte er zu mir gehalten. Er hatte sein Haus verloren, seinen Job und seine Kinder. Nein... ich konnte doch ihm die Tat nicht anhängen. Hätte ich es getan, dann hätte ich mir selbst nie wieder in die Augen sehen können. Ich rief Eisenberg an und erklärte ihm, daß ich auf die Aussage des Häftlings verzichten wollte.

Durfee, Freds früherer Streifenwagenpartner, wurde wie bei der Vorverhandlung als Zeuge der Anklage aufgerufen. Dieses Mal klang seine Geschichte ein wenig anders. Nun behauptete er, Fred und ich hätten uns einige Minuten lang unterhalten, nachdem er mit Fred in unserer Wohnung eingetroffen war. Er sagte, Fred und ich wären alleine gewesen, und er hätte nicht hören können, was gesagt wurde.

Ich fragte mich, warum Durfee das jetzt hinzufügte. Sicher machte uns dies in gewisser Weise verdächtig, aber es war unlogisch. Hätten Fred und ich einen Augenblick alleine miteinander reden können, wie Durfee behauptete, und wäre ich wirklich schuldig, dann hätte ich Fred gebeten, alles zu unternehmen, aber nicht die Waffe zu untersuchen! Fred hätte sagen können, daß er sie verloren hatte oder daß sie gestohlen worden war. Statt dessen gingen die beiden unmittelbar nach ihrem Eintreffen ins Schlafzimmer, wo sie den Revolver begutachteten.

Durfee gab zu, versäumt zu haben, die Seriennummer der Waffe zu notieren, die er sich in jener Nacht angesehen hatte – ein bizarres Fehlverhalten. Er sagte, er hätte sein Fahrtenbuch verloren oder weggeworfen. Eisenbergs Frage nach den Abteilungsgepflogenheiten, alle Fahrtenbücher sorgfältig aufzuheben, und die Frage nach dem Datum seines zweiten Berichtes beantwortete er ausweichend.

Immerhin blieb Durfee bei seiner Behauptung, daß mit dem Revolver, den er untersucht hatte, vermutlich nicht geschossen worden war.

Ich reichte Eisenberg eine Liste mit den Namen meiner Mitschüler aus der Polizeischule, damit er sich auf den nächsten Zeugen vorbereiten konnte. Keith Faubel, ein Officer mit getönter Brille und einem akkurat geschnittenen Schnurrbart, war unter fünfzig Mitschülern der einzige, der behauptete, mich auf der Polizeischule in einem grünen Jogginganzug gesehen zu haben.

Faubel gab an, daß er seine Geschichte unmittelbar vor meiner Vorverhandlung gemeldet hatte. Als Eisenberg wissen wollte, warum er so lange damit gewartet hatte, behauptete Faubel, daß er bereits kurz nach dem Mord seinen Sergeant darüber in Kenntnis gesetzt hätte.

»Wann sprachen Sie mit Ihrem Sergeant?«

»Im Mai oder Juni letzten Jahres.«

»Wie hieß Ihr Sergeant?«

»Ich kenne seinen Namen nicht.«

Diese Antwort ließ mich aufstöhnen. Den Namen seines Sergeants zu kennen, war für Polizisten nicht nur Vorschrift, es war eine Überlebensfrage! Natürlich wurde der mysteriöse Sergeant nie gefunden. Eisenberg stellte Faubel eine weitere Frage.

»Welches Grün hatte dieser Jogginganzug?«

»Tannengrün.«

»Interessant, Mr. Faubel. Sind Sie da sicher?«

»Ja.«

»Gut. Ich werde Ihnen jetzt eine Reihe von Namen vorlesen, und Sie sagen mir bitte, ob es sich dabei um Ihre Mitschüler aus der Polizeischule handelt. Sind Sie bereit? Darlene Anderson, Douglas Boville, Michael Koszuta, Jackie Hawkins...«

»Einspruch!« sagte Kraemer.

»...Linda Palese, Michael Stoychavich, Linda Reeves, Samuel Thomas, Robert White...«

»Einspruch! Euer Ehren, was ist der Zweck dieser Frage?«

»...Klug, Bradford, Duffee, Wedemeyer...«

Kraemer verlor die Fassung und stürzte auf Eisenberg zu, während er mit einer Hand auf ihn zeigte und mit der anderen gestikulierte.

»Einspruch!«

Ruhig ließ Eisenberg sein Blatt sinken.

»Mr. Eisenberg?« fragte der Richter.

»Euer Ehren, meine Absicht ist es, den Zeugen zu fragen, ob ihm bewußt ist, daß er von all diesen Leuten, von über fünfzig Leuten, der einzige ist, der sich daran zu erinnern scheint, die Angeklagte auf der Polizeischule in einem grünen Jogginganzug gesehen zu haben.«

Die Anklage rief als nächsten Zeugen einen Schießausbilder von der Polizeischule auf. Ich erinnerte mich gut an ihn. Auf dem Schießstand hatte er sich oft mit mir unterhalten und Scherze gemacht. »So ist es richtig, Bembenek!« hatte Marcellus Cieslik immer gesagt. »Bring' sie genau auf die Zehn!« Er war lange genug im Polizeidienst, um sich noch an die Zeit zu erinnern, als mein Vater selbst Polizist war. Ich verhielt mich ihm gegenüber höflich, und er war freundlich zu mir gewesen, stets zu einem Scherz aufgelegt.

Cieslik sagte aus, daß ich eine gute Schützin war. Aber spielte das hier eine Rolle? Christine war durch einen Kernschuß getötet worden.

Eisenberg fragte ihn nach den Reinigungsmethoden bei Waffen.

»Was empfehlen Sie Ihren Rekruten zur Reinigung ihrer Faustfeuerwaffen?«

»Wir haben eine ölige Substanz, ein Standardreinigungsmittel.«

»Hat diese Substanz einen bestimmten Geruch?«

»Ja. Sogar einen sehr charakteristischen Geruch.«

»Bleiben Rückstände dieses Mittels längere Zeit auf den Waffen zurück?«

»Ja, ich nehme an, daß in den Furchen im Lauf der Waffe Spuren davon zurückbleiben.«

Ich fand es erstaunlich, daß die Antworten eines Belastungszeugen vorteilhaft für die Verteidigung ausfielen. Ich sah mich um, stellte jedoch fest, daß Fred noch immer aus dem Gerichtssaal ausgeschlossen war.

»Sergeant Cieslik, die Anklage hat die Vermutung geäußert,

daß eine Waffe möglicherweise auch mit Wasser und Seife gereinigt werden könnte. Ist das möglich?«

»Ja.«

»Aber wären Sie als Ausbilder nicht ungehalten über einen Rekruten, wenn Sie herausfänden, daß er seine Dienstwaffe mit Wasser und Seife reinigt?«

»Das wäre ich.«

»Würde dies nicht auch dazu führen, daß die Waffe rostet?« fragte Eisenberg.

»Nicht diese Waffe«, sagte Cieslik plötzlich, während er Freds Smith & Wesson in den Händen hielt.

»Warum nicht?« wollte Eisenberg wissen.

»Weil diese Waffe aus Aluminium ist«, entgegnete Cieslik. Ein Lachen ging durch den Gerichtssaal, aber der Richter fühlte sich dadurch nicht veranlaßt, das Publikum zur Ordnung zu rufen. Ich nahm an, er würde nun mit seinem kleinen Hammer auf den Tisch klopfen, wie die Richter es immer im Fernsehen taten, aber er blieb ungerührt. Eisenbergs Frage war mir peinlich gewesen, und natürlich hatte der Milwaukee Sentinel nichts besseres zu tun, als diese »Aluminiumsache« wortwörtlich abzudrucken.

Eisenberg blieb ganz ruhig und benahm sich, als wäre nichts geschehen.

»Nun gut. Könnte man davon ausgehen, daß jemand, der eine Waffe dazu benutzt hat, einen Menschen zu töten, wobei wir annehmen wollen, daß es sich um einen Ihrer Rekruten handelt, der weiß, daß man eine bestimmte Munition bestimmten Waffen zuordnen kann, daß also dieser jemand versuchen würde, die Mordwaffe loszuwerden?«

»Einspruch!« Kraemer stand auf. »Ich bitte das Gericht, die Jury darauf aufmerksam zu machen, daß die Kommentare und Äußerungen von Mr. Eisenberg keine Beweise sind!«

»Ich habe keine Kommentare oder Äußerungen abgegeben, Euer Ehren.«

Der Richter sah beide Anwälte grimmig an und erklärte: »Im Verlauf dieses Prozesses wurde die Jury bereits mehrfach dazu aufgefordert, und sie wird auch jetzt erneut dazu aufgefordert, die letzte Frage des Herrn Verteidigers unberücksichtigt zu lassen.«

Als ich Fred von Ciesliks Antwort berichtete, reagierte er wütend: »Warum hat Cieslik das bloß gesagt? Du kannst Don erzählen, daß das einzige Aluminiumteil an dieser Waffe der Rahmen ist! Der Rest würde totsicher rosten, wenn man den Revolver mit Wasser und Seife reinigt! Vor allem der Lauf! Mein Gott! Sag' Don, er soll den Ballistikexperten fragen.«

Freds erneuter Auftritt im Zeugenstand war mit dem bei der Vorverhandlung durchaus vergleichbar, nur daß er dieses Mal nicht die Fassung verlor.

Kraemer erörterte lang und breit das Thema der Heiratserlaubnis in Waukegan. Er ging dabei so weit, daß er eine Abschrift von Freds Scheidungsanhörung miteinbezog. Ich verstand den Sinn dieser Aktion nicht.

Fred behauptete, daß es ihm zu dem Zeitpunkt, als er mich heiratete, nicht bewußt war, daß er dem Gesetz nach noch nicht wieder heiraten durfte. Kraemer widersprach und führte an, daß Fred von Richter Curley eindeutige Anweisungen hatte. Ich fragte mich, wer hier vor Gericht stand.

Dann verlangte Kraemer Auskünfte über Freds finanzielle Situation. Fred schilderte, daß er mit dem Geld, das er durch Schreinerarbeiten in seiner Freizeit hinzuverdiente, sein regelmäßiges Einkommen und meine Einkünfte aufbesserte. Das düstere Bild, das die Anklage von unserer finanziellen Lage gezeichnet hatte, hellte sich beträchtlich auf.

Bei dem Versuch, seine Theorie über unseren »feudalen Lebenswandel« zu festigen, fragte Kraemer Fred nach unseren »exotischen« Ferienreisen. Dabei stellte sich allerdings nur heraus, daß wir eine Hochzeitsreise und einen Kurzurlaub mit Freunden in Florida unternommen hatten.

Fred erklärte noch, daß Polizisten dazu verpflichtet sind, ihre Fahrtenbücher aufzuheben, und präsentierte dem Gericht eine ganze Aktentasche voller Fahrtenbücher, die bis ins Jahr 1970 zurückreichten. Damit wirkte Durfees Aussage, er hätte sein Fahrtenbuch verloren, ziemlich unglaubwürdig.

Kraemer bat Fred um Vorlage des Fahrtenbuches, in dem Fred die Seriennummer seiner außerdienstlichen Waffe notiert hatte. Nach einigem Suchen fand Fred das entsprechende Buch aus dem Jahr, in dem er die Waffe erworben hatte.

Nun versuchte Kraemer, unsere Theorie der »vertauschten Waffen« zu entkräften, indem er Fred um einen Vergleich der Seriennummer bat. Natürlich stimmte sie mit der Nummer auf der Beweiswaffe überein.

Aber darum ging es ja gar nicht. Eisenberg vertrat die Ansicht, daß die Waffe, die Fred und Durfee in der fraglichen Nacht untersucht hatten, identisch mit dem vom kriminaltechnischen Labor als Mordwaffe identifizierten Revolver sein könnte – oder auch nicht. Denn Fred und Durfee hatten es versäumt, die Seriennummer zu notieren. Abgesehen von dem Zustand der Waffe, der darauf hinwies, daß aus ihr nicht geschossen worden war, gab es noch die Tatsache, daß Freds Revolver erst viele Wochen nach dem Mord beschlagnahmt wurde. Irgendwann innerhalb dieser Zeitspanne mußte der Revolver, den Fred und Durfee gemeinsam untersucht hatten, entfernt und durch Freds anderen Revolver ersetzt worden sein. Das war die einzig logische Erklärung, denn aus dem von Fred und Durfee untersuchten Revolver war nicht geschossen worden. Wohl aber aus Freds anderem Revolver. Die Zeitungen, die auch dieses Thema begierig aufgriffen, brachten es in ihren Artikeln, wie nicht anders zu erwarten, völlig durcheinander.

Fred beschrieb den Zustand der Waffe in jener Nacht sehr detailliert, und seine Kenntnisse über ballistische Fragen wirkten beeindruckend. Leider verwandelte sich seine Aussage in das, was Eisenberg ein »zweischneidiges Schwert« nannte, da Kraemer Freds Wissen gegen ihn verwendete.

»Also, Mr. Schultz, Sie können trotz Ihrer bemerkenswerten Waffenkenntnisse nicht mit Sicherheit sagen, ob der Revolver, den Sie mit Ihrem Partner in jener Nacht untersuchten, auch wirklich Ihr Revolver war?«

»Nein. Nicht ohne einen Vergleich der Seriennummer. Der Revolver selbst sieht ganz gewöhnlich aus. Er hat einen Standardgriff. Ich nahm an, es sei meiner. Aber mit absoluter Sicherheit kann ich das nicht sagen.«

Eisenberg überraschte alle, als er dem Gericht seinen eigenen kurzläufigen Revolver zeigte. Damit wollte er den Geschworenen verdeutlichen, wie sehr sich solche Waffen ähnelten. Später, als Eisenberg wieder hinter Kraemer am Tisch der Verteidigung Platz genommen hatte, ließ er den Hahn seines Revolvers einige Male nervös nach vorne schnappen. Kraemer verlor erneut die Nerven. Wütend forderte er Eisenberg auf, damit aufzuhören, hinter seinem Rücken mit der Waffe herumzuspielen.

Eisenberg lachte nur vergnügt in sich hinein. Daraufhin verlangte Kraemer vom Gericht, daß Eisenberg seinen Revolver aus dem Blickfeld der Jury entfernen sollte. Skwierawski entsprach diesem Wunsch und fügte noch hinzu: »Mr. Kraemer, Sie sollten vielleicht zu der gleichen Selbsthilfe greifen, die Mr. Eisenberg hier schon vier- oder fünfmal angewandt hat, indem er einfach aufsteht, nach Beweismitteln greift, mit ihnen herumspaziert und sie dann irgendwo in einer Kiste verstaut, um sie außer Sichtweite zu bringen. Ich werde nicht zulassen, daß dieser Fall durch solche Selbsthilfeaktionen gelöst wird.«

Während der Verhandlung hatte Detective Ronald Krusek links von Kraemer gesessen. Nun begann er mit seiner Aussage über den Tag, als Kathryn Morgan den Wagen meiner Eltern identifiziert hatte.

»Wobei haben Sie Mrs. Morgan beobachtet?« fragte Kraemer.

»Sie lief die Ramsey Street in östlicher Richtung entlang.«

»Wie lange dauerte das?«

»Drei oder vier Minuten.«

»Als sie zurückkam, erzählte Mrs. Morgan Ihnen da etwas über einen Wagen?«

»Ja. Sie sagte...«

»Hörensagen! Einspruch!« unterbrach ihn Eisenberg hastig. Selbst ich wußte damals, daß ein Zeuge in seiner Aussage nicht das wiedergeben durfte, was eine andere Person ihm gesagt hatte. Die einzig zulässige Form des Hörensagens war, wenn ein Zeuge etwas darüber aussagte, was der Angeklagte ihm gegenüber geäußert hatte. Der Richter ließ diese Regeln allerdings außer acht.

»Abgelehnt.«

Ich warf Eisenberg einen besorgten Blick zu. Als Conway von der Marquette Universität dem Gericht sagen wollte, daß er gehört hatte, wie ich über den Mord an Christine Schultz als ein »tragisches, unglückliches Ereignis« sprach, erhob Kraemer Einspruch wegen Hörensagens, und der Richter hatte dem stattgegeben, was ich nicht verstand, da Hörensagen vom Angeklagten zulässig war. Nun wollte dieser Detective aussagen, was Mrs. Morgan ihm erzählt hatte, mein Anwalt erhob Einspruch, und er wurde abgelehnt! Dies war nicht das erste Mal (und auch keineswegs das letzte Mal), daß ich mich fragte, was bei dem Prozeß eigentlich vor sich ging.

Kathryn Morgan – die übrigens allgemein sehr bekannt war – erzählte dem Gericht schließlich ihr Märchen über meine im Abfall wühlende Mutter. Eisenbergs anschließendes Kreuzverhör war hart.

»Stimmt es, daß Sie Mrs. Bembenek anläßlich der Vorverhandlung von Lawrencia Bembenek identifiziert haben?«

»Ja.«

»Nachdem Mrs. Bembenek aufgefordert worden war, ihre Brille abzunehmen?«

»Ja.«

»Die Frau, die Sie am 18. Juni sahen, trug keine Brille?«

»Nein.«

»Wissen Sie, daß Virginia Bembenek ohne ihre Brille nahezu blind ist?«

»Nein.«

»Wissen Sie, daß Virginia Bembenek ohne ihre Brille nicht in der Lage ist, ein Fahrzeug zu führen?«

»Nein.«

»Mrs. Morgan«, fragte Eisenberg weiter, »wollen Sie dem Gericht erzählen, daß Sie im Juni 1981 eine Frau zum ersten Male sahen und diese Frau vier Monate später identifizieren konnten?«

»Ja.« Mrs. Morgan war um die dreißig, mit schulterlangen, dunklen Haaren. Sie lispelte. Ich fragte mich, was sie dazu veranlaßt hatte, mit einer derartigen Geschichte zur Polizei zu laufen. Ich hatte diese Frau nie zuvor in meinem Leben gesehen.

»Möchten Sie sich den Polizeibericht noch einmal ansehen, um Ihr Gedächtnis aufzufrischen?« Eisenberg ging auf sie zu und reichte ihr eine Kopie des Berichtes. »Nun, in diesem Bericht beschreiben Sie die Frau, die Sie sahen, als etwa fünfundvierzig Jahre alte Person?«

»Ja.«

»Sind Sie sich darüber im klaren, daß Mrs. Bembenek beinahe sechzig Jahre alt ist?«

»Nein.«

»Sind Sie sich außerdem darüber im klaren, daß Mrs. Bembenek so gut wie nie Shorts trägt, weil sie sich wegen ihrer Krampfadern schämt?«

»Nein.«

»Erwarten Sie wirklich, Mrs. Morgan, daß dieses Gericht Ihnen glaubt, wenn Sie erzählen, daß eine Frau, die angeblich versuchte, Beweismaterial aus einem Mordfall aus einem großen Abfallcontainer zu entfernen, am hellichten Tag auf eine ihr wildfremde Person zugeht, diese nach den Müllcontainern fragt, dann eine Tüte daraus nimmt und wegfährt?«

»Einspruch!« sagte Kraemer mit müder Stimme.

»Stattgegeben! Stattgegeben! Wir brauchen keine weiteren ausführlichen Leitartikel von Mr. Eisenberg. Der Verteidiger wird aufgefordert, solche Fragen zu stellen, die die Zeugin auch beantworten kann.«

»Nun gut, dann lassen Sie uns bitte die Tafel hinter Ihnen benutzen, Mrs. Morgan«, fuhr Eisenberg fort, »und das Autokennzeichen an die Tafel schreiben, das Sie der Polizei angegeben haben. Daneben werde ich dann das Kennzeichen des Wagens der Bembeneks schreiben.«

Mrs. Morgan drehte sich auf ihrem Stuhl zu der Tafel um.

»Das ist nicht dieselbe Nummer, nicht wahr, Mrs. Morgan?«

»Nein.«

»Wissen Sie, daß die Bembeneks nur einen Familienwagen besitzen und daß Mr. Bembenek diesen dazu benutzte, um zu seiner Arbeitsstelle zu fahren, wo er bis sechzehn Uhr arbeitete?«

»Nein.«

»Sie sagten, Sie hätten die Frau am 18. Juni um vierzehn Uhr im Müllcontainer wühlen sehen?«

»Hm...«

»Nun, das haben Sie jedenfalls der Polizei erzählt, Mrs. Morgan. So steht es hier im Bericht. Reden wir über den Wagen, den Sie am 18. Juni gesehen haben. Wie haben Sie dieses Fahrzeug identifiziert?«

Eisenberg lief vor dem Zeugenstand auf und ab. Die Zeugin schluckte nervös.

»Ein Detective kam zu mir nach Hause«, antwortete sie, »und bat mich, ihn zu begleiten, um den Wagen zu identifizieren.«

»Wann war das?«

»Etwa einen Monat später.«

»Wer war dieser Detective?«

»Das war der Mann dort drüben.« Sie zeigte auf Krusek.

»Was geschah genau?«

»Also, ich stieg in seinen Polizeiwagen, und wir fuhren zu dem Haus in der Ramsey Street, wo ich ein braunes Auto auf der Straße sah.«

»Und was geschah dann?«

»Ich sagte ihm, daß dies der Wagen war.«

»Mrs. Morgan, in diesem Bericht stehen Ihre genauen Worte: ›Es sieht so aus, wie das Auto, das ich am 18. Juni gesehen habe.‹ Ich hoffe, Sie lassen sich jetzt nicht durch den Prozeß und die Kameras und alles hier verunsichern. Sagten Sie nicht, daß das Auto so ähnlich aussah?«

»Ja.«

»Sie sagten nicht, daß es das gleiche Auto war?«

»Nein.«

»Wie viele Autos parkten noch bei dem Haus?«

»Ich glaube, noch ein anderes und ein Transporter.«

Ich erinnerte mich daran, daß ein Polizeiwagen das Haus in der Ramsey Street beobachtete, als meine Eltern, Fred und ich dort saubermachten, oder es war später, als wir unsere Umzugskisten in das Haus brachten, um sie dort abzustellen.

»Parkten sonst noch irgendwelche andere Wagen auf der Straße?«

»Nein.«

»In der Nähe?«

»Nein.«

»Mrs. Morgan, wollen Sie mir damit sagen, daß Detective Krusek Sie zu einem Haus führte, vor dem genau zwei Autos und ein blauer Transporter standen, und daß er Sie gebeten hat, den Wagen zu identifizieren, den Sie am 18. Juni gesehen haben?«

»Ja.«

»Was hat er Ihnen gesagt? War es nicht so, daß er Sie dorthin brachte und sagte: ›Das ist der Wagen, nicht wahr?‹?«

»Einspruch! Beeinflussung der Zeugin!« bellte Kraemer.

»Stattgegeben«, sagte Skwierawski hart. »Die Jury wird aufgefordert, die letzten paar Fragen außer acht zu lassen.«

»Die letzten beiden Fragen?« erkundigte sich Eisenberg süffisant.

»Ja, zwei sind ein paar«, entgegnete der Richter.

»Zwei sind ein paar?« fragte Eisenberg noch einmal nach.

»Ja.« Skwierawski nickte. Ich sah, wie Kraemer den Kopf schüttelte.

Der nächste Trumpf, den die Anklage ausspielte, verpuffte schnell. Der Staatsanwalt hatte vier Zeugen, zwei Polizisten mit ihren Frauen, die behaupteten, Fred und mich im vergangenen Winter in einem Kino getroffen zu haben. Und – wie sollte es anders sein – sie behaupteten, ich hätte den berüchtigten grünen Jogginganzug getragen.

Alle vier standen auf der Zeugenliste, aber als sie in den Zeugenstand gerufen werden sollten, mußte Kraemer dem Gericht erklären, daß sich eines der beiden Paare in Colorado aufhielt und für eine Aussage nicht zur Verfügung stand. Der andere Polizist war in der Zwischenzeit zum Detective befördert worden.

»So müssen nicht alle vier diese absurde Geschichte bestätigen«, flüsterte Eisenberg mir zu. »Was zum Teufel soll das jetzt schon wieder? Sie waren mit Fred im Kino?«

»Ja. Und wir haben uns auch noch einen Krimi angesehen! Große Güte, wie hieß der Film noch? Paul Newman spielte darin.«

»Vergessen Sie Paul Newman, Laurie. Was haben Sie angehabt?«

»Wahrscheinlich Jeans und meine Skijacke, wie üblich. Ich kann mich erinnern, daß sich Fred mit zwei Paaren in der

Halle des Kinos unterhalten hat. Ist es im Winter nicht zu kalt, um einen Jogginganzug zu tragen?«

»Das Argument haben sie bereits entkräftet«, meinte Eisenberg. »In diesem Bericht steht, daß sie sich so lebhaft an den grünen Jogginganzug erinnern, weil es eigentlich viel zu kalt war, um so etwas zu tragen.«

»Ganz schön gerissen.«

»Wir werden sehen, wie gerissen sie sind, wenn ich sie ins Kreuzverhör nehme.«

Wie sich herausstellte, waren sich der Detective und seine Frau uneinig darüber, was ich vor einem Jahr angeblich getragen hatte. Gary sagte, es war eine grüne Joggingjacke mit Streifen an der Seite. Seine Frau Darlene behauptete, es war ein kompletter Jogginganzug, also mit Hose. Die beiden konnten sich nicht darauf einigen, welche Jacke Fred an dem Abend getragen hatte.

Aber sie wußten das Datum sehr genau. Sie hatten nach dem Film noch im Captain's Steak Joynt gegessen und das Essen mit Kreditkarte bezahlt. Auf dem Beleg stand das Datum.

Die ganze Sache mit dem grünen Jogginganzug war einfach unverhältnismäßig aufgebauscht worden. Die Polizei hatte den nicht vorhandenen Anzug weder beschlagnahmt noch dem Gericht als Beweismittel vorgelegt.

Selbstverständlich hatte die Staatsanwaltschaft ihre Beweisführung äußerst sorgfältig vorbereitet. Freds jüngerer Sohn Shannon, der mittlerweile zugeben mußte, daß er sich an gar nichts mehr erinnern konnte, hatte ursprünglich behauptet, einen grünen Jogginganzug gesehen zu haben. Er hatte auch behauptet, einen silbernen Revolver mit Perlmuttgriffen erkannt zu haben.

Sean aber, der älter als Shannon und ein glaubwürdigerer Zeuge als sein kleiner Bruder war, sagte, daß der Eindringling eine khakifarbene Armeejacke getragen habe.

Die Staatsanwaltschaft hatte noch zwei junge Frauen aus der

Nachbarwohnung des Apartmenthauses vorgeladen, in dem wir gewohnt hatten. Sie sagten aus, daß der Klempner eine Perücke in dem Abflußrohr ihrer Toilette gefunden hatte. Außerdem gaben sie an, daß sie Judy Zess zweimal in das Haus gelassen hatten, als sie dort klingelte. Die beiden Frauen hatten auch beobachtet, daß Judy unsere Wohnungstür öffnete und sich eine Weile in der Wohnung aufhielt, während wir nicht zu Hause waren. Dies war im Mai geschehen, einmal unmittelbar vor dem Mord und einmal gerade nach dem Mord.

Immer wenn das Gericht eine Pause machte, nutzte ich die Zeit, einige Minuten mit meiner Mutter auf dem Flur zu verbringen, die dort mit meinem Vater auf der Holzbank ausharrte. Es muß ihr nahezu unerträgliche Mühen bereitet haben, nach ihrer Operation all diese Stunden an einem so unbequemen Ort zu verbringen. Man konnte den Prozeßverlauf kaum beurteilen, und ich war nicht sicher, wann man sie in den Zeugenstand rufen würde.

Dann rief die Anklage Robert Goessner auf, einen Fotografen des Milwaukee Journal. Er behauptete, mich vom Dezember 1980 zu kennen, dem Monat, in dem die Zeitung ein Bild von mir gemacht hatte, das zusammen mit einem Artikel über meine Diskriminierungsklage erschien. Goessner gab zu, daß er das Bild nicht persönlich gemacht hatte – er war lediglich im Verlag an mir vorbeigelaufen, als ich dort die Fotoabteilung aufsuchte. Es war ziemlich unglaubwürdig, daß sich jemand an eine solch kurze Begegnung erinnerte, aber er sagte, er hätte mich wiedererkannt, weil ich »so hübsch« gewesen sei.

Kraemer legte ihm die Schwarzweißfotografie aus der Zeitung vor, und Goessner sagte aus, daß es sich dabei um ein Bild von mir in einem grünen Jogginganzug handelte, den ich an jenem Tag getragen hätte. Ich erinnerte mich daran, eine warme, rote Jacke getragen zu haben.

Während Kraemer seinen Zeugen befragte, kritzelte ich wütend einige Notizen auf meinen Block.

Eine Freundin von mir hatte einmal in einem Fotolabor gearbeitet und mir erklärt, wie man bei Schwarzweißaufnahmen die Farbe der Gegenstände bestimmen konnte. Mit Hilfe einer Spektroskopie, so hatte sie mir erzählt, konnte man feststellen, an welchem Ende des Farbenspektrums ein Gegenstand anzusiedeln war. Grün befand sich auf diesem Spektrum genau entgegengesetzt von rot. Ich hatte keine Ahnung, ob das stimmte, aber ich schob Eisenberg den Zettel zu.

Daraufhin fragte er Goessner nach diesem Verfahren. Glücklicherweise gab der Zeuge zu, daß ein solches Verfahren sowie andere Tests dazu benutzt werden könnten, um die Farbe der Jacke zu bestimmen. Im Zusammenhang mit diesem »Beweisfoto« waren natürlich keine derartigen Tests gemacht worden.

»Natürlich hat die Polizei das Negativ nicht getestet«, kritzelte ich auf mein Blatt, »weil das bewiesen hätte, daß die Jacke, die ich auf dem Bild trage, rot ist!«

Eisenberg nickte mir zu und flüsterte: »Wenn ich Kraemer wäre, würde ich mich schämen, so einen billigen und lächerlichen Beweis vorzulegen.«

»Haben Sie jemals versucht, das Negativ dieses Bildes zu testen, um die Farbe zu bestimmen?« fragte mein Anwalt Goessner.

»Dazu habe ich nicht die notwendige Ausrüstung.«

»Aber diese Art von Ausrüstung ist doch verfügbar, nicht wahr?«

»Das könnte sein.« Goessner nickte zögernd.

»Und sie steht den Behörden von Milwaukee und dem hiesigen Bezirksstaatsanwalt zur Verfügung, nicht wahr?« Eisenberg ließ nicht locker.

»Einspruch!« rief Kraemer.

»Stattgegeben.«

322

»Keine weitere Fragen«, fügte Eisenberg noch hinzu.

Als nächstes wurden zwei Marquette-Officer aufgerufen. Conway betrat erneut den Zeugenstand, gefolgt von Leutnant Pileggi. Noch einmal brachten sie die Ereignisse bis zu meiner Festnahme vor.

Als Conway bei seiner letzten Aussage bestätigte, daß die Polizei Beweismittel ohne Durchsuchungsbefehl aus meinem Spint an sich genommen hatte, hatte Eisenberg versucht, ihn über von mir im Zusammenhang mit dem Mord gemachte mitfühlende Kommentare zu befragen. Daraufhin hatte Kraemer Einspruch wegen Hörensagen erhoben.

Als Pileggi nun mit seiner Aussage an der Reihe war, versuchte Eisenberg erneut, Fragen über meine Beurteilung des Mordes als unglückliches Geschehen zu stellen. Dies war völlig normal und absolut korrekt. Aber auch jetzt erhob Kraemer wieder Einspruch, dem abermals stattgegeben wurde.

Eisenberg war außer sich. »Euer Ehren! Diese Aussage basiert auf Hörensagen von der Angeklagten und sollte daher zugelassen werden.«

»Mr. Kraemers Einspruch wird stattgegeben. Mr. Eisenberg...«

»Euer Ehren, mit allem nötigen Respekt möchte ich für das Protokoll festhalten, daß Recht hier mit zweierlei Maß gemessen wird!« erklärte Eisenberg frustriert.

»Noch ein solcher Kommentar, Mr. Eisenberg, und ich werde Sie wegen Mißachtung des Gerichts belangen.«

Mit einem dicken Buch von Charles O'Hara bewaffnet, begann Eisenberg anschließend, Arthur Varriale, einen Sachverständigen für Faseranalysen, zu befragen. O'Haras Werk galt als Sammlung fundamentalen Wissens und war ein »Muß« für alle Kandidaten des Detective-Examens bei der Polizei von Milwaukee. Varriale würde es nicht wagen, sich damit anzulegen.

Der Experte mußte zugeben, daß es sich bei Faseranalysen

nicht um eine Wissenschaft handelte. Die genaueste Analyse von zwei synthetischen Perückenfasern, so sagte er, könnte allenfalls ergeben, daß die Fasern »Ähnlichkeiten in ihrer Beschaffenheit« aufwiesen, nicht aber eine positive Identifizierung ermöglichen. In seinen Analysen tendierte er dazu, das Wort »übereinstimmend« zu gebrauchen, wobei er sich auf Merkmale wie Farbe, chemische Zusammensetzung und Struktur bezog. Eisenberg argumentierte, daß Millionen von Perücken auf der Welt existierten, die alle aus dem gleichen Material gemacht waren. Varriale gab zu, daß seine »Identifizierung« starke Zweifel zuließ.

»Sie wollen also damit sagen, daß die Faser, die Sie untersuchten und die auf Christine Schultz' Bein gefunden wurde, einerseits identisch mit der Faser sein könnte, aus der die Perücke gemacht wurde, die man im Abfluß der Wohnung gefunden hat, daß diese Faser aber andererseits genausogut nicht identisch sein könnte. Ist das richtig?« fragte Eisenberg den Experten.

»Würden Sie die Frage bitte wiederholen?«

»Sie können der Jury nicht über jeden Zweifel hinaus und mit wissenschaftlicher Sicherheit sagen, daß die beiden Fasern, die Sie untersucht haben, identisch sind, nicht wahr?«

»Nein, Sir.«

»Sie können uns lediglich sagen, daß die Fasern identisch sein könnten oder auch nicht?« Eisenberg wiederholte seine Frage, wobei er jedes einzelne Wort betonte.

»Das ist richtig«, lautete Varriales Antwort.

Die nächste Zeugin der Anklage war Diane Hanson, die angebliche »Expertin« in Sachen Haaranalyse. Durch seine Befragung zwang Eisenberg sie zuzugeben, daß sie ihren akademischen Titel im Bereich der Bakteriologie erworben hatte, was mit Haaranalyse überhaupt nichts zu tun hatte. Ihre Kenntnisse über Haaranalyse hatte sie stückweise innerhalb von sechs Wochen bei verschiedenen Seminaren erworben.

Das ihr abverlangte Geständnis über ihre eigentliche Ausbildung und die Tatsache, daß man ihre Fähigkeiten anzweifelte, ließen Hanson wütend werden. Sie antwortete ausweichend und unkooperativ. Eisenbergs Kreuzverhör dauerte zwei Stunden. Als er sie durch seine Fragen so in Verlegenheit brachte, daß sie den von O'Hara gesammelten Tatsachen widersprach, schien sie verwirrt und unsicher zu werden.

Hanson gab zu, daß eine Haaranalyse noch ungenauer als eine Faseranalyse war, eine Tatsache, die Eisenberg bereits auf nichts weiter als eine Art Ratespiel reduziert hatte. Schließlich siegte ihre Gereiztheit über ihren gesunden Menschenverstand. Sie verplapperte sich und gab zu, daß sie die Ausschlußbestimmung des Gerichts mißachtet hatte, indem sie mit Varriale über dessen Aussage gesprochen hatte.

»Also, Miss Hanson, Sie sagen, daß Sie mit dem, was ich soeben vorgetragen habe, nicht übereinstimmen?« fragte Eisenberg skeptisch. »Sie widersprechen also O'Hara?«

»Sie haben nicht den ganzen Paragraphen vorgelesen!« kam ihre Retourkutsche. »Was Sie vorlasen, ist nur ein Auszug aus dem Paragraphen!«

Eisenberg kniff die Augen zusammen. »Woher wissen Sie das, Miss Hanson?«

Im Gerichtssaal war es plötzlich ganz still.

»Hm, ich wollte fragen, ob es ein Teil des Paragraphen ist.« Hanson wurde rot.

»Wann haben Sie diesen Paragraphen aus O'Haras Buch gelesen. War es heute?«

»Ja, heute«, gestand Hanson.

»Ich nehme an, Mr. Kraemer hat Ihnen das gesagt. Wann? Beim Mittagessen?«

»Nein.«

»Hat ein Mitarbeiter der Polizei von Milwaukee Ihnen heute empfohlen, sich O'Haras Buch anzusehen?«

»Nein.«

»Wie kam es dann, daß Sie sich heute darüber informiert haben?« Eisenberg gab nicht klein bei, auch nicht, als Hansons Widerstand noch größer wurde.

»Ich wußte, daß Sie Mr. Varriale gefragt haben«, murmelte sie.

»Woher wußten Sie das?«

»Er erwähnte, daß Sie sich auf O'Haras Buch bezogen haben.«

»Meine Herren«, unterbrach der Richter, »ich halte es für angebracht, die Jury für einen Augenblick zu entschuldigen, damit ich mir diese Sache genauer ansehen kann.«

Hanson blieb im Zeugenstand sitzen; ihre Hände hielt sie im Schoß gefaltet. Verlegen sah sie nur kurz den Richter an. Nach einer weiteren Befragung durch beide Anwälte kam das Gericht zu dem Ergebnis, daß Hanson die Ausschlußbestimmung des Gerichtes verletzt hatte, weil sie sich mit Varriale über seine Aussage unterhalten hatte, während sie ihn zum kriminaltechnischen Institut zurückfuhr. Eisenberg beantragte daher, Hansons Aussage zu streichen.

»Abgelehnt«, sagte der Richter. »Das ist unwesentlich. Und ich möchte Sie gleich darauf hinweisen, daß ich hierzu keine weiteren Argumente zulassen werde, Mr. Eisenberg.«

»Euer Ehren, ich glaube, Mr. Varriale sollte noch einmal in den Zeugenstand gerufen werden, damit wir herausfinden können, was er über sein Gespräch mit Miss Hanson zu berichten hat.«

»Nein. Antrag abgelehnt. Und jetzt möchte ich über dieses Thema nichts mehr hören. Es hat einen Verstoß gegen die Gerichtsverordnung gegeben. Der Forderung des Verteidigers, die Aussage der Zeugin zu streichen, wird nicht stattgegeben.«

»Euer Ehren...«

»Keine weitere Debatte, Mr. Eisenberg.«

»Ich bin nicht...«

»Ich habe meine Entscheidung getroffen.«

»Wenn es gestattet ist, möchte ich eine Bitte äußern.«

»Was für eine Bitte, Mr. Eisenberg?« zischte der Richter.

»Ich möchte das Gericht bitten, die Jury über das, was Sie eben gerade gesagt haben, zu unterrichten«, sagte Eisenberg noch.

»Ich werde... ich erhebe Einspruch!« stammelte Kraemer.

»Nein! Nein!« sagte Skwierawski vehement. »Bitte abgelehnt!«

•

Ich erinnerte mich an das, was uns die Ausbilder auf der Polizeischule eingetrichtert hatten: das Gesetz schützt den Kriminellen. Jeder noch so geringe technische Fehler bei einer Untersuchung würde eine Anklage null und nichtig machen. Überall, so sagte man uns, gäbe es Leute, die für die Freiheit des einzelnen eintreten, Leute, die die Macht besaßen, jeden Fall aufgrund eines noch so kleinen Fehlers platzen zu lassen, gleichgültig, wie harmlos dieser Fehler auch sei.

Das war kompletter Blödsinn, paranoider Unsinn, und das wußte ich schon damals.

Jetzt wurde es mir nur noch deutlicher.

16

DER HIMMEL VERDUNKELT SICH

Das Ende der gegnerischen Zeugenliste war absehbar. Endlich würde ich einige Verbündete im Zeugenstand sehen.

Der letzte Zeuge, der für die Anklage aussagte, war Monty Lutz, der Ballistikexperte des kriminaltechnischen Instituts. Wie wir erwartet hatten, erklärte er, daß das Geschoß aus der Leiche von Christine Schultz aus Freds außerdienstlichem Revolver stammte. Dennoch konnte Eisenberg den Zeugen während seines Kreuzverhörs zu unseren Gunsten nutzen, als er Lutz fragte, ob Freds Revoler aus Aluminium war oder nicht.

»Nein. Nur der Rahmen ist aus Aluminium. Der Lauf und die anderen Teile der Waffe nicht. Ich weiß nicht, wie detailliert ich Ihnen das erklären soll...«

»Vielen Dank, Mr. Lutz. Wäre diese Waffe mit Wasser und Seife gereinigt worden, hätte sich dann nach einer gewissen Zeit Rost gebildet?«

»Mit Sicherheit.«

»Wäre eine Reinigungsflüssigkeit oder eine Lösung benutzt worden, könnte das Labor Spuren davon auf der Waffe feststellen?« fragte Eisenberg.

»Ja.«

»Wenn eine Reinigungsflüssigkeit oder Lösung verwendet wurde, wäre dann Staub auf der Waffe?«

»Ich nehme an, nach einer gewissen Zeit schon.«

»Nach einigen Stunden?«

»Es kommt darauf an, wo die Waffe aufbewahrt wurde.«

»Wenn sie in einem Halfter steckte, das sich in einem geschlossenen Behältnis befand, wie zum Beispiel in einer Sporttasche mit Reißverschluß?«

»Oh. Dann müßte ich sagen, nein. Es wäre kein Staub vorhanden, wenn die Waffe nach dem Reinigen weggepackt worden wäre.«

Eisenberg legte großen Wert auf diese Fragen, weil wir bereits wußten, daß Freds Revolver nicht gereinigt worden war. Wenn das also die Mordwaffe war, wo war dann das Blut? Wo war der Kohlenstoff?

Die ersten sechs Zeugen der Verteidigung waren frühere Mitschüler meiner Polizeischulklasse. In ihren kurzen Aussagen charakterisierten sie mich, und sie sagten ebenfalls aus, daß sie mich nicht ein einziges Mal in einem grünen Jogginganzug gesehen hatten. Dankbar erkannte ich ihre Zusammenarbeit und Unterstützung an, besonders, weil ich sie alle so lange nicht mehr gesehen hatte.

Nachdem meine Eltern zwei Wochen lang dazu verdammt waren, auf dem Flur vor dem Gerichtssaal auszuharren, ließ man sie nun endlich zur Zeugenaussage in den Saal hinein.

Meine Mutter hob ihre rechte Hand; ihr Gesicht war blaß und müde. Ich betete, daß Kraemer sie nicht zu sehr verwirren würde. Mutters Aussage wich von dem, was sie bereits bei meiner Vorverhandlung erklärt hatte, nicht ab. Sie sprach davon, wie sie mir in der Mordnacht beim Packen der Umzugskisten half. Sie bestritt Morgans Behauptungen, in den Müllcontainern vor dem Apartmenthaus herumgewühlt zu haben. Sie versuchte angestrengt, jede einzelne Frage mit großer Sorgfalt und genauer Wortwahl zu beantworten. Ich hatte sie vor Kraemer gewarnt, der es fertigbrachte, selbst eine ehrliche Aussage zu Gunsten des Staates auszulegen, und sie hatte mehr Angst als ich selbst. Nach ihrer Aussage machte das Gericht eine kurze Pause, und als ich auf den Flur hinausging, traf ich sie dort weinend an.

»Bitte nicht, Mama!« sagte ich und nahm sie in die Arme. »Du hast das sehr gut gemacht. Es ist jetzt vorbei.«

»Ich hatte so große Angst, etwas Falsches zu sagen! Du weißt ja, wie diese Leute jemanden verunsichern können, der versucht, die Wahrheit zu sagen! Es hing heute doch so viel von meiner Aussage ab! Ich hatte solche Angst um dich!«

»Ich weiß«, sagte ich. »Mach' dir keine Sorgen.«

Als wir in den Gerichtssaal zurückgingen, war mein Vater mit seiner Aussage an der Reihe. Sie dauerte nicht lange. Bei seiner Aussage war ich noch besorgter als bei der meiner Mutter, weil er schlecht hörte. Aber auch er machte seine Sache gut. Er erklärte, daß er den Familienwagen an dem Tag gefahren hatte, an dem, wie Mrs. Morgan behauptete, meine Mutter mit einem Wagen vorgefahren war. Kraemers Kreuzverhör erwies sich als nicht besonders hart.

Anschließend fanden meine Eltern im hinteren Teil des Gerichtssaales einen Stehplatz. So konnten sie zumindest die Verhandlung weiter verfolgen. Bezeichnenderweise schrieb der Milwaukee Sentinel, daß meine Eltern sich so wenig um mich sorgten, daß sie erst ganz zum Schluß des Prozesses auftauchten. Die Zeitung erwähnte natürlich nicht, daß es ihnen untersagt war, sich vor ihrer Aussage im Gerichtssaal aufzuhalten.

Freds Vater, Elfred Schultz senior, berichtete über den Zwischenfall, der sich an dem Tag ereignete, als Fred die Vormundschaftsverschwörung aufdeckte. Wie der Rest der Familie Schultz ist auch er ein sehr emotionaler Mensch, und so brach er in Schluchzen aus. Das Gericht mußte eine Pause machen.

Anschließend widersprach er seinem Sohn John, der behauptete, Fred hätte angerufen, um Sean wegen seiner Aussage einzuschüchtern. Das, so sagte Freds Vater, stimmte so nicht. Es ging vielmehr um den Vormundschaftsstreit. Freds Vater machte auch Angaben über mich.

Freds Mutter machte keine Aussage. Sie erschien nicht ein einziges Mal bei dem Prozeß.

Es war sehr einfach für die Anklage, versteckte Anspielungen zu machen. Während die Verteidigung noch einige Zeugen vorlud, war Fred beim Sicherheitsbüro der Marquette Universität vorbeigefahren, um meine Uniform zurückzugeben. Bei dieser Gelegenheit hatte er sich mit Carol Kurdziel unterhalten, die ihn fragte, ob sie etwas tun könnte. Fred fragte sie, ob sie als Zeugin über meine charakterlichen Eigenschaften aussagen wollte. Sie war einverstanden. Fred hatte einige Blankovorladungen bei sich, von denen er ihr eine gab. Das wird häufig so gehandhabt. Jeder außer dem Angeklagten kann Vorladungen überbringen.

Als Fred nach Hause kam, berichtete er mir, daß Kurdziel für mich aussagen würde. Aber wenige Tage darauf stand Kraemer im Gerichtssaal auf und sagte: »Bevor wir fortfahren, möchte ich das Gericht darauf hinweisen, daß ich von mehreren Leuten Beschwerden erhalten habe, die in meinem Büro anriefen und mich informierten, daß Elfred Schultz junior durch die Gegend läuft und Vorladungen verteilt. Besonders eine Frau von der Marquette Universität möchte nicht aussagen.«

Eisenberg sah mich erstaunt an und überprüfte die letzte Seite seiner Zeugenliste.

»Wen meint er? Carol Kurdziel? Ich dachte, sie wäre eine Freundin von Ihnen?«

»Das habe ich auch gedacht.«

»Euer Ehren«, Eisenberg erhob sich, »es ist nicht ungesetzlich, daß Fred Schultz Vorladungen überbringt. Die Verteidigung beabsichtigt jedoch keineswegs, jemanden gegen seinen Willen vorzuladen. Wir wollen keinen feindseligen Zeugen, wie Sie sich sicherlich vorstellen können.«

Wieder war ein Zeuge verloren.

Am nächsten Tag rief die Verteidigung drei Zeugen auf. Eine

331

ehemalige Nachbarin und Mutter von zwei Kindern erklärte, daß sie mich seit mehr als zehn Jahren kannte; ich hatte früher auf ihren Sohn und ihre Tochter aufgepaßt. Sie glaubte an meine Unschuld.

Meine Freundin Joanne, die in Stevens Point in Wisconsin lebte, berichtete der Jury von dem Telefongespräch, das ich mit ihr in der Mordnacht geführt hatte. Von der Grundschule bis zur High School waren wir zusammen gewesen. Wir hatten gemeinsam im Schulorchester gespielt und waren beide in der Leichtathletikmannschaft. Außerdem gehörten wir derselben Gemeinde an. Sie war aus Milwaukee weggezogen, um auf das College zu gehen, aber ich fuhr regelmäßig einmal im Monat zu ihr, um sie zu besuchen. Auch sie kannte mich seit mehr als zehn Jahren. Sie glaubte an meine Unschuld.

Mein ehemaliger Arbeitgeber vom Fitness-Club sagte aus, daß ich etwa vier Jahre lang bei ihm beschäftigt war. Ungefähr zu der Zeit, als der Mord geschah, war ich dort fest angestellt worden. Er lobte meine Arbeit und sagte, er würde mich jederzeit wieder einstellen, wenn er die Möglichkeit dazu hätte. Auch er glaubte an meine Unschuld.

Am folgenden Tag mußte ich in den Zeugenstand treten.

Als Fred und ich morgens zum Gericht fuhren, schneite es. Der Verkehr ging nur langsam voran, weil die Straßen glatt waren.

Eisenberg eröffnete die Verhandlung: »Der erste Zeuge, den wir an diesem Morgen aufrufen möchten, ist die Angeklagte Lawrencia Bembenek.«

»Führen Sie die Jury in den Saal«, nickte Skwierawski dem Gerichtsdiener zu.

»Einen Augenblick bitte noch«, warf Kraemer ein. »Da ist noch etwas, Euer Ehren. Auf der Zeugenliste der Verteidigung stehen Namen, gegen die ich Einspruch erhebe, und ich beantrage, daß sie von der Liste gestrichen werden, da ihre

Aussagen für den Fall irrelevant sind.« Er machte eine Pause.
»Einer der Namen ist Frederick Horenberger.«

Mir wurde kalt. Der Staatsanwalt versuchte soeben, die Aussage zu vereiteln, die die Behauptungen von Judy Zess, der Kronzeugin der Anklage, in Mißkredit bringen konnte! Zess hatte einfach all das bestätigt, wozu sie der Staat aufgefordert hatte. Nun würde ihre Aussage unangefochten im Raum stehen.

»Wenn Mr. Eisenberg darauf besteht, diesen Zeugen zu befragen – soviel ich weiß, wurde er aus dem Gefängnis in Waupun hierher in das städtische Gefängnis gebracht – dann sollte er dazu bereit sein, uns zu erklären, warum diese Zeugenaussage relevant ist«, argumentierte Kraemer.

»Mr. Eisenberg? Würden Sie mir bitte einen solchen Nachweis erbringen?« bat ihn der Richter.

»Euer Ehren«, sagte Eisenberg langsam, »ich kann Ihnen die Relevanz von Horenbergers Aussage nicht erklären, ohne damit meine ganze Verteidigungsstrategie preiszugeben.«

Es folgte eine mehrminütige Diskussion, bis Skwierawski entschied, daß Horenbergers Aussage auf Hörensagen basierte. Folglich wurde sie als unzulässig abgelehnt, trotz Eisenbergs Einspruch.

»Selbst wenn sie einen Meineid aufdeckt?« schrieb ich auf meinen Zettel.

»Sind Sie bereit?« fragte mich Eisenberg.

»Ja. Ich fürchte, ich habe vor Kraemer etwas Angst.«

»Das müssen Sie nicht.« Eisenberg grinste. »Sie sind cleverer als er! Laurie, wenn Sie Angst haben, dann zögern Sie nicht, dies auch zu zeigen. Sie wirken immer ein wenig zu ruhig. Vielleicht liegt das an Ihrer Polizeiausbildung.«

»Ich bin keine Schauspielerin.«

»Dann seien Sie einfach Sie selbst.«

Alles in allem verbrachte ich fünf Stunden im Zeugenstand. Die Kameras, die mehr als zwei Wochen lang auf meinen

Rücken gerichtet waren, zielten jetzt wie Kanonen auf mein Gesicht. Der Schweiß floß mir in Strömen den Rücken herunter.

Eisenberg fragte mich nach meinen Erfahrungen als Polizistin und nach den Gründen für die Beschwerde, die ich gegen die Polizei eingereicht hatte. Er fragte nach meiner Ausbildung, meiner Kindheit und meinen Ambitionen. Ich erzählte der Jury von meiner Heirat mit Fred und von den Schwierigkeiten, die wir mit Judy Zess gehabt hatten. Die Geschworenen sahen mich mit ausdruckslosen Gesichtern an. Ich versuchte, in ihren Gesichtern irgendeine Reaktion zu erkennen, aber sie blieben so ungerührt wie die Mannequins, denen ich damals im Boston Store beim Anziehen half.

Ab und zu machte das Gericht eine Pause, und ich hielt mich recht tapfer, bis zu dem Punkt, an dem ich dem Gericht über Freds Diamantring berichtete. Eisenberg bat mich zu erklären, warum ich fünfzehnhundert Dollar für einen Ring für Fred ausgegeben hatte, wenn unsere finanzielle Situation, wie der Staat unterstellte, so katastrophal war. Ich weiß nicht warum, aber dieses Thema brachte mich zum Weinen.

»Wenn ich es recht verstehe, dann haben Sie im Mai letzten Jahres Ihre Steuerrückerstattung dazu verwendet, Ihrem Mann einen teuren Diamantring zu kaufen. Stimmt das?«

»Ja.«

»Warum haben Sie ihm den Ring gekauft?«

»Weil er noch nie so etwas besessen hat...« sagte ich und mein Hals schnürte sich zu. Ich war nicht mehr in der Lage weiterzusprechen. Zwar brach ich nicht in lautes Schluchzen aus, aber Tränen schossen mir in die Augen. Der Gerichtsdiener brachte mir einen Pappbecher mit Wasser. Ich knetete mein Taschentuch und ließ meinen Gefühlen freien Lauf.

»Wie fühlen Sie sich im Moment?« fragte Eisenberg.

»Ich fürchte mich zu Tode«, antwortete ich.

Nach dem Mittagessen sollte Kraemer mit seinem Kreuzverhör beginnen. Nervös kippte ich drei Gläser Wein hinunter, als ich mich daran erinnerte, wie Kraemer während Eisenbergs Befragung neben Krusek gesessen und immer gelächelt und seinen schwammigen Kopf geschüttelt hatte. Er hatte sich so benommen, als wäre meine Aussage dermaßen unglaubwürdig, daß sie schon fast lustig war, und über meine Antworten gespottet. Wenn ich seine Körpersprache bemerkte, dann würde es die Jury sicherlich auch tun! Ich mußte mich zwingen, bei Kraemer nicht die Beherrschung zu verlieren und nicht sarkastisch oder frech zu werden. Es war sehr leicht, diesen Menschen nicht zu mögen.

Sofort griff Kraemer meine Erfahrungen bei der Polizei an.

»Miss Bembenek – haben die angeblichen Belästigungen, die Sie bei der Polizei von Milwaukee erfahren haben, irgend etwas mit diesem Prozeß zu tun?«

»Das weiß ich nicht.«

»Hat überhaupt etwas von dem, was Sie der Jury hier den ganzen Morgen lang erzählt haben, irgend etwas mit diesem Prozeß zu tun?«

»Das weiß ich nicht«, wiederholte ich und hätte am liebsten gesagt: »Du wirst es mir schon sagen!«

»Miss Bembenek, lassen Sie uns darüber sprechen, warum Sie aus dem Polizeidienst entlassen wurden. War es nicht so, daß Sie von Beamten der Sittenpolizei dabei beobachtet worden sind, wie Sie bei einem Rock-Konzert eine Marihuanazigarette geraucht haben?«

»Einspruch!« rief Eisenberg. »Der Grund für Miss Bembeneks Entlassung kann von der Staatsanwaltschaft nicht durch einen einzigen Beweis nachgewiesen werden und ist unbedeutend!«

»Nun, Mr. Eisenberg«, lächelte Skwierawski, »der Staat hatte vor, dieses Thema nur sehr eingeschränkt zu behandeln, aber Sie waren derjenige, der die Tür geöffnet hat. Einspruch abgelehnt.« Ich bemerkte Eisenbergs mißbilligenden Blick.

»War das nicht das Konzert, das Sie zusammen mit Ihrer früheren Mitbewohnerin Judy Zess besuchten?« fragte Kraemer.

»Judy Zess wurde wegen Marihuanabesitzes festgenommen, aber ich war nicht dabei.«

»Man hat von Ihnen verlangt, einen Bericht über diesen Vorfall zu schreiben?«

»Ja.«

»Und ist es nicht so, daß der Bericht, den Sie eingereicht haben, falsch war?«

»Nein. Darin stand die Wahrheit.«

»Sind Sie nicht durch einen Officer der Sittenpolizei identifiziert, verhaftet und anschließend wieder auf freien Fuß gesetzt worden?«

»Nein! Das bin ich nicht! Eine andere Bekannte von Judy wurde verhaftet.«

»Wer?«

»Ihr Vorname war Jan. Ihren Nachnamen kenne ich nicht. Sie war Judys Freundin, nicht meine.« Ich sah zu Eisenberg hinüber. Er blinzelte mir zu und lächelte. Falls dieses Thema eine größere Rolle spielen würde, hatte ich die schriftliche Aussage von Judy Zess.

Kraemer wußte, daß ich auf der Hut war, und wechselte das Thema. »Sprechen wir über die Heiratsurkunde, die Sie und Fred in Waukegan unterschrieben haben. Ist es nicht eine Tatsache, daß Sie wußten, daß Fred nicht erneut heiraten durfte?«

»Nein. Davon wußte ich nichts.«

»Warum haben Sie dann Wisconsin verlassen, um zu heiraten? Taten Sie es nicht deshalb, weil Sie in diesem Staat keine Erlaubnis dazu erhalten hätten?«

»Nein. Ganz und gar nicht. Ich habe in Waukegan geheiratet, weil Fred es so vorgeschlagen hat. Wir haben uns heimlich trauen lassen.«

»Ist das der einzige Grund?«

»Und ich hielt es für romantisch.«

»Oh. Sie hielten es für romantisch«, sagte Kraemer sarkastisch. »Aber ist es nicht eine Tatsache, daß Sie diese Heiratsurkunde unterschrieben haben, obwohl Sie wußten, daß Sie beide vor dem Gesetz nicht frei waren, um einen solchen Schritt zu unternehmen?«

»Nein! Es stand mir absolut frei zu heiraten.«

»Und Sie wußten nicht, daß Fred nicht heiraten durfte?«

»Nein. Woher sollte ich das wissen?«

»Haben Sie mit ihm nicht über seine Scheidung gesprochen?«

»Nein.«

»Oh. Nun gut. Haben Sie über Geld gesprochen?«

»In welchem Zusammenhang?«

»Über Geld eben. Sie wissen schon – wie hoch sein Einkommen war, wieviel er an Unterhalt zahlen mußte für seine Frau, für seine Kinder, wieviel er für das Haus bezahlen mußte. Haben Sie darüber gesprochen?«

»Nein.«

»Vor Ihrer Heirat haben Sie nicht über Geld geredet?«

»Nein. Wir waren ineinander verliebt. Wir sprachen über Sachen, die uns verbanden. Wir haben nicht über Geld gesprochen.«

Dann kam Kraemer auf Chris zu sprechen.

»Miss Bembenek, ist es nicht eine Tatsache, daß Sie Christine haßten?«

»Nein!«

»Sie hatten mit ihr keinerlei Probleme?«

»Nein.«

»Haben Sie jemals mit Christine Schultz gesprochen?«

»Ja. Einige Male. Am Telefon und auch persönlich.«

»Wo?«

»Eines Abends kam sie vorbei, um die Kinder abzuholen...«

337

»Waren Sie vor dem 28. Mai jemals in dem Haus in der Ramsey Street?«

»Ja.«

»Hat Fred Sie durch das Haus geführt?«

»Nein.«

»Aber Sie waren im Haus?«

»Ich stand an der vorderen Eingangstür im Flur. Ich bin nicht weiter in das Haus hineingegangen«, erklärte ich. »Fred hat Sean abgeholt.«

»War Fred stolz auf das Haus?«

»Ja.«

»Fred hat das Haus selbst gebaut?«

»Ja.«

»Fred hat das Haus selbst gebaut, aber er wollte es Ihnen nicht zeigen?«

»Einspruch. Diese Frage wurde bereits gestellt und auch beantwortet«, sagte Eisenberg.

»Stattgegeben.«

»Miss Bembenek, wußten Sie, daß die Familie Schultz einen Hund besaß?«

»Ja.«

»Ist es nicht so gewesen, daß Sie Shannon im Mai im Beisein seines Babysitters fragten, wo der Hund war?«

»Es gab keinen Grund, danach zu fragen. Ich wußte, daß der Hund im Februar verkauft worden war.«

»Woher wissen Sie, in welchem Monat er verkauft wurde?«

»Es war um den Valentinstag herum. Fred war deswegen wütend.«

Natürlich brachte Kraemer die Sprache auch auf meine Kleidung.

»Miss Bembenek, wieviele Diamantringe besitzen Sie?«

»Einspruch!«

»Abgelehnt.«

»Ich besitze Modeschmuck, keine echten Steine.«

»Mir ist aufgefallen, daß Sie Ihre Ringe während des Prozesses jeden Tag getragen haben. Aber Sie tragen sie jetzt nicht. Haben Sie einfach so beschlossen, den Schmuck heute zu Hause zu lassen?«

»Ja.«

»Sie haben einfach so beschlossen, die Ringe heute nicht zu tragen?« Kraemer lächelte wieder sein zynisches Lächeln.

»Das ist richtig«, sagte ich.

Ich wollte ihm erklären, daß meine Finger geschwollen waren und daß meine Mutter mir deshalb geraten hatte, die Ringe nicht zu tragen, aber ich konnte es nicht vortragen. Ich befürchtete, daß der Richter sagen würde: »Die Zeugin wird aufgefordert, die Fragen mit ja oder nein zu beantworten.« Ich wunderte mich sowieso darüber, daß Kraemer aus meinen Ringen eine Staatsaffaire machte.

»Besitzen Sie irgendwelche Designer-Kleider?« fragte er.

»Keine Originale.«

»Originale?«

»Nancy Reagan trägt Originale.«

»Und Sie besitzen keinerlei Originale?«

»Euer Ehren«, unterbrach Eisenberg, »würde das Gericht Mr. Kraemer bitten, die Zeugin erklären zu lassen, was man unter ›Originalen‹ versteht?«

Der Richter nickte.

»Originale liegen preismäßig irgendwo bei fünftausend Dollar pro Kleidungsstück. Mit Designer-Jeans ist das anders. Die trägt heute jeder.«

»Haben Sie John Schultz gebeten, vorsichtig zu sein, als er Ihnen und Fred beim Umzug half, weil Sie ›Designer‹-Kleider besaßen, die Sie selbst transportieren wollten?«

»Das ist nicht ganz richtig. Ich sagte, daß ich nicht wollte, daß meine Kleider in Freds Transporter auf dem Boden liegen. Ich sagte, daß ich sie selbst transportieren würde.«

»Haben Sie bei einer Dinner-Party im Februar die Bemerkung geäußert: ›Es würde sich rentieren, Christine Schultz aus dem Weg zu räumen.‹?«

»Nein.«

»Sie haben das nie gesagt?«

»Nein!«

»Wie groß sind Sie, Miss Bembenek?«

»Ein Meter fünfundsiebzig oder siebenundsiebzig.«

»Würden Sie bitte vom Zeugenstand herunterkommen und dies hier für mich anziehen?«

Kraemer hielt die rote Winterjacke hoch, die ich dem Gericht für einen Vergleich mit der Schwarzweißaufnahme vorgelegt hatte.

»Einspruch!« sagte Eisenberg.

»Einspruch abgelehnt. Fahren Sie fort.«

Ich sah kurz zu meinem Anwalt, dann zog ich die Jacke an. Kraemer forderte mich auf, mich neben ihn vor die Jury zu stellen. Er maß knapp einen Meter zweiundachtzig.

»Ich erhebe Einspruch!« rief Eisenberg abermals. »Was versucht Mr. Kraemer zu beweisen? Daß er ein kleiner Mann ist?«

Ein Kichern folgte, und Kraemer blickte meinen Anwalt durchdringend an, während er auf uns zukam.

»Ich trage Schuhe mit sieben Zentimeter hohen Absätzen«, sagte ich laut.

»Ziehen Sie sie aus«, sagte Eisenberg. »Oder will die Anklage nun behaupten, daß die Angeklagte in Stöckelschuhen joggt?«

»Was genau versuchen Sie zu zeigen, Mr. Kraemer?« fragte ihn der Richter.

»Euer Ehren, ich möchte verdeutlichen, wie leicht die Angeklagte wegen ihrer Größe für einen Mann gehalten werden könnte. Wie die Jury sehr gut erkennen kann, ist sie nur unwesentlich kleiner als ich.«

»Euer Ehren!« Eisenberg stöhnte auf.

»Sie haben eine Chance, wenn Sie sich dafür entscheiden, die Zeugin abermals zu befragen«, erklärte Skwierawski ihm.
Gegen Ende des Tages schien Kraemer mit seiner Fragenliste fertig zu sein. Allerdings hatte sich seine bisherige ruhige Art offenbar in ein starkes, persönliches Verlangen gewandelt, mich zu verurteilen. Diese Haltung, aus der er keinen Hehl machte, ließ ihn in meinen Augen unzulässige Fragen stellen. Nachdem er dem Gericht den Schnappschuß, auf dem ich mit Fred und den Jungen beim Brady Straßenfest zu sehen war, vorgelegt hatte, fragte Kraemer mich nach den Bedingungen meiner Entlassung auf Kaution.
»Ist es nicht so, daß Ihnen nach Ihrer Entlassung auf Kaution jeglicher physischer Kontakt mit Sean und Shannon Schultz verboten worden war?«
»Das ist richtig.«
Er gab mir das Foto. »Erkennen Sie dieses Bild wieder?«
»Ja.«
»Ist es nicht eine Tatsache, daß Sie die Bedingungen Ihrer Kautionsregelung vorsätzlich mißachtet haben, indem Sie die Kinder anläßlich des Brady Straßenfestes trafen, wie dieses Foto beweist?«
»Nein!« rief ich laut. Kraemer hatte völlig unrecht.
»Einspruch!« rief Eisenberg.
»Wann wurden Sie festgenommen?« fragte Kraemer und ignorierte ihn.
»Beantworten Sie die Frage«, forderte der Richter mich auf.
»Am 24. Juni.«
»Wann fand das Brady Straßenfest statt?«
»Im Juni«, erwiderte ich und versuchte, mich an das exakte Datum zu erinnern. Ich wußte genau, daß dieses Fest in der zweiten Juniwoche stattgefunden hatte, nur an den Tag konnte ich mich nicht erinnern.
»Wann im Juni?« Kraemer ließ nicht locker.
»Hm...« Hilfesuchend sah ich Eisenberg an. Um die Frage be-

341

antworten zu können, mußte ich einen Blick in meinen Kalender vom letzten Jahr werfen, der neben Eisenberg auf dem Tisch lag. Eisenberg sah aus, als wolle er wie ein Tiger zum Sprung ansetzen. Er war offenbar wütend auf Kraemer. Ich sah auf meinen Kalender und dann wieder auf Eisenberg.

»War das Straßenfest vor oder nach Ihrer Festnahme?«

»Vor meiner Festnahme – in der ersten oder zweiten Juniwoche.«

»Wollen Sie damit sagen, daß Sie die Kinder nach Ihrer Festnahme nicht mehr getroffen haben, um Einfluß auf ihre Aussage auszuüben?«

»Nein!«

»Sie haben sie nicht mehr gesehen?«

»Ich habe sie nicht mehr gesehen!« antwortete ich wütend.

»Euer Ehren!« brüllte Eisenberg. »Ich erhebe Einspruch gegen diese ganze Art der Befragung, da die Anklage keinen Nachweis über das Datum dieses Festes gegeben hat, wo es doch ein leichtes wäre nachzuprüfen, wann eine so populäre Veranstaltung stattgefunden hat. Mr. Kraemer unterstellt der Angeklagten eine Verletzung ihrer Kautionsbestimmungen. Er unterstellt ihr, daß sie die Kinder traf, um ihre Aussagen zu beeinflussen, und behauptet, daß das Foto dies beweist. Das Foto beweist nichts dergleichen, Euer Ehren! Laurie Bembenek wurde am 24. Juni verhaftet, und das Brady Straßenfest fand am 17. Juni statt!« Während er redete, hielt Eisenberg meinen Kalender hoch, mit dem er gestikulierte.

»Ich beantrage, daß das Gericht die Jury auffordert...«

»Mr. Eisenberg, Sie sind nicht an der Reihe. Ihr Einspruch wurde abgelehnt, und ich schlage vor, daß Sie von weiteren Argumenten Abstand nehmen.«

»Mr. Kraemer kann seine Vorwürfe nicht beweisen!«

»Setzen Sie sich, Mr. Eisenberg.«

Kraemer lächelte und verfolgte weiterhin seine Strategie, unbewiesene Dinge anzuführen.

»Kennen Sie eine Frau namens Laurie Futh?«

Ich dachte einen Moment lang nach. »Sie ist eine Freundin von Judy Zess.«

»Ist es nicht so gewesen, daß Sie Miss Futh einmal Fotos von Ihrer Hochzeitsreise gezeigt haben?«

»Nein.« Ich runzelte die Stirn und fragte mich, wovon Kraemer redete.

»Nein? Wissen Sie nicht, daß Miss Futh der Polizei gesagt hat, daß sie Bilder von Ihrer Hochzeitsreise nach Jamaica gesehen hat und daß sie auf einem dieser Bilder die Reisewäscheleine gesehen hat, von der Sie behaupten, sie nicht zu besitzen? Eine ähnliche Wäscheleine wie die, die bei dem Mord an Christine Schultz verwendet wurde?«

»Ich habe Futh niemals irgendein Bild gezeigt! Unter meinen Fotos von der Hochzeitsreise befindet sich keines mit einer Wäscheleine! Ich besitze keine Wäscheleine!«

»Euer Ehren!« unterbrach Eisenberg. »Laurie Futh hat in diesem Gerichtssaal keine Aussage gemacht! Der Staat hat die Bilder von der Hochzeitsreise der Angeklagten nicht als Beweismittel zugelassen! Diese Unterstellungen und Schlußfolgerungen, für die es keine Beweise gibt, sollten als unzulässig betrachtet werden, und ich erhebe Einspruch gegen sie!«

»Einspruch abgelehnt.«

Während der nächsten Gerichtspause informierte mich Eisenberg, daß er eine erneute Befragung nach Kraemers Kreuzverhör beantragen wolle, um zumindest einige der von der Gegenseite dargestellten Folgerungen zu klären.

»Dann werde ich alle meine Urlaubsbilder aus Jamaica vorlegen. Ich bin absolut sicher, daß so ein Bild nicht existiert!« erklärte ich meinem Anwalt.

Nachdem ich Eisenbergs letzte Fragen beantwortet hatte, verließ ich erschöpft den Zeugenstand und hoffte, daß der Staatsanwalt sich mit dem Schluß des Beweisaufnahmeverfahrens einverstanden erklären würde. Aber gerade als ich wieder am Tisch der Verteidigung Platz genommen hatte, stand Kraemer auf und informierte das Gericht über seine Absicht, zwei weitere zusätzliche Belastungszeugen aufzurufen. Die Namen der beiden sagten mir nichts.

Eisenberg sah mich überrascht an, und ich zuckte mit den Achseln.

Eine Frau mittleren Alters betrat den Zeugenstand. Sie trug eine Vinyl-Jacke und zupfte nervös an ihren Haaren herum. Sie stellte sich dem Gericht als Marylin Gehrt vor und sagte aus, daß sie in der siebenundzwanzigsten Straße ein Perükkengeschäft besaß, das Olde Wig World. Weiter erklärte sie, daß ich im vergangenen Frühling bei ihr eine Perücke gekauft hatte.

Damit wollte die Anklage mich im letzten Augenblick mit der Perücke in Zusammenhang bringen. Ich war über diese absurde Aussage entsetzt. Die Anklage hatte Eisenberg Marylin Gehrts Visitenkarte ausgehändigt, auf die ich nun ungläubig starrte. Ich war in meinem ganzen Leben nicht in diesem Geschäft gewesen! Meine blonde Kurzhaarperücke hatte ich bei Gimbels gekauft und sie schließlich an Suzy weiterverkauft.

»Dieser billige Trick ist eine Unverschämtheit!« flüsterte Eisenberg mir zu. »Passen Sie auf!«

»Miss Gehrt.« Der Tonfall seiner Stimme war sehr scharf, als er auf den Zeugenstand zuging. »Wann haben Sie diese Information weitergeleitet?«

»Gestern.«

»Gestern?« rief er. »Gestern?« Er machte eine Pause und sah die bedauernswerte Zeugin mit sichtbarem Widerwillen an.

»Am Tag vor dem letzten Prozeßtag? Dieser Fall geht seit nunmehr neun Monaten pausenlos durch die gesamte Presse!«

Eingeschüchtert blickte Gehrt verstohlen zu Kraemer hinüber.

344

»Was hat Sie dazu veranlaßt, die Information zu diesem Zeitpunkt weiterzuleiten?«

»Weil es mir eben erst klar wurde«, entgegnete sie lahm.

Ich beeilte mich, einige Notizen auf meinen Block zu schreiben, in der Hoffnung, Eisenberg würde sie rechtzeitig sehen.

»Es wurde Ihnen also eben erst klar. Wie passend. Wollen Sie leugnen, über diesen Fall in den Zeitungen gelesen zu haben oder im Fernsehen oder Radio darüber gehört zu haben?«

»Ich habe... darüber gelesen«, sagte sie kaum wahrnehmbar.

»Sie sagten, die Angeklagte sei im letzten Frühjahr in Ihr Geschäft gekommen und habe eine Perücke bei Ihnen gekauft?«

»Ja.«

»Erinnern Sie sich an das Datum?«

»Eines Nachmittags.«

»Wissen Sie noch, an welchem Tag das war?«

»Nein.«

»Können Sie uns zumindest sagen, in welchem Monat es war?«

»Das weiß ich nicht mehr.«

»Wie kommt es dann, daß Sie vor dieses Gericht treten und dieses junge Mädchen als die Person identifizieren, die angeblich eine Perücke bei Ihnen gekauft hat?«

»Als sie die Perücke bezahlte, fiel mir ihr Name auf dem Scheck auf.«

Eisenberg lehnte sich über unseren Tisch, um zu sehen, was ich auf den Zettel geschrieben hatte.

»Sind Sie sich darüber im klaren, daß die Angeklagte seit 1977 über kein Scheck-Konto mehr verfügt hat?«

»Hm, nein.«

»Miss Gehrt, muß es dann nicht unmöglich gewesen sein, daß Sie den Namen der Angeklagten auf einem Scheck gesehen haben?«

»Sie – nein... hm – sie hat die Perücke bar bezahlt. Ich erinnere mich daran, weil sie sagte, daß die Perücke nicht für sie wäre, sondern für einen Mann. Es sollte ein Scherz werden, sagte sie.«

»Wenn Sie nun sagen, daß die Angeklagte die Perücke bar bezahlt hat, wo bitte haben Sie dann ihren Namen gesehen?« Eisenberg wurde sarkastisch. »Sie trug doch nicht etwa zufällig einen grünen Jogginganzug mit dem Namen BEMBENEK auf dem Rücken?«

»Als ich sie um ihre Ausweispapiere bat, sah ich ihren Namen.«

»Bitten Sie barzahlende Kunden immer um ihren Ausweis?«

»Nein.« Gehrt begann, herumzustottern. »Als sie bar bezahlte, also ich will sagen, ich habe ihren Namen auf ihrer Brieftasche gesehen.«

»Und diesen Namen haben Sie sich einfach so gemerkt?«

»Ich habe ihn mir gemerkt, weil meine Freundin Maria den gleichen Mädchennamen hat.«

Maria? Ich dachte nach. Meine Cousine Maria?

»Ich habe Maria anschließend angerufen«, fuhr Gehrt fort, »und Maria erzählte mir, daß es wahrscheinlich ihre Cousine Laurie gewesen ist.«

»Haben Sie einen Kaufbeleg für diesen Einkauf?« fragte Eisenberg.

»Nein.«

»Einen geplatzten Scheck oder eine Durchschrift?«

»Nein.«

»Einen Kassenbon?«

»Nein.«

»Miss Gehrt, Sie besitzen also tatsächlich keinen Beweis über diese angebliche Transaktion, ist das richtig?«

»Nein.«

Eisenberg schüttelte den Kopf und setzte sich neben mich.

»Ist es nicht so, daß Sie ganz einfach mal ins Fernsehen wollten?«

»Nein.«

»Keine weiteren Fragen, Euer Ehren.«

Als ob Marylin Gehrts Auftritt nicht schon übel genug gewesen war, bekam ich einen weiteren Schock, als ich sah, daß die nächste Zeugin der Anklage eine Angestellte des Boston Store war. Sie hieß Annette Wilson und arbeitete dort als Kaufhausdetektivin.

Im Gegensatz zu den anderen Angestellten dort war sie nie besonders freundlich zu mir gewesen. Als sie von meiner Kündigung erfuhr, schien sie erleichtert zu sein. Ich erinnerte mich an unsere Unterhaltung.

»Ich habe gehört, daß Sie uns verlassen«, hatte sie affektiert zu mir gesagt.

Ich nickte. Meine Freunde hatten eine kleine Abschiedsfeier in einem der Lagerräume für mich gegeben, wo wir uns bei Kuchen und Punsch unterhielten.

»Ich werde Polizistin.«

»Wenn Sie das schaffen«, kam ihr schnippischer Kommentar.

»Das hoffe ich doch sehr. Mein Vater war auch Polizist, und er hat mich dazu ermutigt.«

»Ach ja? Mein Vater ist noch Polizist, und er denkt, daß Frauen bei der Polizei nichts verloren haben! Sie werden schon sehen.«

Ich beobachtete, wie sie jetzt den Zeugenstand betrat. Sie erklärte dem Gericht, daß sie mich 1979 dabei beobachtet hatte, wie ich das Geschäft nach der Arbeit in einem grünen Jogginganzug verließ.

»Laurie spielte nach der Arbeit öfter mit einem Jungen aus dem Lager Tennis«, sagte Wilson. »Der Jogginganzug, in dem sie den Laden verließ, gehörte damals zu unserem Sortiment. Er war mit achtundsechzig Dollar ausgezeichnet. Da ich immer mißtrauisch sein muß, habe ich in unserer Sportabteilung geklärt, ob Laurie den Anzug gekauft hatte.«

Ich kritzelte eilig einen Kommentar für Eisenberg auf meinen Zettel: »Jogginganzüge waren 1979 überhaupt nicht in Mode! Ich glaube nicht, daß der Boston Store etwas anderes als einige Tenniskleider und Shorts im Sortiment hatte. Ein anderer Laden verkaufte 1978 oder '79 Jogginanzüge, aber die kosteten nur circa fünfunddreißig Dollar. Alles Unsinn!«

Ich fügte noch hinzu: »Sicher habe ich nach der Arbeit Tennis gespielt, aber in einem weißen T-Shirt und weißen Shorts, die ich im Boston Store gekauft habe. Der Name des Jungen aus dem Lager ist John Mavis. Wir könnten ihn vorladen! Er wird für mich aussagen!«

Die Zeugin fuhr fort: »Aus Sicherheitsgründen erstattete ich also Bericht, und ich erinnere mich an diesen Zwischenfall, weil mir das alles so verdächtig vorkam.«

»Welche Farbe hatte der Jogginanzug?« fragte Kraemer.

»Zwischen tannengrün und schlammgrün. Er war aus Samt.«

Ich kritzelte weiter: »Tanne? Schlamm? Was denn nun? Dieselben Worte wie in der gestrigen Abendzeitung! Wer trägt schon Samt zum Tennisspielen? Sie konnte mich nie leiden! Ihr Vater ist Polizist!«

Eisenberg nickte und erhob sich, um zum Zeugenstand zu gehen und sein Kreuzverhör zu beginnen.

»Annette Wilson, lesen Sie das Milwaukee Journal oder den Sentinel?«

»Ja.«

»Sind Sie sich der Tatsache bewußt, daß die Medien im Zusammenhang mit dem grünen Jogginanzug über meine Kreuzverhöre berichtet haben und daß sich meine Fragen um den Grünton dieses mysteriösen Jogginanzuges drehten?«

»Würden Sie die Frage bitte wiederholen?«

»Der Farbton, Miss Wilson. Ich rede von dem Grünton, der von den Zeitungen beschrieben wurde. Ich habe frühere Zeugen nach dem Farbton gefragt, den sie angeblich gesehen hatten, und dabei nannte ich tannengrün und schlammgrün. Sagten Sie, es wären beide Grüntöne gewesen, nur um ganz sicherzugehen?«

»Nein.«

»Wollen Sie mir damit sagen, daß Sie nichts darüber in der Zeitung gelesen haben?«

»Das habe ich nicht.«

»Sie sagen, Sie erinnern sich so deutlich daran. In welchem Jahr passierte es?«

»Ich weiß nicht.«

»Könnte es 1978 sein?«

»Ich weiß nicht.«

»1979?«

»Ich weiß nicht.«

»Erinnern Sie sich daran, in welchem Jahr Miss Bembenek vom Boston Store in Southridge eingestellt wurde?«

»Nein.«

»Miss Wilson, stimmt es, daß Ihr Vater Polizist ist?«

»Seit dreißig Jahren!« sagte Wilson stolz und nickte.

»Ist es nicht auch eine Tatsache, daß Sie Laurie nie leiden konnten?«

»Im Gegenteil, wir sind gut miteinander ausgekommen«, sagte sie.

Eisenberg starrte sie an. Er machte eine Pause und seine Augen wurden ganz klein. Ich war sehr nahe dran, laut »Lügnerin!« zu schreien, aber mein Mund formte dieses Wort nur lautlos.

»Sie haben dem Gericht vor einigen Minuten erzählt, daß Sie aufgrund des Zwischenfalles einen Bericht gemacht haben. Haben Sie eine Kopie dieses Berichtes?«

»Es war ein mündlicher Bericht.«

»Ein mündlicher Bericht? Oh, ich verstehe. Miss Wilson, da Sie annahmen, daß Miss Bembenek diesen ›tannenschlamm-grünen Samtjogginganzug‹ gestohlen hat, der, wie ich hinzufügen möchte, einen Wert von achtundsechzig Dollar hatte, haben Sie versucht, Miss Bembenek festzunehmen, als sie den Laden verließ?«

»Nein.«

»Sie arbeiten dort als Sicherheitsbeauftragte? Als Kaufhausdetektivin?«

»Ja.«

»Haben Sie Ihrem Vorgesetzten davon erzählt?«

»Nein.«

»Hat sonst noch jemand diesen Zwischenfall bemerkt?«

»Das weiß ich nicht.«

»Miss Wilson, haben Sie Miss Bembenek jemals dabei ertappt, wie sie etwas aus dem Geschäft gestohlen hat?«

»Nein, Sir. Das Glück hatten wir nicht!« antwortete Wilson. Diese Antwort kam so überraschend wie der Schuß eines Heckenschützen. Ich war völlig schockiert. Damit unterstellte sie mir, daß ich das Geschäft bestohlen hatte!

Eisenberg, der während seiner Befragung auf und ab gegangen war, wirbelte herum, um ihr ins Gesicht zu sehen. »Das Glück hatten wir nicht?« wiederholte er. »Das Glück hatten wir nicht?« Seine Stimme wurde lauter. Er konnte nicht fassen, was er da gehört hatte. Es war so unverschämt, so unglaublich, daß er die Fassung verlor. Ich konnte es ihm nicht verübeln, schließlich lagen zweieinhalb frustrierende Wochen hinter uns.

»Ist es nicht eher so, Miss Wilson, daß Sie Laurie nicht mögen, weil sie hübscher ist als Sie?«

Einige Zuschauer im Saal schnappten nach Luft, und Buhrufe wurden laut. In Annettes Gesicht spiegelte sich Bestürzung wider. Skwierawski grinste nur mit gesenkten Augen in sich hinein.

Ich zuckte zusammen. Eisenberg hatte zwar recht, aber es war falsch von ihm gewesen, das zu sagen. Es schadete uns nur und schürte die bereits gegen mich bestehenden Vorurteile.

Als Kraemer aufstand, um Einspruch zu erheben, lenkte Eisenberg sogleich ein: »Ich ziehe die Frage zurück, Euer Ehren.«

»Noch eine Frage, Miss Wilson«, fuhr Eisenberg anschließend fort. »Darf ich fragen, wann Sie diese Information weitergeleitet haben?«

»Vorgestern«, sagte Wilson und klang dabei wie Marylin Gehrt.

»Vorgestern? Warum?«

»Weil ich gelesen habe, daß sie bestritt, einen grünen Jogginganzug zu besitzen.«

Eisenberg wollte mich erneut in den Zeugenstand rufen, damit ich die Aussagen der Belastungszeugen widerlegen konnte. Zum dritten Male wurde ich vereidigt und erklärte dem Gericht, daß ich nie eine Perücke bei Marylin Gehrt gekauft hatte, zumal ich nicht wußte, daß ihr Geschäft überhaupt existierte. Ich erzählte der Jury, was ich getragen hatte, als ich nach der Arbeit Tennis spielte. Noch einmal bestritt ich, jemals einen grünen Jogginganzug besessen zu haben.

»Wie fühlen Sie sich jetzt?« fragte Eisenberg.

»Wütend«, lautete meine ehrliche Antwort.

»Haben Sie Christine Schultz getötet?«

»Nein! Das habe ich nicht getan!«

»Die Zeugin kann wegtreten«, sagte der Richter.

Kraemer verkündete, daß die Anklage es bei den Zeugenaussagen bewenden lassen wollte.

Das Gericht vertagte sich auf den nächsten Tag, an dem die Schlußplädoyers beginnen sollten. Ich hatte das Gefühl, gleich zusammenzubrechen.

Als ich endlich zu Hause ankam, zog ich meine schweißnassen Sachen aus. Mittlerweile hatte sich ein Berg schmutziger Kleider angesammelt, weil mir die Zeit fehlte, sie in die Reinigung zu bringen, und mein Kleiderschrank war fast leer.

»Ein richtiger Prozeß ist nichts im Vergleich zu dem, was man im Fernsehen immer vorgesetzt bekommt«, dachte ich, während ich mir eines meiner letzten Kleider überzog. Hysterische Ausbrüche waren nicht erlaubt. Auch keine dramatischen Szenen, kein Perry Mason, der den Gärtner zwang, seine Schuld einzugestehen. Wie gerne wäre ich aufgesprungen und hätte einige der Zeugen lauthals Lügner genannt – aber das wagte ich nicht. Mit Sicherheit hätten mich die Gerichtsdiener aus dem Saal geführt, meine Freilassung auf Kaution wäre rückgängig gemacht worden, und ich wäre im Kittchen gelandet.

Als das Telefon läutete, lief ich schnell hin, um abzunehmen; der Boden fühlte sich kalt an, weil ich barfuß ging.

»Hallo, hier ist Maria«, sagte eine schüchterne Stimme. »Kann ich deinen... kann ich Onkel Joe sprechen?«

»Maria, hier ist Laurie. Geht es um diese Gehrt?«

»Ich würde wirklich gerne mit deinem Vater sprechen.«

»Bitte...« Ich griff nach dem Apfel, den ich essen wollte, und fing nervös an, mit meinem Daumennagel kleine Halbmonde in den Apfel zu bohren. »Ich bin diejenige, die vor Gericht steht. Wenn du mir also etwas sagen möchtest...«

Ihre Stimme zitterte. »Ich möchte gerne wissen, ob ich gegen meinen Willen aussagen muß?«

»Hat die Polizei dich vorgeladen?«

»Sie sagten, sie würden es tun. Aber ich fange besser von vorne an. Meine dumme Freundin, diese Maddy Gehrt, sie hat einen Perückenladen, und eines Tages erzählte sie einigen ihrer Kunden, daß sie dich im Fernsehen gesehen hat und daß ich deine Cousine bin. Sie hat ihnen gesagt, daß sie dich kennt.

Jedenfalls war auch ein Polizist in ihrem Geschäft, der die Unterhaltung mitangehört hat und der sie noch am selben Tag zum Büro des Staatsanwalts gebracht hat. Heute waren zwei Detectives bei mir zu Hause. Das alles war ein großer Fehler, ehrlich. Ich meine...«

»Wie hieß der Polizist?«

»Alan Miller. Er war mal Maddys Freund. Maddys Mann macht fürchterlichen Ärger, weil er für eines seiner Kinder

oben:
Richter Michael
Skwierawski (Photo:
Milwaukee Journal).

rechts:
Frederick Horenberger. Es
gibt ausreichende Verdachtsmomente, daß er derjenige
war, der Christine erschossen hat. Ende 1991 beging er
in Milwaukee Selbstmord.

rechts:
Eines der zahlreichen Bilder
vor Gericht. Dieses wurde
etwa 1986 aufgenommen
(Photo: AP/Wide World
Photos).

Dieses Bild von mir ist das Lieblingsfoto meiner Mutter. Sie hat es rahmen lassen und bei si
zu Hause aufgehängt.

Rechts:
Die Herausgeber der Ge-
fängniszeitung bei einer
Besprechung. Mangels
anderer Räumlichkeiten
fand sie im Hauswirt-
schaftsraum von Tay-
cheedah statt. Rechts ist
Kathy Braun, und im
Hintergrund ist Judy zu
sehen.

Unten:
Gruppenbild mit Freun-
den in Taycheedah. Bei
einem Wettbewerb hatten
wir alle einen Preis
gewonnen; ich bekam
ihn für eines meiner Ge-
dichte, das Kathy Braun
spaßeshalber eingereicht
hatte, und das zu ihrer
Überraschung prämiert
wurde. Haben Sie den
Eindruck, daß wir alle
wie Schwerverbrecher
und Verrückte aussehen?

Links:
Mit meinen Eltern nach meinem erfolgreichen Abschluß an der Universität von Wisconsin in Fond du Lac. Die Feier fand 1986 im Männergefängnis Kettle Moraine statt.

Unten:
Im Besucherraum von Taycheedah, nachdem die Drogerieabteilung geschlossen worden war und alle Blondgefärbten wieder »natürlich« wurden. Ich entschied mich für eine Kurzhaarfrisur, weil ich nicht wie eine gescheckte Katze aussehen wollte.

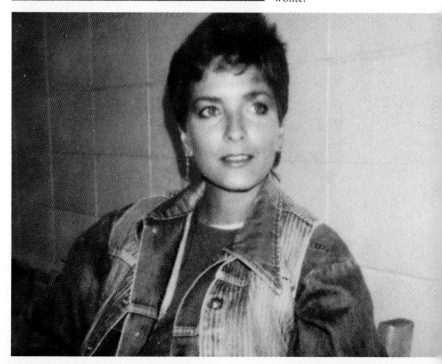

keinen Unterhalt zahlen will, weil er glaubt, daß es Alans Kind ist. Es ist...«

»Miller? Wie passend, daß er zufällig bei einer Freundin 'reinschaut, die zufällig ein Perückengeschäft hat.«

»Ich habe den Detectives genau das gesagt, was ich dir eben erzählt habe, und sie meinten, sie würden mich vorladen lassen, weil sie dachten, ich könnte dir vielleicht helfen.«

»Es gibt keine Detectives, die mir helfen wollen!« erklärte ich. »Ich bin so aufgeregt. Ich glaube wirklich nicht, daß ich aussagen könnte, und weißt du, meine Schwester hatte doch gerade einen Autounfall, und, und – ich möchte nur wissen, ob sie mich zwingen können auszusagen?« weinte Maria.

»Beruhige dich«, sagte ich irritiert. »Du kannst unbesorgt sein, weil die Anklage heute ihre Beweisführung abgeschlossen hat. Das bedeutet, daß keine weiteren Zeugen mehr angehört werden. Den beiden Polizisten, die heute mit dir gesprochen haben, war das wohl nicht klar. Aber Maria, ich dachte, du würdest mir helfen wollen! Schließlich steht mein Leben auf dem Spiel!«

»Es tut mir leid...«

Der nächste Tag – der letzte Prozeßtag – war ein Freitag. Kraemers Schlußplädoyer überraschte mich nicht sonderlich, allerdings hatte er nun seine Theorie über das Haus in der Ramsey Street geändert. Er sagte den Geschworenen, daß ich Christine umgebracht hätte, damit Fred und ich das Haus verkaufen konnten.

»Meine Damen und Herren Geschworenen«, dröhnte Kraemer sarkastisch, »ist es nicht sonderbar, daß Lawrencia Bembenek für jeden einzelnen Punkt in diesem Fall eine so ausführliche Erklärung hatte?«

Hätte ich bestimmte Punkte nicht erklären können, wäre ich schuldig gewesen! Was sollte an der Wahrheit sonderbar sein? Was erwartete Kraemer von mir? Sollte ich etwa nicht aus meiner Sicht aussagen, sondern mich wie ein Lamm zur Schlachtbank führen lassen? Ich war voller Haß.

»Es ist gerade so, als ob sie und ihr Anwalt nächtelang daran gearbeitet haben, auch das letzte Detail dieses Falles auszuarbeiten, um es Ihnen – der Jury – dann mit einer bemerkenswerten Gewandtheit zu präsentieren! Aber das Schlimmste an diesem ganzen Fall kommt noch, meine Damen und Herren.

Diese junge Frau hat es tatsächlich verstanden, unschuldige Menschen wie diese armen, hilflosen Kinder zu beeinflussen und dahingehend zu manipulieren, daß sie ihre unglaubliche Geschichte glaubten, und sie hat an den Kindern eine so subtile Gehirnwäsche vorgenommen, um sie zu der Aussage zu bewegen, daß sie nicht der Eindringling war, der in jener Nacht in das Haus eingebrochen ist und die Mutter der Kinder ermordet hat. Das ist etwas, das man nicht mit Worten beschreiben kann.«

»Wie kann er etwas so Schreckliches behaupten?« flüsterte ich Eisenberg zu, der mit den Augen rollte.

»Sie sehen also«, fuhr Kraemer fort, »das ist der Grund, warum die Angeklagte den Zeugenstand in letzter Minute noch einmal betreten hat...«

»Ausgerechnet er muß sich über Aktionen in letzter Minute beschweren!« sagte ich und dachte dabei an die beiden letzten Belastungszeugen. Eisenberg machte: »Pst.«

»...und dem Gericht dann erklärt hat, sie sei wütend! Wütend, meine Damen und Herren, weil die beiden letzten Zeugen, die ich aufgerufen habe, nicht in ihren Plan paßten. Sie waren eine Überraschung für die Angeklagte. Sie hatte keine Zeit, ihre Verteidigung darauf vorzubereiten, und konnte auch keine Erklärung für diese Behauptungen finden.«

»Ich war wütend, weil es so unfair war! Man hat uns nicht einmal die Möglichkeit gegeben zu beweisen, daß das Lügner waren!« flüsterte ich. Eisenberg nickte. Ich legte meine Ellbogen auf den Tisch und stützte mein Kinn mit den Händen ab, während Kraemers Stimme an mir vorbeihallte. Ich konnte ihm nicht weiter zuhören.

Eisenbergs Schlußplädoyer dauerte ganze fünf Stunden. Darin legte er immer wieder die berechtigten Zweifel an sämtlichen von der Anklage vorgebrachten Beweisen dar. Seine Argumentation war umfassend und sehr direkt. Er betonte die zahlreichen Widersprüche, indem er der Jury systematisch die Aussagen aller wesentlichen Zeugen der Anklage vor Augen führte. Er wiederholte nachdrücklich, daß die einzigen Augenzeugen des Mordes ausgesagt hatten, daß ich nicht der Mörder gewesen bin, und erklärte den Geschworenen, daß ich überhaupt keine Gelegenheit gehabt hatte, die Kinder einer »Gehirnwäsche« zu unterziehen, bevor die Polizei mit ihnen sprach.

Draußen wurde es immer dunkler. Später bahnte ich mir einen Weg durch Zuschauermassen und Horden von Kameraleuten. Eisenberg beschützte mich vor der hungrigen Meute der Reporter. Ich fühlte einen unmenschlichen Schmerz in meinem Kopf – die Tage, Wochen und Monate der Hetzjagd machten sich bemerkbar.

Die Jury war hinausgeführt worden.

Uns blieb nichts anderes übrig, als zu warten.

17

EINE WELT OHNE FARBEN

Es war Samstag, der 6. März 1982. Das Wochenende wurde zu einer niederschmetternden Kombination aus ängstlicher Spekulation und pessimistischer Erwartung, und jedes Mal, wenn das Telefon läutete, schlug mir das Herz bis zum Hals.

Ich zwang mich dazu, nicht an eine Verurteilung zu denken; tief in meinem Innern konnte ich mir das auch gar nicht richtig vorstellen.

Ich versuchte, meine schreckliche Angst mit dem Scotch zu betäuben, der vom letzten Weihnachtsfest übriggeblieben war, und mied dabei die mißbilligenden Blicke meiner Mutter. Sehr oft dachte ich an Selbstmord.

Fred und ich trafen uns mit Don Eisenberg und seiner Frau Sandy in einem Restaurant im Ostteil der Stadt. Wir saßen dort an der Bar und diskutierten über den Prozeß und die Jury und die Aufführung von »Perry Kraemer«.

Nach und nach füllte sich die Bar mit weiteren Gästen. Plötzlich tauchte hinter uns ein lauter, flegelhafter Kerl auf.

»Hey, Tony!« rief er in Richtung des Barkeepers. Noch immer drehten wir ihm den Rücken zu. »Hat hier schon einer was gehört, ob sie der Bembenek endlich den Hahn abgedreht haben?«

Fast hätte ich mich an meinem Drink verschluckt; ich sah Sandy an, die nach Luft schnappte. Wir drehten uns alle um, um diesen Mann anzusehen. Ich strich ein paar Haarsträhnen aus meinen Augen und konnte beobachten, daß mich der Mann erkannte. Sein Lächeln verblaßte schlagartig.

»Du arroganter, ignoranter Kerl...!« dachte ich und sagte ruhig: »Sie könnten ein Kind in meinem Alter haben. Würden Sie so etwas auch sagen, wenn ich Ihre Tochter wäre?«
Er murmelte etwas, das ich nicht verstand. »Ober!« rief er plötzlich. »Eine Runde Drinks hierher! Auf meine Rechnung!«
Es war schon spät, und der Richter kündigte an, daß er an diesem Tag kein Urteil mehr entgegennehmen würde. Die Ankündigung wurde auf allen Fernsehkanälen übertragen. Der Barkeeper schaltete den Apparat aus.
Wir verließen das Lokal. Don und Sandy gingen zu ihrem Hotel zurück, und Fred holte unseren Wagen, während ich unter dem großen Baldachin des Restaurants wartete.
Auf dem Bürgersteig kam mir ein Paar entgegen, daß sich wegen der Kälte eng aneinanderschmiegte. Bevor die beiden an mir vorbeiliefen, blieben sie kurz stehen, sagten: »Viel Glück für Sie!« und schüttelten mir die Hand. Ich bedankte mich, und sie verschwanden im Restaurant. Noch immer brachte es mich aus der Fassung, wenn ich von Fremden erkannt wurde. Ich nehme an, ich wäre besser auf solche Situationen vorbereitet gewesen, wenn ich mir selbst ausgesucht hätte, im Licht der Öffentlichkeit zu stehen.
Als wir nach Hause kamen, stand meine Mutter vom Sofa in der Diele auf und nahm mich in die Arme.
»Ich bin so stolz auf dich, Laurie.«
»Warum denn?«
»Du warst so tapfer. Mein Gott, ich weiß nicht, wie du das alles durchhalten kannst.«
Fred kam ins Haus, gab dem Hund ein paar Häppchen und ging hinauf.
Die Küchenlampe tauchte das Zimmer in ein warmes Licht. Ich löste den Gürtel meines Kleides und lehnte mich gegen den Küchenschrank. Es herrschte ein verlegenes Schweigen. Keiner von uns wußte, was er sagen sollte, weil uns allen klar

war, daß in dieser Situation jede Unterhaltung fürchterlich trivial gewesen wäre.

Am nächsten Morgen, als ich bei einer Tasse Kaffee die Morgenzeitung las, klingelte das Telefon. Schnell nahm ich den Hörer ab.

Es war Eisenberg. Noch immer war keine Entscheidung getroffen worden, aber er lud uns zu einem Brunch ein, falls wir ein bißchen aus dem Haus gehen wollten. Fred, einer seiner Brüder und ich nahmen die Einladung an. Draußen war es sonnig, aber die Temperaturen lagen unter Null Grad.

Eisenberg war angespannt. Er trug Jeans und einen dicken, weißen Pulli und trank eine Bloody Mary. Sandy las uns die Karte vor. Eisenberg erklärte uns, daß die lange Beratungszeit der Jury als ein gutes Zeichen gedeutet werden könne.

»Ich habe erlebt, daß Jurys weniger als zwanzig Minuten gebraucht haben, um ein Schuldurteil zu fällen«, sagte er. »Es könnte sein, daß unsere Jury zu keinem Ergebnis gelangt.«

»Und was passiert dann?« fragte ich.

»Dann wird es so sein wie bei Judy Zess' Prozeß, Sie erinnern sich? Bei ihr war die Jury zu keinem Urteil gekommen, und deshalb wurde die Anklage fallengelassen.«

»Aber das würden sie doch bei einer Mordanklage sicher nicht tun, oder?« fragte Fred. »Den Fall einfach so fallenlassen, wenn die Jury zu keiner Einigung gelangt?«

»Nun, sie können den Fall erneut verhandeln, aber das bezweifle ich.«

Während wir aßen, wurde Eisenberg ans Telefon gerufen. Ich sah Fred ängstlich an, als mein Anwalt aus der Telefonkabine zurückkam.

Er setzte sich wieder an den Tisch. Eisenberg sagte, daß die Jury darum gebeten hatte, sich den Apartmentkomplex anzusehen, in dem Fred und ich zuletzt gewohnt hatten. Die Verteidigung hatte nichts gegen diese Bitte, aber Kraemer hatte sich geweigert zuzustimmen. Da das Einverständnis beider Anwälte erforderlich war, mußte der Richter die Bitte der Jury ablehnen. »Wird der Richter den Geschworenen mitteilen, welche Partei dagegen war? Hat er ihnen gesagt, daß Kraemer es war?« fragte Fred.

»Nein«, antwortete Eisenberg.

»Aber das ist unfair! Die Jury könnte denken, daß wir nicht wollten, daß sie das Apartment sehen! Sie könnten glauben, daß wir etwas zu verbergen haben«, sagte ich.

»Ich frage mich, warum sie sich die Wohnung ansehen wollten«, sagte Eisenberg. »Verflucht noch mal! Ich wünschte, ich wüßte, was in ihren Köpfen vorgeht.«

»Ich auch. Ich wünschte, sie könnten sich ein Bild von der Größe dieser Müllcontainer machen, in denen meine Mutter angeblich herumgewühlt hat. Wir hätten ein Foto von den Containern machen sollen mit einer Person daneben, die genau so groß ist wie meine Mutter.«

»Die Container sind durch andere ersetzt worden. Die Hauseigentümer haben einen Vertrag mit einer anderen Müllfirma abgeschlossen, und diese verwendet einen anderen Typ von Müllcontainern. Es sind nicht dieselben wie vorher.«

Gegen Abend gab der Richter erneut bekannt, daß er an diesem Tag kein Urteil mehr entgegennehmen würde. Allerdings erklärte er nicht, daß die Jury zu keinem Ergebnis gekommen war.

»Wie verkraften Sie es, Laurie?« fragte Eisenberg.

»Ich denke… es geht so.«

»Ich weiß, daß es hart ist. So in der Luft zu hängen. Wenn Sie nicht freigesprochen werden, können wir zumindest hoffen, daß sich die Jury festgefahren hat.«

Ich blieb noch lange auf und sah mir mit meinen Eltern einen Film im Fernsehen an. Fred saß auf der Couch; zu seinen Füßen lag Sergeant. Selbst jetzt noch wollte ein Teil von mir nicht wahrhaben, was passierte.

Am nächsten Morgen, es war Montag, wurde ich zu Eisenberg ins Gericht gerufen, weil die Geschworenen darum gebeten hatten, daß ihnen Auszüge aus den Zeugenaussagen noch einmal vorgelesen werden sollten. Obwohl sie sich schon seit Freitag berieten, waren sie immer noch nicht zu einer Entscheidung gelangt.

»Sie wollen Durfees Aussage noch einmal hören, einen Teil Ihrer Aussage und einen Teil von Freds«, erklärte Eisenberg sachlich. »Dagegen werde ich natürlich Einspruch einlegen. Es ist unfair, Aussagen aus dem Kontext herauszureißen.«

»Na ja, wenn Kraemer nicht damit einverstanden war, daß sich die Jury die Wohnungen ansieht, dann sollte es uns möglich sein, diese Bitte abzulehnen«, sagte ich.

Wie immer dachte Skwierawski darüber ganz anders. Trotz Eisenbergs Einspruch, wollte er, obwohl er eine solche Bitte normalerweise ablehnt, dieses Mal eine Ausnahme machen, und sie zulassen.

Wieder einmal wurden wir überstimmt.

Am Ende eines weiteren quälenden Tages war immer noch kein Urteil ergangen.

Dienstag, 9. März 1982. Ich war so deprimiert, daß ich kaum aufstehen konnte. Es war ein düsterer, kalter Tag. Der Himmel war flanellgrau.

Ich nahm eine Dusche. Ich versuchte, die Anspannung in meinen Muskeln zu lindern, indem ich das warme Wasser über meine Schultern strömen ließ. Meine Mutter bat meinen Vater, uns ein paar Sandwiches zu holen; dann lief sie nervös und ziellos durch das Haus. Schließlich beschlossen wir, eine Partie Scrabble zu spielen, um die Zeit totzuschlagen. Ich wickelte mir ein Handtuch um meine nassen Haare und setzte mich an den Tisch. Es war fast Mittag.

Leise klingelte der Nebenanschluß unseres Telefons. Bevor ich den Hörer abnahm, hielt ich einen Moment lang den Atem an.

»Die Jury ist zu einem Urteil gekommen«, sagte Eisenberg.
»Jetzt heißt es Daumen drücken. Ich sehe Sie dann in der
Stadt.«
Mein Herz klopfte wie wild, und mein Gesicht wurde blaß.
Als meine Mutter mich ansah, wußte sie, daß das Warten nun
ein Ende hatte. Als mein Vater mit den Sandwiches zurück-
kam, sah er mich besorgt an. Ich hatte unbeschreiblich große
Angst.
Meine Mutter kam zu mir und legte ihre Hände auf meine
Schultern. »Es wird gutgehen, Laurie. Es muß gutgehen.«
»Aber wir dachten, die Jury würde zu keiner Einigung kom-
men«, sagte ich zitternd.
»Keine normaldenkende Jury wird dich jemals schuldig spre-
chen.«
»Mama! Du weißt doch nichts! Du hast doch das alles gar
nicht mitbekommen, weil du vor dem Gerichtssaal warten
mußtest! Es war so unfair! Ich habe so ein schreckliches Ge-
fühl...«
»Hier«, sagte sie und gab mir ihren goldenen Ehering, »das
soll dir Glück bringen.«
Als wir im Gerichtssaal eintrafen, waren die Fernsehteams
und Reporter bereits da, aber es herrschte eine eigenartige
Stille im Saal. Eisenberg knetete seine Hände, während ich
meinen Wollmantel über den Stuhl legte.
»Wie fühlen Sie sich?« fragte er.
Ich fühlte mich, als ob ich nach einer langen, unheilbaren
Krankheit nun sterben müßte.
»Wie auf meiner eigenen Beerdigung. Warum ist es so ruhig
hier?« »Eine bessere Frage wäre, warum sind so viele Sheriffs
anwesend?« meinte Eisenberg. »Ob sie einen Aufstand er-
warten?« Sicherheitsbeamte säumten die Wände des Ge-
richtssaales wie Bäume eine Allee.
»Ich weiß nicht, was ich davon halten soll«, sagte Eisenberg.
»Ich habe mit den Gerichtsdienern gesprochen, und die be-

haupten, daß die Jury nicht einstimmig entschieden hat. Ich weiß auch nichts Genaues.«

»Ist Skwierawski hier?« fragte ich.

»Er kommt in einer Minute. Ich sage Ihnen eines, Laurie. Wenn die Jury hereinkommt und wenn die Geschworenen Sie ansehen, dann ist alles in Ordnung. Wenn Ihnen keiner ins Gesicht sieht, dann ist es Zeit, in die Berufung zu gehen.«

Ich drehte mich um und sah Freds Vater zusammen mit meinen Eltern hereinkommen. Sie setzten sich, als der Richter mit Kraemer an seiner Seite den Saal betrat.

»Erheben Sie sich.«

Die Geschworenen kamen herein.

Keiner von ihnen sah mich an.

Und da wußte ich es.

Er verurteilte mich zu lebenslänglicher Haft.

Haft für den Rest meines Lebens.

Er nahm mir mein Leben.

Mein Leben!

Mein Kopf füllte sich mit Nebel, mit grauem Nebel eines grauen Lebens, graue Mauern, graue Zellen, graue Orte, graue Menschen, graue Stunden – Jahre des Lebens ohne wirkliches Leben.

Aus meiner Kehle kam ein Schrei hoch, aber er konnte diesen dichten, grauen Nebel nicht durchdringen.

Und dann kamen sie und brachten mich ins Gefängnis.

»Oh!« sagte eine männliche Stimme. »Die neue Gefangene ist hier! Ich hätte sie fast nicht wiedererkannt – sie ist ja angezogen!«

Man brachte mich in ein anderes Zimmer, und ich unterschrieb Papiere, die ich vorher nicht einmal las. »Meine Tasche und mein Mantel...«, murmelte ich benommen. Jetzt trug ich wieder eines dieser dünnen Gefängniskleider.

»Sie sollten jetzt besser alle notwendigen Telefonate erledigen, weil Sie morgen in die Strafanstalt Taycheedah gebracht werden«, sagte ein Strafvollzugsbeamter.

Eine Tür ging auf, und ich wurde in einen Zellenblock geführt. Ich ging direkt auf ein Telefon zu, das dort an der Wand hing, und versuchte zweimal, Fred anzurufen, aber es lief nur der Anrufbeantworter. Ich fragte mich, ob meine Eltern noch nicht zu Hause waren. Einige Häftlinge saßen an einem Tisch und beobachteten mich.

Ich setzte mich auf das Feldbett in meiner Zelle und brach in heftiges Schluchzen aus. Eine Aufseherin kam herein und stellte das Tablett mit dem Abendessen auf ein einfaches Brett, das an der Wand befestigt war. Das Essen sah aus wie Hundefutter.

Ich telefonierte noch einmal und konnte Fred endlich erreichen. Wir weinten beide. Ich sagte ihm, daß ich einen Mantel bräuchte und die kleine Dose für meine Kontaktlinsen. Er sagte, die Sachen seien schon unterwegs.

Die Aufseherin kam zurück. »Kanal vier möchte ein Interview.«

»Nein«, antwortete ich und versuchte, das Kopfschütteln unter Kontrolle zu behalten.

Ich nahm meine Kontaktlinsen heraus und legte sie in einen Pappbecher mit Wasser. Als ich mich gerade auf mein Feldbett gelegt hatte, kam eine Mitarbeiterin des Sheriffs, um mich zu holen.

»Ziehen Sie sich an«, forderte sie mich auf.

»Entschuldigung?«

»Kommen Sie mit. Ich werde Ihre Sachen holen. Sie werden jetzt nach Taycheedah gebracht.«

Ich folgte ihr. Ich wußte, daß ich keine Zeit mehr hatte, um meine Familie zu benachrichtigen, die sich mit meinen Sachen auf dem Weg zu mir ins Stadtgefängnis befand. Warum wurde ich so plötzlich nach Taycheedah verlegt? Einige Gefangene saßen wochenlang hier, bevor sie in eine andere Vollzugsanstalt überführt wurden.

Draußen war es dunkel. Zitternd saß ich in einem Streifenwagen, in Handschellen und Ketten, die auf meinem weißen Pullover schmierige Spuren hinterließen. Drei Polizeibeamte bewachten mich. Die düstere Landschaft neben der Landstraße verschwamm vor meinen Augen; ich hatte meine Kontaktlinsen vergessen.

Irgendwie paßte dieser Schleier zu meiner Situation. Ich fühlte den Übergang von einer Welt in eine andere, weitaus düstere. Eine Welt ohne jegliche Farben.

Mein Fall lief auf folgendes hinaus:

- Eine Frau von bestenfalls fragwürdiger Glaubwürdigkeit behauptete, sie hätte mich sagen hören, ich wollte Christine Schultz »aus dem Weg haben«.

- Das angebliche Motiv lag darin, daß die Unterhaltszahlungen für die Kinder und für Christine unseren Lebensstil einschränkten, und deshalb wollte ich Christine entweder aus ihrem Haus hinausekeln, was mißlang, oder ich wollte sie töten, damit ich selbst in das Haus einziehen konnte.

- Glücklicherweise sagte meine Freundin in der Mordnacht eine Verabredung ab. In den frühen Morgenstunden joggte ich in meinen schweren Polizeischuhen und einem grünen Jogginganzug, einer Perücke und einer Maske zu dem etwa achtzehn Blocks entfernten Haus. Niemand sah mich. Ich öffnete das Haus mit einem Schlüssel, von dem ich nicht wußte, daß wir ihn besaßen, fesselte und knebelte Christine mühelos, versuchte, die Jungen zu ersticken, tötete Christine und joggte zu unserer Wohnung zurück. Die ganze Zeit trug ich die Waffe bei mir. Der Mann, den die beiden Jungen gesehen hatten, war ein Phantom, das nur in ihrer Phantasie existierte, der Jogginganzug, den nur einer der beiden gesehen hatte, aber nicht. Der Täter war kein

Mann. Ich war es, die die Jungen schon eine ganze Weile kannten.

- Nachdem ich wieder in meine Wohnung zurückgekehrt war, reinigte ich den Revolver, legte ihn weg, ging ins Bett und schlief ein; gerade rechtzeitig, um einen Anruf von Fred entgegenzunehmen.

- Zu alledem war ich fähig, weil ich eine kaltblütige Hexe war (immerhin ein ehemaliges Playboy Bunny!), die vor nichts zurückschreckte, wenn es um ihren aufwendigen Lebensstil ging (hierzu zählten natürlich auch die Arbeit im Fitness-Club und die Stelle als Sicherheitsbeauftragte für einen Universitätscampus).

Die Sache ist ein Witz.

Ein ziemlich übler Witz.

Das Motiv:

Es besteht ein begründeter Verdacht, daß Christine sich vor jemand anderem als mir fürchtete. Kershek, ihr eigener Anwalt, erzählte der Polizei kurz nach dem Mord, daß Fred ihr gedroht hatte, sie umzubringen, und daß sie überzeugt war, jemand würde sie beobachten. Sie dachte, Fred wäre wütend über ihr Verhältnis mit Honeck; er hatte Honeck ja bereits verpfiffen, weil dieser mit Christine schlief, und ihm dadurch eine Menge beruflichen Ärger beschert. Dann ließ er Honeck in dem Glauben, ich wäre diejenige gewesen, die diesen Hinweis an seine Vorgesetzten weitergeleitet hatte.

Auch zwei Freundinnen von Christine, Dorothy Polka und Joanne Delikat, erklärten, daß Fred Christine bedroht hatte, und beide sagten, er hätte sie mehrere Male schwer mißhandelt. Joanne sagte sogar, daß Christine große Angst vor Fred hatte.

Es wäre nicht besonders schwer gewesen zu beweisen, daß ich das Haus in der Ramsey Street nicht wollte und nie gewollt hatte. Viele Leute hatten gehört, wie ich mich dagegen ge-

wehrt hatte, dort einzuziehen. Ich hatte auch keine Kinder gewollt – das wußte jeder.

Fred hätte ein Motiv haben können, aber ich nicht.

Und bedenken Sie bitte folgendes:

- Ich hatte die Polizei von Milwaukee wegen sexueller Diskriminierung verklagt, ich sollte die Kronzeugin bei einem
staatlichen Prozeß sein, und ich war bereits zum Ziel von
Vergeltungsmaßnahmen geworden.
- Bei der Diskriminierungsklage hatte ich die höchst unpopulären Verbindungen zwischen einigen Polizisten und
den Drogendealern, denen die Tracks-Bar gehörte, an die
Öffentlichkeit gebracht.
- Ich hatte in ein Wespennest gestochen, als ich aufdeckte,
daß einige Polizisten mit Drogen dealten, Nutten auf den
Strich schickten und Pornographie von ihren Streifenwagen aus verkauften. Hohe Beamte der Polizei steckten da
mit drin.
- Jetzt würde ich gerne von Ihnen wissen, ob Sie glauben,
daß in meinem Fall sauber recherchiert wurde.

Die am Tatort gefunden Haare:

Die Staatsanwaltschaft behauptete, daß ein vom medizinischen Sachverständigen gefundenes Haar von dem Halstuch
stammte, mit dem Christine geknebelt worden war. Dieses
Haar wurde mit den Haaren, die man in meiner Bürste fand,
verglichen, und man kam zu dem Schluß, sie könnten identisch sein.

Im Prozeß wurde vorgetragen, daß »ein Haar mit heller Färbung« auf dem Halstuch gefunden worden war. Selbst Eisenberg akzeptierte das als Tatsache. In Wahrheit aber gab es gar
kein solches Haar. Nach meinem Urteilsspruch schrieb Frau
Dr. Samuels in einem Brief: »...zum Zeitpunkt der Autopsie,
die ich ohne Zeugen durchführte, fand ich zahlreiche braune

Haare und zahlreiche Fasern nicht-menschlicher Herkunft...
Ich entdeckte weder blonde noch rote Haare irgendeiner
Struktur oder Länge und auch keine Haare, die vergleichbar
waren mit Fasern einer roten oder blonden Perücke. Alle gefundenen Haare waren braun und eindeutig mit den Haaren
des Opfers identisch.«

Aber dennoch gelangte ein blondes Haar, das »mit Farbe behandelt« war und mit meinem »übereinstimmte«, auf mysteriöse Weise in die Beweismaterialsammlung der Polizei. Die
zeitliche Reihenfolge der Ereignisse sieht so aus:

1. Das Halstuch kommt zum kriminaltechnischen Institut.
2. Hier werden die Haare von eins bis zwanzig numeriert, alle stimmen mit Christines Haaren überein.
3. Die Polizei holt das Halstuch aus dem Institut.
4. Die Polizei bringt es wieder dorthin zurück.
5. Das kriminaltechnische Institut entdeckt zusätzliche Haare, die von einundzwanzig bis fünfundzwanzig numeriert
werden und – hoppla! eines davon stimmt mit dem blondgefärbten Haar von Lawrencia Bembenek überein.

Geschah das zufällig unmittelbar nach der Untersuchung
meiner Haarbürste und meiner Uniform aus dem Spint der
Universität? Diese Phantomhaare wurden von Diane Hanson
analysiert und als mit meinen vergleichbar identifiziert. Die
Geschworenen haben nie erfahren, daß diese Behauptungen
falsch waren. Hätten sie es gewußt, dann hätten sie möglicherweise gefragt, ob das Haar tatsächlich auf der Leiche von
Christine Schultz gefunden wurde.

Die Waffe:
Ja, die Waffe! Die Jury sagte nach dem Prozeß, daß die Waffe für sie ein so überzeugendes Beweisstück darstellte, daß sie
die Aussagen der beiden Jungen ignorierten und mich verurteilten. Die Waffe war also für ihr Urteil ausschlaggebend.

Nur Freds Aussage brachte mich mit der Waffe in Verbindung. Hätte er nicht ausgesagt, hätte es überhaupt keinen Prozeß gegeben. Auch wenn er gesagt hätte, daß es noch eine dritte Waffe gegeben hatte und daß sich diese dritte Waffe in unserer Wohnung befand, hätte es keinen Prozeß gegeben. Ich war Polizistin. Ich kannte die Polizeimethoden. Ich kannte mich mit Waffen aus. Und dennoch wollte die Anklage jeden glauben machen, daß ich Christine mit Freds außerdienstlichem Revolver getötet hatte, den ich anschließend einfach an seinen Platz zurücklegte. Wenn ich wirklich jemanden erschossen hätte, wäre ich dann so dumm gewesen, die Waffe nach dem Mord zu behalten, wenn ich einen Prozeß gegen mich von vornherein hätte vermeiden können, indem ich den Revolver wegwarf? Monty Lutz, der staatliche Ballistikexperte, sagte, daß die Kugel, von der die Jury annahm, es sei die aus der Leiche von Christine Schultz, aus Freds außerdienstlicher Waffe abgefeuert wurde. Diese Waffe wurde daraufhin als die »Tatwaffe« identifiziert.

Aber war sie das tatsächlich?

In der Mordnacht kamen Durfee und Fred in unsere Wohnung. Ihre Aussagen über die Geschehnisse dort weichen in einigen Punkten voneinander ab. Fred sagte, er und Durfee hätten gleich nach ihrer Ankunft den außerdienstlichen Revolver untersucht. Durfee sagte, Fred und ich wären für eine Weile verschwunden, und erst dann hätte er mit Fred die Waffe untersucht. Durfee sagte auch, er hätte festgestellt, daß aus ihr nicht geschossen worden war, aber später konnte er die Tatwaffe nicht als die identifizieren, die er untersucht hatte, weil er es versäumte, sich die Seriennummer des Revolvers zu notieren. Das Fahrtenbuch, das als Beweis hätte dienen können, war auf mysteriöse Weise verschwunden.

Andere Leute untersuchten diese Waffe ebenfalls. Im Polizeihauptquartier fand im Konferenzzimmer des Inspektors eine Besprechung statt, zu der Fred hinzugerufen wurde. Angeblich haben sie dort die Waffe untersucht (warum hätten sie sonst nach ihr gefragt?), aber angeblich sind auch sie zu dem Schluß gelangt, daß aus dieser Waffe nicht geschossen worden war. Sie gaben Fred den Revolver wieder zurück, und er nahm ihn mit.

Fred hat die Waffe erst zweiundzwanzig Tage nach dem Mord abgegeben. Es gab keinen Beweis dafür, daß der Revolver, den er Durfee gezeigt hatte, identisch mit dem war, den er Monty Lutz gab. Fred hätte den Revolver austauschen können. Jeder hätte ihn während dieser zweiundzwanzig Tage austauschen können.

Und die Munition? Lutz bekam von Fred eine Handvoll Munition. Ein Teil davon paßte zu keiner von Freds beiden offiziellen Waffen. Niemand wurde gefragt, aus welcher fehlenden Waffe diese Kugeln stammten. Hätte die Jury von dieser Munition gewußt, und hätte sie ferner gewußt, wie man mit einer Waffe umgeht, dann hätte sie logischerweise zu dem Schluß kommen müssen, daß es noch eine dritte Waffe gab; immerhin sagte Fred einmal aus, daß er insgesamt fünf besaß. Die Jury hätte schließen können, daß Durfee diese dritte Waffe inspiziert hatte und daß es nicht die Tatwaffe war. Ich weiß, daß es zwischen dem Autopsieprotokoll und dem Protokoll des kriminaltechnischen Labors im Hinblick auf die Beschreibung der Kugel einige wesentliche Unterschiede gibt. Nicht nur die Anzahl der Initialen, sondern auch das Gewicht der Kugel weicht in den beiden Protokollen voneinander ab, und nur in einem der Protokolle wird festgehalten, daß die Kugel eine beschädigte Spitze hatte. In dem anderen ist von einer solchen Beschädigung keine Rede. Das bedeutet, daß sich die Kugel irgendwo auf ihrem Weg vom Leichenschauhaus zum kriminaltechnischen Labor auf wundersame Weise verändert hat! Und wer beförderte dieses Beweismittel vom Leichenschauhaus zum kriminaltechnischen Labor? Na wer schon? Die Polizei!

Die Kugel, die Elaine Samuels als Beweisstück aus der Leiche entfernte, wies drei Initialen auf. Die Kugel, die dem Gericht als Beweismittel vorgelegt wurde, hatte sechs. Wer weiß schon, ob das überhaupt noch dieselbe Kugel war? Genau wie bei der Waffe ist auch hier die Beweiskette unterbrochen, und die Beweiskraft ist allenfalls fragwürdig.

Gab es noch einen Weg, um festzustellen, ob diese Waffe tatsächlich die Mordwaffe war, abgesehen von den ballistischen Untersuchungen, die nicht verläßlich waren? Stimmte die Waffe mit der Wunde überein? Es war eine Kontaktwunde mit einem sichtbaren Mündungsabdruck auf der Haut. Vergleicht man diesen Abdruck mit der Mündung der angeblichen Tatwaffe, ergibt sich eine Abweichung von 250 Prozent!

Das bestätigen mir Werner Spitz, der frühere Leichenbeschauer aus Detroit, der einiges über Waffen weiß, Dr. Michael Baden, ein Top-Pathologe der Staatspolizei in New York, sowie Dr. John Hillsdon-Smith, der namhafte kanadische Experte, der oft für die Staatsanwaltschaft arbeitet.

Ich zitiere Dr. Hillsdon-Smith, den Direktor der Pathologie von Ontario: »Es ist schwer, nicht zu folgern, daß diese Frau aufgrund falscher Behauptungen eingesperrt worden ist.« Er bestätigte, daß »laut Autopsiebericht der durch den Rand einer Revolvermündung verursachte Eindruck auf dem Rücken des Opfers zweieinhalb mal so groß war wie die Mündung der angeblichen Tatwaffe«.

Entweder hatte Fred also die Waffen ausgetauscht, oder die Kugeln waren vertauscht worden. In beiden Fällen aber bestand keine Grundlage für eine Anklage gegen mich.

Außerdem, was war mit dem Blut auf Freds Dienstrevolver?

Der grüne Jogginganzug:
Der einzige Mensch, der den Jogginganzug angeblich gesehen hat, war Shannon, der jüngere von Freds Söhnen. Der ältere

Sohn Sean gab eine detailliertere Beschreibung ab und bezeichnete das Kleidungsstück als eine grüne Armeejacke. Er erwähnte nie einen Jogginganzug. Außerdem hat er recht deutlich gesagt, daß ich es nicht gewesen bin und daß die Person, die er am Tatort sah, sehr viel größer war.

Wer sagte, daß ich einen grünen Jogginganzug besaß? Zess natürlich. Bei der Vorverhandlung behauptete sie, daß sie lediglich eine Hose aus Sweatshirtstoff mit elastischen Bündchen gesehen hatte, und sie konnte nicht erkennen, ob es ein Jogginganzug gewesen war. Bei dem Prozeß änderte sie ihre Meinung. Nun war es definitiv ein Jogginganzug. Jahre später (wie wir sehen werden) änderte sie ihre Meinung erneut. Sie sagte, daß sie aufgrund eines Abkommens mit der Polizei, die dem wegen Drogenhandels einsitzenden Tom Gaertner entgegenkommen wollte, ihre Aussage geändert habe.

Shannon, der als erster diesen Anzug beschrieb, behauptete, er sei dunkelgrün. Detective Shaw sagte, er könne die Farbe nicht exakt einordnen. Seine Frau meinte, der Anzug sei heller als tannengrün gewesen. Officer Faubel nannte es schlammgrün, aber kein anderer Mensch hat mich je in diesem Anzug gesehen. Faubel war übrigens mit einem der Geschworenen bekannt.

Dann war da noch Annette Wilson. Aber ihr Vorgesetzter, der Leiter der Sicherheitsabteilung des Boston Store, erklärte im Fernsehen, daß sie log, wenn sie behauptete, mich beim Stehlen eines grünen Jogginganzuges erwischt zu haben, eines schlammgrünen oder tannengrünen oder sonstwie grünen Anzuges, und sie wurde aufgrund dieser Behauptung gefeuert.

Und noch etwas: es hatte etwa sechs Hinweise aus der Bevölkerung gegeben. Einige Leute hatten in der fraglichen Nacht in der Nähe des Ramsey Hauses einen männlichen Jogger gesehen, auf den Seans Beschreibung zutraf. Das wurde dem Gericht nie mitgeteilt, nicht einmal von Don Eisenberg. Der wohl eindeutigste Hinweis in diesem Zusammenhang kam von der Krankenschwester Barbara Sarenac, die den Mann in der Nacht sah, und zwar etwa zu der Zeit, als Fred mich zu Hause anrief. Sie wurde nie als Zeugin vorgeladen. Nichts von all dem wurde bei meinem Prozeß jemals auch nur erwähnt.

Der Schlüssel zum Ramsey Haus:

Der Schlüssel, den ich angeblich hatte, wurde nie in die Beweismittelaufnahme einbezogen. Er war in Freds Schmuckkasten gelegt worden, aber ich wußte nicht, wohin meine Mutter den Schmuckkasten gestellt hatte. Ich dachte, Fred hätte ihn später gesucht. Aber hätte er den Schlüssel dabei nicht auch austauschen können? Ich war verwirrt. Auf alle Fälle hieß es in einem Polizeibericht vom 29. Mai, daß Fred in der Mordnacht den untersuchenden Beamten einen Schlüssel ausgehändigt hatte und dann, ein paar Stunden später, die Tür zu dem Haus in der Ramsey Street erneut geöffnet hatte. Das schien für zwei Schlüssel zu sprechen.

Die Wäscheleine:

Während des ganzen Prozesses hieß es immer, Christines Hände wären mit einer durchsichtigen Plastikschnur zusammengebunden worden. Aber in dem ursprünglichen Bericht steht lediglich, daß Christine diese Schnur um ihr Handgelenk und um die Finger ihrer linken Hand trug. Die Fotos der Gerichtsmedizin beweisen dies.

Zess – wer sonst! – sagte, Fred und ich besäßen eine solche Schnur. Wir entgegneten beide, daß die einzige Schnur, von der wir wußten, Judy gehörte. Diese Schnur tauchte angeblich auf Bildern auf, die während unserer Hochzeitsreise nach Jamaica aufgenommen worden waren, da es sich um eine Reisewäscheleine handelte. Derartige Bilder aber existieren gar nicht.

Die Perücke:
Beide Kinder sagten, daß ihr Angreifer ein Mann mit rötlich-braunem Haar und einem fünfzehn bis zwanzig Zentimeter langen Pferdeschwanz war. Da ich blond und mein Haar zu kurz für einen solchen Pferdeschwanz war, mußte notgedrungen eine Perücke her, die ich angeblich getragen hatte. (Später fand ich heraus, daß die gefundene Perücke nur ein kleines Haarteil war, nicht lang genug, um es zu einem fünfzehn bis zwanzig Zentimeter langen Pferdeschwanz zusammenzubinden.)

In dem Polizeibericht aus der Mordnacht steht, daß auf Christines Schenkel eine Faser gefunden wurde, nachdem die Leiche umgedreht worden war.

Erst einige Wochen später, am 15. Juni, wurde plötzlich bekannt, daß eine Perücke eine Rolle spielen sollte. Zu diesem Zeitpunkt hatte Frances Ritter, unsere damalige Vermieterin, zwei Polizeibeamten erzählt, daß aus dem Abfluß, der sowohl zu unserer Wohnung als auch zu einer weiteren Wohnung in dem Apartmenthaus gehörte, eine Perücke entfernt worden war. In dieser anderen Wohnung lebten Mr. und Mrs. Niswonger und Judy Nitchka. Sharon Niswonger rief die Vermieterin an, um sich über eine verstopfte Toilette zu beschweren, und der herbeigerufene Klempner fischte diese Perücke aus dem Toilettenabfluß. Die Vermieterin hob sie eine Weile auf in der Hoffnung, die Kosten für den Handwerker erstattet zu bekommen, warf sie aber später in den Mülleimer. Die Polizei nahm die Perücke am 15. Juni mit.

Ja, aber… in die Beweisaufnahme wurde nie einbezogen, daß es Judy Zess war, die als letzte die Toilette in der Niswonger-Nitchka Wohnung benutzte, bevor sie verstopft war! Sie war überraschend aufgetaucht und hatte darum gebeten, die Toilette benutzen zu dürfen. Sharon Niswonger berichtete Kraemer davon, aber er erwähnte es mit keinem Wort, als Mrs. Niswonger im Zeugenstand aussagte. Natürlich tat er das

373

nicht, denn das hätte Zweifel an seiner Theorie aufkommen lassen. Noch einmal möchte ich an dieser Stelle darauf hinweisen, daß Judy Zess später ihre Aussage widerrief und unter Eid aussagte, daß sie als Gegenleistung für die Sache mit Tom Gaertner dazu aufgefordert worden war, ihre Aussage zu ändern.

Noch etwas zu dieser Perücke. Es ist schwer zu glauben, daß an der Innenseite einer Perücke kein einziges menschliches Haar haften bleibt. Wurde die Perücke darauf untersucht? Nein! Warum nicht? Weil man keines meiner Haare entdeckt hätte.

Wenn die Faser auf Christines Schenkel von der Perücke stammte, dann wäre die Tatsache, daß Zess möglicherweise dieses Ding besaß und demzufolge auch versucht haben könnte, die Perücke in der Toilette verschwinden zu lassen, sicherlich ein entlastender Beweis gewesen. Sicher hätte die Jury dann noch einmal nachgedacht.

Und was ist mit der Frau, die behauptete, ich hätte in ihrem Geschäft eine Perücke gekauft? Niemand glaubt ihr. Ich wette, selbst ihre eigene Mutter hätte ihr diese Geschichte nicht abgenommen.

Die Fingerabdrücke:

Es wurden Fingerabdrücke am Bettpfosten und am Fensterrahmen in Christines Schlafzimmer gefunden. Man verglich sie mit den Fingerabdrücken von sechs Leuten, aber nicht mit meinen. Sie wurden auch nicht mit den Fingerabdrücken von Federick Horenberger verglichen oder mit denen von Danny L. Gilbert, von dem später die Rede sein wird... Vor Gericht sah ich nur einen einzigen Polizeibericht, in dem es hieß: »Anzahl der am Tatort gefundenen Fingerabdrücke: keine.« Aber in anderen Berichten, die Ira Robins später entdeckte, waren sehr wohl Fingerabdrücke erwähnt! Stellen Sie sich das einmal vor. Widersprüchliche Informationen über etwas so Entscheidendes wie Fingerabdrücke, noch dazu in einem Mordfall!

Wo war ich in der Mordnacht?

Meine Mutter und ich waren in der Mordnacht damit beschäftigt, Kisten zu packen. Fred schlief bis etwa elf Uhr abends, dann ging er zur Arbeit. Er rief mich um Mitternacht an und noch einmal eine halbe Stunde später.

Stu Honeck nahm den Anruf von Sean um zwei Uhr sechsundzwanzig entgegen. Bevor Sean ihn anrief, hatte er gesehen, wie der Mörder das Haus verließ, hatte versucht, die blutende Wunde seiner Mutter zu versorgen und die Vermittlung anzurufen.

Fred rief mich um zwei Uhr vierzig an.

Das Haus liegt achtzehn Blocks weit entfernt.

Fred und Durfee hatten nach ihrem Eintreffen die Motorhaube meines Wagens angefaßt, und sie war kalt. Ich besaß kein Fahrrad. Ich hätte also zu dem Haus laufen müssen.

Kurz nach zwei Uhr vierzig sah die Krankenschwester Mrs. Sarenac einen Mann, auf den die Täterbeschreibung paßte.

Eine Stunde später rief mich Fred wieder an. Kurz darauf rief ich meine Freundin Josephine Osuchowski an.

Noch eines. Am Wochenende des Memorial Day wurde das Schloß unserer Haupteingangstür ausgetauscht. Weder Fred noch ich besaßen einen Schlüssel. Mrs. Ritter, die Vermieterin, bestätigte dies. Wenn ich zur Ramsey Street hinübergelaufen wäre, um Christine zu töten, dann hätte ich bei jemandem im Haus klingeln müssen, um wieder hineinzukommen (grandiose Idee!), oder irgendeine Tür aufbrechen müssen.

Was tat Fred in jener Nacht?

Freds und Durfees Berichte weichen extrem voneinander ab. Fred behauptete, er hat sich nie von Durfee getrennt. Durfee sagte, daß das nicht stimmt. Beide sagten, sie hätten die ganze

Zeit über gearbeitet. Andere gaben an, die beiden mit einem Drink in Georgie's Pub gesehen zu haben. Wenn ihre Aussagen hier schon nicht übereinstimmten, warum dann in anderen Dingen?

Da ist also Fred, der lügt. Zehn Jahre später erhielt ich Kopien von Polizeiberichten, aus denen hervorging, daß zwei Detectives, Craig Hastings und James Kelley, Fred des Meineides überführten. Sie sprachen sich dafür aus, daß man gegen ihn vorgehen sollte und erzählten es McCann.

»Wollen Sie Bembenek, oder wollen Sie Schultz?« fragte McCann.

»Er verstößt gegen das Gesetz«, sagte Kelley entschlossen.

Natürlich ignorierte McCann ihn. Er wollte mich, nicht Fred. Aber warum?

Ohne Fred gab es keine Verbindung zwischen mir und der Tat.

Keine. Nicht eine einzige.

Was ist mit meiner guten Freundin Judy Zess?

Lassen Sie mich die wesentlichen Geschehnisse noch einmal rekapitulieren: Sie gab zu, im Zusammenhang mit dem Konzert, bei dem sie wegen Marihuanabesitzes festgenommen worden war, gelogen zu haben. Sie quittierte den Polizeidienst. 1981 teilte sie dann die Wohnung mit uns. Anschließend begann sie eine Beziehung mit Tom Gaertner, einem guten Freund von Sasson, dem verdeckten Ermittler, den Fred vor Jahren erschossen hatte.

Am 2. Juli 1981 wurde Zess von Frederick Horenberger und Danny L. Gilbert überfallen. Beide Männer wurden zu Haftstrafen verurteilt. Beide hatten lange Vorstrafenregister. Der Inhaber von Georgie's Pub sagte aus, daß er Fred Schultz mit Horenberger bekanntgemacht hatte (trotzdem bestritt Fred, Horenberger zu kennen); sie haben gemeinsam am Bau gearbeitet. In der Nacht, in der Christine ermordet wurde, sah die

Polizei in einem Lastwagen am Straßenrand einen Danny L. Gilbert, der Christines Haus beobachtete. Er erklärte, er sei müde und habe angehalten, um sich auszuruhen. Es ist möglich, daß es sich hierbei um einen anderen Danny L. Gilbert handelte (in ihren Pässen weichen die Geburtsdaten ab), aber es ist schon ein ganz bemerkenswerter Zufall, nicht wahr?

Die letzte Person, die die Toilette benutzte, bevor diese durch eine Perücke verstopft wurde, war Judy Zess.

Judy Zess erzählte Horenberger, sie wolle der Polzei helfen, mich zu überführen, um dadurch Tom behilflich zu sein.

Und noch etwas. Wer brachte die Kugel ins kriminaltechnische Labor? Detective Frank Cole. Und wer war ganz heiß auf meinen Prozeß? Frank Cole. Wer war die Kronzeugin der Anklage? Judy Zess. Wer hatte in Judys Bett gelegen? Frank Cole.

Und Stu Honeck?

Stu war ein Cop, der sich mit Fred die Wohnung teilte, und zwar von dem Zeitpunkt an, als Fred sich von Christine trennte, bis zu seiner Hochzeit mit mir. Er behauptete, er sei mit Christine verlobt gewesen. Er verließ Christines Haus angeblich gegen zweiundzwanzig Uhr fünfzig. Es war Honeck, der Seans Anruf entgegennahm, und er war einer der ersten Polizisten am Tatort. Sean und Shannon sagten beide aus, daß eine Geldkassette, die sich im Haus befand, gewaltsam geöffnet worden war.

1986 rief Stu meine Eltern an und erwähnte Drogen im Werte von dreihunderttausend Dollar, die seit der Mordnacht aus Christines Haus verschwunden waren. Honeck behauptete, Fred hätte sie an sich genommen. In meinem Prozeß war niemals die Rede von Drogen.

Was ist mit Frederick Horenberger?

Mittlerweile ist er tot – er beging 1991 Selbstmord, nachdem er bei einem bewaffneten Überfall Geiseln genommen hatte. Die Vermutung, daß er Fred kannte, drängt sich förmlich auf. Er wurde des Überfalls auf Zess überführt, bei dem er ziemlich genau nach dem gleichen Schema vorging, das auch Christines Mörder benutzt hatte. Sein Vorstrafenregister war umfangreich. Er könnte derjenige gewesen sein, der in jener Nacht den Abzug betätigte. Ich weiß es nicht genau.

Der Tatort:

Die ersten Polizisten, die am Tatort eintrafen, fanden Christine auf dem Bauch liegend vor. Als Thomas Hanratty, der Leichenbeschauer, am Tatort eintraf, fand er sie mit dem Gesicht nach oben liegend. Jemand hatte sie umgedreht.

Am Tatort waren Blutspuren an der Wand. Fred sagte der Polizei, daß sie vermutlich noch von der Dänischen Dogge stammten, als diese läufig gewesen sei. Aber Christine hatte den Hund schon Monate vorher abgeschafft. Das Blut wurde ins Labor gebracht, aber es wurde nie analysiert.

Der Leichenbeschauer wurde erst zwei Stunden nach dem Eintreffen der Detectives gerufen, und erst weitere Stunden später nahm Elaine Samuels die Autopsie an der Leiche vor. Bei der Autopsie war kein einziger Polizeibeamter anwesend, was gegen das Gesetz verstößt. Außerdem ging Fred, der zu diesem Zeitpunkt eindeutig verdächtig war, mit mir zusammen ins Leichenschauhaus, um Christine zu identifizieren, und drehte die Leiche bei diesem Besuch sogar um.

Und Richter Skwierawski?

Zu Beginn des Prozesses hatte er beide Anwälte darauf hingewiesen, daß er früher einmal als Anwalt für Tom Gaertner tätig war. Niemand erhob dagegen Einspruch, nicht einmal Don Eisenberg. Damals saß Gaertner im Gefängnis und wartete auf seinen Prozeß wegen Drogenhandels. Zess, die ihn später heiratete, war die Kronzeugin.

Die Geschworenen:
Zwei der Geschworenen hätten wegen Voreingenommenheit abgelehnt werden können. Einer war mit Officer Faubel befreundet, dem Rekruten, der aussagte, ich besäße einen grünen Jogginganzug. Der andere Geschworene kannte Judy Zess als »Partybekanntschaft«.

Vergessen wir nicht Don Eisenberg, meinen Anwalt:
Wegen eines Konfliktes in einem anderen Mordprozeß wurde ihm später seine Zulassung bei der Anwaltskammer auf unbestimmte Zeit vom Staate Wisconsin entzogen. Zwar zahlten meine Eltern den größten Teil seines Honorars, aber Fred steuerte fünftausend Dollar zu den Anwaltskosten bei, indem er sein Haus in der Ramsey Street belastete. Er wurde also auch von Fred bezahlt. Fred war ein weiterer Verdächtiger. Bei den meisten Treffen zwischen Eisenberg und mir war Fred auf Eisenbergs Wunsch dabei gewesen. Später trat er zusammen mit Fred im Fernsehen auf, und beide behaupteten, ich sei schuldig.
Ein toller Prozeß, nicht wahr?

18

DIE GEFANGENE

Ich war noch nie in Taycheedah gewesen und auch nicht in Fond du Lac, wo es liegt. Als wir am Pförtnerhaus ankamen, wurden die Mitarbeiter des Sheriffs aufgefordert, ihre Waffen abzulegen. Ich blickte angestrengt auf den Gefängniskomplex, aber ich konnte nur Lichtpunkte erkennen, die wie hungrige Augen in der Dunkelheit aussahen.

»Viel Glück, Lawrencia«, sagte eine der Mitarbeiterinnen des Sheriffs.

Ich befand mich jetzt in einem kleinen Raum mit zwei offenen Duschkabinen. An der Wand hing ein Bord mit Waschutensilien. Ich wurde zu einem großen Gebäude geführt, das man als »Unterkunft« bezeichnete – eine Beschönigung, die an Collegeatmosphäre erinnerte. Ein großer Leutnant namens Wood informierte mich, daß ich so lange in der »Aufnahme und Einweisung« bleiben würde, bis man mich medizinisch untersucht hätte.

Das Klirren von Schlüsseln und das Schlagen schwerer Türen begrüßten mich.

»Es liegt an Ihnen, wie Ihre Zeit hier wird«, sagte Wood in einem bellenden Barriton. »Sie können Ihren Mund halten und es sich einigermaßen leicht machen – oder Sie können eine schwere Zeit haben. Es liegt alles an Ihnen.«

Eine schwere Zeit? Gab es eine Alternative? Es war alles so unglaublich schnell gegangen. Eben noch hatte ich die Gesellschaft meiner Familie genossen und mit ihr am Küchentisch Scrabble gespielt, und jetzt schloß sich die Metalltür einer Zelle hinter mir, und ich war eingesperrt. Ich wußte, daß ich dieses Geräusch in meinem ganzen Leben nie mehr vergessen würde. Ich hörte Walkie-talkies. Zwei Gefängniswärterinnen – oder »Strafvollzugsbeamtinnen« – befahlen mir, mich für eine Leibesvisitation auszuziehen.

Unbeschreiblich gedemütigt, stand ich nackt da. Ich versuchte, meine Verlegenheit zu kaschieren, indem ich stur auf den gekachelten Boden sah. Immer noch weinte ich.

»Umdrehen, vorbeugen und Beine auseinander.«

Nachdem die Wärterinnen mir beim Duschen zugesehen hatten, gaben sie mir ein dünnes Unterhemd und ein Baumwollkleid, das nach Körpergeruch stank. Ich fragte mich, wer das vor mir getragen hatte. Dann brachten sie mich in meine Zelle zurück, in mein »Zimmer«, wie sie es nannten.

Ich setzte mich auf mein Bett und starrte die Wände an, die mich einschlossen. Immer noch konnte ich die Worte des Richters hören, die wie ein Echo in meinem Kopf hallten. Immer noch sah ich, wie sich sein Mund bewegte. Ich sorgte mich um meine Familie, als ich an das Schluchzen hinter mir im Gerichtssaal dachte.

Vom Weinen hatte ich Kopfschmerzen bekommen.

Gedanken an Gott und an die Hölle schwirrten mir durch den Kopf. In der Hölle gab es keine unschuldigen Seelen, nicht wahr? In keiner der Glaubenslehren, die man uns in St. Mary's beigebracht hatte, wurde alles in einen Topf geworfen, und das Universum wurde auch nicht von böswilligen Teufeln regiert, oder etwa doch? Ich dachte an die Ewigkeit, die mir bevorstand, an die Jahre mit eisernen Türen und geilen Wärtern. Ich dachte darüber nach, mir das Leben zu nehmen. Es wäre so einfach gewesen! So einfach, Stoffstreifen von meinem Bettzeug abzureißen und daraus eine Leine zu knoten, die lang genug war, um sie um eines der Rohre zu binden, und an der ich so lange hätte hängen können, bis der Gnadenerlaß kam... Es wäre ein Trost für mich gewesen, und ich hätte endlich etwas Konstruktives tun können. Einzig der Gedanke an meine Eltern hielt mich davon ab. Sie hatten schon genug gelitten.

In Nietzsches Werken fand ich Jahre später den Satz: »In der Einsamkeit kann man alles erlangen, außer einen gesunden Verstand.« Eine melancholische Wahrheit. Die Eintönigkeit meines Daseins führte dazu, daß ich ständig über mein Elend nachgrübelte. Das Essen, das man mir in meine Zelle brachte, konnte ich nicht anrühren. Nachts konnte ich nicht schlafen – ich konnte nicht einmal das große Deckenlicht über meinem Bett ein- oder ausschalten. Ich konnte immer nur raten, wie spät es gerade war.

Jeden Morgen wurde ich durch das gleiche Ritual geweckt. Das Geräusch von Schlüsseln in meiner Zellentür ging der Stimme des diensthabenden Sergeants voraus.

»Sechs Uhr. Wollen Sie Frühstück, Bembenek?«

»Nein danke«, antwortete ich von meinem Bett aus, drehte mich herum und schlief noch einmal ein. Die Zellentür wurde dann wieder geräuschvoll abgeschlossen. Nach ungefähr zwanzig Minuten weckte mich das Geräusch der Tür ein zweites Mal; die Tabletts wurden wieder eingesammelt.

»Das Tablett, bitte.«

»Ich habe kein Tablett«, erklärte ich jeden Tag aufs neue. »Ich habe mein Frühstück abgelehnt.«

Wenn ich mich dann wieder hinlegte, um weiterzuschlafen, wurde die Zellentür ein drittes Mal geöffnet, und die Wärterin kündigte an: »Duschen.«

So sehr ich es mir auch wünschte, nie hatte ich das Glück, aus den alten Wasserhähnen der Duschen im Waschraum warmes Wasser zu bekommen. Ich erfuhr, daß es in den alten Gebäuden überhaupt kein warmes Wasser gab. Jeden Morgen krümmte ich mich förmlich unter dem eiskalten Wasserstrahl und war mehr als eine Minute lang unfähig zu jeder Bewegung. Anschließend kroch ich mit klappernden Zähnen in mein Bett zurück. Ich rollte mich wie ein Fötus zusammen und zog mir zitternd die Decke bis zum Kinn, bis ich wieder einschlief.

Dann stand die Reinigung der Zelle mit Wischmop und Eimer auf dem eintönigen Tagesplan. Das allmorgendliche Saubermachen hatte höchste Priorität. Dazu zog ich meine »Uniform« an, die aus einer ausgebeulten Baumwollhose und einem grauen Sweatshirt bestand. Alte weiße Tennisschuhe und weiße Baumwollsocken gehörten ebenfalls dazu.

Nachdem es eines Nachts heftig geschneit hatte, lag ich morgens in meinem Bett und hörte dem Gespräch einiger schwarzer Frauen zu, die direkt unter meinem Fenster Schnee schippten. Meine Zelle lag im ersten Stock des Gebäudes, und mein Fenster befand sich etwa in Bodenhöhe. Draußen war es ruhig; der Schnee dämpfte alle Geräusche. Trotz des rhythmischen Kratzens der Schneeschieber konnte ich gut verstehen, worüber die Frauen sprachen.

»Ich hab' geseh'n, wie sie 'ne Menge Frauen 'reingebracht haben. Schätze, die Aufnahme ist jetzt voll.«

»Hier ist die Polizistin drin«, sagte eine.

Ich wußte, daß ich damit gemeint war, und fragte mich, wie die anderen Gefangenen wohl mit ehemaligen Cops im Gefängnis umgingen.

In den folgenden Tagen wurde meine Zellentür von so vielen verschiedenen Wärtern und Wärterinnen geöffnet, daß ich mir wie ein Monster vorkam, das zur Besichtigung freigegeben worden war. Später fand ich heraus, daß die Beamten neugierig genug waren, zu meiner Zelle zu pilgern, um einen Blick auf die »berüchtigte« Bembenek zu werfen.

Anfangs war es diese schiere Willkür, die mich am meisten quälte, diese gleichgültige Inkonsequenz der Vollzugsbeamten. Man händigte mir einen riesigen Stapel Regeln und Vorschriften aus, die ich lesen sollte. Viel von dem Material war bereits veraltet. Einige Bestimmungen wurden einfach ignoriert. Überall stieß ich auf Widersprüche. Niemand konnte mir klare Antworten geben.

Ich arbeitete die Besuchsbestimmungen durch. Das Gefängnis kam mir vor wie eine regelrechte Papierfabrik. Hunderte von Merkblättern, Vorschriften, Regeln und Ergänzungen zu den Merkblättern machten die Runde. Es gab Antragsformulare für Sonderrechte bei Besuchen, zu denen noch eine offiziell genehmigte Besucherliste gehörte. Nur Personen, die auf dieser Liste standen, durften einen Besuch machen. Wenn ich einen Antrag auf Besuchssonderrecht für eine bestimmte Person ausgefüllt hatte, schickte die Sozialabteilung dieser Person ein Formular, das sie auch ausfüllen mußte. War mein Sozialarbeiter mit dieser Person einverstanden, wurde ihr Name auf meine Liste gesetzt und konnte sechs Monate lang nicht mehr von der Liste gestrichen werden.

Es gab Antragsformulare für Korrespondenzsonderrechte, die man für jeden Schriftverkehr mit einer anderen Institution in dreifacher Ausfertigung auszufüllen hatte. Es gab Formulare für die Beantragung von Telefonaten. Uns wurden monatlich zwei zehnminütige Telefongespräche erlaubt, und wir durften nur eine Person anrufen, deren Name auf unserer genehmigten Besucherliste stand. Der Anruf wurde von dem zuständigen Sergeant vermittelt – nach seinem Belieben.

Es gab Formulare, mit denen man Kantinensonderrechte, medizinische Untersuchungen und alles mögliche beantragen konnte. Diese Welt erschien mir damals so fremd. Ich war verwirrt und ängstlich und brannte darauf zu erfahren, wie schnell ich meine Familie wiedersehen durfte.

In den Vorschriften las ich, daß es »neuen Überstellungen« (wozu ich zählte) erlaubt war, nahe Angehörige nach zweiundsiebzig Stunden zu sehen. Ich fragte eine der Wärterinnen, die an meiner Zellentür auftauchte, nach dieser Bestimmung, und sie bestätigte sie mir.

Eine andere Regel besagte, daß Gefangene der Abteilung

Aufnahme und Einweisung pro Woche sieben unfrankierte Briefe abschicken durften, sogenannte »portofreie Briefe«. Ich nahm den Bleistift und das linierte Papier, das man mir zur Verfügung gestellt hatte, und schrieb meinen Eltern, mich doch bitte so bald wie möglich zu besuchen. Ich schrieb auch Don Eisenberg und Fred.

Ich sah aus meinem Zellenfenster. Innen war es durch einen Gitterdraht verstärkt und konnte nur etwa fünf Zentimeter weit geöffnet werden. Ich hatte Platzangst. Draußen erkannte ich in der Dunkelheit etwa eine Meile entfernt ein Bauernhaus und eine Scheune jenseits des Gefängniszauns. Am Horizont sahen die Lichter der Stadt aus wie heruntergefallene Sterne. Sie erinnerten mich stets daran, daß es da noch ein anderes Leben gab, eine andere Welt. Wenn es um mein Leben ging, so dachte ich, dann könnte ich bis dorthin laufen. Viele Jahre zuvor hatte ich so etwas schon einmal getan. Als ich dreizehn war, lief ich von zu Hause weg. Ich rannte, zerschnitt mir die Füße an scharfen Steinen, und niemand sah mich auf den schwachbeleuchteten Wegen. Ich hätte meinen rechten Arm dafür gegeben, wenn ich jetzt nach Hause hätte zurückkehren dürfen.

Wieder kam ein neuer Wärter in meine Zelle. Es war Essenszeit. Als ich in ein Sandwich biß, brach einer meiner Vorderzähne ab. Als die Tabletts wieder eingesammelt wurden, bat ich den Officer um ein Antragsformular für den Zahnarzt und unterhielt mich mit ihm, weil ich unbedingt mit jemandem reden mußte.

»Ich kann es kaum erwarten, meine Familie zu sehen«, sagte ich. »Sie kommt morgen hierher.«

»Sie dürfen so lange keinen Besuch haben, bis Sie medizinisch untersucht worden sind«, sagte er und verlagerte sein Gewicht von den Spitzen auf die Fersen seiner Cowboystiefel (nur die Leutnants trugen eine Uniform). »Das wird wohl noch eine Woche dauern.«

»Aber gestern abend sagte die Wärterin, sie dürften mich nach zweiundsiebzig Stunden besuchen!« sagte ich unter Tränen.

»Tut mir leid. Das ist eine alte Bestimmung. Sie hat Ihnen eine falsche Auskunft gegeben.«

»Ich habe nach Hause geschrieben und meinen Eltern gesagt, daß sie mich besuchen können! Jetzt werden sie von Milwaukee umsonst hierher kommen!« weinte ich. »In diesen Regeln steht doch – zweiundsiebzig Stunden!« Ich zeigte auf die Unterlagen, die man mir gegeben hatte.

»Das müssen veraltete Bestimmungen sein. Ich muß Ihnen auch einige von Ihren Briefen zurückgeben. Sie dürfen nur fünf Briefe pro Woche schreiben.«

»Aber in den Regeln steht sieben!«

»Die Bestimmung lautet jetzt fünf Briefe pro Woche, pro Häftling, innerhalb der ersten dreißig Tage der Haft. Danach ist nur noch ein Brief pro Woche erlaubt.«

Später stellte sich heraus, daß auch fünf nicht richtig war; es waren drei Briefe.

In jeder Schicht reagierten die Wärter anders. Sie bestimmten nun, was ich tun durfte, und ich war ganz und gar von ihnen abhängig. Gegen ihre Entscheidungen, ob wichtig oder weniger wichtig, gab es keinen Einspruch.

Es schien eine Ewigkeit zu dauern, bis ich endlich medizinisch untersucht wurde. Der ganze Krankenbereich und die Ausrüstung waren unzulänglich, und sämtliche Tests und Blutuntersuchungen mußten in ein Labor nach Madison geschickt werden.

Wenn es neue »Überstellungen« gab, bekam ich es mit. Zu beiden Seiten meiner Zelle befanden sich weitere Zellen. Ich fragte mich, welcher Tag war, weil ich mit dem Datum durcheinander gekommen war. Draußen im Hof spazierten schwarze Frauen in kleinen Gruppen zum Gebäude zurück. Einige riefen den Gefangenen im zweiten und dritten Stock zu: »Ich liebe dich!«, so daß ich in meiner Naivität annahm, daß sich auch männliche Gefangene in diesem Gebäude befinden mußten. Ich fragte mich, warum einige Gefangene nach draußen gehen durften und zu welchem Zweck.

In der folgenden Woche erhielt ich Hunderte von Briefen und Geschenken von Menschen aus dem ganzen Bundesstaat, die mich unterstützten. Sämtliche Briefe waren von der Gefängnisleitung geöffnet worden, bevor man sie an mich weiterleitete. Fred schrieb mir, daß man mit einer Sammlung für meine Verteidigung begonnen hatte, und es machte mir Mut, als ich erfuhr, daß sich Fremde um mich sorgten und über das Urteil entsetzt waren.

Meine Eltern schrieben mir sofort, nachdem es ihnen gestattet worden war. An dem Abend, als ich verurteilt wurde, so stand in ihrem Brief, mußten sie feststellen, daß man mich bereits weggebracht hatte, als sie im städtischen Gefängnis ankamen. Wieder mußte ich weinen; ich weinte jedesmal, wenn ich ihre vertraute Handschrift sah.

»Sie konnten es nicht erwarten, uns unsere geliebte Tocher wegzunehmen«, schrieb mein Vater.

Mir kamen die Tränen.

Noch im Schlaf preßte ich den Brief meines Vaters an mein Herz; die Schrift war von meinen Tränen ganz verschwommen.

Morgens lief ich zum Spiegel an der Wand und sah mich darin an. Meine Haut wirkte geschwollen, blaß und ungesund vom vielen Weinen. Da ich für meine Haare keine Pflegespülung und auch keinen Festiger hatte, sahen sie mittlerweile durch das harte Wasser wie ein störrrisches Baumwollknäuel aus. Meine Augenbrauen wuchsen stark nach. Ich fuhr mir mit einer Hand durchs Gesicht. Von meinen Fingernägeln waren nur noch abgekaute Reste übrig.

Dann brachte man mich in ein anderes Stockwerk im gleichen Gebäude. Die Zelle im dritten Stock unterschied sich nicht großartig von der anderen, außer daß sie an einen Wald grenzte. Endlich wurde ich untersucht.

Am gleichen Tag kam Don Eisenberg mit meiner Familie zu Besuch. Ein Wärter begleitete mich zu einem anderen Gebäude; ich trug diese schäbigen, weißen Tennisschuhe, auf die man mit schwarzem Filzstift die Abteilungsinitialen geschrieben hatte. Draußen lag Schnee.

Ich wurde zu einem Büro geschickt. In der Hoffnung, dort meine Familie zu sehen, betrat ich es gespannt. Aber statt meiner Familie begrüßte mich eine Frau, die hinter einem großen Schreibtisch saß. Sie stellte sich mir als Nona Switala, die Gefängnisdirektorin, vor.

»Ist es hier so schlimm, wie Sie es erwartet haben?« fragte sie.

»Ja«, antwortete ich offen.

»Sie werden sich daran gewöhnen.« Sie war schlank und hatte glattes, braunes Haar.

Sie erklärte mir, daß sie wegen der enormen Publicity, die mein Fall verursacht hatte, besorgt sei und sagte, daß Zeitungsreporter und Fernsehjournalisten seit dem Tag meiner Ankunft in Taycheedah ihr Büro mit Anrufen bombardiert hätten.

Der Medienrummel ging also weiter.

»Sie sind ganz begierig darauf, Sie zu interviewen, Laurie«, sagte sie. »Aber wenn Sie nicht belästigt werden wollen, dann werde ich alles in meiner Macht Stehende tun, damit man Sie in Ruhe läßt. Sie haben schon vor dem Gefängnistor Stellung bezogen und warten nur darauf, ein Foto von Ihnen zu bekommen. Ich weiß nicht, was sie erwarten! Sie wollten von mir wissen, ob Ihr Zellenfenster vergittert ist! Sie hätten sich das einmal anhören sollen.«

»Die Schakale machen sich über das Aas her«, dachte ich, aber ich behielt diesen Gedanken für mich. Ich erklärte der Gefängnisdirektorin höflich, daß ich zur Zeit keine Reporter sehen wollte; und dankte ihr für ihre Anteilnahme.

Schließlich durfte ich meine Familie sehen. Alle weinten, bis auf Eisenberg, der ernst daneben stand, als ich meine Mutter und meinen Vater umarmte. Fred kam auf mich zu und versuchte, mich leidenschaftlich zu küssen, aber ich schob ihn peinlich berührt von mir weg.

»Es sieht so aus, als sei die Jury sehr unentschlossen gewesen«, sagte Eisenberg. »Ich habe die Ergebnisse der ersten Abstimmung erfahren. Dabei stimmten sechs Frauen für schuldig und eine Frau sowie alle fünf Männer für nicht schuldig.«

Mein Vater gab mir sein Taschentuch.

»Offensichtlich war die Sprecherin bei der Darlegung ihres Standpunktes sehr aggressiv, während die Jury sehr besonnen reagierte, und sie hat viele dazu gebracht, für schuldig zu stimmen. Sie wollte sie wirklich hängen sehen.«

Wir sprachen über das Berufungsverfahren und darüber, wie lange es dauern könnte, bis es dazu kommen würde. Eisenberg erklärte mir, daß er bereits einen entsprechenden Antrag gestellt hatte. Als nächstes mußten wir darauf warten, daß die Prozeßprotokolle maschinenschriftlich vorlagen – eine langwierige und teure Prozedur.

»Wie lange wird das dauern?« fragte ich.

»Das läßt sich kaum abschätzen. Das Appellationsgericht hat für seine Antwort sechs Monate Zeit. Es kann das Urteil bestätigen, aufheben oder einen neuen Prozeß anordnen. Sollte letzteres eintreten, dann würden Sie zumindest bis dahin auf freien Fuß gesetzt. Skwierawski hat Ihre Berufung übrigens abgelehnt.«

»Wird die Berufung vor ein staatliches Gericht gehen?«

»Ja. Wir müssen erst alle Instanzen einhalten, bevor wir zum Bundesgericht gehen können.«

»Ich hoffe, daß ich es hier sechs Monate lang aushalten werde...«, sagte ich.

»Raten Sie, was passiert ist«, meinte Eisenberg. »Es gibt noch

Gerechtigkeit auf dieser Welt! Annette Wilson wurde vom Boston Store gefeuert. Ihr Vorgesetzter, Scott Nicholson, rief mich an und sagte mir, daß sie gelogen hat. Er bot mir an, eine eidesstattliche Erklärung abzugeben.«

Und das sagte er mir jetzt!

»Wir haben dir Kleider und ein paar andere Sachen mitgebracht, aber die Gefängnisleitung hat uns verboten, die Sachen mit hinein zu nehmen«, sagte Fred. »Hier ist eine Kopie der Liste. Ich denke, daß wir einiges davon noch hineinbringen können, aber die anderen Sachen müssen wir dir schicken.«

»Die Anzahl der Sachen, die wir besitzen dürfen, ist begrenzt«, erwiderte ich. »Fünf Oberteile und fünf Hosen, glaube ich. Ich trage jetzt die Gefängniskleidung. Zwei Tage habe ich damit verbracht, Namensschilder in alle meine Sachen einzunähen.«

»Briefmarken sind nicht erlaubt?« fragte meine Mutter. »Ich habe dir einen ganzen Stapel mitgebracht.«

»Nein. Frankierte Umschläge ja, aber keine losen Briefmarken«, sagte ich.

Meine Familie versprach, mich sobald wie möglich wieder zu besuchen – ohne einen Anwalt im Schlepptau. Man gab ihnen einen Zettel, auf dem die Besuchstage und -zeiten vermerkt waren. Nach tränenreichen Umarmungen und Küssen gingen sie wieder.

Während ich darauf wartete, daß ein Wärter die Tür aufschloß, konnte ich vom Flurfenster aus auf den Parkplatz sehen. Angestrengt preßte ich mein Gesicht gegen die Scheibe und hob die Hand, um zu winken. Ich hoffte, daß sie mich sehen konnten.

»Das ist unerlaubte Kommunikation«, sagte der Wärter. »Lassen Sie das.«

Langsam wurden die Lichter des Wagens immer schwächer, und meine geliebte Familie fuhr davon.

Einmal gestattete man mir eine Art »Freigang«, das heißt, ich durfte zu dem Gebäude hinübergehen, wo die Mahlzeiten eingenommen wurden. Es war den Gefangenen verboten, auf dem Weg zur Kantine anzuhalten, herumzutrödeln oder die Richtung zu ändern. Mit unseren Tabletts im Cafeteria-Stil standen wir in einer Schlange. Das Essen war in genaue Portionen geteilt. Man wies uns einen Platz an; an den Tischen mußte man immer von links nach rechts anschließen, und eine Unterhaltung mit Frauen, die an einem der anderen Tische saßen, war untersagt.

Nach meiner Festnahme hatte ich mich an die Juristensprache gewöhnen müssen. Jetzt wurde ich mit dem Gefängnisjargon konfrontiert. Bei meiner ersten Mahlzeit saß ich mit drei schwarzen Frauen an einem Tisch. Ich hörte ihnen zu. Es schien keinen Sinn zu ergeben, zumindest konnte ich keinen erkennen.

Eine zierliche Frau mit der Hautfarbe eines Schokoladenpuddings sah mich plötzlich an. »Du hängst dich rein, wie?« Sie saugte geräuschvoll an ihren Zähnen.

»Entschuldigung?« sagte ich. Was immer sie auch damit meinte, ich war sicher, daß ich es nicht tat.

»Lauschen.«

»Nein«, sagte ich.

»Warst du noch nicht in der B und B?« Sie meinte die Prozedur der Bewertung und Bestimmung.

»Was ist das?«

»Dieses Prüfungsding. Das ist wie das PK.«

»Nein. Und du?« Das Prüfungskomitee sollte ich erst Wochen später kennenlernen.

»Nein. Ich bin auch erst gerade aus der Aufnahme 'raus.«

»Weshalb bist du hier?« fragte ich und versuchte, nicht wie ein Moderator aus der Mitternachtsshow zu klingen.

»Ich hab' 'ne Schlägerei angeheizt«, antwortete sie mit einem Lächeln.

»Eine Schlägerei angeheizt?« dachte ich und stieß ein kurzes hysterisches Lachen aus.

Sie wandte sich wieder den anderen Frauen am Tisch zu. In seltsamen Kürzeln sprachen sie über Dinge wie obligatorische Entlassungsdaten oder illegale Briefe, die von einer Gefangenen zu einer anderen weitergeleitet wurden, von Arrest und Bestrafung durch Einzelhaft. Ihr Jargon erinnerte mich an den Film Uhrwerk Orange.

Meine Zelle im dritten Stock der Addams-Unterkunft, wie dieser Teil des Gefängnisses genannt wurde, war klein, mit einem Tisch, einem Bett aus Metall und einer Pinnwand. Der alte Radiator blies warme Luft hinein. Mit einem Schalter an der Wand konnte man einen Lautsprecher ein- und ausschalten, der Country- und Westernmusik spielte.

»Ich kämpfte gegen das Gesetz, und das Gesetz gewann...« sang irgendwer. Ich schaltete den Lautsprecher ab.

Die Wärter setzten eine Regelung durch, die den Gefangenen verbot, auf ihren Betten zu sitzen, wenn die Betten gemacht waren. Wenn man sich trotzdem auf sein Bett setzen wollte, dann mußte man es vorher in Unordnung bringen. Allerdings gab es noch eine andere Regel, die besagte, daß man die Zelle nicht verlassen durfte, ohne vorher sein Bett gemacht zu haben. So machten wir praktisch den ganzen Tag die Betten.

Ein kleiner Porzellantopf mit Deckel, der einem alten Nachttopf ähnelte, diente als Toilette in der Zelle, aber ich konnte mich nicht dazu überwinden, diese zu benutzen. Es war gegen das Gesetz, uns ohne eine richtige Toilette einzusperren, aber das kümmerte dort niemanden. Die einzige Alternative, die man hatte, war, gegen die Zellentür zu klopfen und zu bitten, den großen Waschraum benutzen zu dürfen. Üblicherweise rief dann ein irritierter Wärter: »Einen Moment!« Meine Verdauung war immer sehr regelmäßig, und nach einer Mahlzeit mußte ich auf die Toilette. Aber während der Mahlzeiten selbst war es verboten, an die Zellentür zu klopfen.

Und da die Gefangenen in mehreren Schichten aßen, bedeutete das, daß ich so lange warten mußte, bis auch die zweite Schicht gegessen hatte und die Gefangenen wieder in ihren Zellen waren, bevor ich klopfen durfte. Zum Essen hatten wir zwanzig Minuten Zeit. Ich konnte trotzdem diese Porzellanschüssel (die von allen nur »Schrotthaufen« genannt wurde) ebensowenig benutzen, wie ich früher im Krankenhaus die Bettpfannen benutzen konnte.

Manchmal kam der Wärter auch gar nicht, um mich herauszulassen.

Es dauerte nicht lange, bis mir klar wurde, daß es im Gefängnis lesbischen Sex gab. Einige Frauen, so glaube ich, müssen wohl schon immer lesbisch gewesen sein, aber andere hatten ihre Ehemänner zu Hause. Natürlich waren sexuelle Handlungen verboten, aber es wurde nicht sonderlich streng überwacht, so daß dies die Zögernden nur bestätigte. Es kam auch gar nicht so darauf an, da viele der Wärterinnen ebenfalls lesbisch waren. Ich zählte zu einer kleinen, zurückgewiesenen Minderheit. Zunächst hatte mich das alles schockiert, aber mittlerweile betrachte ich Homosexualität als etwas Alltägliches.

Das Rinnsal warmen Wassers, das es im dritten Stock der Addams-Unterkunft gab, war so dürftig, daß es schon absurd war zu erwarten, wir könnten damit in den vorgeschriebenen fünfzehn Minuten baden, zumal wir in dieser Zeit auch noch die Badewanne zu reinigen hatten. Auf unserer Etage gab es keine Duschen, und so blieb uns nur diese eine alte Wanne. Zunächst tröpfelte kaltes Wasser aus dem Hahn, das sich nach und nach zu einem feinen, lauwarmen Nieselregen steigerte. Beim ersten Mal dachte ich, daß mit dem Hahn etwas nicht in Ordnung war, und sagte es einer Wärterin. Die aber versicherte mir, daß das schon immer so gewesen sei. Das Wasser war sehr hart, und die Leitungen waren mit Kalkablagerungen verstopft.

Jeweils fünf Gefangene durften in einem Zimmer am Ende des Flurs fernsehen. Da ich mich so nach Ablenkung sehnte, sah ich mir selbst albernste Seifenopern an. Wir saßen auf unbequemen Stühlen und blickten auf das Fernsehgerät, aber die Kommandos der Wärterin waren so laut, daß ich kaum etwas vom Programm hören konnte.

»Stellen Sie beim Sitzen beide Beine auf den Boden, meine Damen! Sie dürfen Ihren Fuß nicht hochlegen! Keine Unterhaltung! Sehen Sie nach vorne.« Sie saß an einem Tisch, vielleicht einen Meter entfernt. »Machen Sie das Gerät leiser! Wer hat es lauter gemacht?« Trotz ihrer Wachsamkeit gelang es zwei Gefangenen, sich zu küssen, sobald die Wärterin sich umdrehte, um ans Telefon zu gehen.

Als mich ein Film interessierte, war die Fernsehzeit vorbei, und wir wurden in unsere Zellen zurückgeschickt.

Einige Gefangene sahen aus, als gehörten sie in eine Nervenanstalt. Eine spazierte herum, führte Selbstgespräche und lachte ohne ersichtlichen Grund. Eine andere war mit Medikamenten so vollgepumpt, daß ihr der Speichel aus dem Mund lief und sie sich wie ein Zombie bewegte. Sie machten mir Angst. Ich fürchtete, daß ich auch so werden würde.

Manchmal gab es zwischen den Gefangenen kleinere Auseinandersetzungen, aber die meisten wurden angesichts einer drohenden Einzelhaft schnell wieder beigelegt.

Die Insassen bildeten einen repräsentativen Querschnitt durch alle Gesellschaftsschichten. Es gab stämmige, maskuline Frauen und einige, die wie verlorene kleine Mädchen aussahen. Einige waren behindert, liefen auf Krücken oder saßen im Rollstuhl, manchen fehlten Gliedmaßen. Die meisten Frauen, mit denen ich mich unterhielt, saßen kurze Haftstrafen wegen Fälschungsdelikten, Diebstählen oder Drogengeschichten ab, aber die Anstalt hatte auch ihren Anteil an Lebenslänglichen, wie ich eine war. Das waren Frauen, die wegen Gewaltverbrechen, Brandstiftung, Vergewaltigung, sexuellen Mißbrauchs von Kindern oder wegen Mordes an Kindern verurteilt worden waren. Die einzelnen Urteilssprüche waren einfach unglaublich; einige Gefangene hatten fünf Jahre für eine Tat bekommen, für die andere fünfundzwanzig Jahre hinter Gittern saßen. Es war erschreckend.

Viele Frauen unternahmen immer wieder den Versuch, sich mit Drogen zu betäuben, trotz der drohenden Konsequenzen, falls man sie dabei erwischte. Sie schmuggelten Drogen ins Gefängnis, wobei sie jede nur erdenkliche Körpernische nutzten, nur um später wegen »unreinen Urins« mit Arrest bestraft zu werden. Eine »mutige« Insassin füllte Drogen in einen Luftballon, band ein Ende einer Schnur darum und das andere Ende um einen ihrer Zähne und schluckte das Ding hinunter. Später würgte sie es dann unversehrt wieder hoch. Nach einem Zufallsprinzip mußten wir Urinproben abgeben, aber wenn eine Gefangene im Verdacht stand, Drogen geschmuggelt zu haben, wurde solch eine Urinprobe oft wiederholt. Zu dieser Zeit lag die Strafe für »unreinen Urin« bei 360 Tagen Einzelhaft.

Nicht alle Frauen hatten das Glück, Besuch zu bekommen. Das Gefängnis lag weitab draußen auf dem Lande, und die meisten Familien besaßen nicht genug Geld, um sich ein Auto leisten zu können. Ich war dankbar, daß meine Eltern nur etwa hundert Kilometer entfernt wohnten, denn ihre Besuche hielten mich aufrecht. Am Anfang meiner Haft lebte ich nur für ihre Besuche. Eine Frau, die ich im Gefängnis kennenlernte, bekam nicht ein einziges Mal Besuch, weil ihre Eltern in einem anderen Staat lebten. Man hatte sie wegen fahrlässiger Tötung infolge eines Verkehrsunfalls unter Alkoholeinwirkung zu fünf Jahren Haft verurteilt. Ich erinnerte mich an Marylisas Ex-Freund Jeff, der für das gleiche Delikt eine Bewährungsstrafe erhalten hatte.

Mittlerweile war es Frühlingsanfang und für die Jahreszeit ungewöhnlich warm. Ich mußte in eine etwa zehn Quadratmeter große Zelle in den Hochsicherheitstrakt Neprud umziehen. Ich hatte das unbeschreibliche Glück, mir diese Zelle mit einer heterosexuellen Gefangenen namens Laura Zunker zu teilen. Wir fanden heraus, daß wir ungefähr aus derselben Gegend stammten, und so entwickelte sich rasch eine Freundschaft zwischen uns. Da wir beide außerdem etwa zur gleichen Zeit verurteilt worden waren und dies unsere erste Haftstrafe war, hatten wir auch ähnliche Gefühle – Angst, Bedauern, Verzweiflung und Wut.

Es tat gut, sich wieder mit einem intelligenten Menschen unterhalten zu können. Ihre Kindheit war mit meiner vergleichbar, und auch sie kämpfte wie ich mit dem »Kulturschock«. Wir waren beide irgendwie erschöpft. Sie saß eine dreijährige Haftstrafe wegen Veruntreuung ab.

Drei Jahre! Mir erschien das wie ein Tag.

Unsere Zelle war mit einer Toilette ausgestattet; die Gefängnisleitung hatte damit begonnen, richtige Toiletten in den Zellen zu installieren, nachdem die Gefangenen eine Klage eingereicht hatten, aber für mich war es noch immer ein Problem, auf so engem Raum eine Toilette zu benutzen. Besonders gehemmt war ich durch den Geruch, der sich sofort bemerkbar machte, da die Zelle so klein war. Die Belüftung war völlig unzureichend, weil die Fenster von außen vergittert und von innen durch einen Gitterrost nahezu unzugänglich waren. Darum konnten wir das Fenster auch nicht weiter als ein paar Zentimeter öffnen, obwohl wir es versucht hatten, indem wir eine Pinzette durch das Gitter stießen. Aus der Küche, die sich direkt unter uns befand, strömte regelmäßig der Geruch von verbranntem Öl in die Zelle. Die einzige Aussicht, die wir durch das Fenster hatten, war die auf eine Gruppe magerer, blattloser Apfelbäume.

Durchsuchungen und Inspektionen machten es zwangsweise erforderlich, die Zelle sauber und aufgeräumt zu halten. Auf Reinlichkeit wurde nahezu fanatisch Wert gelegt. Ich glaubte, daß man uns entweder die typische, geschlechtsspezifische Rolle der Frau einzuschärfen versuchte oder daß das Personal gewisse Neurosen hatte.

Als Laura und ich eines Nachmittags in unsere Zelle zurückkamen, waren alle Schubladen auf den Kopf gestellt worden. Auch der Inhalt der beiden Kisten, die wir unter unseren Feldbetten aufbewahren durften, war ausgekippt worden. Es sah so aus, als hätte in der Zelle ein Tornado gewütet. Ich war traurig, weil die meisten Bleistiftminen kaputtgegangen waren. Unsere Betten waren durcheinandergewühlt worden, und das Bettzeug lag in der Zelle herum. Auch meine Kleider waren überall verstreut.

Die Aufseherin hatte uns eine Nachricht hinterlassen, offenbar in der Absicht, uns wie unartige Kinder zu behandeln: »Sie sollten es eigentlich besser wissen! Es ist nicht erlaubt, daß an den Kleidern Namensschilder fehlen und daß sich unter den Betten Wollmäuse befinden! Betrachten Sie dies als Warnung. Beim nächsten Mal erhalten Sie einen Führungsverweis.«

Ein Führungsverweis endete mit dem Verlust von Sonderrechten oder sogar im »Loch«, in der Einzelhaft. Später fand ich heraus, daß die Aufseherin sich mit der Zellendurchsuchung vor ihren Kollegen brüstete und sagte, daß sie es mir einmal zeigen wollte, wie man »Prominente« in Taycheedah behandelte.

Besuche waren ungeheuer qualvoll. Natürlich war es wunderbar, meine Eltern und Fred zu sehen, aber genau so brutal war es auch, wenn sie wieder gehen mußten. In jenen Jahren fanden Besuche an den Wochenenden in der Turnhalle des Gefängnisses statt. An Wochentagen wurden sie in einem Klassenraum und im Kartenzimmer der Harris-Unterkunft abgehalten.

Endlich erhielt ich die Gelegenheit, vor das Programmkomitee zu treten, und man fragte mich, wie ich meine Zeit in der

Strafanstalt verbringen wollte. Warum machten sie sich überhaupt die Mühe, mich danach zu fragen? Lebenslängliche hatten keinen Anspruch auf irgendeine interessante Tätigkeit. Von meinem Sozialarbeiter hatte ich von Bildungsprogrammen erfahren, und so fragte ich, ob ich an einigen Kursen teilnehmen konnte. »Aufgrund Ihrer lebenslänglichen Strafe sind Sie kein geeigneter Kandidat für schulische Rehabilitation«, erklärte man mir in diesem typischen Gefängnisjargon. Eines der Komiteemitglieder sagte, es sei witzlos, an einem zweijährigen Schulprogramm teilzunehmen, und dann »zehn Jahre lang nur herumzusitzen«.

Was sollte ich also statt dessen tun? Sie schlugen mir vor, in der Gefängnisküche, in der Wäscherei oder in der Reinigungskolonne zu arbeiten, also in der »Heimpflege«. Gefangene, die hier tätig waren, bezeichnete man als »Umwelt-Spezialisten«.

Putzen, kochen oder Wäsche waschen? Ging es nicht noch ein wenig »weiblicher«? Die Männergefängnisse boten Programme in Schweißen, Holzarbeiten, Metallarbeiten, Automobiltechnik und anderen handwerklichen Richtungen an.

Ich landete in der stickigen Gefängnisküche, wo ich für ein paar Pfennige Stundenlohn Kartoffeln schälte und Töpfe und Pfannen schrubbte.

Eines Abends unterhielt ich mich mit Laura, als wir schon beide in unseren Betten lagen. Ich hatte das obere Bett.

»Es ist so seltsam«, sagte ich nachdenklich, »aber während ich heute Kartoffeln schälte und nebenbei eine Zeitung las, erinnerte mich dieser Geruch plötzlich so sehr an zu Hause. Passiert dir so etwas auch?«

»Natürlich«, antwortete sie. »Was ich so vermisse, sind die kleinen Dinge. Ans Telefon zu gehen ...«

»Mit dem Auto zu fahren.«

»Den Kühlschrank zu plündern!«

»Oder abends einfach draußen zu sitzen. Ich saß in lauen

Sommernächten immer so gerne auf der Veranda... hm, diese Farben! Und der Wind blies sanft, und die Grillen...«
»Oder das Gefühl, Geld in der Hand zu haben!« Alles, was wir an Geld erhielten, wurde direkt von der Verwaltung auf unser Konto überwiesen. Geldtransaktionen erfolgten schriftlich in dreifacher Ausfertigung.

•

Aber das war nicht das Schlimmste. Sicher vermißten wir diese Dinge. Wir vermißten sie ebenso wie Liebe und Sex und den Besuch im Laden um die Ecke, wo wir uns ein Eis gekauft hatten. Aber wie ich am Anfang schon sagte: dieses völlige Fehlen von Intimsphäre schmerzte am meisten! Es tat so weh, diesen unbedeutenden Bürokraten völlig ausgeliefert zu sein, die unsere Liebesbriefe lasen, die uns jeden Augenblick »genehmigten« und denen unser Eigentum und unsere Körper stets für Untersuchungen zur Verfügung standen. Mein Gott! Wie schön war die Welt ohne diesen Zwangs-Striptease, ohne plärrende Walkie-talkies in der Nacht, ohne die schweren Schritte der Wärter und ohne den stündlichen Lichtstrahl der Taschenlampen durch die Zellengitter. Intimsphäre eben! Ohne sie gibt es nichts, keine Person, kein Individuum, kein »Ich«.

•

Eines Abends sah ich mir die Lokalnachrichten einer nahegelegenen Stadt an und erfuhr, daß dort ein dreifacher Mord und ein Selbstmord geschehen waren. Ein Mann hatte zunächst seine Frau und seine Kinder umgebracht und anschließend sich selbst getötet. Es hieß, daß ihn die Probleme bei dem anhängigen Scheidungsverfahren und die Besuchsrechtsregelung für die Kinder maßlos aufgeregt hatten. Es hatte eine Zeit gegeben, da fand ich solche Geschichten absolut erschreckend, aber jetzt, nach so vielen Monaten der Qual, konnte ich zumindest die Beweggründe verstehen, wenn auch nicht die Tat.
Wieder dachte ich oft an Selbstmord.

Ich bin sicher, daß ich es nur Mike Levine, dem Psychologen in Taycheedah, zu verdanken habe, daß ich diese Gedanken wieder verwarf. Einmal sagte er zu mir: »Ich werde Sie holen und Sie unter eine kalte Dusche stellen, bis Sie Ihre Meinung geändert haben, und ich werde Sie dort stehen lassen, wenn nötig für immer. Ich werde Sie so lange dort festhalten, bis Sie Ihre Meinung ändern!« Ich glaube, er hätte es wirklich getan. Mike Levine ging nach drei Jahren. Er konnte den Druck, den man auf ihn ausübte, nicht mehr ertragen. Für seine Hilfe werde ich ihm ewig dankbar sein.

Meinen ersten Führungsverweis bekam ich von einer Aufseherin. Ich war gerade im Hauptgebäude, dem Simpson-Haus, als ich vom Ausbildungsbüro einen »weißen Pass« erhielt. Damit mußte ich mich am anderen Ende des Gebäudes melden. Die beiden Gebäudeteile wurden durch einen geschlossenen Laufgang miteinander verbunden.

Wie ich später erfuhr, hätte ich mich mit meinem weißen Pass zunächst beim Kontrollbüro melden müssen, um dort wiederum einen blauen Pass in Empfang zu nehmen. Statt dessen kam ich mit meinem weißen Pass an meinem Ziel an, und prompt warf man mir »unerlaubtes Bewegen innerhalb der Anstalt« vor.

Leutnant Sheridan erteilte mir einen mündlichen Verweis. Sie war die Tante von Officer Sheridan, einer der Wärterinnen. Ihr Ex-Mann war der Direktor der Abteilung für Freizeitgestaltung. Vetternwirtschaft unter Staatsbediensteten war an der Tagesordnung und brachte den Gefangenen nur Nachteile. Wenn mich beispielsweise Officer Kahill verwarnte, wurde ihr Führungsverweis von einem Leutnant überprüft. Aber dies konnte durchaus Leutnant Kahill, ihre Schwester, sein.

Laura und ich wurden in eine Zelle im Harris-Gebäude, einem Trakt mit mittleren Sicherheitsbestimmungen, verlegt. Dort teilten wir uns mit zwei anderen Frauen die Zelle. Beide waren Schwarze. Eine litt an epileptischen Anfällen, und die andere war hochschwanger.

Überall gab es Spannungen wegen der Hautfarbe. In der Gefängnisküche herrschte eine äußerst bedrohliche Atmosphäre. An dem stickigen Arbeitsplatz erhitzten sich die Gemüter sehr schnell, und ich bemühte mich, stets ein Auge auf die Schälmesser und die Gemüseschäler zu haben. Jeden Tag verließ ich erschöpft und gestreßt meine Arbeit. Gelegentlich gab es Striptease-Leibesvisitationen, um festzustellen, ob eine Gefangene Lebensmittel oder ein Messer gestohlen hatte. Die acht Stunden in der Küche vergingen so langsam wie ein ganzer Tag.

Ich verhielt mich immer ruhig, auch wenn die Wut in mir hochkam, selbst dann, wenn mich eine andere anbrüllte und »blöde, weiße Mistkuh« nannte. Einmal warf jemand mit einem Stapel Tassen nach mir. Ich war ständig krank, krank von diesem sinnlosen Haß und Unmut.

Zur Entspannung las oder zeichnete ich in meiner Zelle. Ich las Marx, Lenin, Dostojewski, Hobbes und Paine. Ich las auch Quine, Nietzsche und Freud. Einige Frauen flohen aus dem Gefängnis, einige kamen wegen Schmuggel in Arrest, und in unserer Zelle herrschte ein ständiges Kommen und Gehen. Es war wie auf dem Hauptbahnhof. Ich bemerkte nie sofort, wenn mir jemand einige meiner Briefmarken oder etwas von meinem Instant-Kaffee stahl, was sehr häufig vorkam. Bei drei weiteren Zellengenossinnen konnte man immer die Schuld auf die anderen schieben. Mehr als einmal wurde eine lesbische Frau zu uns in die Zelle gesteckt. Ich fühlte mich dann immer sehr unwohl, weil diese Frauen ziemlich aggressiv waren. Sie waren so ganz anders als meine homosexuellen Freunde, die ich von früher kannte, und die schwarzen Gefangenen waren nicht annähernd so wie meine schwarzen Freunde aus Milwaukee.

Die Emotionen, die sich jahrelang in mir angestaut hatten,

konnte ich nicht länger zurückhalten. Beim geringsten Anlaß brach ich in Tränen aus. Mit drei anderen Zellengenossinnen war an Intimsphäre überhaupt nicht zu denken.

Ich versuchte durchzuhalten. Ich wußte, daß Menschen schon schlimmere Schicksale überlebt hatten, aber der Gedanke, in Taycheedah zu sterben und dort begraben zu werden, machte mich fast wahnsinnig. Nie zuvor in meinem Leben hatte ich etwas ähnliches durchgemacht.

Ein Freund schickte mir eine Sammlung von Artikeln aus dem Milwaukee Journal, die von Taycheedah handelten. Darin wurde dieser Ort, an den man mich gebracht hatte – der Ort, an dem die Gefangenen Striptease-Leibesvisitationen unterzogen wurden, an dem es statt Toiletten nur stinkende Schüsseln gab, der von Rassenhaß, Gewalt, Wahnsinn und niederer Rachsucht unter den Wärtern durchzogen war – als eine Art »Country-Club« porträtiert mit der Atmosphäre eines »kleinen, privaten Internats«. Dies, so die Artikel, käme von den »malerischen, alten Gebäuden, in denen die Bewohner untergebracht waren, und von der herrlichen, gepflegten Wiese und der schmeichelnden Umgebung«. Dieses Image wurde durch die Namen der Unterkünfte – Addams-, Harris- und Neprud-Gebäude – und des Verwaltungsgebäudes, welches man nach der früheren Direktorin Simpson benannt hatte, noch unterstrichen. In einem euphorischen Stil beschönigten die Artikel die Zellen als »Zimmer«, Gefangene wurden »Bewohner« genannt und die Kantine »Speisesaal«. Darüber hinaus wurden die Gefangenen als »Damen« bezeichnet, was ich ihnen persönlich sehr übel nahm. In einigen dieser Artikel hob die Gefängnisdirektorin die wunderbaren Angebote hervor und erklärte, daß sich die Gefangenen eine Arbeit aussuchen und gratis an Weiterbildungsprogrammen teilnehmen konnten. Sie erklärte, daß die Einstufung einer Gefangenen in eine bestimmte Sicherheitskategorie absolut keinen Einfluß auf die Wahl der ihr zur Verfügung stehenden Programme hätte und daß es Lawrencia Bembenek freistand, an allen Kursen teilzunehmen, für die sie sich interessierte. Wie die Beschreibung des »Internatsgeländes« war auch das völlig wirklichkeitsfremd. Zu der Zeit standen Lebenslänglichen keine auswärtigen Schulprogramme und keine auswärtige Arbeit zu, geschweige denn College-Kurse. Genausogut hätten die Zeitungen berichten können, daß den Gefangenen Reisen nach Florida spendiert würden. Aber die Leser schienen den ganzen Unsinn tatsächlich zu glauben. Bürger schrieben zornige Briefe, die von der Zeitung abgedruckt wurden. Wütende Steuerzahler beschwerten sich darüber, daß man verurteilte Schwerverbrecher mit allem erdenklichen Luxus verhätschelte. Eine reizende Frau schrieb, daß sie anfangs mit meiner lebenslänglichen Haftstrafe einverstanden war, bis sie die Bilder von Taycheedah sah, auf denen natürlich nicht die Zellen, sondern nur das Hauptgebäude gezeigt wurde. Eine andere junge Frau schrieb, sie müßte sich so mühsam durch ihre College-Zeit arbeiten, daß sie nun in Betracht zog, eine Bank zu überfallen, damit auch sie in den Genuß einer kostenlosen Schulausbildung kommen konnte.

Ich war – wieder einmal – entsetzt.

Kein Reporter betrat jemals die Einzelhaftzellen im dritten Stock des Addams-Gebäudes; niemand schrieb jemals über die Käfige, die nur aus einer am grauen Boden befestigten Metallplatte bestanden und in die man Frauen sperrte. Niemand machte Bilder von den Kloschüsseln. Dafür wurden die malerischen Säulen vor dem Harris-Gebäude gezeigt, der Sportplatz mit der Vogeltränke, genannt »der versunkene Garten«, und die üppigen Wiesen, die die Gefangenen nicht betreten durften, es sei denn, sie wollten wegen »Aufenthalts in einer unerlaubten Zone« bestraft werden. Die Zeitung schrieb über die Scheißblumen (Entschuldigung)! Natürlich ist es schwer, etwas zu fotografieren, das nicht greifbar ist.

Man kann Sexismus, Unstetigkeit und Ungerechtigkeit nicht fotografieren; auch nicht den Schmerz, den man fühlt, wenn man von geliebten Menschen getrennt ist. Dies hätte der Presse zu viel Vorstellungskraft und vor allem Einfühlungsvermögen abverlangt.

Norman Mailer sagte einmal über Jack Henry Abbott: »Er schreibt sogar: Ich habe die Erfahrung gemacht, daß Ungerechtigkeit vielleicht der einzige... Grund für den Wahnsinn hinter Gittern ist.« Wie wahr! Aber Ungerechtigkeit ist auch etwas, was sich nicht auf Bildern festhalten läßt.

Sehen Sie sich die Lebenslänglichen an. Für Lebenslängliche gibt es keinen verbindlichen Entlassungstermin; bei den übrigen Gefangenen ist das anders. Das bedeutet, daß Lebenslängliche keine Zeit »gutmachen« können. Jeder andere Gefangene kann Zeit gutmachen; eine leichte Sache. Für Lebenslängliche jedoch stellt gute Führung einen sinnlosen Anreiz dar. Als ich in Taycheedah war, mußten Lebenslängliche siebeneinhalb Jahre im Hochsicherheitstrakt des Gefängnisses verbringen, das hieß keine Beurlaubungen, keine vorzeitige Entlassung, keine Arbeiten außerhalb, keine Schule, kein Entgegenkommen und keine Arbeitsprogramme, wie zum Beispiel die Arbeit als Gefängnisbote oder auswärtiger Handwerker. In anderen Strafanstalten konnten sich männliche Lebenslängliche einen Job »draußen« auf dem Gelände verdienen – aber für Frauen gab es so etwas natürlich nicht! Und das alles nur, weil eine Jury über unsere Rechte entschieden hatte. Und weil wir uns selbst für nicht schuldig hielten (oder weil ich in meinem Fall wußte, daß ich nicht schuldig war). Aber wir mußten Seite an Seite mit den Frauen leben, die dasselbe Verbrechen wirklich begangen hatten, dessen wir angeklagt worden waren, oder noch schlimmere. Das waren Frauen, die sich selbst für schuldig erklärt hatten, um eine Begnadigung zu erreichen. Diejenigen, die geständig waren, um begnadigt zu werden, durften aufgrund ihrer kürzeren Strafen bald in einen anderen Trakt des Gefängnisses ziehen und all das in Anspruch nehmen, was uns verwehrt wurde.

Nach meinem Prozeß hatte man die Geschworenen befragt, und ich las später, daß sie sich über die lange Zeit beschwerten, die sie wegen der Ausschlußbestimmung in einem Hotel verbringen mußten. Diese Bestimmung verbot ihnen jeden Kontakt mit Familie und Freunden. Eine Geschworene gab an, daß sie ihre Katze drei Wochen lang schrecklich vermißt hatte.

•

Sie vermißte ihre Katze! Ich schmiß die Zeitung in den Mülleimer. Sie vermißte ihre arme, kleine Pussikatze.
Und mir hat sie mein Leben zerstört.

19

SCHLUSS MIT FRED

Nun möchte ich mich von Fred befreien, wenn ich das so ausdrücken darf.

Während der ersten Monate im Gefängnis habe ich viel über ihn nachgedacht. Sein oft seltsames Verhalten wurde krankhaft. Ich war diejenige, die im Gefängnis saß, ich war diejenige, die in dieser Welt voll langer, grauer Korridore lebte, einer Welt, die vom Klang eiserner Türen bestimmt war, aber Fred benahm sich so, als sei er es, den man eingesperrt hatte, und als ob man ihm sein Leben genommen habe.

Wir stritten uns bei den meisten seiner Besuche nur herum.

Eines Abends erzählte er mir, daß er für seinen Wagen zwei neue Lautsprecher gekauft hatte.

»Fred! Waren zwei Lautsprecher nicht genug? Mußt du unbedingt vier haben?«

»Was bleibt mir denn noch außer der Musik?« jammerte er.

»Alles andere hat man mir doch genommen – meine Frau, meine Kinder, meinen Job, mein Haus... Willst du mir wirklich das bißchen Freude absprechen, das ich durch die Musik habe?«

Und ich ließ mich von solchen Dingen überzeugen!

»Was haben die Lautsprecher gekostet? Wahrscheinlich mehr, als dein Wagen noch wert ist! Was ist, wenn der Wagen wieder aufgebrochen wird, und jemand die Lautsprecher stiehlt?«

»Keine Sorge, ich habe eine Alarmanlage gekauft.«

»Und wieviel hat die gekostet?« fragte ich frustriert. Um Geld zu sparen, trug ich die Gefängniskleidung und benutzte die

Zahnpasta, die Tampons und die anderen minderwertigen Sachen, die uns hier zur Verfügung gestellt wurden, während Fred seine schmerzende Brust mit Musik tröstete.

»Fünfundachtzig Dollar«, antwortete er.

Ich rollte mit den Augen. »Fünfundachtzig Dollar für eine Autoalarmanlage? Ich benutze eine billige, parfümierte Seife, obwohl ich in der Kantine eine bessere kaufen könnte, nur weil wir uns darauf geeinigt haben, Geld zu sparen! Fred, wie konntest du das tun? Wie teuer waren die Lautsprecher?«

»Ich brauche eben ab und zu etwas für mich ganz persönlich!« argumentierte er. »Ich muß über mich nachdenken! Schließlich bin ich doch auch im Gefängnis!«

Die einzig passende Antwort auf diese unverschämte Bemerkung war Schweigen. Meine Eltern, die dem Ganzen zugehört hatten, starrten sich ungläubig an.

Kurze Zeit später schlugen meine Eltern vor, daß wir die Besuche aufteilen sollten, damit Fred mich alleine sehen konnte. Angesichts unserer häufigen Auseinandersetzungen fühlten sie sich immer unwohler.

Wie ich vermutet hatte, lebten die drei nicht gerade harmonisch unter einem Dach. Wenn mich meine Eltern allein besuchten, erfuhr ich von Freds Untaten. Er gab leichtsinnig Geld aus, kaufte Briefpapier mit seinem Namen und ließ sich neue Visitenkarten drucken. Er engagierte einen neuen Anwalt, der ihn in der Vormundschaftsangelegenheit vertreten sollte. Er abonnierte mehrere unnütze Zeitschriften und Zeitungen.

Meine Freunde und meine Eltern beschrieben Fred mit den gleichen Worten: voller Ausflüchte, unstetig, unvernünftig und seltsam. Alle sagten, er würde heimlich lauschen. Er unterbrach alle. Er wollte im Mittelpunkt stehen, und damit machte er sich schließlich unbeliebt.

Genau das brauchte ich jetzt.

Natürlich erzählten sie mir nicht alles. Daß er die ganze Nacht mit dem Wagen meiner Eltern wegblieb, daß er mit seinen Telefonaten nach Florida die Telefonrechnung in die Höhe trieb und daß er die Rechnungen für sein Baumaterial auf meinen Vater ausstellen ließ, erfuhr ich erst später, weil meine Eltern dachten, daß ich schon genug Streß hatte.

Eines Nachmittags überbrachte mir Fred bei seinem Besuch die Neuigkeit, daß er in Florida einen Job als Polizist bekommen hatte. Er sagte, das würde das Problem des Zusammenlebens mit meinen Eltern lösen. Er bezeichnete es als »neuen Anfang«.

»Ich muß für uns eine sichere Zukunft aufbauen, damit wir wieder zusammensein können und du dir um nichts Sorgen machen mußt, wenn du dein Berufungsverfahren gewinnst«, erklärte er mir.

»Was ist mit den Kindern?« fragte ich.

»Ich kann die Vormundschaftsentscheidung anfechten, so daß wir später, wenn wir dazu in der Lage sein werden, einen neuen Prozeß darüber führen können.«

Zögernd stimmte ich zu. Vielleicht war es eine gute Idee, daß er ging.

Wir stritten darüber, was er mitnehmen würde (meine Stereoanlage, mein Wasserbett, meinen Hund), und er ging schließlich. Ich fühlte mich erleichtert.

Natürlich lief alles schief. Nach ein paar Tagen bat ich ihn, mir etwas Geld zu schicken, zehn oder zwanzig Dollar, aber es kam nichts. Seine Briefe waren kurz und klangen gezwungen. Als ich ihn schließlich anrufen durfte, war er betrunken. Als ich das nächste Mal mit ihm sprach, sagte er mir, daß er überhaupt nicht arbeitete. Er hatte maßlose Langeweile und verbrachte seine Zeit mit Tennisspielen und Schwimmen. Ich konnte ihn wirklich kaum bedauern.

»Was ist mit der Arbeit? Du hast doch gesagt, alles wäre in Ordnung.« fragte ich.

»Ist ins Wasser gefallen«, antwortete er nur. Ich wollte ihn gerade bitten, mir das ein wenig näher zu erklären, als mir ein Officer befahl, das Gespräch zu beenden. Meine zehn Minuten waren um.

Wenig später setzte sich Fred spontan in ein Flugzeug und tauchte eines Nachmittags im Gefängnis auf, trotz seines Versprechens, mit dem nächsten Besuch wegen der Kosten bis zum Herbst zu warten.

Fassungslos sah ich ihn an, als er den Besuchsraum betrat. Er trug ein rotes T-Shirt und ein Paar enge, rote Satinshorts. Sein mittlerweile länger gewordenes und von der Sonne ausgebleichtes, blondes Haar betonte seine Bräune. Ein goldenes Armband, das ich vorher noch nie bei ihm gesehen hatte, glänzte an seinem Handgelenk, und er trug neue Sandalen. Er schlenderte auf mich zu, als käme er gerade vom Strand. Ich war wütend, weil er Geld für ein Flugticket ausgegeben hatte, obwohl er in Florida nicht einmal arbeitete. Er war nur ganze drei Wochen weg gewesen.

Natürlich war er niedergeschlagen, als ich ihn nicht mit offenen Armen empfing.

»Das ist reine Geldverschwendung«, sagte ich.

»Ich glaube, du liebst mich nicht mehr.«

»Ich schreibe dir jeden Tag. Reicht das nicht?«

»Es kommt auf die Qualität an, nicht auf die Quantität!« sagte Fred.

»Meinst du den Inhalt?« fragte ich, weil ich seinen Gedanken nicht folgen konnte.

»Hör auf, mit solch großen Worten um dich zu werfen! Ich bin doch kein kleines Kind!«

»Wovon redest du dann? Ich schreibe dir jeden Tag während meiner Pause. Aber du bist immer noch nicht zufrieden! Was willst du eigentlich? Ein Gedicht?«

»Sei nicht sarkastisch. Dich kümmert das doch gar nicht!« klagte er.

»Du bist unsicher und fordernd«, sagte ich.

»Laß diese spitze Bemerkung.«

»Das ist keine spitze Bemerkung. Ich weiß bloß nicht, was du noch von mir verlangst.«

»Es ist schwer für mich so alleine.« Er fing an zu schluchzen. »Wenn ich dich nicht so lieben würde, dann hätte ich mich an dem Tag, als du angeklagt wurdest, schon scheiden lassen!«

Ich weigerte mich, darauf zu antworten.

»Ich möchte von dir eine Antwort auf eine Frage«, fuhr er fort. »Was ich tue, wird überhaupt nicht gewürdigt. Du sagst, du schreibst mir jeden Tag. Warum bekomme ich dann nicht jeden Tag einen Brief?«

»Das liegt daran, daß unsere Post nur von Montag bis Donnerstag abgeschickt wird«, entgegnete ich. »Aber das habe ich dir schon hunderttausendmal erklärt.«

»Versuchst du, mich aus deinem Leben zu drängen? Ist es das? Sieh mich an, wenn ich mit dir rede.«

»Woher hast du das Armband?« fragte ich plötzlich.

»Das war ein Geschenk...« sprudelte Fred heraus. »Laurie! Du darfst nicht zulassen, was dieser Ort aus dir macht! Laß nicht zu, daß du gefühlskalt wirst. Wenn wir das heute Nachmittag nicht klären können, dann werde ich heute Abend noch einmal hierher kommen.«

»Nein, das wirst du nicht. Ich möchte nicht meine Besuchsrechte für die ganze Woche verbrauchen. Meine Eltern wollten mich morgen besuchen.«

»Wer bedeutet dir mehr? Deine Eltern oder ich?«

»Frag mich das besser nicht. Die Antwort würde dir nicht gefallen«, antwortete ich.

»Dann gib mir jetzt sofort den Ehering zurück.«

»Nein!« sagte ich und zog meine Hand weg. »Ich weiß wirklich nicht, was du von mir willst.«

»Mit anderen Worten trage ich die ganze Verantwortung für unsere Ehe? Du hast keine Fehler gemacht?«

»Fehler und Verantwortung sind zwei verschiedene Dinge«,
sagte ich.
»Das ist Haarspalterei!«
»Ach verdammt noch mal! Ich habe keine Lust, mich mit dir
überhaupt noch zu streiten.«
Auf einmal war es still. Tränen rollten über mein Gesicht. Der
Aufseher lauschte aufmerksam. Eine andere Beamtin nippte
an ihrem Kaffee.
»Es ist so schade«, sagte Fred dramatisch. »Ich hätte dich so
lieben können.«
Er stand auf, gab mir einen Kuß auf die Schläfe und ging hinaus.
Einen Monat später folgten neue Probleme. Fred fing an,
mich über unsere Ersparnisse zu belügen. Ich war davon ausgegangen, daß er rund sechstausend Dollar, die Hälfte seiner
Pensionszahlung, auf der Bank hatte. Außerdem hatte er mir
gesagt, daß wir durch unsere Reparaturarbeiten etwa fünftausend Dollar gemeinsam verdient hatten. Meinem Vater hatte
er sogar einen der Schecks gezeigt, den er erhalten hatte. Meiner Mutter erzählte er, daß eine seiner Lebensversicherungen
mittlerweile auf mehr als zehntausend Dollar angewachsen
war. Nach meiner Verurteilung hatte er zudem einen Wohl-
tätigkeits-Marathon von Milwaukee nach Taycheedah organisiert, durch den er laut eines Zeitungsartikels mehrere tau-
send Dollar eingenommen hatte. Mein Vater hatte Fred bei
verschiedenen Jobs geholfen. Ein letztes Mal sprach ich mit
Fred am Telefon und bat ihn, meinen Eltern etwas Geld für
ihre Krankenhausrechnungen zu schicken.
Fred sagte mir, daß er kein Geld hätte.
»Tut mir leid, aber ich werde deinen Eltern nicht meine letzten fünfzig Dollar schicken.«
»Wie bitte? Was ist mit unserem ganzen Geld geschehen?«
»Rechnungen.«
»Welche Rechnungen?«

»Ach, weißt du, Telefonrechnungen, Strom, Gas, Essen.«
»Und was ist mit der Lebensversicherung? Du sagtest doch,
du würdest zwölftausend Dollar ausbezahlt bekommen.«
»Ach das! Das war ein Riesenirrtum! Die Police gehört meinem Vater! Der Versicherung ist da ein Fehler unterlaufen,
weil ich doch der Junior bin. Als sie das falsche Geburtsdatum auf dem Ausdruck sahen, haben sie ihren Irrtum bemerkt.«
Ich legte den Hörer kommentarlos auf.
Meine Eltern berichteten mir von weiteren Geldschwierig-
keiten. »Als Fred nach Florida ging, unterschrieb er einige
seiner Schecks und bat uns, damit die Rechnungen für das
Holz und für die Telefonate, die er von unserem Apparat aus
nach Florida geführt hatte, zu bezahlen«, berichtete mein Vater. »Dann platzten die Schecks. Ich schrieb ihm einen Brief,
und in seiner Antwort teilte er uns mit, daß er dieses Konto
gelöscht hatte! Ich kann das nicht verstehen!«
»Ich doch«, seufzte ich. »Ich habe gerade bemerkt, daß er
meine Unterschrift auf unserer Steuererklärung und auf dem
Rückerstattungsscheck gefälscht hat. Er hat die Erklärung für
uns gemeinsam abgegeben, und das hätte meine Unterschrift
erforderlich gemacht! Außerdem bekomme ich Rechnungen
zugeschickt, weil er meine Kreditkarte benutzt und nicht bezahlt.«
Meine Eltern sahen sich stumm an.
»Wir wollten es dir eigentlich nicht erzählen«, sagte meine
Mutter schließlich. »Wir dachten, daß du schon genug Probleme hast. Aber als Fred noch bei uns wohnte, hat er sich oft
unser Auto ausgeliehen und blieb die ganze Nacht weg. Wir
glauben, daß er eine Freundin hat.« Sie machte eine Pause.
»Und da ist noch etwas. Einer deiner Bekannten, Ken, rief
mich an. Fred hat von ihm eine Waffe für mehr als dreihundert Dollar gekauft. Fred versprach, ihm das Geld so schnell
wie möglich zu geben, aber es vergingen vier Monate, ohne

daß er sie bezahlte. Ken schrieb dann einen Brief an Fred, aber der hat nicht einmal darauf geantwortet. Ich schätze, Ken wird die Waffe jetzt als gestohlen melden.«

»Fred müßte Ken das Geld doch jetzt geben können. Er hat doch einen neuen Job...«

»Was für ein neuer Job? Deinem Vater und mir hat er erzählt, daß er die Stelle nicht bekommen hat!«

Der Aufseher kündigte das Ende der Besuchszeit an.

Nur wenig später gab der Mann »ohne Geld« noch einmal dreihundert Dollar für ein Flugticket nach Milwaukee aus. Marylisa, die Freundin seines Bruders, schrieb mir, daß er bei ihnen vorbeigekommen war. Später trafen sie sich alle in einer Kneipe; Fred kam in Begleitung eines achtzehnjährigen Mädchens.

Er holte alle seine Sachen aus dem Haus meiner Eltern ab und erzählte ihnen, daß er künftig bei seinen Eltern wohnen würde. Als ich seinen Vater anrief, wußte dieser nicht einmal, daß Fred sich in der Stadt aufhielt.

Die Aufseherin verteilte die Post. In einem Brief meines Mannes an mich stand kurz und bündig: »Viel Glück. Auf Wiedersehen.«

Der Mann, der in der Presse, im Radio und im Fernsehen erklärt hatte, er würde »ewig auf mich warten«, hatte nicht einmal sechs Monate warten können. Ich war wie betäubt. Ich fühlte gar nichts. Ich zerriß seine Briefe, einen nach dem anderen, und verstreute die Papierschnipsel auf dem Boden.

Ich setzte mich an meinen kleinen Tisch und schrieb an meinen Anwalt. Dann sah ich, daß ich oben links auf den Umschlag meine alte Adresse in der Taylor Avenue geschrieben hatte, statt meine korrekte Anschrift, nämlich die des Gefängnisses, anzugeben.

Daraufhin fing ich an, wirklich bitter zu weinen.

•

Fred war aus meinem Leben verschwunden. Ich hatte ihn in einer Zeit voller Verzweiflung kennengelernt und geheiratet. Damals hatte ich geglaubt, daß ich ihn liebe – und ich liebte ihn auch wirklich. Damals. Dann zog sich sein Netz aus Eifersüchteleien und Lügen zusammen.

Erst kürzlich erklärte er in einem Fernsehinterview eines staatlichen Senders, daß er davon überzeugt sei, ich hätte den Mord tatsächlich begangen. Ich sei ein kaltes, hartes Biest, sagte er.

Ich dachte an die Tränen, die ich seinetwegen vergossen hatte, an die unzähligen Male, die ich geweint hatte, und empfand nur Traurigkeit.

Schließlich konnte ich nicht vergessen, daß ich nur aufgrund seiner Aussage im Gefängnis saß.

20

DER STAAT DER GEFANGENEN

Als ich nach Taycheedah kam, war ich deprimiert, aber auch verängstigt und überrumpelt. Infolgedessen unterwarf ich mich völlig, kroch, katzbuckelte und war bedingungslos gehorsam. Wenn ich heute eine extrem streitbare Gefängnisexpertin geworden bin, dann liegt das an meinen Erfahrungen. Taycheedah hat mich zu dem gemacht, was ich heute bin, und ich hoffe, die Verantwortlichen sind darüber glücklich.

Mit den Jahren wurde ich immer wütender und immer entschlossener, sie dazu zu zwingen, sich an ihre eigenen Vorschriften zu halten. Sie verstießen gegen so viele Regeln und Gesetze, gegen so viele staatliche Richtlinien! In Taycheedah herrschte so viel Ungerechtigkeit, daß ich oft dachte: »Moment mal, die haben die falschen Leute eingesperrt!« Letztendlich war es dieser – wenn auch geringe – legale Einfluß, diese Macht, sie zu zwingen, sich ihren eigenen Gesetzen zu unterwerfen, und sie im Zweifelsfall vor Gericht zu bringen, der mir ein gewisses Gefühl von Selbständigkeit gab.

Mit den Jahren wurde ich auch reifer. Aber meine Wut nahm ständig zu und mußte in konstruktive Bahnen gelenkt werden und ein positives Ventil finden. Es ist interessant, wie unterschiedlich die Menschen auf Haftstrafen reagieren. Man wird radikal. Man findet manchmal, daß seine besten Freunde wirklich sonderbare Dinge tun. Ich selbst war vom Sport völlig besessen, was meiner Ansicht nach aber relativ harmlos ist. Politisch schwenkte ich, so weit es eben ging, nach links. Dennoch wurde mir klar, daß in der realen Welt schwarz und weiß nicht existierten. Im Gefängnis wird einem dies nicht bewußt. In dieser künstlichen Welt ist alles schwarz oder weiß, und extreme Positionen sind normal.

Als ich zum ersten Mal nach Taycheedah kam, war dieses Gefängnis in vieler Hinsicht eine archaische Einrichtung. In den Zellen gab es weder fließendes Wasser noch Abflüsse. Und das war gesetzwidrig. Aber die weiblichen Gefängnisinsassen sind passiver als die männlichen, was vielleicht an ihrer Erziehung liegt, und es gibt weniger Frauen als Männer im Gefängnis. Auf jeden Fall rebellieren Frauen weniger häufig und sind nicht so gewalttätig wie Männer, und daher werden sie natürlich auch nicht ernst genommen.

In meinen Augen lebten die Frauen dort offenbar wie im achtzehnten Jahrhundert.

Jahrelang hatte die Anordnung eines staatlichen Gerichts zum Einbau richtiger Toiletten vorgelegen und war ebensolange einfach ignoriert worden. Es sei kein Geld da, sagte die Gefängnisleitung. Schließlich wurden die Toiletten 1984 doch noch installiert, und während der Arbeiten schleppten sie uns von Zelle zu Zelle.

Als ich nach Taycheedah kam, durften wir nur zwei zehnminütige Telefongespräche pro Monat führen. Gesprächsanträge mußten zweiundsiebzig Stunden im voraus schriftlich gestellt werden, und wir durften nur die Leute anrufen, deren Namen auf unserer Besucherliste standen. Alle Gespräche mußten vom Büro des Sergeants aus geführt werden, und die Aufseher bestanden darauf, die Verbindung persönlich herzustellen.

Was für eine Zeitverschwendung! Es war absurd! Schließlich wollte man doch nicht mit den Menschen telefonieren, die einen besuchten. Man wollte viel eher mit seiner Schwester in Kalifornien sprechen, mit Menschen, die man nie persönlich sehen konnte.

Unsere Besucherliste war auf zwölf erwachsene Personen begrenzt, und niemand wagte es, einen Platz auf der Liste an jemanden zu verschwenden, der nicht zu Besuch kommen würde.

Als ich herausfand, daß die Männer in ihren Gefängnissen Telefone hatten, die sie selbst bedienen durften, wann immer sie wollten, verfaßte ich sofort eine Beschwerde. Da die Telefongeschichte eine solch himmelschreiende Ungerechtigkeit war, verzichtete die Gefängnisleitung sogar auf eine juristische Überprüfung und baute einfach die Telefone ein. Dennoch hatte ich mittlerweile den Kontakt zu vielen Menschen, zu vielen guten Freunden, verloren.

Damals lernte ich eine wirklich gute Freundin kennen. Ich denke, daß sie auch heute noch immer meine beste Freundin ist. Ihr Name ist Kathy Braun. Kathy und ich waren Lebenslängliche mit demselben kulturellen und wirtschaftlichen Hintergrund. Zwar ist sie zehn Jahre älter als ich, aber sie kommt auch aus Milwaukee, so daß wir einige gemeinsame Bekannte hatten. In ihrer Gegenwart fühlte ich mich wohl. Sie vermittelte mir immer den Eindruck, als sei sie die Insel geistiger Gesundheit inmitten eines Meeres von Wahnsinn.

Ihr Fall war einer dieser typischen Milwaukee-Fälle. Sie wurde wegen Beihilfe zum Mord zu lebenslänglicher Haft verurteilt. Dabei hatte sie sich lediglich im selben Raum wie ihr Mann und der eigentliche Mörder, der auf das Opfer geschossen hatte, aufgehalten. Dieser Mann, der die Leiche anschließend in Milwaukee in den Fluß warf, wurde später Kronzeuge und saß für seine Tat nicht einen Tag im Gefängnis. Für seine Aussage wurde ihm Straffreiheit zugesichert. Und das bei vorsätzlichem Mord! Kathy wurde von James Shellow, dem besten Anwalt der Stadt, verteidigt, und ihre Eltern waren reich, aber es half nichts.

Kathys Mann reichte ein Gnadengesuch ein und lebt nun mit den gemeinsamen Kindern auf freiem Fuß. Sie bekam lebenslänglich.

Wen wundert es da, wenn wir Lebenslänglichen voller Zynismus über das Rechtssystem sprechen?

Wir haben uns lange darum bemüht, in derselben Zelle untergebracht zu werden. Um die Zellengenossin seiner Wahl zu bekommen, muß man langwierige und umständliche Formalitäten erledigen. Zunächst füllt man ein Antragsformular aus, dann muß die andere Person eines ausfüllen. Wenn man Glück hat, kommt man anschließend auf eine »Umzugsliste«. Aber natürlich kann niemand umziehen, bevor nicht irgendwo ein Bett frei wird. Und so dauerte es eine ganze Weile.

Während wir warteten, waren wir beide in Zellen des Neprud-Gebäudes untergebracht. Meine damalige Zellenmitbewohnerin beendete gerade ein Drogenrehabilitations-Programm, glaube ich. Wie ich schon sagte, herrschte eine Atmosphäre wie auf dem Hauptbahnhof. Alle diese Gefangenen mit ihren lumpigen, unbedeutenden Achtzehn-Monats-Strafen kamen und gingen, und sie benutzten deine Sachen, machten sie kaputt oder klauten sie ganz einfach. Natürlich hatten sie nicht die Absicht, irgendetwas zu kaufen, weil die Dauer ihres Aufenthalts im Gefängnis so kurz war. Wenn eine dieser Gefangenen mit einer Lebenslänglichen in einer Zelle wohnt, heißt es ständig: »Kann ich deinen Fernseher benutzen? Kann ich deinen Fön haben und deine Schreibmaschine?« Sie machen die Sachen kaputt, und dann verschwinden sie. Aus diesem Grund wollen Lebenslängliche lieber mit einer anderen Lebenslänglichen die Zelle teilen.

Kathy war in den siebziger Jahren verurteilt worden. Sie floh und wurde 1983, siebeneinhalb Jahre später, wieder nach Taycheedah zurückgebracht. Wir lernten uns während des Unterrichts kennen. Beide nahmen wir an einem »PREP« genannten Programm teil, das uns auf einen Universitätsabschluß vorbereitete. Nach vielen Kämpfen war ich die erste Lebenslängliche, die die Zulassung zu diesem Programm erhielt.

Schließlich wurde meine Mitbewohnerin in eine andere Zelle verlegt, und Kathy und ich konnten zusammenziehen.

Unsere Zelle, unser »Zimmer«, war winzig. Eine Ecke war für das Waschbecken und die Toilette abgeteilt. Wegen der Heizung und anderer warmer Rohrleitungen war es nicht möglich, überall Möbel aufzustellen. Die weitere Einrichtung bestand aus zwei Feldbetten und zwei Tischen, die man auf achtzehn Quadratmeter zusammengepfercht hatte, aber wir waren glücklich. Nun mußten wir uns keine Sorgen mehr über ständig kommende und gehende Mitbewohnerinnen machen.

Das dachten wir zumindest.

Eines Tages klopfen die Handwerker an die Tür. Sie hatten die Anweisung bekommen, ein drittes Bett in die Zelle zu stellen. Sie gaben zu, daß es grotesk war, aber sie hatten ihren Auftrag. Also stellten sie ein drittes Bett dazu, und eine dritte Person kam zu uns in die Zelle.

Ich war davon überzeugt, daß das nicht richtig sein konnte. Die staatlichen Bestimmungen sehen soundsoviele Quadratmeter pro Häftling vor. Ich schrieb an die Gefängnisdirektorin und wies darauf hin, daß in der Nachbarzelle, die viel größer als unsere war, nur zwei Betten standen. Ich dachte, daß jemand die beiden Zellen vielleicht auf irgendeiner Liste vertauscht hatte.

Aber natürlich kann eine Autorität keine Fehler zugeben. Die Direktorin antwortete in einem Brief: »Nein, Sie haben unrecht, und wir haben recht.«

Kathy reichte eine offizielle Beschwerde ein. Danach schaltete sich ein Schiedsmann ein, der über kleinere Beschwerden entscheiden durfte, um der Direktion die lästige Kleinarbeit der Richtlinienüberprüfung abzunehmen.

Der Schiedsmann schickte uns eine neutrale Person, die die Zelle nachmaß und natürlich feststellte, daß wir recht hatten. Daraufhin schrieb uns die Direktorin erneut. Zwar gab sie

419

ihren Fehler zu, weigerte sich aber, das zusätzliche Bett aus der Zelle entfernen zu lassen. Irgendwie war es ein wertloser Sieg.

Aber die Direktorin hatte damit einen großen Fehler begangen. Aufgrund ihrer Unnachgiebigkeit in dieser Angelegenheit, brachten wir den größten Frauen-Prozeß in der Geschichte des Staates Wisconsin in Gang – und er läuft immer noch.

In der dürftigen Gefängnisbibliothek las ich alles Verfügbare über die staatlichen Bestimmungen, die Überbelegung betreffen. Ich wollte nicht eher etwas unternehmen, bis ich alles gut recherchiert hatte. Ich suchte nach einer verbindlichen Vorschrift, und ich fand einige. In vielen Fällen war darüber vom Bundesgericht entschieden worden. Der liberalste Richter legte den Minimumstandard pro Häftling auf sechsunddreißig Quadratmeter fest. Der strengste Richter forderte zumindest achtzehn Quadratmeter. Und wir saßen mit drei Personen in einer achtzehn Quadratmeter großen Zelle!

Taycheedahs Kapazität betrug 126 Gefangene, aber die legalen Grenzen wurden natürlich ignoriert. Die Gefangenenzahl war auf 287 angewachsen; man pferchte uns wie Ölsardinen zusammen.

Mit Hilfe des Handbuches über Guerilla-Gesetze, einer Art Selbsthilfehandbuch in Sachen Rechtsstreitigkeiten, lernte ich, wie ich eine Kollektivklage einreichen konnte. Und natürlich hat man auch zu anderen Gefangenen Kontakt und lernt, was man lernen muß. Wir hatten einen großartigen Fall. Die Gefängnisleitung konnte bei der Anzahl der Inhaftierten und der Anzahl der verfügbaren Zellen nicht lügen, und so war es eindeutig, daß die Belegung weit über die gesetzlichen Grenzen hinausgeschossen war.

Zusammen mit Kathy und einer weiteren Frau sammelte ich so viele eidesstattliche Erklärungen wie möglich. Wir erwähnten die durch Überbeanspruchung zusammenbrechenden Wasserleitungen, die Probleme mit der schlechten Luft und die zunehmende Gewalt aufgrund der drastischen Überbelegung.

Gefangene haben kein verfassungsmäßiges Recht auf Rehabilitation, aber sie haben sehr wohl das Recht, unter Bedingungen zu leben, die sich nicht »entartend« auswirken. Schließlich stellte ich einen Antrag auf Rechtsmittelbeihilfe, und wir hatten Glück! Das Bundesgericht schickte uns eine wundervolle Anwältin. Ihr Name war Diane Sykes. Sie war ein wahrer Segen für uns, eine Feministin, die sich sehr für den Fall interessierte. Und sie arbeitete absolut professionell.

Es gab mir ein ungeheuer gutes Gefühl, wenn ich daran dachte, daß die Gefängnisleitung nun zähneknirschend verlieren würde. Es war wie eine Therapie für mich, daß ich meine Wut nun auf etwas Produktives lenken konnte.

Diese tiefsitzende Wut der Gefangenen, die wie eine Wunde schmerzt, ist vermutlich etwas, das Außenstehende nicht begreifen können. Diese Wut ist eine der großen Gefahren des Eingesperrtseins. Wenn man vierundzwanzig Stunden am Tag mit völlig fremden Menschen unterschiedlichster Herkunft in einer so winzigen Zelle verbringen muß, kann das durchaus zu Blutvergießen führen.

In den Zeitungen liest man manchmal, daß ein Häftling einen anderen umgebracht hat, weil der die Zahnbürste des anderen benutzt hatte, und die Zeitungen stellen diese Menschen als Tiere und gewalttätige Verrückte dar. Die Menschen draußen verstehen die lange Geschichte vieler kleiner Gemeinheiten nicht, die diesen Menschen dazu gebracht hat, die Hemmschwelle zu überschreiten. Auch ich war einige Male an diesem Punkt angelangt. Man muß schon über eine phänomenale Selbstbeherrschung verfügen, und man muß sich stets vor Augen halten, daß man sich nur selbst weh tut, wenn man reagiert.

Ein Gefängnis ist wie ein kleiner Staat im Staat; auch der

Knast hat sein eigenes kleines Gefängnis, und wenn ein Häftling durch eine Schlägerei oder sonst etwas auffällt, dann kommt die Polizei und bringt ihn ins Loch, in dieses Gebäude, das als Trennungsprogramm bezeichnet wird. Man kann 360 Tage lang ins Loch gehen. Das heißt ein Jahr völliger Isolation, dreiundzwanzig Stunden pro Tag in der Zelle, ein Besuch pro Woche, kein persönliches Eigentum. Dieses Damoklesschwert schwebt so lange über deinem Kopf, bis die Bedrohung größer wird, als es die tatsächliche Strafe ist.

Ich wurde auch einmal ins Loch geschickt, weil ich mich geweigert hatte, um fünf Uhr morgens Schnee zu schaufeln, und als man mich dorthin brachte, dachte ich, nun ja, so schlimm ist es doch gar nicht! Es war tatsächlich nicht viel schlimmer, als wenn man zum ersten Mal ins Gefängnis kommt.

Es war eine harte Zeit für mich. Ich stand zwischen zwei Anwälten. Ein Berufungsverfahren war damals nicht in Aussicht. Und dann folgte ein weiterer Rückschlag.

Im Rahmen eines Pilotprojektes zur Wiedereingliederung studierte ich Geisteswissenschaften. Ganze sechs Anrechnungspunkte trennten mich noch von meinem Abschluß, als das Universitätsprogramm nach »draußen« verlegt wurde und alle Kurse künftig woanders stattfanden. An diesem Programm nahmen natürlich weniger Frauen als Männer teil, und deshalb wurde beschlossen, daß die Unterrichtsstunden in einem Männergefängnis stattfinden sollten. Da es mir als Lebenslängliche nicht gestattet war, das Gefängnisgelände zu verlassen, schloß man mich vom Unterricht aus. Der Bildungsausschuß verweigerte Kathy und mir die Zulassung zu einem auswärtigen Studium.

Es vergingen zwei ganze Semester, bevor es mir nach zähem Kampf gelang, das Studium weiterzuführen. In der Zwischenzeit absolvierte ich einen Kursus in Datenverarbeitung, der in Wirklichkeit nichts anderes als ein Sekretärinnenlehrgang war, bei dem ich Maschineschreiben lernte... eben eine typisch weibliche Beschäftigung, aber das war immer noch besser, als Kartoffeln zu schälen.

Schließlich wurde das Studienprogramm wieder in Taycheedah durchgeführt, und ich machte meinen Abschluß an der Universität von Wisconsin-Fond du Lac.

Meine Eltern haben auf der Abschlußfeier ein Bild von mir machen lassen, mit meinem Hut und der Robe. Darauf stehe ich zwischen ihnen, und sie sehen so glücklich aus! Ich war die erste Lebenslängliche, die sich für dieses Programm einschreiben durfte, und auch die erste, die ihren Universitätsabschluß erreicht hat.

In meiner Abschlußrede vom 31. Juli 1986 sagte ich:

»PREP hat mir neue Ziele gegeben, als mir das Eingesperrtsein so sinnlos erschien. Es änderte meinen Standpunkt und ließ mich überleben. Der eigentliche Prozeß, durch den es mir möglich war, die Herausforderung anzunehmen, bestand darin, inneren Frieden zu finden. Ich mußte Verantwortung übernehmen – Verantwortung, um zu deuten, zu analysieren und zu studieren. Wie alle von uns, die wir hier heute versammelt sind, mußte ich mich in Selbstdisziplin üben beim Einhalten von Terminen, bei den Hausarbeiten und beim Akzeptieren von Meinungen, die von meinen eigenen abwichen. Ich übernahm diese Verantwortung freiwillig. Und weil es freiwillig geschah, ist es auch eine Übung gewesen, den inneren Frieden zu finden. In unserem Leben als Gefangene gibt es tatsächlich keine andere Gelegenheit, bei der wir eine solche Verantwortung übernehmen können...

Jedes Semester wurde von schlechten Nachrichten beeinflußt: entweder wurde ein Berufungsantrag abgelehnt, oder ein Familienmitglied lag im Krankenhaus, oder ein weiterer Antrag wurde abgewiesen. Ich möchte damit nicht sagen, daß »freie« Studenten keine Probleme haben, aber ich glaube, daß sie dennoch deutlich mehr Alternativen haben als ein studierender Häftling. Mal ehrlich! Kein normaler Student wird auf dem Weg zu seiner Abschlußfeier einem Zwangsstriptease zwecks Leibesvisitation unterzogen! Und andere Studenten werden auch nicht von der herrschenden Meinung entmutigt, daß Häftlinge – besonders weibliche Häftlinge und noch dazu Lebenslängliche – keine kostenlose College-Ausbildung verdienen!

Trotz all dieser Hindernisse war PREP für mich der einzige Weg, meinen gesunden Geist zu bewahren. Es ermöglichte mir den Zugang zu der Macht des Wissens, zu dem, wonach wir alle streben: zu Selbstbewußtsein, größerer Klarheit und dem Gefühl, unseren Platz im Leben zu kennen. PREP ist für mich ein Weg, aus Negativem Positives zu machen! Ergreift die Chance, euch zu ändern! Erkenntnis bedeutet Zufriedenheit...«

Heute erscheint mir das alles hoffnungslos naiv. Aber damals meinte ich wirklich, was ich sagte. PREP half mir, gesund zu bleiben.

Nach PREP absolvierte ich ein weiteres Bildungsprogramm, das ACCESS genannt wurde und zum Bakkalaureus der Philosophischen Fakultät der Universität von Wisconsin-Parkside führte. ACCESS ist gewissermaßen ein Fernstudienprogramm. Jeder, der nicht auf traditionelle Weise studiert, kann daran teilnehmen, nicht nur Gefangene. Die Studienzeit beträgt vier Jahre. Um sich für dieses Programm zu qualifizieren, benötigt man sechzig Anrechnungspunkte.

Meine Mentorin war eine phantastische Frau. Frances Kavenik machte sich tatsächlich die Mühe, alle sechs Wochen von Kenosha nach Taycheedah zu fahren, um mich zu betreuen. In meinem letzten Studienjahr verfaßte ich Aufsätze, die von einer umfangreichen Analyse der Perestroika über Drogensuchtprozesse und Meeresverschmutzung bis hin zu meiner besten Arbeit reichten, einer umfassenden Abhandlung über Rückfälligkeit bei Verbrechern. Schließlich hatte ich die beste Gelegenheit, Basisforschung zu betreiben!

Mit Sherry, einer Zellengenossin, gab ich eine Zeitung für die Gefangenen heraus, die »Inmate Output«. Die erste Ausgabe erschien im November 1983. Sie sah zwar unprofessionell aus, aber ich hoffe, daß ihr journalistischer Anspruch höher war als der der städtischen Zeitungen, die ich bisher gelesen hatte.

Außerdem war ich ein sehr aktives Mitglied eines Frauenverbandes im Justizsystem. Der Verband gab Empfehlungen zu Fragen von weiblichen Straffälligen an den Beratungsausschuß des Gouverneurs weiter und wurde von Victoria McCandless, einer extrem hingebungsvollen, kompetenten und intelligenten Anwältin geleitet. Vicky ist eine fabelhafte Frau, die ich sehr bewundere.

So überlebte ich. Nach einigen Jahren fand sich eine Gruppe von Lebenslänglichen zusammen, die sich für den arg mitgenommenen Tennisplatz auf dem Gefängnisgelände interessierte. Natürlich hatten wir kein Wimbledon-Format, aber einige von uns spielten wirklich sehr gut und trainierten, wann immer es möglich war.

Denken Sie nur an die schier unüberwindlichen Hindernisse, um von einem Punkt A zu einem Punkt B innerhalb eines Gefängnisses zu gelangen, an die kleinen Dinge, die die meisten Menschen für so selbstverständlich halten. Wir mußten uns alles erkämpfen. Nach und nach wurden uns kleine Privilegien zugestanden, aber nur, weil wir um eine gleichberechtigte Stellung kämpften und aus diesen Angelegenheiten im wahrsten Sinne des Wortes eine Staatsaffäre machten.

Lebenslängliche müssen für alles hart arbeiten. Und wir werden sauer, wenn so ein kleiner Clown mit einer zweijährigen Haftstrafe daherkommt und alles ruiniert. Das geschieht leider immer wieder.

Monatelang kämpften wir um das Recht, frisches Obst als Mitbringsel von unseren Besuchern annehmen zu dürfen (wenn ich noch einmal in meinem Leben Dosenobst sehe, fange ich an zu schreien!). Für frisches Obst wären wir gestorben. Schließlich erteilte man uns widerwillig die Erlaubnis. Aber einige idiotische Kurzzeitgefangene hatten die großartige Idee, Wodka in Organgen zu injizieren. Sie hielten das für kolossal witzig! Prompt wurde dieses Sonderrecht von der Direktorin gestrichen. Wie immer, hatten wir alle darunter zu leiden.

Wir Lebenslänglichen fühlten die Notwendigkeit, das Gefängnis so annehmbar wie möglich zu machen. Kathy hatte zwei Kinder aus erster Ehe und noch zwei weitere kleine Jungen aus der Zeit, als sie auf der Flucht war. So engagierte sie sich dafür, den Spielplatz, den die Kinder während der Besuchszeiten benutzen durften, neu zu gestalten. Einige Gefangene verbrachten freiwillig unzählige Stunden hinter dem Verkaufsstand in der Besucherzone, wo sie Chips und andere Kleinigkeiten verkauften. Von dem Ertrag kauften sie neue Geräte für den Spielplatz. Sicher flossen die Profite somit zum größten Teil wieder ins Gefängnis zurück, und das wurde uns auch von einzelnen Gefangenen vorgeworfen, aber schließlich taten wir es doch für die Kinder. Ich machte für sie einige Wandmalereien, und ich bedaure es nicht. Das Verkaufsstand-Projekt wurde übrigens eingestellt, als eine der Kurzzeitinsassinnen dabei aufflog, wie sie Geld in die eigene Tasche steckte. Noch ein Beispiel dafür, wie eine allen anderen etwas verdarb.

Zur inneren Befreiung schrieb ich Gedichte. Wenn wirklich jeder einzelne Lebensbereich kontrolliert und untersucht wird, ist es unmöglich, ein Tagebuch zu führen. Es würde nur gestohlen oder beschlagnahmt. Zellengenossinnen würden es vermutlich lesen und die Aufseher ganz sicher. Ich liebte die Möglichkeiten der Poesie, mit der man Dinge kraftvoll ausdrücken und gleichzeitig versteckte Anspielungen machen konnte. Die eigentliche Bedeutung eines Gedichtes kannte nur ich. Wenn es also ein Problem gab, das mich nicht losließ, dann öffnete ich mein Herz ein wenig und ließ die Wut in meinem Kopf gären, bis ich mich hinsetzen und es zu Papier bringen konnte. Danach fühlte ich mich besser.

Ende 1987 schrieb ich folgendes Gedicht:

Oktober

Nun brauche ich mehr als die Finger einer Hand

um all die Geburtstage zu zählen die ich hier verbracht habe.
Eines Morgens, während ich in einem dunklen Büro wartete,
warf ich einen flüchtigen Blick auf die Äste der Bäume draußen
und merkte, daß sie schon so aussahen,
als streckten sie ihre Arme himmelwärts,
und ich erkannte
daß ich so nicht länger weiterleben konnte.

Du könntest denken,
daß nach so vielen Jahren der Unterwerfung,
nach so viel Entmenschlichung,
Erniedrigung und Einmischung, nach
Striptease-Leibesvisitationen während der Menstruation
(zur offensichtlichen Freude zweier lesbischer Wärterinnen),
nachdem du gezwungen wurdest, vor den Augen
so vieler Fremder auf die Toilette zu gehen, und du
mitten in der Nacht zum Schneeschaufeln genötigt wurdest
oder du auf Kommando in einen Becher urinieren mußtest,

daß nach all diesen Jahren sinnlicher Entbehrungen
und seelischer Sodomie,
nachdem du schikaniert wurdest und
getadelt,

kontrolliert,
belästigt,
isoliert,
eingeengt,
gedemütigt,
niedergemacht,
angeklagt,
kritisiert,
entmutigt,
bedroht und verhört,

magst du denken,
daß du die kleinen Bestrafungen ignorieren könntest -
wenn wir laut gewarnt werden,
uns nicht von einem Besucher küssen zu lassen,
wenn uns befohlen wird, sinnlose Arbeit zu verrichten,
und wir dann auf zwei Tageslöhne verzichten müssen,
weil wir zu spät gekommen sind,
wenn wir hilflos von einer in die andere Zelle gesteckt
werden,
wenn man uns das Päckchen mit Keksen von zu Hause
verweigert;

aber diese dauernde Unterdrückung wird nur schlimmer -
wird immer unerträglicher.

Ich bin es müde, mich zu fragen,
wieviele faschistische Arschlöcher meine Briefe lesen
(und mich zu fragen, ob sie überhaupt ankommen werden);
mich von Kameras überwachen zu lassen,
mir Sex entziehen zu lassen,
von mangelnden Alternativen beherrscht zu werden und
vom Klang der Sirenen, Schlüssel und Walkie-talkies.

Ich kann mir nicht länger die Kinder ansehen,
die draußen vor dem Gitter weinen: »Nein, Mami!
Ich will nicht auf Wiedersehen sagen!«
Ich habe keine Kinder, aber ich fühle wie dieses Kind.
Ich schaue schnell weg
von der Frau mit den rotgeweinten Augen,
die ich nicht länger sehen will.
Ich kann diese Paranoia, die Angst und die Verzweiflung,
nicht ertragen.

In letzter Zeit
denke ich oft, ich müßte explodieren;
aber dann würden SIE gewinnen.
Und damit würde ich nur meine bittere Realität
gegen Psychopharmaka und Papierkleider eintauschen.
Also sammel ich noch einen Armvoll Widerstand
und mache weiter;
vorläufig.

Damals schrieb ich sehr viel. Für das »Theater X« in Milwaukee, einem kleinen Haus, in dem experimentelle Kunst
aufgeführt wurde, schrieb ich ein Theaterstück, das ich »See-
len-Tattoos« nannte. Das Stück bekam sogar einige Kritiken.
Jemand bezeichnete es als irgendwie hemmungslos, aber im
großen und ganzen begriffen die Leute, was ich damit ausdrücken wollte. Ich benutzte es, um die Art und Weise anzugreifen, wie die Presse auf weibliche Angeklagte reagiert. Und
ich konnte mir damit einiges von der Seele schreiben. Die My-
then, die mich und meinen Fall umgaben, diese ganze »Killer-
Häschen«-Masche, machten mich so krank.
Es geschahen noch weitere seltsame Dinge! Die Familie von
Christine Schultz verklagte mich auf drei Millionen Dollar
Schmerzensgeld. Was sagt man dazu? Und Don Eisenbergs
Büro forderte in einem Honorarstreit achtunddreißigtausend

429

Dollar von mir. Das müssen Sie sich einmal vorstellen! Im Gefängnis verdiente ich etwa dreißig Pfennig pro Stunde. Jeder wollte etwas von mir.

Meine Freunde und meine Familie unterstützten mich sehr. Einige Freunde besuchten mich jahrelang. Einige tun es heute noch. Andere sind aus meinem Leben verschwunden. Entfremdung läßt sich nicht mit Ferngesprächen aufhalten, aber manchmal war es schwer für mich, meinen Freunden dies nachzusehen. Sie mußten ihr Leben leben, die Jahre vergehen, man wird älter, und man übernimmt andere Verantwortungen.

Im Laufe der Jahre starben auch einige Menschen. Da ich im Gefängnis saß, erfuhr ich solche Nachrichten durch einen Brief oder Anruf, aber ich konnte nicht dort sein und die Trauer mit den anderen teilen. Deshalb lebten sie für mich weiter. Ich sträubte mich dagegen, ihre Namen aus meinem Adreßbuch zu streichen; das kam mir vor, als würde ich so viele Erinnerungen an ein langes Leben auslöschen.

Im Laufe der Jahre fand ich neue Freunde. Im Gefängnis fand ich viele gute Freunde. Es ist schwer zu beurteilen, ob wir uns nur deshalb so gut verstanden, weil wir innerhalb kurzer Zeit so viele Gemeinsamkeiten fanden; ich glaube, draußen wird eine Knastfreundschaft nicht lange halten.

Das Elend liebt die Gesellschaft anderer Elender, denke ich. Wenn es heute eine Sache gibt, von der ich genau weiß, wie sie funktioniert, dann ist es die Art und Weise, wie das Rechtssystem arbeitet. Man ist verrückt, wenn man sich nicht für schuldig erklärt. Hätte ich es getan, dann wäre ich heute frei. Aber was ist, wenn man wirklich unschuldig ist? Seine Unschuld zu beteuern bedeutet nur, daß man im Gefängnis bleibt. Die tatsächlich Schuldigen kommen viel schneller heraus. Da sie wissen, daß sie schuldig sind, zögern sie nicht, sich schuldig zu bekennen. Und dadurch können sie zehn Jahre früher entlassen werden. Da haben wir es also – die Schuldigsten sind diejenigen, die die kürzeste Zeit absitzen müssen. Eine Unschuldsbeteuerung ist ein Glaubensbekenntnis an das System, daran, daß die Gerechtigkeit siegen wird. Niemand, der dort war, wo ich gewesen bin, glaubt daran. Mir widerfuhr rohe Ungerechtigkeit. Und viele meiner Freunde erlebten dies ebenfalls.

Nun frage ich mich, ob die Frage nach Schuld oder Unschuld nach zwanzig, dreißig oder vierzig Jahren im Gefängnis noch eine Rolle spielt. Würde das irgend jemanden interessieren? Meine Antwort ist nein.

Jedem, der in diese Mühlen gerät, kann ich nur den einen Rat geben: Erkläre dich schuldig, es ist zu deinem eigenen Wohl. Und wenn du das Verbrechen nicht begangen hast? Es glaubt dir sowieso niemand, was du sagst. Freiheit ist ein menschliches Fundament. Wenn man ein Drittel seines Lebens hinter Gittern verbracht hat, wird man alles tun, um frei zu sein, auch wenn man dafür all seine Prinzipien über Bord werfen muß.

Und ich? Ich hatte diesen naiven, lächerlichen Glauben an die Gerechtigkeit.

21

DER RUMMEL UM BEMBENEK

Anwälte, Sensationshungrige, Verrückte, Scheinwerfer-Vampire der öden Medienlandschaft, Pöbel und Pack, tintenverschmierte arme Kerle, die ihre Tage bei der Presse fristen, Besessene und hartnäckige Jäger auf der Suche nach einer schwer definierbaren Wahrheit – sie alle scheint mein Fall anzuziehen. Warum ziehe gerade ich wie ein Magnet diesen Zirkus an, diese geschmacklosen Typen? Entweder lieben die Menschen mich, oder sie hassen mich. Warum? Ich weiß es nicht. Hier drinnen bin ich völlig isoliert und davon abhängig, was andere mir erzählen. Eigentlich will ich nur endlich nach Hause gehen, aber ich bin mittendrin in diesem Bembenek-Rummel...

•

In Wisconsin gibt es zwei Möglichkeiten, um einen Prozeß wieder aufzunehmen: entweder legt man neue Beweise vor, oder man weist einen Interessenkonflikt nach. Für einen Gefangenen ist keine der beiden Möglichkeiten einfach. Man ist auf das angewiesen, was die Anwälte sagen. Man hat keinen Zugang zu den Akten. (Erst in Kanada händigten mir meine dortigen Anwälte eine Kopie des Auslieferungsantrags, der vom Staat Wisconsin gestellt worden war, aus, und erst bei dieser Gelegenheit sah ich einige der Original-Polizeiberichte über meinen Fall.) Anwälte sind nicht gerade versessen darauf, sich mit einem Mandanten zu beraten, erst recht nicht, wenn das Gefängnis, in dem der Mandant sitzt, mehrere Stunden Autofahrt entfernt liegt und der Mandant sich völlig auf sein Gedächtnis verlassen muß. Das macht die Sache nicht gerade einfacher. In meinem Fall gab es tatsächlich einige neue Beweise. Der Fall begann, sich zu entwirren.

1983 ging Dr. Elaine Samuels, die Leichenbeschauerin, an die Öffentlichkeit, um die Haar- und Faseranalysen, die dem Gericht als Beweise vorgelegen hatten, anzuzweifeln. Sie bestritt ganz energisch, bei der Leiche je blonde Haare gefunden zu haben. Weil die Zeugen während eines Prozesses keinen Kontakt miteinander haben, hatte sie damals nicht erfahren, daß angeblich sie die blonden Haare, die die Polizei als Beweise vorgelegt hatte, entdeckt hatte. Darüber las sie erst nach dem Urteil. Dr. Samuels gab uns ihre eidesstattliche Erklärung, daß sie lediglich Haare gefunden hatte, die mit denen des Opfers übereinstimmten, aber kein einziges »farbbehandeltes« blondes Haar.

Dann widerrief Judy Zess 1984 ihre Aussage. Man stellte fest, daß Freds Alibi Ungereimtheiten aufwies, er wurde wegen Meineides in drei oder vier Fällen vernommen, und es gab noch ein paar andere Dinge...

Eisenberg hielt es für das Beste, mit den neuen Beweisen direkt an den Bezirksstaatsanwalt E. Michael McCann heranzutreten und ihn zu bitten, den Fall neu aufzurollen. Eisenberg dachte, wir hätten mehr als genug Material, um jeden klardenkenden Menschen davon zu überzeugen, sich den Fall zumindest noch einmal genau anzusehen. Der Zeitpunkt war jedoch nicht sehr glücklich gewählt. Damals bemühte sich McCann gerade um einen Sitz im Kongreß und wollte keine unpopulären Entscheidungen treffen. Neun Monate vergingen, und – welch Ironie des Schicksals – McCann verlor die Wahl. Danach gab er bekannt, daß er den Fall nicht wieder aufrollen würde.

Eisenberg beschloß, einen Antrag auf ein neues Verfahren zu stellen. Die Unterlagen hatte er ganz offensichtlich wahllos zusammengestellt. Sie hätten diesen Antrag einmal sehen sollen! Er war katastrophal. Jeder Jurastudent hätte es besser

433

machen können. Aber Eisenberg schusterte den Antrag einfach zusammen und reichte dieses halbfertige Ding ein. Eine Anhörung vor Richter Gram wurde anberaumt. Drei Tage vor diesem Termin entzog die Anwaltskammer Eisenberg die Lizenz auf unbestimmte Zeit wegen eines Interessenkonfliktes. Ein wunderbares Timing! Dennoch glaube ich, daß ich Glück im Unglück hatte.

Ich mußte schnell einen anderen Anwalt finden, der mich vertrat und der versuchen sollte, den Antrag zurückzuziehen. Ich geriet in Panik. Damals gab es im Gefängnis noch keine frei verfügbaren Telefone. Ich konnte das Gefängnispersonal auch nicht davon überzeugen, daß ich dringend eine Ausnahmebewilligung brauchte. Es war schrecklich. Mich rettete nur der Umstand, daß ich mich gerade von Fred scheiden ließ und daß mich mein Scheidungsanwalt in Taycheedah besuchte. Ich erklärte ihm, daß er unbedingt für mich zum Gericht gehen und diesen Antrag auf ein neues Verfahren zurückziehen mußte. Er tat es.

Mein neuer Rechtsbeistand wurde Thomas Halloran, ein Anwalt aus Milwaukee.

Ein neuer Anwalt braucht Zeit, um sich mit einem Fall vertraut machen zu können, besonders, wenn es sich dabei um einen so komplexen Fall wie meinen handelt. Halloran schien jedoch ein sehr langsamer Leser zu sein. Sechs Monate vergingen. Nichts geschah. Er sagte immer, er würde einen neuen Antrag stellen; er redete und redete... Es vergingen weitere Monate, ohne daß etwas passierte. Seine Ehe scheiterte, seine Geschäftspartner trennten sich von ihm, alles lief schief, und er vertröstete mich mit allen nur erdenklichen Ausreden. Zwei Jahre später stellte er dann endlich den Antrag, aber nur, weil meine Eltern ihn immer wieder dazu gedrängt und ihm ein Honorar in Höhe von siebzehntausend Dollar gezahlt hatten.

Zwei Jahre waren vergangen. Zwei ganze Jahre! Insgesamt

blickte ich auf neun Jahre und vier verschiedene Anwälte zurück. Die Leute fragen sich, wie neun Jahre im Gefängnis vergehen können, ohne daß etwas geschieht. Sehen Sie sich meinen Fall an, dann wissen Sie es.

In der Zwischenzeit hatte Eisenberg mich auf weitere Zahlungen verklagt und versuchte, meinen Lohn pfänden zu lassen. Bei dem Stundenlohn von dreißig Pfennigen konnte man ihm dabei nur viel Erfolg wünschen. Schließlich ging er nach Florida. Langsam wird es eng dort unten.

Dann kam Joseph Hecht ins Spiel.

Durch eine Schulfreundin aus Madison erfuhr ich von Hecht. Sie schickte mir einige Zeitungsmeldungen über seinen Fall. In ihrem Brief schrieb sie: »Dieser Fall hört sich genau wie Deiner an, Laurie. Hecht war ein Schlägertyp, die Beschreibung, die Sean und Shannon von dem Einbrecher gegeben haben, paßt auf ihn, das Opfer war die Ex-Frau eines Polizisten, und das Motiv war eine Unterhaltsangelegenheit… Irgendwie gelangte er in das Haus; es gab keine Anzeichen gewaltsamen Eindringens. Er erschoß die Frau vor den Augen ihrer Kinder. Er benutzte sogar eine Waffe desselben Kalibers. Es war dieselbe Vorgehensweise wie in Deinem Fall. Du solltest das einmal näher untersuchen lassen.«

Das alles erschien mir fast gespenstisch.

Ich wußte, daß es schwierig werden würde, aber es war einen Versuch wert. Immerhin wußte ich all die Jahre, die ich im Gefängnis zugebracht hatte, daß ich Christine Schultz nicht getötet hatte, sondern daß es jemand anders getan haben mußte. All die Jahre wartete ich in der Hoffnung, jemand würde kommen und sagen: »Ich habe es getan«, oder: »Ich weiß, wer der Mörder ist.« Stets hoffte ich, daß die Wahrheit ans Licht käme.

Nun also kam Joe Hecht.

Aber wie sollte ich Nachforschungen anstellen? Ich konnte schlecht ins Männergefängnis gehen, um mit Hecht zu reden.

Halloran arbeitete damals nicht gerade mit Höchstgeschwindigkeit an meinem Fall, und Eisenberg war weg. Schließlich bot mir mein Freund Bill Roddick an, sein möglichstes zu tun. Er hat mir im Laufe der Jahre sehr geholfen (er hat zwei Bücher über meinen Fall geschrieben: »Der dreizehnte Geschworene« und »Nach dem Urteil«).

Wie ich befürchtet hatte, weigerte sich Hecht natürlich, mit Bill zu sprechen. Ich war lange genug im Gefängnis, um zu wissen, daß man sich nicht mit jedem unterhält, der einen darum bittet.

Halloran machte den genialen Vorschlag, ich solle mich einem Polygraph-Test unterziehen. Toll, dachte ich. Warum ausgerechnet jetzt? Was soll das nützen? Die Leute begreifen nicht, daß solche Tests Tausende von Dollar kosten, aber vor Gericht als Beweismittel unzulässig sind. Warum sollte ich einen solchen Test also machen? Schließlich hatte ich mich auf Drängen von Don Eisenberg bereits einer Stimmen-Streß-Analyse unterzogen.

Ein Gefangener ist immer verdächtig. Wenn man sich weigert, sieht es so aus, als hätte man etwas zu verbergen, und so machte ich den verdammten Test eben. Natürlich bestand ich ihn.

Halloran schickte seinen Mitarbeiter Joseph Broderick zu Hecht. Und Hecht redete. Ich denke, er war eher bereit, mit einem Anwalt als mit anderen Leuten zu sprechen.

Hecht gestand. Er sagte, er hätte Christine Schultz umgebracht. Das sagte er Broderick. Anschließend erzählte er es auch Halloran und einem weiteren Anwalt, den Halloran zur Bezeugung dieser Aussage hinzugezogen hatte. Dreimal erzählte Hecht dieselbe Geschichte.

Ob mir das Auftrieb gab? Natürlich tat es das. Aber ich war oft genug enttäuscht worden, um mir einen gewissen Zynismus zu bewahren. Immerhin war ich bei seinem Geständnis nicht dabei gewesen. Ich mußte mich auf das verlassen, was

Halloran mir erzählte. Außerdem hatte Hecht einen triftigen Grund, ein falsches Geständnis für diesen Mord abzulegen, da er angeblich in Texas wegen eines anderen Mordes gesucht wurde, und in Texas galt die Todesstrafe. Demnach hätte man ihm unterstellen können, daß es in seinem eigenen Interesse lag, in Wisconsin zu bleiben. Broderick machte sich auf, um Hechts Geschichte zu beweisen.

Alles schien zu passen. Hecht hatte damals bei einer Tankstelle gearbeitet. Er sagte, daß er pro Jahr nur vier Tage krank sein durfte. Drei Krankentage hatte er am 27., 28. und 29. Mai 1981 genommen. Christine wurde am 28. Mai umgebracht. Zufall? Laut Halloran bestätigten Hechts Arbeitsunterlagen seine Abwesenheit. Hecht sagte, er hätte eine Tasche mit dem Revolver, einer Perücke und einigen anderen Sachen auf einem Parkplatz hinter einem Teppichgeschäft abgeholt. Er erklärte, daß ihm gesagt wurde, er solle in einem Stapel riesiger Papprollen suchen, die man zum Teppichaufrollen verwendete, und daß er die Waffe in der dritten Rolle von links gefunden habe. Broderick ging in das Geschäft, um Hechts Angaben zu überprüfen. Es war kein Teppichgeschäft, aber es stellte sich heraus, daß in dem Laden 1981 tatsächlich Teppiche verkauft worden waren. Also stimmte auch dies.

Hecht sagte, er wäre je zur Hälfte mit Kokain und Bargeld bezahlt worden. Nach dem Mord verbrachte er einige Tage damit zu feiern. Er mietete sich eine Limousine, mit der er nach Chicago fuhr. Dort feierte er weiter und schnupfte sein Kokain. Broderick hatte die Rechnung für die Limousine überprüft. Natürlich weiß ich nicht, was an der Geschichte tatsächlich wahr war, aber sie klang plausibel.

Eines der nie gelösten Probleme bei dem Mordfall war die Frage, warum Christines Beine nicht zusammengebunden worden waren. Warum fesselte der Täter sein Opfer überhaupt, wenn er es sowieso umbringen wollte? Hechts Erklärung schien einen Sinn zu ergeben. Er sagte, er wollte

Christine vergewaltigen, sei aber durch Geräusche aus dem Kinderzimmer daran gehindert worden.

Wer ihm den Auftrag zu dem Mord gegeben hatte, wollte er allerdings nicht sagen. Da hatte er seltsame Skrupel. Er sagte, seine ethischen Grundsätze ließen es nicht zu, jemanden zu verpfeifen. Das war typisch für ihn. Auch bei seiner letzten Verurteilung hatte er der Polizei nicht verraten, von wem er den Mordauftrag in Madison erhalten hatte.

Wir glaubten mit dem Ergebnis des Polygraph-Tests, Hechts Geständnis, der Erklärung von Frau Dr. Samuels, Judy Zess' Widerrufung und den anderen Anhaltspunkten, genug Material für einen neuen Prozeß gefunden zu haben.

Also stürzten wir uns hinein. Zurück ins Gericht von Milwaukee.

Dort präsentierte der stellvertretende Staatsanwalt Robert Donahoo einen Wahnsinnigen, der aussagte, Hecht hätte ihm gegenüber behauptet, noch nie einen Menschen umgebracht zu haben. Als ob alles nicht schon schlimm genug gewesen wäre, mischte sich jetzt auch noch Jacob Wissler ein.

•

Jacob Wissler! Woher kam er? Direkt aus der Hölle. Er ist ein boshafter, kranker Mann, der alles vergiftet, was er anfaßt.

•

Er trat im September 1983 in mein Leben, nachdem das Milwaukee Journal eine Titelstory über mich geschrieben hatte. Er schrieb mir einen Brief, einen ganz normalen Brief, und so begannen wir, uns zu schreiben. Alle seine frühen Briefe waren völlig harmlos und doch auf eine gewisse Art interessant. Wir diskutierten über Politik, und das machte mir Spaß. Er war ein Anhänger der rechten, konservativen Republikaner, wohingegen ich über die gesamte Reagan-Politik schimpfte. Wenn ich mich recht entsinne, sah er mich nur zweimal. Ich war damals so aufgewühlt. Meine Berufungen hatten mir eine Enttäuschung nach der anderen beschert. Es sah nicht nur

schlecht für meinen Fall aus, auch in der Familie gab es ernsthafte Probleme. Damals wäre mein Vater beinahe an Magen-
krebs gestorben. Wissler bot mir an, nach Taycheedah zu
kommen, um mich zu besuchen. Ich war schrecklich niedergeschlagen und wünschte mir so sehr, jemanden zu sehen, irgend jemanden, und so stimmte ich seinem Vorschlag zu. Das
schien mir immer noch besser, als gar keinen Besuch zu bekommen. Mein Vater lag im Krankenhaus, und meine Mutter
traute sich die lange Fahrt nach Taycheedah alleine nicht zu.
Wisslers Briefe hatten alle ausgesprochen vernünftig geklungen. Hätte ich mit ihm telefonieren können, hätte ich vielleicht früher erkannt, daß er nicht alle Tassen im Schrank hatte. Aber weil ich traurig war, ergriff ich die Chance, Besuch
zu bekommen.

Wissler kam nach Taycheedah. Er war nur ein Besucher, nicht
einmal ein Freund. Bevor er ging, umarmte ich ihn flüchtig
und bedankte mich für alles. Es war ganz unverbindlich, so
wie man eben einen Bekannten umarmt.

Bald darauf wurde mir klar, daß er von mir besessen war. Er
behauptete, in mich verliebt zu sein. Sein Besuch, dieser kurze Kontakt, führte bei ihm zur Leidenschaft. Es war krank
und verdreht, und er vergiftete damit alles. Er schrieb mir
Liebesbriefe. Dann erzählte er der Presse, daß er mir Ge-
schenke machte und mich liebte. Anschließend schrieb er mir
und bedrohte mich und meine Familie. Er schickte mir bis zu
zehn Briefe pro Tag, Hunderte von Telegrammen und Nachrichten per Kurierdienst. Kopien dieser Briefe schickte er an
meine Eltern, meine Anwälte, an Bill Roddick und andere
Leute, an jeden, der in irgendeiner Weise mit mir zu tun hatte.

Als ich mich weigerte, seine Post anzunehmen, fing er an, mir
anonym zu schreiben. Er gab sich sogar als Anwalt aus, indem
er Briefumschläge aus Eisenbergs Büro benutzte, die er sich
irgendwie »besorgt« hatte.

Das alles geschah, wie gesagt, zu einer Zeit, in der ich es besonders schwer hatte. Wissler kannte meine Situation genau und nutzte sie aus. Ganz offensichtlich wußte er sehr viel über mich und meinen Fall, und er ließ mich stets in dem Glauben, daß er sogar noch mehr wußte. »Die Schlüssel zu deiner Freiheit liegen in meinen Händen«, sagte er. Er behauptete, Tonbandaufnahmen zu besitzen, die meine Unschuld bewiesen. Don Eisenberg riet mir, den Kontakt zu Wissler aufrechtzuerhalten – für den Fall, daß er tatsächlich über brauchbare Informationen verfügte.

Was sollten das für »Tonbänder« sein, die er angeblich besaß? Es waren nur Hirngespinste.

Wenn ich den Schlüssel zu meiner Freiheit bekommen wollte – falls ein solcher Schlüssel überhaupt existierte – sollte ich ihm schreiben, ihn umschwärmen, ihm danken und ihm sagen, daß ich ihn liebte! Mit anderen Worten, ich sollte lügen. Ich fühlte mich schmutzig und benutzt. Was sollte ich nur tun? Was war, wenn er diese Bänder tatsächlich besaß? Dieser Teufel wußte nur zu gut, in welchem Dilemma ich steckte. Er manipulierte jeden.

Widerwillig schrieb ich ihm. Er reagierte darauf, indem er meinen Brief postwendend an mich zurückschickte, nachdem er die Worte »Leck mich doch!« darauf gekritzelt hatte. Einen Tag später fuhr er damit fort, mir romantische Briefe zu schreiben, als ob nichts gewesen wäre. Die Bänder hat es natürlich nie gegeben.

In den folgenden Monaten bezahlte er einige meiner Mitgefangenen dafür, daß sie mich ausspionierten. Selbst über so banale Dinge wie meine Frisur wollte er informiert werden. Alles, was er über mich wußte, gab ihm das verrückte Gefühl, ein Stück von mir zu besitzen. Er fand heraus, wer mich besuchte und belästigte diese Leute mitten in der Nacht durch Telefonanrufe. Er wollte mich von meiner Familie und meinen Freunden trennen, so daß ich mich allein und einsam fühlen sollte. Dann würde ich mich ihm aus lauter Verzweiflung schon zuwenden.

Es war so, als hätte ich meinen ganz persönlichen Terroristen gefunden. Er war ein Meister der Täuschung und der Verwirrung, ein wahrer Betrugskünstler. Bei ihm war nichts so, wie es schien, nichts war real.

Von seinen Spionen im Gefängnis erfuhr er einmal, daß ich eine Affäre mit der Gefängnisdirektorin hätte. Diese lächerliche Behauptung machte ihn rasend vor Eifersucht. Daraufhin richtete er eine telefonische Bombendrohung an das Gefängnis, kam vor Gericht und wurde endlich eingesperrt.

Natürlich fragte ich mich, womit er sein Geld verdiente. Er erhielt keine nachweisbare finanzielle Unterstützung und übte auch keinen Bürojob oder irgendeine freiberufliche Tätigkeit aus. Ob ihn jemand dafür bezahlte, daß er dieses heillose Durcheinander stiftete?

Irgendwer hatte Christine Schultz ja umgebracht. Jemand war für meine Verurteilung verantwortlich. Wenn es eine Verschwörung gegen mich gab, dann könnte jemand versuchen, mir zu schaden, meinem Fall zu schaden, mich und meine Familie in den Wahnsinn zu treiben... War es denkbar, daß Wissler von der anderen Seite angeheuert worden war?

Wissler hat einmal zu Bill Roddick gesagt: »Ich hoffe, daß sie für immer im Gefängnis bleiben wird, damit meine Phantasien nie zu Ende gehen.«

Es war ein Ritt durch die Hölle. Diese Art von Sorgen konnte meine Familie am allerwenigsten gebrauchen! Ich versuchte einfach alles. Als er anfing, so unheimlich zu werden, antwortete ich ihm trotzdem, aber es half nichts. Erst seine Verurteilung wegen der Bombendrohung setzte ihn schließlich außer Gefecht.

Wissler mischte sich auch bei der Sache mit Hecht ein. Als er erfuhr, daß Hecht den Mord gestanden hatte, für den ich verurteilt worden war, fing es an. Das konnte Wissler nicht ertragen. Sofort bedrohte er mich: »Wenn du dich weigerst, mich zu lieben, werde ich Hecht Schweigegeld bezahlen, damit er seinen Mund hält«, sagte er.

Ich weiß nicht, ob er es getan hat. Jedenfalls wandte er sich an die Presse und an den Staatsanwalt und erzählte ihnen, daß er Hecht bestochen hatte, damit dieser ein Geständnis ablegte. Er behauptete, er habe auf meine Veranlassung hin so gehandelt, denn es sei meine Idee gewesen! Als wir dann vor Gericht gingen, beschloß Hecht, einen Antrag auf Anwendung des fünften Zusatzgesetzes zu stellen. Halloran war der Ansicht, daß dies gar nicht einmal so schlecht für uns war. Warum sollte man einen Antrag auf Immunität stellen, wenn man nichts zu verbergen hatte? Wissler war nicht aufzuhalten. Er schickte Hecht Briefe ins Gefängnis, wohl wissend, daß sie wie alle Post der Häftlinge auch von anderen gelesen wurden. Auf Donahoos Antrag hin wurden diese Briefe beschlagnahmt und wirkten sich negativ auf meine Beweisführung aus.

Vor seiner Aussage bei Gericht unternahm Hecht einen Fluchtversuch. Fast wäre es ihm gelungen zu entkommen, als er zwei Wärter, die ihn auf seinem Transport zu einem Untersuchungstermin in ein Krankenhaus nach Madison begleiteten, mit einer Waffe bedrohte. Er wäre beinahe erschossen worden, was die Polizei sicherlich sehr begrüßt hätte. Doch zu ihrem Leidwesen versuchte Hecht, über einen Golfplatz in Madison zu entkommen, und Fernsehkameras verfolgten ihn die ganze Zeit. Natürlich behauptete Wissler, an Hechts Fluchtversuch beteiligt gewesen zu sein und ihm die Waffe ins Gefängnis geschmuggelt zu haben.

Es war eine Katastrophe. Halloran versuchte, seinen Antrag durchzusetzen; Wissler bedrohte den Richter, Hecht und mich; Hecht versuchte zu fliehen, und anschließend stellte er einen Immunitätsantrag… was für ein Affentheater!

Danach schlug Wissler einen anderen Ton an und prahlte damit, Hecht bezahlt zu haben, damit er nicht aussagte. Zu diesem Zeitpunkt hatte er alle bereits dermaßen verwirrt, daß niemand mehr wußte, was er glauben sollte. Nicht einmal der Richter.

Mit Hechts mittlerweile fragwürdig gewordenem Geständnis waren meine Aussichten auf einen neuen Prozeß gleich Null.

Heute lebt und arbeitet Wissler in der Nähe von Chicago und möchte von der Presse nicht mehr belästigt werden!

Erst Jahre später häuften sich die entlastenden Beweise.

•

Ich verdanke es der sorgfältigen Arbeit und den umfangreichen Bemühungen vieler Menschen, daß sich die entlastenden Beweise schließlich mehrten und daß nach wie vor neue hinzukommen.

Am meisten muß ich dafür aber Ira Robins danken, meinem Privatdetektiv, meinem persönlichen Wachhund. Dem hartnäckigen, unaufhaltsamen, unbezähmbaren und unwiderstehlichen Ira Robins.

•

Mittlerweile kennen Ira und ich uns so lange, daß ich beinahe vergessen habe, wie das zuvor Leben aussah. Ich lernte ihn durch Kathy Braun kennen. Er hatte in der Vergangenheit einige Male für ihre Familie gearbeitet und besuchte sie in einer geschäftlichen Angelegenheit.

Ich stand mehr oder weniger zwischen zwei Anwälten, das heißt, offiziell arbeitete Halloran noch für mich, aber ich hatte den Eindruck, daß er im Grunde genommen gar nichts unternahm.

Ira drängte mich, Gerry Boyle zu engagieren. Er sei ein Experte in Sachen Strafrecht. Wir vereinbarten einen Termin, aber es lief nicht besonders gut. Boyle wollte meine Zustimmung zu einer Befragung unter Einwirkung einer Wahrheitsdroge, bevor er mich vertreten würde. Ich war verzweifelt. Jahrelang war ich nun schon dazu gezwungen, meine Un-

443

schuld zu beweisen. Mit jedem neuen Anwalt kam auch ein neuer Lügendetektor-Test. Wenn ich mich sträubte, legte man es mir als Schuldgeständnis aus. Ich hatte genug davon. Immerhin hatte ich bereits zwei solcher Tests hinter mir. Und wozu? Ich hatte Tausende von Dollar dafür bezahlt, sie waren als Beweismittel vor Gericht unzulässig, und durch sie kam ich auch nicht aus dem Gefängnis heraus. Also dankte ich Mr. Boyle und verabschiedete mich von ihm. Mit seinem dicken Bauch und seiner immerwährenden Sonnenbräune ging er hinaus.

Dann kam Ira irgendwie auf die Idee mit Marty Kohler, und so wurde Marty mein Anwalt.

Was motiviert Ira eigentlich? Zunächst einmal sein Interesse. Wenn Ira sich für etwas interessiert, wird er hartnäckig. Er ist wirklich dickköpfig! Der Wendepunkt kam jedoch, als Donahoo, der stellvertretende Staatsanwalt, versuchte, sich über Ira lustig zu machen, seine Glaubwürdigkeit anzugreifen und ihn als verrückt darzustellen. Das war ein großer Fehler. Von dem Moment an betrachtete Ira meinen Fall als eine persönliche Herausforderung. Er arbeitete fortan wie besessen daran. Heute besteht sein ganzes Leben aus dieser Arbeit. Ich brauchte damals so einen Menschen, und da war er nun. Dafür werde ich ihm ewig dankbar sein. In einem Fernsehinterview wurde er einmal gefragt, wann er aufgeben würde.

»Der einzige Weg, mich aufzuhalten, wäre, mich einzufrieren«, sagte er.

Typisch Ira!

•

Es gibt Leute, die behaupten, Ira sei fanatisch. Sie können sich gar nicht vorstellen, wie sehr ich einen solchen Fanatiker brauchte, jemanden, der besessen war! Die Jahre vergingen, diese quälenden Jahre, und die Menschen veränderten sich. Nur wenn man ein Opfer ist oder ein Schurke oder ein Heiliger,

kann man die bis zur Weißglut gesteigerte Wut über so viele
lange, ermüdende Jahre aufrechterhalten.

•

Einige meiner guten Freunde begannen nun, sich zurückzuziehen. Selbst Bill Roddick, Gott schütze ihn, der so viel für
mich getan hat, indem er versuchte, die Kosten für mich und
meine Familie so gering wie möglich zu halten, selbst Bill gelangte nun an den Punkt, wo er einfach aufgab. Das erkannte ich etwa 1985. Letztendlich war einfach kein Enthusiasmus
mehr übrig geblieben. Ich merkte es bei unseren Unterhaltungen. Anfangs hatte er immer gesagt: »Wenn du aus dem
Gefängnis kommst...« Aber dann kam ein Punkt, an dem es
dieses »wenn« nicht mehr gab. Er schien sich mit der Tatsache abgefunden zu haben, daß ich den Rest meines Lebens im
Gefängnis verbringen würde. Dieser Wandel betrübte und
entmutigte mich, aber ich konnte ihm keinen Vorwurf machen. Bill hatte seine Grenzen erreicht.
Glücklicherweise geschah das erst, als Ira aktiv wurde.
Seit vielen Jahren sind Ira und ich nun zusammen, und mittlerweile kenne ich ihn in- und auswendig. Wir hatten unsere
Differenzen. Sie können mir glauben, daß es nicht unbedingt
einfach ist, mit ihm umzugehen. Er ist kratzbürstig, hitzig und
stur. Und er übt einen ungeheuren Druck aus. Aber für mich
hat er viel durchgemacht – in persönlicher und auch in finanzieller Hinsicht. Mehrere Male wurde er aus seinem Haus ver-
trieben, seine unbezahlten Rechnungen türmten sich, sein Telefon wurde abgestellt, und er wurde herumgestoßen. Die
Behörden von Milwaukee demütigen ihn, wann immer sie
Gelegenheit dazu finden. Natürlich beschwert sich Ira. Er ist
nicht der Typ, der leise leidet. Meine Eltern gaben ihm anfangs nur etwa vierhundert Dollar, und jedes Mal, wenn ihm
das Wasser wirklich bis zum Hals steht, holt er sich ein paar
hundert Dollar von ihnen. Aber er hat das Geld verdient, und
er verdient es noch; eigentlich ist er unbezahlbar.

Einige seiner Freunde haben es satt, daß er sich ständig Geld von ihnen leiht, und sagen ihm, daß ihn niemand dazu zwingt, aus meinem Fall einen Full-time-Job zu machen, und daß er durchaus noch andere Arbeit finden kann. Aber Ira gibt nicht auf.

Ich habe viel über ihn nachgedacht. Als ich nach meiner Flucht keinerlei Kontakt zu ihm aufnehmen konnte, hoffte ich, daß er mich nicht hassen würde. Ich dachte, mein Fall wäre sein Leben, und jetzt, wo ich außer Landes war, wußte er nicht, ob er mich jemals wiedersehen würde. Möglicherweise war er darüber wirklich verzweifelt. Ich wußte es nicht. Wie gerne hätte ich ihn angerufen, aber ich konnte es nicht.

Viele glauben, daß er in mich verliebt ist. Die Leute machen es sich sehr einfach! Jedesmal, wenn jemand auf meiner Seite ist, wird das abgewertet, indem Sex ins Spiel gebracht wird. Für McCann ist es der einfachste Weg, jemanden in Mißkredit zu bringen, wenn er sagt: »Oh, er ist in sie verliebt. Was kann man da schon erwarten?« Das macht mich wütender als alles andere. Es ist ein letztes giftiges Überbleibsel meines Images als »Killer-Häschen«: Männer, die auf meiner Seite stehen, tun dies, weil ich sie sexuell umgarne, und nicht etwa, weil es überzeugende Beweise für meine Unschuld gibt. Ich hypnotisiere sie, ich manipuliere und verhexe sie. Selbst noch vom Gefängnis aus!

In Iras Fall trifft dies nicht zu. Ich kenne Ira seit Jahren. Eine Zeitlang kam er als »normaler« Besucher, aber nur deshalb, weil es einfacher für ihn war, auf diese Weise zu mir zu kommen, als wenn er offizielle »geschäftliche« Besuche beantragt hätte. Wir sprachen auch über viele andere Dinge, und wir sind beide zu dem Schluß gekommen, daß wir völlig gegensätzlich sind.

Ira hat wohl hunderttausendmal gedroht aufzuhören. Manchmal kann er die Gefühle eines anderen wirklich verletzen. Aber wenn er auch noch so oft sagte: »Das war's, ich gehe, ich habe genug...«, ist er doch nie gegangen.

Manchmal werde ich gefragt, was er tun wird, wenn ich aus dem Gefängnis komme. Was wird er tun, wenn alles vorbei ist? Ich kenne die Antwort nicht.

Wenn der Fall eines anderen zum Lebensinhalt für einen Menschen geworden ist, liegt seine größte Motivation dann nicht darin weiterzumachen? Konnte es sein, daß Ira nicht wollte, daß man mich freiließ? Ich haßte mich selbst für diesen Gedanken, aber schließlich litt auch ich nach all dem, was ich hinter mir hatte, unter paranoiden Momenten.

Ich suchte nach entsprechenden Anhaltspunkten. Aber ich fand keine. Nichts. Es gab keinerlei Anzeichen dafür.

Ich schämte mich, daß ich an ihm gezweifelt hatte.

Ira hat mir niemals öffentlich irgendeinen Vorwurf gemacht wie meine sogenannten Freunde – Fred und Eisenberg. Wenn sie mich lieben, dann bin ich unschuldig, aber sobald ein Problem auftritt, erklären sie mich öffentlich für schuldig. Mit Ira hatte ich sehr wohl meine persönlichen Auseinandersetzungen und Unstimmigkeiten, aber nie hat er davon etwas an die Medien weitergeleitet. Stets war er absolut loyal, und immer verteidigte er mich.

So wie ich ihn verteidigt habe.

Marty Kohler half mir, meinen Fall durch die Instanzen zu bringen. Als er mit seiner Arbeit anfing, herrschte absoluter Stillstand. Der Medienrummel hatte sich gelegt. Mittlerweile war ich seit sechs Jahren im Gefängnis, und es passierte nichts. Es gab nicht einmal eine Aussicht darauf, daß etwas geschehen würde. Ich fühlte mich wie eine Figur in Becketts »Warten auf Godot«.

Kohler sah sich meinen Fall an, der, wie er sich auszudrücken pflegte, »den Geruchstest nicht bestand«. Das bedeutete, Kohler spürte intuitiv, daß ich zu Unrecht verurteilt worden

447

war. Er begann zu untersuchen, auf welche Rechtsmittel ich noch zurückgreifen konnte.

Ich hatte bereits versucht, aufgrund der neuen Beweislage einen neuen Prozeß zu bekommen. Dieser Weg war mir nun versperrt. Man bekommt nur einmal eine solche Chance, selbst wenn man später noch mehr neue Beweise anführen kann. Falls ein anderes Gericht anderer Meinung sein sollte, bestand Donahoo darauf, daß alle neuen Beweise innerhalb eines Jahres nach dem Prozeß vorgelegt werden müssen. Warum? Ist eine alte Ungerechtigkeit akzeptabler als eine, die erst kürzlich begangen wurde? Dazu hat er sich nicht geäußert. Das Gericht ignorierte seinen Antrag sowieso. Und es lehnte auch meinen Antrag ab.

Mir blieb nichts anderes übrig, als einen Interessenkonflikt nachzuweisen. Die Bundesgerichte verlangten einen zweifachen Beweis für einen solchen Konflikt. Zunächst mußte bewiesen werden, daß ein Konflikt existierte, dann mußte nachgewiesen werden, daß dieser Konflikt die Verteidigung beeinträchtigt hat. Die staatlichen Gerichte entschieden nach anderen, für den Angeklagten vorteilhafteren Gesichtspunkten. Hier mußte man lediglich glaubhaft machen, daß ein Konflikt bestand. Das Oberste Gericht des Staates Wisconsin hatte entschieden, daß ein Anwalt kein Geld von einem Verdächtigen annehmen durfte, um damit einen anderen Verdächtigen zu vertreten. Man durfte also nicht zwei Verdächtige in ein und demselben Fall vertreten.

Fred hatte Don Eisenberg bezahlt. Und Fred war eindeutig ein Verdächtiger. Kohler fragte mich, wie viele Anwalt-Mandanten-Gespräche ich mit Eisenberg in Freds Beisein geführt hatte. Ich sagte ihm, daß es einfacher wäre aufzuzählen, wie viele dieser Gespräche ohne Fred stattgefunden hatten. Bis auf zweimal – glaube ich – war Fred immer dabei gewesen. Kohler war schockiert. Noch entsetzter reagierte er, als ich ihm erklärte, daß die meisten unserer Besprechungen nicht in

Jnten:
in wundervoller Moment
ährend meiner kurzen Freiheit
n Kanada. Das Foto wurde in
nem Park in der Nähe von
hunder Bay im September 1991
emacht. Die Tüte war voller
opcorn – eine der längst ver-
essenen, kleinen Annehmlich-
eiten der Freiheit.

Meine Anwälte aus Thunder Bay. Dave Dubinsky sprang ein, als ich einen Anwalt brauch
Sein Partner Ron Lester (heute Richter) wählte als Verteidigungsstrategie einen Asylantr
(Photo: Dennis Hill).

1991 mit meinen Eltern bei einer Einwanderungsanhörung.

Links:
Ira Robins, mein ganz privater »Wachhund«.

Unten:
Mit meinem kanadischen Anwalt Frank Marrocco bei einer Einwanderungsanhörung. Ich habe gelernt, seiner Meinung zu vertrauen. Er denkt immer vier Züge im voraus – wie ein guter Schachspieler (Photo: Nigel Dickson).

einem Anwaltsbüro oder in Privaträumen, sondern in Restaurants und Bars stattgefunden hatten.

Kohler erklärte mir, daß Fred bei den Gesprächen nicht hätte dabei sein dürften, da er Polizist war. Aber das wußte ich damals nicht. Eisenberg hatte es mir nicht gesagt und Fred erst recht nicht. Ich hatte angenommen, daß er mitkam, um mir zu helfen. Tatsächlich half er mir ja auch – Eisenberg fragte mich so vieles, was ich nicht beantworten konnte. Er wollte wissen, welches der beiden Kinder der glaubwürdigere Zeuge sei und ob es in dem Haus eine Alarmanlage gegeben habe. Es ging um Freds Haus, Freds Kinder, Freds Ex-Frau – um seine Welt. Ich hatte keine Antworten auf diese Fragen.

Marty Kohler schien ein guter Anwalt zu sein. Noch besser war allerdings, daß er Ann Reilly als Kollegin hatte, die mir eine große Hilfe war. Ich glaube, Frauen haben eine andere Denkweise und können auf einem anderen Niveau miteinander reden. Ich war dankbar, daß es sie gab. Sie war eine sehr umsichtige und gefühlvolle Anwältin.

Da Eisenberg in Wisconsin als Anwalt zugelassen war und die Gesetze dieses Staates nur den Nachweis verlangten, daß ein Interessenkonflikt vorlag, und nicht, daß er mich als Angeklagte geschädigt hat, waren wir davon überzeugt, daß das Gericht nun zu unseren Gunsten entscheiden mußte. Unsere Argumente hätten ausreichen müssen. Niemand bestritt, daß Fred ein Verdächtiger gewesen war.

Marty stellte seinen Antrag. Wir bekamen einen guten Richter, und Marty war so lange zufrieden, bis Donahoo Einspruch einlegte, den er damit begründete, daß wir laut Staatsgesetz dazu verpflichtet waren, vor ein Untersuchungsgericht zu treten. Zu meinem Entsetzen gelang es ihm, uns zu zwingen, erneut vor dem ursprünglichen Richter – Skwierawski – zu erscheinen.

Und wieder ereigneten sich seltsame Dinge.

Uns waren zwei volle Gerichtstage für Zeugenaussagen versprochen worden, aber das Verfahren wurde in siebzehn einzelne Gerichtstermine zerstückelt. Dadurch verlor unsere Argumentation deutlich an Gewicht, Logik und Überzeugungskraft.

Außerdem kostete das Verfahren Unsummen! Wir hatten allein drei Experten, die für mich aussagen sollten. Einer war im Vorstand des Verbandes amerikanischer Anwälte tätig, ein anderer lehrte Ethik am Institut für Rechtswissenschaften der Marquette Universität. Wir mußten alle Zeugen bezahlen, wir mußten sie nach Milwaukee bringen, ihre Heimfahrt organisieren und das gleich mehrmals. Eisenberg und Fred flogen aus Florida ein. Das Verfahren dauerte Monate. Es war ziemlich frustrierend. Unter anderem brachten wir die Verbindung zwischen Fred und Horenberger vor. Fred bestritt, daß es jemals eine gab, aber wir konnten beweisen, daß sich die beiden kannten, und es war durchaus möglich, daß Horenberger der Mann war, der die Waffe auf Christine gerichtet und abgefeuert hatte. Wir legten dar, daß laut einem Polizeibericht ein gewisser Daniel L. Gilbert in der Nähe des Tatortes angetroffen worden war; Gilbert und Horenberger hatten später den Überfall auf Zess verübt. Diese beiden Männer sind wirklich gemeingefährlich. Und nun stellen Sie sich einmal vor, was in mir vorging, als der Polizeitransporter, der mich in Handschellen und Ketten zum Gericht brachte, plötzlich anhielt, damit Horenberger und Gilbert zusteigen konnten! Ein wundervolles Gefühl!

Natürlich wurde mein Verfahren abgewiesen.

22

IM RECHTEN AUGENBLICK

Ich lernte Nick, Dominic Gugliatto, durch seine Schwester Maribeth kennen. Sie verbüßte in Taycheedah eine kurze Haftstrafe. Während ich mich auf meinen Universitätsabschluß vorbereitete, saß ich jeden Nachmittag von eins bis vier in der Gefängnisbibliothek. Dort sprach mich Maribeth an. Sie wußte, wer ich war. Sie war sehr freundlich und gesprächig. Wir verstanden uns recht gut. Später hieß es in der Presse, wir wären Zellengenossinnen gewesen (auch hier wurde wieder einmal die Wahrheit verdreht). Dabei waren wir nicht einmal im selben Trakt untergebracht. Jedenfalls war sie nett, und wir kamen gut miteinander aus.

An einem Sonntag sah ich Nick zum erstenmal. Eigentlich bin ich eher eine Realistin und glaube nicht an Schicksal, aber diejenigen, die daran glauben, werden sagen, daß »es eine Vorsehung« war und daß man einen Menschen treffen wird, wenn das Schicksal es so will. Ich weiß nur, daß ich normalerweise an Sonntagen keinen Besuch empfing. Ich vermied das, weil Besucher an Wochentagen drei Stunden bleiben dürfen und an den Wochenenden nur zwei. Außerdem war es an den Wochenenden immer sehr voll. Aber aus irgendeinem unerklärlichen Grund saß ich an jenem Sonntag mit meinem Besuch da.

Wir hatten draußen auf dem Rasen an einem der Picknicktische einen Platz gefunden, und plötzlich lief dieser Mann an mir vorbei.

Er trug weiße Tennisshorts und ein weißes Hemd, und mein Hormonpegel schoß in die Höhe.

Oh, wer ist denn das?

Ich sah, wie er sich an Maribeths Tisch setzte. Leider saßen eine Menge Leute an diesem Tisch, so daß ich nicht erkennen konnte, zu wem er gehörte.

Maribeth's Besucher und meiner gingen etwa gleichzeitig, und wir beide gingen ein Stück gemeinsam zu den Zellen.

»Wer war der Junge in den weißen Shorts?« fragte ich sie.

»Das ist mein Bruder Nick«, sagte sie.

»Hm, ist er schwul oder verheiratet?« fragte ich, denn in meinem Alter treffe ich fast nur schwule oder verheiratete Männer.

»Weder noch«, antwortete sie. »Er hat dich übrigens auch bemerkt.«

Ich bat Maribeth, Nick auszurichten, daß ich ihm antworten würde, wenn er mir schreiben wollte. Aber er sollte den ersten Schritt tun. Ich hatte keine Lust, wie der sprichwörtliche einsame Häftling dazustehen, obwohl das natürlich nur zu wahr war. Ich hatte meinen Stolz, und ich würde niemandem zuerst schreiben.

Maribeth rief zu Hause an und erzählte Nick von unserer Unterhaltung. Er begann, mir zu schreiben, und eins kam zum anderen – wie das eben so geschieht.

Ehrlich gesagt, gefiel es mir sehr. Ich war geschmeichelt und auch aufgeregt. Es machte mir Spaß. Nick bat mich, ihn anzurufen, und ich tat es. Dann wollten wir uns sehen, und ich setzte seinen Namen auf meine Besucherliste.

Es überraschte und freute mich, daß ich nach so vielen Jahren überhaupt noch in der Lage war, mich glücklich zu fühlen, und daß ich diese Gefühle, die so lange im Verborgenen geruht hatten (vielmehr so lange unterdrückt worden waren), immer noch empfand. Nach der langen Isolation spürte ich nun ein freudiges Wiedererwachen.

Im Laufe der Jahre hatte ich mich durchaus für den einen oder anderen Mann interessiert. Es hatte Gelegenheiten und auch einige Männer gegeben, aber es funktionierte nie so richtig. Warum? Weil ich hier drinnen saß und sie draußen waren. Wenn ich sie dann anrief, ging eine Frau ans Telefon; so etwas passiert zwangsläufig. Ich hatte mich an mein bescheidenes Leben gewöhnt, wie man sich an ein Paar alte Schuhe gewöhnt, und ich war damit zufrieden.

Rückblickend erkenne ich, daß ich versuchte, mich vor weiteren Enttäuschungen zu bewahren. Vielleicht war ich ein wenig verschroben geworden, ich weiß es nicht genau, aber ich kam damit zurecht.

Frauen ziehen mich sexuell nicht an; nach all den Jahren im Gefängnis kann ich das heute mit Sicherheit sagen.

Ich genoß meine neuen Gefühle. Zunächst mochte ich Nick, und dann fühlte ich, daß ich mich in ihn verliebte, ein wundervolles, verwirrendes Gefühl, aber... ich war nach wie vor eine Gefangene.

Ich erinnere mich noch daran, wie ich nach einem seiner Besuche in meine Zelle zurückging und durch den Zaun seinen Lastwagen davonfahren sah. Ich geriet in Panik und dachte: »Oh nein, ich will nicht um jemanden weinen müssen, nicht hier. Ich will niemanden, den ich nicht haben kann, ich will mir das nicht antun...«

Im Gefängnis versucht man, all die Dinge, die man begehrt und doch nicht bekommen kann, aus seinem Leben zu verbannen, damit einem der Gedanke daran nicht so weh tut. Man macht es aus einer Art Selbsterhaltungstrieb heraus. Man stellt das Leben zurück, friert seine Gefühle ein und verschließt sein Herz.

Ich dachte, ich hätte das alles getan.

Aber da stand ich nun – mein Herz war nicht eingetrocknet und verstaubt. Ich war gleichzeitig schockiert, erfreut und besorgt. Meine Mitgefangenen bemerkten die Veränderung an mir. Ich war plötzlich viel offener und viel fröhlicher. Ich benahm mich nicht mehr so, als litte ich dreißig Tage im Monat

453

an prämenstruellen Syndromen. Und ich war auch viel netter. Die Leute sagten: »Du bist bestimmt verliebt!« Ich quittierte es mit einem Lächeln. Gleichzeitig versuchte ich, dagegen anzukämpfen, weil ich wußte, was es für mich bedeutete. Ich wußte, daß es einfach lächerlich war, sich als Lebenslängliche zu verlieben.

Schließlich gestand mir Nick, daß er mich liebte. Ich hatte darauf gewartet, daß er es zuerst sagte. Dann sprachen wir über meine Zukunft und darüber, ob mir je ein Teil meiner Strafe erlassen werden würde. Nick schien sich darüber keinerlei Sorgen zu machen. Er bat mich, ihn zu heiraten. Er hatte angedeutet, daß er Angst hatte, mich nie wiederzusehen, wenn ich aus dem Gefängnis entlassen würde. Er schien die Ehe als Sicherheit zu brauchen. Als er mir die entscheidende Frage stellte, war ich nicht wirklich überrascht.

Meine Eltern hingegen zeigten sich besorgt. Sie wollten nicht, daß ich an so einem Ort heiratete, und wir stritten uns.

»Mein Gott, tu es nicht. Tu uns das nicht an«, sagte meine Mutter.

»Du verstehst das nicht«, antwortete ich. »Das ist das einzige bißchen Glück seit zehn Jahren, und ihr wollt es mir nehmen. Warum könnt ihr euch nicht einfach für mich freuen? Selbst wenn es vorübergeht, macht es mich jetzt sehr glücklich, und nur das sollte für euch zählen...«

Gefängnishochzeiten sind schon eigenartig – eine merkwürdige Variante einer »richtigen« Hochzeit. Ich hatte einige erlebt. Die meisten Gefängnisehen dauern nicht lange. Im Gefängnis muß man sich beraten lassen, wenn man heiraten will. Sie wollen sichergehen, daß man genau weiß, was man tut und worauf man sich einläßt.

Ich erklärte, daß ich Nick hier auf eine Art kennenlernte, die draußen vermutlich nicht so intensiv wäre. Wenn man sich draußen mit jemandem verabredet, geht man vielleicht in eine Bar, zum Tanzen oder in ein Kino. Aber man sitzt nicht die ganze Zeit nur da und redet miteinander, so wie man es im Gefängnis zwangsläufig macht.

Ich erklärte, daß ich meinen ersten Mann eigentlich gar nicht richtig kannte, als ich ihn heiratete. Aber wenn man im Gefängnis dreimal pro Woche jeweils drei Stunden lang Besuch von einem Mann hat und wenn man diese Zeit ausschließlich damit verbringt zu reden, ohne daß man zwischendurch ans Telefon geht, ohne den Fernseher, der im Hintergrund läuft, eben ohne jegliche Ablenkung, dann kann man diesen Mann wirklich gut kennenlernen. Wir schrieben uns. Wir telefonierten jeden Tag miteinander. Wir redeten. Dadurch wird der Kontakt viel intensiver, als manche sich das vorstellen können. Meine Argumente waren gut.

Aber wieder einmal sollte ich mich irren.

Heute weiß ich, daß man einen anderen Menschen nicht richtig kennt, bis man mit ihm zusammengelebt hat, bis man gemeinsam erfahren hat, was Alltag bedeutet, bis man weiß, ob der andere trinkt oder nicht, bis man erlebt, wie er unter Streß reagiert und wie er sich anderen gegenüber verhält. Bei den Besuchen im Gefängnis ist alles wunderbar, und jeder zeigt sich von seiner besten Seite.

Einige meiner Freunde haben versucht, mir das zu erklären, aber ich wollte es nicht hören. »Das ist mir egal«, sagte ich. »Vielleicht verbringe ich den Rest meines Lebens im Gefängnis, und es macht mich jetzt glücklich.« Ich dachte dabei auch an meine Eltern, daran, daß auch sie älter wurden. Ich dachte an die Last, die sie durch mich auf sich nahmen, und daran, daß sie müde waren. Stets brauchte ich Hilfe. Immer mußte ich jemanden bitten, etwas für mich zu erledigen oder mir etwas zu schicken. Ich dachte, daß ein Ehemann vielleicht einige dieser kleinen Pflichten übernehmen könnte und meine Eltern dadurch ein wenig entlastet würden.

Ich redete lange und ausführlich mit ihnen darüber. Wie immer versuchten sie auch jetzt, mich zu beschützen.

»Ich weiß, wogegen ihr euch wehrt«, sagte ich. »Aber ich muß doch irgendwie weitermachen, ich muß mich an etwas festhalten können. Bis jetzt habe ich doch noch gar nicht richtig gelebt, ich habe nur existiert. Und nun spüre ich, daß ich wieder lebe.« Sie wollten darüber nachdenken, und es war nicht einfach für sie. Als sie Nick kennenlernten, fanden sie ihn sympathisch. Sie waren nicht gerade begeistert, als sie erfuhren, daß Nick geschieden war und Kinder hatte. Aber ich glaube, das liegt daran, daß sich die Generation meiner Eltern eher daran stößt als meine.

Nick schlug sogar einen Ehevertrag vor. Er war bereit, alles zu tun, was ich wollte und was es meinen Eltern einfacher machte. Er schien sich seiner Sache wirklich sehr sicher zu sein, und ich dachte, wenn er mich hier im Gefängnis heiraten will, muß er mich wirklich lieben.

Also trafen wir unsere Hochzeitsvorbereitungen. Aus einem Katalog bestellte ich mir ein Hochzeitskleid. Wir wollten in der Gefängniskapelle heiraten, so daß es auf den Bildern nach einer ganz normalen Hochzeit aussah. Bei unserer Planung gingen wir zunächst davon aus, daß mein Berufungsantrag abgelehnt werden würde. Andernfalls konnten wir uns ja auch »draußen« das Ja-Wort geben.

•

Aber während meine Gefühle wieder auflebten und ich das Glück aufsog wie ein Ertrinkender das Wasser aus einem Schwamm, strömte aus dem Rechtssystem ätzende Säure auf mich zu, Säure, die meine Zukunft aufzufressen drohte.
Wieder einmal.
Sie versperrten mir den Weg einer emotionalen Flucht, und das führte schließlich dazu, daß ich über eine reale Flucht nachdachte.

•

Es war ein schwieriger Sommer. Zuerst änderten die Behörden in Wisconsin völlig willkürlich die Strafvollzugsbedingungen für Lebenslängliche. Es war, als ob man uns festhielt und uns mit einer Schaufel auf den Kopf schlug.

Ohne jegliche Vorankündigung wurde das Vollzugssystem für Lebenslängliche rückwirkend geändert. Dieser Akt hatte etwas Obszönes. Das waren NS-Methoden, die hier plötzlich angewendet wurden. Sie kamen in alle Gefängnisse, griffen sich alle Lebenslänglichen und brachten sie in Ketten in den Hochsicherheitstrakt, um sie anschließend neu einzustufen. Damals kannte ich viele Lebenslängliche, und diese Aktion betraf nicht nur mich. Wir saßen alle im selben Boot.

Kurzerhand änderte man die gesetzlichen Vorschriften, die bisher im Bundesstaat Wisconsin galten, dahingehend, daß alle zu lebenslanger Haft Verurteilten in verschiedene Kategorien eingestuft wurden. Das jeweilige Haftüberprüfungs-komitee wandte dabei subjektive Kriterien an, um zu beurteilen, wie gefährlich wir waren. Hatte eine Verurteilte ihr Opfer bei dem Verbrechen gefesselt oder sexuell mißbraucht, wurde sie in Kategorie eins eingestuft. Das brachte ihr etwa fünfzig weitere Jahre Haft ein. Es gab ein Verfassungsgesetz, das bislang immer respektiert worden war, nämlich das Recht eines Gefangenen, niemals willkürlich länger eingesperrt zu werden, als das ursprüngliche Urteil vorsah. Eine fünfjährige Haftstrafe konnte nicht im Nachhinein auf eine fünfzehn-jährige Strafe erhöht werden. Aber im Prinzip geschah nun genau das. Lebenslängliche der Kategorie eins sollten künftig mindestens fünfzehn Jahre in einem Hochsicherheitsgefäng-nis verbringen, dann einige Jahren in einer Haftanstalt mit mittleren Sicherheitsbestimmungen und schließlich in eine mit minimalen Sicherheitsbestimmungen überführt werden. Wir reichten eine Kollektiv-Klage gegen dieses grausame, neue Gesetz ein. Aber für mich gab es keine Hoffnung. Das Licht am Ende des Tunnels hatte sich in einen entgegenkom-menden Zug gewandelt.

Letztendlich würde die Neueinstufung von einer höheren Instanz abgewiesen werden, aber das konnte ich damals nicht wissen. Man hatte mir gesagt, daß ich das Gefängnis nie wieder verlassen würde.

Dann gab es einen zweiwöchigen Arrest.

Ein solcher Arrest wird durchgeführt, wenn die Gefängnisleitung beschließt, alle bisherigen Routinemaßnahmen außer Kraft zu setzen. Die Gründe dafür sind nur ihr selbst bekannt. Alle Gefangenen werden in ihren Zellen eingesperrt. Die Mahlzeiten müssen in der Zelle eingenommen werden. Niemand darf seine Zelle verlassen. Die Gefangenen dürfen weder zur Arbeit gehen noch an Freizeit- oder Ausbildungsprogrammen teilnehmen. Alles kommt zum Stillstand. Man kann nur abwarten.

Wir erhielten keinerlei Informationen. Sie sagten uns nichts. Statt dessen kamen sie mit Spürhunden, die in den Zellen nach Drogen suchten. Das Ganze war ebenso melodramatisch wie dumm. Offenbar hatten sie zu viele schlechte Filme gesehen. Sie trieben es wirklich bis zum Äußersten.

Nach dem Arrest machten sie es mir im Besuchsraum schwer. Man muß die absolute Willkür der Gefängnisleitung kennen. Sie kann praktisch tun, was sie will. Natürlich hat man einen Anspruch auf Besuch. Aber wenn die Leitung einem dieses Recht nehmen will, dann wird sie auch einen Weg dazu finden. Entweder werden dann Führungsverweise an den Haaren herbeigezogen oder Übertretungen der Gefängnisregeln vorgetäuscht, oder aber die Regeln werden geändert, so daß man zwangsläufig gegen sie verstoßen muß, weil man nämlich nicht weiß, welche Regeln diesen Monat, diese Woche oder in dieser Stunde gelten.

Überall im Gefängnis sind sexuelle Kontakte streng verboten. Dafür gibt es gute Gründe, denn im Gefängnis ist es sehr schwer zu durchschauen, ob beide Partner wirklich freiwillig handeln. Wenn zwei Menschen zusammen im Bett liegen, ist es natürlich möglich, daß beide es wollen, aber auf der anderen Seite ist es auch denkbar, daß einer von beiden ganz einfach stärker als der andere ist. Wenn eine Frau spürt, daß sich ein starker Arm um ihren Hals legt, sieht sie sich gezwungen, lächelnd zu erklären, wie sehr sie es genießt. Um zu vermeiden, daß es aufgrund von ungleichen Kräfteverhältnissen zu Vergewaltigungen kommt, versuchen die Verantwortlichen, jegliche Sexualität im Gefängnis zu unterbinden. Das bedeutet, daß es Gefangenen nicht einmal gestattet ist, sich zu küssen oder Händchen zu halten. Ein Verstoß gegen diese Regel hat zur Folge, daß man dafür mit Einzelhaft bestraft wird. Dennoch tun es viele, aber offiziell ist es eben verboten.

Dieses Verbot gilt auch in den Besuchsräumen, und je nach Laune der Aufseherin kann es zu krankhaft kleinlichen Reaktionen führen. Man darf die Hände seines Besuchers festhalten, und bei der Begrüßung sind eine Umarmung und ein Kuß erlaubt. Bei der Verabschiedung noch einmal eine Umarmung und ein Kuß. Dieser Kuß muß kurz und flüchtig sein – kein inniges Lippenbekenntnis.

Natürlich versuchen die Gefangenen, diese Regeln zu umgehen. Das ist verständlich, wenn man bedenkt, daß diesen Menschen drei, acht oder zehn Jahre lang jeglicher Sex verboten wurde. Wenn man Besuch von jemandem bekommt, den man liebt, ist es doch nur allzu menschlich, daß man miteinander schmusen, sich umarmen und berühren möchte. Im Gefängnis geschieht dies stets unter den wachsamen Blicken der Aufseherin.

Es gab eine Aufseherin, die alles sehr genau nahm und die nicht, wie viele ihrer anderen Kolleginnen, diskret wegschaute, wenn man sich nicht gerade vollkommen unverschämt verhielt. Was macht es schon, wenn man den Arm um einen geliebten Menschen legt? Diese Aufseherin aber hatte Augen wie ein Falke. Wenn sie Aufsicht hatte, war es unmöglich, einen Besucher zu berühren.

Einmal legte Nick seine Hand auf meinen Rücken zwischen

meine Schulterblätter, und die Aufseherin sagte: »Bembenek, das ist eine Warnung!«

»Was bedeutet ›Das ist eine Warnung.‹?« fragte ich. Ich war vollkommen perplex. Meinte sie damit die Hand auf meinem Rücken? »Das ist sexuelles Verhalten. Nehmen Sie die Hand von ihrem Rücken.«

Ich versuchte, mich zu wehren. »Einen Moment, bitte! Die Bestimmungen definieren den Rücken nicht als Geschlechtsteil. Geschlechtsteile sind ganz eindeutig definiert. Brust, Gesäß, Hoden und Vagina. Man darf seine Hand auf keines dieser Körperteile legen, aber ich glaube nicht, daß der Rücken als Geschlechtsteil bezeichnet wird.«

»Ich warne Sie«, lautete ihre Antwort. »Ich werde das aufschreiben.«

Es war dumm von mir zu protestieren. Ich hatte keine Chance zu gewinnen. Nach zwei Warnungen bekommt man einen Führungsverweis, und das ermächtigt die Aufseher, einen Besucher ganz einfach von der Liste zu streichen.

Also bat ich Nick, sich vorzusehen. Ich erklärte ihm, wie willkürlich die Aufseher handeln konnten und wie konsequent sie sein konnten, wenn sie sich einmal etwas in den Kopf gesetzt hatten. Immer wieder mußte ich ihn bitten, vorsichtig zu sein. Es war deprimierend. Hier saß der Mann, den ich liebte, und stets mußte ich ihn bitten, dies und jenes nicht zu tun. Für jemanden, der noch nie im Gefängnis war, ist das alles schwer zu verstehen, und Nick nahm es nicht ernst.

An einem Frühlingstag – es war immer noch so kalt, daß ich lange Hosen und eine Jeansjacke tragen mußte – sah die Aufseherin, wie Nick seine Hand auf meine Hüfte legte. Sicher haben wir nur herumgealbert, weil ich mich nicht einmal daran erinnere, daß er es getan hatte. Bestimmt lag keine sexuelle Absicht in dieser Geste. Dennoch bekam ich dafür einen Führungsverweis.

Ich fand diesen Verweis so dumm und kleinlich, daß ich die

Rückseite als Briefpapier benutzte. Aber so kleinlich er auch sein mochte, er reichte aus, um mir einen vernichtenden Schlag zu versetzen. Man verbot mir, in die Bibliothek zu gehen und das Telefon zu benutzen. Außerdem durfte ich nicht mehr Tennisspielen und auch nicht mehr joggen. Man verbot mir praktisch sämtliche Freizeitaktivitäten.

Ich beschwerte mich bei der Gefängnisleitung, natürlich ohne Erfolg. Beschwerden führen zu nichts, aber ich protestierte trotzdem, denn die Fähigkeit und der Wille dazu waren das letzte bißchen Selbstgefühl, das mir noch geblieben war, und ich wollte es nicht kampflos aufgeben.

Eine die Sexualität betreffende Beschwerde hatte noch weniger Aussicht auf Erfolg als andere Beschwerden. Die Aufseherinnen tolerierten zwar lesbische Aktivitäten – vielleicht, weil Lesben nicht schwanger werden – aber Heterosexuelle wurden permanent diskriminiert.

Ich gab nicht auf. Erneut schrieb ich an die Direktorin: »Wie kommt es, daß es bei Besuchen lesbischer Paare zugelassen wird, daß sie förmlich übereinander herfallen, sich küssen und alles mögliche miteinander tun? Warum werden die Regeln in diesen Fällen nicht beachtet?«

Ihre schriftliche Antwort lautete: »Wenn Sie nicht in der Lage sind, sich vernünftig zu benehmen, kann ich Ihren Besucher von Ihrer Liste streichen.«

Fein, dachte ich, jetzt droht sie mir damit, den Mann von meiner Besucherliste zu nehmen, den ich nächsten Monat heiraten will.

Nick fand das Ganze einfach unglublich.

»Bitte benimm dich«, sagte ich ihm. »Die suchen nur nach einem Grund, damit sie dich von der Liste streichen können.«

»Das können sie doch nicht tun!« sagte er.

»Nicht in den Vereinigten Staaten von Amerika, wie? Vielleicht leben wir ja gar nicht dort, sondern in der Sowjetunion. Am Ende liegt dieses Gefängnis dort...«

Er war gekränkt.

Ich steckte mir einen kleinen Button mit einem Bild von Lenin an meine Jacke. Dank Glasnost gab es diesen Katalog mit all den coolen Sachen aus Rußland. Ich hatte auch noch ein kleines Abzeichen von der Roten Armee mit Hammer und Sichel. Die anderen waren schockiert. Oh, Bembenek, die Kommunistin! Einige fragten mich, wer denn der auf dem Button sei, und ich antwortete »Lenin«. Perplex fragten sie: »John?« Ich antwortete: »Nein! Vladimir!«

Einer der letzten Strohhalme des Sommers: Mich erwartete noch eine Enttäuschung. Sechs Jahre hatte ich für mein Bakkalaureus gearbeitet – ich war der erste weibliche Häftling in Wisconsin, dem dieser Universitätsabschluß gelang. Nach Beendigung meiner Studienarbeiten setzte mein Professor aus Kavenik meinen Namen auf die Liste der Studienabgänger, und prompt schrieben die Zeitungen darüber wieder einmal völligen Unsinn. Ich freute mich auf die Abschlußfeier mit den anderen Studenten des PREP-Programmes, die Ende Juli stattfinden sollte. Aber mein sprichwörtliches Glück wollte es, daß mein Professor feststellte, daß ich einen Kurs übersehen hatte, den ich für den Abschluß brauchte. Es war ein zweijähriger Kurs in einer Fremdsprache. Da ich nach wie vor auf der Liste der Studienabgänger stand, absolvierte ich »Russisch I« in nur zwei Monaten und begann den zweiten Kurs, für den ich acht Stunden pro Tag arbeitete.

Kathy versuchte, mich aufzumuntern. »Mach' dir keine Sorgen, Laurie«, sagte sie. »Es gibt noch drei andere PREP-Studenten, die gerade erst ihr Sommersemester beenden, aber die Direktorin läßt sie zur Abschlußfeier gehen.«

»Ich weiß, aber die sind nicht ich«, sagte ich pessimistisch.

»Switala wird dich schon gehen lassen«, meinte Kathy. »Übrigens, stell' dich gerade hin. Du gehst schon wieder ganz krumm.«

Ich hatte es mir angewöhnt, meinen Oberkörper nach vorn zu beugen und die Schultern hängen zu lassen – ein physischer Ausdruck der Unterdrückung. Wenn ich eine Gefangene mit runden Schultern sehe, dann weiß ich, daß es eine Lebenslängliche ist.

Die Direktorin verweigerte mir die Teilnahme an der Abschlußfeier. Das nenne ich positiven Anreiz für produktives Verhalten.

●

Folgendes war geschehen: Zunächst die Neueinstufung aller Lebenslänglichen. Dann der Arrest. Dann der vernichtende Schlag durch meine Bestrafung im Besuchsraum. Und als Krönung des Ganzen durfte ich nicht an der Abschlußfeier teilnehmen.

»Ich halte das nicht aus«, sagte ich mir. »Ich kann so nicht mehr weiterleben.«

Dann wurde mein Berufungsverfahren abgelehnt.

Das war's. Die letzte Hoffnung war zerstört. Der Tunnel war über mir eingestürzt.

●

Ich erinnere mich an ein Gespräch mit Nick im Besuchsraum. »Nehmen wir an, alles geht schief«, sagte er. »Wie lange mußt du dann noch hierbleiben?«

»Nick«, antwortete ich, »ich habe dir nir was vorgemacht. Warst du blind, oder hast du wirklich geglaubt, daß dieses Berufungsverfahren stattfindet? Ich kann dir nur sagen, daß uns eine verdammt lange Zeit bevorsteht. Für Lebenslängliche gibt es kein verbindliches Entlassungsdatum.«

Er sah mich nur an. Wie soll man erklären, wie eine Idee entsteht? Er dachte darüber nach, und ich tat es auch, und nach und nach begriffen wir beide, daß nur der Sprung über die Mauer mich wieder leben ließ. Es war eine gemeinsame Entscheidung.

●

Es ist wichtig, daß Sie eines richtig verstehen. Es war nicht etwa so, daß ich eines Morgens aufwachte und beschloß zu fliehen, um gemeinsam mit Nick alles hinter mir zu lassen. So viele Jahre war ich verzweifelt gewesen, aber immer hatte es noch eine letzte Chance gegeben, einen letzten, blassen Hoffnungsschimmer, daß die Verantwortlichen endlich zur Vernunft kommen und erkennen würden, daß hier im Namen des Volkes ein Verbrechen an mir verübt worden war.
Statt dessen zogen sie das Eisen um meinen Hals immer enger und enger zu... bis zu dem Punkt, an dem es hieß: friß oder stirb.

•

Ich weiß, daß einige Menschen behaupten, ich hätte Nick dazu überredet, mir bei meiner Flucht zu helfen, daß ich ihn irgendwie gegen seinen Willen dazu gebracht habe. Es gefällt ihnen, mir diese seltsame sexuelle Macht anzudichten, mit der es mir angeblich gelingt, Männer dazu zu bringen, alles für mich zu tun. Sie sind sicherlich maßlos enttäuscht, aber die Wahrheit ist äußerst langweilig.

Ich verstehe nicht, warum die Geschichte von zwei Menschen, die sich lieben und gemeinsam in die Freiheit fliehen wollen, nicht ebensogut ist wie die von einem Mann, der durch Sex manipuliert wird. Wir wollten nur zusammensein, und wir haben den Plan gemeinsam ausgeheckt. Wir waren verliebt!

Ich glaube, Nick ist ein Romantiker. Damals war er nicht sonderlich glücklich. Elf oder zwölf Jahre arbeitete er schon in derselben Firma, und er hatte keinerlei Aufstiegschancen. Seine Ex-Frau machte ihm Schwierigkeiten. Ich denke, er sah diese Flucht als eine Möglichkeit, noch einmal ganz von vorne beginnen zu können. Eine gemeinsame Flucht hatte ja auch etwas Romantisches...

Aber nicht nur für Nick, sondern auch für mich war es romantisch, auch jetzt noch.

Ich war an einem Punkt angelangt, an dem ich nur noch fliehen konnte. Ich war davon überzeugt, daß ich es auch auf die Gefahr hin versucht hätte, wenn mir von vornherein klar gewesen wäre, daß ich nur eine einzige Nacht in Freiheit verbringen könnte. Das hätte mir schon gereicht. Für eine Nacht in Freiheit hätte ich akzeptiert, daß man mich noch fünf Jahre länger einsperrt. Natürlich wußte ich, daß das kindisch war. Aber ich konnte nicht gegen meine Gefühle handeln. Der Brief der Gefängnisdirektorin hatte mir den Rest gegeben.

Nur ein Aspekt ließ mich zögern: was würde geschehen, wenn meine Flucht mißlang, wenn man mich noch auf dem Gefängnisgelände erwischte? Was wäre, wenn ich es nicht schaffte, über den Zaun zu kommen? Dann würde ich 360 Tage ins Loch gehen – für nichts.

Die meisten weiblichen Gefangenen unternehmen keinen Fluchtversuch, weil sie Kinder haben, die sie dann nie wiedersähen. Das ist ein wesentlicher Kontrollfaktor.

Ich betete zu Gott, daß mich jeder verstehen würde. Ich machte mir um meine Eltern und auch um Ira Gedanken. Möglicherweise wären alle böse auf mich. Ich wußte es nicht; ich wußte nur, daß ich versuchen mußte, aus Taycheedah zu fliehen, um zu überleben. Später stellte sich heraus, daß mir niemand böse war. Die meisten Leute sagten hinterher, daß meine Flucht das Beste war, was ich tun konnte.

Der letzte Tag wurde zu einer Qual. Mir war klar, daß ich diese Menschen, meine Freunde, zum letzten Male sehen würde, aber ich durfte mich auf keinen Fall auffällig benehmen. Ich durfte die Gefängnisleitung nicht auf meinen Plan aufmerksam machen. Normalerweise bin ich eher verschlossen und halte mich mit meinen Gefühlen sehr zurück, und wenn ich einmal weine, wissen meine Freunde genau, daß mit mir etwas nicht stimmt. Ich vermeide Gefühlsausbrüche in der Öffentlichkeit.

Als sich meine Eltern zum letzten Mal von mir verabschiedeten, ging ich auf das Baseballfeld im Hof hinaus. Auf dem Platz brach ich zusammen, schluchzte und weinte. Die Tränen liefen in Strömen auf mein T-Shirt. Danach setzte ich meine Sonnenbrille auf und ging zur Unterkunft zurück.

Meine Eltern bedeuten mir alles. Aber wenn ich im Gefängnis bleiben mußte, wie lange hätten sie das noch ertragen? Wie lange? Auch für sie war es die Hölle. Durch meine Flucht befreite ich auch alle anderen. Ich kannte sie gut. Ich wußte, daß meine Freiheit ein Trost für sie sein würde.

Außerdem glaube ich ganz ehrlich, daß meine Mutter froh darüber war, daß ich nicht im Gefängnis heiratete.

Wenn ich an diesem letzten Tag etwas seltsam wirkte, hatte ich dafür wenigstens eine gute Entschuldigung. Die anderen dachten, es sei wegen Nick. »Na ja«, scherzte meine Freundin Debbie, »sie ist verliebt, und deshalb ist sie ein wenig zerstreut.«

Jeden Sonntagnachmittag spielte ich Tennis, und deshalb mußte ich auch an diesem Sonntag spielen. Alle wußten, wieviel mir dieser Sport bedeutete, und ich konnte nicht ausgerechnet an diesem Tag etwas Ungewöhnliches tun. Mitten im ersten Satz rief meine Doppelpartnerin Laurie Fox plötzlich: »Was ist los, Laurie?«

Ich hatte Aufschlag, aber ich starrte nur vor mich hin; meine Gedanken waren meilenweit entfernt.

In dieser Nacht wollte ich fliehen.

23

AUF DER FLUCHT

Wenn man neun Jahre an einem Ort verbringt, kennt man ihn in- und auswendig. Man kennt jeden Zentimeter in jedem Raum, und man kennt das Verhalten der anderen. Der Mensch ist ein Gewohnheitstier, und zu den Gewohnheiten eines Gefangenen zählt es, die Wärter zu beobachten. Im Laufe der Zeit weiß man, wer von den Aufsehern gleich nach Dienstbeginn in die Küche rennt, um sich einen Kaffee zu holen, wer seine Nase gleich in eine Zeitung steckt, und wer sich stundenlang ans Telefon hängt. Wenn man eine Flucht plant, muß man wissen, wer an diesem Tag Aufsicht haben wird, denn bei einigen Wärtern ist ein Fluchtversuch riskanter als bei anderen. All das mußte ich berücksichtigen.

Aber selbst dann muß man noch flexibel sein. Jemand vom Personal kann krank werden, oder die Aufseher tauschen ihren Dienst, ohne daß man es vorher erfährt. Man muß damit rechnen, seinen Plan in letzter Minute ändern zu müssen. Eigentlich hätte ich während der letzten acht Jahre jederzeit fliehen können, aber dazu hatte mir bisher der psychologische Druck gefehlt, dieses Gefühl, das mir eindeutig sagte, daß es keine andere Hoffnung auf Freiheit gab.

Im Sommer arbeitete ich immer in der Gefängnisgärtnerei. Bevor uns die Gefängnisleitung einige dieser modernen fahrbaren Rasenmäher zur Verfügung gestellt hatte, mähten wir den Rasen von Hand. Es war ein toller Anblick, wie die Frauen, mit Rasenmähern ausgestattet, über das Gelände liefen. Montags fingen wir an einem Ende an, und freitags waren wir am anderen Ende angekommen. Die Grünflächen waren riesengroß, mehr als neunzig Hektar. Da wir stets im gleichen Rhythmus arbeiteten, war ich jeden Donnerstag am Nordtor. Ich trennte mich für kurze Zeit von den anderen. In der Nähe des Tores lag ein Komposthaufen für Gartenabfälle, kleingeschnittenes Holz und alles mögliche. Daneben lag die Landstraße. Ich stand da und sah, wie die Bierwagen vorbeifuhren. Meistens war ich alleine dort. Selbst die Überwachungskameras reichten nicht bis dorthin. (Wir kannten alle Kameras und wußten ganz genau, wie weit sie reichten.) Ein Aufseher kontrollierte in regelmäßigen Abständen, wo wir uns aufhielten, aber wenn mich jemand dort an einem Donnerstag erwartete, dann könnte ich einfach fliehen. Jedes System hat seine Schwachpunkte. Wenn du gehen willst, dann kannst du es auch.

Ich dachte noch einmal über alles nach. Man sagt, das Gefängnis sei eine Schule des Verbrechens. Das ist nur zu wahr! Im Laufe der Jahre habe ich dort eine Menge gelernt. Oft genug habe ich erlebt, daß Frauen geflohen sind, und in neun von zehn Fällen liefen sie geradewegs nach Hause zu ihren Kindern oder zu ihrer Familie. Natürlich wurden sie dort gleich gefaßt. Ich wußte also, daß ich Wisconsin verlassen mußte, wenn ich fliehen wollte. Das Beste war, weit weg zu gehen und nicht anzuhalten.

Am späten Nachmittag beendete ich mein Tennisspiel.
Um siebzehn Uhr dreißig erfolgte eine »Zählung«. Alles drehte sich um diese Zählungen, die ständig durchgeführt wurden, damit die Aufseher sicher sein konnten, daß noch alle Gefangenen da waren. Gezählt wurde immer um sieben Uhr dreißig, um zwölf Uhr dreißig, um siebzehn Uhr dreißig und um einundzwanzig Uhr dreißig. Also mußte ich entweder lange vor oder unmittelbar nach einer dieser Kontrollen fliehen, weil sie es sonst sofort bemerkt hätten. Nach einundzwanzig Uhr dreißig war eine Flucht nicht günstig, denn anschließend

wurden stündlich weitere Zählungen durchgeführt. Nach dem Schichtwechsel um zweiundzwanzig Uhr patrouillierten die Aufseher die ganze Nacht über die Korridore und leuchteten mit ihren Taschenlampen in die Zellen hinein. Das Plärren ihrer Walkie-talkies und das Rasseln ihrer Schlüsselbunde begleitete uns im Schlaf. Die Vorschriften verlangten, daß die Aufseher bei ihren Zählungen wenigstens einen Körperteil jedes Gefangenen erkennen mußten. Ich hatte mir deshalb angewöhnt, beim Schlafen einen Fuß auf die Bettdecke zu legen.

Nach der Zählung um einundzwanzig Uhr dreißig hatten wir mehrere Möglichkeiten, die Zeit zu verbringen. Wir konnten in einem Kellerraum Karten spielen, aber ich haßte den Lärm und die verrauchte Luft. Bis etwa dreiundzwanzig Uhr konnten wir duschen oder telefonieren. Auch dabei erfolgte zu jeder vollen Stunde eine Zählung.

Einige Frauen waren durch die Fenster ihrer Zellen geflohen. Ich selbst hatte schon eine Zelle gehabt, in der es möglich gewesen wäre. Auf einigen Etagen waren die Fenster nicht vergittert. Aber spezielle Sperren hinderten uns daran, die Fenster mehr als ein paar Zentimeter weit zu öffnen, gerade genug, um ein wenig zu lüften. In einer Zelle, die ich mit Kathy Braun teilte, flog das Fenster allerdings förmlich auf. Entweder war die Sperre kaputt, oder man hatte versehentlich keine eingebaut. Aus dieser Zelle hätte ich bestimmt fliehen können. Die Frauen, die ihre Fenstergitter durchgesägt hatten, banden das Bettzeug zu einer Leine zusammen und waren auf diese Weise entkommen.

Ich erinnere mich an zwei Frauen, die sich bei ihrer Flucht viel Mühe gemacht hatten. Sie stahlen eine Feile aus der Handwerkskammer und zersägten damit die Gitterstäbe. Es war eine unendlich mühsame Arbeit. Und was glauben Sie, taten die beiden nach ihrer Flucht? Sie trampten nach Madison, das etwa anderhalb Autostunden von Taycheedah entfernt

469

liegt, um dort auf die erstbeste Party zu gehen und mit ihrer Flucht anzugeben. Einer der Partygäste rief die Polizei, und die beiden wurden noch in derselben Nacht gefaßt.

Ich wußte also genau, was ich nicht tun durfte. Keine Parties. Nur raus und dann immer weiter!

Wenn ich bis halb zehn wartete, war es zwar dunkel, aber die stündliche Zählung war ein Problem. Ich entschied mich für die Dämmerung, weil man dann nicht mehr viel sehen konnte. Ich hielt es für besser, als in totaler Dunkelheit zu fliehen. In zweierlei Hinsicht war mir die Gefängnisleitung bei meiner Flucht behilflich. Zum einen hatte der Leiter des Sicherheitsdienstes eine Vorschrift durchgesetzt, die verlangte, daß jede Gefangene, die die Waschküche benutzte, dort so lange warten mußte, bis ihre Wäsche fertig war. Natürlich steckte dahinter die Absicht, uns weitere Unannehmlichkeiten zu bereiten, denn es gibt nichts Langweiligeres, als stundenlang auf einen laufenden Wäschetrockner zu starren. Die meisten Frauen wären statt dessen lieber ins Kartenzimmer gegangen. Dieses eine Mal bescherte mir die Hausordnung einen echten Vorteil, weil ich eine Zeitlang wegbleiben konnte. Man würde annehmen, daß ich einige Stunden mit meiner Wäsche beschäftigt war. Zum anderen hatte der Captain eine Zelleninspektion für diesen Abend angekündigt, so daß das gesamte Aufsichtspersonal mit Berichten beschäftigt war.

Gleich nach der Zählung um siebzehn Uhr dreißig meldete ich mich vorschriftsmäßig bei meiner Etagenaufsicht zum Waschen ab. Das entsprach durchaus meinen sonstigen Gewohnheiten. Ich trug meine verschwitzten Tennissachen unter dem Arm.

In der Waschküche gab es ein ungesichertes Fenster. Vielleicht hatten die Handwerker es einmal gestrichen und anschließend vergessen, die Sperre wieder einzubauen. Jedenfalls war es da, und es rief mich, wie einst die Sirenen die Seefahrer gerufen hatten.

Es war nicht ganz so winzig, wie die Zeitungen am nächsten Tag schrieben. Die Gefängnisleitung hat bei den Maßen etwas untertrieben, um die Nachlässigkeit zu vertuschen, als sie angab, ich hätte mich durch ein wenige Zentimeter großes Loch gezwängt. Tatsächlich war das Fenster etwa sechzig mal sechzig Zentimeter groß. Es befand sich hoch über dem Boden, aber dank meines täglichen Joggings, der Aerobicübungen und meines Tennistrainings war ich in einer hervorragenden körperlichen Verfassung.

Ich schob mich durch das Fenster in die Freiheit hinaus.

Ehrlich gesagt, hatte ich in meinem ganzen Leben noch nie solche Angst wie in diesem Moment. Mein Herz raste dermaßen, daß ich glaubte, Trommeln schlagen zu hören.

Streifenwagen fuhren das Gelände ab, aber auch sie hatten ihren festen Plan. Aufgrund meiner Beobachtungen wußte ich genau, wann sie mit ihren Lieferungen oder anderen Dingen beschäftigt waren. Natürlich hatte ich vor ihnen Angst.

Auch vor den verrückten Gefangenen hatte ich Angst. Sie hätten mich durchaus verraten können. Natürlich würde niemand, der auch nur einen Funken Verstand besaß, etwas sagen, aber die Gefängnisse sind voll von anderen, die alles hinausposaunten. »Hört mal alle her! Ich habe da gerade jemanden gesehen!« Diese Verrückten würden es wirklich tun! Sie kommen fast vor Langeweile um, und ihre einzige Ablenkung besteht darin, dauernd aus dem Fenster zu starren. Ich mußte aufpassen, daß mich niemand sah.

Hinter dem Gebäude lag ein Obstgarten mit Apfelbäumen, und hier endete die Reichweite der Kameras. Wenn ich den Wald hinter dem Obstgarten erreichte, dann war ich in Sicherheit. Nun ja, vielleicht nicht wirklich sicher, aber doch ruhiger.

Wenige Sekunden, nachdem ich aus dem Fenster geklettert war, machte ich eine kurze Pause im Wald, um Luft zu schnappen und um sicher zu sein, daß mich niemand gesehen hatte. Dort lag auch die große Steinhöhle mit einer Statue der Jungfrau Maria. Soviel zur Trennung zwischen Staat und Kirche.

Ich trug eine Lederjacke, die mich vor den Ästen schützen sollte, und ich kam ohne einen Kratzer durch den Wald. Ich kannte diesen Wald nicht, und es war unheimlich. Nachts haben Wälder immer etwas Gruseliges, erst recht, wenn man es eilig hat. Ich wollte mir kein Auge an einem herunterhängenden Zweig ausstechen und auch nicht in eine Senke fallen und mir dabei ein Bein brechen. Ich wußte nicht einmal, ob es dort überhaupt Bodensenken gab. Vom Gebäude bis zur Landstraße ging es immer nur bergauf durch den Wald. Noch immer befand ich mich am Rand des Gefängnisgeländes.

Es war heiß und stockdunkel. Ich schwitzte, und ich hatte die Kapuze meines Sweatshirts über den Kopf gezogen. Mein Herz raste. Ich bekam Angst, daß ich zusammenbrechen könnte, weil ich wie ein Pferd durch das Gehölz galoppierte. Die Luft war stickig, und ich wollte so schnell wie möglich aus diesem Wald herauskommen.

Ich lief immer weiter, bis ich endlich ein Licht sehen konnte. Ich rannte darauf zu, kletterte über umgestürzte Bäume und balancierte über einen Baum, der wie eine Brücke über einer Senke lag. Ich lief und lief, ich trieb mich selbst an und versuchte, nicht in Panik zu geraten.

Ich erreichte schließlich den Zaun. Er war hoch, bestimmt drei Meter hoch, und hatte oben Stacheldraht. Ich kletterte soweit hinauf, daß ich meinen Gürtel um den Stacheldraht schlingen und ihn zusammenziehen konnte. Aber gerade als ich das geschafft hatte, hörte ich einen Wagen kommen.

Ich wußte nicht, ob es Nick war, und ich konnte es auf keinen Fall riskieren, oben auf dem Zaun gesehen zu werden. Also sprang ich wieder herunter, versteckte mich und wartete eine Weile ab. Der Wagen konnte ebensogut eine Streife auf Kontrollfahrt sein.

Als der Wagen vorbeigefahren war, versuchte ich es noch einmal.

Beim zweiten Anlauf verfing sich meine Hose im Stacheldraht, und ich spürte, wie er mein Bein aufriß. Mit einem Ruck wollte ich das Bein herausziehen. Dabei bohrte sich der Stacheldraht nur noch tiefer in das Fleisch, aber es gelang mir, mich zu befreien.

Mein halbes Hosenbein blieb im Stacheldraht hängen – mehr als genug für eine Faseranalyse!

Später sah ich dann die vier tiefen Risse in meinem Bein. Es sah aus, als ob mich ein Berglöwe attackiert hätte. Ich hatte Angst, daß sich die Wunde entzündete, aber sie heilte problemlos.

Ich war draußen! Nun mußte ich mich verstecken.

Der vorbeifahrende Wagen war übrigens nicht Nicks Auto gewesen. Uns zwei Amateuren war es gelungen, ein perfektes Timing zu finden, und Nick kam genau zum richtigen Zeitpunkt.

Bei seinem Prozeß schwor später eine Zeugin, sie hätte gesehen, daß Nick in der Nähe des Zaunes geparkt und auf mich gewartet hätte. Ich finde es immer noch erstaunlich, welche Lügen manche Leute erzählen, nur um in der Presse zitiert zu werden oder ins Fernsehen zu kommen. Nick hat nirgendwo geparkt, denn wir hatten einen genauen Plan ausgearbeitet. Ich bat ihn, notfalls zwanzig Minuten auf und ab zu fahren, aber auf keinen Fall irgendwo anzuhalten, da das nur die Aufmerksamkeit der Streifenwagen auf sich gezogen hätte. Er tat genau das, was ich vorgeschlagen hatte.

Er fuhr an den Straßenrand, ich sprang in den Wagen, und wir fuhren los. In die Freiheit!

Ich hatte es geschafft! Es war ein berauschendes Gefühl. Immer noch schlug mein Herz wie wild. Mein Adrenalinpegel stieg in schwindelerregende Höhen! Ekstase vermischte sich mit Angst.

Ich atmete tief durch und begann, einige meiner Kleidungsstücke auszuziehen, um mich abzukühlen. Das leichte Top behielt ich an. Zur Musik von Guns 'n Roses fuhren wir Hand in Hand direkt nach Kanada. Wir fuhren die ganze Nacht hindurch.

•

Als wir die Grenze erreichten, sah ich hinter der Grenzstation dieses andere Land. Die Bäume sahen aus wie bei uns, auch die Straßen waren nicht anders. Überhaupt sah alles so aus wie in Amerika, nur die Schilder an der Landstraße hatten kleine Kronen. Dennoch wußte ich, daß hier alles anders war. Ich wußte, daß hinter der Schranke die Polizei von Milwaukee keine Macht, kein Gewicht, keine Autorität besaß. Dort lag eine Donahoo-freie Zone. Skwierawski hatte dort nichts zu sagen, und niemand dort kannte McCann. Es war eine Zufluchtsstätte, ein Ort ohne Mißgunst und Heimtücke.

Nun stand uns unsere erste schwere Prüfung bevor. Nick umklammerte das Lenkrad ganz fest, aber sein Gesicht schien entspannt zu sein. Guter, alter, unbekümmerter Nick! Ich war wahnsinnig nervös. Trotz der stundenlangen Fahrt war ich hellwach, beinahe aufgedreht. Wir konnten doch jetzt nicht mehr aufgehalten werden, oder? Das durfte nicht sein, nicht nach all unseren Mühen!

Vor dem Schlagbaum hielten wir an.

Eine Grenzpolizistin näherte sich der Fahrerseite des Wagens.

»Hallo!« sagte sie. »Wohin fahren Sie?«

•

Ob die Meldung über meine Flucht bereits bis zur Grenze vorgedrungen war? Ich dachte, daß wir jetzt noch einigermaßen sicher waren. Im Gefängnis würden sie zunächst einmal das gesamte Gelände absuchen, bevor sie den Sheriff verständigten. Dieses Vorgehen hatte ich bereits beobachten können, und ich hatte festgestellt, daß sie erst nach etwa achtundvierzig Stunden eine Großfahndung einleiteten, nachdem eine gründliche Suche in der unmittelbaren Umgebung durchgeführt worden war. Gleichzeitig fragte ich mich besorgt, ob ich nach all den Jahren hinter Gittern die High-tech Systeme kannte, die sie nun besaßen. Schließlich hatte ich noch nie in meinem Leben ein Fax-Gerät gesehen. Was wäre, wenn sie die Grenzstation per Fax über meine Flucht informiert hatten?

Es war Vormittag, als wir die Grenze erreichten, und einiges war vorteilhaft. Meine Haut war sonnengebräunt, und ich sah gesund aus, nicht gerade wie ein typischer Zuchthäusler. Außerdem saßen wir wie ein ganz normales Paar händchenhaltend im Wagen.

»Warum wollen Sie nach Kanada?« wollte die Grenzbeamtin von uns wissen.

Darauf hätte ich einiges antworten können, zum Beispiel daß ich ein Flüchtling war!

»Wir sind auf der Hochzeitsreise«, sagte ich statt dessen.

»Dann wünsche ich Ihnen einen schönen Aufenthalt«, sagte sie, lächelte und winkte uns vorbei.

Freiheit! Ich drehte die Scheibe herunter und ließ den Wind durch mein Haar pusten. Die Sonne schien über den Spitzen der Pinienbäume. Der Himmel war strahlend blau.

Ich sah Nick an und sagte: »Vielleicht gibt es doch einen Gott.« Dieser Satz kam aus dem Munde eines überzeugten Atheisten!

Selbst wenn sie an der Grenze unsere Ausweispapiere verlangt hätten, wäre es vermutlich gutgegangen. Nick war nicht unvorbereitet erschienen.

Es war nicht besonders schwer gewesen. In Milwaukee erhält jedes Baby eine Geburtsurkunde. Wenn es schon im frühen Kindesalter stirbt, wird das nicht auf der Geburtsurkunde vermerkt. Der Trick besteht darin, daß man auf einen Friedhof geht und nach einem Kind sucht, das sehr jung gestorben ist, aber in etwa im gleichen Jahr wie man selbst geboren wurde. Man notiert sich den Namen und das Geburtsdatum. Anschließend muß man anhand der Todesanzeigen in alten Zeitungen den Mädchennamen der Mutter herausfinden, der normalerweise aus diesen Anzeigen hervorgeht. Den Mädchennamen der Mutter braucht man, um eine Kopie der Geburtsurkunde beantragen zu können. Bei diesem Plan muß man sich ein Baby aussuchen, denn die meisten Erwachsenen sind bereits anderweitig registriert, so daß man die Daten vergleichen kann. Wenn man die Geburtsurkunde eines Erwachsenen beantragt, der bereits eine Sozialversicherungsnummer hat, wird der Betrug ziemlich schnell aufgedeckt.

Wenn man erst einmal die Geburtsurkunde besitzt, ist es nicht mehr schwer, unter dem Namen des Kindes eine Sozialversicherungsnummer zu beantragen. Wenn man diese Nummer hat, darf man arbeiten.

Wir hatten uns Geburtsurkunden besorgt. Ich war Jennifer Lee Voelkel und Nick war Tony Gazzana; beide Namen stammten von Grabsteinen.

Später äußerten sich einige Leute empört über das, was wir getan hatten. Für sie grenzte es an krankhafte Gotteslästerung. Nachdem man uns wieder gefaßt hatte, veröffentlichten die Zeitungen Bilder der Grabsteine, was wirklich ziemlich schauerlich wirkte, so daß wir die Eltern der verstorbenen Kinder aufsuchten, um ihnen die Hintergründe unserer Tat zu erklären. Wir hatten sie damit nicht verletzen wollen. Es war der einzige Weg für uns, an Ausweispapiere zu kommen. Später wurden die Eltern des richtigen Tony Gazzara unsere Freunde. Nick traf sie nach seiner Auslieferung und entschuldigte sich bei ihnen. Sie unterschrieben sogar eine Petition, die wir an Barbara McDougall, die Ministerin der kanadischen Einwanderungsbehörde, schickten, um ihre Meinung, ich sei eine Gefahr für die kanadische Öffentlichkeit, zu widerlegen. »Wir finden nicht, daß Laurie eine Gefahr darstellt, bitte glauben Sie es auch nicht in Kanada«, hieß es in ihrer Petition. Sie waren auf unserer Seite.

Die Voelkels hingegen waren wütend auf mich, was ich sehr bedauere, denn ich hatte ihnen nicht weh tun wollen. Außerdem habe ich diesen Namen fast nie benutzt. Nick und ich traten als Ehepaar auf, und so reiste und arbeitete ich unter dem Namen Jennifer Gazzana.

•

Natürlich war es illegal, sich falsche Papiere zu besorgen. Es war aber das einzig Illegale, das ich auf meiner Flucht getan habe. Die kanadischen Anwälte, die für die Einwanderungsbehörden arbeiteten und versuchten, mich als eine Bedrohung für die Öffentlichkeit einzustufen, bauschten die Tatsache, daß ich unter falschem Namen Arbeit angenommen hatte, ungeheuer auf. Was erwarteten sie von mir? Sollte ich sagen: »Hallo! Ich bin Laurie Bembenek. Ich bin geflohen, würden Sie mir bitte einen Job geben?« Nie haben Nick und ich etwas gestohlen. Wir haben keine Bank überfallen, keine Tankstelle ausgeraubt, keine Zeitungen geklaut, niemanden übers Ohr gehauen. Wir sind auch nie ohne Führerschein gefahren und haben nicht einmal eine Straße verkehrswidrig überquert. An sechs Tagen in der Woche arbeitete ich in zwei Jobs gleichzeitig, um zu überleben, und wir lebten in Thunder Bay in sehr bescheidenen Verhältnissen. Nicht einen Augenblick haben wir daran gedacht, ein Verbrechen zu begehen.

Ich will kein Verbrechen begehen.

Ich will ganz einfach normal sein.

Ich will arbeiten und meinen Lebensunterhalt verdienen.

•

Unterdessen überwachte die Polizei in Milwaukee das Telefon meiner Eltern, öffnete ihre Post und wartete vor ihrem Haus auf meine Rückkehr.

Noch Monate nach meiner Flucht warteten sie dort. Unübersehbar saßen sie vor dem Haus, so daß sich meine Eltern schließlich selbst wie Gefangene fühlten. Als einmal ein großer Möbelwagen gegenüber hielt, war er innerhalb weniger Sekunden von Streifenwagen umkreist. Es schien, als wären sie vom Himmel heruntergefallen.

Was mochte nur in ihren Köpfen vorgehen? Glaubten sie wirklich, ich würde mich wie ein Sofa in einem Möbelwagen vorfahren lassen?

Wollen Sie wissen, was mein Vater in einem Fernsehinterview sagte, als man ihn fragte, wie er über meine Flucht dachte? »Ich hoffe, sie ist in Sicherheit«, sagte er.
Dann fügte er noch hinzu: »Wenn ich sie sehen könnte, würde ich ihr sagen, sie soll noch weiter weglaufen, denn selbst wenn sie nicht wirklich frei ist, hat sie jetzt wenigstens ein Gefühl von Freiheit...«

Man kann kaum beschreiben, was man fühlt, wenn man auf der Flucht ist. Man fühlt sich ständig beobachtet. Bei allem, was man sagt oder tut, muß man vorsichtig sein. Vierundzwanzig Stunden am Tag muß man ein anderer Mensch sein. Wenn dich jemand Jennifer ruft, dann mußt du sofort darauf reagieren. Du mußt immer daran denken, daß du Jennifer heißt. Wenn ich jemandem etwas erzählte, und wenn darin ein Satz wie »Ich sagte mir, Laurie, paß auf...« vorkam, dann mußte ich mir angewöhnen, Jennifer statt Laurie zu sagen. Wenn man etwas unterschreibt, tut man dies gewöhnlich ohne großes Nachdenken. Auf der Flucht ist man gezwungen, sich ständig die idiotische Frage zu stellen: »Wer bin ich?« Jeder dachte, meine Flucht wäre erstaunlich einfach gewesen. So einfach, daß viele Leute annahmen, ich hätte eine Menge Helfer gehabt. Sie warfen Kathy Braun vor, mir Tips gegeben zu haben. Aber so war es keineswegs. Niemand hatte mir Ratschläge gegeben. Das hätte ich meinen Freunden nicht antun können. Sie hatten nicht die leiseste Ahnung von meinen Plänen. Sie könnten sich ruhigen Gewissens einem Polygraph-Test unterziehen, den sie mit Sicherheit bestehen würden. Ihretwegen gab es für mich keine andere Möglichkeit, als einfach eines Nachts zu verschwinden. Ich haßte es, diesen Weg wählen zu müssen.

In Thunder Bay vermißte ich Kathy und meine anderen Freunde aus Taycheedah. Nick hatte keine Ahnung, was ich durchmachte. Wie konnte er auch? Nur ein Gefangener hätte verstanden, wie es in mir aussah und wie Kleinigkeiten mich zermürbten. Der Preis für Zigaretten zum Beispiel. Nach fast einem Jahrzehnt hinter Gittern war ich nun in Kanada gelandet, dem Land, wo alles so unglaublich teuer war. Zigaretten kosteten hier viermal so viel wie in den Staaten. Nick rauchte mehr als ein Päckchen pro Tag, und das bedeutete, daß mehr als zweihundert Dollar pro Monat in Rauch aufgingen! Darüber stritten wir uns ständig.

Im Laufe der Jahre hatte ich viel verlernt. Ich besaß keinen Orientierungssinn mehr, und ich brauchte Wochen, um die Busverbindungen zu meiner Arbeitsstelle herauszufinden. Das klingt vielleicht absurd, aber wenn man etliche Jahre in einer kleinen, eingegrenzten Zone verbringt, in der man noch dazu von Beamten überall hingebracht wird, dann verliert sich das Gefühl für Eigenverantwortung. Sie können sich nicht vorstellen, an wie vielen Haltestellen ich vergeblich auf einen Bus wartete.

Auch meine Fähigkeit, mich zu entscheiden, war verkümmert. Im Gefängnis kann man sich nichts aussuchen. Dort wird einem genau vorgeschrieben, wann gegessen wird, was gegessen wird, was man zu tun hat... Die Qual der Wahl existiert dort nicht. Nick hatte darunter sehr zu leiden. Als wir einmal in ein Restaurant gingen, sah ich mir immer wieder die Karte an. Nachdem ich meine Wahl zweimal rückgängig gemacht hatte, mußte ich die Kellnerin bitten, noch ein drittes Mal zu kommen, weil ich mich einfach nicht für ein Gericht entscheiden konnte. Wir gingen in ein Lebensmittelgeschäft, und ich konnte nicht entscheiden, was ich kaufen sollte. Die Auswahl war einfach zu groß.

Jennifer und Tony Gazzana verbrachten den ersten Tag damit, sich eine Bleibe zu suchen. Mit weit aufgerissenen Augen lief ich durch die Gegend. Dies war also die Welt draußen! Hot dog Verkäufer, Leute beim Einkaufen, Kinder auf Fahrrädern. Dies war also das Leben! Ich dachte immer noch, ich träumte. Schließlich kauften wir eine Zeitung, setzten uns in ein Café und lasen die Anzeigen im Immobilienteil. Wir verloren keine Zeit, denn wenn wir uns um eine Arbeit bewerben wollten, brauchten wir einen ständigen Wohnsitz, und weil wir nicht viel Geld hatten, waren wir auf Arbeit angewiesen.

Die erste Nacht verbrachten wir in einem Hotel. Glücklicherweise verlangte dort niemand unsere Ausweise. Wir zahlten bar. Hotels machten mich nervös. Nick meinte, ich sei paranoid, aber das war nur eine Folgeerscheinung meiner Gefangenschaft. Wir besorgten uns Bier und Pizza und schalteten die Nachrichten ein, um zu erfahren, ob meine Flucht erwähnt wurde. Es wurde nicht darüber berichtet.

Eine der Fragen, die mir taktlose Reporter immer wieder stellen, lautet: »Haben Sie sich die ganze Nacht lang geliebt?« Dieses Thema scheint für sie von großer Bedeutung zu sein. Wir waren verliebt. Natürlich sind wir miteinander ins Bett gegangen, und am nächsten Morgen begaben wir uns auf Wohnungssuche.

Jenny Beck vermietete uns eine Wohnung, ein kleines und etwas dunkles Apartment im Souterrain. Jenny hatte diese Wohnung selbst ausgebaut. Sie ist eine sehr kleine Frau, und das Apartment war für Zwerge gebaut. Beim Ausverkauf sah ich einmal ein wunderschönes Sofa für nur fünfzig Dollar. Ich wollte es unbedingt haben, weil wir zum Sitzen nur zwei Stühle hatten, so daß Nick und ich uns nicht zusammen hinsetzen und kuscheln konnten. Wir maßen das Sofa aus und mußten feststellen, daß es leider nicht durch die Tür paßte. Am liebsten hätte ich es zersägt!

Ich nahm den erstbesten Job, den ich bekommen konnte. Ich hatte Angst. Die ganze Zeit hatte ich irgendwie Angst. Ich fürchtete mich davor, verhungern zu müssen, und davor, daß unser ganzes Geld plötzlich aufgebraucht sein würde. Ich wollte nicht als Sozialfall in irgendeiner wohltätigen Einrichtung enden. Besonders die hohen Preise machten mich nervös. Vier Tage nach unserer Ankunft in Kanada fand ich einen Job in Thunder Bay als Köchin in einem griechischen Restaurant in der Gegend von Fort Williams.

Was für ein Witz! Wie gerne hätte ich das Kathy und meinen anderen Freunden erzählt. Ich als Köchin! Mit meinen geringen Haushaltskenntnissen. Ich kann überhaupt nicht kochen! Ich war zehn Jahre lang eingesperrt. Ich bin kaum in der Lage, ein Spiegelei zu braten, und auch vor meiner Verhaftung hatte Fred immer das Kochen übernommen.

Aber in diesem Restaurant lernte ich es. Ich lernte, wie man Gyros, Salate und andere Spezialitäten zubereitet.

Nach einiger Zeit nahm ich noch einen zweiten Job in einem Fitness-Club an. Immer noch war ich von der unvernünftigen Angst erfüllt, wir könnten verhungern, weil mir alles so teuer vorkam und weil Nick nicht arbeitete. Wenn ich von meiner Arbeit im Restaurant nach Hause kam, zog ich mich schnell um und ging zu Fuß zu meiner zweiten Arbeitsstelle. Mit dem Auto konnte ich nicht fahren; ich hatte noch keinen gültigen Führerschein.

Ich wünschte mir, Kathy bei mir zu haben, mit der ich mich so gerne über all die kleinen Dinge unterhalten hätte, die einer Gefangenen viel bedeuten. Auf der Straße beugte ich mich zu jedem Tier hinunter, um es zu streicheln. Auf streunende Katzen wirkte ich wie ein Magnet. Zu Hause hielten wir auch eine Katze. Ich genoß es, barfuß im Gras herumzulaufen, am Abend lange Spaziergänge zu machen, die Luft tief einzuatmen, die Sterne zu betrachten, im Regen zu stehen und spät abends den Berg hinunter zu laufen bis zu dem Supermarkt, um mir dort eine Kleinigkeit zu kaufen.

Die einfachsten Dinge waren wundervoll. Jenny hatten einige Himbeersträucher in ihrem Garten, so daß Tony/Nick und ich morgens frische Beeren zum Frühstück aßen. Einmal brachte sie mir einen selbstgemachten Apfelkuchen vorbei, und als ich ihn im Ofen noch einmal aufwärmte, füllte sich unser Apartment mit dem wunderbarsten Duft. Jahrelang hatte ich nicht mehr so etwas Gutes gerochen! Eines Abends kochte ich sogar Traubenmarmelade und hielt das einfach für grandios. Ich weiß, daß das dumm klingt, aber ein anderer Lebenslänglicher würde mich verstehen.

Ich machte mir über viele Dinge Sorgen. Kein Geld zu haben war eines davon. Sich verdächtig zu machen ein anderes. Ich fürchtete, die falschen Dinge zu sagen und die falschen Fragen zu stellen. Ich hatte Angst, Dinge auszuplaudern, wenn ich Alkohol trank. Meine Meinung über Alkohol wurde sehr konservativ. Wahrscheinlich war ich im Laufe der Jahre zu einem wahren Disziplin-Fanatiker geworden. Ich mußte immer wissen, was vor sich ging und wer was sagte.

Wochenlang hielt ich die Ohren offen, um zu erfahren, ob es Nachrichten über unsere Flucht gab. Ich las die Boulevardzeitungen aus dem Supermarkt. Nichts. Es schien, als läge Thunder Bay eine Million Meilen von Milwaukee entfernt. Niemand hatte dort je von mir gehört. Auf der Arbeit redeten meine Kollegen über alles mögliche und manchmal auch über irgendein Gefängnisthema, aber der einzige amerikanische Gefangene, den sie zu kennen schienen, war Charles Manson. Viele Polizisten von der Morgenschicht kamen ins Lokal, um einen Kaffee zu trinken, und während ich sie bediente, dachte ich immer nur: »Benimm dich ganz normal, Bembenek!«

Ich versuchte erst gar nicht, mein Aussehen großartig zu verändern. Das wäre viel zu kostspielig gewesen, und ich hätte unzählige Stunden in Kosmetiksalons verbringen müssen.

Warum, so fragte man mich später, hatte ich mir ausgerechnet Thunder Bay ausgesucht? Es gab keinen besonderen Grund dafür. Ich wußte kaum noch, wie wir dorthin gelangt waren. Ich ließ Nick einfach fahren. Aber ich mochte Thunder Bay, weil es dort so schön war. Der Ort verzauberte mich. Dazu bedurfte es nicht viel. Schließlich litt ich unter einer Art Sinnes-Entzug. Im Gefängnis lechzt man geradezu nach Schönheit, nach allem, was natürlich ist. Jeden Morgen auf dem Weg zur Arbeit konnte ich den Mount Mackay sehen, und in Lake Superior gibt es einen riesigen Berg, der »Schlafender Riese« genannt wird. Wenn man hinter unserem Apartment den Berg hinauf ging, lag auf der Spitze ein wunderschöner, kleiner Park, von dem aus man einen fantastischen Ausblick hatte. Mir erschien alles wunderbar.

Thunder Bay war eine gute Wahl. Der Ort war klein genug, daß ich mich dort wohlfühlen konnte. Wären wir direkt nach Toronto gegangen, wäre ich verloren gewesen, weil ich mich dort nicht zurechtgefunden hätte. Eine so riesige Stadt hätte mich wahnsinnig gemacht. In Thunder Bay erzählten die Leute nur Negatives über Toronto: die Lebenshaltungskosten waren astronomisch hoch, die Menschen dort grob und unfreundlich. Die Leute in Thunder Bay gingen davon aus, daß kein vernünftiger Mensch freiwillig in Toronto leben wollte.

»Tony« besaß einen richtigen Führerschein. Ich kaufte die nötigen Utensilien und konnte dank meines künstlerischen Talents die Papiere für ihn machen. Nachdem ich alles mit Folie überzogen hatte, sah es wirklich täuschend echt aus. Damit und mit seiner Geburtsurkunde erhielt er dann eine richtige Fahrerlaubnis mit Paßbild, die auf den Namen Tony Gazzana ausgestellt war.

Als nächstes mußten wir unseren alten Wagen loswerden. Das war gar nicht so einfach. Wir konnten das blöde Ding nicht verkaufen, ohne dafür an die Grenze zurückzufahren, um die notwendigen Formulare auszufüllen. Das wollten wir natürlich nicht riskieren. Also kauften wir uns einen gebrauchten Datsun. Wenn wir nun von der Polizei angehalten würden, konnten wir einwandfreie Papiere vorweisen. Ich wollte, daß alles bis ins kleinste Detail stimmte.

Man muß wirklich an alles denken. Es ist manchmal sehr kompliziert, selbst die simpelsten Dinge herauszufinden oder Antworten auf die einfachsten Fragen zu bekommen. In Amerika hat jeder Bürger eine Sozialversicherungsnummer. Ich wußte, daß es in Kanada ähnlich war, aber ich hatte keine Ahnung, wie hier die amtliche Bezeichnung dafür lautete. Wie sollte man das erfahren? Man kann schlecht jemanden auf der Straße anhalten, um ihn danach zu fragen. Und in wie viele Kategorien war das System hier unterteilt? In den Staaten hatten wir die Gruppen drei, zwei und vier. Wie viele gab es in Kanada? Glücklicherweise fand ich eine Möglichkeit, die Antragsformulare zum Ausfüllen mit nach Hause zu nehmen, und stellte fest, daß neun kleine Kästchen für die Versicherungsnummer vorgesehen waren. Das alles muß man erledigen, nur um einen Job zu bekommen. Und ohne Telefon ist es ausgesprochen schwierig, einen Job zu finden, aber ein Telefon kriegt man nur dann, wenn man eine Arbeitsstelle nachweisen kann. Es ist ein kleiner Teufelskreis. Für einen legalen Bürger war das alles kein Problem.

Und Nick? Nick und ich?

Ich möchte nichts Schlechtes über Nick sagen. Wir waren verliebt, und er war da, als ich ihn brauchte. Er half mir zu entkommen, und dafür bin ich ihm sehr dankbar.

Aber ich begriff, daß man einen Menschen im Gefängnis nicht richtig kennenlernte.

Ich denke, wir waren beide naiv. Ich war einfach zu lange eingesperrt gewesen. Jahrelang hatte ich gelernt, ohne materiellen Besitz zu leben. Ich lernte, jede Bindung an Eigentum abzulegen; im Gefängnis führt das sonst nur zu Enttäuschungen. Irgend jemand würde die Sachen stehlen, sie versehentlich oder mutwillig zerstören, und wenn du zuläßt, daß dir diese Dinge etwas bedeuten, wird dich der Verlust verletzen. Gefangene lernen, ihr Leben auf die nichtmateriellen Dinge zu beschränken. Mir genügte es, mich zu unterhalten, spazierenzugehen, im Park still auf einer Bank zu sitzen, der Stille zu lauschen und mich über meine Freiheit zu freuen. Ich brauchte keine andere Musik als die des Windes. Ich hatte nicht den Wunsch, fernzusehen oder zu telefonieren. Für mich gab es keinen zwingenden Grund, die wunderbare Stille zu stören. Für mich war Stille nicht gleichbedeutend mit Leere; sie war vielmehr eine friedliche Entspannung.

Nick hingegen war wie die meisten Menschen stark von dieser materialistischen Welt geprägt. Ohne Telefon, Stereoanlage, Fernsehgerät, ohne teure Ausflüge zum Fischen und Jagen und ohne seinen Golfsport war er unglücklich. Für ihn mußte es stets die beste Kaffeesorte sein; ohne seine Lieblingsmarke ging es nicht. Er war dieser Typ Mensch, der zwar gerne wanderte, aber bitte nur mit den besten Wanderschuhen, die man kaufen konnte. Es deprimierte ihn, daß wir ohne einen Dollar dastanden.

Vor meiner Flucht hatte ich versucht, ihn zu warnen. Ich wollte nicht, daß er sich blind in eine Sache hineinstürzte und mir hinterher Vorwürfe machte. Ich sagte ihm, wie schwer es für uns werden würde: »Du wirst Heimweh haben. Du verlierst vielleicht die Besuchserlaubnis für deine Kinder. Wenn man dich faßt, wirst du ins Zuchthaus gehen und möglicherweise fünf Jahre dort absitzen müssen.« Er sagte immer nur: »Das ist mir egal. Ich liebe dich...« Er betrachtete das Ganze als einen romantischen, tollen Streich und konnte das Risiko, das er einging, wohl nicht überblicken. So lange nicht, bis er mittendrin steckte. Dann aber kam das böse Erwachen!

Wir waren beide naiv gewesen. Beide hatten wir vorher nicht erkannt, wie ungleich wir doch eigentlich waren.

Als Nick nach Milwaukee zurückkehrte, sagte er einigen Freunden: »Laurie war einfach zu lange im Gefängnis. Sie hat vergessen, das Leben zu genießen. Sie wollte nie zum Tanzen gehen oder sich amüsieren. Sie wollte immer nur im Park sitzen und sich unterhalten.«

Er hat nie verstanden, daß genau dies für mich ein wirklicher Genuß war.

Wir hatten kein Geld, aber durch meine beiden Jobs konnten wir überleben; ich mußte zwangsläufig eine ordentliche Bürgerin sein. Zuerst hatte Nick viele Vorstellungsgespräche, aber bei keinem war er erfolgreich. Ich habe nie erfahren, woran das lag. Irgend etwas ging immer schief, aber nie war es sein Fehler. Nach einer Weile ließen seine Bemühungen nach. Mehrmals pro Woche ging er zum Fischen, dann wollte er auf Elchjagd gehen. Er wollte spielen und das Leben genießen. Ich verstand nicht, warum er nicht lieber zu mir nach Hause kam. Im Gefängnis hatte ich alleine geschlafen, und jetzt schlief ich wieder allein.

Endlich fand er einen Job als Staubsaugerverkäufer. Aber das war nicht von Dauer. Es sah so aus, als würde ihn die Arbeit mehr Benzingeld kosten, als sie Verdienst einbrachte.

Wir stritten uns oft – es tut mir leid, wenn ich das sagen muß. An einem Samstag abend stand ich im Regen an der Bushaltestelle. Ich war völlig durchnäßt, und die Füße taten mir weh. Nick war beim Fischen, wo genau, wußte ich nicht. Langsam dämmerte es mir. »Was stimmt hier nicht?« fragte ich mich. »Bin ich dafür aus dem Gefängnis geflohen? Ich hab' doch einen Riesenspaß!«

Erst um ein Uhr nachts kam Nick zurück. Ich hatte mir wahnsinnige Sorgen gemacht, daß er einen Unfall gehabt haben oder verhaftet worden sein könnte. Ich war nahe daran, meine Sachen zu packen und den nächsten Bus zu nehmen. Aber dann kam er zurück und erklärte seine Verspätung damit, daß er einem liegengebliebenen Lastwagen geholfen hätte. Später gab er zu, daß er gelogen hatte.

Ich glaube, seine innere Unruhe kommt daher, daß er noch nie im Gefängnis gesessen hat. Abends ging er mit Freunden aus, und einmal erzählte er ihnen, daß ich Geburtstag hätte. Das war im August, und es war Laurie Bembeneks Geburtstag. Jennifer ist im Januar geboren! Tatsächlich brachte uns das auf einer Party in Schwierigkeiten, als sich einige Leute über Sternzeichen unterhielten. Sie fragten mich nach meinem Sternzeichen. Steinbock hatte die korrekte Antwort zu lauten, woraufhin eine Frau meinte: »Aber Tony sagte doch, daß Sie letzte Woche Geburtstag hatten!« Glücklicherweise hatte sie schon einen Schwips. Wie leicht einem doch etwas so scheinbar Unbedeutendes zur Falle werden kann. Tony/Nick hielt mich für verrückt, weil ich mir darüber Sorgen machte.

Mein größter Wunsch war es, Nick glücklich zu machen. Ich wollte nicht, daß er seinen Schritt bereute. Dazu war ich ihm viel zu dankbar. Nur ihm verdankte ich meine Freiheit.

Oft wünschte ich mir, ich wäre mit einer anderen Gefangenen geflohen. Sie hätte mich verstanden.

24

WIEDER IN GEFANGENSCHAFT

Ich habe die verhängnisvolle Sendung nicht gesehen. Wir besaßen zwar mittlerweile ein Fernsehgerät. Nick hatte darauf bestanden und im Ausverkauf eines erworben. Aber das letzte, wonach mir der Sinn nach neun Jahren Haft stand, war fernzusehen. Ich wollte die Natur sehen und so oft es ging draußen sein. Unser Gerät war nicht sonderlich gut. Wir konnten nur ein paar Sender empfangen, weil wir keinen Kabelanschluß hatten. Wenn es also tatsächlich eine Sendung über »Amerikas meistgesuchte Frau« gegeben hat, dann habe ich sie nicht gesehen. Ich ging am nächsten Morgen wie gewöhnlich zur Arbeit.

Nick und ich hatten geplant, Thunder Bay wieder zu verlassen. Ich wußte, daß wir unser Glück herausforderten, wenn wir uns so lange an einem Ort aufhielten. Es war Herbstanfang, als ich eines Morgens eine Anzeige des Banff National Parks in der Zeitung entdeckte. Sie suchten Personal für die Wintersaison und boten jede Menge Stellen an. Ich war sicher, daß wir beide dort Arbeit finden würden. Wenn Nick und ich den gleichen Tagesablauf hätten, würde unser Leben sicherlich einfacher, und wir würden uns besser verstehen. Ich schrieb die Bewerbungen und schickte sie ab.

Noch stimmte unser Zeitplan. Wir wollten Thunder Bay gleich verlassen, aber dann beschlossen wir, die Abreise doch noch um eine Woche zu verschieben, um Banffs Antwort auf unsere Bewerbungen abzuwarten. Wenn sie sich in einer Woche nicht gemeldet hätten, wollten wir losfahren.

Im September wurde es schon kälter. Ein Hauch von Winter

lag in der Luft. Wie jeden Morgen nahm ich den Bus zur Arbeit. Nach dem Frühstücksansturm stand ich mit den anderen Kellnerinnen herum und wartete auf die Mittagsgäste. Wir unterhielten uns und lachten, als ein Mann das Lokal betrat.

Er kam auf uns zu und wollte den Inhaber sprechen. Louie war nicht da, er kam immer ein wenig später. Anne, eine Kellnerin, die schon in dem Laden arbeitete, als ich noch Windeln trug, sagte, sie würde Louie gerne etwas ausrichten. Sie hielt den Mann für einen Vertreter. Statt dessen wollte er sich mit ihr unterhalten. Thelma, eine andere Kollegin, raunte mir zu: »Diese Verteter sind doch wirklich aufdringlich!«

Wir beobachteten, wie der Mann mit Anne ans andere Ende des Restaurants ging. Er zeigte ihr etwas, und ich sah, wie sie den Kopf schüttelte. Ich dachte mir nichts dabei.

Dann kam er zu uns zurück. Oh Gott! Er zeigte mir seinen Dienstausweis und sagte: »Kann ich Sie kurz sprechen?« Er war ein Polizist aus Thunder Bay.

Ich übertreibe nicht, wenn ich sage, daß mich fast der Schlag getroffen hätte! In dem Moment dachte ich, ich bekäme einen Herzinfarkt. Natürlich war mir klar, warum er hier war. Ich zwang mich, ganz ruhig zu bleiben. Dann würde es schon gutgehen. Mein Leben lief vor meinen geistigen Augen ab. Dann dachte ich: »Na gut, es ist vorbei.«

Wir gingen an einen Tisch und setzten uns. Er redete zuerst. »Ich habe mich erkundigt, ob hier jemand aus den Vereinigten Staaten arbeitet, und Sie sind doch aus den Staaten, nicht wahr?«

»Ja«, sagte ich wahrheitsgemäß.

»Was machen Sie hier?«

Nick und ich hatten uns verschiedene Geschichten ausgedacht. Irgendwann war es dann kompliziert geworden, weil Nick einigen Leuten erzählte, ich sei Kanadierin, anderen aber, daß wir beide aus den Staaten stammten und er beruflich nach Thunder Bay versetzt worden war. Nun war es schwierig geworden, sich an die verschiedenen Versionen zu erinnern und auseinanderzuhalten, wem wir welche Geschichte erzählt hatten. Mein Gott!

»Mein Mann ist dienstlich hierher versetzt worden«, sagte ich.

»Oh? Seit wann sind Sie hier?«

»Hm, seit Juni.«

Er fragte nach meinem Ausweis. Ich holte ihn aus meiner Tasche. Oh Gott, oh mein Gott!

»Wann sind Sie geboren?« fragte er. Polizisten fragen immer nach dem Geburtsdatum, selbst wenn man ihnen gerade eine Geburtsurkunde in die Hand gedrückt hat.

»Am 7. Januar 1961«, antwortete ich und erinnerte mich daran, daß ich Jennifer sein mußte.

»Woher kommen Sie?«

»Aus Chicago. Ich bin in Milwaukee geboren, aber als ich noch ein Baby war, zogen meine Eltern nach Chicago.« Jeder im Restaurant dachte, ich sei aus Chicago.

Glücklicherweise fragte er nicht nach meiner Arbeitserlaubnis. Ich besaß nämlich keine. Auch mein Visum wollte er, Gott sei Dank, nicht sehen! Ich hatte keines. Er fragte mich nach dem Namen und der Adresse meines Mannes. Zuerst wollte ich lügen, aber dann entschied ich mich im letzten Moment, die Wahrheit zu sagen. Schließlich hätte er sich bei jemandem nach meiner Adresse erkundigen können. Ich gab sie ihm.

Dann zog er DAS BILD heraus.

Es war ein Fax, noch dazu eine ziemlich schlechte Kopie, aber Nick und ich waren darauf zu erkennen. Ich wäre fast gestorben.

»Haben Sie diese Leute schon einmal gesehen?«

Ich versuchte, nachdenklich auszusehen, während ich das Bild genau anschaute.

»Nein«, sagte ich, »nein… ich glaube nicht.«

»Ist das Ihr Mann?«

»Bestimmt nicht!« Ich selbst hatte jetzt einen lockigen Kurz-haarschnitt, so daß ich ganz anders aussah.

»Gut. Ich schätze, ich werde meinem Chef sagen müssen, daß wir die falsche Frau gefunden haben«, sagte er, stand auf und ging in Richtung Ausgang.

Mittlerweile war Louie eingetroffen und stand an der Kasse. Der Polizist zog das Bild noch einmal heraus und zeigte es ihm. Louie schüttelte den Kopf, nein, nein… Der Polizist hat-te ihm offenbar die gleichen Fragen gestellt wie mir. Eine Mi-nute später verließ er das Restaurant.

Oh Gott, oh mein Gott, was sollte ich nur machen? Ich ver-suchte nachzudenken. Ich konnte nicht einfach aus dem Lo-kal laufen. Dann hätten es alle gewußt.

Denk nach, Laurie, denk nach!

Ich mußte Tony, nein, Nick erreichen. Ich wußte nicht mehr, wie ich ihn nun nennen sollte. Ob er zu Hause war? Natür-lich nicht! In ganz Thunder Bay telefonierte ich herum, aber niemand schien zu wissen, wo er war. Schließlich rief ich in dem Laden an, in dem er sich abends öfter aufhielt, und hin-terließ eine Nachricht für ihn.

»Es ist furchtbar wichtig. Es geht um einen Notfall. Bitte sa-gen Sie ihm, daß er mich sofort anrufen soll, wenn er kommt!«

Wie lange sollte ich warten? Vielleicht hatten sie ihn schon verhaftet! In den Staaten würde die Polizei vor dem Restau-rant warten; sie würden in der Nähe parken, und wenn der Verdächtige dann herauskäme, würden sie ihn erwischen. Ob sie jetzt draußen auf mich warteten? Mittlerweile hatte die Mittagszeit begonnen. Eine Horde hungriger Leute saß an den Tischen und wollte ihr Essen. Ich mußte an zwölf Ti-schen gleichzeitig bedienen und hatte keine Zeit mehr, weiter nachzudenken.

491

In meinem Kopf drehte sich alles. Ich verlor den Überblick. Ich servierte den Leuten das Essen, nahm Bestellungen auf. Ich weiß nicht mehr, was ich ihnen alles vorsetzte. Wie ein Refrain ging es mir immer wieder durch den Kopf: »Oh Gott, oh mein Gott!« Ich versuchte, mich normal zu verhalten, was immer das auch heißen mochte. Ich wollte nicht in Panik geraten, denn dann machte man nur Dummheiten.

Das Telefon klingelte. Anne ging hin und rief mich.

»Jennifer – es ist Tony.«

Ich sprach sehr schnell. »Paß auf«, sagte ich, »wir müssen abhauen, und zwar jetzt gleich. Komm bitte sofort und hol' mich ab. Die Polizei war hier, wir müssen sofort von hier weg...«

»In Ordnung«, sagte Nick und legte auf.

Ich muß einen verstörten Eindruck gemacht haben, denn eine der Kellnerinnen fragte mich, ob etwas nicht in Ordnung sei.

»Oh, tut mir leid. Ein Todesfall in der Familie«, sagte ich. »Ich muß nach Hause fahren.« Was für eine billige Ausrede! Ich haßte es, sie anlügen zu müssen, weil sie meine Freunde waren. Aber was hätte ich sonst tun sollen? Louie warf mir einen besorgten Blick zu.

Ich zog rasch meinen Mantel an, und weil es regnete, setzte ich noch meine Kapuze auf. Dann ging ich durch die Hintertür hinaus. Ich schaute die Straße entlang, aber ich konnte keine Polizei entdecken. Ich weiß nicht, ob sie mich mit der Kapuze auf dem Kopf überhaupt erkannt hätten. Ich lief bis zur nächsten Ecke und sah mich nach Nick um. Er war noch nicht da.

Ich wartete. Eine Minute später kam er. Und was tat er? Er hielt gegenüber und hupte dreimal! Oh Nick, ebensogut hättest du laut ausposaunen können: »Seht alle her – wir sind hier!« Ein grelles Neonschild auf dem Wagen hätte es auch getan!

Durch Handzeichen machte ich ihm klar, daß er ein Stück

weiter fahren und dort auf mich warten sollte. Er verstand. Als ich in den Wagen stieg, war ich vollkommen panisch.

»Wir müssen weg. Jetzt gleich. Fahr nicht mehr zur Wohnung, laß uns einfach losfahren!« stieß ich hervor.

»Nun warte einen Moment und erklär mir bitte, was passiert ist. Mach dich nicht verrückt. Laß uns darüber reden, was wir tun können«, antwortete er ruhig.

Ich erzählte Nick von dem Polizisten und dem Fahndungsfoto.

Nach einer Weile sagte er: »Also laß uns nach Banff fahren.«

»Okay.«

Es gab allerdings ein Problem. Da ich unsere Ausweise in der Wohnung gebastelt hatte, lag dort noch Beweismaterial. Wenn die Polizei mit einem Durchsuchungsbefehl bei uns auftauchte, dann würden sie uns anhand der Spuren leicht verfolgen können. Sie würden dort nicht nur unsere falschen Namen herausfinden, sondern sicher auch erfahren, wer wir wirklich waren und wie wir das getan hatten, was wir taten.

Ein ausgesprochen schlechtes Timing! Wir hatten vorgehabt, das Zeug zu vernichten, aber die Papiere waren noch nicht ganz fertig geworden. Noch schlimmer war, daß wir am Mittwoch, nachdem wir »aufgeflogen« waren, unsere legalen Papiere bekommen hätten. Eine Woche später, und wir wären frei gewesen und hätten uns überall ganz legal bewegen können! Eine Woche nur! Ich hätte schreien können. Die einzige Möglichkeit, uns dann noch zu verfolgen, wäre ein Vergleich der Fingerabdrücke gewesen. Wir hätten ganz normal arbeiten können, hätten ein normales Leben führen können. Ja – wenn das Wörtchen wenn nicht wär...

Alles, was ich wollte, war doch diese Legalität.

Ich wollte keine Verbrechen begehen, keine Banken ausrauben. Ich wollte nur legal und normal sein wie jeder andere auch. Ich wollte eine Arbeitserlaubnis, eine Stelle, Geld verdienen und ein richtiges Leben führen. Nur eine Woche...

Aber das Zusammentragen aller Informationen und Utensilien, die wir für unsere Papiere brauchten, hatte soviel Zeit gekostet! Viele Leute verstanden das nicht und sagten, wir wären doch immerhin drei Monate dort gewesen. Sie fragten, warum wir nicht nach Europa gegangen sind. »Weil wir auf unsere Pässe warteten. Man kann nicht von heute auf morgen einen Paß bekommen. Wenn du Papiere haben willst, dann mußt du auch welche vorweisen können!« antwortete ich.

•

Wie oft hatte ich im Bus gesessen, mir die Leute um mich herum angesehen und gedacht, mein Gott, ich würde mit jedem von ihnen tauschen, nur um normal und legal leben zu können, um mich nicht mehr ängstlich umschauen zu müssen, weil alles, was ich sagte oder tat, falsch sein könnte. Jedes Gesicht, jedes dieser Gesichter im Bus wäre mir recht gewesen. Ich hätte auf der Stelle mit jedem dieser Menschen getauscht.
Eines guten Tages würden sie kommen und mich mitnehmen.

•

Wir saßen im Wagen und stritten uns. Ich wollte nicht mehr ins Apartment zurückfahren, aber Nick wollte es.
»Du machst dich selbst verrückt«, sagte er. »Wenn sie wirklich gedacht hätten, daß du die Frau auf diesem Bild bist, dann hätten sie dich gleich mitgenommen.« Das klang einleuchtend. Aber was war, wenn sie bei unserer Wohnung auf uns warteten?
»Na gut«, sagte ich, »wir fahren die High Street hinauf und sehen nach, was sich in unserer Straße tut. Dort können wir den ganzen Häuserblock überblicken, und wenn wir fremde Wagen am Haus entdecken, dann fahren wir weiter, und wir gehen nicht mehr in die Wohnung.«
Selbst da fing Nick noch an zu diskutieren. »Ich kann doch meine Angelausrüstung nicht einfach da lassen! Sie hat neunhundert Dollar gekostet! Und der Motor für das Boot! Ich muß Charlie den Motor doch zurückgeben!«

494

Mittlerweile waren wir am Haus angekommen. Er will seine blöde Angelausrüstung, er sagt mir, daß ich mich verrückt mache und daß wir die belastenden Unterlagen aus der Wohnung holen müssen...

Also gab ich nach und sagte: »Gut, vielleicht hast du recht.« Wir wären besser nicht in die Wohnung zurückgegangen. Wenn ich heute darüber nachdenke, war es einleuchtend. Wir sahen keine fremden Wagen in der Nähe der Wohnung. Nach weiteren Diskussionen überzeugte ich Nick davon, daß es besser war, den Wagen in die Garage zu stellen. Ich lief hinein und fing an, alles in Koffer zu packen. Schnell zog ich mir eine Jeans an.

Die Polizei brauchte eine Weile. Nachdem der Beamte aus Thunder Bay mit mir im Restaurant gesprochen hatte, war er zum Mittagessen gegangen und hatte erst nach seiner Pause die kanadische Militärpolizei informiert. Diese wiederum rief bei der Einwanderungsbehörde an, um zu überprüfen, ob eine Arbeitserlaubnis für ein Ehepaar Jennifer und Tony Gazzana vorlag. Das war natürlich nicht der Fall. Also ging die kanadische Polizei, die unsere wahre Identität noch nicht kannte, davon aus, daß es sich bei uns um zwei illegale Einwanderer handelte.

Nick brachte einige Sachen aus dem Apartment ins Auto und ließ die Hintertür offen.

In einer Souterrain-Wohnung kann man schlecht nach draußen sehen, um sich zu vergewissern, ob dort jemand steht. Ich hörte ein leises Poch Poch Poch an der Hintertür und nahm an, daß es Nick war, obwohl ich stutzig wurde. Ob er etwas in die Wohnung zurückbrachte und die Tür nicht öffnen konnte? Es war nur ein zaghaftes Pochen, kein richtiges Klopfen. Ich schaute mich um, konnte aber nichts sehen. Dann sah ich an der Hintertür nach. Wäre sie verschlossen gewesen, hätte ich auf das Geräusch gar nicht reagiert. Sie hätten meinetwegen den ganzen Tag lang dort stehen können.

(Obwohl Nick noch immer draußen in der Garage war.) Ich jedenfalls hätte mich im Keller eingeschlossen und mich da herausgegraben oder sonst etwas getan! Aber Nick hatte die Tür offen gelassen, und ein Beamter der kanadischen Militärpolizei stand nun davor.

Ich dachte: »Also gut, das Spiel ist aus«, obwohl ich den Polizisten nicht kannte. Es war nicht der aus dem Restaurant. Er war sehr höflich. »Sind Sie Jennifer Gazzana?«

»Hm, ja«, erwiderte ich zögernd und dachte: »Verfluchter Mist!«.

Ich wußte, daß es aus war, wenn er die Wohnung betreten würde. Wir hatten wild unsere Sachen gepackt, und überall in der Wohnung sah es chaotisch aus. Er hätte kein Genie sein müssen, um zu begreifen, daß hier jemand versuchte, die Wohnung eiligst zu verlassen. Dann kam der Polizist vom Vormittag hinzu. Er lächelte.

Ich dachte, wenn der jetzt auch noch da ist, dann ist endgültig alles vorbei.

Ich wußte nicht, ob sie einen Durchsuchungsbefehl brauchten oder nicht. Ich kannte die kanadischen Gesetze nicht.

»Darf ich hereinkommen?« fragte er.

Ich sagte nichts. Stumm standen wir einen Moment lang an der Tür.

»Wir haben das Recht dazu.« sagte er. »Wir dürfen hereinkommen.«

Meine Lage erlaubte mir keine große Debatte. Ich konnte es mir auch nicht leisten, unkooperativ zu wirken. Er sagte etwas von Arbeitserlaubnis, und ich dachte: »Oh Mann...«

Und dann kam Nick herein.

Damit war nun wirklich alles zu Ende. Ich hatte Nick gesagt, er sollte seinen Schnurrbart abrasieren, aber er hatte ein sehr markantes Gesicht; seine große Nase konnte man schlecht verbergen, es gab nicht viel, was man an seinem Äußeren hätte verändern können. Der Polizist sah auf das Bild und sagte:

»Das ist unser Mann! Wer sind Sie wirklich?«

Plötzlich waren sie alle da. Die Militärpolizei, die örtliche Polizei und Beamte der Einwanderungsbehörde – gleich drei Behörden auf einmal.

»Oh Mann«, dachte ich, »es ist aus.«

Ich war so erschöpft, daß ich in diesem Augenblick fast erleicht war. Die Flucht war vorbei.

Es ist schwer zu beschreiben, wie anstrengend unser Leben in Kanada war. Ich fühlte mich wie das Pferd aus Orwells Buch »Animal Farm«.

Wir gingen in die Wohnung, und der Polizist, den ich vom Restaurant kannte, sah sich um und sagte: »Es sieht so aus, als hätten Sie es sehr eilig wegzukommen.« Ich setzte mich an den Tisch.

Sie waren alle so zurückhaltend! In den Staaten, hätten die Cops die Tür mit ihren Gewehren eingeschlagen und gebrüllt: »Alles auf den Boden! Keine Bewegung!« Nicht so diese Jungs. Sie waren ganz locker.

Der Beamte aus Thunder Bay fragte mich: »Könnte ich bitte noch einmal den Ausweis sehen, den Sie mir heute morgen gezeigt haben?«

Ich kramte in meiner Tasche. Ich hätte eine Waffe in der Tasche versteckt haben können. Natürlich hatte ich es nicht. Wir besaßen keine Waffen, und ich würde so etwas auch nie tun, aber das konnte er schließlich nicht wissen. Ich kramte auch in einigen Schubladen, um ein paar Kleidungsstücke herauszuholen. Darin hätte sich ein ganzes Waffenarsenal befinden können! Wenn ich wirklich die verzweifelte Kriminelle war, für die mich alle hielten, dann wären in dem Moment alle tot gewesen. Ehrlich gesagt, schockierte mich die Unbekümmertheit der Beamten.

Einer der Polizisten sah mich an und sagte: »Sie waren Polizistin, nicht wahr?«

Und ich sagte: »Ja.«

»Lauf, Bambi, lauf!« meinte er und begann zu lachen. Hysterie.

Ich saß am Tisch und dachte nur, toll, das ist einfach toll! Über Funk riefen sie Verstärkung. Nick und ich sahen uns stumm an und zuckten mit den Achseln. Sie wollten alles mögliche von uns wissen, wie wir über die Grenze gekommen waren, unsere vorherigen Adressen und wie lange wir in Kanada waren.

Da wir ein Bankkonto besaßen, studierten sie sorgfältig die Kontoauszüge und fragten, wie wir an das Geld gekommen waren, ob wir es gestohlen hätten.

»Nein!« sagte ich. »Das ist das Gehalt, das mir meine beiden Arbeitgeber wöchentlich überweisen. Es ist immer derselbe Betrag, sehen Sie? Wir haben nichts gestohlen.«

»Besitzen Sie irgendwelche Waffen? Oder Drogen? Oder gestohlenes Eigentum?«

Wir verneinten die Fragen, und sie gaben sich damit zufrieden. In den Staaten hätten sie bereits die Wohnung auf den Kopf gestellt, um nach Gott weiß was zu suchen, und hätten damit unnötige Schwierigkeiten gemacht. Die Kanadier taten das nicht. Sie stellten uns lediglich sehr höflich einige Fragen. Ich war ziemlich überrascht.

Schließlich wurden wir offiziell unter Arrest gestellt. Ungläubig verfolgte ich, was sich abspielte. Diese Leute waren wirklich nett! Die amerikanische Polizei hätte uns binnen weniger Minuten Handschellen angelegt und uns in getrennten Streifenwagen direkt ins Gefängnis gebracht. Nichts dergleichen geschah. Einer der Beamten aus Thunder Bay erkundigte sich danach, was wir mit unserer Katze machen wollten. Er schien ernsthaft um das Tier besorgt zu sein, das in der Wohnung herumlief. Ich wollte die Katze nicht einfach sich selbst überlassen.

Die Polizisten hatten nichts dagegen, daß ich unserer Vermieterin eine kurze Notiz schrieb mit der Bitte, sich um unsere Katze zu kümmern. Ich fügte noch hinzu, wie leid es mir tat. Was würde Jenny jetzt von uns denken?

Dann gingen wir zu den Streifenwagen hinaus. Als wir die Wohnung verließen, waren überall am Haus Polizisten postiert.

Nick und ich wurden im selben Wagen in das städtische Gefängnis gebracht. Auch das wäre in den Staaten nie passiert, wo man uns sofort voneinander getrennt hätte, um zu vermeiden, daß wir uns unterhalten konnten. Auf dem Weg in die Stadt versprach ich Nick, daß ich gegenüber der Polizei keine Aussagen machen würde, die ihn belasten könnten, und ich warnte ihn davor, ohne Anwalt auch nur ein einziges Wort zu sagen.

An diesem Abend tickte die Meldung über meine Verhaftung durch die Telexmaschinen, und als ich am nächsten Morgen wach wurde, befand sich das winzige Gefängnis von Thunder Bay in einer Art Belagerungszustand. Alles, was Beine hatte, war gekommen; Korrespondenten sämtlicher Fernsehsender waren da und mischten sich unter die Journalisten so bekannter Magazine wie People oder Time Life. Draußen herrschten chaotische Zustände. Die Gefängnisleitung wußte nicht, wie ihr geschah. So etwas hatten sie noch nie zuvor erlebt, und sie waren schockiert.

Natürlich verlangten die Medienvertreter, hineingelassen zu werden.

»Nein«, sagten sie, »wir sind hier in Kanada. Wir wissen nicht, woher Sie kommen, aber hineinlassen werden wir Sie sicher nicht.«

Thunder Bay hatte ein Gefängnis, das jeder Beschreibung spottete. Es war so winzig, aber hineinlassen wollten sie niemanden. Gut für sie.

•

Was mich beinahe verzweifeln läßt, ist die Tatsache, daß ich mich erst im Gefängnis wieder normal fühlte – so sehr war ich

bereits auf diese Institution fixiert! Zurück im Gefängnis dach-
te ich, nun bin ich wieder zu Hause... jetzt weiß ich, wie ich was
machen muß, ich weiß, wie man sich als Häftling benimmt...
Während der ganzen Zeit, die ich draußen verbracht hatte,
dachte ich immer, ich müßte mich kneifen, um zu sehen, ob ich
träume. Ich fühlte mich so unwirklich, so desorientiert. Oft er-
tappte ich mich bei dem Gedanken, daß ich jeden Moment aus
einem Traum aufwachen würde.
Das Gefängnis ist meine Realität, nicht die Freiheit.
Als ich wieder eingesperrt wurde, legte ich mich auf mein Bett,
machte ein Nickerchen und sagte mir, so, jetzt bin ich wieder
hier. Das ist normal.
Ich hasse das. Ich bin wie ein eingesperrter Vogel, der mit der
Freiheit nichts mehr anfangen kann. Es macht mich krank.
Ich tröste mich mit dem Gedanken, daß drei Monate in Freiheit
vielleicht nicht genug waren und daß man auf der Flucht nicht
wirklich frei sein kann. Vielleicht könnte ich wieder zu mir
selbst finden, wenn ich nur mehr Zeit hätte. Vielleicht gibt es
dafür noch eine Chance. Ich weiß es nicht. Ich hoffe es, aber es
ängstigt mich, daß mein »Ich« bis dahin verkümmert und ab-
gestorben sein könnte...

•

Als ich auf meinem Bett lag, gingen mir viele Dinge durch den
Kopf, die kleinen Begebenheiten, die anderen vielleicht gar
nicht aufgefallen wären. Ich hatte jeden Abend nach meiner
achtstündigen Schicht im Restaurant einen ganzen Beutel
voller Dollarmünzen, Trinkgelder, die ich tagsüber bekommen hatte. Wenn ich dann mit Nick im Lebensmittelgeschäft
an der Kasse stand und mit einer Handvoll Münzen bezahlte,
wurde Nick fast wahnsinnig. »Laurie«, sagte er und vergaß
ganz, mich Jennifer zu nennen, »hör bitte damit auf! Es sieht
so aus, als hätten wir den ganzen Tag lang gebettelt. Hör auf,
mit Kleingeld zu bezahlen!« Er betrachtete es als nicht ge-
sellschaftsfähig. Für mich war es normales Geld, sonst nichts.

So etwas passierte ständig. Nie konnte ich mich normal verhalten. Immer wieder fragte ich Nick: »Benehme ich mich wieder seltsam?« Meistens versuchte er dann, mich zu trösten, und sagte, es sei schon in Ordnung.

Normalerweise glaube ich nicht an Schicksal. Aber dann geschah etwas Eigenartiges.
Ich hatte meine rechtliche Lage nicht besonders gut durchdacht. Ich nahm einfach an, daß man mich sofort ausweisen und ins nächste Flugzeug setzen würde, so daß ich am nächsten Tag wieder in Taycheedah wäre. Das zumindest hatten mir die Einwanderungsbeamten zu verstehen gegeben. Zwar hatte ich erfahren, daß ich zu einer Anhörung gebracht werden sollte, aber ich wußte nicht, warum sie stattfand.
»Brauche ich für diese Anhörung einen Anwalt?« fragte ich.
»Oh nein«, sagten sie. Natürlich war es ihnen lieber, wenn ich keinen Anwalt hatte.
»Gut«, dachte ich, »dann werde ich mich nicht darum kümmern.«
Das Gefängnis von Thunder Bay verdient kaum die Bezeichnung Gefängnis. Es hat einen winzigen Zellenblock für weibliche Häftlinge, der aus insgesamt drei Zellen mit je drei Betten besteht. Vor den Gittern steht ein Picknick-Tisch, in einer Ecke gibt es einen kleinen Schwarzweiß-Fernseher, und in einer anderen Ecke befinden sich eine Dusche und ein weiterer kleiner Tisch mit einem Stapel Liebesromane. Das ist alles. Man ißt, schläft und duscht in diesem kleinen Käfig und geht nirgendwohin. Der einzig erfreuliche Aspekt ist die Aussicht vom Zellenfenster auf Lake Superior.
Es gibt keine Telefone, keinen Gymnastikraum, nicht einmal einen Heimtrainer. Nichts.
Am nächsten Morgen kamen sie und sagten: »Sie gehen jetzt zu Ihrer Anhörung. Sind Sie angezogen? Sie werden ins Gericht gebracht.«

Ich putzte mir die Zähne und wartete und wartete. Zwei Stunden vergingen, ohne daß etwas passierte.

Moment mal, dachte ich, die falschen Informationen fangen schon an. Besser, ich nehme mir einen Anwalt.

Eine zierliche Aufseherin namens Debbie kam herein. Sie war wirklich nett und freundlich und noch dazu ausgesprochen hübsch.

»Was muß man hier unternehmen, um einen Anwalt zu bekommen, wenn man nicht telefonieren kann? Außerdem komme ich nicht von hier, und ich kenne keinen einzigen Anwalt«, sagte ich.

»Oh, wir können einen Anwalt für Sie anrufen. Wir haben eine Liste mit Pflichtverteidigern. Ich werde Mary Kelly für Sie anrufen. Sie ist wirklich gut, und alle scheinen sie zu mögen.«

Ich war beeindruckt. Eine Anwältin – wie schön!

Etwa vier Stunden später war ich dann weniger beeindruckt. Nichts war geschehen. Niemand kam. »Jaja«, dachte ich, »du rufst einen Anwalt für mich. Jetzt fangen die Lügen auch schon an!«

Aber ich hatte mich getäuscht. Debbie hatte überall herumtelefoniert, um Kelly zu finden, die in ihrem Wochenendhaus war und nicht zurückrufen konnte. Endlich kam Debbie wieder.

»Ich kann Kelly nirgendwo erreichen, also werde ich den nächsten Anwalt anrufen, der auf der Liste steht«, erklärte sie mir.

Das war Dave Dubinsky.

Dave hatte vor sechs Monaten sein Studium beendet; er war sechsundzwanzig Jahre alt. Er ist wie ein kleiner Bruder für mich, und ich mag ihn einfach sehr! Er sah einfach jungenhaft und niedlich aus, als er schließlich den Besuchsraum für Anwälte betrat. Die Zeitungen hatten gerade damit begonnen, ihren neuesten Schund zu drucken, und der Medienrummel lief erneut auf Hochtouren. Dave bahnte sich seinen Weg durch die Horde der Pressevertreter. Er sah so jung aus und trug zudem noch recht lässige Kleidung, daß ihn niemand für einen Anwalt hielt und er nicht belästigt wurde.

Wir unterhielten uns eine Weile. Dann sagte er: »Ich würde gerne mit meinem Partner Ron Lester sprechen und heute abend mit ihm gemeinsam noch einmal wiederkommen.«

Das tat er auch. Und damit regelte sich alles für mich. Ohne daß ich selbst etwas tun mußte.

Können Sie nachvollziehen, was das für mich bedeutete? Neun Jahre lang hatte ich mit Zähnen und Klauen gekämpft und alles in meiner Macht Stehende getan, hatte mir Geld geborgt und gebettelt, um aus dem Gefängnis zu kommen, hatte telefoniert und geschrieben und Menschen angetrieben. Ich hatte alles versucht und mich selbst dabei verausgabt. Zum allerersten Male saß ich jetzt nur da und tat absolut nichts, und trotzdem half man mir. In meinem Kopf drehte sich alles.

Welch ein unglaubliches Gefühl der Erleichterung! Als Amerikanerin hatte ich in Kanada keinen Anspruch auf Rechtsmittelbeihilfe, aber diesen Anwälten ging es gar nicht ums Geld. Sie erkannten die schreckliche Ungerechtigkeit, die mir widerfahren war, und wollten mir helfen.

Ron Lester und Dave Dubinsky haben mir ein Stück meiner Persönlichkeit zurückgegeben. Und dafür liebe ich die beiden.

Lester brachte mir eine Kopie des kanadischen Einwanderungsgesetzes mit und sagte: »Wissen Sie, es könnte eine zähe Angelegenheit werden, aber ich denke, daß Sie einen legitimen Asylanspruch haben.«

Meine Eltern und Nicks Eltern flogen nach Kanada, um uns zu sehen. Nach dem Einwanderungsgesetz muß innerhalb von achtundvierzig Stunden nach einer Festnahme eine Anhörung stattfinden, und das zuständige Ministerium beauftragte einen Vertreter aus Sault Ste. Marie und einen weiteren aus Mississauga in der Nähe von Toronto mit meinem Fall. Ron erklärte uns gleich zu Beginn, daß man mit Nick anders verfahren würde; er wurde gleich ausgeliefert.

Außerdem machten mich meine Anwälte darauf aufmerksam, daß ein Asylverfahren sehr lange dauern konnte und daß die Zeit, die ich in einem kanadischen Gefängnis saß, nicht auf meine Strafe in Wisconsin angerechnet werden würde.

»Was kann ich schon verlieren? Ich bin bereits zu lebenslänglicher Haft verurteilt, und je länger ich nicht an diesem schrecklichen Ort sein muß, desto besser ist es«, sagte ich. Ich hatte es nicht eilig, nach Taycheedah zurückzukehren.

Nick wurde am 16. November 1990 ausgewiesen. Am 1. Dezember 1990 kam er gegen Kaution frei und seine Vorverhandlung fand fünf Tage später statt. Es folgte ein Prozeß. Die Anklage lautete auf Anstiftung und Beihilfe zur Flucht. Seine Kaution wurde auf hunderttausend Dollar festgelegt! Wisconsin ist wirklich der helle Wahnsinn. Seine Schwester borgte das Geld für ihn.

Ich versuchte, ihn davon zu überzeugen, daß er sich gleich für schuldig erklären sollte. Ich flehte ihn an.

»Glaub mir, Nick, ich habe neun Jahre in dieser Mühle verbracht, also hör auf mich. Du bist schuldig, also verschwende erst gar keinen Gedanken an einen Freispruch. Bekenne dich schuldig, und bring es hinter dich.«

Statt dessen versuchte er, auf nicht schuldig zu plädieren.

Seinem ersten Anwalt entzog Nick das Mandat, als der versuchte, mich für alles verantwortlich zu machen. Es war diese alte Leier – ich, die manipulierende Frau, hatte Nick irgenwie hypnotisiert, ihn irgendwie vom Gefängnis aus dazu gezwungen, hatte ihm eine (bildliche) Waffe an die Brust gesetzt und ihn genötigt. Nick hat das dem Anwalt nicht abgekauft. Er wußte, daß es eine gemeinsame Entscheidung gewesen war.

Noch einmal versuchte ich, ihn zu überzeugen. »Nimm dir irgendeinen Verteidiger, plädiere auf schuldig, und du wirst nur eine geringe Strafe bekommen. Wenn ich dann meine Angelegenheiten in Kanada geregelt habe, wirst du schon wieder frei sein.« Aber nein! Er wollte nicht auf mich hören.

Natürlich wurde er schuldig gesprochen, genau wie ich es vorausgesehen hatte. Das Urteil wurde am 4. September 1991 gefällt. Nick ging ins Gefängnis. Im November 1991 hörte er auf, mir zu schreiben.

Fünf Monate verbrachte ich im Gefängnis von Thunder Bay. Jenny Beck, Louie Kabezes und auch andere Freunde aus dem Ort besuchten mich regelmäßig. Auch meine Kollegen vom Restaurant und Debbie Pedre, meine Chefin aus dem Fitness-Center, kamen zu Besuch. Sie alle unterstützten mich, sprachen mir Mut zu und waren sehr nett zu mir. Einer meiner Stammkunden, Doug Smith, organisierte zu Weihnachten sogar ein rührendes Weihnachtssingen unter den Gefängnisfenstern.

Es waren lange, harte fünf Monate, weil meine Zukunft so ungewiß war und weil ich mit gebrochenem Herzen dasaß. Mittlerweile glichen meine Haare dem zerstörten Nest einer Wüstenmaus, weil ich keine Möglichkeit hatte, an Pflegemittel für meine neue Dauerwelle zu kommen. Genauso unmöglich war es, Vaseline oder einen Fettstift zu bekommen, und die trockene Heizungsluft des Gefängnisses hatte meine Lippen ausgetrocknet, eingerissenen und blutig werden lassen. Ein weiteres Problem war das Rauchverbot für die Angestellten, die außer in den Zellenblöcken im Gefängnis nicht rauchen durften. Also pilgerte die ganze Belegschaft in unseren Block, um dort Tag und Nacht zu rauchen. Das störte mich sehr. In der Kantine konnte man nur einige wenige Dinge kaufen. Es gab überhaupt keine speziellen Artikel für Frauen. Einmal pro Woche erhielten wir einen Satz frischer Wäsche, ein

Schlüpfer, ein Paar Socken, ein BH, eine Hose aus Sweatshirtstoff und ein Sweatshirt.

Die erste große Enttäuschung ließ nicht lange auf sich warten; ich erfuhr bald, daß nur männliche Gefangene arbeiten durften, nicht aber die weiblichen Häftlinge. Die Männer hatten außerdem einen separaten Zellentrakt für psychisch kranke Gefangene. Auch das gab es bei den Frauen nicht, so daß wir ab und zu unsere Zellen mit Frauen aus der psychiatrischen Klinik gegenüber teilten. Bei einer von ihnen infizierte ich mich mit einem hartnäckigen Virus, weil sie beim Husten nie die Hand vor den Mund halten konnte. Es gab keine Möglichkeit, an Hustenbonbons oder Hustensaft zu kommen, und so mußte ich fünf Tage ohne Medikamente auf einen Arzt warten.

Jede Nacht hustete ich ununterbrochen. Die meisten anderen Frauen waren Einheimische (Eingeborene). In Thunder Bay habe ich keinen einzigen Neger gesehen, aber es schien zahlreiche Eingeborene zu geben.

Die Tage schlichen dahin. Wie ein Ringer (den man in einen Käfig gesperrt und zwangsernährt hat) schaffte ich es, innerhalb von fünf Monaten zehn Pfund zuzunehmen. Die Verpflegung war wie Dynamit. In Kanada entdeckte ich meine Vorliebe für Pommes Frites mit Bratensoße – als ob die Dinger nicht schon kalorienreich genug waren! Außerdem servierte man uns allabendlich um neun noch einen kleinen Imbiß aus Tee und großen, ofenfrischen Schokoladenmakronen!

In Thunder Bay hatte ich einige Gerichtstermine. Die amerikanischen Medien setzten Himmel und Hölle in Bewegung, weil sie keinen Zugang zu den Anhörungen erhielten. Normalerweise finden Einwanderungsanhörungen stets unter Ausschluß der Öffentlichkeit statt. Medienvertreter haben die Möglichkeit, den Zugang zum Gericht zu beantragen, vorausgesetzt, sie stören die Verhandlung nicht. Anfangs bekamen sie keine Erlaubnis, und das machte sie ganz wild. In den ersten Anhörungen ging es dann auch vorwiegend um dieses Thema.

Im Gerichtssaal stand Dave Dubinsky auf. »Hier in Kanada haben wir eine Tradition«, sagte er. »Wir verurteilen Menschen im Gerichtssaal und nicht in den Zeitungen.«

Kein Wunder, daß ich diesen Jungen so gern habe!

Das Justizministerium stellte Ron Lester einen Posten als Richter in Aussicht. Er hatte sich diese Aufgabe eine Weile angesehen und dachte daran, das Angebot anzunehmen. Nach jahrelanger Tätigkeit als Strafverteidiger fühlte er sich ausgebrannt und wollte nun etwas anderes tun. Andererseits wollte er mich aber nicht mitten im Kampf ohne einen guten Anwalt alleine lassen.

Ich glaube, daß er darüber sehr besorgt war, und das war etwas völlig Neues für mich. Daß sich jemand so sehr um mich sorgte, noch dazu ein Anwalt, daran war ich nicht gewöhnt. Ich hatte in den Staaten die Erfahrung gemacht, daß sich ein guter Anwalt nicht einmal mit einem Mandanten unterhielt, wenn dieser nicht mindestens dreihunderttausend Dollar auf den Tisch legte. Diesen Leuten war man offenbar ganz egal. Konnte man das Pauschalhonorar bezahlen, dann war es in Ordnung, wenn nicht, dann hatte man eben lausiges Pech gehabt.

Und jetzt lernte ich einen Anwalt mit Moral kennen, einen, der noch ein Gewissen hatte und der sich tatsächlich Gedanken um seine Mandanten machte! Ich konnte es kaum fassen! Ron schlug einen Asylantrag als mögliche Verteidigungsstrategie vor. Als das bei den Behörden bekannt wurde, löste es im Justizministerium Alarm aus. Zumindest nehme ich das an, denn kurz darauf brachte die zuständige Ministerin für Einwanderungsfragen, Barbara McDougall, ein Gutachten heraus, in dem ich als Bedrohung für die Öffentlichkeit dargestellt wurde. Da wußte Ron Lester, daß er dringend einen Strafverteidiger brauchte, der sich im Verfassungsrecht und im Einwanderungsrecht auskannte.

Ron rief seinen Freund David McCombs an, einen Strafverteidiger aus Toronto.

»Ich kann den Fall nicht übernehmen«, sagte David. »Sie braucht den Experten für Einwanderungsfragen schlechthin. Laß mich Frank Marrocco anrufen. Schließlich hat er sogar ein Buch darüber geschrieben. Es heißt Anmerkungen zum Einwanderungsgesetz.«

Als Frank Marrocco zu meiner nächsten Anhörung in Thunder Bay erschien, fiel der Schiedsrichter der Einwanderungsbehörde beinahe von seinem Stuhl. Am liebsten hätten sie mich umgehend in die Staaten abgeschoben, und Frank Marroccos Auftritt war für sie eine ziemlich unangenehme Überraschung.

Im Dezember mußte ich zu einigen Anhörungen vor Gericht erscheinen; ich unterzog mich auch einem weiteren Polygraph-Test. Eine bekannte Firma in Toronto, die International Corporate Investigators Inc., führte die eingehende Analyse meiner Glaubwürdigkeit durch. Sie beauftragten damit ihren Spezialisten, John J.J. McClinton, einen anerkannten Experten auf diesem Gebiet. Sein Ergebnis war eindeutig. »Die Befragung der untersuchten Person hat ergeben«, so hieß es in seinem Bericht, »daß Lawrencia Bembenek die Wahrheit sagte, als sie bestritt, Christine Schultz in deren Haus am 28. Mai 1981 mit einem Revolver Kaliber achtunddreißig erschossen zu haben. Den Wahrheitsgehalt dieser Aussage rechtfertigt das laut Statistik bemerkenswert hohe Testergebnis von +8 Punkten für Lawrencia Bembenek...«

Dazu müssen Sie wissen, daß ein Testergebnis von -6 Punkten oder weniger besagt, daß der Befragte unglaubwürdig ist; bei einer Punktzahl zwischen +5 und -5 läßt das Ergebnis

Zweifel zu, und +6 oder mehr Punkte bedeuten, daß der Befragte glaubwürdig ist.

Es folgten weitere Anhörungen im Januar und im März. Am 26. März 1991 wurde Toronto zum zuständigen Gerichtsort erklärt. Dorthin brachte man mich.

Seitdem bin ich in Toronto. Von dort aus schreibe ich diese Worte.

Noch aus meiner Zelle in Thunder Bay schrieb ich meiner Mutter.

»Liebe Mama,

Hast Du je auch nur eine Sekunde daran gedacht, nachdem ich geboren wurde, daß das Baby, das Du auf Deinem Arm nach Hause getragen hast, eines Tages eine Polizistin, eine Verurteilte, ein Flüchtling sein würde?

Du kannst Dir nicht vorstellen, wie oft ich vom Fenster aus auf ganz normale Frauen gesehen habe, die die Straße entlangliefen mit einer Einkaufstasche in der Hand oder einem kleinen Hund an der Leine.

Und ich wünschte mir, eine dieser Frauen zu sein, wünschte mir, irgendwer zu sein, nur nicht ich; ich wollte ein gewöhnlicher, unbekannter, legitimer, normaler und freier Mensch sein.

Hättest Du Dir damals vor dreiundzwanzig Jahren, als Du mich in Kanada vor dem Ertrinken gerettet hast, träumen lassen, daß Kanada eines Tages versuchen würde, mein Leben zu retten?

Ich liebe Dich und Vater so sehr!

Laurie«

25

FREIHEIT FÜR EINEN TAG

Im März 1991 wurde ich in Torontos Metro West Haftanstalt überstellt; es ist ein düsterer Ort mit über sechshundert Gefangenen. Eines Morgens im September ging ich wie üblich auf meinen »Hofgang« (eine Art Frischluftzufuhr für die Gefangenen in dieser Einrichtung, in der es ansonsten keinerlei Beschäftigungsmöglichkeiten gab).

Ich hatte nicht erwartet, in Schwierigkeiten zu kommen. Nach all den Jahren, die ich abgesessen habe, weiß ich, wie man mit anderen Frauen zusammenlebt und wie man mit ihnen zurechtkommt, und ich hatte in der Vergangenheit kaum Probleme damit.

Ich saß alleine auf einer Bank in der Sonne, als vier Frauen auf mich zukamen und sich neben mich setzten. Sie setzten sich so dicht neben mich, daß ich es als bewußte Provokation verstehen mußte. »Oh, oh«, dachte ich, »ich kenne euch nicht, aber hier wird sicher gleich etwas passieren.« Was immer das auch sein mochte, es würde unangenehm werden – soviel war mir klar.

Die Frau, die mir am nächsten saß, war über und über mit selbstgemachten Tätowierungen und vereiterten Einstichwunden übersät. Später fand ich heraus, daß sie eine hartgesottene Betrügerin mit umfangreicher Knasterfahrung war. Im Gefängnis war sie als drogenabhängige, lesbische Prostituierte aus dem Parkdale Viertel von Toronto bekannt, eine abstoßende Frau. Ich hörte, wie sie damit prahlte, ihren Dealer bestohlen und anschließend fünfzehnmal auf ihn eingestochen zu haben. »Ja, ja, ich hab dem verdammten Fixer zwölf Gramm Heroin geklaut...« Eine wahre Perle, eine reizende Frau.

Mit solchen Menschen muß man im Gefängnis leben.

Sie hatte in den Zeitungen über mich gelesen, und aus irgendeinem unerklärlichen Grund machte es Klick in dem Brei, den das Heroin aus ihrem Gehirn gemacht hatte.

»Du alter Scheißbulle...« sagte sie und begann, mich zu bespucken. Ihre drei Freundinnen machten es ihr nach.

Das brauchte ich nun wirklich nicht. Normalerweise bleibe ich in solchen Situationen ganz ruhig. Wenn man mich angreift, verteidige ich mich, aber ich bin nicht diejenige, die zuerst zuschlägt. Außerdem lohnt sich ein Streit in den seltensten Fällen und in diesem Fall schon gar nicht. Für mich stand zu viel auf dem Spiel. Und obwohl ich mich sehr beherrschen mußte, blieb ich ruhig, denn gerade hier in Kanada war ich besonders verwundbar. Das letzte, was ich einen Tag vor meiner Anhörung brauchte, war eine Schlägerei im Gefängnishof. Was wäre, wenn ich diese Frau dabei verletzte? Dann könnte ich meinen Asylantrag vergessen. Es gab eine ganz bestimmte Stelle hier. Wenn sie dort hinfiele und sich den Kopf aufschlagen würde... Ich sah schon die Schlagzeilen: »Bembenek tötet kanadische Gefangene.«

Die Leute begreifen nicht, wie es im Gefängnis zugeht, welchen Provokationen man dort ausgesetzt ist. Jeder Zwischenfall würde aus dem Zusammenhang gerissen werden, und man würde mich wieder als gewalttätig hinstellen.

Ich fühlte mich von ihr nicht unbedingt körperlich bedroht, weil ich mich sehr gut wehren kann, aber gerade das wollte ich ja vermeiden. Also riß ich mich zusammen und reagierte nicht auf sie.

Sie fingen an, mich herumzustoßen. Solche Leute fühlen sich in einer Gruppe immer sehr stark.

Ich sagte: »Laßt mich in Ruhe. Natürlich war ich ein Bulle, aber das ist elf Jahre her...«

»Einmal ein Bulle, immer ein Bulle«, schnaubte sie.

»Paß auf«, sagte ich und versuchte, vernünftig zu bleiben, »ich habe mehr Zeit abgesessen, als ihr alle zusammen.«

Die Situation war zwar unangenehm, aber es kam nicht zu Gewalttätigkeiten. Dennoch ging ich danach nicht mehr in den Hof. Der Hofgang war meine einzige Chance, einmal pro Tag an die frische Luft zu kommen, und nun hatte man mir selbst das weggenommen.

Einige Tage später fanden die Aufseher ein paar Briefe, die die Frauen verbotenerweise untereinander ausgetauscht hatten. Sie waren voller Morddrohungen. »Wir werden sie umbringen, wir stechen sie in der Dusche ab. Ich wäre stolz darauf, wenn ich ins Loch käme, weil ich einen Bullen umgebracht habe...« Sie hätten das einmal sehen sollen!

Die Gefängnisleitung reagierte ziemlich schnell; sie wollte keinen Zwischenfall riskieren – ebensowenig wie ich. Sie verlegten sie in einen anderen Bereich, so daß wir künftig nicht Gefahr liefen, uns zu begegnen. Natürlich gab man mir die Schuld an dem, was vorgefallen war. Ich war die Ratte, weil man sie in eine andere Zelle verlegt hatte. Eine der goldenen Regeln unter den Gefangenen lautet: »Sag den Bullen nie etwas.«

Das quälte mich. Sollte ich weiterhin in den Hof gehen? Wenn ich es nicht täte, dann hätten sie gewonnen, denn damit hätte ich mich ihnen unterworfen. Wenn ich doch hinausging, würde es Streit geben. Ich versuchte, mir eine Entscheidung abzuringen, denn ich wußte nicht, wie ich mich verhalten sollte.

Dann ließen sie mich frei.

Für einen Tag – welche Grausamkeit.

Und dann sperrten sie mich wieder ein.

Es geschah völlig unerwartet an einem Donnerstag Nachmittag, als ich im Werkraum war. Die Beschäftigung dort war mein ganzer Lebensinhalt. Ich durfte keiner richtigen Arbeit nachgehen, weil sie vermutlich eine weitere Flucht befürchteten. Das einzige, was sie mir zugestanden, war der Besuch des Werkraumes zweimal pro Woche, jeweils dienstags und donnerstags nachmittags. Dort nahm ich dann meine Pinsel und Malutensilien heraus und malte auf jeder Unterlage, die ich auftreiben konnte – alte Kartons, Sperrholz- und Papierreste. Das Malen hatte für mich einen therapeutischen Wert. (Später veröffentlichte die Toronto Sun unter dem Titel »Die geschickte Ausreißerin« – wie geschmackvoll – eine Seite mit meinen Bildern.)

Natürlich suchten sich die Leute von der Einwanderungsbehörde ausgerechnet den Donnerstag für ihre wöchentlichen Überprüfungstermine aus. Das kanadische Einwanderungsgesetz schreibt vor, daß eine Untersuchungshaft alle sieben Tage überprüft werden muß, wobei es überhaupt keine Rolle spielte, an welchem Wochentag dies stattfand. Ich fand es pervers, daß sie darauf bestanden, die Gespräche ausgerechnet an meinem Maltag durchzuführen.

Die Anhörungen dürfen einem Untersuchungshäftling nicht erlassen werden. Zwar weiß jeder, daß es reine Zeit- und Geldverschwendung ist, aber sie finden trotzdem statt. Normalerweise dauern sie nur ein paar Minuten. Ein Schiedsmann und ein weiterer zuständiger Beamter kommen ins Gefängnis. Der Beamte erklärt, welche Gefahr und Bedrohung der Untersuchungshäftling für die Öffentlichkeit darstellt, und dann gehen sie alle wieder. Das ist keine sonderlich große, moralische Unterstützung, wie Sie sich vorstellen können.

An jenem Donnerstag hatte mich der Kunstlehrer wie üblich abgeholt. Der Werkraum befindet sich im Männertrakt der Metro West Haftanstalt, gut fünf Minuten vom Frauentrakt entfernt. Natürlich darf man nirgendwo ohne Begleitung hingehen. Wie bei jeder handwerklichen Arbeit dauert es auch beim Malen eine Weile, bis man anfangen kann. Man bereitet die Farben vor, öffnet die Farbtöpfe, stellt die Leinwand an ihren Platz und so weiter, und dann bleibt für das eigentliche Malen nicht mehr sehr viel Zeit übrig. An diesem 12. September 1991 hatte ich gerade angefangen, als der Aufseher hereinkam. »Ich brauche Bembenek für die Einwanderungsbehörde.«

»Würden Sie sie wieder zurückbegleiten, wenn Sie fertig sind?« fragte der Kunstlehrer.

Ich bat den Aufseher, auf mich zu warten. »Es dauert nur dreißig Sekunden oder so«, sagte ich. Wenn er weggehen würde, könnte ich später nicht mehr in den Werkraum zurückgehen.

»Okay«, sagte er.

Als wir im Büro ankamen, war nur Terry Mackay, der Schiedsmann, der an diesem Tag Dienst hatte, anwesend. Aufgrund eines Generalstreiks hatte sich kein Beamter gefunden, der bereit war, die Streikpostenkette zu durchbrechen. Allerdings war für diese Anhörung ein Beamter erforderlich.

Mackay erklärte mir die Situation. »Danke«, sagte ich und ging hinaus.

»Die dreißig Sekunden waren also kein Witz«, sagte der Aufseher.

Er brachte mich zum Werkraum zurück.

Etwa zwanzig Minuten später tauchte ein anderer Aufseher auf.

»Wir brauchen Bembenek noch einmal«, sagte er.

Es war zum Verrücktwerden. Ich ging also wieder zurück. Als ich den Raum wieder betrat, traf ich dort auf einen Beamten, den ich bei meinen Anhörungen noch nie gesehen hatte. Ich stand etwas genervt da und wartete auf den üblichen Vortrag, aber er saß nur still da. Dann sagte der Schiedsmann: »Ich würde Ihnen gerne einige Fragen stellen.«

Komisch, dachte ich. Was soll das denn? Eines der Spielchen, die man im Gefängnis lernt, heißt: macht man mir Hoffnungen? Nein! Das hat sicher nichts zu bedeuten. Man muß kämpfen, um seine geistige Stärke zu bewahren, und darf sich keinen sinnlosen Hoffnungen hingeben. Das ist eine Überlebensstrategie. Man muß sich vielmehr damit abfinden, daß man keine Chance hat.

Ich dachte nach. Nein, das konnte nichts bedeuten!

Mackay redete sehr ruhig. »In den USA passiert im Moment eine Menge, was Ihren Fall angeht. Wären Sie eher gewillt, zurückzukehren, wenn sie dort einen neuen Prozeß bekämen?«

Ich denke, daß die Gerüchte um den John-Doe-Prozeß (ein Prozeß mit einem fiktiven Kläger), die von Milwaukee ausgegangen waren, nun nach Kanada gelangt waren. Dies brachte mich in eine Zwickmühle. Ich hatte in Kanada einen Asylantrag gestellt. Das bedeutete, daß ich dem amerikanischen Rechtssystem nach wie vor mißtraute und daß ich glaubte, dort keine Aussicht auf einen fairen Prozeß zu haben. Ich konnte jetzt schlecht behaupten, daß ich doch der Meinung war, dort fair behandelt zu werden. Andererseits war seine Frage ganz normal; er dachte daran, mich gegen Kaution frei zu lassen, und wollte nun von mir hören, daß ich nicht fliehen würde. Ich saß zwischen zwei Stühlen. Meine ausweichende Antwort dauerte zwanzig Sekunden, ohne daß ich dabei wirklich etwas sagte. Es war eine hypothetische Antwort auf eine hypothetische Frage.

Dann sagte er: »Nun, dann lassen Sie mich folgendes fragen: Wenn Sie gegen Kaution freikämen, würden Sie dann weiterhin zu Ihren Anhörungen erscheinen?«

»Ja, natürlich«, sagte ich, und ich meinte es auch so. »Wenn jemand das Geld für meine Kaution aufbringt, dann muß ich ganz einfach hierbleiben. Alles andere wäre doch ein Schlag ins Gesicht desjenigen, der mir geholfen hat. Das könnte ich niemandem, wirklich niemandem antun.«

515

»Außerdem«, fügte ich noch hinzu, »wohin soll ich denn gehen? Als ich nach Kanada kam, kannte mich hier doch niemand. Jetzt ist mein Gesicht überall im Land bekannt. Es gibt keinen Ort, an dem ich mich verstecken könnte. Und außerdem möchte ich gerne hier bleiben.

Die Leute vom Justizministerium sagen: ›Wir können Sie nicht freilassen, weil Sie schon einmal geflohen sind‹. Das ist richtig, sonst wäre ich ja nicht hier. Aber das ist kein Argument, denn als ich aus den Staaten floh, hatte ich absolut nichts mehr zu verlieren, und auch andere hatten durch mich nichts zu verlieren. Ich habe damit niemanden kompromittiert, niemand hat meinetwegen Geld verloren.«

»Das können Sie mit Ihrer jetzigen Situation nicht vergleichen«, räumte er ein.

»Seither wurden zahlreiche entlastende Beweise gefunden. Wenn ich jetzt noch einmal fliehen würde, würde ich alles verlieren – das Vertrauen, das meine Anwälte und all diejenigen, die mich unterstützen, in mich setzen, und auch die immer stärker werdende Annahme, daß ich unschuldig bin. Es gibt für mich absolut keinen Grund, wieder zu fliehen. Ich müßte verrückt sein, denn ich habe jetzt eine wirklich gute Chance.«

»Ich tendiere dazu, Ihnen recht zu geben, Miss Bembenek«, sagte Mackay, »und ich werde Ihre Freilassung beantragen.«

Ich fiel beinahe von meinem Stuhl herunter.

Er sah den anderen Beamten an und fragte: »Haben Sie dagegen irgendwelche Einwände?«

»Keine Einwände«, sagte der Beamte.

Ich war wie erstarrt. Jede Woche hatten sie mich vorgeführt und mir erklärt, welch schreckliche Person ich doch war, welch eine Gefahr ich für die Öffentlichkeit darstellte, daß Fluchtgefahr bestehen würde bei dieser Entlaufenen, die nie wieder zurückkehren würde, bei dieser personifizierten Bedrohung, der man nicht trauen könnte. Immer wieder hatte ich das von ihnen gehört.

Und jetzt sagte dieser Mensch nur: »Keine Einwände.«
Was passierte hier?
Er sah nur auf seine Papiere und sagte nichts mehr.
Mein Herz hüpfte vor Freude. Ich konnte nicht glauben, daß
nach all dieser Zeit jemand meine Freilassung anordnete. Eine Träne lief mir die Wange hinunter.
Metro West war ein extrem hartes Straflager. Das eine Jahr,
das ich mittlerweile dort vebracht hatte, war schlimmer als
neun Jahre in Taycheedah gewesen. Metro West war eine Art
Auffanglager, eine Haftanstalt, die nicht auf langjährige Strafen ausgerichtet war und die nicht die Einrichtungen besaß,
die andere Gefängnisse den Langzeitinhaftierten boten. Es
war unmenschlich dort. Man kann nirgendwohin gehen, man
kann nichts tun, man darf nichts besitzen – hier sind all die
kleinen menschlichen Privilegien, die es in anderen Gefängnissen gibt, verboten. Drei- oder viermal pro Woche holen sie
alle Häftlinge aus den Zellen heraus, und sie müssen sich in
einer Reihe aufstellen. Ein Hauch von Konzentrationslager
schwebt über dir. Dann folgt ein Leibesvisitations-Striptease,
die Zellen werden durchsucht, und sie nehmen dir sogar einen Bleistift weg, wenn du einen zuviel besitzt. Sie durch-
wühlen alle deine Sachen und nehmen sich das, was sie wollen. Den Insassen wird im wahrsten Sinne des Wortes keinerlei Besitz erlaubt. Normalerweise blieb kein Häftling so lange
in Metro West wie ich.
All dies ging mir durch den Kopf, und die Tränen liefen mir
über das Gesicht, so überwältigt war ich. Der Beamte verließ
den Raum, um zu telefonieren, und ich sagte zu Mackay: »Ich
schwöre bei Gott, daß Sie Ihre Entscheidung nicht bedauern
werden. Ich werde alles tun, daß Sie sie nicht bereuen müssen. Sie können sich nicht vorstellen, wie ich darum gebettelt
habe, an einem weniger grausamen Ort leben zu dürfen. Ich
möchte Ihnen gerne die Hand schütteln, darf ich bitte Ihre
Hand schütteln?«

Am liebsten wäre ich ihm auf der Stelle um den Hals gefallen! Meine Gefühle für diesen Mann waren einfach unbeschreiblich! Laß dich von mir küssen, Mackay, bitte! Ich schüttelte seine Hand.

»Ich habe sehr lange über diese Entscheidung nachgedacht«, sagte er. »Sie haben recht, wohin sollten Sie schon gehen? Jetzt haben Sie wirklich eine reelle Chance.«

»Ich weiß«, sagte ich. »Das ist genau der Punkt – ich möchte gerne in Kanada bleiben.«

Ich glaube, ich habe mich etwa tausendmal innerhalb einer einzigen Minute bei ihm bedankt.

Dann legte er die Bedingungen für meine Kaution fest: ich sollte in einer Einrichtung der Elizabeth Fry Gesellschaft wohnen und ehrenamtlich bei der Heilsarmee arbeiten, da ich ohne Arbeitserlaubnis ja keiner Erwerbstätigkeit nachgehen durfte. Darüber hinaus sollten ein Betrag von zehntausend Dollar in bar sowie weitere zehntausend Dollar in Form einer Sicherheitsleistung hinterlegt werden. Eine zusätzliche Bedingung war, daß ich mich täglich bei der Einwanderungsbehörde meldete.

»Ich melde mich zehnmal am Tag, wenn Sie das möchten«, sagte ich. »Es ist in Ordnung, ich werde alles tun.«

Er unterschrieb die Papiere und ging hinaus.

»Bekomme ich keine Kopie?« rief ich ihm hinterher.

»Nein«, sagte er und ging.

Sie brachten mich in meine Zelle zurück. Noch immer war ich völlig verwirrt. Ich sagte niemandem etwas. Ich konnte nichts sagen, denn ich besaß nichts, womit ich beweisen konnte, daß das alles wirklich geschehen war, nichts Greifbares, keine Kopie des Entlassungsbeschlusses.

Ausgerechnet in diesem Moment kam David Liblong, einer meiner Anwälte, in Begleitung eines Reporters vom kanadischen Fernsehen vorbei. Ich ging in den Besuchsraum hinunter, immer noch unfähig, einen klaren Gedanken zu fassen. David kam herein und nahm den Hörer auf der anderen Seite der Glaswand ab.

»David!« sagte ich und bemühte mich, die Fassung zu bewahren. »Sie werden es nicht für möglich halten, was eben gerade passiert ist! Sie haben vorhin bei der Überprüfungsanhörung meine Freilassung angeordnet!«

Liblong riß die Augen weit auf. »Heiliger Stohsack!« sagte er.

»Bitte sagen Sie niemandem etwas davon!«

Dann stellte der Reporter mir seine Fragen. Ich weiß nicht mehr, was ich ihm erzählte, aber wahrscheinlich klang es so, als würde ich gleich den Verstand verlieren. Alles war so unwirklich!

Ich konnte nicht denken. Ich konnte auch nicht schlafen. Ich lief herum wie ein Tiger in seinem Käfig. Die ganze Nacht war ich wach. Das Ganze war so unglaublich. Ich war sicher, daß es über Mackay noch einen ranghöheren Beamten gab, der seine Entscheidung im gleichen Moment rückgängig machen würde, in dem er davon erfuhr. Andererseits streikten die Beamten, also würde ich vielleicht doch freigelassen.

Ich rief meine Mutter an und erzählte ihr unter Tränen, was passiert war. »Sollen wir kommen, mein Schatz?« fragte sie.

»Nein«, sagte ich, »kommt bitte nicht, wartet erst noch, es ist noch zu früh. Es kann noch zu viel passieren.«

Natürlich hörten meine Eltern nicht auf mich, sondern setzten sich ins nächste Flugzeug. Ich hatte solche Angst, daß die Freilassung aus irgendeinem Grunde doch noch scheitern könnte, und ich wollte vermeiden, daß sie noch mehr litten. Ich selbst hätte damit umgehen können.

Am nächsten Morgen packte ich weder meine Sachen zusammen, noch erzählte ich jemandem etwas. Was sollte ich nun machen? Ich versuchte, meine Anwälte zu Hause anzurufen, aber ich konnte niemanden erreichen. Im Büro waren sie auch nicht.

Dann kam die Gefängnisdirektorin zu mir, reichte mir ihre Hand durch die Gitter und sagte: »Viel Glück, Laurie...« Da dachte ich: »Wenn sie es weiß, dann stimmt es also wirklich!« Ich suchte meine Habseligkeiten zusammen, die wenigen wertvollen, kleinen Dinge, die ich besaß – meine Russischbücher, meine Ausgabe des Einwanderungsgesetzes, meine Unterlagen für den Jurakurs, ein paar Toilettenartikel, eine Körperlotion und ein kleines Fläschchen Shampoo. Ich packte alles in einen Kopfkissenbezug, weil ich keinen Koffer besaß.

Es wurde neun Uhr. Ich ging in den Hof hinaus und spielte eine Weile Tischtennis, weil ich nicht stillsitzen konnte, und dann kam ein Aufseher und brüllte: »Bembenek!«

Das war's. Sie kommen nicht ohne triftigen Grund in den Hof.

Ich rannte hinein und wurde in den Raum gebracht, in dem man alle Zu- und Abgänge abfertigte, das Geld und anderes Eigentum der Häftlinge aufbewahrte und die Schreibarbeit erledigte. Man übergab mir einige Bilder, die ich gemalt hatte, und zwei Kartons voller Krimskrams. Einige der Sachen hatte ich noch nie gesehen. Manchmal schickten mir wildfremde Leute etwas, und das Gefängnis beschlagnahmte diese Dinge. Jetzt mußte ich alles irgendwie transportieren – meine Bilder, die zwei Kisten und meine restliche Habe. Die einzigen Kleidungsstücke, die ich in Metro West besaß, waren das Kleid und ein Paar Stöckelschuhe, die ich immer anläßlich meiner Anhörungen getragen hatte. Da ich nicht auf diesen hohen Absätzen mit dem ganzen Gepäck im Arm balancieren wollte, fragte ich, ob ich eine Jeans und eines der gefängniseigenen Sweatshirts anbehalten durfte. »Nein«, sagten sie, »wenn Sie eigene Kleidung besitzen, dann müssen Sie die auch tragen.«

Das Internationale Zentrum, Sitz des Einwanderungsministeriums, schickte mir einen Wagen mit einigen Polizisten aus

Pinkerton. Sie mußten warten, bis ich mich umgezogen hatte.

Welch unglückliches Timing. In den fünf Minuten, die ich brauchte, um mich umzuziehen, erhielt der Aufseher im Büro einen Anruf.

Nach dem Gespräch ging er zu dem Sergeant aus Pinkerton und sagte mit einem ganz bestimmten, unheilverkündenden Unterton in der Stimme, den alle Gefangenen gleich bemerken: »Kann ich Sie kurz sprechen?« Sie unterhielten sich einige Minuten sehr leise. Als der Beamte aus Pinkerton auf mich zukam, sah er ziemlich verdutzt aus. »Sie werden nicht mitkommen«, sagte er.

Fertig angezogen und mit meinen Kisten bepackt, hatte ich schon an der Tür gestanden und darauf gewartet, daß sich das elektrische Tor öffnete, damit ich in den Wagen einsteigen konnte.

»Ich verstehe das nicht«, sagte er. »Ich habe hier Ihren Entlassungsbeschluß, der ist mindestens so gültig wie eine gerichtliche Anweisung. Aber... man hat uns gesagt, daß wir ohne Sie ins Internationale Zentrum zurückfahren sollen.«

Ich dachte nur: »Ich hab's doch gewußt, ich hab's gewußt, ich hab's gewußt!«

Die Beamten fuhren weg.

Da die Gefängnisdirektorin nicht wußte, was sie mit mir anfangen sollte, brachte sie mich zunächst in die kleine Zelle neben dem Eingang. Da saß ich nun in diesem scheußlichen, widerlichen Loch und fror in meinem dünnen Kleid.

»Ich weiß nicht, was da los ist, Laurie. Ich würde es Ihnen sagen, wenn ich es wüßte. Ich habe keine Ahnung, was hier gespielt wird. Ich muß Sie leider wieder hinaufbringen lassen.«

Sie begleiteten mich zu meiner Zelle zurück, weg von der Tür, an der ich noch vor wenigen Minuten gestanden hatte, und weg von der Freiheit. Ich konnte niemanden anrufen, da die Telefone über Mittag immer abgestellt werden.

Es hatte wohl alles nur an einem seidenen Faden gehangen. Was machten sie mit mir? Nach zehn Jahren sollte ich zum ersten Mal ganz legal frei sein, und nun hieß es abwechselnd ja, nein und wieder ja und wieder nein.

Ich versuchte, etwas zu essen, aber ich konnte keinen Bissen hinunterbekommen. Ich glaube, daß etwa eine Stunde verging. Genau kann ich es nicht sagen, weil es uns nicht erlaubt war, eine Uhr zu tragen. Dann holten sie mich wieder aus der Zelle.

»Wir versuchen es noch einmal, Bembenek«, sagten sie.

»Sind Sie dieses Mal ganz sicher?« fragte ich.

Wir gingen zum Büro zurück, ich unterschrieb einen Zettel, um mein Geld zu bekommen, und dann ging ich tatsächlich durch die Tür hinaus. Mit drei Beamten fuhr ich los. Ich trug Seidenstrümpfe. Einer dieser Schwätzer sah auf meine Füße herunter und sagte: »Die Ketten werden Ihnen sicher wehtun...«

Man hatte mich freigelassen, und sie wollte mir Ketten anlegen? Bitte nicht! Ich stellte mir vor, wie ich in diesen Schuhen und mit dem ganzen Gepäck in Ketten gelegt herumstolpern sollte. Es war lächerlich, und das sahen sie, Gott sei Dank, auch ein. Also verzichteten sie auf die Ketten.

Als wir beim Internationalen Zentrum eintrafen, wollten uns die Streikposten nicht hereinlassen. Es herrschte ein ungeheurer Rummel dort. Zahllose Reporter und Fernsehteams drängten sich überall vor dem Zentrum. Ganze Horden von Streikposten umstellten den Wagen und ließen uns nicht weiterfahren.

Der Fahrer machte den Motor aus. Wir warteten. Ohne die Klimaanlage wurde es im Wagen sehr heiß, und bei etwa 40 Grad schmolzen wir beinahe. Die Kameras zoomten sich den Wagen so nahe wie möglich heran, einige klebten wie die Fliegen an den Scheiben.

Draußen zogen die Streikposten ihre Bahnen und riefen ihre

Parolen. »Selbst Bambi bekommt besseres Essen als wir! Was ist das für eine Gerechtigkeit?«

Schließlich einigte man sich darauf, daß ich von den leitenden Angestellten des Zentrums durch die Streikpostenlinie gebracht werden sollte. Leider machten sie gerade Mittagspause und kamen erst nach einer Stunde.

Im Zentrum selbst vergingen dann noch einmal mehrere Stunden, ohne daß etwas passierte. Zum Nichtstun verdammt, saß ich in einer Art Wartezimmer. Der Beamte, der mich begleitet hatte, schlief auf seinem Stuhl ein. Andere Bedienstete des Zentrums liefen an mir vorbei. Offenbar versuchte jeder, mit irgendeinem Vorwand einen Blick auf mich zu werfen. Sie standen da und starrten mich an! Ich wußte nicht, wie ich mich verhalten sollte. Wieder einmal kam ich mir vor wie eines der Tiere im Zoo. Sie ließen sich absichtlich sehr viel Zeit. Sie wollten meine Freilassung so lange wie irgend möglich hinauszögern, während sie nach Möglichkeiten suchten, sie doch noch zu verhindern.

Ein Gerichtsbeschluß, der zu ihren Gunsten ausfällt, wird immer sofort durchgeführt.

Meine Anwälte waren so frustriert, daß sie zu allem bereit waren. Sie waren bis aufs äußerste gespannt und hätten sich ihren Weg notfalls freigekämpft. Um sechzehn Uhr war es endlich soweit. David Liblong und John Callaghan eilten herein.

»So, das war's, Sie sind frei. Gehen wir!«

Wir bahnten uns einen Weg durch die Reportermassen. Sie folgten uns die Gänge entlang, und ich wunderte mich darüber, daß sie sich nicht den Hals brachen, als sie mit ihren riesigen Kameras rückwärts liefen, um unsere Gesichter einzufangen. Die Anzahl der Scheinwerfer hätte vermutlich ausgereicht, um ein Flugzeug landen zu lassen.

Als wir das Gebäude durch die falsche Tür verließen, herrschte große Verwirrung, und wir mußten kreuz und quer über den Parkplatz jagen, um zu unserem Wagen zu gelangen. Eine Gruppe von Journalisten blieb uns dicht auf den Fersen. Frank Marrocco wartete auf dem Rücksitz des Wagens, und Callaghan überquerte im Zickzack den Parkplatz, um der Meute auszuweichen.

Frank lächelte mich an. »Nun«, sagte er, »Sie haben es geschafft.«

»Ich habe Ihnen ja gleich gesagt, daß ich gute Argumente habe«, lachte ich.

Wir fuhren die Straße entlang. Ich kurbelte das Fenster herunter und atmete tief durch... endlich frei!

Meine Anwälte hatten im nahegelegenen Holiday Inn einen Konferenzraum gemietet, wo sie sich noch einmal über meinen Fall beraten wollten, ohne von Journalisten belästigt zu werden. Ich folgte Frank ins Hotel und dachte: »Oh Gott, die nächste Schlagzeile wird sein, daß ich mich gleich nach meiner Freilassung mit Frank Marrocco in einem Hotelzimmer verkrochen habe!« Michelle Nash, John Callaghan und andere Mitarbeiter meiner Anwälte kamen hinzu. Auch mein lieber Freund Louie, der Restaurantbesitzer aus Thunder Bay, der die Sicherheitsleistung für mich hinterlegt hatte, war da. Man sagte mir, daß meine Eltern eingetroffen seien, aber niemand wußte, wo sie sich zur Zeit aufhielten.

Ich sah mich im Hotel um und staunte wie ein kleines Kind. Das Holiday Inn glich einem Palast! Ich war entzückt über das Mineralwasser, über den Kaffee in den niedlichen, kleinen Tassen, über all die normalen Dinge, die mir so außergewöhnlich erschienen. John Callaghan fragte mich, wie ich mich fühlte. »Überwältigt!« sagte ich. Mehr konnte ich nicht sagen. Ich umarmte Louie herzlich.

Aber natürlich war noch längst nicht alles ausgestanden. Die Anwälte hockten zusammen in einer Ecke, und ich schnappte das Wort »Auslieferungsbefehl« auf. »Welcher Auslieferungsbefehl?« fragte ich, und alle sahen mich mit diesem gewissen Blick an. Mein Herz zog sich zusammen.

»Nein«, meinte jemand, »nein, das ist unmöglich, man kann niemanden ausliefern, der einen Asylantrag gestellt hat. Wie soll das funktionieren? Über den Antrag ist doch noch gar nicht entschieden worden!«

Frank wußte es besser. Er griff zum Telefon, um seinen Kollegen Doug Hunt anzurufen. Er gab mir den Hörer.

»Hallo«, sagte die Stimme, »ich bin Doug Hunt. Wollen Sie, daß ich Sie vertrete?« Ich war verwirrt. Wieder einmal wußte ich nicht, was vor sich ging. Mich wobei vertreten? Hatte ich nicht schon genug Anwälte? »Worum geht es denn eigentlich?« fragte ich. Ich hatte nicht registriert, daß der Staat Wisconsin bereits einen Auslieferungsantrag gestellt hatte.

•

In meinem Kopf hämmerte das Blut. Nein, sie ließen mich nicht in Ruhe! Sie hatten erfahren, daß ich gegen Kaution freigelassen worden war. Während ich im Internationalen Zentrum stundenlang wartete, hatten sie die Nachricht per Fax erhalten, und nun wollten sie mich wieder ins Gefängnis zurückbringen. Seit meiner Verhaftung in Kanada war ein ganzes Jahr vergangen, und plötzlich fanden sie es furchtbar dringend, daß ich ausgeliefert wurde. Ich konnte förmlich hören, wie sie höhnisch lachten. Ich konnte ihr schrilles, rachsüchtiges Lachen hören, das jahrelang wie ein Echo in meinem Kopf hallte. Ich dachte an all die bösartigen, beschränkten Menschen, die über mein Leben entscheiden wollten. Der Gedanke, daß ich frei sein würde, schien ihnen Alpträume zu verursachen. Ich spürte, wie mir das ganze Gewicht des Staates Wisconsin im Nacken lag. So sollte Amerika nicht sein!

•

John Paul Barry und David Liblong brachten mich ins Elizabeth Fry Haus. Ich versuchte, mich ein wenig zu orientieren, las die Hausordnung, bekam einen Schlüssel für ein

Schließfach und fand heraus, wie der Tagesablauf aussah.
Man wies mir ein Zimmer zu.

Wie ruhig es dort war! Die Ruhe war einfach überwältigend.
Das war das erste, was mir auffiel. Im Gefängnis ist es
schrecklich laut! Wenn ich von dort aus manchmal mit einigen Leuten telefonierte, hatten sie den Eindruck, als würde
im Hintergrund gerade jemand abgeschlachtet, aber dieser
Lärm war ganz normal. Der Fernseher plärrt ununterbrochen, und die Gefangenen versuchen, ihn mit Schreien zu
übertönen. Die Stille war wundervoll. Überall lagen Teppiche, es war alles so sanft und so schön. »Großer Gott«, dachte ich, »mein eigenes Bett, mit einer eigenen Nachttischlampe!« Jetzt konnte ich vor dem Schlafengehen noch ein wenig
lesen. Ich konnte das Licht ausschalten, wann ich wollte! Es
gab sogar eine kleine Küche, in der man sich selbst etwas zu-
bereiten konnte. Meine Zimmernachbarin, auch eine Amerikanerin, war gerade damit beschäftigt, für alle kleine Zitro-
nentörtchen zu backen.

Ich streifte meine Schuhe von den Füßen, weil ich es nicht
mehr gewohnt war, in richtigen Schuhen zu laufen; ich hatte
auch verlernt, wie man auf Teppichboden lief, und ich stolperte ständig. Ich zog mein Kleid aus und lief im Zimmer herum. Ich war erschöpft. Den ganzen Tag hatte ich noch nichts
gegessen, außerdem war mir heiß, und ich wollte gerne duschen.

Die Anwälte waren gegangen. Ich machte mein Bett und sah
mich genauer im Zimmer um. All die kleinen Wunder – eine
Vitrine, ein kleiner Wandschrank, Schubladen, in denen ich
meine Sachen unterbringen konnte, und ein Spiegel – ließen
mich staunen.

Dann sagte man mir, daß meine Eltern eingetroffen waren.

Wir saßen in der Empfangshalle. Mein Vater legte seinen Arm
um mich. Es war ein wunderbares Gefühl, aber ich war erschöpft, und das merkten sie auch.

Sie blieben etwa eine Stunde bei mir. Dann sagte meine Mutter voller Mitgefühl: »Jetzt werden wir ja genug Zeit haben, und wir können uns lange unterhalten. Geh jetzt ruhig duschen, zieh dich um und schlafe ein wenig. Wir können eine Woche in Kanada bleiben, wenn du möchtest.«

Wir verabschiedeten uns. In der Küche fand ich eine Schale mit frischem Obst – Gold in den Augen eines Gefangenen – und ich nahm mir einen grünen Apfel. Dann kamen meine Anwälte noch einmal zurück und brachten mir einen Koffer voller Kleidungsstücke. Mrs. Jacques, die Frau einer meiner Anwälte, hatte mir die Sachen gekauft.

Ich spürte einen Kloß im Hals. Wahrscheinlich habe ich ihnen nicht genug gedankt. Alle waren so nett, daß ich gar nicht wußte, wie ich darauf reagieren sollte. Ich war so sehr an die rüde Behandlung im Gefängnis gewöhnt, daß mich die Gegenwart netter Menschen, die mich zu mögen schienen, aus der Fasung brachte. Ich zog mich um. An einige Sachen aus dem Koffer mußte ich mich erst gewöhnen. Die Mode hatte sich in den letzten zehn Jahren doch sehr verändert. Ich suchte ein Oberteil und eine bequeme Hose heraus.

Anschließend telefonierte ich vom Büro aus mit Doug Hunt, der einige Informationen von mir brauchte, weil er am nächsten Morgen einen Gerichtstermin in meiner Auslieferungsangelegenheit wahrnehmen sollte, auf den er sich noch vorbereiten mußte.

Das Unheil schien seinen Lauf zu nehmen.

Mist, sie meinten es ernst. Ein Gerichtstermin am nächsten Morgen!

Ich betrachtete es mit mehr Zynismus als meine Anwälte, die immer noch sagten: »Das ist noch nie dagewesen, so etwas hat es noch nie gegeben...« Und ich dachte nur: »Ja, ja, das paßt genau zu meiner Lebensgeschichte...«

Ich schätzte es unter anderem an Hunt sehr, daß er mir ganz genaue Informationen gab, nicht wie Don Eisenberg, der bis zum Schluß ein rosiges Bild gezeichnet hatte. Dons Lieblingssatz lautete: »Darüber reden wir nach Ihrem Freispruch.« Man ist seelisch völlig unvorbereitet, wenn einem der Anwalt stets vorgaukelt, daß schon nichts Schlimmes passieren wird.

Doug Hunt erklärte mir, daß die Kriterien, die für einen Auslieferungsantrag notwendig waren, äußerst simpel waren. Die Gegenseite mußte nur eine Verurteilung nachweisen, was nicht schwer war, und eine positive Identifizierung durchführen, was ebenfalls nicht schwierig war. Doug gab zu bedenken, daß sich der Richter angesichts dieser Kriterien gezwungen fühlen könnte, einen Auslieferungsbeschluß auszustellen.

J.P. Barry rief David Liblong zu Hause an. David, der schon im Bett lag, stand wieder auf und fuhr ins Büro. »Wir müssen den Fall noch einmal durchgehen«, sagte ihm J.P. »Arbeite notfalls die ganze Nacht durch, damit wir vorbereitet sind.« Es ist einfach unglaublich, mit welchem Einsatz diese Leute für mich gearbeitet haben! Ich konnte mich nur immer wieder bei ihnen bedanken.

Ich ging in mein kleines Zimmer zurück und ordnete die Sachen. Im Koffer lagen ein paar Kleider, die ich mir noch nicht angesehen hatte. Einige Teile hängte ich in den Schrank und dachte darüber nach, was ich bei dem Gerichtstermin anziehen sollte. Es war wie Weihnachten – ich besaß plötzlich mehrere Paar Schuhe! In den beiden Kisten, die ich aus dem Gefängnis mitgenommen hatte, befand sich lauter Krimskrams. Das Aufregendste war, daß ich zum ersten Mal nach zehn Jahren meine Post wieder selbst öffnen konnte.

Weit nach Mitternacht schlief ich ein.

Ich wollte unbedingt hier bleiben; es war so schön ruhig...

Am nächsten Morgen holten sie mich um sechs Uhr ab, und wir fuhren in Doug Hunts Büro, das sich im achtunddreißigsten Stock einer dieser Banktürme befand. Der Morgen war traumhaft. Bisher hatte ich Doug Hunt nicht gesehen, der mich nun vor Gericht vertreten sollte und der versuchen wollte zu verhindern, daß ich zurückgeschickt wurde. Wir saßen einige Stunden zusammen und besprachen noch einmal alle vorliegenden Informationen.

In Begleitung eines ganzen Rudels von Anwälten stieg ich um neun Uhr in den Aufzug – ein juristischer Troß. Die Gruppe bestand aus Doug und fünf seiner Assistenten, John Callaghan, David Liblong und John Paul Berry. Auch Frank war dabei. Ein ganzes Regiment juristischer Talente machte sich zu Fuß auf den Weg zum Gericht.

Über die York Street erreichten wir das Gerichtsgebäude. Ich dachte: »Bitte nicht, ich will nicht wieder eingesperrt werden, ich will nicht mehr dorthin zurück.«

Die zuständige Richterin war Patricia German, eine zierliche Frau. Doug Hunt sagte, daß sie Mitleid mit mir habe, sich aber dennoch gezwungen sähe, aufgrund des mühelosen Nachweises der erforderlichen Kriterien den Auslieferungsbefehl auszustellen.

Sie bestand darauf, zunächst die Anhörung über die Kaution durchzuführen. Das dauerte den ganzen Vormittag.

Sie war nett, nannte mich »junge Dame« und bot mir an, die Toilette in ihrem Büro zu benutzen (es war Samstag, und die anderen Waschräume waren geschlossen). Als sie den Gerichtssaal verließ, sagte sie den Beamten: »Bitte sorgen Sie dafür, daß sie ein vernünftiges Mittagessen bekommt.« Offenbar wollte sie mir durch diese nette Geste zeigen, daß sie Mitgefühl mit mir hatte.

Die Beamten waren genervt. »Wir haben weiß Gott Besseres zu tun,« sagte einer. Sie weigerten sich, mir Handschellen anzulegen. Zweifellos hielten sie das Ganze für absurd. Nachdem man meine Fingerabdrücke genommen hatte, ging ich mit den Beamten zum Mittagessen in die Kantine. Es gab

Rippchen mit Pommes frites. Beim Essen redeten wir über meinen Fall. Sie hatten von der Waffe gelesen, der sogenannten Tatwaffe, und auch darüber, wie man bei der Untersuchung vorgegangen war.

»Ein Witz von einem Prozeß« lautete ihr Urteil.

Noch einmal veranstalteten die Vertreter des Justizministeriums einen Riesenaufstand, weil ich unter falschem Namen in Thunder Bay meinen Lebensunterhalt verdient hatte. Sie unterstellten mir, daß ich zu allem fähig sei, wenn ich schon eine falsche Identität benutzte. Ich begreife bis heute nicht, was ich ihrer Meinung nach sonst hätte tun sollen. Natürlich benutzte ich nicht meinen richtigen Namen. Hätte ich eher eine Bank überfallen sollen, damit ich überleben konnte?

Gegen achtzehn Uhr wurde die Verhandlung auf den nächsten Morgen vertagt. Doug Hunt fragte, ob ich die Nacht wieder im Elizabeth Fry Haus verbringen durfte. Es schien, als wolle die Richterin den Vorschlag akzeptieren, aber da wurden die Vertreter der Einwanderungsbehörde wild.

»Euer Ehren! Sie ist eine verurteilte Mörderin! Sie hat das denkbar grausamste Verbrechen begangen, das es in Kanada und auch in den USA gibt.«

Welch eine Tirade! Ich sah sie an und fragte mich, was wohl in ihren Köpfen vorgehen mochte. Ich fragte mich, ob sie sich wohl bewußt waren, welche Wunden sie mit ihren Worten verursachten und ob es ihnen überhaupt etwas ausmachte. Möglicherweise waren sie gegen jedes Gefühl gefeit. Ich fragte mich auch, ob ihre Ehemänner und Ehefrauen, ihre Kinder und Schwestern diese Seite an ihnen kannten oder ob sie tatsächlich davon überzeugt waren, daß sie in mir ein unmenschliches Monster vor sich hatten.

Die Richterin erklärte, daß sie mich nach Metro West zurückschicken mußte.

Mein Herz stockte.

Ich ging zu meinem Vater hinüber, der mich in die Arme nahm, und fing an zu weinen. Ich weinte und weinte, schluchzte verzweifelt und hielt mich an seinen Schultern fest, diese Schultern, die längst nicht mehr so stark waren wie vor zehn Jahren, als die schreckliche Reise begann. Ich spürte seine Knochen, so fest hielt ich ihn umklammert, und alles kam in mir hoch – die Frustration und die Traurigkeit. Vater stand nur da und hielt mich fest. Im Gerichtssaal war es so still geworden, daß man eine Nadel hätte fallen hören. Zum ersten Mal waren selbst die Journalisten still. Ich glaube, auch sie spürten meine Verzweiflung. Sie waren unfähig, in diesem Moment etwas zu tun. Die Verzweiflung lag förmlich in der Luft.

Ich ging ins Gefängnis zurück, und es war grausam. Als sich die Tür öffnete und die Aufseher mich sahen, schüttelten sie nur den Kopf. Sie konnten nicht glauben, daß ich wieder da war. »Was zum Teufel soll denn das? Sie sind doch erst gestern gegen Kaution entlassen worden!«

Ich fühlte mich noch elender als bei meiner Verhaftung in Thunder Bay. Es war so grausam. Erst steckte man mich monatelang in dieses Loch, dann entließ man mich für diese eine, kurze, quälende Nacht. Es wäre besser gewesen, mich überhaupt nicht freizulassen. Ich hatte den schlimmsten Fehler gemacht, den ein Gefangener überhaupt begehen konnte: ich hatte es mir gestattet zu hoffen.

Nun waren wir zu dritt in meiner Zelle. Eine der Frauen war verrückt, vom Kokain ausgebrannt, ausgeflippt, aufgedreht und ruhelos. Sie hockte auf meinen Sachen, machte sich breit und verpestete die Luft mit ihrem Wahnsinn...

Bitte, bitte, laßt mich hier 'raus!

Aber es kam niemand.

26

DIE RÜCKKEHR

Nun ist es vorbei. Ich bin wieder an diesem... diesem Ort.
Monatelang habe ich widerstandslos ertragen, was sie
mir antaten. Sie brachten mich ins Gericht, dann brachten sie
mich wieder zurück. Ich ging zu einer Anhörung, und dann
steckten sie mich wieder ins Gefängnis. Ich kam und ich ging.
Anwälte argumentierten, Richter hörten zu (und tippten auf
ihren kleinen Computern), Staatsanwälte redeten geschwollen daher. Es war Routine; kein Leben, nur Routine.
Monatelang hatten sie mich in dieser kleinen Todeskiste auf
Rädern, die sie Polizeitransporter nannten, zum Gericht ge-
karrt. Einmal waren siebzehn Frauen in dieser Kiste zusammengepfercht. Auf jeder Seite des Wagens standen fünf Frau-
en, die aneinandergekettet waren. Für den Gerichtstermin
hatte ich einen Hosenanzug und Seidenstrümpfe angezogen,
aber da im Wagen kein Platz mehr war, sagte die Polizistin
nur: »Zu dumm, jetzt müssen Sie auf dem Boden sitzen.« Und
dann wundern sie sich, wenn wir wie Kriminelle aussehen!
Du tust alles Menschenmögliche, um vor Gericht einen or-
dentlichen Eindruck zu machen, und dann kommst du
dreckig und zerknautscht dort an. Sie weckten mich um fünf
Uhr dreißig, um neun war ich im Gericht, um zehn Uhr
dreißig war die Verhandlung beendet. Bis sechs Uhr abends
saß ich dann in dieser Kiste. Auf dem Rückweg hielten sie an,
um noch jemanden zusteigen zu lassen. Es war eine offensichtlich geistesgestörte Frau. Sie trug nur ihre Unterwäsche,
keine Schuhe, keine Socken, keine Hose, und das im Dezember. Hätten sie ihr nicht wenigstens eine lange Hose besorgen

können? Warum sperrte man sie überhaupt ins Gefängnis? In einer Nervenheilanstalt wäre sie sicher besser aufgehoben gewesen.

Aber warum sollte sich jemand Gedanken um sie machen? Dann ging es »nach Hause«, in dieses Loch, direkt ins Bett. So geschah es immer und immer wieder.

Die ganze Zeit kämpften meine Anwälte für mich. Sie verbrachten Stunden, Tage, Wochen, ja Monate mit meinem Fall, der mittlerweile viele Juristen fast rund um die Uhr beschäftigte. Dabei hatten sie auch noch andere Mandanten! Sie kämpften, weil sie davon überzeugt waren, daß man mir Unrecht getan hatte, weil sie Gerechtigkeit wollten und weil sie darin zugegebenermaßen auch eine Herausforderung sahen. Frank ist Schachspieler, und er beherrscht die kompliziertesten Züge.

Manchmal beobachtete ich sie auf den Gängen. Sie argumentierten, gestikulierten und wurden angesichts der Hartnäckigkeit der Gegenseite wütend. Warum können sie unsere Sichtweise nicht begreifen?

Jetzt ist es vorbei. Die schimmernden Türme der Freiheit, die ich in ihren Worten zu erkennen glaubte, waren nur Luftbilder. Ich hatte gedacht, Kanada könnte meine Heimat werden, meine Zufluchtsstätte. Wie gerne hätte ich mich hier an einem Ort niedergelassen, wo ich frei sein durfte! Aber es sollte nicht sein. Luftbilder sind nichts anderes als Träume, und Träume sind gefährlich für Gefangene, denn mit dem Tageslicht kommt der Blick auf das Gitter und die Leere, die sich über Jahre hinzieht... Wenn ich meinen Frieden finden will, dann muß es dort geschehen, wo man ihn mir genommen hat. Und so kam ich zurück – freiwillig, um weiterzukämpfen.

An Kanada habe ich gute und schlechte Erinnerungen. Zu den schlechten zählen die an Metro West und die ständigen Leibesvisitationen, die in meinen Augen wohl sinnlosesten und menschenunwürdigsten aller Gefängnisprozeduren. Einige Regeln dort kann man zumindest noch begreifen, zum Beispiel daß man die Gefangenen Spaghetti mit Löffeln essen ließ, um zu vermeiden, daß sie mit Gabeln aufeinander einstechen. Aber Striptease-Leibesvisitationen machen keinen Sinn, sie demütigen dich nur. In Thunder Bay und in Toronto mußten sich die Frauen regelmäßig bei den Zellenkontrollen ausziehen, was völlig überflüssig war. In Toronto konnte das bis zu dreimal pro Tag geschehen. Wohin man auch ging, stets gab es danach einen Zwangs-Strip. Bei der allmorgendlichen Zellenkontrolle: Strip. Nach der Arbeit in der Wäscherei oder in der Küche: Strip. Nach dem Besuch des Werkraums: Strip. Nach dem Besuch des Elizabeth Fry Hauses: Strip. Nach einem Anwaltsbesuch: Strip. Nach der Rückkehr von einem Gerichtstermin: Strip. Die Aufseherinnen betrachteten diese Prozedur als normal und störten sich nicht daran, wenn männliches Personal zuschaute. Sie sahen mich nur verständnislos an, wenn ich mich beschwerte und ihnen erklärte, daß ich kein Exhibitionist war und daß ich es haßte, mich vor fremden Leuten ausziehen zu müssen. Die meisten zuckten nur mit den Achseln und sagten, daß ihnen diese Art von Leibesvisitationen auch nicht gefiele, sie aber ihren Anweisungen folgen würden. Anweisungen! Was für eine Erklärung!

Natürlich habe ich auch schöne Erinnerungen, und dazu zählen die Freundschaften, die ich in dieser Zeit schloß, und die Unterstützung der Menschen, die sich so sehr um mich bemühten.

Ein Freund erzählte mir, wie es dazu gekommen war, daß Frank Marrocco sich für meinen Fall engagierte. Ich selbst war zu schüchtern, um Frank danach zu fragen.

Zunächst, so erfuhr ich, war Frank nicht sonderlich begeistert, als McCombs ihn anrief. Frank blickte auf eine langjährige Erfahrung als Anwalt zurück und war davon überzeugt, daß viele Leute, die ihre Unschuld beteuerten, schuldig waren. Er wollte mich gegen ein angemessenes Honorar gerne kurz beraten, nachdem er sich mit meinem Fall beschäftigt hatte, sich aber dann aus dem Fall zurückziehen. Was ihm jedoch sofort auffiel, waren die Zeugenaussagen der Kinder. Der zwölfjährige Sean hatte immer wieder beteuert, daß nicht ich der Mörder war, den er gesehen hatte. Das machte ihn nachdenklich.

Darüber hinaus gehört Frank zu der seltenen Art Anwälte, die sich als Strafverteidiger auch mit verfassungsrechtlichen Fragen auskennt. Die Stellungnahme der Ministerin für Einwanderungsfragen, die sich bei ihrer Argumentation im Kreis drehte, war für ihn verfassungsrechtlich nicht tragbar. Die Ministerin erklärte mich aufgrund meiner Verurteilung zu einer öffentlichen Gefahr, während ich die Verurteilung als Basis für meinen Asylantrag nahm. Ich erklärte, die Verurteilung sei zu Unrecht geschehen. Sie erklärte mich für gefährlich, weil man mich verurteilt hatte. Frank wollte diesen Punkt bei den Anhörungen klären.

Er flog nach Thunder Bay, um mich zu sehen. Bei unserem Treffen muß er wohl erkannt haben, daß ich nicht komplett verrückt war. Nachdem er zweitausend Dollar in Fotokopien meiner sämtlichen Unterlagen investiert hatte, flog er wieder zurück. Er las jede einzelne Seite der Gerichtsprotokolle, der Polizeiberichte, einfach alles. Dabei fiel ihm auf, daß zunächst immer nach einem Mann gefahndet worden war. Alle Polizeiberichte erwähnten einen männlichen Verdächtigen. Nachdem sich Barbara McDougall, die Ministerin für Einwanderungsfragen, nun in Zugzwang sah, zog sie ihre Bewertung zurück und bat um die Kommentare der Anwälte. In seiner Stellungnahme legte Frank sämtliche entlastende Beweise dar, die bis dahin ungeklärt geblieben waren. Anschließend schrieb die Ministerin eine neue Beurteilung, in der sie mich nach wie vor als Bedrohung für die Öffentlichkeit darstellte, aber nun lag zumindest Franks Stellungnahme dem Protokoll bei, so daß es in den Unterlagen jetzt endlich auch etwas gab, das mich entlastete.

Wir wollten gerade diese zweite Beurteilung anzweifeln, als Ron Lester ganz überaschend zum Richter berufen wurde. Plötzlich stand ich ohne Anwalt da, und Frank übernahm eher zufällig die Aufgabe, mich nicht nur verfassungsrechtlich zu vertreten

Einem Freund hatte er einmal folgendes erklärt: »Ich bin in die Sache hineingeschlittert. Natürlich hätte ich dankend ablehnen und ihr sagen können, daß dies nicht meine Aufgabe war, weil es sich um einen amerikanischen Fall handelte, mit dem ich nichts zu tun hatte. Aber ich dachte, daß ich das alles auch mit meinem Gewissen vereinbaren mußte. Was wäre, wenn ich eines Tages aufwachte, und sie wäre fünfundfünfzig statt dreiunddreißig, und wenn sie dann nicht nur ihre Jugend, sondern ihr ganzes Leben verloren hätte und plötzlich herauskäme, daß sie unschuldig ist, weil vielleicht jemand die Tat gestanden hat? Das hätte mich für den Rest meines Lebens verfolgt!

Ich habe an sie geglaubt und konnte sie nicht einfach sitzenlassen. Ich bin bestimmt kein Heiliger, aber wenn ich ihr hätte helfen können und mich geweigert hätte… das habe ich einfach nicht gekonnt.«

Viele Kanzleien hätten darauf bestanden, daß er den Fall entweder ablehnte oder wenigstens ein ordentliches Honorar für seine Dienste verlangte. Aber er steckte schon mittendrin und hatte bereits Freunde und Kollegen miteinbezogen. Die Kanzlei, für die er arbeitete, ließ es nicht nur stillschweigend zu, sondern unterstützte seine Bemühungen sogar.

All dies grenzt für mich noch immer an ein kleines Wunder. In der Einwanderungssache, die nicht vor einem Richter, sondern vor einem Zwei-Personen-Tribunal der Einwanderungsbehörde abgehalten wurde, verteidigten mich Frank und

John Callaghan. Frank sieht aus wie ein typischer Anwalt. Früher hat er einmal auf Honorarbasis als Staatsanwalt gearbeitet, und diese berufliche Erfahrung kann er einfach nicht verleugnen. Manchmal unterbrach ich seine Befragungen mit der Bemerkung: »Frank! Was soll denn dieses Kreuzverhör?« Immer wieder wollte er Dinge von mir wissen, die schon zehn Jahre zurücklagen. Zwar wollte ich ihm nicht absichtlich dumme Antworten geben, aber manchmal konnte ich mich einfach nicht mehr erinnern. Dann setzte er seinen Staatsanwaltsblick auf, mit dem er mir sagen wollte: »Was soll das heißen, Sie erinnern sich nicht? Sie waren doch dabei!« Er wollte unbedingt, daß ich mich an alles genau erinnerte.

Als passionierter Schachspieler denkt Frank stets einige Züge im voraus. Als beispielsweise Fernsehteams bei den Anhörungen über meinen Einwanderungsfall zugelassen wurden, was in Kanada bei Gerichtsverhandlungen eigentlich nicht gestattet war, spielte Frank für das heimische Publikum, das Einwanderungstribunal, vor dem er meinen Fall erörterte, und für das amerikanische Fernsehpublikum in Milwaukee. Da die gesamte Anhörung dorthin live übertragen wurde, half er mir so, die öffentliche Meinung in den USA zu meinen Gunsten zu beeinflussen.

Und John Callaghan? Er sah so jung aus, daß ihn niemand für einen Anwalt gehalten hätte. Immer wenn ich ihn bei Gericht in seiner Robe sah (in Kanada tragen alle Anwälte solche Roben), mußte ich schmunzeln, weil er aussah wie ein Kind. Aber wie ein hübsches Kind!

Doug Hunt vom Anwaltsbüro Fasken Campbell Godfey war mein Rechtsbeistand vor dem Gericht in Ontario, wo er mich in der Auslieferungsangelegenheit vertrat. Dieser Mann ist ein einziger Wüstensturm. Die Einwanderungsformalitäten waren der Anlaß zu einem Antrag auf ein Haftprüfungsverfahren, den David McCombs von der Kanzlei Carter McCombs und Minden für mich übernahm. (Im Zusammen-

hang mit dem Antrag auf Auslieferung gab es noch einen Antrag auf Haftprüfungsverfahren.) Daneben arbeitete ein Kollege von Frank, Arthur Jacques, für mich. Er war ein Barra-
cuda. David Liblong und J.P. Barry halfen als Assessoren, und
dann war da noch Michelle Nash, die alles über meinen Fall
wußte, was ein Mensch überhaupt wissen konnte. Auch andere Helfer darf ich nicht vergessen, zum Beispiel die Vertre-
terin der Nationalen Frauenorganisation aus Milwaukee. Sie
hatte einen Vermittlerstatus für die Anhörungen beantragt
und eine Anwältin namens Michelle Fuerst verpflichtet.
In den Staaten hatte ich noch Sheldon Zenner aus Chicago,
der für mich in dem sogenannten John-Doe-Prozeß tätig war
(und ist), und Mary Woehrer aus Milwaukee, die Ira Robins
vertrat. Offiziell arbeitet sie als Rechtsberaterin für die An-
tragsteller im Prozeß John Doe gegen Dr. Irwin, den leitenden Leichenbeschauer zum Zeitpunkt des Mordes an Christine, und für Ira. Außerdem assistiert sie Zenner bei seiner
Arbeit. Ich beschäftigte also ein ganzes Heer von Anwälten
mit all diesen laufenden Prozessen wegen Auslieferung, Asyl,
Haftprüfungsverfahren und John Doe.
Eine John-Doe-Anhörung ist so etwas wie ein Ein-Mann-Ge-
schworenengericht, mit dem Ziel, mögliches Fehlverhalten
der Polizei aufzudecken. Man sucht nach Beweisen, die ver-
fälscht oder fingiert wurden. Der Staatsanwalt fragt nach den
angewandten Polizeimethoden und nicht nach meiner Schuld
oder Unschuld. Grundlage für diese Untersuchungen ist die
Annahme, daß mir vor den Gerichten, die mich damals verurteilten, offenbar Unrecht widerfahren war. Der Bericht des
Staatsanwalts wird schätzungsweise Mitte 1992 vorliegen.
Frank glaubte, daß ich für die Einwanderungs-Anhörungen
einen guten Beweis hatte.
Bevor die kanadischen Einwanderungs-Anhörungen begannen, schrieb Sheldon Zenner, mein Anwalt aus Chicago, dem
Staatsanwalt einen Brief, in dem er vorschlug, dem FBI den

Fall zur Einsicht vorzulegen. Der Staatsanwalt lehnte ab. Warum? Im Laufe meines Prozesses hatten sie nicht gezögert, das FBI bei gewissen Fragen, zum Beispiel bei der Frage nach der mysteriösen Wäscheleine, hinzuzuziehen.

Das kanadische Justizministerium warf uns vor, daß meine Anwälte die Einwanderungs-Anhörungen dazu benutzten, meinen Mordprozeß wieder aufzurollen. Aber ich mußte einfach versuchen nachzuweisen, daß ich das Opfer einer Verleumdungskampagne geworden war, nachdem ich die Polizei von Milwaukee der Korruption und des Fehlverhaltens beschuldigt hatte. Irgend jemand mußte doch endlich den Tatsachen ins Auge sehen.

Frank drückte es so aus: »Man kann sich nicht blind stellen. Tatsache ist, daß man jemanden finden wird, jemanden, der eines Tages plötzlich auftauchen wird... Ich glaube, daß es in Milwaukee eine Person gibt, die erkennt, daß das Beste ein kleiner Handel mit dem Staatsanwalt wäre... Schließlich hat irgendwer den Mord begangen.«

Frank sagte auch einem meiner Freunde: »Das höchste Ziel all dieser Prozesse, all dessen, was wir tun und sagen, ist es, die Tür für sie zu öffnen und sie herauszulassen.

Wie wir das machen, und wo das passiert, ist unwesentlich. Nur darf ihr dabei unser eigenes Ego nicht im Weg stehen. Natürlich wäre es schön, wenn wir hier in Kanada gewinnen könnten, aber wenn es für sie das Beste ist, daß es in den Staaten passiert, dann soll es dort geschehen. Wir dürfen bei der ganzen Sache nie die moralische Dimension vergessen. Wir müssen daran denken, daß es hier um ihre Freiheit geht. Ich darf nicht zulassen, daß ihr der Prozeß zum Verhängnis wird. Hier geht es nicht darum, daß wir für uns einen Erfolg erzielen, einen Präzedenzfall schaffen, sondern einzig und allein darum, daß sich für sie das Tor wieder öffnet.«

Im Februar 1992 riet er mir, nach Amerika zurückzugehen. Und hier bin ich wieder.

Meine Freunde veranstalteten für mich Ralleys in Milwaukee. Sie organisierten ein Wett-Joggen, mit dessen Erlös Geld für meine Verteidigung gesammelt wurde, sie verkauften Kuchen und Handarbeiten, sie telefonierten, schrieben und fuhren überall herum, nur um mich zu unterstützen. Diese Menschen haben so hart für mich gearbeitet. Neben meinen Eltern und meinen Schwestern Colette und Melanie, neben Ira und meinen alten Freuden Donna und Wally aus meiner Zeit im Boston Store gab es Hunderte von Menschen, die mir halfen. Ich hoffe, daß sie wissen, wie sehr sie mich unterstützt haben und wie sehr ihre Bemühungen mir geholfen haben weiterzuleben. Ich hoffe, sie wissen, daß ich sie dafür unendlich liebe und daß es auch ihr Verdienst ist, wenn ich eines Tages frei sein werde.

Meine Eltern haben meinetwegen ihr Haus mit zwei Hypotheken belastet. Dennoch sagen sie dazu nur: »Uns geht es nicht um das Geld, es geht uns vielmehr um ihre Jugend. Wie soll man die bezahlen? Wie kann man sie für die zehn Jahre entschädigen? Man kann ihr die Zeit nicht wiedergeben. Also kämpfen wir für sie...«

Nach allem, was sie meinetwegen erdulden mußten, muß ich angesichts ihrer Loyalität weinen.

Als sie mich das letzte Mal in Toronto besuchten, bestand der Angestellte der Fluggesellschaft, bei der sie gebucht hatten, darauf, ihre Tickets in Erste-Klasse-Tickets einzutauschen. Sie bräuchten ein wenig fürsorgliche Unterstützung, sagte er. Er bat sie, mir auszurichten, daß ich durchhalten solle und daß alle für mich hofften.

Vielleicht ändert sich tatsächlich etwas für mich.

Sicher gibt es Leute, die nur das glauben, was sie glauben wollen – zum Beispiel daß Elvis noch lebt. Nach meiner Flucht gab es in Milwaukee einen Autoaufkleber, auf dem stand »Bambi ist bei Elvis«.

Wie wahr!

Irgendwann 1991 riefen Reporter bei Fred Schultz an, um ihn nach seinem Kommentar zu irgendeiner banalen Angelegenheit zu fragen. Der Mann, der seinen Swimmingpool reinigte, ging ans Telefon. Fred wollte nicht gestört werden. »Sag ihnen, ich bin in Kuwait«, sagte er.

Und was tat die Presse? Natürlich druckten sie es und zwar in jeder Zeitung der Stadt. Sogar meine Anwälte fragten mich, was Fred denn in Kuwait täte.

Ich wußte gleich, daß er mit Sicherheit nicht dort war. Mein gesunder Menschenverstand sagte es mir. Also antwortete ich ihnen: »Verschont mich damit! Er ist nicht in Kuwait!«

»Ist er doch, es stand in der Zeitung...«

»Die Zeitung! Glaubt ihr etwa, was da steht? Bitte!«

Sie waren ziemlich irritiert.

Meistens waren die Nachrichten nicht so leicht verdaulich wie in diesem Fall. Sie müssen sich vorstellen, wie verwundbar man im Gefängnis ist. Die Leute meinen, sie könnten behaupten, was sie wollen, und sie tun es!

Kürzlich beging Fred Horenberger, der im Mordfall Christine Schultz ein Hauptverdächtiger war (und ist), nach einem bewaffneten Raubüberfall Selbstmord. Er wurde gefaßt, nahm einige Geiseln und erschoß sich selbst, nachdem er erkannte, daß es aussichtslos war.

Und was passiert? Horenbergers Bruder tritt im Fernsehen auf und erzählt vor laufender Kamera, daß Judy Zess, Horenberger und ich häufig Sexorgien miteinander feierten. Wen kümmert's, daß ich Horenberger nicht ein einziges Mal gesehen habe, und wen kümmert schon das Dokument, das von Horenberger eigenhändig verfaßt wurde und in dem er zugab, daß Zess vorsätzlich falsche Beweise gegen mich verwendete? Es interessierte niemanden, daß ich Horenberger nachweislich nicht kannte. Nichts davon hielt diesen Idioten, Horenbergers Bruder, davon ab, mich derart zu verunglimpfen. Warum fühlt sich die Presse eigentlich nie dazu veranlaßt, so etwas zu überprüfen? Warum lassen sie zu, daß derartige Lügen veröffentlicht werden? Muß ich mich damit zufrieden geben, daß Ira Robins solche Meldungen hinterher dementiert, und muß ich stillhalten, wenn man Ira als meinen Anhänger bezeichnet, wo doch die Tatsachen überprüfbar sind?

Warum kommt nicht mal jemand daher und sagt, daß er etwas an mir mag. Warum wird so etwas nicht veröffentlicht? Warum nimmt sich die Presse auf so arrogante Weise das Recht, Geschichten zu erfinden? Die Tatsachen müßten ihnen doch ins Auge springen. Solchen Versuchungen müßten sie doch widerstehen können.

Was soll ich dagegen unternehmen? Dieser Schund macht mich so wütend. Die Anwälte raten mir immer nur, nichts zu tun, weil jede Reaktion auf eine Verleumdung nur noch mehr Aufsehen erregt und weil es jeder, der es nicht beim ersten Mal gelesen hat, dann mit Sicherheit lesen wird. Aber warum sollte die Presse ungeschoren davonkommen? Ich bin nicht dafür, eine Zensur einzuführen, ich verlange nur etwas Verantwortung, nur einen gewissen professionellen Standard.

Möglicherweise werden sich die Dinge jetzt ändern, wo einige Medien auf meiner Seite stehen.

Aber noch immer weiß ich nicht, wie lange mein Kampf noch andauern wird und ob ich je wieder frei sein werde.

Ich bin jetzt wieder dort, wo alles anfing. Der Kampf geht weiter. Was mich aufrecht hält, ist die Liebe meiner Familie, die Zuneigung meiner Freunde und das Bewußtsein, daß ich unschuldig bin.

Wenigstens sind diese Dinge keine Luftschlösser.

•

Nun kennen Sie mich etwas besser.
Wie ich zu Anfang sagte, bin ich keine Johanna von Orléans,
keine Jungfrau, keine Heilige. Ich war in gewisser Weise ein

wildes Kind, und ich habe viele Fehler gemacht. Außerdem bin ich ziemlich großschnäuzig und unabhängig, und ich bin, wie ich glaube, recht stark geworden.

Auf der anderen Seite bin ich auch nur ein ganz normaler Mensch wie Ihre Schwester oder Ihre Tochter.

Ich bin ein Mensch, der gerne sein Leben wieder zurückhaben möchte.

Ist das zuviel verlangt?

Ich habe so viele Dinge gelernt, die ich lieber nie gelernt hätte, ich habe das Rechtssystem kennengelernt, das nur sich selbst schützt, das seine Fehler nicht zugeben kann und dessen Handlanger sich mehr Gedanken über das Funktionieren des Systems als über die Gerechtigkeit zu machen scheinen.

Wie viele Herzen sind gebrochen worden, wieviel unnötige Verzweiflung hat es gegeben, und wie viele Leben hat man auf den Rädern dieser Mühle durch brutale Geltungssucht und Vertuschung schon zerstört?

Bald werde ich frei sein, so hoffe ich. Aber ich werde nie wieder das Gefühl haben, daß das System gerecht ist. Es hat mir zehn Jahre meines Lebens genommen, und jeden Tag höre ich seine Anhänger rufen, die noch mehr wollen, mehr, mehr.

Es ist möglich weiterzumachen.

Es ist möglich zu überleben.

Es ist sogar noch möglich, glücklich zu sein, so hoffe ich.

Nur bin ich mir gar nicht sicher, ob es noch möglich ist zu verzeihen.